문예신서
316

武 德
武의 文化, 武의 精神

辛成大 지음

東 文 選

예(藝)든 학(學)이든 모름지기 그에 합당한 덕(德)이 따라야 한다.

차 례

1. 무(武)의 문화, 문(文)의 문화 —————————————— 9
2. 나라〔國〕와 무예(武藝) ——————————————— 13
3. 무(武)의 개념과 정의 ———————————————— 19
4. 고대 인류와 무기(武器) ——————————————— 24
5. 사냥과 활쏘기 ——————————————————— 29
6. 고대 권법(拳法) —————————————————— 32
7. 북서풍과 동북풍 —————————————————— 38
8. 조선 초기 주변의 정세 ——————————————— 41
9. 병장 무예와 개인 무예 ——————————————— 44
10. 전통 무예와 호신술, 그리고 놀이 —————————— 47

11. 십팔기는 어떻게 만들어졌는가? ——————————— 51
12. 예(禮)와 무예(武藝) ———————————————— 59
13. 화랑(花郞) 정신과 신라의 삼국통일 ————————— 62
14. 무술(武術)·무예(武藝)·무도(武道) ———————— 65
15. 전통 문화와 전통 무예 ——————————————— 69
16. 독재자인가, 진정한 혁명가인가? —————————— 72
17. 정(情)의 문화, 한(恨)의 문화 ———————————— 76
18. 충(忠)과 신(信) ——————————————————— 80
19. 전쟁과 의무 ———————————————————— 90
20. 십팔기 이전에는 무예가 없었나? —————————— 97

21. 훌륭한 스승을 만나야 제대로 배운다 ─── 103
22. 주병장기와 보조병장기 ─── 108
23. 개인 병장기와 군사용 병장기 ─── 110
24. 선비 문화를 다시 생각한다 ─── 113
25. 십팔기 이후에는 무예가 없었는가? ─── 119
26. 무예는 과학이다 ─── 122
27. 조선 5백 년은 너무 길었다 ─── 125
28. 선비와 칼 ─── 130
29. 교육열이 나라를 망친다? ─── 136
30. 검사와 변호사 ─── 144

31. 대한제국의 유산 ─── 149
32. 안중근과 안두희 ─── 160
33. 과거사 청산보다 과거사 보상이 먼저다 ─── 164
34. 명문가의 무예와 저잣거리 무예 ─── 176
35. 유목 문화와 농경 문화 ─── 182
36. 사막 문화와 아라비안나이트 ─── 184
37. 이스라엘과 농업 ─── 188
38. 태권도와 택견 ─── 192
39. '모든 길은 로마로' ─── 210
40. 예(禮)·신(信)·의(義) ─── 213

41. 온돌 문화와 체덕(體德) ─── 222
42. 절(節)·절(切)·팽(烹) ─── 229
43. 금메달과 스포츠맨십 ─── 237

44. 씨름과 무예 ─────────────────── 242
45. 한국 전쟁과 이승만 ─────────────── 251
46. 《삼국지》와 신의(信義) ──────────── 255
47. 승자의 예(禮), 패자의 예(禮) ───────── 267
48. 사관학교 졸업식과 대통령 ─────────── 271
49. 의례(儀禮) ────────────────── 275
50. 짚단베기, 벽돌깨기 ──────────────── 282

51. 무예는 미신이 아니다 ─────────── 287
52. 엄(嚴)하지 않으면 강륜(綱倫)이 서지 못한다 ─── 295
53. 인(仁)은 이 시대에 필요한가? ────────── 302
54. 염치(廉恥)를 모른다 ──────────── 311
55. 엘리트 문화의 상실과 얼치기 지식인들 ─────── 316
56. 용(勇)은 계산에 앞선다 ────────────── 320
57. 스포츠와 체덕(體德) ───────────── 327
58. 역사는 흐른다? ───────────────── 333
59. 무인(武人)은 명(名)에 목숨을 건다 ──────── 342
60. 존경하는 법을 모른다? ──────────── 346

61. 무예란 '항심(恒心)'으로 이루는 것이다 ────── 354
62. 지(知)와 지(智)는 다르다 ─────────── 358
63. 기사도(騎士道)와 《돈키호테》 ──────────── 363
64. 폭력과 잔인성 ─────────────── 371
65. 지(智)·덕(德)·체(體) ───────────── 377
66. 전쟁과 예술, 그리고 무덕(武德) ───────── 381

67. 박정희와 이순신 ─────────────────────────── 387
68. 서양의 일곱 가지 덕〔七德〕──────────────────── 393
69. '우리' 문화와 '나' 문화 ─────────────────────── 395
70. 무예의 수련 단계 ───────────────────────── 404

71. 무예의 구성 원리 ───────────────────────── 414
72. 무사도(武士道)란 무엇인가? ───────────────── 423
73. 미국의 서부 정신 ───────────────────────── 435
74. 내덕(內德), 외덕(外德) ──────────────────── 440
75. 양덕(陽德)과 문덕(文德) ─────────────────── 443
76. 중국의 무협(武俠) ──────────────────────── 453
77. 십팔기는 동양 3국 최고의 무예 체계이다 ─────── 457
78. 성(誠)·신(信)·의(意) ──────────────────── 462
79. 십팔기의 전승 계보 ─────────────────────── 466
80. 세계적인 문화 유산 십팔기 ───────────────── 473
81. 잃어버린 문화, 내다 버린 정신 ────────────── 477

부 록 ───────────────────────────────── 487
후 기 ───────────────────────────────── 502

각 주 ───────────────────────────────── 505
참고 문헌 ──────────────────────────────── 508

1 무(武)의 문화, 문(文)의 문화

중국 양(梁)나라의 소명태자(昭明太子) 소통(蕭通)은 "문화(文化)로써 내부를 화목하게 하고, 무덕(武德)으로써 밖으로 멀리까지 미치게 한다"[1]고 하였다.

인류 역사에서 크게 주도적인 역할을 하였던 국가들을 문무(文武)로써 비교해 보면 중요한 교훈을 얻을 수가 있다.

우선 역사가 오래된 국가들 중 문(文)의 성향이 강한 대표적인 나라로는 고대의 이집트·인도·그리스를 들 수 있겠다. 이집트와 인도는 인류 문명의 발상지로서, 인류에 기여한 바가 말로 다 설명할 수 없을 정도로 지대하다. 또한 신화와 문학, 그리고 철학과 민주주의의 나라 그리스 역시 그 어떤 나라에 못지않은 지대한 공헌을 하였다. 그런데 이 세 나라는 그 유구한 역사만큼이나 위대한 업적에도 불구하고 이후 세계사에서 이렇다 할 주도적인 역할을 못해 내고 있다. 오히려 위대한 역사와 업적이 무거운 짐이라도 되었다는 듯이 말이다. 이 세 나라는 공통적으로 뭔가 빠진 듯한 느낌을 주고 있는데, 그건 바로 힘이다. 과거의 위대함에 비해 지금은 도무지 역동적인 힘이 느껴지지 않는다는 점이다. 좀더 구체적으로 이야기하자면 무력(武力), 즉 무(武)의 힘을 발산하지 못하고 정체된 채로 과거의 유산이나 자랑하며 관광 수입으로 먹고 사는 나라처럼 보인다는 것이다.

이에 비해 로마제국을 무너뜨린 게르만족, 역사상 가장 큰 영토를 점령했던 칭기즈칸의 나라 몽고제국, 그외 세계사에서 혜성처럼 나타났다가 사라져 간 무수한 왕조들, 이들은 모두 무력(武力)으로 일어났다가 그 먼지가 채 가라앉기도 전에 수명을 다해 버려 겨우 책갈피 속에서나 그 흔적을 확인할 수 있을 따름이다. 넘쳐나는 힘으로 거대한 영토를 차지했지만 이를 다스릴 능력, 즉 문(文)이 부족했던 것이다.

무(武)는 도모하지만 문(文)의 반려가 없으면 오래가지 못한다. 문(文) 또한 무(武)의 보호막 없이는 꽃을 피울 수가 없는 것이다. 무(武)는 동적인 힘이다. 필연적으로 도전적이며 분출하고자 하는 욕구를 지닌다. 이에 비해 문(文)은 정적이며 여성적이다. 또 변화를 싫어하고 현실에 안주하려는 경향이 강하다.

인류 문명의 가장 전형적인 두 문화를 비교해 보자. 고대 그리스인들은 생존을 위해 끊임없이 투쟁하여야 했으므로 어떻게 하면 외계로 나아가 재화를 획득할 수 있는지를 경쟁하였다. 따라서 철학적으로도 자연에 대한 인식과 자연을 개조하는 지식과 능력에 중점을 두어 발전해 왔다. 확실히 고대 그리스는 문무(文武)가 함께 꽃피운 시기였다. 이에 비해 우월한 자연 조건하에서 자급자족의 농업 문명을 일구어 온 중국인들은 어떻게 하면 현재 상태를 유지해 나갈 수 있는지를 생각했으며, 철학적으로도 현실적인 인륜의 사회 관계에 중점을 두게 되었다.

오늘날, 지구상 몇 안 되는 독재 국가 중 북한과 쿠바는 극단적인 무(武)의 문화를 지닌 나라이다. 독재 정권이란 무(武)를 통치 수단으로 삼는데, 한 가지 장점은 밖에서 쉽사리 넘보지 못한다는 것이다. 이런 나라들은 대개 국력이라 할 것도 없을 만큼 백성들이 핍박받고 가난하지만 호전적이어서 이웃나라가 쳐들어갈 수가 없다. 차지하려면 상당한 대가를 치러야 하고, 또 지배하는 데도 만만치 않기 때문이다. 왜냐하면 무(武)만은 살아 있기 때문이다. 반대로 문치(文治)의 왕조(정권)가 들어서면 백성들은 상대적으로 훨씬 살기가 편해진다. 문(文)은 꽃을 피우지만 무(武)는 소홀히 하게 된다. 조선 5백 년이 그랬다. 이웃나라들과의 분쟁은 가능하면 피하려고 들어 태평성대를 구가하기도 한다. 하지만 주변 국가 중에 호전적인 정권이 들어서거나 안으로 어지러운 틈을 타 반란이 일어난 경우, 자칫 나라를 빼앗기거나 정권을 찬탈당할 우려가 있다. 우리의 현대사에서 이승만 정권과 북한의 김일성 정권이 좋은 비교의 예가 된다.

그렇다면 오늘날 여러 국가들 중 문무(文武)의 성향이 적절히 조화를 이루고 있는 나라를 꼽아 보자. 무사도(武士道)의 일본, 무협(武俠)이 살아 있는 중국, 기사도(騎士道, 紳士道) 정신이 이끌고 있는 유럽 선진국들, 총(銃)의 나라 미국이 그 대표적인 예라 할 수 있다. 이들 국가는 하나같이 문화적으로 깊이 성숙되어 있으면서도 진취적이고 역동적이다. 결코 주변 나라가 어찌해 볼 수 없는 강한 힘이 느껴진다.

또한 무(武)는 항상 드러내고자 하는 속성을 지닌다. 또 당연히 그래야 하는 것이기도 하다. "오냐, 싸움(전쟁)이라면 결코 사양치 않겠다. 언제든지 도전을 받아 줄 준비가 되어 있으니, 잘 보아두어라"라면서 끊임없이 과시하고 위력을 보여주어야 한다. 오늘날에도 강대국 약소국 할 것 없이, 수시로 군사 훈련을 벌이지 않는가. 그것이 곧 무비(武備)이다. 그리고 그것은 항상 최소한이 아닌 최대한이 되어야 한다. "설마" 혹은 "아무렴 그럴 리가"라는 무책임한 생각에 무비를 낭비적이라고 여겨 최소한의 것을 주장하는 이가 있다면, 그는 초등학교 과정 역사 공부부터 다시 시작해야 할 것이다.

우리나라의 역사만 보더라도 신라 화랑(花郞)의 문무겸전(文武兼

卒), 고려의 무신(武臣) 정권, 조선의 문치(文治)로 대변할 수 있다. 또한 현대사에서도 김일성과 이승만(만약 김구였다면 김일성이 남침하지 못했을 것이다)의 문무 대립, 박정희와 전두환의 군사 정권, 김영삼과 김대중의 문민 정부, 그리고 노무현의 무(武)도 문(文)도 아닌 참여[口治] 정부로 특징지을 수 있다.

오늘날 우리 민족에게 부족한 것은 무엇인가? 우리 민족의 문화적 특질을 어떻게 바꾸어 나아가야 할 것인가? 바람직한 민족 정신은? 우리 민족의 피 속에 흐르는 기마민족의 호전적인 기질을 오직 글, 즉 문(文)의 철학으로 다스리려고만 하니 부작용이 많다. 유구한 역사를 자랑하려 애쓰지만, 사실 문(文)으로 보면 교만의 역사요, 무(武)로 보면 비애, 아니 비겁의 역사에 지나지 않는다. 그리고 무엇보다도 무(武)는 현실이다. "왕인(王仁) 박사 납시오" 하듯이 위대하다고 할 것 없는 고대 문화의 상대적 우수성을 들먹여 근대의 나약함과 낙후함을 은폐하려는 일은 이제 그만하자. 오늘날 우리 사회에 만연하는 가치관의 혼돈과 갈등의 밑바닥에는 이런 앙금이 두껍게 가라앉아 있다. 문(文)이 사유하는 철학이라면 무(武)는 행동하는 철학, 즉 실천철학이다. 우리의 핏줄 속에 엉켜 있는 앙금을 씻어내고 뜨거운 피가 거침없이 내달릴 수 있게 해야 한다. 무(武)의 철학 없이는 불가능한 일이다. 이것이 우리나라 유일의 전통 무예이자 정통 무예인 십팔기(十八技)를 오늘에 되살리고자 하는 뜻이기도 하다.

2 나라〔國〕와 무예(武藝)

　대저 한 국가가 형성되려면 먼저 영토가 있어야 하고, 국민(혹은 민족)과 주권이 있어야 한다. 그리고 그 영토와 국민을 지키는 군사가 있어야 한다. 아마 이것들이 초등학교 교과서에서 가르치는 국가의 가장 기본적 조건일 것이다. 그러고 난 뒤 여기에 법(法)과 제도가 더하여졌으리라. 하지만 법과 제도란 것도 따지고 보면 무(武)의 울타리 안에서 성립되는 사회적 약속이라면 굳이 보태지 않아도 될 터이다. 내란·독재·혁명과 같은 무법천지 속에서도 나라가 지탱되는 경우 또한 왕왕 있으므로.

　고대인들의 국가 개념도 이와 같았을까? 나라 '국(國)' 자를 가지고 파자해 보는 것이 가장 빠른 방법일 것이다. 학교에서 흔히 가르치기를 국(國)자의 바깥 큰 口는 국경, 즉 영토를 의미하고, 가운데의 작은 입 구(口)자는 인구(人口), 즉 백성을 가리키며, 창 과(戈)는 그것을 지키고 보호해 주는 무력, 즉 군(軍)을 의미하는 것이라 하였다. 그렇지만 이런 해석은 현대적 시각에서 풀이한 지나치게 '민주주의적인 해석'일 수밖에 없다. 처음 글자가 만들어진 고대는 말할 것도 없고, 불과 1백 년 전의 봉건시대까지만 하더라도 결코 그렇게 해석되지는 못했을 것이다. 큰 입 구(口)는 원래 왕이 살고 있는 도성(都城)의 성을 의미했다. 국경선을 의미하게 된 것은 나중의 일이다. 창 과(戈)는 무(武), 즉 군사를 뜻하지만, 속의 작은 입 구(口)는 결코 인구를 나타내는 글자가 아니다.

　국경의 개념이 지금처럼 뚜렷하지 않았던 초기의 나라 국(國)은

> 한자가 처음 만들어진 고대 중국의 은상(殷商)시대 갑골문(甲骨文)에서는 나라 국(國)자가 발견되지 않는다. 주(周)대 청동기 명문에서야 비로소 국(國)자가 나타나기 시작한다. 이를 대신하는 낱말이 있었는데, 고대로부터 조선시대까지 사용되어 온 '사직(社稷)'이란 용어이다. 고대 국가의 가장 큰 일은 언제나 제사와 전쟁에 있었다. '시(示)'는 곧 '신(神)의 일'을 가리킨다. '사(社)'는 토신(土神)을 뜻하며, '직(稷)'은 곡신(穀神)을 말한다. 따라서 사직을 받든다는 것은, 곧 이 두 신에게 제사드리는 일을 관장한다는 말이다. 그리고 이 일은 아무나 할 수 있는 게 아니다. 오직 신과 소통할 수 있는 제사장이나 신의 아들인 왕(王)만이 할 수 있는 특권이자 의무였다. 이 신성한 의식(儀式)을 통해 왕은 신으로부터 부여받은 자신의 절대 권력을 백성들에게 수시로 확인시켰던 것이다. 선조의 영혼을 모셔 놓은 장소인 종묘(宗廟)와 함께 사직(社稷)은 왕조와 나라를 상징하는 단어로 사용되었던 것이다.

㦰, 䧅의 모양이었다. 역(或)자가 국(國)자로 발전된 것이다. 초기의 국가 성립은 먼저 왕이 사는 궁성〔口〕과 군사〔武〕가 있어야 했으며, 그리고 창을 뻗어서 닿는 곳, 즉 무력이 미치는 데까지가 영토였던 것이다.

　지구상의 어느곳을 막론하고 처음 글자를 만든 사람은 일반 백성이 아니다. 제사장이나 왕, 즉 통치자들이다. 그들의 필요에 의해 만들어진 그들만의 것이었다. 글자(부호)란 신의 말씀이며, 오직 제사장이나 왕만이 알아볼 수 있었다. 그러던 것이 오랜 세월이 지나면서 문명의 발달과 더불어 글자 또한 모두가 알아보기 쉽게 다듬어지게 되었다. 차츰 글자를 해독할 수 있는 자가 늘어나면서 천기누설되고, 너도나도 왕이 되겠다고 다투는 혼돈의 시대가 도래하기 시작했던 것이다.

고대 문자의 발전 단계

따라서 고대의 통치자들에게 영토가 있으면 그곳에 당연히 있었을 백성에 대한 인식과 배려가 있었을 리 없다. 공자(孔子)가 그토록 제왕의 덕목으로 인(仁)을 강조한 것도 따지고 보면 그만큼 이전의 통치자들이 백성에 대한 배려가 없었음을 반증하는 것이 아니겠는가(지금도 그런 통치자가 없지 않지만). 나라 국(國) 속의 **작은 입 구(口)자는 다름 아닌 왕궁, 즉 궁궐을 뜻한다**고 봐야 한다. 고대 통치자의 생각에는 무력(군대)만 있으면 땅과 백성은 얼마든지 확보할 수 있는 것이었다. 먼저 자신의 궁궐을 짓고, 이를 지켜 주는 군사만 있으면 된다고 생각하였다. 당연히 그 땅에 있어 왔던, 그래서 굳이 인식하지 않아도 되었던 백성이란 무력에 포함된 것으로 보았을 터이다. 이왕 백성이 많으면 노동력과 군사를 더 많이 키울 수 있고, 그래서 영토를 더욱 넓히고 왕권을 더욱 굳건히 지킬 수 있으리라고 생각했음에 틀림없다.

어찌되었건 예나 지금이나 나라(國)엔 단 하루라도 무(武)가 없을 수 없다. 이것이 있어야 밖으로는 외적을 물리치고, 안으로는 백성으로부터 혹은 경쟁자로부터 왕권(작은 口)을 지킬 수 있으므로. 아무리 오랫동안 전쟁 없는 태평성대가 계속된다고 해도 군대는 반드시 있게 마련이다. 쳐들어올 이웃나라가 없는 하나뿐인 국가라고 해도 군대는 필요하다. 왜냐하면 내란과 민란도 있으므로. 그리고 당연히 그 군대에는 온갖 무기가 있었으며, 그것을 다루는 무예가 반드시 존재하기 마련이다.

그런데 언제부터인가 이 '고요한 아침의 나라'(철없던 어린 시절에는 정말 아름다운 표현인 줄로만 알았던 용어)의 순수한 백의민족, 단 한 번도 남의 나라를 침범한 적이 없고, 오직 평화만을 사랑했던 착한 민족(마음 한구석에서는 왠지 비겁한 듯한 느낌이 들었지만)은 자기네 조상들이 수천 년 동안 이 나라를 오직 맨손으로 지켜낸 줄로 착각하기 시작했다. 벽돌이나 기왓장 깨는 돌주먹으로 외적을 물리친 줄 알고 있다. 그러고도 수천 년을 이어왔으니 한국은 분명 지구상에 그 유례가 없는 세계적인 천연기념물이라 해야 할 것이다. 그리하여 남의 나라 무예엔 한없는 경외감을 갖고 흉내내면서 정작 자기 나라에는 무예가 있었는지 없었는지조차 모르고 있다. 식민치하에서 강제로 이식된 호신술을 세계에서 가장 강한 자기 나라 전통 무예인 양 자랑스러워하고 있으니 우습다 못해 눈물이 나올 지경이다. 스스로의 무예를 잃어버리더니, 드디어는 무예의 정의조차 모르게 되었다.

 일제 식민시대를 거치면서 우리에게는 잃어버린 것이 너무나 많다. 물론 식민지 통치중에 근대화를 맞으면서 스스로 버린 것들도 있고, 또 필요에 의해서 받아들인 것들도 많다. 하지만 강제로 버려야 했고, 어쩔 수 없이 잊어야 했으며, 내키지 않지만 받아들일 수밖에 없었던 것들이 헤아릴 수 없이 많았다.

 해방 후 우리의 글과 말을 되찾고, 제 성명을 되찾으며, 전국 명산에 박힌 쇠말뚝도 모조리 찾아내 뽑아 버렸다. 근현대사의 중심에서 말없이 지켜보아 온, 더할 수 없이 중요한 유물인 옛 총독부 건물도 반세기를 넘기며 사용하고서도 기어코 한풀이로 자근자근 부수어 내다 버렸다. 국민학교 이름도 초등학교로 바꾸었으며, 학교에서의 차렷, 경례조차도 일제 군국주의의 유산이므로 없애야 한다고 주장하는 이들까지 생겨났다. 그렇지만 한편으로는 친일파가 애국자로 변신하기도 했는데, 비단 사람들에게만 국한된 일이 아니었다. 문화 전반에 걸쳐 수없이 자행되었다. 특히 무예계는 거의 모두라고 해야 할 만큼 그 정도가 심했다. 그러고도 부끄러워하기는커녕 '민족' '전통' 운운하며 오히려 자랑스러워하고 있다. 학계에서는 그동안 이 분야에 대한 비판이 왜 없었는가? 몰라서? 하찮아서? 아니면 괜히 건드렸다가 주먹패들에게 낭패라도 당할까봐? 아마 모두 다 때문일 것이다.

　그런데 정말, 정말로 소중한 우리의 문화 유산 하나, 수천 년을 내려온 대들보 하나가 해방된 지 반세기가 넘었는데도 제 땅, 제 집에 들어가질 못하고 저잣거리를 굴러다니고 있다. 차라리 스스로 죽어 무덤이라도 남길 것을(도굴당하여 봉분만 남았을지라도 문화재로 대접받고 있으니 말이다). 그나마 천지신명이 보우하사 겨우 목숨만은 살아 있으니 얼마나 다행인가. 바로 이 땅의 전통 무예인 '십팔기(十八技)'이다. 수천 년 동안 이 땅을 지켜 온, 나라에 의해 만들어져 나라의 무예로 왕명에 의해 이름지어진 '조선의 국기(國技)'인 것이다. 이 나라 국(國)자에서 뽑혀 나갔던, 아니 뽑혀 나갔는지조차도 몰랐던(대신 그 자리에 왜종(倭種)이 심겨져 있었으니) 그 부수〔戈〕가 바로 무예 십팔기〔武〕이다.

　해방된 지 반세기가 넘도록, 그동안 죽기 살기로 열심히 일했는데도 나라꼴이 왜 이 모양인지, 도대체 뭐가 모자라서 제자리를 못 찾고 우왕좌왕하는지 답답한 원인을 여기서 찾아보고자 한다. 그리고 우리의 무예 십팔기〔戈, 武〕를 제자리에 위치시키고자 한다. 그래야 전통이 서고, 나라가 바로 설 테니까. 식민 무예 문화에 대한 통렬한 반성이 없이는 불가능한 일이다.

3 무(武)의 개념과 정의

'지(止)'와 '과(戈)'로 이루어진 무(武)자는 중국 갑골문에서 '𢦾' '𢧑' '𢧐' '𢧐' 등으로 나타나는데, 이는 한 개의 창과 발을 구르는 모양으로 만들어졌음을 의미한다. 즉 창을 들고 춤을 추어 무공의 성취를 드러내는 표현이다. 다시 말해 창춤이다. 춤출 무(舞)자도 여기에서 비롯되었다.

인류가 석기시대에 이르러 가장 먼저 개발한 도구(武器)가 바로 도끼와 창이다. 그리고 점점 칼·바늘·화살촉·낚시바늘 등을 만들어 사용하였다. 그 이전에는 단순히 돌멩이나 몽둥이로 짐승을 잡거나 적을 공격하였을 것이다. 오늘날 남아 있는 아프리카나 아마존의 원시 부족에서도 알 수 있듯이, 고대 인류에겐 창이 가장 일반화된 무기였다. 또한 이웃 부족과 전쟁을 하러 나가기 전에 전사들은 함께 창을 들고 춤을 추며 신의 가호를 비는 의식(儀式)을 치렀다. 그 춤이 곧 그들의 전통 무용이다. 이처럼 무(武)와 무(舞)는 같은 줄기에서 출발하였기에 그 몸짓이 같거나 유사할 수밖에 없다. 그래서 어느 나라의 민속춤을 연구하려면 반드시 그 나라의 전통 무예를 알아야 하는 것이다. 그리고 이 의식(儀式)을 위해 예(禮)와 악(樂)이 함께 생겨났다.

그렇다고 아무나 무기를 들고 휘두른다 해서 모두 다 무예(武藝)가 되는 것은 아니다. 무예란 병장기의 발전과 더불어 전문적으로 공방(攻防)과 살상(殺傷)을 담당하는 무사(武士)가 생겨나면서부터 구체화되었다고 봐야 할 것이다. **단순한 자위 동작으로 맨주먹을 내지르거나 무기를 휘두르는 것과 같이 무(武)는 있되 기(技)가 없는 것은 무예**

商 甲骨文	周 金文	秦 小篆	漢 隸書	現代 楷書
(그림)	(그림)	(그림)	武 武	武 창과 방패를 들고 춤을 춘다는 악무樂舞의 뜻.
(그림)	(그림)	(그림)	藝 藝	藝 한 사람이 나무의 묘목을 심고 있는 모양을 그리고 있다.
(그림)	(그림)	(그림)	戲 戲	戲 창을 들고 높직이 걸터앉은 호랑이를 찌르는 모습으로 유희라는 뜻이다.
(그림)	(그림)	(그림)	義 義 義	義 끝부분에 갈고리 모양의 장식을 한 아我형 의장용 무기의 상형.

고대 문자의 발전 단계

라 일컫지 않는다. 무예란 상대로부터 단순히 나를 보호하거나, 상대를 제압하는 것만을 목적으로 하지 않는다. 무예의 목적은 분명 상대의 살상(殺傷)에 있다.

'무예(武藝)'라는 명칭은 중국의 역사서 《삼국지(三國志) 촉서(蜀書)》에 처음 등장하는데, 이로 미루어 보아 진대(晋代) 초기를 전후한 시기부터 사용하였을 것이다. 그리고 '무술(武術)'은 《문선(文選)》 가운데 남조(南朝) 시기 안연년(顏延年)이 지은 한시에 처음 나타난다. 중국의 위진육조(魏晉六朝)에서 수당(隋唐)에 이르는 7백여 년은 무술이 크게 진흥되던 시기여서, 근대 무술의 많은 현상이 이 시기에 배태되었다.

일반적으로 우리가 흔히 무예라 부르는 맨손 격투기예, 즉 수박(手搏)이나 각저(角抵)에 속하는 것들은 엄밀한 의미에서 무예라 할 수 없다. 왜냐하면 무기를 들지 않았기 때문이다. 대개는 수박희(手搏戲) 또는 각저희(角抵戲)라 하여 궁중 연회에서 놀이로 행해졌었다. 후대로 가면서 이것들을 통칭해서 권술(拳術) 혹은 권법(拳法)이라 하였다. 이러한 것들은 모두 무예를 익히기 위한, 즉 병기 기술을 익히기 위한 기초적인 도수 기술(徒手技術)에 속하는 것들로서 무예인이라면 누구나 반드시 익히고 있어야 했다. 그렇지만 **권법 자체만으로는 무예의 필요 조건은 될 수 있으나 충분 조건은 될 수 없는 것이다.** 《무예도보통지(武藝圖譜通志)》〈권법〉편에서는, 척계광(戚繼光)[2]이 "**권법은 흡사 큰 싸움의 기예로는 예비한 것이 없는 것 같다. 그러나 수족(手足)의 활동과 지체(肢體)를 부지런히 하는 버릇은 (무예를) 처음 배우는 사람들의 입예(入藝)의 문이 된다**"고 한 예를 들어 위 사실을 분명히 하고 있다. 따라서 이러한 권법류를 익히면서 병기 기술을 익혀야 비로소 무예인이 되는 것이다. 만약 병기 기술을 익히기 위한 수단으로서가 아니고 권법만을 목적으로 한다면 그것은 곧 호신술·건신술, 또는 놀이〔戱〕라고 해야 옳은 것이다. 다시 말하면 고대의 군사 오락, 혹은 군사 체육인 것이다. 단지 지금과는 달리 고대에는 직접 몸으로 부딪히며 싸웠기 때문에 군사 체육 역시 지금보다 훨씬 과격할 수밖에 없었다.

> 조선시대까지만 해도 궁중이나 군중(軍中)에서 수박이나 각저는 물론 활쏘기와 함께 격구(擊毬) 시합을 자주 행했었는데, 이는 군사들의 훈련 상태 점검을 겸한 놀이였다. 그리고 민간에서도 여러 가지 편싸움 놀이가 있었다. 오늘날까지 전해지는 우리나라 민속놀이 중 차전놀이·석전놀이·쇠머리대기 등에서 볼 수 있듯이 상당히 호전적이며 전투적인 놀이들이 많았다. 이런 집단적인 시합들은 전투를 모방하거나 대비하기 위한 것으로, 외적의 침입에 대한 방어적인 훈련을 겸하고 있었다. 때문에 시합은 격렬해져서 전쟁터를 방불케 했으며, 이를 통해 묵은 알력이나 경쟁 상황을 해소하기도 하였다. 물론 시합중에 일어난 불상사에 대해선 처벌하지 않았다.

해범(海帆) 김광석(金光錫) 선생의 《권법요결(拳法要訣)》에는 "무예란 그 나라의 전승 문화를 기초로 하여 공방(攻防)의 의미를 포함한 기격(技擊) 동작을 주요 단련 내용으로, 공법(功法)·투로(套路)·격투(格鬪)의 운동 형식을 갖추어 내외(內外)를 함께 수련하는 것이다"라고 정의하고 있다.

'체육(體育)'이라는 용어는 원래 고대 동양에서는 없던 말이다. 이 용어는 1890년경 일본인들이 서양의 'physical education'을 번역하면서 만들어 낸 조어이다. 동양에는 대개 '무예(무술)' 아니면 '잡기(雜技)' 또는 '놀이〔戱〕'였다. 이외에는 별달리 대신할 만한 용어가 없었기 때문이다. 현대의 스포츠는 무술과 잡기의 중간쯤으로 이해되거나, 잡기 혹은 놀이에 가깝다고 해야 할 것이다. 어쨌거나 놀이든 잡기든 스포츠든 그것들 대부분은 고대 무예에 그 기원을 두고 분화되어 발전해 왔다는 데에는 이의가 없다. 그렇지만 맨손 격투기예가 결코 무예가 될 수 없듯이 스포츠 역시 무예가 될 수 없다. 강물이 거슬러 흐를 수 없듯이 스포츠가 다시 전통 무예가 될 수는 없다는 말이다. 또 이제 와서 굳이 그래야 할 필요도 없다. 역사적으로도 개인용 화포병기, 즉 총이 개발되면서부터 더 이상 무예(엄밀하게 말하자면 고대 무예)가 발전하지 못하였고, 또 새로이 생겨나지도 않았다. 이후 그 효용 가치를 잃은 무예들의 몇 가지 기본 동작들이 남아 체육 혹은 스포츠·호신술로 변형되었다. 펜싱·양궁·창던지기 등은 고대 무예에서, 사격은 현대 무예에서 유래된 것이다. 그외에 많은 것들은 차츰 용도 폐기되어 갔다.

1972년 독일 뮌헨에서 개최된 제20회 하계올림픽에서 금메달을 목에 건 북한의 사격 선수 이호준은 "적의 심장을 향해 방아쇠를 당겼다"고 말해 세계인들을 아연케 한 적이 있다. 운동 경기와 무예를 구분하지 못한 데서 생긴 웃지 못할 사건이었다. 전쟁에서 병사들이 활을 쏘면 무예이지만, 선비들이 활터에서 기생들과 어울려 오락으로 활을 쏘는 것은 놀이가 되는 것이다. 비록 군인이라 해도 군부대에서 사격 연습을 하는 것은 무예의 수련에 해당되지만, 태릉선수촌에서 총을 쏘는 것은 스포츠가 되는 것이다.

요즈음 우리나라에서는 이러한 용어의 구분이나 개념에 대한 상식이 없다 보니 아무 데나 '무술' 혹은 '무예'를 갖다붙이고 있다. 검도와 태권도는 분명 유도나 레슬링·권투와 마찬가지로 운동 경기 종목이고, 택견은 씨름처럼 놀이의 일종이다. 무예와는 한참 멀다. 굳이 붙이자면 호신술이어야 할 것이다. 좀더 양보한다면 호신 무예라고나 할까. 무예에 대한 정의조차 제대로 이해되지 못한 데서 비롯된 여러 가지 혼란들과, 또 그것들의 경계를 확실히 하지 않으면 안 되는 이유가 이 책을 통해 계속 이야기될 것이다.

그리고 무예의 목적을 나타내는 상투적인 표현인 호국(護國)이란 말은 이 책에서 더 이상 이야기하지 않겠다. 무(武)에는 본질적으로 호(護)와 수(守), 침(侵)과 략(掠)의 목적을 내포하고 있으므로.

4 고대 인류와 무기(武器)

인류는 처음엔 사냥을 위해, 그리고 위험한 동물로부터 자신과 종족을 보호하기 위해 무기를 개발하고, 차츰 동물들과는 다른 형태의 투쟁 방법을 가지게 되었을 것이다. 결국 종족과 부족간의 투쟁은 점점 국가간의 전쟁으로 발전하게 된다.

전쟁은 상대를 제압하여 분쟁을 해결하는 가장 확실한 방법 중의 하나였다. 비록 잔혹하지만 인류 문명 발전에 가장 크게 기여한 불가피한 원동력이었다. 예나 지금이나 문명 국가치고 끊임없는 전쟁 속에서 성장하지 않은 나라는 없다. 처음 야수를 공격하고 방어하기 위해 만들었던 단순한 무기는 사람과 사람이 싸우면서, 즉 무기와 무기가 겨루게 되면서 인류의 온갖 지혜와 과학적 성과를 바탕으로 갈수록 예리해지고 다양하게 발전되어 갔다. 더불어 이를 다루는 기술도 더

商 甲骨文	周 金文	秦 小篆	漢 隸書	現代 楷書
				兵 두 손으로 자루가 달린 돌도끼를 들고 있으며, 바로 병기라는 뜻이다.
				卒 모종의 수많은 갑편을 이어서 만든 의복이라는 뜻을 나타내고 있다.
				介 한 사람이 몸에 작은 갑찰甲札로 만들어진 옷을 입고 있는 형상.
				干 공격 무기를 겸한 방패의 상형.
				射 화살을 시위에 먹이고 쏘려는 상태를 그리고 있다.

고대 문자의 발전 단계

商 甲骨文	周 金文	秦 小篆	漢 隷書	現代 楷書
ᒣᒣ		刀	刀刀	刀 칼의 모양.
	〒ß	줐	矛	矛 창의 상형.
千王 千千	青千 去去	戈		戈 자루가 달렸으며 가늘고 긴 날의 병기의 형상.
弓弓 弓弓	弓弓 弓弓	弓	弓弓	弓 활의 형상으로, 시위를 잡아당기고 있거나 혹은 그냥 놓아둔 상태.
𠂆𠂇	𠂆𠂇	斤	斤斤 斤	斤 자루가 있는 돌도끼의 상형. 뒤에 한 근의 무게를 나타내는 이름으로 가차되었다.

고대 문자의 발전 단계

욱 엄밀해져 갔다.

최초의 병기—돌도끼

원시시대, 고인돌시대를 생각할 때 항상 먼저 그려지는 것이 바로 이 돌도끼이다. 이 시대에는 공구와 무기의 구분이 없었다. 사용하는 대상(또는 용도)에 따라 공구도 되고 무기도 될 수 있었다. 그리고 그 형태나 사용 대상 역시 뚜렷하게 구별되지 않았었다. 적당한 무게와 날카로운 모서리만 있으면 나무를 자르거나 동물이나 다른 부족을 살상할 능력을 갖추게 되었으므로 필요에 따라 도구로 사용되기도 하고, 또 무기로 사용하기도 하였다. 인류 최초의 조립형 도구인 셈이다. 갑골문에서 '병(兵)' 자는 '𠂉'로 그려지는데, 두 손으로 자루가 달린 무거운 도끼(斤)를 들고 있는 형상이다.

활과 화살

활과 화살의 발명은 사람들로 하여금 사냥시에 위험한 들짐승에게 아주 가까이 가지 않고도 살상할 수 있는 능력을 주어 수많은 위험을 피하게 해준 우수한 무기였다. 또한 가까이 따라잡기 힘든 재빠른 동물을 원거리에서도 살상할 수 있게 해준 매우 효율적인 사냥 도구였다. 따라서 당연히 전쟁에서도 매우 유용한 무기로 사용되었다. 그러나 곧 인간은 전투에서 방패를 만들어 자신을 엄호할 줄 알았으므로 전쟁 무기로서의 활의 위력은 크게 감소하게 된다.

창〔戈・矛・槍〕

최초의 창은 긴 나무 자루 끝을 뾰족하게 갈아서 그대로 짐승을 사냥하는 데 사용했다. 그리고 한참 후, 끝에 뾰족하게 간 돌이나 뼈를 묶어 사용하였다.

대개 동서양을 막론하고 국가의 성립은 청동기의 번성과 같은 시기였다. 초기 청동 기술의 주요 임무는 무기의 주조였다. 청동기시대 이전에는 전적으로 살인을 목적으로 만들어진 무기는 없었다. 대개 공구로서 사용하다가 때에 따라 무기로 사용되었을 뿐이다.

본격적인 무기로서의 창(戈) 역시 이 청동기시대에 생겨난다. 이때의 창은 찌르는 칼의 기능과 투구나 갑옷 위를 내리찍는 도끼의 기능을 겸한 모양이었다. 그러나 가장 일반적인 것은 긴 자루 끝에 예리한 창날이 달려 있어 주로 곧장 찌르는 무기이다. 상고시대에는 과(戈)를 많이 사용하였지만, 후대에는 모(矛)를 많이 사용하였다. 이후 창은 칼과 함께 모든 전쟁의 주병기로서 임무를 하게 되고, 창법 또한 모든 무예의 으뜸으로 중요시되어 왔다.

검(劍)과 도(刀)

통칭 칼이라고 하는데, 양쪽에 날이 있는 것을 검(劍)이라 하고, 한쪽에만 날이 있는 것을 도(刀)라 한다. 고대에는 구분해서 사용하였으나, 후대에 오면서 그 명칭을 혼용하게 되었다.

석기시대에 만든 돌칼(石劍)이나 청동기 초기의 검은 모두 짧은 단검이었다. 전투의 먼 거리에서 먼저 활을 쏘고, 근거리에서는 긴 창으로 겨루다가 나중에는 검으로 싸우게 된다. 재질의 한계성 때문에 검은 길게 만들 수가 없었다. 일반적으로 돌칼이나 동검(銅劍)은 30센티미터 미만이었다. 원래 검은 근접전에서 재빨리 상대를 찌르는 병기였다. 너무 길면 쉬이 부러지게 된다. 부러지지 않으려면 그 길이만큼 두꺼워져야 하는데, 그러면 너무 무거워 사용하기가 힘들어진다. 이후 야금술이 발달되면서 조금씩 길어지다가 청동검(靑銅劍)에 이르러서는 1미터 이상으로까지 길어지게 된다.

본래 검은 창처럼 곧바로 찌르는 무기였으나, 철기시대에 들어오면서 재질이 개선되어 찍고 베기도 가능하게 되었다. 이후 단조술이 개발되어 가볍고 예리한 날로 빠르게 베기에 용이한 도(刀)를 많이 사용하게 되었다. 만들기와 다루기가 힘든 장검(長劍)을 대신해 원심력과 탄력을 이용한 단인도(單刃刀)가 주요 병기가 된 것이다. 그러나 중세 이후 보다 과학적이며 복잡한 무기들이 개발되면서 도(刀)는 차츰 보조 병기로 밀려나게 된다.

5 사냥과 활쏘기

고대 중국의 갑골문에는 왕의 사냥에 관한 점복(占卜)이 매우 많다. 또한 우리나라 최고의 역사서인 《삼국사기》와 《삼국유사》에도 왕들의 사냥 기록이 수없이 많이 나온다. 물론 당시의 왕들이 그만큼 사냥을 즐겼는지는 알 수 없으나, 제사와 더불어 전쟁이 국가의 가장 큰 대사였던 그 시대에 사냥은 왕이 반드시 직접 행해야 하고, 또 모든 신하와 백성들도 함께 참여해야 하는 **일종의 집단 군사 훈련**이었다. 지금처럼 단순한 오락이었다면 그렇게 점까지 치지는 않았을 것이다. 백성들은 평소 생산 노동을 하는 틈틈이 습무(習武)를 하며, 농한기에는 이 군사적 활동인 사냥에 대대적으로 동원되었다. 그리하여 후대로 내려가면서 사냥은 종합적인 군사 오락의 성격을 띠게 된다.

당시 사냥에서 가장 많이 사용되었던 것이 바로 활쏘기인데, 고대에는 모든 남자들이 반드시 익혀야 할 기예 가운데 하나였다. 총포가 개발되기 이전까지 전투나 사냥에 결코 빠질 수 없는 이 활쏘기는, 근세에 이르러 군사 훈련은 물론 사냥과도 아무런 관계 없는 단순 오락으로 변질되어 갔다. 조선을 건국한 태조 이성계는 출중한 무장으로 활을 잘 쏘았다고 한다. 그러나 누구보다도 무신(武臣)의 왕조에 대한 위협성을 잘 아는 그는 사병 조직을 혁파하고, 유교를 국가 이념으로 채택하여 강력한 중앙집권 체제를 구축한다. 이후 조선에서 사냥은 군왕이나 글 읽는 선비가 즐겨 할 만한 일이 못되고 말았다. 활쏘기조차 더 이상 사냥의 역할을 갖지 못하고 군사 훈련 겸 중신들의 오락을 목적으로 궁중에서 종종 행해졌을 뿐이었다. 《무예도보통지(武藝圖譜通志)》의 〈병기총서(兵技總叙)〉편을 보면, 조선 초기 궁중에서는 이 활쏘기 외에 다른 무예가 공식적으로 시연된 기록이 거의 없다. 그처럼 조선은 점점 '문민 정부'화되어 갔다. 결국 임진왜란을 당하고서야 조선 왕조는 그동안 얼마나 무예를 소홀히 해왔던가를 뼈저리게 느끼게 된다. 예로부터 동이족이라 하여 활 잘 쏘는 민족이라 자랑스럽게 여겨왔지만, 이렇게 무예의 본질에서 벗어나 버리는 바람에 활쏘기는 한낱 한량들의 오락거리로 전락하고 만 것이다.

오늘날에는 비록 스포츠나 취미의 하나일 뿐인 활쏘기이지만, 수천 년 동안 인류의 식량 조달을 위한 최고의 수렵 수단이기도 하였거니와, 또한 **전쟁을 대비해 살생 능력을 익히고 호전성을 유지시키는** 훌륭한 군사 오락이었다. 닭의 모가지 하나 비틀 줄 모르는 사람이 어찌 전쟁에 나아가 적을 죽여 나라를 지킬 수 있겠는가. 몽고제국의 대정복은 평소에 목축과 수렵으로 단련된 말타기와 활쏘기에 능숙한 군사들 때문에 가능했다. 대규모 몰이 사냥으로 길러진 조직적인 기동력,

그리고 무엇보다도 거의 매일같이 짐승을 잡으면서 몸에 밴 살상력이 적을 공포에 떨게 하였던 것이다.

고대로부터 동서양을 막론하고 사냥은 군왕이 반드시 챙겨야 할 책

고대에는 사냥이 생업의 주요한 수단이었고, 군사들에겐 훈련의 방편이었다. 하지만 오늘날에 와서는 한낱 스포츠에 지나지 않는다. 물론 아직도 일부 저개발국이나 오지의 원주민들에겐 없어서는 안 될 생활 수단이지만, 대부분의 선진국에서는 사냥이 동물 보호 차원에서 엄격히 제한되고 있다.

사실 과학 문명의 발달로 인간은 과거 무기로 사냥하던 시절에 비해 최첨단 무기로 지구상의 모든 동물을 원하는 때에 얼마든지 잡을 수가 있다. 하지만 더 이상 사냥은 안 된다. 인간은 이미 다른 동물들이 살아가야 할 영토를 거의 다 빼앗았다. 물론 직접 키워서 잡아먹는 것에 대해서는 논리적으로 항변할 수 없지만, 야생 상태에 있는 동물들을 잡는 것은 자연의 섭리에도 맞지 않고, 신(神)의 뜻에도 거스르는 행위이다. 성경에 따르면, 신이 노하여 인간 세상을 홍수로 벌할 때, 몇몇 선한 이들을 구하기 위해 노아로 하여금 방주를 만들게 했다. 그러나 그 방주에 인간들만을 싣게 하지는 않았다. 온갖 짐승들까지 함께 오르게 하였다. 그렇다면 그때 신(神)은 그 짐승들을 나중에 인간의 양식으로 삼기 위해 함께 구하였을까? 그랬더라면 그 신은 옹졸한 신이다. 오직 인간만을 위한 인간이 만든 인간의 신일 뿐이다. 우주 만물을 창조한 절대자로서의 신이라면 결코 인간만을 사랑하여 다른 모든 생물을 그 먹이로 창조하지는 않았을 것이다. 노아의 방주는 결코 인간만을 위한 것이 아니었다. 이젠 동물들이 동물답게 살 수 있도록 인간이 양보해야 한다. 그게 신의 섭리이다. 그렇지 않으면 언젠가 또다시 대홍수가 밀어닥칠 것이며, 그때에는 노아의 방주가 다시 만들어진다 해도 인간은 단 한 명도 오르지 못할 것이다.

무 중 하나였다. 가장 최근에까지도 아프리카의 원시 부족들 중에는 족장이 되려면 혼자 힘으로 그에 걸맞는 맹수를 직접 사냥해서 자신의 용맹을 증명하여야 했다. 또한 오늘날 유럽의 큰 도시에 있는 대부분의 대공원들은 옛 왕이나 영주들의 전용 사냥터였다. 근래에 들어 유럽 귀족들의 여우 사냥이 동물보호단체들로부터 비난을 받아 매스컴에 오르내리는 것도 바로 이러한 전통 때문이다. 덫을 놓아 잡는 것이 아니라 직접 말을 타고 활이나 창(오늘날에는 총)으로 잡는 것을 말한다. 왕족이나 귀족들에게 기마수렵은 곧 군사 오락이자 소일거리였다. 무예 실력을 발휘할 수 없는 평화 시기에는 더욱 그러했다. 사냥이야말로 영주권의 의심할 바 없는 징표였던 것이다. 백성들과 적들에게 경외심을 불러일으키기 위해, 그리고 자신의 강한 권력을 상기시키기 위해 부하들을 불러모았던 것이다. 부하들은 이 기회를 통해 왕에게 자신의 복종심과 무예 실력을 보여줄 수 있는 좋은 시기이기도 했다. 또한 사냥은 엘리트 계급에 속해 있음을 드러내는 표지였다. 사실상 점점 더 귀족들의 전유물이 된 사슴이나 멧돼지 같은 큰짐승을 사냥하는 것은, 귀족 계급 특유의 문화이자 일반 대중과의 구별짓기 수단으로 평가되었다. 사냥은 전쟁 연습이었고, 젊은 용사들을 강하게 만들었다.

6 고대 권법(拳法)

무예의 기술 내용은 크게 도수 기술(徒手技術)과 병기 기술(兵器技

아프리카 하우사족의 권투 시합

남아메리카 카뮬라족의 씨름

아프리카 누바족의 씨름

인도 세마나가족의 발차기 시합

북시베리아 추크치족의 씨름

術)로 나눌 수 있다. 흔히 이 도수 기술을 권법(拳法)이라 부르는데, 이는 병기 기술을 배우고 익히는 기초가 되므로 모든 무예의 근원으로 꼽는다.

맨손으로 싸우는 일은 간혹 전투중 돌발적인 상황에서 일어난다. 그 때문만은 아니지만 무예인들은 반드시 평소에 도수 기술을 익혀두어야 한다. 물론 때로는 호신술로 사용되기도 하지만, 결코 맨손으로 적

《무예도보통지》권법　　　　고구려 각저총(角抵塚)의 벽화

과 싸우기 위한 것은 아니다.

그리고 이러한 맨손 기술은 평소에는 운동과 오락의 기능을 겸하였다. 중국의 한(漢)대에는 각지에 도시가 형성되면서 궁중은 말할 것도 없고 민간에까지도 각저(角抵, 角觝)·수박(手搏) 등 맨손 기술이 매우 성행하였으며, 이를 많은 고분 벽화에 남겼는데, 한(漢)나라 문화의 영향을 받은 고구려 고분 벽화에서도 이를 확인할 수 있다. 그리고 각저희(角抵戱)·수박희(手搏戱)라 하여 공연적인 대련의 내용이 가미되면서 각종 궁중 연회의 단골 오락 종목으로 성행하기도 했다. 당연히 민간에서도 인기가 있는 볼거리였다.

각저(角抵)는 글자 그대로 뿔(머리)을 맞대고 힘과 기술을 겨루는 운동으로 각력(角力)·상박(相撲) 등으로 불렸으며, 오늘날의 레슬링이나 씨름 등이 여기에 해당된다. 수박(手搏)은 도수박타(徒手搏打)의 줄임말로서, 손으로 치고 때리는 기술을 말한다. 상박(相搏)·백타(白打)·권박(拳搏)·권술(拳術) 등으로 불렸으며, 오늘날의 태권도·가라테 등과 유사한 것들을 말한다. 각저와 수박은 때로는 명확한 구분 없이 혼용되기도 하였다.

그러나 탁견희(택견)와 함께 《해동죽지(海東竹枝)》〈속악유희(俗樂遊戲)〉편에 나오는 수벽타(手癖打)는, 서로 마주 보고 손뼉을 치고(때리고) 노는 것으로 권법과는 전혀 상관이 없는 동네 아이들의 놀이일 뿐이다(정확히 어떻게 치고 놀았는지는 알 수 없지만, 지금의 아이들이 하는 장난 놀이와 별반 다르지 않았을 것이다). 이 손뼉치기(손때리기) 놀이를 수박(手搏)과 호칭이 비슷하다 하여 대단히 신비한 우리 민족만의(세상에 그런 정신 나간 민족은 또 없을 테니까) 비전 무예라고 팔고 다니는 것은 지극히 무지하거나 간특한 소치라 할 수밖에 없다.

엄밀한 의미에서 수박(手搏)이나 각저(角抵)류는 무예라 하지 않는다. 글자 그대로 수박과 각저일 뿐이다. 이것들은 고대의 체육이자 오락이었다. 군영에서 군사들끼리 힘자랑으로 행해지던 군사 오락이었던 것이다(오늘날에도 군부대에서 이와 유사한 군사 체육이 많이 행해지고 있다). 또한 궁중 연회에서 행해질 때에는 거의 잡기(雜技) 수준의 놀이였다. 굳이 고구려의 고분 벽화를 예로 들지 않더라도 고려나 조선의 왕조실록에는 왕들이 수박과 각저를 즐겼다는 기록이 많이 실려 있다. 거의 대부분이 궁중 연회중 오락으로 즐겼었다. 한결같이 볼거리 행사였지 결코 무예로서 행해진 것이 아니다. 물론 어느 시대를 막론하고 모든 왕들은 군사나 장수들의 무예를 시험하는 행사를 자주 열었다. 그때는 수박이나 각저, 그리고 격구 등도 함께 행했지만 대개는 활쏘기나 창검술 등의 정식 무예였다. 그러면 궁중 연회에서는 왜 이런 무예 시연을 하지 않고 수박희나 각저희처럼 잡기들만 구경하였단 말인가? 하지만 그건 당연한 일이다. 왕이나 외국 사신들의 면전에서 무기를 휘두르다니! 연희장은 고사하고 궁중 안으로 어느 누가 칼

한 자루 들고 들어갈 수 있단 말인가.

조선의 국기 십팔기에는 '권법(拳法)'이 정식 무예 종목으로 올라 있다. 그렇지만 이것은 결코 수박이나 각저가 아니다. 왜냐하면 나중에 병장 무예를 익히기 위한 법(法)과 식(式)을 갖추어 기예로서 정식 이름을 얻었기 때문이다. 그러나 수천 년 전부터 해오던 수박이나 각저는 구체적인 동작의 기록이나 어떤 정형화된 법식이 전혀 남아 있지를 않다. 각 시대마다 내용이 똑같았다고 할 수 없는 것이다. 그러므로 고유명사가 아닌 보통명사였던 셈이다. 무예로서의 법식을 지닌 것이 아니라, 그저 보는 사람들을 즐겁게 해주어야 했기 때문에 상당히 과장되고 곡예화된 기술을 구사했을 것으로 짐작할 수 있다. 권법을 응용한 유희로서 일종의 고대 스포츠였다고 보면 된다.

《무예도보통지》를 만들면서 그 부록으로 군사 오락인 마상재(馬上才)와 격구(擊毬)를 실어 놓았다. 그렇지만 수박이나 각저는 실려 있지 않다. 만약 당시에 그것들을 무예로 취급하였거나, 아니면 최소한 군사 체육으로라도 인정하였거나 무슨 정형화된 법식이 남아 있었더라면, 2백 여 년 동안 그토록 우리 무예를 찾고 또 체계화하려고 애썼던 조정에서 그냥 두었을 리 없지 않은가. 그러나 《무예도보통지》에는 이에 대한 별도의 언급조차 없다. 《조선왕조실록》에도 수박희나 각저희를 행하였다는 기록은 수없이 많이 나오지만, 역대 무예 행사나 군사(軍事)에 관한 기록을 정리해 놓은 〈병기총서(兵技總叙)〉편에서는 무예청 군사들이 각저 시합을 하였다는 단 한 번의 언급만이 있을 뿐이며, 또 〈권법(拳法)〉편의 '案'(지금의 참고 자료 또는 주석에 해당)에서 《한서(漢書)》에 나오는 "수박(手搏)은 손바닥으로 힘을 겨루는 것(팔씨름)으로 무희(武戱)가 된다"고 한 예를 실었을 뿐이다. 매우 정확한 언급이다. 당대 최고의 학자들이 무예와 놀이를 구분하지 못했을 만큼 무지했다고 생각할 이는 아무도 없을 것이다.

결국 권법의 최종적인 목적은 건신과 호신에만 있지 않고 무예, 즉 병장기를 다루기 위한 기초적인 신체 단련에 있다고 정의할 수 있다.

7 북서풍과 동북풍

우리나라는 겨울이면 북서풍이 매섭다 하여 그쪽으로 봉창 내기를 꺼려 왔지만, 중국에서는 예로부터 동북풍을 가장 무서워했다. 중국이나 한반도 둘 다 겨울 찬바람은 북서쪽에서 불어올 텐데 왜 그들은 유독 동북풍을 싫어했을까?

옛날 복희씨가 만물의 형상을 여덟 가지 모양으로 나누어 나타냈는데, 그것이 '팔괘(八卦)'이다. 이 팔괘를 방위와 대비시키면 동북 방향은 '간(艮)'에 해당되는데, 귀신이 나오는 '귀문(鬼門)'이라 하여 사람들이 꺼리는 방향이다. 가상(家相)을 볼 때도 귀문에 해당되는 동북 방향은 언제나 꺼렸다. 이는 《산해경(山海經)》에서 귀신이 동북 방향에 산다고 한 데서 유래되었다고 한다. 그래서 만리장성이 시작되는 동북쪽 관문을 산해관(山海關)이라 이름하였을까?

중국은 예로부터 동북쪽에서 쳐들어오는 오랑캐 기마 민족을 가장 두려워했다. 풍족한 농경 사회였던 중국은 끊임없이 주변 이민족(오랑캐)의 침입을 받아왔다. 서쪽과 북쪽이 드넓은 사막과 험한 산맥으로 자연의 방벽이 둘러쳐져 있어 어느 정도 안심이 되었지만, 이 동북 지방을 뚫고 쳐내려오는 기마 민족을 마마나 귀신처럼 무서워했는데, 현재의 요동 지역인 이곳만이 중원과 통하는 유일한 평지였기 때문이다. 진시황제의 만리장성도 말하자면 이 귀문을 틀어막고자 함이었다.

중국의 북방 지역에선 항상 수많은 유목 민족이 일어나 동서로 이동하며 세력을 키운 후, 이 동북 지역에서 비로소 국가의 형태를 갖추고 호시탐탐 중원을 엿보다가, 때가 되면 귀문을 부수고 내려와 천하를 차지했다. 흉노(匈奴)·돌궐(突厥)·선비(鮮卑)·고구려(高句麗)·발해(渤海)·거란(契丹)·숙신(肅愼)·여진(女眞)·말갈(靺鞨)·몽고(蒙古) 등등 끊임없이 새로운 민족이 태어나 흥망성쇠를 거듭하면서 호시탐탐 중원을 엿보았다. 따지고 보면 중국의 역사는 이 북방 이민족들과의 투쟁의 역사라고 해도 과언이 아니다. 역대 모든 중국 왕조들은 황하의 치수와 더불어 이 동북풍을 막는 데 많은 노력을 기울였다. 때로는 달래고 때로는 징벌도 해보았지만 수(隋)·당(唐) 이후 번번이 뚫려 천하를 빼앗기기도 했다.

이에 비해 한반도가 북서풍을 무서워하는 이유는 겨울의 매서운 바람 탓도 있지만, 북방 오랑캐가 항상 반도의 북서쪽, 즉 의주를 통해 침입하였기 때문이다. 북쪽 유목 민족들을 통합한 세력은 마지막에 만주에 집결하여 중원으로 쳐들어가기 전에 반드시 한반도를 확실히 복속시켜 놓아야 했다. 그렇지 않으면 중원과 연합하여 언제든지 자신들의 후방을 공격하기 때문이다. 소규모 군대라면 압록강이나 두만강 중 아무곳이나 건너 노략질을 할 수 있지만, 본격적인 전쟁을 위한 대규모 군대로 쳐들어오려면 반드시 압록강 하류인 의주를 거쳐 비교적 평평한 서해안을 타고 내려올 수밖에 없다. 산이나 강을 끼고서는 유목 민족의 특기인 기마 전투를 펼칠 수 없어 기동력이 떨어지기 때문이다. 또한 물을 무서워하여 대개 강이 얼어붙는 겨울철을 틈타 침입하였기 때문에 북서풍을 함께 몰고 왔다. 그래서 강감찬 장군이 산과 물을 잘 이용하여 10만 거란군을 물리쳐 귀주(龜州)대첩을 승리로 이끌었던 것이다. 또한 고려 왕조는 물 위에서의 전투 경험이 없는 몽고군을 바다로 유인하기 위해 수도를 강화도로 옮겼으며, 삼별초군들도 섬으로 옮겨다니며 저항을 계속하였다. 한반도에서는 북서쪽의 의주가 중국의 산해관 역할을 했던 것이다. 따라서 우리나라에서 점을 칠 적에는 팔괘의 '건(乾),' 즉 북서쪽에다 귀문을 두어야 할 것이다.

어쨌거나 이 동북(한반도에서는 서북)의 변방을 서로 경계하기 위해 중국과 한반도는 항상 선린 관계를 유지하는 수밖에 없었다. 예나 지금이나 세계의 큰 전쟁은 대부분 중위권의 온대 지방을 두고 북에서 남으로 쳐들어가는 양상으로 일어났다. 자연 환경이 그렇게 만드는 것이다. 춥고 열악한 북방의 유목 민족들은 남쪽의 풍족하고 찬란한 문화를 탐하지 않을 수 없는 것이다. 그리고 남쪽은 항상 북에서 내려오는 이민족을 방어하는 데에만 주력하였다. 풍족한 남쪽에서 굳이 쓸데없는 땅인 북쪽으로 쳐들어 올라갈 이유가 없었기 때문이다. 간혹 남에서 북쪽으로 쳐올라간 전쟁도 있었지만 그것은 예방 차원의 정벌을 위한 목적이었다. 고구려를 친 수당(隋唐)이 그 예이다.

역사적으로 북반구 중위권 온대 지역의 농경 민족들은 잠시도 전쟁(동서간이든 남북간이든)의 바람을 피할 수 없었다. 특히 북방의 황량한 들판에서 강인하게 단련된 민족의 침입은 엄청난 재앙일 수밖에 없었다. 그들은 유목 민족의 특성상 강인하고, 살생에 능하고, 말을 잘 타기 때문에 남쪽의 농경 민족이 막아내기에는 항상 벅찬 상대였다. 대부분의 북방 민족들은 전쟁이라면 굳이 사양하지 않을 호전적인 민족성을 가지고 있다. 반세기 전에 우리가 겪었던 6·25 사변은 내전이긴 하지만 역시 남침이었다. 일단 전쟁이 나면 남쪽이 북쪽을 정벌하기는 결코 쉽지 않다. 비록 현대 전쟁이 풍부한 물자와 우수한 무기가 승패를 좌우한다고 하지만, 월남전에서도 보았듯이 반드시 그렇지만은 않다는 사실을 역사의 교훈에서 되살려야 한다. 세계 최강의 미군이 함께 지키고 있고 무기의 성능이나 경제적인 면에서 남한이 훨씬 우세하다고 하지만, 일단 전쟁이 나면 결과는 산술적으로 되지 않는다.

북방 민족에 비해 남방 민족은 역사적으로나 태생적으로 항상 전쟁을 싫어하고 방어적인 생각을 가지는 습관이 있다. 이제 이 습관을 고쳐야 한다. 전통 무예인 십팔기(十八技)를 되살리고 보급하여 잃어버린 무예 정신을 되살리고자 하는 이유가 여기에 있다.

8 조선 초기 주변의 정세

역사를 배우면서 항상 가지게 되는 의문이 있다. 임진왜란 때 아무리 조선이 왜구를 대비하지 못하고 갑작스레 당했다고 한들 그토록 무참히 유린당할 수 있단 말인가? 비록 조총이 무서웠다고는 하지만, 당시까지만 해도 왜군 또한 조총이 주무기는 아니었는데. 이를 위해 먼저 조선 초기의 무비(武備)를 살펴볼 필요가 있다.

고려말 무신 정권이 득세하여 나라가 혼란스러웠던 것은 사실이다. 어떤 학자는 무신 정권 바람에 나라가 허약해져서 몽고의 침략에 무너졌다고 주장하기도 하지만, 오히려 그만큼 무예가 진흥되어 있었기 때문에 그 거대한 몽고제국을 상대로 긴 항쟁을 할 수 있었다고 해야 할 것이다. 1231년부터 무려 여섯 차례의 침공을 물리친 고려는 마침내 항복(1259)은 하였지만, 덕분에 다른 왕국과는 달리 멸망은 면하고 부마국으로서의 관계를 유지할 수 있었다. 그리고 항복 후에도 잔여 세력은 삼별초군을 조직하여 끊임없이 원(元)에 저항하였다. 그러나 원의 지배하에 들어가자 무신 정권은 완전히 와해되고, 이후 **고려는 원의 멸망 때까지 1백여 년 동안 완전히 무장 해제**를 당하여야 했다. 중국의 남송(南宋) 역시 원에 의해 멸망당하여 철저히 무장 해제되었다.

  1368년, 원의 멸망으로 고려는 국권을 되찾았으나 국가 재정의 극심한 고갈로 와해된 군사 체제를 미처 정비하지 못하고 있었다. 당연히 거의 말살되어 버린 군사 무예를 되살릴 겨를이 없었다. 그러던 중에 이번에는 남쪽으로부터 왜구들의 끊임없는 침입을 받는다. 당시 왜(倭)는 남·북조로 갈라져 60년간의 긴 내전을 치르고 있는 중이었다. 계속된 내전으로 인해 백성들은 농사조차 지을 수가 없었다. 군량미는 고사하고 백성들이 먹고 살 양식조차 모자랐다. 그리하여 해적 단위가 아닌 군대를 거느리고서 식량을 탈취하러 수시로 고려의 해안 지방을 침입하였다. 당시 고려에서는 조정으로 보내는 세곡을 해안가 창고에 보관했다가 해상으로 개경까지 옮겼는데, 바로 이 곡창이 왜군들의 목표였던 것이다. 이미 무예와 군사 체제가 와해된 고려는 속수무책으로 노략질당할 수밖에 없었다. 궁여지책으로 곡창을 내륙으로 옮겨 보지만 소용이 없었다. 식량을 구하지 못하면 전쟁은 고사하고 굶어죽을 수밖에 없는 왜구들은 역시 내륙까지 따라 들어와 노략질을 계속하였다. 마침 북으로부터는 홍건적들이 쳐들어와 고려는 남북으로 외적들에게 크게 시달리고 있었다.

  이러한 시기에 홍건적과 왜구들을 물리쳐 큰 공을 세운 이가 바로 최영과 이성계이다. 황산대첩 등 수많은 전투를 승리로 이끈 이성계는 결국 여세를 몰아 고려를 멸하고 조선을 세워 스스로 왕이 된다. 그러나 왕이 된 이후 그는 오히려 문(文)을 숭상하고 무(武)를 억압하여 강력한 중앙집권 체제를 만든다. 무신(武臣)이 세력을 쥐게 되면 어떤 일이 벌어질지 그 자신이 누구보다 더 잘 알았던 것이다. 다행히 그 무렵 중국의 명(明)도 안정기에 들어서 조선과 우호적인 관계를 유지하였고, 일본 또한 지루한 내전이 끝나면서 조선 초기 한·중·일 3국은 한동안 평화 시기를 맞게 된다.

그러다가 명(明)나라 조정이 왜국과의 밀무역을 강력히 단속하게 되자, 왜구들은 이번에는 중국 해안 지방을 수시로 노략질하기 시작한다. 그때 왜구를 상대로 크게 공을 세운 명나라 장수가 바로 척계광(戚繼光)이다. 왜구 소탕에 평생을 다 보낸 그는 병법과 무예에도 조예가 깊어 《기효신서(紀效新書)》라는 병서(兵書)를 남겼다. 여기에는 낭선(狼筅)·장창(長槍)·당파(鐺鈀)·등패(籐牌)·곤봉(棍棒)·장도(長刀)·권법(拳法)의 기본 세법이 실려 있는데, 모두가 왜구를 상대하기에 효율적인 무예들이다. 얼마 후 천하대란을 거친 일본은 드디어 도요토미 히데요시에 의해 통일된다. 무수한 전투 경험을 가진 왜적이 그 위세를 몰아 명과의 교역을 핑계로 바다를 건너올 때까지 조선 왕조는 오직 문치(文治)에만 주력하고 있었다. 오래전에 사라진 국가의 무예 체계를 되살려 놓을 꿈도 꾸지 않고 있었던 것이다.

결국 임진왜란 두 달 만에 전 국토를 거의 다 내주고, 왕이 의주까지 도망가서야 겨우 명(明)의 원군의 도움을 받아 왜적을 물리치게 된다. 고려가 원의 지배하에 있던 시기에서부터 임진왜란 때까지 3백 년이 넘는 기간 동안 이 땅에는 군사는 있되 안타깝게도 무예는 없었던 것이다.

9 병장 무예와 개인 무예

　고대 무예의 특징을 논하자면, 먼저 군사 무예냐 일반 무예냐에 따라 약간씩 달라진다.
　기본적으로 군사 무예, 즉 병장 무예는 적의 살상에 중점을 두는 반면, 일반 무예는 그 자신의 몸을 지키는 데에 우선을 둔다. 또한 군사 무예는 조직적인 단체 무예이지만, 일반 무예는 개인 무예로서 독립적이다. 이에 따라 같은 기예라 하더라도 그 운용 면에서 상당한 차이를 드러낼 수밖에 없다.
　전쟁에서 군사는 무기·말·보급품 등과 함께 소모품이다. 양 진영이 싸워 서로를 살상한 결과 많이 살아남아 있는 쪽이 이기는 것이다. 똑같은 조건이라면 군사가 수적으로 많은 쪽이 당연히 이긴다. 상대가 5만 명의 군사를 거느리고 나왔을 때, 이쪽에서 10만을 동원해 일대일로 서로 죽여서 군사 5만 명이 남았다면 이쪽의 승리가 되는 것이다. 그렇다고 수적으로 열세여서 전쟁을 피하거나 미리 항복할 수는 없는 법이다. 그래서 온갖 무예와 기상천외한 병법들이 생겨나는 것이다. 불리함에도 불구하고 이겨야 하니까.
　군사 무예는 우선 수많은 병사들을 통일되게 훈련시켜야 하므로 기법이 비교적 단순하고 힘이 있어야 한다. 또한 집단적으로 전투에 임하기 때문에 무예와 진법이 적절하게 조화를 이루어야 한다. 병졸 모두를 하나같이 단숨에 뛰어난 무예인으로 키울 수는 없다. 그래서 최소한의 꼭 필요한 실전 기예만을 가려뽑아 반복해서 훈련시킨다. 일단 적보다 먼저 찌르거나 베고 볼 일이다. 본인이 살고 죽고는 그 다음 문제이다. 따라서 전투에 임하여 상대편 한 명을 죽이고 자기도 죽으면 그 병사는 자기 몫을 다한 것이다. 둘을 죽이고 자기가 죽으면 공을 세운 것이다. 그래서 병장 무예는 방어 동작보다는 공격 동작이 많다. 서로 간의 간격을 좁혀서 열을 지어 앞만 보고 나아가야 한다. 앞을 보고 움직이는 동작이 많고, 뒤로 돌아서는 동작은 가능한 한 없앤다. 물러설 때에도 뒷걸음으로 물러서야지 등을 돌리는 것을 용납치 않는다.

반면에 개인 무예는 상대를 죽이기에 앞서 먼저 자기부터 지켜야 하다 보니 무예 동작이나 수련 범위가 다양하여 화려하기까지 하다. 그리고 당장에 써먹을 수 있는 완력이나 과격한 기술을 습득하기보다 멀리 내다보며 건신과 양생까지도 염두에 두어 수련한다. 전쟁이 있건 없건, 자신이 군인이든 평민이든 평생을 수련하여 무공을 계속 상승시켜 나가야 하기 때문이다. 따라서 이론적으로도 매우 깊어질 수밖에 없다. 자신이 결코 소모품이 될 수 없기 때문이다. 때문에 예로부터 명문가의 무예를 상승 무예로 높이 받들어 일반 혹은 병장 무예와 크게 구별하였다.

본질적으로 동양 3국의 무예가 병장 무예에서는 크게 다를 바가 없다. 다만 검(刀)으로 대표되는 일본 무술은 수백 년 동안 끊임없이 이웃 성(省)과 전쟁을 치르면서 전통적으로 병장 무예로서의 특징이 매우 강하고, 중국 무술은 수많은 무술 문파만큼이나 다양한 개인 무예가 크게 발전하여 화려할 만큼 기예들이 섬세하고 복잡하다. 흔히 검도(劍道)를 통해 일본 무도를 접한 이들이 그들의 강인함과 처절함을 나타내기 위해 "내 팔을 하나 내주고, 상대의 심장을 찌른다"라는 말을 자주 인용하는데, 이 말은 곧 군사 무예의 특징을 표현하고 있다. 병졸은 곧 소모품이라는 인식이 깔려 있는 것이다. 그렇지만 개인 무예에서는 절대 가당치 않은 말이다. 설령 상대를 죽일 수 있더라도 그로 인해 내 손가락 한 마디라도 잘릴 것 같으면 결코 상대를 찌르지 않는다. 상대의 목숨보다 내 손가락 하나가 더 소중하기 때문이다. 만약 그랬다가는 열 번 싸우면 손가락 열 개가 다 온전치 못할 수 있다는 이야기가 아닌가? 다시 칼을 돌려서 완벽한 기회를 노릴 수밖에 없다. 그래서 개인 무예는 화려할 정도로 정밀해지는 것이다. 특히 무예를 자기 수양의 방편으로 삼을 때에는 더욱 그러하다.

지역적 특색에 따라서 같은 기예라도 그 운용 면에서 달라질 수가 있다. 춥고 거친 북방 지역에선 단순하면서도 힘 있게 하는 경향이 있고, 더운 남방에선 느리고 화려한 동작을 좋아하게 된다. 또 전쟁중 성이나 말 위의 적을 공격할 때나 부대끼리 접전할 때에는 맨 앞에 장창·죽장창·낭선 등 긴 병장기를 세우는데, 이같이 길이가 길고 무거운 병기들을 다루는 데 힘이 들기 때문에 기예들이 단순한 동작들로 짜여질 수밖에 없다. 그래서 군사용 병기들은 대체로 길이가 긴 반면에 개인용 병기들은 본인의 신체적 조건과 숙련도에 따라 짧아지는 것이다.

바로 이러한 점들이 오늘날 한·중·일의 무예 특징으로 나타나고 있다. **단순하고 엄숙주의로 흐르는 일본 무예, 화려한 기예를 자랑하는 중국 무술에 비해, 한국 무예 '십팔기'는 매우 실질적이고 힘이 있으며 엄밀하다고 할 수 있다.** 세 나라의 군사들이 한꺼번에 회동하여 실제 전투를 치른 직후 그 경험을 토대로 탄생하였기 때문에, 일본과 중국 무예의 장단점을 연구하여 그들을 효과적으로 대적키 위해 만들어졌다.

개인 무예는 말할 것도 없지만 병장 무예라 하더라도 병졸이 아닌 무장인 경우에는 온갖 무예에 정통하여야 했다. 왜냐하면 내가 칼을 들었다고 해서 상대가 반드시 칼을 들고 나오는 것은 아니기 때문이다. 오히려 보다 유리한 병장기를 들고 나오려 한다. 또 경우에 따라서는 칼이 아닌 다른 병장기로 싸워야 할 때도 있는 법이다. 따라서 평소에 이런저런 병장기를 다루어 봐야 효과적으로 대적할 수가 있다.

10 전통 무예와 호신술, 그리고 놀이

흔히 사람들은 이를 잘 구분하지 못하는 경우가 많다. 일반인들은 말할 것도 없고, 자칭 무예를 한다는 사람들조차도 자신이 하고 있는 것이 정확히 무엇인지 잘 모르고 있는 것 같다. 심지어 학계에서도 이에 대해 명확한 구분을 짓지 못하고 있는 실정이다.

해범(海帆) 선생이 지은 《본국검(本國劍)》이라는 책을 보면, 보다 엄격한 의미에서의 무예는 "자위적 본능의 방어 기술이 축적되고, 병기의 발전과 더불어 전문적으로 공수(攻守)와 살상(殺傷)을 담당하는 무사(武士)가 등장하면서 구체화되었다"라고 설명하고 있다.

간단하고 쉽게 말하자면, 무예란 '무기를 사용하는 기예'라고 할 수 있겠다. 그러니까 전통 무예란 전통적인 무기를 다루는 기예를 말한다. 즉 무예란 자신의 방어와 적의 살상을 목적으로 병기를 가지고 법(法)·기(技)·술(術)에 따라 체계적으로 끊임없이 능숙해지도록 훈련하는 것이다. 《무예도보통지》의 〈기예질의(技藝質疑)〉편에는 "예로부터 (우리나라에) 전하는 것은 궁시(弓矢) 한 가지 기예만 있고, 칼과 창은 헛되이 기기(器機)만 있으며 익히고 쓰는 법(法)이 없다"라고 통탄하였다. 다시 말해 무기도 있고 병사도 있지만 이를 다루는 기예, 즉 무예가 없었다는 말이다.

　이로써 우리는 무예에 대한 몇 가지 사실을 정리할 수 있다. 우선, 일반 사람이 낫이나 곡괭이를 들고 적과 싸웠다고 해서 그가 무예를 안다고 할 수 없다. 역시 저잣거리의 깡패가 아무리 주먹 싸움을 잘한다 해도 그를 무예인이라 불러주지 않는다. 그냥 싸움꾼일 뿐이다. 그 싸움은 어디까지나 상대를 혼내 주기 위한 것이지 살상을 목적으로 하지 않기 때문이다. 또 비록 병사라 하더라도 그 기예를 익히지 않고 전투에서 병장기를 휘두른다면 그 역시 무예인이라 칭할 수 없다. 그리고 어떤 사람이 그 무기를 다루는 법을 알고는 있다지만 스스로 그 기예를 몸에 익히지 않았다면 그를 무예인이라 일컬을 수 없는 것이다. 그렇지만 비록 작대기라 하더라도 그것을 무예인이 휘두를 때에는 무예가 될 수도 있다.

　문명화된 인간의 모든 움직임, 즉 **무예든 춤이든 운동이든 그것이 나름대로의 법(法)과 식(式)에 따라 능숙하게 숙달되어 정형화된 아름다움을 표출할 때에야 비로소 하나의 기예로서 고유한 이름을 부여받게 되는 것이다.** 정조대왕은 앞서 사도세자가 완성한 열여덟 가지의 병장 무예 종목에 비로소 '십팔기'란 고유명사를 붙이고, 이를 후세에까지 책으로 남기게 하였다. 그것이 바로 오늘에까지 전하는 《무예도보통지》인 것이다. 이 '십팔기'는 고대 전통 무예의 가장 기본적인 것들을 총망라한 종합 무예이기 때문에 우리는 오늘날 이것 이외에 다른 어떤 무예도 찾아볼 수가 없는 것이다.

　조선의 멸망과 함께 그 빈 자리에 일본의 스포츠화된 무도인 검도(劍道)와 유도(柔道)가 강제로 이식되었으며, 해방 전후에 시중에는 호신술인 가라테(空手道)와 합기도(合氣道)가 들어와 오늘날까지 전통 무예인 양 행세하게 된 것이다. 인간의 원시적인 몸짓, 혹은 무예의 한

가지에서 분화되어 나온 호신술을 무예인 양 착각하고 있는 것이다.

해방이 되고도 아직도 친일에 대한 청산이 제대로 되지 않고 곳곳에 그 잔재가 남아 있는 것처럼, 식민 지배로 인해 강제로 이 땅에 이식된 일본 무예 역시 조금도 청산되지 않고 있다. 검도·유도·합기도·가라테 등 일본 무예(호신술)가 아직도 남아서 전통 무예를 대신하고 있다. 특히 그 중 가라테는 해방 후 태권도로 개명하여 한국 무예(호신 스포츠)를 대표하고 있다. 그리고 1970년초에 불어닥친 중국 무협 열풍과 함께 '쿵푸'가 몇몇 화교 무술인들에 의해 퍼져 나갔다. 이어서 1990년대 한·중 수교와 함께 '우슈〔武術〕'가 체육 종목으로 수입되었다. 그리고 1986년 '택견'을 무예 종목 무형문화재로 지정하였는데, 여기에는 큰 오해와 실수가 있었다. 택견은 무예가 아니고 놀이다. 씨름과 더불어 놀이〔戱〕에 불과한 '택견'을 전통 무예로 지정해 놓은 것도 이처럼 무예에 대한 기본 개념조차 없는 상태에서 저질러진 어처구니없는 실수라 할 수 있다. 이 문제는 앞으로도 끊임없이 논란을 불러일으킬 것이다.

그외에 자칭 전통 무예임을 내세우는 무예인들이 1970년대 들어서서 하나둘씩 생겨나기 시작했는데, 거의 모두가 기존의 무예인들이 새로운 상품으로 만든 것들이다. 역사적이고 문헌적인 근거가 전혀 없으며, 대개는 중국 무술을 흉내내어 만든 것들이다. 일본 무도 혹은 중국 무술을 조금씩 익힌 자들이 자신의 생업을 위해 신라·백제·고구려시대의 그 무엇을 들먹이거나 불가(佛家) 혹은 도가(道家) 이름을 팔아서 창안(?)한 것들이다.

이와 같은 근대 무예사의 혼동으로 인해 태권도와 택견이 우리 무예를 대표하게 되었고, 더 나아가 학계는 물론 국민 모두가 이 두 가지 종목 이외에는 전통 무예가 없는 것으로 인식하게끔 되었다. 그것도 근 1백 년 동안이나. 그렇다면 이 나라는 오직 맨주먹으로 수천 년을 지켜왔다는 말이 아닌가. 나라가 있으면 군대가 있고, 그 군대에는 당연히 수많은 무기와 그것들을 다루는 기예가 있을 것은 너무도 당연한 이치임에도 불구하고 누구 하나 의심조차 하지 않고 있다.

해범 선생이 일찍부터 '십팔기'를 알리고 보급해 온 결과 전통 무예에 대해 날로 관심이 커지고, 새로운 문화 콘텐츠로 각광을 받게 되자 너도나도 전통 무예를 한다고 하니 반가우면서도 한편으로 이러한 무예의 개념에 대한 혼란이 가중되고 있어 심히 걱정스럽다. 최근 학계에서도 전통 무예에 대한 연구가 시작되고 있지만, 모두들 이러한 기본적인 인식이 없는 상태에서 두서없이 진행하고 있는 것 같다. 게다가 체육학계 위주로 되다 보니 무예 주변의 놀이 혹은 스포츠, 그리고 이와 유사한 온갖 것들을 모아 전통 무예란 이름으로 뭉뚱그리려는 경향이 있어 더욱 염려스럽다. 오히려 학계라면 이를 더욱 명확하게 구분지어 주어야 할 텐데 말이다. 연구하는 본인들 자신이 대개 그 종목의 전공자들이거나 이러저러한 이해 관계에 있다 보니, 이 방면의 논문이나 책자들은 그저 자기 미화와 견강부회가 지나치다 못해 사학계나 민속학계에서 보면 웃지도 못할 만큼 황당한 내용들로 가득하다.

달을 가리키면 달을 봐야 할 텐데 손가락을 쳐다보는 것이 현재 체육학계의 무예 연구 수준이다. 이제 조금씩 우리 무예사를 연구하는 단계이다. 모두《무예도보통지》로 귀결될 수밖에 없지만, 아직 **자기 나라 무예의 명칭조차도 제대로 모르고서** 헤매고 있다. 먼저 '십팔기'가 있어 이를 온전히 보전하기 위해《무예도보통지》를 만들었는데,《무예도보통지》가 있어서 '십팔기'가 나온 줄 알고 그 책만 뒤지고 있다. 그러다 보니 갑자기(시작부터) '24기'가 무예 명칭인 줄 알고 너도나도 '24기'를 들먹이는 촌극이 벌어지고 있다. 십팔기를 수련해 본

적이 없는, 그래서 십팔기가 뭔지도 모르는 학자들의 전통 무예 연구가 처음부터 단추를 잘못 꿰맞춘 것이다.

광역의 의미에서 호신술이나 스포츠도 무예에 포함될 수 있다고 주장하는 학자들도 많지만, 그건 학문을 하는 자세가 아니다. 학문을 하는 사람이 그렇게 인심이 후해서야 되겠는가. 무예와 놀이(호신술·체육·스포츠)는 먼저 목적에서부터 달라진다. 당연히 그 정신도 다르다. 무예를 이들과 분명하게 구분하지 않으면 안 되는 이유를 이후의 글들에서 설명하여 나갈 것이다.

11 십팔기는 어떻게 만들어졌는가?

나라가 있으면 의당 군대가 있고, 그 군대에는 반드시 여러 가지 무기를 다루는 병장 무예가 있기 마련이다. 멀리 고조선에서부터 조선에 이르는 수천 년 동안 이 땅에도 그러한 무예가 없었을 리 만무하다. 신라가 삼국을 통일한 이래 문무겸전은 개인의 인격 완성은 물론 민족정신의 뿌리가 되어 왔다.

화랑을 앞세운 신라가 삼국을 통일한 이후, 고려시대 역시 무(武)가 성행하였으므로 당연히 무신(武臣)들이 국정을 주도하였다. 그러다가 원(元)의 지배하에 무장해제당하면서 무예의 긴 단절이 있었다.

고대에는 어느 왕조든 반드시 무(武)에 의해 세워질 수밖에 없었다. 역시 무력으로 고려를 무너뜨리고 조선을 세운 태조 이성계는 문(文)

을 숭상하고 무(武)를 철저히 억압하여 강력한 중앙집권적 왕권을 확립한다. 그러다가 임진왜란을 겪고 나서야 무비(武備)의 필요성을 절감하고 조선군의 무예 체계를 새로이 정립하게 된다. 전란이 끝나자 선조는 그때의 경험을 살려, 역시 왜구를 물리친 장군으로 유명한 명(明)나라 척계광(戚繼光)의 《기효신서(紀效新書)》를 토대로 6기(六技: 棍棒·籐牌·狼筅·長槍·鐺鈀·雙手刀)를 만들고, 그것으로 《무예제보(武藝諸譜)》라는 무예서를 남긴다. 이는 현재까지 남아 있는 우리나라에서 가장 오래된 무예서이다. 여기서부터 본격적인 우리나라 무예사가 시작된다. 이후 이 6기(技)를 익힌 조선군은 왜구의 침입을 효과적으로 막아낼 수 있었다.

한동안 평안했던 조선은 인조 14년(1636), 북방 오랑캐의 침입으로 정묘·병자호란을 연이어 겪게 되면서 무예 종목을 더 늘리고, 보다 정밀하게 체계화시켜야 할 필요성이 대두되었다. 그리하여 영조 35년(1759) 사도세자가 서무(庶務)를 섭정할 때, 신라의 화랑으로부터 전해 오던 본국검(本國劍)을 비롯하여 죽장창(竹長槍)·기창(旗槍)·예

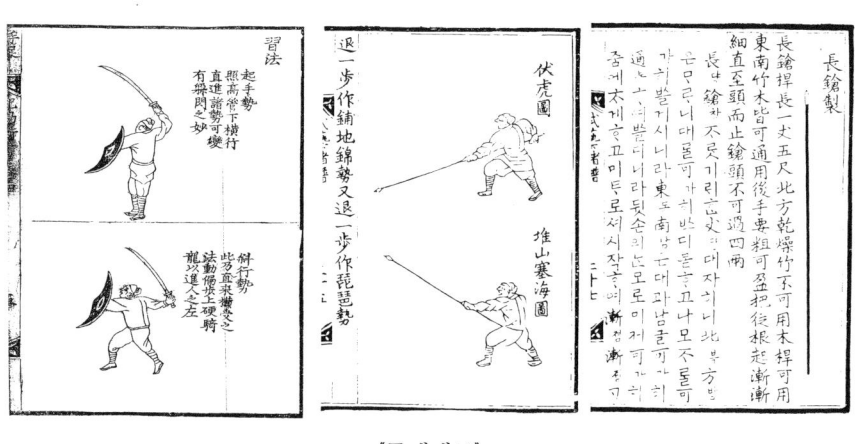

《무예제보》

기효신서	무예제보	무비지	무예신보	무예도보통지
槍	長槍	槍	長槍	長槍
			竹長槍	竹長槍
			旗槍	旗槍
鏜鈀	鏜鈀	鏜鈀	鏜鈀	鏜鈀
				騎槍
狼筅	筅	狼筅	狼筅	狼筅
長刀	劍	刀	雙手刀	雙手刀
		劍(朝鮮勢法)	銳刀	銳刀
			倭劍	倭劍
			交戰	交戰
			提督劍	提督劍
			本國劍	本國劍
			雙劍	雙劍
				馬上雙劍
			月刀	月刀
				馬上月刀
			挾刀	挾刀
籐牌	牌	籐牌	籐牌	籐牌
拳法		拳	拳法	拳法
棍	棍	棍	棍棒	棍棒
			鞭棍	鞭棍
				馬上鞭棍
				擊球
				馬上才
射法		弓/弩		

* 《무예도보통지》의 순서에 따라 배열하였다.

11. 십팔기는 어떻게 만들어졌는가? 53

《무예도보통지》에 나열된 무예 명칭과 순서를 살펴보면, 마상 4기 중 유독 기창(騎槍)만이 독립적인 명칭을 가지고 있다. 즉 마상장창(馬上長槍)이라 하지 않은 것이다. 이는 이전부터 기창(騎槍)이란 명칭을 사용하고 있었기 때문이다. 또한 장창(長槍) 바로 뒤에 싣지 않고 죽장창(竹長槍)·기창(旗槍)·당파(鎲鈀)에 이어서 실은 것은, 곧 말 위에서 장창뿐만이 아니라 다른 여러 가지 창들을 운용할 수도 있음을 의미한다. 그리고 쌍검에 이어 마상쌍검, 월도에 이어 마상월도, 편곤에 이어 마상편곤을 붙인 것은 그것들이 독립적인 기예(技藝)라기보다는 글자 그대로 기예(騎藝)로서 응용 종목임을 나타내는 것이다. 서문에서도 '기예(騎藝) 등(等) 6기(六技)'라고 하여 이를 분명히 하고 있다. 그렇지 않고 만약 독립된 종목이었다면 뒤쪽에 별도로 묶었을 것이다. 맨 마지막의 격구와 마상재는 고려시대부터 내려오던 군사 오락으로서 부록한 것이다.

도(銳刀)·왜검(倭劍)·교전(交戰)·월도(月刀)·협도(挾刀)·쌍검(雙劍)·제독검(提督劍)·권법(拳法)·편곤(鞭棍)의 열두 가지 새로운 종목을 체계화시켜 앞서의 6기(技)에다 더하여 '십팔기(十八技)'를 완성한다. 이때 발간된 것이 《무예신보(武藝新譜)》이지만 지금은 전해지지 않고 있다. 대신 《무예도보통지》에서 〈原〉 항목만을 추려 뽑음으로써 유추해 볼 수 있다. 흔히 비운의 왕세자로 알려진 사도세자는 그동안 총명하지만 여린 왕세자로 알려져 왔는데, 혜경궁 홍씨가 만년에 《한중록(閑中錄)》을 통해 가엾고 애절하게 그렸기 때문일 것이다. 그러나 실제로는 매우 건장하고 무예에도 조예가 깊어 커다란 월도를 휘둘렀을 정도였다고 한다. 십팔기를 만든 것에서 짐작할 수 있듯 그는 분명 부국강병을 꿈꾸던 훌륭한 왕세자였음이 틀림없다.

아버지 사도세자의 뜻에 따라 정조는 계속해서 무비(武備)를 다져나갔다. 그는 즉위하자마자 가장 먼저 십팔기를 시취(試取)토록 하였으며, 이를 보다 체계적으로 해석케 하였다. 또 응용 종목으로 기창(騎槍)·마상월도(馬上月刀)·마상쌍검(馬上雙劍)·마상편곤(馬上鞭棍)의 네 가지 기예(騎藝)와 부록으로 마상재(馬上才)·격구(擊毬)를 추가하여 도합 24기(技)로서 책으로 남기니, 그것이 바로 우리 무예의 족보라 할 수 있는 《무예도보통지(武藝圖譜通志)》이다.

이 24기를 근거로 근자에 들어 '24기' 니 '24반' 이니 하는 무예단체들이 생겨나, 마치 24기가 전통 무예의 명칭인 양 호도하고 있다. 이는 매우 잘못된 것으로 조선 국기의 공식적인 무예 명칭은 분명 '십팔기' 이다. 《무예도보통지》 서문에 이를 분명히 밝히고 있으며, 본문에서도 재차 확인해 주고 있다. 단지 십팔기 중 네 가지를 말 위에서도 시연할 수 있도록 추가한 것이다. **그 네 가지 기예(騎藝)는 정식으로 독립된 무예 종목이 아닌 십팔기의 응용 종목일 뿐이다.** 다른 기예도 마상으로 올려서 이를 얼마든지 늘릴 수 있지만, 아무리 종수를 늘린다 해도 역시 십팔기에 속한다. 설령 소[牛]나 전차 위에서 시연한다 해도 마찬가지이다. 그리고 십팔기를 보다 체계적으로 보전하기 위해 만든 《무예도보통지》를 펴내면서 부록으로 실은 마상재와 격구는 무예가 아닌 고려 때부터 내려오던 군사 오락 종목이다. 지금도 7,80대 어른들은 모두 '십팔기' 혹은 '무예십팔반' 으로 기억하고 있으며, 왕조실록이나 그외의 여러 문헌과 문학 작품 속에서도 항상 '십팔기' 로 그 명칭을 확실히 하고 있다. **반면에 24기는 이후 어떤 문헌에서도 단 한번도 언급되지 않는다.** '마상 무예' '24기' '24반' 은 불과 수년 전부터 전통 무예붐을 타고 생겨난, 십팔기를 흉내내는 무예인들의 단체명일 뿐이다. 원래 일본 검도류를 익히던 사람들로서 옷만 조선옷으로 갈아입었지, 그 동작은 일본 검도에서 그다지 멀리 벗어

요(遼)시대 진급지(陳及之)의 두루마리 그림
《편교회맹도(便橋會盟圖)》의 부분

당(唐)시대의 격구도동경(擊毬圖銅鏡)

나지 못하고 있는 실정이다. 한마디로 짜가 혹은 짝퉁 십팔기인 것이다. 모두들 십팔기를 흉내내고 있지만, 오히려 그 원형을 훼손·변질시키고 있어 심히 걱정스럽다 하지 않을 수 없다. 《무예도보통지》서문에는 "**현륭원(顯隆園, 사도세자)의 뜻에 따라 십팔기(十八技)의 명칭은 여기서부터 시작된다**〔顯隆園志而十八技名始此〕"라고 명시하여, **고유명사로서 '십팔기'**를 분명히 해놓고 있다.

이리하여 '십팔기(十八技)'는 **왕명에 의해 공식적으로 이름지어진 조선의 국기(國技)**가 된 것이다. 이후 십팔기는 서울을 지키는 5군영은 말할 것도 없고 모든 조선군이 익혀야 하는 호국병장 무예였으며, 무과(武科)의 시험 과목이기도 하였다. 실제 무과의 응시 과목을 살펴보면 다음과 같다.

⊙ 《경국대전》(1485, 성종 15)의 무과시취 과목: 목전, 철편, 편전, 기사, 기창, 격구, 보서(譜書). 기타: 주(走), 력(力), 120보, 180보.
⊙ 《속대전》(1744, 영조 20)의 무과시취 과목: 월도, 쌍검, 제독검, 평검, 권법, 목전, 철전, 편전, 기사, 관혁, 기창, 격구, 유엽전, 조총, 편추, 강서, 기추.
⊙ 《대전통편》(1785, 정조 9)의 무과시취 과목: 조총, 철전, 유엽전, 편전, 기추, 기창교전, 편추, 마상언월도, 용검, 쌍검, 제독검, 언월도, 왜검, 교전, 본국검, 예도, 목장창, 기창, 당파, 낭선, 등패, 권법, 보편곤, 협도, 봉, 죽장창.

특히 지금의 장충단공원과 퇴계로 부근은 조선군의 핵심인 어영청(御營廳)의 군영지였다. 공원으로 꾸미기 이전의 장충단 터에는 '**십팔**

이 십팔기를 두고 흔히들 처음 6기로서 《무예제보》를 만들 때 척계광의 《기효신서》를 참고하여 만들었기 때문에 십팔기는 곧 중국 무술이라고 치부하는 이들도 있다. 한마디로 무예는 고사하고 전통 문화에 대한 일반적인 개념조차도 모르는 무지에서 나온 말이다. 그리고 나중에 추가한 12기 중 '권법'과 '왜검'을 제외한 나머지 기예는 모두 조선에서 자체적으로 만든 독창적인 무예들이다. 여러 전란을 겪으면서 적국으로부터 받아들인 것도 있고, 또 멀리 신라의 화랑에 그 연기를 둔 '본국검(本國劍)'도 새로이 추가하였다. 물론 그렇다고 해서 이 무예들이 어느 날 갑자기 이 땅에 그 무기들과 함께 창안된 것으로 볼 수만은 없다. 그것들은 당연히 고대로부터 전해져 오던 무예들이었다. 왕조가 아무리 바뀐다 해도 이 땅에 군대가 하루도 존재하지 않았던 적은 없었지 않은가. 단지 그때에 이르러서야 비로소 그것들을 과학적으로 체계화한 것일 뿐이다. 그 최종적인 작업이 바로 '십팔기(十八技)'이다.

기 옛터〔十八技舊地〕'를 밝힌 표지석이 있었다고 한다. 지금은 국립극장 옆 산기슭으로 옮겨 놓은 석호정(石虎亭) 중수기에 그 사실이 명기되어 있다.

이처럼 법식(法式)을 제대로 갖추지 못한 마구잡이식 기예는 결코 무예(武藝)라고 칭할 수 없는 것이다. 그리하여 선조에서부터 정조에 이르는 2백 년 동안

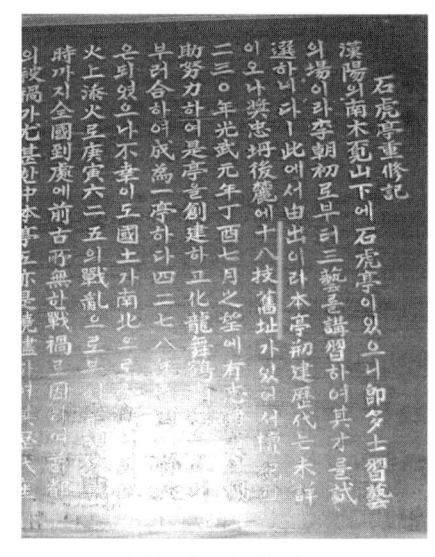

〈석호정중수기〉 현판

끊임없이 연구 발전시킨 결과 탄생한 것이 바로 '십팔기'이다. 임진왜란 이후 중국과 일본에서는 더 이상 발전시키지 못한 데 비해 조선은 지속적으로 무예에 관한 학문과 실기를 발전시켰던 것이다.

십팔기로 집약된 전통 무예는 정조 때에 이르러 가장 잘 완비되었으며, 그에 따른 군사 체제도 잘 갖추어져 더 이상 외침을 당하지 않고 나라를 굳건히 지킬 수가 있었다. 그러나 세계사의 흐름에 능동적으로 대처하여 서양 과학 문명을 적극적으로 받아들이지 못했던 조선은 점점 쇠퇴의 길을 걷게 된다. 구한말 임오군란·갑오경장 등의 소용돌이 속에 구식 군대의 상징인 무예 십팔기 역시 역사의 그늘로 밀려날 수밖에 없었다.

12 예(禮)와 무예(武藝)

옛글에 "높은 곳에 오르면 사람들은 멀리 바라보고 싶어하고, 깊은 연못에 임하면 그 물속을 들여다보고 싶어한다. 왜 그런가? 이는 그 처한 곳이 그렇기 때문이다. 또 말을 모는 자는 공손하게 하고, 활을 쏘는 자는 단정하게 한다. 어째서 그런가? 이는 그런 모양이 마땅하기 때문이다"[3]라고 하였다.

고대 사회의 가장 중요한 사회 강제 조직인 족(族)의 갑골문은 ' ', ' '의 모양인데, 이는 깃발과 화살을 그려넣은 것으로 곧 군사 조직을 뜻한다. 이 족(族) 내부에서의 행위 규범은 모두 예(禮)에 결집되어 있다. 국가 이전의 조직 단위인 족(族)에서는 예(禮)가 곧 법(法)이었던 것이다.

춘추전국(春秋戰國)시대에 이르러 유가 사상이 발현하면서 예(禮)는 인(仁)과 더불어 사회 정치 제도의 중요한 윤리 규범이자 도덕 관념으로 자리잡는다. 특히 순자(荀子)는 예(禮)를 도덕 수양의 표준으로 삼아야 한다고 주창하여 법(法)의 근본이자 나라를 견고하게 하는 근본이라 하였다. 그는 또 "예(禮)의 원칙은 귀한 사람과 천한 사람 사이에는 등급이 있어야 하고, 어른과 아이 사이에는 차별이 있어야 하며, 가난한 사람과 부자, 그리고 사회적 지위가 낮은 사람과 높은 사람 사이에는 모두 저울질이 있어야 한다"고 하였다. 그리고 당시 학교에서는 주(周)대로부터 내려오던 육예(六藝), 즉 예(禮)·악(樂)·사(射)·어(御)·서(書)·수(數)를 가르쳤다. 고대 초기의 학교는 원래 미성년자들이 모여 군사 훈련을 받던 곳이었다. 당시에는 제사와 무술이 국가의 대사였으므로 학교는 군사 훈련[射, 御]과 제례[禮, 樂]를 주요 학습 내용으로 삼았으며, 글을 익히고[書] 셈을 배우는 것[數]은 이를 위한 기초 지식일 뿐이었다.

원래 사(士)는 중국의 선진(先秦) 시기에 나타나게 되는데, 이들은 검(劍)을 숭배하여 무술에 뛰어난 특수 집단으로서 평민보다 높은 계층이었다. 이 시기는 검(劍)을 좋아하는 기풍이 농후하였는데, 무예와 용맹을 추종하는 일종의 가치 취향이 형성되면서 전문 무사 계급이 생겨나기 시작하였다. 따라서 오랜 기간 동안 사(士)의 계층은 곧 무사(武士)를 의미했다. 춘추 시기에 와서야 비로소 사회 구조가 복잡해짐에 따라 사(士)가 분화되고 변질되기 시작하는데, 유가(儒家)의 창시자인 공자(孔子) 역시 무사(武士) 집안에서 태어나 문사(文士)가 된 인물이었다. 당시까지만 해도 최상층 사회 귀족들이 독점하던 예악(禮樂) 문화를 일부 사(士)들이 배워 전문적으로 문사(文事)에 종사하게 되면서 문무(文武)가 본격적으로 분화되기 시작한 것이다. 그와 함께 신(神)을 모시는 일, 즉 신사(神事)에만 소용되던 예악(禮樂)이 비로소 민간으로 퍼져나가게 되었다. 이후 무(武)는 군사 무예와 민간의 무협(武俠)으로 나뉘어 흘러가게 되지만, 여전히 예(禮)는 무인이라면 반드시 지켜야 할 도덕 규범 중의 하나가 되었다.

이처럼 예(禮)는 고대로부터 문자(文字)·악(樂)과 더불어 권력을 잡는 수단으로서, 그 기원은 제사의 의례(儀禮)에서 시작되었다. 동서양을 막론하고 어느 사회에서나 무사(武士)는 평민보다 상위 계층의 특수한 신분이었고, 그에 따른 예법이 매우 발달되어 있었다. 특히 무사들간의 예법은 민간 예법과 다른 독특한 점도 많았다. 영웅이나 고수(高手)를 존경하고 깍듯이 받들었으며, 심지어 적이어서 어쩔 수 없이 죽이는 경우에는 그의 명예에 흠이 가지 않도록 예(禮)를 다했다. 또한 하수(下手)라 해도 결코 무시하지 않았으며, 인내와 덕(德)으로서 맞아 주어야 했다. 왜냐하면 무사는 목숨을 내걸고 서로 다투는데, 목숨은 누구에게나 다 소중한 것이기 때문이다.

그러나 예(禮)는 그 나라의 전통 문화를 자양분으로 형성되어 왔기 때문에 나라마다 조금씩 그 특징을 달리한다. 독특한 무예 사회를 이루었던 중국의 무림(武林)에는 그들만의 예(禮)와 규범이 형성되어 민간 사회와 확연히 구별되었다. 또한 일본 무사도의 경우 무예의 수련과 함께 예법을 통해 높은 정신적 경지인 도(道)에 도달할 수 있다는 것을 강조하고 있다. 그러나 너무 엄숙주의로 흘러 상대를 배려하기보다는 오히려 자신에 대한 배려가 아닌가 싶을 정도이다. 흔히들 '예로 시작해서 예로 마친다[禮始禮終]'하여 예를 강조하는데, 이는 경기화된 스포츠로서의 무예 종목에서 애용하는 말일 뿐이다. 그러나 예(禮)

란 그처럼 단순한 형식적인 것만을 말하지는 않는다. 덕(德)으로서의 예(禮)를 이야기하자면 그보다 훨씬 깊은 철학적 성찰을 필요로 한다.

무언(武諺)에 이르기를 "기예(技藝)를 익히기 전에 먼저 예(禮)를 알아야 하고, 무예(武藝)를 익히기 전에 먼저 덕(德)을 밝혀야 한다"[4]고 하였다. 먼저 사람이 되라는 말이다. 그래서 예(禮)를 모르는 자에게 무예를 가르치는 것을 극히 꺼렸다. 절제가 부족하고 도덕 규범을 제대로 지키지 못하는 자가 무예를 익히게 되면 남을 해치고 사회를 어지럽히게 마련이며, 결국은 스스로를 망치게 되기 때문이다.

13 화랑(花郞) 정신과 신라의 삼국통일

김대중 정권이 들어서고 난 이후부터 호남권, 즉 과거의 백제 문화에 대한 관심이 날로 늘어나고 있다. 그리고 2003년부터 중국이 고구려사를 중국 역사에 편입시키려는 시도와 함께 국내에서 고구려에 대한 열기가 갑자기 끓어오르고 있다.

백제 문화에 대한 향수와 관심은 삼국 중 가장 찬란했던 문화에 있는데도 불구하고 역사에서 제대로 연구 내지는 인식되지 못했을 것이기 때문이다. 그런데 고구려에 대한 국민적 관심은 세 가지 측면에서 이해할 수 있지 않을까?

우선 첫째, 글자 그대로 역사에 대한 논쟁이며, 둘째로는 조선이 일찍이 제대로 개화했더라면, 그래서 일제식민시대를 당하지 않았더라면, 분명 어느 정도는 당연히 차지할 수 있었을 북간도 지방에 대한 영토적 아쉬움일 것이다. 그리고 셋째는 현재 우리 민족의 혈관 속에 잠재적으로 내제된 기마민족의 활달한 기상에 대한 향수가 아닌가 생각해 본다. 호마(胡馬)는 북풍을 그리워한다고 했다. 비록 고구려의 옛 영토를 '선구자'처럼 영웅답게 말달리지는 못할망정 역사 속에서나마 그 정신을 이어받고 싶은 열망 때문이 아니었을까?

아무튼 해방 후 반도의 남쪽 절반에서 아웅다웅 답답하게 살아온 지 반세기, 현실은 여전히 갑갑함을 벗어나지 못하다 보니 과거의 역사에서 좀더 화려하고, 보다 진취적인 호쾌한 민족의 웅지를 되찾고 싶은 열망이 간절한가 보다. 특히 그토록 벗어나고 싶었던 군사 정권을 지나 문민 정부를 세번째나 맞았음에도 불구하고 답답하고 혼란스러움만 날이 갈수록 더해지자, 사람들이 그 울분을 월드컵에서 풀 듯이 까마득했던 옛 시절 만주 벌판을 호령하던 고구려의 역사에서 위안받고자 하는 것은 아닌지.

그리하여 요즈음에 와서는 도무지 신라가 삼국을 통일한 것에 대해 불만스러워하는 사회적 공감대가 형성되는 것 같다. 왜 하필이면 힘도 약하고 문화도 뒤떨어진 못난 신라가 통일했느냐는 말이다. 을지문덕 · 연개소문 · 광개토대왕의 고구려가 통일했더라면 우리의 영토는 지금보다 훨씬 넓을 것이고, 이 좁은 반도에서 벗어나 저 광활한 만주 땅을 내달리고, 내친 김에 중국도 집어삼킬 수 있었는데 말이다. 뭐 감정적으로야 얼마든지 그럴 수도 있겠지만, 역사학적으로 보자면 글자 그대로 환상에 지나지 않는다. 설령 고구려가 통일을 이루었다 해도 만주가 지금의 대한민국 영토로 남아 있을지 어떻게 장담할 수 있겠는가?

어쨌거나 지금의 젊은이들은 왜 신라가 삼국을 통일했는지에 대해서는 아무래도 잘 수긍이 가지 않는 모양이다. 신라가 세력이 비슷한 백제를 친 것은 이해가 간다 하더라도, 고구려까지 물리친 것은 아무래도 예사롭지 않은 일이다. 세계사에서 수많은 전쟁 중 남에서 북을 쳐서 이긴 예가 거의 없기 때문이다. 대개가 황량한 북쪽에서 남쪽으로 쳐내려가면 풍족한 남쪽은 방어하는 것이 기본이기 때문이다. 그런데 유독 신라는 문화적으로는 백제에 뒤떨어지고, 무력으로는 고구려보다 못한데도 결국 삼국을 통일하고 말았다.

구체적인 평가는 역사학의 영역이지만, 여기서는 무예의 관점에서 바라보고 싶다. 그것은 바로 신라의 '화랑(花郎)'에 있다. 무열왕 김춘추와 김유신을 비롯한 삼국통일의 주역들은 모두 화랑 출신들이다. 그들의 정신, 즉 화랑 정신이 삼국통일의 원동력이었으며, 이후 찬란한 통일신라의 초석이 된다. 화랑 정신, 그것은 곧 신라의 정신이다. 문무겸전(文武兼全), 그것이 바로 화랑 정신의 모체가 아닌가? **문무(文武)를 통한 심신 수련·신의(信義)·절제(節制)·용기(勇氣)·지혜(智慧)·단결(團結)·희생(犧牲) 정신을 기르는 것이 화랑의 목적이었다.** 상무(尙武)의 전통과 습무(習武)의 기풍이 강하고 용감한 민족성을 길러낸 것이다. 또한 그들은 귀족의 자제들로 제례(祭禮)를 받들어 예악(禮樂)을 숭상하였다. 당시 천하통일을 노리던 삼국은 앞다투어 중국의 문물을 받아들였는데, 전국(戰國)시대의 유협(遊俠)과 양한(兩漢)의 호협(豪俠) 문화가 신라 화랑의 모태가 되었을 것으로 짐작된다.

자신의 이익과 안락함을 위해 공부하고, 공부하기 싫어 생업의 방편으로 오직 운동만 하는 오늘의 젊은이들에 맡겨질 나라의 장래가 걱정이 안 될 수가 있겠는가? 문무겸전, 즉 사유와 행동이 균형잡힌 인재 양성을 위해서라도 화랑 정신을 되살려야 한다. 예로부터 **"문사(文事)에는 무(武)를 갖추고, 무사(武事)에는 문(文)을 갖추라"**[5]고 하였다.

14 무술(武術) · 무예(武藝) · 무도(武道)

 '십팔기(十八技)'를 이야기할 때 "한·중·일 세 나라의 무술이 어떻게 서로 다른가?"라는 질문을 항상 받는다. 이때 먼저 '무예'에 대한 호칭부터 설명하여야 했다.
 중국에서는 예로부터 '무술,' 한국에서는 '무예,' 일본에서는 '무도'라는 말을 많이 사용해 왔다. 중국은 예나 지금이나 대체로 법(法)·기(技)·술(術)을 구분해서 사용하고 있다. 대개 맨손 기술인 권법들에는 법(法)자를 붙인다. 병장기를 다루는 아주 기초적인 법식에도 법(法)자를 붙였다. 그렇지만 각종 권법만을 소개하는 책자에는 절대 '무(武)'자를 붙이지 않는다. 왜냐하면 무(武)는 반드시 무기(武器)를 다루는 기술을 말하기 때문이다. 권법만으로는 무(武)의 조건을 충족시키지 못하기 때문이다. 그리고 어떤 도구(道具)를 다룰 때에는 일반적으로 '기(技)'를 붙이는데, 병장기를 다룰 때에야 비로소 '무(武)'자를 사용한다. 그리고 이러한 것들을 통칭해서 '무술(武術)'이라 한다. 세계적으로 널리 알려진 '쿵푸'는 그 자체가 무술 용어가 아니고 무언가를 연마하는 과정, 즉 글자 그대로 '공부(工夫)'이다. 홍콩과 대만을 통해 전세계에 중국 무술의 명칭으로 알려지게 된 것이다. 그러다가 중국이 개방하고 아시안 게임을 치르면서 중국 무술 몇 종목을 경기 체육으로 개발하였다. 그것이 '우슈〔武術〕'인데, '쿵푸'를 밀어내게 되었다. 이리하여 일반 명사인 '무술'이 고유명사인 '우슈'로 불려지게 되었다.
 우리나라 역시 예로부터 '법(法)'과 '기(技)'를 어느 정도 구분하여

무덕 규범(武德規範)

　무예에서 반드시 지켜야 할 도덕 규범은 무덕을 숭상하고, 몸을 강하게 하며, 성(性, 심신)을 기르는 것이다.

　무덕은 상무숭덕(尙武崇德)의 정신을 가리키며, 무예계에서 공통적으로 신앙(信仰)하는 일종의 언행에 관한 준칙이다. 예로부터 무(武)를 익히는 사람은 무덕에 따라 심신을 수양하고, 행동거지의 규범으로 삼았으며, 선악(善惡)을 판별했었다.

　상무(尙武)란 무예를 숭상하여 무예의 수련과 활동에 참여하는 것이다. 무예를 통하여 몸과 마음을 단련하고 공방의 기교를 연습하여, 무용(武勇)은 힘을 갖추고 투쟁은 술(術)을 갖추도록 스스로 쉬지 않고 노력하는 것을 말한다.

　숭덕(崇德)이란 도덕을 중히 여기는 것을 말한다. 인격 도야(人格陶冶)·의지 단련·항심(恒心)·정신 배양 등을 통하여 공중도덕을 준수하고, 사회적 책임과 의무를 이행하며, 두터운 덕으로 만물을 포용할 수 있는 사회적인 사람됨을 추구하는 것이다.

　무덕(武德)은 상무(尙武)와 숭덕(崇德)을 하나로 합한 말이다. 무예를 익히는 사람은 도덕 관념을 규범으로 삼아 무예 기법과 일상 언행에 융합되도록 해야 한다. 기(技)와 도(道)를 아울러 중시하고, 덕(德)과 예(藝)를 함께 닦으며, 사도(師道)를 존중하고, 예(禮)를 알며, 신(信)과 의(義)를 지켜야 한다. 무(武)는 몸을 강하게 하고, 덕(德)은 사람을 기르는 것이다.

　무(武)와 덕(德)을 고루 닦는 과정중에 깊이 연구하고 부지런히 생각하면서 무예를 정미하게 익히고, 덕성(德性)을 견고히 하며, 심기(心氣)를 평화롭게 해야 한다.

金光錫,《本國劍》

사용했다. 《무예도보통지》를 살펴보면, 권법(拳法)에는 분명 법(法)을 붙였고, 병장기를 다루는 각각의 기예에는 '기(技)'라 하여 권법을 포함한 열여덟 가지[般] 기예를 '십팔기(十八技)'라 이름하였다. 법(法)만으로는 기예(技藝)가 되지 않음을 알고 있었던 것이다. 그리고 이런 기술을 전체적으로 일반명사화해서 부를 때에는 '무예(武藝)'라 하였다. 《무예도보통지》 서문에 이러한 내용이 실려져 있다.

"영조 25년 소조(小朝, 사도세자)께서 서무(庶務)를 섭정(攝政)할 때, 죽장창(竹長槍) 등 12기(技)를 더하여 도보(圖譜)를 만들어서 (이전의) 6기(技)와 같이 연결토록 하여 강습케 하였다.
현륭원(顯隆園, 사도세자)의 뜻에 따라서 십팔기(十八技)의 명칭은 여기서부터 시작되었다. 그래서 무의식(武儀式)과 전형(典型)을 이어서 익히게 하였고, 또 기예(騎藝) 등 6기(技)를 다시 늘여서 24기(技)로 하였다. 이미 명을 받고 익히 익힌 자가 2-3인(人)이나 된다. 원속(原續)의 도보(圖譜)를 모아서 의(義)·예(例)·전(箋)의 잘못을 바로잡고, 그 원류(源流)를 찾아 제도를 고쳐서 명물(名物)로 하여금 **예술(藝術)의 묘용(妙用)을 살려 한 권의 책을 펴냈으니, 그 책 이름을 무예도보통지(武藝圖譜通志)라 한다.**"

일본에서는 16세기말부터 온갖 것에다 '도(道)'를 붙이는 것이 유행하였다. 심지어 차를 마시거나[茶道] 꽃꽂이[花道]에도 이 '도(道)'자를 붙였다. 20세기에 들어서면서 검도·유도·공수도(가라테·당수도)·합기도 등등 아무것에나 갖다붙이기만 하면 되었다. 그리고 거기에다가 예외 없이 종교적 의례에 버금가는 예(禮)를 접목시켜 엄숙주의로 미화시켰는데, 이 '예도(禮道)'가 오늘날 일본 문화의 성격을 표현하는 대표적인 낱말로 '메이드 인 재팬'의 포장지가 되었다.

우리나라도 일제 시기를 거치면서 이 '도(道)'자 문화가 심어졌는데, 해방된 지 반세기가 넘었어도 버리지 못하고 습관적으로 사용하고 있다. 심지어 가라테〔空手道〕에서 한국식으로 이름을 바꾸면서도 이 '도(道)'자는 떼어 버리지 못하고 '태권도(跆拳道)'라 하고 있다. 심지어 신라의 화랑에도 '도(道)'자를 붙여 '화랑도(花郞道)'라 하고, 새로 생겨나는 온갖 국적 불명의 무예에도 예외 없이 이 글자를 붙이고 있다. 그래야 거창해 보이는 모양이다. 부끄러운 시대의 유산들이다. 중국에서는 붓글씨를 지금도 서법(書法)이라 하고, 일본에서는 서도(書道)라 하며, 우리는 서예(書藝)라 부른다. 앞으로 새로(?) 태어나는 전통 무예들은 작명에 좀 고심해서 제발 도(道)자를 달지 말고 나왔으면 싶다. 유독 자기 것도 모르는 무예계만 아직도 숭일주의(崇日主義)에서 깨어나지 못하고 있다.

분명히 말하지만 술(術)이든, 예(藝)든, 도(道)든 그것은 그저 나라마

역사서인 《삼국사기》《삼국유사》에는 수없이 많은 무(武)에 대한 기록이 나오지만, 단 한번도 무도(武道) 또는 무술(武術)이란 단어가 등장하지 않는다. 단지 《삼국유사》 김유신편에 "수검득술(修劍得術)하여 국선(國仙)이 되었다"라는 기록만이 남아 있을 뿐이다.

이에 비해 '무예(武藝)'라는 단어는 삼국시대 〈천남생(泉男生) 묘지명〉에 처음으로 등장한 이후 《고려사》《조선왕조실록》 등에 줄곧 사용되었다.

그런데 위서(僞書) 논란이 있는 《화랑세기(花郞世紀)》에서만 '격검(擊劍)' '선도(仙道)' '검도(劍道)' '무도(武道)' 등 순 일본식 표현들이 나온다. 이런 용어는 《삼국유사》《삼국사기》는 물론 이전의 그 어떤 문헌에도 등장하지 않던 것들이다.

다의 언어 습관일 뿐이다. 여기에다 필요 이상의 철학적 의미를 부여하여, 어느것이 더 고차원적이라는 둥, 잔뜩 견강부회하는 것은 그다지 바람직하지 못한 일이다. 비단 이뿐만 아니라 한자(漢字)의 여러 가지 뜻으로의 쓰임새 때문에 터무니없이 현학적으로 해석되거나 모호하게 해석하여, 이현령비현령으로 갖다붙이는 경우가 너무 많다. 무슨 글자든 너무 깊이 빠져들면 편견이 생겨 미신하는 마음이 생기게 된다.

합리적이고 과학적인 판단이 요구되는 무인(武人)으로서 경계해야 할 일 중의 하나이다. 더하여 스스로 경험해 보지도 못했고, 그래서 **책임지지도 못할 어떤 경계를 들먹여 자신을 돋보이게 하고, 남을 미혹에 빠지게 하는 행위는 마땅히 삼가야 한다.** 그런 것을 졸렬하다고 하는 것이다. 또 그로 하여 이득을 취한다면 그건 곧 사기이다. 옛말에 "지혜는 의심나는 곳을 그대로 비워두는 것만한 게 없고, 행동은 후회 없는 일을 하는 것보다 큰 것이 없다"[6]고 하였다. 정확히 모르는 일은 알 때까지 그냥 둘 일이다.

15 전통 문화와 전통 무예

모든 문화에는 각각의 특정한 생장 토양이 있게 마련이며, 나름대로 다른 민족들과는 차이가 나는 내재적인 특징과 정신적인 풍모를 지니고 있다.

그런데 먼저 '문화(文化)'라는 개념부터가 매우 복잡한 문제이다.

대상이 분명하고 성질이 명료하며 범위가 확정되어야만 과학적으로 정의할 수 있을 텐데, 우리가 일반적으로 '문화'라고 할 때 우선 그 범위가 너무 광대하다. '문화'라는 낱말은 고대 중국의 '문으로써 교화한다〔以文敎化〕'에서 시작되는데, 이는 곧 '무력(武力)에 의한 정복'에 대응하는 말이었다. 이른바 '문치무공(文治武功)'을 말한다. 《주역》에는 "인문(人文)을 관찰하면 천하를 개선시킬 수 있다"라고 하였는데, 옛사람들은 대개 이 시각에서 문화를 이야기하였다.

오늘날 사용되는 '문화'라는 낱말은 라틴어 'culture'에서 나온 말로서, 19세기말 일본어 번역에서 비롯된 것이다. 문자의 근원으로 볼 때 'culture'에는 '농사를 짓다' '거주하다' '연습하다' '조심하다' '귀신을 받들다' 등의 의미가 내포되어 있다. 문화란 하나의 복잡한 총체로서 지식·예술·신앙·언어·전통·도덕·법률·풍속·제도 등의 인류가 사회에서 얻은 모든 능력과 습관, 그리고 그 사회 현상을 말한다.

'전통 문화'란 기나긴 역사를 통해 자기 민족의 토양 속에 뿌리내려 안정화된 문화를 가리키는 것으로, 그 속에는 과거와 현재가 융합되어 있으며, 각 시대의 새로운 사상, 새로운 피가 스며들어 있다. 그것은 그저 소중한 것, 혹은 고리타분한 것으로 지난 시대의 유산 또는 유물로만 해석해서는 안 된다. 따라서 전통을 지킨다는 것은 단순히 옛것을 본떠서 반복하는 것이 아니라, 그 옛것을 바탕으로 오늘의 것으로 부단히 발전시켜 나아가는 것을 의미한다.

우리나라에는 무형문화재 보호법이라는 것이 있다. 흔히 '인간문화재'라 칭하기도 하는데, 일본의 제도를 본받아서 사라져 가는, 그래서 보호해야만 할 전통 문화를 살리기 위하여 만든 법이다. 대한민국 국보 제1호는 '숭례문'이며, 무형문화재 제1호는 '종묘제례악'이다. 그런데 이 숭례문이 저 혼자 나라를 지켜서 그 공으로 국보가 되었는가?

과거 조선의 왕도(王都)를 상징하는 문이라서인가? 그렇다면 실제 이 나라를 지키던 나라의 무예, 즉 조선의 국기(國技)인 '십팔기(十八技)'가 무형문화재 제1호가 되었어야 하지 않을까? 종묘사직(宗廟社稷)을 지키는 데에는 견고한 성곽과 성문도 있어야겠지만, 그보다 먼저 힘센 군대가 있어야 하고, 당연히 그 군사를 훈련시키는 무예가 있었을 것이 아닌가?

국보 제1호라는 허울 좋은 명패 하나 때문에 사지가 다 잘려나간 몸둥이만 남아 자동차 물결에 포위되어 옴짝달싹 못하고 매연에 찌들어 있는 모습이나, 삼천리 강산 조선 천하의 군대를 호령하고 단련시키며 외적을 물리치던 우리의 전통 무예 '십팔기'가 대한민국 땅 어느 한 곳에도 둥지를 틀지 못해 저잣거리를 헤매고 있는 것을 볼 때마다 우리의 전통 문화에 대한 인식과 문화 정책을 개탄하지 않을 수 없다. 막칼 들고 춤추는 팔도의 굿들은 모조리 지정하여 보호하면서, **정작 나라에서 만든 나라의 무예, 국기(國技)는 저잣거리 건달들의 주먹다짐만도 못한 불유쾌한 것으로 인식하고 있다.** 아예 무예(武藝)는 문화(文化)에 속할 수 없을 뿐더러 오히려 문화를 해치는 무화(武禍), 즉 반문화적인 것으로 여기는 것 같다. 희한한 문무(文武) 대비의 발상이 저변에 깔려 있다. 무형 문화란 그저 공예·놀이·무속·소리·춤 등 다분히 민속적인 것들만을 규정하려는 습관이 있다. 단순하고, 조잡하고, 궁상맞은 것들을 소박하고, 옛스럽고, 자연스럽다 하여 한국적인 것으로 선호하는 반면, 화려하고 엄격한 것을 배척하려는 심미관이 자리하고 있다. 실은 현재 우리가 '예술(藝術)' 혹은 '예능(藝能)'이라 칭하는 대부분의 것들은 불과 1백여 년 전까지만 해도 감히 '예(藝)'의 범주에 들지 못했었다. 잡기(雜技) 또는 잡희(雜戲)로 불리던 것들이다. 오직 '무예(武藝)'와 '서예(書藝)'만이 있었을 뿐이다. 《무예도보통지》

15. 전통 문화와 전통 무예 71

서문에 "예술의 묘용을 살려 한 권의 책을 펴냈으니, 그 책 이름을 무예도보통지라 한다"고 하였지만, 이 땅의 학자들은 어느 누구도 무예를 예(藝)의 범주에 넣어 주지 않는다.

 검도(劍道)는 굳이 지정하지 않아도(애초에 사라질 염려가 없었으니까) 일본의 국기로서 일본 정신의 지킴이가 되어 있고, 심지어 식민 지배를 한 한국에서도 그 뿌리가 굳건히 내려 있다. 아시아의 어느 나라가 검도와 유도, 그리고 가라테를 그렇게 열심히 하는지 한번 둘러보라. 한민족이 그만큼 외래 문화에 대한 포용력이 큰가? 부끄러운 식민 시대의 유산에 다름 아니다. 중국은 한때 서양의 근대 문명 조류에 밀려 무술을 등한시했으나, 1927년 중앙국술관을 설립하면서 "문화(文化)는 국학(國學)이며, 무화(武化)는 국술(國術)"이라고 하여 정부의 주도 아래 지속적으로 국술(國術)을 보급하여 오늘에까지 이르고 있다.

 과거 일본군 정신과 미국식 제도로 만들어진 오늘의 대한민국 국군 역시 진정 그 정통성을 제대로 세우고자 하는 열망이 조금이라도 남아 있다면, '십팔기'를 아직도 모른 척해서는 안 될 것이다.

16 독재자인가, 진정한 혁명가인가?

 제국주의 시대에 식민 통치에서 가장 중요하게 다루는 문제가 바로 식민지 백성들에 대한 교육이다. 어떻게 해서든지 못 배우게 해야 지배하기가 수월하기 때문이다. 당연히 그들에 대한 교육을 억제하고,

수탈에만 열중하게 된다. 물론 일제 치하에서 우리의 친일파처럼 자신들에게 협조적인 집안의 자제들에겐 예외였지만.

이 점을 가장 잘 이용한 나라가 바로 프랑스로서, 가장 악랄하고 교묘하게 식민지를 통치한 나라로 유명하다. 프랑스에게 식민 지배를 당한 베트남·라오스 등 인도차이나 여러 나라들은 독립을 하고서도 한참 그 후유증을 앓아야 했다. 프랑스가 다른 나라들과 달랐던 점은, 그들에게 협조적인 인물들의 자제들 중 젊은 여자들에게 우선적으로 기회를 주었다. 그녀들을 파리로 보내어 신교육은 물론 프랑스 귀족들의 사치와 멋에 흠뻑 젖도록 했다. 수년 후 돌아온 그녀들의 눈에는 자기 나라 남자들이 하나같이 눈 아래로 보일 수밖에 없었다. 당연히 이 여자들의 치맛바람에 휘둘린 그 나라들은 독립한 후에까지 수많은 혼란을 겪게 되었다. 암탉이 울면 집구석 망한다는 사실을 식민지 정책에 십분 활용했던 것이다.

경제가 어려워질수록 과거 박정희 대통령에 대한 향수가 다시 살아나는 모양이다. 그에 대한 평가가 아직도 분분한데, 단순한 독재자로만 치부하기엔 그의 공적이 너무 크다. 그의 치적은 아직도 이 시대 사람들에게 생생하게 기억되고 있다.

근·현대에 들어와 세계사 속에는 꽤 많은 독재자들이 등장했는데, 그 중 박정희 대통령만큼 독특한 무인 출신으로서의 독재자도 없는 것 같다. 그의 독재 치하를 살아온 우리 세대에서도 그에 대한 기억은 항상 애증이 교차된다.

전세계에서 박정희 대통령만큼 경제적 기적을 일구어 낸 독재자는 없었다. 대부분은 자신의 권력 유지를 위해 오히려 국민의 고혈을 짜내느라 경제를 망가뜨리기 일쑤였다. 바로 이 점 때문에 우리는 그를 미워할 수도, 좋아할 수도 없게 되었다고 생각한다. 그외에 우리가 익히 알고 있는 여타 공적과 과실들은 다른 독재자들에게서도 볼 수 있는 공통적인 면모들이라 여기서 재차 거론할 필요는 없을 것이다. 그렇지만 이제까지 그에 대한 평가 가운데 우리가 간과하고 지나친 특이한 공적이 하나 있다. 그것은 바로 교육에 관한 그의 열정이었다.

이에 대해 대부분의 사람들은 "우리 민족은 예로부터 교육열이 남달라 당연히 그랬던 것이지, 그것이 어째서 박정희 대통령의 공적이냐"고 반문할는지도 모른다. 그렇지만 그건 독재자의 생리를 잘 모르고 하는 소리이다. 북한을 보면 알 수 있듯이, 아무리 국민의 교육열이 높아도 독재자의 의지가 그러하다면 교육을 제대로 시키지 않을 수도 있는 것이다. 굳이 진시황(秦始皇)의 분서갱유(焚書坑儒)를 들먹이지 않아도, 일제 식민 통치 시절을 돌이켜 보거나 북한의 김일성과 비교해 보아도 능히 짐작되는 일이다. 마오쩌둥〔毛澤東〕 역시 잘난 체하는 지식인들을 싫어하여 문화 혁명 때 모조리 농촌으로 보내 소나 돼지를 기르게 하였고, 캄보디아의 크메르 루즈 정권은 아예 교육말살 정책을 폈었다. 무인(武人) 출신(문인 출신은 있을 수 없으니까) 독재자는 체질적으로 말이 많은 지식인들을 싫어하는 경향이 있다.

그렇지만 박정희 대통령은 자원이 없는 우리나라가 경제 성장을 이루기 위해서는 교육을 진작시키는 길밖에 없다는 것을 누구보다도 절실히 깨달았다.

그러나 바로 그 점이 독재자 박정희의 스스로에 대한 과오이기도 했다. 진정한 독재자라면 절대 그래서는 안 되는 일이었다. 왜냐하면 식민 통치나 독재 지배를 오래도록, 그리고 확고히 하기 위해서는 그 국민들이 반드시 무지해야 한다. 외부로부터의 정보를 차단시켜 눈과 귀를 막아야 하고, 내부로부터는 불순분자들의 입을 틀어막아야 했다. 스스로 깨달아 생각할 줄 알게 해서는 안 된다. 오직 주는 대로 먹고,

시키는 대로 일을 하도록 길들여야 하기 때문이다. 스스로 혹은 외부로부터 깨우침을 받는 백성들, 특히 배움의 최전선에 있는 대학생들이 가장 먼저 독재자에 대항하기 때문이다.

한편으로는 교육을 권장하고, 다른 한편으로는 부메랑이 된 교육받은 자들의 반항을 억누르는 모순 속에서, 새마을 운동으로 무지한 시골 백성들까지 모조리 계몽시켜 버렸으니 독재자로서 이미 돌이킬 수 없는 과오를 범하고 만 것이다. 그 점이 바로 군인이기 이전에 사범학교를 졸업하고 한때 교편을 잡았던 경험을 지닌, 다시 말해 문무(文武)를 겸전한 독재자 박정희의 운명을 결정짓고 말았다. 무지한 백성이라야 풀잎처럼 바람 부는 대로 눕게 마련인데, 배고픔을 벗어나 허리를 펴게 된 민초들은 고개를 빳빳이 든 채 더 이상 눕기를 거부했던 것이다.

그가 이러한 일을 예견하지 못했을까? 분명 예감하고 있었을 것이다. 그래서 "내 무덤에 침을 뱉어라"고 했는지도 모른다. 바로 이 점이 우리가 그를 단순한 독재자로 단정지을 수 없게 만든다. 그건 진정한 혁명가로서의 업적이기 때문이다.

어쨌거나 그가 비명에 가지 않았다 하더라도, 결국에는 과거 이승만이나 이란의 팔레비처럼 국민들에게 쫓겨나 망명 생활을 하였을 것임에 틀림없다.

17 정(情)의 문화, 한(恨)의 문화

사람은 누구나 나면서부터 정(情)이 있어서 그리워〔思〕하고 즐거워〔樂〕하며 분노〔怒〕하고 시름〔愁〕한다. 또한 좋아〔好〕하고 싫어〔厭〕하며, 사랑〔愛〕하고 미워〔憎〕하며 한평생을 살아간다.

흔히 우리가 '국민성' 혹은 '민족성'을 이야기할 때, 우리 민족만이 지닌 남다른 특징으로 타민족과 구분하려는 습관이 있다. 그것이 어찌 나라와 나라의 비교에서만이겠는가. 언급할 때마다 조심스러운 지역색(地域色)도 마찬가지 예에 들어갈 것이다.

'국민성'이란 그 국민들의 일반적인 성질이나 정서 습관 등을 나타내는 말일 것이다. 여기에서는 왠지 왜색이 짙은 '국민성'이란 말 대신에 '민족성'으로 계속 사용하겠다. 대한민국은 단일(?) 민족이니까.

대개 우리의 민족성을 이야기할 때 가장 먼저 배운 것이 바로 단군신화에서 나오는 곰의 '끈기'이다. 초등학교 때부터 배워 온 이야기이다(해방 후 지금까지 일어난 이 땅의 온갖 사건들과 경박스럽기 짝이 없는 오늘의 세태를 보면 상당히 의문이 가지만). 그리고 그 다음으로 배운 것이 바로 '정(情)'과 '한(恨)'이다. 이 두 단어는 우리의 민족성을 이야기할 때뿐만 아니라, 이를 잘 표현하고 미화시켜야 한국적인 문학이나 예술로 대접받는다. 많은 학자들은 이 '정(情)'을 우리의 민족성을 대표하는 말로 인정하기를 주저하지 않는다.

그런데 이 두 낱말은 원래 원천적으로 감정적인 말이어서 **'마음 심(心, 忄)'변에 뿌리를 둔** 한 자손들이다. 동전의 양면과 같이 하나이면서도 서로 등을 진 반대말이기도 하다. 문학 작품이나 예술을 들먹이지 않더라도, 우리는 이 정(情)과 한(恨)이 서로 얽히고설킨 실타래들을 주변에서 흔히 볼 수 있다. 그리고 두 낱말은 곧 애(愛)·증(憎)을 나타내는 말이기도 하다. 그렇지만 둘은 항상 서로 등지고 있기 때문에 절대 타협하지 못한다. 정(情)이 깊으면 한(恨) 또한 깊어진다.

둘 중에서 정(情)이 먼저다. 한국인의 정(情)은 너무 끈끈해서 닿기만 하면 붙어 버린다. '너'와 '나'가 곧 '우리'가 되어 버린다. 그러나 이것은 너무 예민해서 조금만 소홀하면 한(恨)으로 변질되어 버린다. 한(恨)은 정(情)으로 만들어지지만, 상한 음식처럼 정(情)으로 되돌리지는 못한다. 정(情)으로 꼬은 끈은 질기다. 여간해서 끊어지지도 않는다. 서툴게 끊거나 한쪽에서 일방적으로 잘라 버리면 한(恨)이 되어 양쪽을 옭아맨다. 일단 한(恨)이 되면 그 어떤 칼로도 끊을 수가 없다. 정(情)은 무심(無心)의 칼로 끊어야 하고, 한(恨)은 풀어야 한다. 그런데 한국인의 한(恨)은 정(情)보다 더 끈끈한데다 세월을 먹고 계속 자란다. 갈수록 풀기 어려워진다. 죽어서도 못 풀면 귀신이 되어서라도 꼭 풀고 만다. 한(恨)의 끈을 풀지 않고는 저승문으로 들어갈 수가 없다. 영원히 저승과 이승 사이를 헤매고 다닐 수밖에 없다. 그게 전설의 고향이다. 그게 원한(怨恨)이란 거다.

그런데 이 정(情)과 한(恨)을 미화시켜 우리 민족만이 가진 대단한 미덕(美德)으로 승화시켜 어릴 적부터 가르치고 있으니, 이게 영 마뜩치 않다는 말이다.

이 정(情)을 줄기로 자라는 곁줄기들이 있는데, 바로 '연(緣)'이다. 혈연(血緣)·학연(學緣)·지연(地緣) 등등 온갖 연(緣)들이 퍼져 나온다. 가장 흔한 예로 어떤 회사에서 필요한 사람을 친인척 혹은 학연으로 채용했을 경우, 먼저 채용한 사람의 입장에서는 '나하고는 특별한 관계니까 믿고 맡기면 남보다 잘하겠지,' 반대로 채용된 입장에서는 사장이 '남보다 더 잘 봐주겠지' 하는 마음을 가지게 된다. 물론 이것이 서로 잘 유지될 때에는 남보다 훨씬 좋은 관계를 유지하지만, 자칫 잘못되어 누군가가 소홀할 경우 남보다 더 큰 상처를 주게 된다. "내가 저한테 어떻게 해주었는데……." 그렇다고 당장 어쩌지도 못하고 속으로 곪을 대로 곪다가 터진다. 그러고 나면 서로 한을 품고 평생을 죽일 놈 살릴 놈 하면서 원수 아닌 원수로 지낸다. 당연히 이 연(緣) 또한 끊어지면 한(恨)이 된다(좋을 때는 한없이 좋지만). 이 정(情)과 한(恨)에서부터 온갖 곰팡이와 독버섯들이 생겨난다. 고질적인 지역 감정·상호 불신·청탁·부정부패·배반 등등. 코드 정치니 오기 정치니 하는 것도 따지고 보면 모두 이 뿌리에서 나온 것들이다.

정(情)은 가늘고 가는 마음의 끈이다. 잘 갈무리하지 않으면 헝클어져 버린다. 한번 헝클어지면 여간해서 풀어낼 수가 없다. 풀수록 더 엉켜들기 십상이다. 결국 끊어야 한다. 가까이 두면 언젠가 자기 몸을 옭아 묶는다. 무예인이라면 누구보다도 먼저 이 정(情)을 끊을 줄 알아야 한다. 알렉산더의 매듭풀기처럼. 공사(公私)와 진퇴(進退)를 분명히 하려면 과감한 결단력이 필요하다. 그래서 '엄(嚴)'과 '절(切)'의 덕(德)을 길러야 한다. 덕(德)이 없는 연(緣)은 결국 서로를 오염시키고 만다. 지금은 모든 것이 승부의 세계이다. 경쟁은 공정해야 하는데 자꾸 이 연(緣)이 끼어들어 부패와 불복, 그리고 한(恨)을 낳는다. 그래서 후진성을 못 벗어던지는 것이다.

한(恨)이 덕(德)이 될 수 없듯이, 정(情) 역시 덕(德)이 되지 못한다. 정감(情感) 혹은 정취(情趣)라 하여 예술가나 한가한 인생들이 기대고 즐기기에는 좋으나, 있는 그대로는 결코 사회적 도덕 규범으로 교육되어지고 길러져야 할 대상은 될 수 없다. 그렇지만 잘 가공하면 '인(仁)'이나 다른 덕목의 좋은 재료는 될 수 있다. 정(情)이란 부모 자식이나 남녀 사이에 생겨나는 지극히 개인적인 인간 본성이다. 흔히 우리는 어떤 사람을 이야기할 때 정이 많은 사람, 혹은 적은 사람이라고 한다. 그렇다고 누가 더 좋은 사람이라는 말은 아니다. 물론 정(情)을 주고받은 당사자들끼리는 누구보다도 좋은 관계를 유지하지만 말이다. 그렇지만 사회 관계 속에서 지나치게 정(情)을 따르다 보면 욕(辱)을 당하기 십상이다. 사람과 사람은 신(信)으로 맺어져야 이상적인 사회 관계가 이루어진다. 신(信)은 절대 한(恨)을 낳지 않는다. 배신(背信)과 불신(不信)은 그냥 단호하게 잘라(切) 버리면 그만이다.

  정(情)은 마음이다. 하루에도 열두 번씩 바뀔 수 있는 것이 마음이다. 이걸 그대로 두고는 어떤 개혁도, 어떤 제도도 이 땅에서는 제대로 자랄 수가 없다. 어떤 철학가가 정(情)을 미덕(美德)으로 승화시킨단 말인가? 언제까지 정(情)이나 연(緣)으로 덕(德) 볼 생각만 할 텐가? 온정주의(溫情主義)가 부정과 부패, 그리고 부조리의 밑거름이 되고 있다. 정(情)이 연(緣)의 뿌리가 되게 해서는 안 된다. 인간에 대한 보편적인 사랑, 즉 박애(博愛)와 관용(寬容)과 자비(慈悲) 등 인(仁)의 거름이 되어야 한다. **정(情)을 덕(德)으로 빚어내는 지혜**, 정(情)을 잘 절제하고 다스려 사회적인 덕목으로 승화시킬 수 있도록 가르치는 것, 그것이 곧 '**덕육(德育)**'이다.

18 충(忠)과 신(信)

초(楚)나라 장왕(莊王)이 여러 신하들에게 술을 내려 잔치를 벌이고 있었다. 날이 저물어 술이 거나하게 올랐을 때 마침 등불이 꺼지고 말았다. 이때 어떤 사람이 같이 참가한 후궁의 한 미녀의 옷을 끌어 잡아당기며 수작을 부리려 했다. 그 여자가 이를 붙잡고 그의 갓끈을 잡아당겨 끊어 버리고 나서는, 왕에게 이렇게 말하였다.

"지금 불이 꺼진 틈에 어떤 자가 첩의 옷을 잡아당겼습니다. 첩이 그의 갓끈을 끊어 가지고 있으니, 불을 밝히시거든 그 갓끈 끊어진 자를 살펴 주시옵소서!"

"내가 술을 내려 사람들을 취하게 하고 예를 잃게 만들었도다. 그렇지만 내 어찌 부인의 절개를 드러내도록 하여 선비를 욕보일 수 있겠는가?" 그리고 나서 왕은 좌우에게 이렇게 명하였다.

"오늘 나와 더불어 술을 마시면서 갓끈을 끊지 않은 자는 즐겁지 않다는 표시를 하는 자로다!"

그러자 1백여 명이 넘는 신하 모두가 자신의 갓끈을 끊고 나서야 불을 밝혔다. 이리하여 끝까지 그 즐거운 분위기를 다한 채 잔치를 마치게 되었다. 그로부터 3년이 지난 후, 진(晉)나라와 초(楚)나라 사이에 싸움이 벌어졌다. 그때 한 신하가 제일 선봉에 나서서 다섯 번 싸움에 다섯 번 분격(奮擊)하여 첫머리에서 적을 격퇴시키는 것이었다. 이리하여 결국 그 싸움을 승리로 끝낼 수 있었다. 장왕이 이상하게 여겨 그에게 물었다.

"과인은 덕이 박하여 일찍이 그대를 특이한 자라고 보지 않았았는데,

그대는 무슨 연고로 죽음을 의심하지 않고 그렇게 나섰는가?"

이에 그 신하는 이렇게 대답하였다.

"저는 마땅히 죽을 몸이었습니다. 지난날 술에 취해 예를 잃었지요. 그때 왕께서 감추고 참아 주셔서 제게 주벌(誅罰)을 내리지 않으셨습니다. 저는 끝내 그 덕을 숨기고 만 채 왕께 보답을 하지 않는 짓은 감히 할 수가 없었습니다. 늘 저의 간과 뇌를 땅에 드러내어 죽는 것과 목의 피를 적군에게 뿌려 그 은혜를 갚기를 원해 온 지 오래입니다. 신이 바로 그 잔치에서 갓끈이 끊겼던 자입니다."

유향(劉向)의 《설원(說苑)》

2004년 7월, 바다를 지키던 한 장수가 임무를 잘 마치고도 조정 중신들의 입싸움에 모자 벗고 나갔다. 북방한계선을 기웃거린 북한 경비정에 대한 보고를 하면서 함부로 북한의 교신 내용을 언론에 유출한 실수가 그 이유였다. 자주 듣는 이야기이지만 역시 우린 역사에서 제대로 배운 게 없는 모양이다.

안타깝지만 그 장수의 무인(武人)다운 처신에 차라리 박수를 보낸다. 그는 외교관도 아니고, 정치가도 아니며, 학자도 아니다. 목숨으로 싸우는 군인일 뿐이다. 조국을 위해서라면 제 목숨 하나 언제든지 내던질 준비가 되어 있는데, 그만 일로 마다 하니 그뿐, 그까짓 벼슬 하나에 연연할까. 정치인들의 세 치 혓바닥 침으로 군인의 이름을 더럽힐 수는 없다. 차라리 죽일지언정 욕되게 하지는 말았으면 좋았을 것을.

군인은 공무원이기는 하지만 특별하다. 일시키고 월급만 주면 그만인 일반 공무원과는 다르다. 국회의원 등의 정치가들과는 아예 비교되는 것조차 싫어한다. 일반 공무원은 말할 것도 없고, 국회의원·장관·정치가, 심지어 대통령이라 해도 따지고 보면 다 저하고 싶은 욕심에서 된 사람들이다. 말로는 국민에 봉사하기 위해서라고 하지만 그 말 곧이곧대로 믿을 사람 아무도 없을 것이다. 제 발로 걸어나가는 사람은 없고, 서로 해먹으려고 줄을 서서 기다리고 있다. 내일 당장 쫓아내도 금방 새로 뽑을 수 있다.

그렇지만 군인은 자기 인생, 자기 목숨을 국가에 내놓은 싸우는 기계이다. 원(員)자·가(家)자·사(士)자 붙은 족속들과는 근본적으로 다르다는 말이다. 그들은 돈으로 움직이지 않는다. 명예를 먹고 산다. 패하면 죽음이요, 이기면 훈장뿐이다. 아무리 큰 공을 세웠다 하더라도 돈으로 보상하지 않는다. 왜냐하면 목숨을 걸었기 때문이다. 그건 돈으로 보상이 불가능하다. 용병이 아닌 다음에야, 돈 적다고 안 싸우고 많이 준다고 열심히 싸우는 군인은 없다. 그렇지만 그들도 인간이다. 왜 목숨이 아깝지 않고, 왜 남들처럼 인생을 즐기고 싶지 않겠는가? 왜 남들처럼 돈 많이 벌어 처자식과 함께 행복하게 살기를 원치 않겠는가?

늘상 일어나는 북한의 NLL 침범 사건을 두고, 제대로 보고를 했느니 안했느니 하는 이유로 별 셋이 떨어져 나갔다. 그만한 일에 입에 거품을 물고 길길이 뛰는 의원들, 심지어 군에 가보지도 않은 여성 의원(설마 안 갔어도 알 건 다 안다고 하진 않겠지)의 모멸스런 독설에 그냥 그대로 가버렸다. 그리고 그만이다? 모든 게 해결되었다? 과연 이래도 되는 걸까? 총탄 한 방 안 쏘고 별 셋을 떨어뜨린 북한 경비정 함장에 박수를 보내야 할까?

요즘 세상은 돈을 좋아하니 그럼 이번 일도 돈으로 계산해 보자. 흔히 우리가 전투기 조종사 한 명 키우는 데 천문학적인 돈이 들어간다는 것을 알고 있다. 어찌 전투기 조종사뿐이겠는가. 사병 하나 키우는데도 엄청난 돈이 들어간다. 연습용 총탄 하나하나, 미사일 한 방, 비행기 한 대, 탱크 한 대, 군함 한 척…… 모두 해서 얼마가 드는지 이미 계산 다 나와 있다. 사관학교 들어가서 별 하나 달 때까지 돈은 얼마나 들고, 기간은 또 얼마나 걸릴까? 조종사 한 명 키우는 데 얼마가 들까? 배 한 척 부서지고, 비행기 한 대 추락하면 당장 그만한 것을 사와야 한다. 물론 돈만 있으면 금방 사오거나 만들 수 있다. 그러나 군인은 어디 가서 사올 수가 없다. 파는 곳이 없으니 처음부터 다시 키워야 한다. 바로 밑에 계급 진급시켜 그 자리 채운다 해도 결국은 사람 하나 새로 뽑아 키워야 한다. 수십 년 걸려서 수십억, 수백억 들여가며 훈련시켜야 겨우 별 하나 건진다. 정치인이나 국회의원처럼 시중에 널려 있어 이놈 아니면 저놈 중에 뽑으면 되는 것이 아니다. 그때그때 기분에 따라 언제든지 갈아치울 수 있는 장관쯤으로 생각했다면 큰 오산이다. 몇 년마다 갈아치울 수 있는 대통령도 아니다.

군인은 다른 모든 병장기들과 함께 싸우는 도구이자 기계이다. 그리고 그것은 국가의 재산이다. 그런데 수백억짜리 멀쩡한 별을 성능에는 아무 이상 없는데, 사소한(실제 전투에 비하면) 사건 하나 제대로 처리하지 못했다고 폐기처분한다?

무장은 체질적으로 행동이 앞서고 격정적이다. 때로는 과격하여 방자하기까지 해서 어이없는 실수를 저지르기도 한다. 이기고 지는 것은 병가지상사(兵家之常事)라 했듯이, 부정한 짓이나 비겁한 행동이 아니면 사소한 실수나 사고는 감쌀 줄 알아야 한다. 요즈음 군장교들의 진급 심사 기준에는 음주운전 한번만 걸려도 별을 포기해야 할 만큼 엄격하다고 한다. 그러니 모두들 그저 몸조심하기에 여념이 없다. 이래서는 진정한 용장(勇將)을 얻을 수가 없다. 순간의 방심도 허용치 않는 것이 무(武)의 세계이지만, 엄(嚴)을 지나치게 강조하면 용(勇)이 죽고 만다.

대한민국 군대만 그런 것이 아니고 지구상에 국가가 태어날 때부터 군이란 원래 특수한 집단이었다. 요즈음 말로 민주 군대 어쩌고저쩌고 하는 것은 태평성대에나 있음직한 무척 낭만적인 생각이다. 나라 국(國)자가 의미하듯 역사 이래 군(軍)은 최고지도자와 그 영토를 지키기 위해서 존재했었다. 처음부터 백성을 지키기 위해 존재한 것이 아니다. 명분이야 당연히 영토와 국민과 그 재산을 지키고 보호하기 위해 존재한다지만, 실제 그들은 오직 최고지도자를 위해 존재하고, 그의 명령만을 따른다. **국민의 명령을 따르는 집단이 아니다.** 자유·평등·민족·인권 등 그런 고상한 낱말을 위해 존재하지 않는다는 말이다. 그런 것을 지킬 수도 있지만, 언제든지 그것을 부술 수도 있다. 선택은 그들 지도자의 몫이다. 최고지도자에 대한 충성만으로 존재하는 특수 집단인 것이다. 그런 그들의 행동에 사회의 일반적인 기준을 들이대고 따지는 것은 때로 그들에 대한 모욕이 될 수도 있다. 그래서 어느 나라든 군인은 따로 만든 군법으로 다스리는 것이다. 여론이나 정치적인 간섭을 최소화하는 것이다. 군(軍)이 정계나 여론의 눈치를 보기 시작하면 내부적으로 분란이 생기고 썩기 때문이다. 자연히 **의기(義氣)와 용기(勇氣)가 꺾이고 계산이 앞서게 된다.**

그들을 죽이든 살리든 최종적인 결정은 오직 주인(군통수권자)의 손에 달려 있다. 명령권자가 아닌 다른 사람이 그들의 행동에 대해 이렇다 저렇다 하는 것은 옳고 그른 것을 떠나서 이미 그들을 모욕한 것이다. 의심·비하·수치·모욕은 천하의 무인들이 가장 싫어하는 것들이다. 명예가 곧 생명인 그들에게 그것은 곧 죽음에 다름 아니다. 주인에게 버림받고 저잣거리에서 손가락질당한다면 이미 끝난 거다. 잘했는지 못했는지를 판정해 달라는 것이 아니다. 때리든 죽이든 주인의 손으로 처단해 달라는 말이다. 그게 차라리 당당하다.

공자(孔子)는 일찍이 "사(士)는 죽일지언정 욕되게 할 수는 없다〔士可殺而不可辱〕"고 하였다. 그들에겐 오직 명(名)만이 최고의 가치이다. 살아서도 그렇고, 죽어서도 그렇다. 문사(선비)는 지조(志操)로 살지만, 무사(군인)는 신조(信操)로 산다. 군자는 자기를 알아 주는 사람에게 목숨을 바친다. 주인에게서 믿음〔信〕을 받지 못한다면 더 이상 충(忠)을 바칠 이유가 없다. 언제든지 어떤 일로도 목숨을 기꺼이 바칠 수 있도록 믿음을 갖게 해달라는 말이다.

그렇지 않아도 대한민국 국군은 해방 후 당당하게 광복군을 위주로 만들지 못하고 일본군 출신들로 급히 만들었기 때문에 태생적으로 떳떳할 수가 없었다. **일본군 정신에다 미국식 제도로 만들어진 군대가 바로 한국군인 것이다.** 그리고 피비린내 나는 동족 상쟁, 쿠데타와 군사 정권, 광주 사태 등의 크고 작은 업보를 지니고 있다. 그렇지만 어찌 그 업보가 모두 그들의 잘못 때문인가? 아니다. 그건 모두 그 지도자들의 선택이었고 과실이었다.

2002 월드컵. 나치시대에나 볼 수 있었던 광경이 아닌가 싶을 정도로 전 국민이 붉은 옷을 입고 광란의 도가니에 빠져 있을 때, 서해에서는 우리의 젊은 아들들이 적의 포탄에 붉은 피로 바다를 물들이며 산화했다. 최소한 경기 시작 전에 묵념을 올릴 줄 알았는데 잔칫집 분위기 잡칠까봐 쉬쉬하며 넘어갔다. 거기까진 그렇다 치자. 이미 적들도 그걸 노리고 퍼부었을 테니까. 그럼 잔치가 끝났으면 우리 모두 그들의 영혼을 위로해 주었어야 했다. 선수들은 경기가 끝나자마자 달려가서 헌화했어야 했다. 모두 같은 이 땅의 피끓는 젊음들이 아닌가. 아마 그것조차도 월드컵 4강의 여운을 즐기는 데에 심히 방해가 되나 보다. 스포츠로 적군(?)과 싸워 이겼으니, 군인들보다도 더 큰 공을 세

웠다고 우쭐하는가? 아무래도 이 나라 모든 국민들은 스포츠가 국방보다도 더 중요하고 가치 있는 일이라고 생각하는 모양이다. 이러고도 가진 자들의 병역 기피나 남보다 월등한 신체를 가진 운동 선수들의 황당한 병역 면제, 원정 출산, 그리고 국적 포기를 비난할 자격조차 있는가? 이러고도 독도는 우리 땅이라고 정말 자신할 수 있는가? 축구공와 야구공이 독도를 지켜줄 것으로 생각하는가?

그 서해 교전에서 남편을 잃은 한 부인은 몇 년 후 아이를 데리고 이민을 가버렸다. 슬픔 때문이 아니다. 국가에 대한 섭섭함이 한(恨)이 되었기에, 남편이 목숨 바쳐 지키고자 했던 이 땅을 버릴 수밖에 없었다. 국무총리가 나서서(실제론 불러서) 달래 보았지만 소용없었다. 그게 어찌 총리가 할 일인가, 대통령이 할 일이지. 군의 최고책임자이자 주인으로서 마땅히, 그것도 진작에 위로했어야지. 직접 공항까지 좇아가서 소매를 잡고 말렸어야 했다. 세상에 이런 나라가 또 있을까.

전사든 사고사든 군인으로서 죽는 것은 모두가 영광된 죽음이어야 하며, 마땅히 그에 합당한 대우를 해주어야 한다. 배신이 아니라면 말이다. 전방을 지키는 초소에서 일어난 총기 난사 사건으로 여러 명의 젊은 병사들이 목숨을 잃었다. 유가족들의 피를 토하는 한스러움을 어찌 달래랴. 자식 가진 모든 부모들의 심정이 오죽하랴. 여러 신문의 칼럼에서 대통령이 조문할 것을 권하였지만, 그들의 주인은 결단코 냉담했다. 겨우 국회에서 국방부장관 해임안을 내고, 부결시키는 한바탕 형식적인 쇼로 마무리짓고 말았다. 대한민국 국군은 버림받은 자식인가? 이제 어떡하나? 변호사적인 발상으로 억울하면 직접 가해자에게 책임을 물어서 보상받으라는 건가? 이 땅의 군인들은 전쟁중 죽거나 다치면 적군에게 가서 보상을 받아내야 할 판이다. 정신대에 끌려갔던 할머니들처럼. 또 한 겹의 한(恨)이 누적되고 있다.

그럴 때 그들의 주인이 나서야 한다. 군의 최고통수권자인 대통령이 말이다. 달래야 할 땐 달래 주고, 위로해야 할 땐 위로해 주고, 상주어야 할 땐 상주고, 벌주어야 할 땐 벌주어야 한다. 남에게 맡기지 말고 직접 말이다. **군인의 국가에 대한 믿음〔信〕은 그 어느것보다도 우선한다.** 5·16 혁명과 12·12 군부반란 사건 때처럼 통치권자가 군의 믿음을 얻지 못했을 때, 무슨 일이 일어났는지 우리 모두 잘 알고 있지 않은가. 신(信)에는 책임이 따른다. 그건 국가의 책임이자 의무이다. 그것도 아니면 희생에 대한 최소한의 예의라고 해두자.

미국은 한국 전쟁, 월남전에서 실종된 장병들의 시신들을 아직도 찾고 있다. 어떤 대가를 치르더라도 찾아온다. 세월이 흘러 뼈가 삭아 흙이 되었다 해도, 그 흙 한줌으로라도 장례를 치러 넋을 위로하고 그의 희생을 기린다. 군번이나 군화 뒤축 한 조각이라도 찾아간다. 조국은 결코 그대를 잊지 않는다는 사실을 반드시 증명해 보인다. 그것은 **국가의 의무이자 충(忠)에 대한 보답이며, 희생자에 대한 국가의 예(禮)**라고 생각한다. 그래서 미국은 강하다. 단순히 나라가 크고 자원과 최첨단 무기가 많아서 강한 것이 아니다. 세계에서 가장 잘된 민주주의 국가라서, 자유주의 국가라서 강한 것이 아니다. 따지고 보면 미국만큼 군대를 많이 가질 필요가 없는 나라도 많지 않다. 쿠바를 제외하면 주변에 접한 나라들 중 미국에 위협이 될 만한 국가가 없다. 그런데도 전세계 어느곳이든 분쟁이 있는 곳이면 반드시 개입해서 크고 작은 전쟁을 치른다. 병사들의 입장에서 보자면 황당한 일일 수도 있다. 자기 조국과 민족을 위한 전쟁이 아니라 순전히 남의 나라에서 남의 나라를 위해 목숨을 바치라니, 이런 개죽음이 어딨나? 세계 평화를 위해? 민주주의를 위해? 미국의 이익을 위해? 그런 것들이 아무리 가치 있다 한들 자기나라 젊은이들에게 타국에서 피 흘릴 것을 강요할 수 있단 말인가? 그렇지만 아무도 마다 하지 않는다. 설령 잘못된 전쟁이라 해도 말없이 국가의 명령에 따른다. 그만큼 국가를 믿기 때문이다. 그것이 미국의 진정한 힘이다.

  구한말 의병이나 식민시대 독립군과 항일투사들, 그리고 그 후손들의 섭섭함은 접어두고라도 6·25 동란 때 전사자로 처리된 국군병사가 반세기가 넘어 북한을 탈출해 오고, 월남전에서는 단 한 명의 실종군인도 없다고 하던 국방부, 끊임없이 제기되는 군의문사, 북한 침투 공작요원 출신에 대한 정부의 냉대(핍박?), 실미도 사건 등등, 대한민국 국가는 신(信)의 의미나 가치도 모르면서 충(忠)만 강요해 왔다. 국민들에게 병역의 의무만 강요했지, 국가가 마땅히 져야 할 책임은 한없이 소홀했다는 말이다. 우리 사회나 국가가 그동안은 모두 먹고 살기 위해 경제 개발에 매진하다 보니 마땅히 지키고 챙겨야 할 도리를 다하지 못했다고 하더라도 이제 더는 그래서는 안 된다. 끊임없는 가진(능력 있는?) 자들의 병역 기피를 보면서 힘없고 뻔뻔하지 못한 보통 사람들은 무슨 생각을 하는지 우리 모두 다 잘 알지 않는가. 〈왕의 남자〉가 아니라 〈라이언 일병 구하기〉를 감상하였어야 했다. 그리고 이참에 이런저런 이유로 군대에 가지 못한(않은) 분들께 부탁드리고 싶은 말이 있다. 기피성 병역특례자라 해도 마찬가지이다. 대단히 미안하지만 제발 앞으로 국가에 봉사하겠다는 이유를 대며 공무원이나 정계로 나오지 마시고 다른 분야로 진출해서 얼마든지 출세하고 명예도 쌓고 돈도 많이 버시라고. 그래서 기어코 국가와 민족에 봉사하라고. 그게 차라리 떳떳한 일이라고.

  충(忠)은 오직 신(信)을 위해서만 존재한다. 신(信)이 아닌 다른 어떤 것으로는 결코 충(忠)을 얻을 수 없다. 의(義)는 물론 선악(善惡)의 도덕 규범조차도 충(忠)에 영향을 미치지 못한다. 충(忠)은 목적 추구의 행위이다. 오직 군신(君臣) 또는 주종(主從)간에서만 존재하는 이것은 일종의 목숨을 담보로 한 계약으로서, 신(信)에 대한 반대 급부적인 성격을 지닌다. 때문에 의롭고 선한 충(忠)도 있지만, 의롭지 못하고 악한 충(忠)도 존재하게 된다. 심지어 간신(奸臣)도 충(忠)을 바치지 않는가. 물론 주군(主君)보다 자신의 이익을 먼저 챙기는 것이 다를 뿐이지만. 많은 사람들이 더 좋은 계약을 맺기 위해 안달하지 않는가. 어쨌거나 충(忠)만으로는 독립된 사회적 덕목이 되지 못한다. 그래서 삼강오륜(三綱五倫)은 물론이고 유가오덕(儒家五德), 심지어 무덕(武德)에도 들지 못하는 것이다. 충(忠)은 곧 신(信)에 대한 보답이자 종속된 개념이기 때문에 굳이 따로 나눌 필요가 없다. 계약이 성사되면 충(忠)은 곧 신(信)이요, 불충(不忠)은 곧 배신(背信)이기 때문이다. 신(信)이 먼저 깨어지든, 충(忠)이 먼저 깨어지든 그것은 곧 계약 파기인 셈이다.

그리고 충(忠)은 효(孝)와 마찬가지로 그 차체로는 보편적인 덕목에는 들어가지 않지만, 거기에 따르는 의무와 규범은 있다. 효(孝)는 보답이며, 충(忠)은 바치는 것이다. 따라서 충을 받는 자는 반드시 그 대가를 지불해야 한다. 그리고 충(忠)을 바치는 자는 자신의 충심(忠心)을 증명해야 할 의무를 지닌다. 그건 말이나 글로서 증명되는 것이 아니다. 오직 행동으로 드러내야 한다. 전쟁에 나가 공(功)을 세우는 것은 당연한 일, 죽을 자리에서는 죽을 줄 알아야 하고, 떠날 때는 떠날 줄 알아야 한다는 것이다. 비겁하게 목숨을 부지하려고 하거나, 책임을 회피하면서 구차하게 자리에 연연하는 일은 없어야 한다. **죽일지언정 욕되게 하지 말라고 했듯이, 반대로 욕되게 사느니 차라리 죽을 줄 알아야 진정한 무인(군인)**이라 할 것이다. 그것이 곧 '협절(俠節)'이다. 그리고 충(忠)은 독점 계약이다. 몸과 마음 모두 끝까지 한

곳에 바치는 계약이다. 그래서 불사이군(不事二君)이라 했다. 비록 섭섭하다 해도 한결같아야 하고, 절대 두 마음을 품어서는 안 된다. 그것이 곧 충성(忠誠)이다.

옛말에 "상은 후하면서도 믿음이 있어야 하며, 형벌은 엄하면서 반드시 실행해야 한다"[7]고 하였다.

19 전쟁과 의무

근자에 들어 '양심적 병역 기피'가 사회 문제로 떠오르고 있다. 대개 특정 종교단체와 몇몇 신학교 교수들이 이를 주동적으로 옹호하고 나선다. 개인의 종교적 신념이 병역 의무보다 더 중요하다고 주장한다. 옳고 그른 것을 떠나, 먼저 그 용어 선택부터 거슬린다. 왜 '양심적'인가? 법이 개인의 양심을 심판한다? 황당한 일이 아닐 수 없다. 분명하게 표현하자면 '종교적 병역 기피'라고 해야 맞지 않은가. 누구는 양심이 없어서? '양심적'이란 말이 판사에게 특히 부담스러운 용어임을 알면서 일부러 사용했는가? (어떤 '양심적인' 판사는 여기에 걸려들기도 했지만.) 더 정확한 표현은 **'종교를 빙자한 병역 기피'**이다. 스스로 순교자의 명에를 짊어지거나 영광된(?) 선구자의 길을 가는 것은 누구든 상관할 바가 아니지만, 덕분에 다른 사람들을 '비양심적'으로 만드는 일은 분명 옳은 일이 아니다. 더 붙이자면, 어째서 특정 종교의 종교적 양심만이 구원(?)받을 수 있단 말인가? 다른 종교는? 그리고 개인의 정치적·도덕적 양심은? 법과 상식의 분별과 경계가 점점 모호해지고 만다. 사실 '종교적'을 '양심적'이라고 표현한 데서 알 수 있듯이, 종교적 믿음(信) 혹은 신념은 덕(德)으로서의 신(信)이라기보다는 정(情)에 가까운 말이다. 이 정(情)이 한국에 온갖 종교가 번성할 수 있게 한 밑거름이다. 바야흐로 법(法)이 정(情)을 심판하게 된 것이다.

지금은 대부분의 모든 나라가 국민들이 직접 혹은 간접 투표 방식으로 (설령 독재 정권이라 해도 형식적으로는) 그들의 지도자를 선택하지만, 불과 1,2백 년 전까지는 그러지 않았다. 예전엔 오직 스스로의 힘을 키워 싸워서 권력을 찬탈하는 수밖에 없었다. 이때 그 찬탈자는

> 문화가 발달하면서, 인구가 늘어났다. 사람과 사람 사이가 좁아지고 그만큼 분쟁도 늘어나면서, 법전(法典)의 두께가 점점 두꺼워졌다. 고대에는 법이란 곧 국법(國法)을 말하였는데, 그다지 복잡하지도 않았다. 그렇지만 그때에도 사람들은 모여서 아웅다웅 서로 다투면서 살았으니, 자연히 별 희한한 다툼들이 있었을 것이고, 이런 모든 것들을 일일이 국법으로 처리할 순 없는 일이었다. 바로 이런 문제들은 그 시대의 전통적인 윤리적 혹은 종교적 관습법으로 해결하였다. 윤리(倫理)·도리(道理)·순리(順理)·사리(事理) 등등의 사람 사는 이치를 따져 분쟁을 해결하였던 것이다.
>
> 우리나라 헌법 제103조에 법관은 헌법·법률·양심에 따라 심판할 것을 명시하고 있다. 바로 이 양심이 옛 사람들의 도덕적 판단 기준을 의미할 것이다. 하지만 어쩌랴. 법망이 조밀해질수록 양심은 점점 사라지고 있으니. 양심(이치)상 도저히 그럴 수 없음에도 불구하고 '여차' 하면 법대로 하잔다. 사방을 둘러봐도 양심이 온전히 성한 곳이 없다. 양심은 이미 훼손되어 버렸다. 그리고 양심이란 단어는 너무 주관적이다. 좀더 객관적인 '도덕심'이란 단어로 바꾸었으면 좋겠다.

그를 따르는 수많은 부하들의 도움을 받는데, 권모술수의 문신(文臣)과 무력을 가진 무신(武臣)들이다. 이들은 자신의 주인될 사람과 함께 목숨을 걸고 일을 도모한다. 성공하면 만고의 공신(功臣)이요, 실패하면 본인은 물론 멸문지화당하는 위험한 도박을 하는 것이다. 때문에 개국공신의 가문은 자자손손 대를 물리며 영광과 풍족함을 함께 누리게 된다. 당연히 그들은 그 위치를 유지하기 위해 군왕에게 충성과 의무를 다해야 했으며, 최상위 귀족으로서의 덕목도 갖추어야 했다.

특히 고대 중국과 한국은 일찍이 과거 제도라는 인재 선발 방식을 택하였는데, 귀족 신분이 아닌 평민 신분으로도 벼슬할 기회가 주어졌다. 이때부터 문반(文班)과 무반(武班)을 구분하였는데, 대개 문반을 우대하였다. 한번 벼슬길에 오르게 되면 본인의 능력에 따라 얼마든지 신분을 상승시킬 수 있었다. 이에 비해 유럽과 일본은 그러한 제도가 없어 처음부터 귀족 출신이 아니면 벼슬을 할 수가 없었다. 대개는 추천을 통해 인재를 확보했었는데, 문무(文武)의 명확한 구분을 두지 않았다. 대신 기사(騎士) 혹은 무사(武士)라는 특수한 신분 제도가 있어 무신(武臣)들을 키웠다. 이들은 평민과 귀족의 중간 계층으로 주군(主君)에게 충성을 바치며 먹고 사는 문제를 의탁하였다. 또한 이들은 끊임없이 상위층으로 올라갈 기회를 기다렸는데, 그 길은 전쟁에서 공(功)을 세우는 일뿐이었다.

양반 중의 무반과 서양의 귀족 계급, 그리고 무사 혹은 기사들은 항상 특수한 위치를 누리면서 국가 혹은 자신의 주군에 의해 또한 보호받고 있다. 평소에는 외적의 침입에 대항해서 영지(국가 영토 또는 성주의 영토)를 지키고, 내부적으로는 백성을 통제하며 왕권(혹은 영주의 것)을 보호해야 할 의무를 지닌다. 지금은 무사 계급이 일반 군대의 모습으로 바뀌었고, 또 신흥 부르주아가 귀족층에 편입되기도 하지만, 전통적인 국가에서는 아직도 고전적인 귀족 제도의 흔적이 많이 남아 있다.

지난 대선 때, 후보 아들의 병역 문제가 쟁점으로 떠올라 본인에게 치명적인 약점이 되어 고배를 마신 적이 있다.

사실 이 병역 기피는 비단 자식만이 아니라 심지어 본인의 문제가 되어 국민들의 빈축을 사는 일이 이 나라에선 그다지 드문 일이 아니다. 우리나라 권력자(혹은 가진 자)들의 본인은 물론 그 자녀 및 인척들의 병역 의무 비율이 일반인보다 훨씬 낮다는 것은 이미 여러 차례 조사에서도 밝혀진 바 있다. 대부분 신체적으로 결함이 있어 면제 판정을 받았다고들 하는데, 이게 일반인들을 더욱 기분 나쁘게 한다. 유독 잘 먹고 잘사는 가진 자들의 자식들이 어째서 평민들 자식들보다 더 약하고 결함이 많으냐 하는 의구심이 들지 않을 수 없는 것이다. 물론 오히려 그 반대일 것이라고 사실은 우리 모두 알고 있다. 많이 배우고 가진 게 많으니 당연히 기피 수단도 많이들 알고 있겠지. 그러고도 부끄러운 줄 모르고 벼슬하고 싶어 안달이다. 만약 이런 일이 선진국에서 일어났다면, 그 집안은 아무리 유서 깊은 가문이라 해도 절대 용납되지 않을 것이다. 몇백 년을 이어온 가문의 명예가 하루아침에 수치심으로 바닥에 떨어질 것이다. 스스로 목숨을 끊어도 변명이 될 수가 없다. 물론 그런 나라들에서는 애초부터 이런 일들이 아예 일어나지를 않는다.

대개 전통적으로 유럽의 귀족들은 자자손손 그 특혜를 누리고 있지만, 언제나 그들의 의무를 잊지 않고 있다. 기사 계급 역시 마찬가지였다. 평소 하는 일 없이 무위도식하고 있지만, 만약 나라가, 혹은 자신의 영주가 전쟁을 벌일 때에는 언제든지 나아가 싸울 준비가 되어 있다는 것이다. 이때에는 모든 귀족 또는 본인은 물론 그의 자식들을 모두 이끌고 솔선해서 기사들과 함께 전쟁터로 향하게 된다. 당연히 그들의 작위에 해당되는 계급의 직책을 맡아 전쟁을 치른다. 그 전쟁 비용을 스스로 조달하기도 한다. 드디어 자기 가문의 존재 가치를 세상에 알리고, 보다 더 큰 공을 세워 가문의 영광과 작위를 높이고, 또한 스스로의 세력을 키울 수 있는 절호의 기회가 왔기 때문이다. 만약 전쟁에 패하게 되면 모든 것을 잃게 되기 때문에 그 전부를 걸고 싸우게 된다.

　전쟁을 치르고 나면 아끼던 자식들이 목숨을 잃거나 불구가 되기도 하지만, 결코 비겁하게 기피하지 않는다. 그들은 바로 이런 때를 위해 존재하여 왔기 때문이다. 전장에서 가족이 용감하게 싸우다 죽은 것을 영광으로 여긴다. 참여하지 못하거나 공을 세우지 못한 가문은 점점 쇠락의 길을 걷게 된다. 따라서 유럽에서 귀족 가문의 자제들은 평소 전쟁에 대비한 무예와 전술들을 익히는 것을 당연하게 여겼고, 그러지 못한 남자들은 비웃음을 받았다. 그들은 **첫 전투의 제일 선봉에 서는 것을 최고의 영광**으로 여겼다. 그러한 전통은 현재까지도 계승되어 대개 유럽의 왕족 혹은 귀족 자제들은 학식과 예절·교양·라틴어 등 한두 개의 외국어는 당연하고, 춤·승마·사냥 그리고 마지막으로 사내다움을 증명할 수 있는 무예나 격렬한 스포츠 한 종목 정도는 필히 익혀두어야 한다.

　우리나라도 신라의 화랑(花郎)이 이에 견줄 수 있는 가장 모범적인 제도였으며, 고려 때까지 그 정신이 이어졌을 것으로 여겨진다. 그런데 조선에 와서 문무(文武)의 구별이 남녀칠세부동석만큼이나 강조되면서, 전쟁을 치르며 직접 싸우는 것은 무반과 일반 평민들의 몫이 되어 버렸다. 문반과 그 자제들은 몸에 피 한 방울 묻혀서는 안 되었다. 대가 끊어지지 않고 자손이 번성해야 집안이 흥하는 것으로 여겼기 때문에 무엇보다도 자신과 자식의 안위를 챙겨야 했다. 점점 쇠락해 가는 양반 자손과 서출들이나 어쩔 수 없이 무과(武科)에 응시하였지, 번듯한 집안 자식들은 당연히 문과(文科)를 통해 문반(文班)의 길로 나아가야 했다.

유럽의 귀족들이 오늘날에도 그 영광을 이어가고 있고 국민들로부터 진심으로 존경받는 것도 바로 이러한 귀족으로서의 그들의 의무를 잘 이행해 왔기 때문이다. 우리의 조선 양반들은 의무보다는 부귀영화의 대물림을 위해 오직 자손의 번성을 바랐고, 행여 손이 끊기는 것을 두려워하여 전쟁이 나면 먼저 피난가기에 급급했다. 결국 나라를 외적에게 빼앗기고, 식민 지배를 당하고, 해방 후 6·25 동란을 겪으면서도 오늘날까지 그 찬란한(?) 족보를 잘 보전해 온 것이다. 요즘은 아예 전쟁을 혐오해야 양심적이고 순수하고 착한 평화주의자가 되는 것처럼 앞장서서 선동까지 하고 다니는 판이다.

누가 자기 자식을 전쟁터로 내보내 죽게 하고 싶겠는가? 글만 읽어 문과 급제해서 안신입명만을 바라는 조선의 선비 문화가 오늘에까지 이어져, 오로지 대입시험을 위해 책상머리에서 청소년기를 다 보내는 우리 학생들을 볼 때 안타깝기 그지없다. 뛰어난 암기력 하나로 출세하거나 부모 잘 만나서 획득한 상류층이 존경을 못 받는 이유가, 그들이 단지 욕심만 많고 남에게 베푸는 데 인색한 것에만 있지 않다는 것을 알 수 있다. **베푸는 것은 가진 자의 덕이지만, 나라의 위기에 용감하게 앞서는 것은 영광스러운 의무이다.** 그것은 의(義)를 세우는 일이다. 의(義)에는 항상 책임의 의미가 내포되어 있다. 조선의 양반이 진정한 귀족으로서 백성들의 존경을 받지 못했던 것도, 지금의 부자나 고위 공직자들이 존경은 고사하고 질시와 지탄의 대상이 되고 있는 것도 진정한 의(義)와 명(名)의 의미를 몰랐기 때문이라 할 수 있다. 명

(命)이 그토록 소중하다면 명(名)을 탐하지 말아야 할 것이다. 병역을 기피한 사람들은 제 분수를 알아 끝까지 숨어서 그 명(命)을 잘 보전해야 마땅할 것이다. 쓸데없이 명(名)을 좇아 고개를 내밀어 망신당하고, 못난(?) 국민들을 열받게 하지 말았으면 좋겠다. 앞으로 이런 사람들은 곤장쳐서 국립묘지에 한 10년 정도 강제 봉사시켰으면 좋겠다. 어차피 군대 보내 봐야 전쟁나면 제일 먼저 도망갈 테니.

주권이 군주의 것이든 국민의 것이든 전쟁을 하는 것은 하나의 법이다. 정치 권력의 행사는 내부적으로 평화를 보장하는 것이고, 외부적으로는 전쟁에 맞서는 것이므로 시민의 평화와 전쟁은 같은 것에서 유래한다. 루소는 《사회계약론》에서 "군주가 시민에게 '네가 죽는 것이 국가를 위해 필요하다'고 말할 때 그는 죽어야만 한다. 그가 지금까지 안전하게 살았던 것은 오직 이 계약 조건하에서였기 때문이다"라고 했다. 따라서 주권은 힘〔武力〕과 법〔文力〕 모두를 말한다. 순수한 덕(德)이란 무엇인가를 가져다 주기 때문이 아니라, 많은 대가를 치르게 하는 까닭에서만 그만한 가치를 지닌다. 전쟁을 치르고 법을 준수하는 것은 모든 인간에게 지워진 의무인 것이다. 진심으로 행동하지 않을 때 그것은 아주 비루하게 행동하는 것이고, 의무의 법칙을 모면할 온갖 교묘한 방법을 찾아내게 된다.

조선시대의 선비 문화, 일제 강제 징병에 의한 헛된 죽음, 만주 들판에 뼈를 묻은 독립투사들, 6·25 동족 상잔의 한맺힌 죽음, 월남전 등 수많은 전란을 겪으면서 우리 민족의 뇌리에는 전쟁에서 '죽으면 저만 손해'라는 인식이 각인되어 있다. 그들의 죽음을 그저 '개죽음'으로 내버려두고서는 이런 비뚤어진 인식을 바로잡기가 결코 쉬운 일이 아니다. 의로운 죽음이든 피치 못한 죽음이든 모두가 역사의 물결을 온몸으로 껴안고 이 땅을 지켜낸, 이 땅을 살다간 그들의 아픔이자 우리의 상흔이다. **역사엔 부끄러움이 없다. 부끄러운 역사란 있을 수 없다.** 단지 스스로가 부끄러울 뿐이다.

20 십팔기 이전에는 무예가 없었나?

우리의 역사에서도 신라가 통일한 후 조선 세종 때까지 조금씩 조금씩 북으로 영토를 넓혀 왔다. 이는 모두 대단히 현명한 국방 정책이었다고 할 수 있다. 농경을 위주로 한반도의 남쪽에서 보면 한강 이북 혹은 압록강 너머는 언제나 별로 쓸모가 없는 땅이었기 때문이다. 그럼에도 불구하고 넓혀 나간 것은 말갈족·거란족·여진족 등 이민족의 침입을 효과적으로 방어하기 위함이었다. 넓은 들판을 달리던 북방의 기마부대를 가장 효율적으로 제거할 수 있는 것은 바로 넓은 강과 험한 산이기 때문이다.

북만주 지역에서 일어난 수많은 유목민족들이 국가의 형태를 갖추고 나서 굳이 한반도를 본격적으로 공략하지 않던 이유도 겹겹이 줄을 지어 가로막고 있는 크고 작은 강과 산, 그리고 골짜기 때문이었다. 이런 곳에서는 지루하게 보군으로 싸워야 하니 그들의 장기인 기동력이 아무 소용이 없어지기 때문이다. 그리고 무엇보다도 한반도에는 그만한 대가를 치르고 빼앗아갈 재화가 그리 많지 않았기 때문이다. 그래서 대개 화친 내지는 견제 공격 정도로 해놓고 큰 떡인 중원으로 쳐들어갔다. 한반도에 비해 중원으로 가는 길은 만리장성의 동쪽 끝인 산해관(山海關)만 뚫으면 중원까지는 흙먼지 가라앉을 새도 없이 일시에 말발굽으로 초토화시킬 수 있기 때문이다.

전통적인 옛 전투에서 기병부대는 언제나 적에게 가장 위협적이었다. 북만주 들판에서 일어난 오랑캐들은 한결같이 말을 잘 다루는 유목민족이다. 이에 비해 옛부터 중국에서는 우리를 동이족이라 하여 활 잘 쏘는 민족이라 하였다. 그리하여 대대로 이 활쏘기를 대표적인 무예로 장려해 왔다. 대개 북방에 대해서는 방어적이었기 때문에 굳게 걸어잠근 성문 위에서, 혹은 강 건너편이나 산언덕에 올라 진을 치고서 몰려오는 기병들을 활로 제압했다. 원래 기병은 들판에서의 전투에서는 위력적이지만 산이나 골짜기에서는 오히려 불리했다. 그렇다고 무수히 쏟아지는 화살을 막기 위해 방패나 갑옷 등으로 병사와 말을 중무장해서는 기마전술의 장기인 기동력을 살릴 수가 없었던 것이다.

그렇다고 해서 이 땅에 활 이외에 창·칼 등 다른 병장기가 없었다는 것은 결코 아니다. 다만 활처럼 그다지 중요시하지 않았을 뿐이다.

그렇게 하여 한민족은 역사상 고려 몽고족의 침입과 조선 병자호란을 제외하고는 모두 효율적으로 잘 막아냈다. 그 두 번도 비록 항복은 했지만 나라를 빼앗기거나 왕조가 멸하지는 않았던 것이다. 그리고 나머지 삼면은 바다로 둘러싸여 있어 북방만 잘 지키면 외적을 막는 데 큰 어려움이 없었다. 중국의 왕조가 한족과 북방 오랑캐가 번갈아 가며 세워졌던 것과 비교해 보면 대단한 민족임을 알 수 있다.

임진왜란 이전의 왜구 침입은 대개 해변 지역의 노략질 수준이어서 가볍게 내쫓을 수 있는 것들이었다. 그렇기에 왜구와의 전쟁이란 꿈에도 생각지 않았고, 평소에 대비도 되어 있지 않았다. 그런데 임진왜란이 일어난 것이다. 그들은 이미 자국 내에서 수없이 전투를 치러 병졸 하나하나가 거의 직업적인 무사급에 해당될 만큼 전투에 능한 군사가 되어 있었다. 거기에다 최신 조총을 앞세우고 전혀 준비가 안 된 조선으로 기습해 온 것이다. 전투 경험은 고사하고 제대로 된 무기조차 없었던 조선군은 상하를 막론하고 혼비백산해서 도망가기에 급급했다. 오죽했으면 신립(申砬) 장군이 탄금대에서 배수진을 치고 왜군을 기다리다 전멸했을까? 결국 압록강까지 선조가 도망가서야 명(明)의 원군을 맞게 된다. 그러나 처음 온 명군 역시 왜적을 제대로 제압하지 못하고 지지부진하다가 드디어 이여송(李如松) 도독이 와서야 본격적인 왜적 토벌이 시작되었다.

무비가 소홀했음을 절실히 깨달은 조선 왕조에서는 그제서야 무예를 갖추기 위해 노력하기 시작하였다. 《무예도보통지(武藝圖譜通志)》〈기예질의(技藝質疑)〉편에 그 과정을 소상히 기록해 놓았다.

만력 계사년(1593)에 제독 이여송이 왜병을 평양에서 크게 파하니, 선조 임금께서 제독영에 행차하시어 전후 승패의 다름을 물으셨다. 이여송이 말하기를

"먼저 온 북장(조승훈(祖承訓) 부총병이 이끈 5천 명)은 항상 오랑캐를 막는 일만 익혀 (이번) 전쟁에 불리하였고, 이제 제가 와서 쓴 병법은 척계광(戚繼光) 장군의 《기효신서(紀效新書)》에 의하였으므로 왜병을 쳐서 전승하였습니다."

고 하였다. 이에 선조 임금께서 척서(戚書)를 보시고자 하였으나 비밀이라고 내어놓지 않았다. 선조 임금께서는 역관에게 몰래 영을 내려 이여송의 휘하에게서 《기효신서》를 구득(購得)하여 보시고 상신(相臣) 유성룡(柳成龍)에게 말씀하시기를

"이 책은 깨닫기 어려우니 경이 본받을 만한 법을 강해하라."

고 이르셨다. 이에 유성룡은 종사관 이시발(李時發) 등과 같이 토론하고 한교(韓嶠)를 역천하였다. 한교는 유생이었으나 낭관을 삼아 질문만을 맡았다.

이보다 먼저 명군 참장(參將) 낙상지(駱尙志)는 유성룡에게 명나라 군사가 왜병을 이기고 귀국하기 전에 군사 조련하는 법을 배워 익히라고 권하니, 성룡이 이 말을 따라 행재소(行在所)에 계문(啓文)을 올리고 군사 70여 인을 모아서 낙상지 막하의 군사 10인을 교사로 삼아 밤낮으로 창과 칼·낭선 다루는 연습을 하게 하였다.

이리하여 선조는 전후에 《무예제보(武藝諸譜)》를 만들어 6기를 체계화하고, 병자호란 후 영조 때 다시 사도제자의 명으로 12기를 보태어 십팔기를 완성하였다.

그렇다면 임진왜란 이전에 우리나라에는 전통적인 무예가 없었단 말인가? 우선 《무예제보》의 6기가 만들어지기 이전의 조선 군대는 무예가 전혀 없었는가? 결코 그렇지 않다. 이를 증명하기 위해 굳이 고구려 벽화까지 들먹이지 않아도 될 것이다. 앞서 말했듯이 분명 군대가 있고, 각종 무기가 있었을 터인데, 어찌 그것을 다루는 기술이 없었겠는가. 단지 이러한 기예들이 체계화되지 못했었다. 즉 무(武)는 있되 예(藝)가 없었다는 뜻이다. 그저 각 개인 또는 부대 단위로 두서없이 익혀서 사용했다는 말이다. 당연히 체계적인 군사 훈련과 효율적인 전투를 기대할 수가 없었던 것이다. 따라서 지속적인 무예의 전승과 발전도 이루어질 수가 없었다. 활쏘기 이외의 온갖 무기류와 그에 따른 무예들은 등한시하여 체계적으로 다듬어 군사들을 훈련시키지 못했다는 말이다. 말〔言〕은 있으되 글자가 없는 것과 같은 것이다. 지금은 전하지 않지만, 신라에는 《무오병법(武烏兵法)》이 있었고, 고려에는 《김해병서(金海兵書)》가 있었다고 하지만 그 내용은 알 길이 없다고 했다.

임진왜란 이전에 통일신라·고려를 거치는 동안 왜(倭)와 자주 전쟁을 벌였더라면 군사적으로 그토록 대비가 없었을 리가 없지 않은가? 만약 그랬더라면 명(明)의 척계광처럼 왜구들을 제대로 대항할 대비책과 무예들을 체계적으로 정비하였을 것이다. 항상 노략질하는 해적 정도로 가볍게 생각하고, 그저 쫓아내고 적당히 달래는 것으로 일관하는 바람에 황당한 꼴을 당한 것이다. 간혹 바다를 건너가 따끔하게 혼을 내주었어야 했는데도 말이다.

어쨌거나 십팔기 이전에 이 땅에는 무예다운 무예가 전하지 않았다. 십팔기 이전의 무예로 문헌적으로 그 근거가 확실한 것으로는 '조선세법(朝鮮勢法)'이란 이름으로 모원의(茅元儀)의 《무비지(武備志)》에 실려 있는 고대 검법이 유일하다. 모원의 자신도 이미 중국에서는 찾을 수가 없었던 검보(劍譜)를 조선에서 구했다고 분명히 밝히고, 이를 '조선세법(朝鮮勢法)'이라 명하였다. 그리고 이를 토대로 '예도(銳

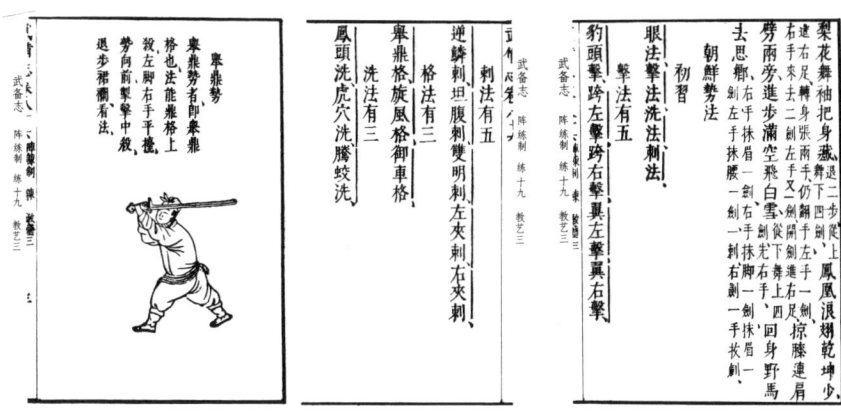

《무비지》의 조선세법

刀'란 이름으로 십팔기의 한 종목으로 정하던 당시 조선의 학자들도 이처럼 훌륭한 우리의 무예가 이 땅에서 제대로 전해지지 못하고 모원의를 통해서 되찾게 된 것을 통탄해 마지않아 했다.

이 '조선세법 24세'는 지금까지 알려진 동양의 모든 검법 중 가장 뛰어난 것으로 평가되고 있다. 천하 모든 검법의 어떤 칼놀림도 결코 이 24세를 벗어나질 못한다. 중국 모든 문중의 검법도 모두 이를 기초로 하고 있다. 그렇다면 이 '조선세법'의 검보는 과연 언제쯤 만들어졌을까? 양날의 검이 주병기로 사용되는 고려초 혹은 그 이전인 통일신라 때가 아니었을까 짐작된다. 《무비지》의 그림에서 보듯 검이 유난히 길고 두 손으로 잡을 만큼 무거운 점을 감안한다면 분명 검(劍)이 주병장기로 사용되던 고대로까지 거슬러 올라갈 수 있다. 따라서 삼국시대까지도 가능하다고 할 수 있다. 그리고 이 검법을 미루어 짐작하건대 당시의 무예 수준이 매우 높았다는 것을 알 수 있다. 따라서 당연히 여타 병장기를 다루는 기술 역시 이와 버금갈 정도로 높았을 것이라는 유추가 가능하다. 다만 문헌적으로 남아 있지 않았을 따름이다. 어떤 기예든 보(譜)로 남아 있지 않으면, 머지않아 그 기예가 사라지거나 끊임없이 변질되어 버려 그 원형이 온전히 전해질 수가 없다. 그래서 기록이 필요한 것이다.

분명 임진왜란 이전에도 군대가 있었고, 무기가 있었으며, 크고 작은 전투를 수없이 치렀다. 당연히 그 무기를 다루는 기예가 있었겠지만 모두가 제대로 법식에 맞지도 않았을 뿐더러 체계화되지 못했던 것이다. 그래서 《무예도보통지》 서문에서도 "그러나 궁시 하나에만 그쳤을 뿐 창검 등 다른 기예는 들어 보지 못하였다"라 했다. 다시 말해 **창·검 등 무기는 있으되 그것을 다루는 기예가 없었다는 말이다.** 그리고 같은 책 〈기예질의(技藝質疑)〉편에서는

"우리나라는 해외에 치우쳐 있는 곳이라 예부터 전하는 것은 다만 궁시(弓矢) 한 가지 기예만 있고, 칼과 창은 헛되이 기기(器機)만 있고, 익히고 쓰는 법은 없다. 말 위에서 창 쓰는 한 가지 기예가 있어 비록 시험장에서 쓰이나, 그 용법이 자세히 갖추어져 있지 않은 까닭으로 칼과 창은 버려진 무기가 된 지 오래다. 이 때문에 대진할 때 왜적이 죽음을 무릅쓰고 돌진해 오면 우리 군사들은 비록 창을 잡고 있고 칼을 차고 있어도 칼은 칼집에서 뽑을 시간이 없고, 창은 서로 겨루어 보지도 못하고 속수무책인 채 흉악한 왜적의 칼날에 꺾이고 만다. 이는 모두 **창과 칼을 쓰는 법(法)**이 전승되어 오지 않았던 까닭이다."

라며 통탄하고 있다.

21 훌륭한 스승을 만나야 제대로 배운다

"옥석도 쪼지 않으면 화려한 무늬를 가질 수 없고, 군자도 배우지 않으면 덕(德)을 이룰 수 없다"[8] 하였다. 세상을 살아가는 데 훌륭한 스승을 만나는 일보다 더한 행운이 또 있겠는가?

조선 5백 년은 철저한 문(文)의 시대, 즉 선비의 시대라서 글에 뛰어난 훈장을 잘 만나야 등과해서 벼슬도 하고 입신양명할 수가 있었다.

고려시대 초기에는 문무(文武)의 구별이 없었다. 다시 말해 신라처럼 문무겸전이었다. 강감찬 장군만 하더라도 뛰어난 장수이면서 나중에 문하시중에까지 올랐던 인물이다. 그러다가 중기 이후 문무의 차별이 심화되자 정중부의 난을 계기로 무신들이 정권을 잡으면서 무(武)가 다시 위력을 떨치게 된다. 아마 몽고의 침입이 없었더라면 계속해서 일본처럼 왕을 꼭두각시로 두고 각 지역의 호족들에 의한 군벌이 형성되어 필연적으로 무사 계층이 생겨났을 것이다.

삼국시대에는 신라의 화랑에서 보듯 개인의 문무겸전을 추구하였으며, 문무의 구분이 뚜렷이 나누어지지 않았었다. 삼국이 통일되어 나라의 규모가 커지고 전쟁이 줄어들면서 전문적인 관료 혹은 직책이 생겨나면서 문무의 분화가 시작되었을 것으로 짐작된다. 무예를 모르는 문인도 조금씩 벼슬길로 나아갈 수 있게 되었을 것이다.

현대에 와서는 학원이나 고액 과외를 받아 좋은 대학에 들어가면 된다. 또 몇 푼 들고 무술도장에 찾아가면 누구든지 원하는 무예를 배울 수가 있다. 그렇다면 고대에는 어땠을까?

동서양을 막론하고 고대에는 왕족이나 귀족 혹은 큰 부자들은 자식들에게 스승을 붙여 주었다. 글을 가르치는 훈장뿐만이 아니라 반드시 무술 선생도 두었다. 옛날 중국에서는 천석꾼의 부자라면 자식을 위해 훈장을 붙여줄 수 있었지만, 만석꾼이라야 자식의 무술 선생을 둘 수가 있었다고 한다. 왜냐하면 **글을 가르치는 스승은 세상을 살아가는 지혜를 가르쳐 주지만, 무예의 스승은 목숨을 지키는 법을 가르치기 때문이다.** 그만큼 왕족이나 귀족 혹은 큰 부자라야 가능한 일이고, 또 마땅히 그래야 했다. 심지어 청(淸)의 옹정황제는 젊었을 적 무당(武當)의 속가 제자여서 수많은 강호 무협인들과 어울렸다고 한다.

그렇지만 조선시대는 선비의 나라여서 아무나 옆구리에 칼 차고 다니던 시대가 아니었다. 몇 차례 외적의 침입으로 큰 난리를 겪기는 했지만, 그외에는 매우 치안이 잘된 안정된 나라였다. 그야말로 고요한 아침의 나라였다고 할 수 있었다. 그러나 끊임없이 전쟁을 치러야 했던 중국과 일본의 역사에서는 단 하루도 칼을 놓을 수가 없었다. 뛰어난 무예 선생을 모신다는 것은 다른 무엇보다도 중요한 일이었다.

　세상이 아무리 많이 바뀌었다고 하지만, 어찌 그 근본이야 변할 수가 있겠는가? 지금에 와서 아무리 무예 고수라 한들 어디 소용이 있으랴만, 이왕 무예를 배우려면 제대로 무예를 알고 인품을 갖춘 훌륭한 스승을 만나는 일이 가장 중요하다. 조선의 국기이자 오직 무예로서는 그것뿐이었던 '십팔기'가 한일합방과 더불어 이 땅에서 사라지고, 대신 강제로 이식된 일본 무예(그것도 완전히 스포츠화된 무예, 혹은 호신술)와 해방 후 들어온 중국 무술이 무예를 배우고자 하는 젊은이들의 갈증을 풀어 주었다. 1970년대 세계적으로 유행한 쿵푸 바람을 타고 한국에서도 몇몇 화교 무술인들이 서울과 인천에 도장을 열고 쿵푸란 간판 아래 중국 무술을 가르치기 시작했다. 그러나 이들은 원래 정통 있는 무예 문중에서 배운 사람들이 아니어서 무예 수준도 그다지 높지 못했다.

　또한 근현대 무예사에서 빼놓을 수 없는 것은 해방 직후, 그리고 1960년대까지 '장군의 아들' '영웅시대'로 대변되는 건달(주먹) 문화이다. 식민시대 초기부터 스포츠(운동) 종목으로 들여온 검도와 유도는 제도권 무술(무도라 해야 더 정확한 표현이다)로서 제 위치를 차지하고 있고, 공수도(가라테)는 해방 후 잽싸게 태권도로 개명한 후 스포츠화하여 제도권으로 들어갔다. 그외에 시중에는 합기도, 한두 곳의 중국 무술도장이 있었을 뿐이다. 1970년대에 들어오자 중국 무협 영화와 함께 세계적인 쿵푸 바람이 불어닥치면서 시중에는 온갖 무술도장들이 갑작스레 생겨났는데, 부끄러운 이야기이지만 이 당시 각 도장 관장들 대부분이 제대로 무술을 익힌 자들이 아니었다. 대부분, 아니

거의 모두라 해도 과언이 아니었을 만큼 무술이 뭔지도 모르고 주먹질로 소일하면서 이 도장 저 도장 놀러다니던 사람들이었다. 제대로 배운 것도 없고 마땅한 기술도 없어 번듯한 직업을 못 가진 그런 건달들이 대부분이었다. 그리고 그 뒤를 이어 당시 먹고 살기 힘들어 무작정 상경하여 늘어나기 시작한 태권도장에서 먹고 자며 운동하던 친구들이 도장을 열면서 전국으로 퍼져 나갔다. 그리고 1980년대에 들어서면서는 중동 노무자로 진출했던 이들이 하나둘 태권도장을 내면서 전세계로 퍼져 나가기 시작했다.

글쓴이 역시 1969년부터 무예를 시작하여 지금까지 36년을 지켜보아 왔다. 직접 혹은 간접적으로 각종 무예를 한다는 사람들의 무예 시범을 보면서 그때마다 실소를 금치 못할 때가 많다. 본인은 그것이 무슨 대단한 기예(아니 비술)인 양 온갖 폼을 펼쳐 보이는데 차마 눈뜨고는 못 볼 광경이다. 그렇다고 이런 말하는 글쓴이가 그들보다 무예를 잘한다는 이야기는 결코 아니다. 하지만 적어도 잘하는지 못하는지, 제대로 하는지 엉터리로 하는지, 무예인지 무예가 아닌지는 구분할 줄 안다.

누구한테서 배웠는지 아니면 스스로 만들었는지는 모르겠으나, 아무리 이해해 줄려고 해도 도무지 무예가 아닌데 자기는 그것이 무예라고 뽐내고 있다. 물론 재주껏 먹고 사는 세상이라 저 좋아서 하는 일을 탓할 수야 없지만, 본인은 그렇다 치더라도 그 밑에서 배우며 따라다니는 젊은이들을 보면 불쌍한 생각이 든다. 저 사람 정말 못할 짓 하는구나, 해서는 안 될 짓을 하는구나, 남을 가르친다는 것이 얼마나 무서운 일인데, 저보다 더 큰 죄가 또 있을까 싶다. 그런데 더욱 기가 막힐 일은, 그런 황당한 도사(아마도 본인들은 이런 표현을 더 좋아할 것 같다) 밑에서 배운 사람들일수록 더욱 황당하다는 사실이다. 제대로 된 이야기를 해주어도 도무지 알아들을 생각조차 안한다. 완전히 세뇌가 되어 사이비 종교의 광신도처럼 되어 버린다. 머릿속만 휘저어 놓는 것이 아니라, 몸도 완전히 꼬이고 비뚤어져서 도무지 제대로 가르칠 수조차 없게 만들어 버린다.

지식은 얼마든지 또 언제든지 옛것을 버리고 새로운 것을 받아들일 수 있지만, 무예란 몸과 마음을 함께 닦는 것이기 때문에 처음 한번 잘못 배워 굳어지면 되돌아와 제 길 찾기가 거의 불가능할 정도로 힘들다. 일찍 시작하든 늦게 시작하든 무예를 배우고자 하는 사람은 이러한 무예의 속성을 반드시 명심해야 할 것이다.

세계 제일의 고아 수출국인 우리나라 사람들의 문화적 고집 중에 나쁜 병폐 하나가 바로 족보에서 나온다. 결코 남의 핏줄을 키울 수 없다는 것이다. 이 습관은 비단 혈연(血緣)에만 그치지 않고, 사회에 나가서도 학연(學緣)·지연(地緣) 등 온갖 인연(因緣)의 연줄을 챙기고 따진다. 같은 연줄이면 무조건 호의적이고, 다른 연줄이면 배타적이며 경계한다. 직장 내에서도 줄을 잘 서면 출세하고, 잘못 섰다가 줄이 중간에 잘려나가면 그 줄을 잡았던 아래쪽 사람들은 모조리 낙동강 오리알 신세가 되고 만다. 또 이 습관은 종교계·예능계·무예계는 물론 심지어 정계·학계에서도 예외는 아니다. 한번 그 문중(門中), 그 계보(系譜), 그 연줄이 정해지면 좀처럼 벗어날 수 없으며, 평생을 그 울타리에서 그 인연으로 살아가게 된다. 이를 끝까지 지키는 것을 무슨 지조(志操)나 미덕(美德)으로 여기기도 한다.

그러나 배움의 터에서 이런 쓸데없는 절개는 큰 걸림돌이 되고 있다. 우물 안 개구리처럼 한곳 한 스승 밑에서 평생을 닦는 것을 어찌 보면 장하다고 할 수 있겠으나, 지극히 어리석은 면도 있다. 천하에는 훌륭한 스승이 수없이 많고, 배울 것 또한 한없이 많다. 평생을 배워도

다 못 배울 것이다. 하물며 무예 세계는 더 말할 필요조차 없다. 무예는 과학이다. 다른 훌륭한 스승들을 찾아다니며 배움을 구하는 것을 금하거나, 또 그러한 제자를 나무라서도 안 된다. 스승은 많을수록 좋다. 나에게 없거나 모자란 것은 다른 사람에게서라도 배울 수 있도록 길을 잡아 줘야 한다. 그것이 진정한 스승의 도리이다. 가르치는 자의 덕(德)이다. 그런데 왜 그러지 못하는 것인가? 그 자신이 먼저 제대로 배우지 못했거나 잘못 배웠기 때문이다. 지극히 옹졸하고 편협하기 때문이다. 가르치는 사람이나 배우는 사람이나 모두가 어리석기 때문이다. 자신들의 자존심과 목구멍을 먼저 생각하기 때문이다. 그런데 대개 이런 사람들은 자신이 팔고 있는 기예가 대단한 줄 알고 있거나, 혹은 대단한 것이라고 주장하지만 십중팔구 하찮은 것들이거나 오히려 엉터리들이다. 길거리에서 파는 약장사나 사이비 종교 교주에 다름 아니다. 스승을 따르고 존경하는 것은 당연한 도리이지만, 세뇌되어 교주처럼 받드는 것은 어리석기 짝이 없는 노릇이다.

옛말에 "전적으로 일가의 학설만 배운 사람은 고루하고 소견이 좁다. 마땅히 서로 배워야 하며, 스승을 많이 모시는 것이 좋다"[9]라고 하였다.

22 주병장기와 보조병장기

고대 동양 3국의 무예를 비교할 때, 흔히 중국은 창(槍), 일본은 칼

〔刀〕, 한국은 활〔矢〕을 이야기한다.

현대전에서는 화력을 중시한다. 고대 전투에서도 역시 무기의 질과 양을 중요시하였으며, 이를 다루는 병사의 규모가 전쟁의 판도를 좌우했다.

먼저 한·중·일 3국의 무예 체계는 각국의 자연 환경과 가장 밀접한 관계를 가지고 있다. 중국은 땅이 넓어 전쟁 규모가 크고, 대개 평원에서 전개된다. 그러다 보니 고대로부터 전차(戰車) 등 기마병들이 많을수록 유리하고, 덩치가 큰 이동식의 기계적인 무기들도 많이 사용되었다. 따라서 기병들과 마찬가지로 보병들도 장창(長槍)이나 월도(月刀) 등 긴 무기를 주병기로 사용하였으며, 칼은 보조병기로 함께 사용하였다.

이에 비해 일본은 각 성마다 군사의 숫자도 그다지 많지 않고, 산과 골짜기가 많고 넓은 평원이 없으며 습지와 논이 많기 때문에 전차 등 큰 무기를 사용할 수가 없었다. 기마부대보다는 중소 규모의 보군이 주를 이루었다. 길이 좁고 숲이나 장애물이 많은 지형에서는 주로 단병기를 다루기가 용이하다. 그래서 대개 칼〔刀〕이 주병기가 되고, 보조병기 또한 칼을 사용하였다. 긴 칼, 짧은 칼을 항상 두세 자루씩 차고 전투에 임했다. 창도 단창을 선호하게 된다.

한국은 예로부터 활을 주무기로 사용하였다. 쫓아가서 쳐부수기보다는 못 내려오도록 방어하는 데 주력하였기 때문에 기동력은 상대적으로 중요시하지 않았다. 북으로는 산과 강이 교대로 가로지르고 있어 유목민족들의 기병을 상대하기가 용이하였기 때문이다. 그리고 남쪽에는 해안 지방에 수시로 출몰했다가 도망가는 중소 규모의 해적 수준 왜구들이었기 때문에 이에 대한 방어책이 철저하지 못했었다. 그러다가 임진왜란을 당하고서야 대책을 세우게 된 것이다. 긴 칼을 잘 쓰는 이 왜구들을 대적하기 위해 도입된 것이 바로 선조 때의 '6기'이다. 특히 등패(藤牌)와 낭선(狼筅)·당파(鐺鈀)·장창(長槍)이 조를 짜서 이루는 '원앙진(鴛鴦陣)'이나 '양의진(兩儀陣)'은 매우 큰 위력을 발휘하였다.

결국 임진왜란과 병자호란을 겪고 나서 남과 북의 침입을 대비한 무예 체계를 갖추다 보니 보다 다양한 장단병기와 그에 따른 기예를 개발하여야 했는데, 그 결과로 태어난 것이 바로 십팔기인 것이다. 전차나 기병, 그리고 수군(水軍)들은 같은 창이라도 길이가 길어야 했으며, 보군(步軍)들도 맨 앞줄은 장창이나 낭선 등 긴 병장기를 먼저 사용한다.

우리나라는 고려시대에 들어와 검(劍) 대신에 도(刀)를 많이 사용하게 되었다. 그리고 다른 긴 병장기들이 개발되면서 칼은 점점 보조병기로 역할을 담당하게 된다. 조선시대에 와서는 요도(腰刀)라 하여 대개 허리춤에 차고 다녔으며, 길이도 짧았다. 상대적으로 일본은 그런 자연적 환경 때문에 오랫동안 긴 칼을 주병장기로 사용해 왔으며, 지금도 칼을 숭상하고 있다.

무언(武諺)에 이르기를 "일촌이 길면 일촌이 강하고, 일촌이 작으면 일촌이 교모하다〔一寸長 一寸强, 一寸小 一寸巧〕"고 하였다.

23 개인 병장기와 군사용 병장기

군사 무예에서는 사용하는 병장기가 규격화되어 있으며, 비교적 크

> 무예에 대한 문외한들은 간혹 "《무예도보통지》의 그림에는 칼을 두 손으로 들고 하는데, 왜 지금 당신들은 한 손으로 하느냐"는 질문을 한다. 또 평소 왼손에 칼을 들 때에도 "칼등이 위로 가게 잡아야 한다" "아니다, 밑으로 가게 잡아야 한다"는 등의 트집이나 주장은 상식이 부족한 데서 온다. 칼의 무게에 따라 한 손이든 두 손이든 각자가 편한 대로 잡으면 된다. 점점 숙달되어 힘과 속도가 나면 보다 길고 무거운 칼을 사용할 수 있을 것이다. 능히 다룰 수만 있다면 당연히 긴 칼이 유리할 것이고, 칼이 짧고 가벼운데도 계속해서 두 손으로 운용한다면 미련한 짓일 테니까. 숙달된 고수라면 칼의 장단과 무게에 상관없이 한 손 혹은 두 손으로 자유자재로 다룰 수 있어야 한다. 그것을 무예 용어로 배수(配手)라 한다.

고 무겁다. 일반 병졸들을 단기간에 모두 무예 고수로 키우는 것은 불가능하고, 무기 역시 개인적 신체 조건에 따라 맞춤형으로 제작해 줄 수가 없다. 또한 무기 자체가 대량 소모품이기 때문에 일일이 정밀하게 만들어 줄 수도 없다. 오늘날에 발견되는 무덤 속 부장품이나 골동품, 심지어 그림 속에 나타난 당시의 무기들은 대부분 매우 지위가 높은 장수나 왕족들의 것이기 때문에 실전용이라기보다 의전용으로 만든 것이 대부분이다. 일반 병졸용은 거의 막칼 수준으로 불필요한 장식은 모두 없앤다. 각자에게 주어진 대로 스스로 날을 세우고 손에 익혀 들고 나가서 싸워야 했다.

일반 병사들은 개개인의 신체적 조건에 알맞지 않은 대량 생산된 규격화된 무기를 가지고 집단으로 훈련을 받는다. 하지만 숙달된, 그래서 지위가 높은 장교나 장수들은 더욱 잘 만들어진 무기로 개인적인 수련을 많이 하였을 것이므로 보다 다양하게 기예를 구사했을 것이다. 반대로 개인 무예에서는 우선 병장기부터 자신의 신체 조건과 무

> 무예 십팔기가 완성된 이후 처음 뽑힌 군사들은 '십팔기군(十八技軍)'이 되고, 나중에 기예가 능숙해지면 '능기군(能技軍)'으로 불렸다.
> 　특히 서울 5군영의 하나인 훈련도감에서는 군사들 중 힘이 세고 신체가 좋으며 기예에 능한 자를 따로이 선발하여 십팔기예를 항상 학습하도록 하였는데, 이를 별기군(別技軍, 후에 훈련도감을 대체함)이라 하였다. 그리고 다시 그들 중에서 특히 뛰어난 무사들을 가려 뽑아 궁궐의 수비와 왕의 최근접 호위를 담당하는 무예청 군사로 삼았다. 이들이 바로 조선시대 최고의 무사들로서 '무예별감(武藝別監)' 또는 '무감(武監)'이라 칭하였는데, 이들은 한결같이 십팔반 무예에 능했으며, 특히 월도와 본국검(本國劍)에 뛰어났다. 그리고 때로는 다른 군영에 무예 교련관으로 파견되기도 하였다.

예 수준을 고려해서 가능하면 딱 맞는 것을 골라 사용한다. 그들은 군사들처럼 줄지어 앞만 보고 싸우질 않기 때문에 기예 또한 다양하게 구사할 수 있다. 그리고 실전에서는 우선 빨라야 하기 때문에 무겁고 긴 무기를 두 손으로 꼭 잡고 운용할 수가 없다. 무기란 우선 첫째가 가벼워서 운용하기 편해야 한다. 재질만 허락한다면 가벼우면 가벼울수록 좋다. 그리고 장단의 이점을 이용하여 자연스럽고 활달하게 병장기를 다룰 수 있어야 한다. 기법을 익히는 것도 마찬가지이다.
　무언(武諺)에 이르기를 "긴 것으로 짧은 것을 지켜 주고, 짧은 것으로 긴 것을 도와야 한다〔長以衛短, 短以救長〕"고 하였다.

24 선비 문화를 다시 생각한다

조선시대에 들어와 억불숭유(抑佛崇儒) 정책을 쓰는 한편 무(武)도 함께 억눌렀다. 그리하여 역사상 그 어느 왕조보다도 문(文)의 문화가 꽃을 피우게 된다.

신라가 삼국을 통일한 힘은 화랑, 즉 문무겸전의 정신에서 나왔다. 이를 바탕으로 통일신라 시기에는 우리나라 역사상 가장 찬란한 번영을 구가하게 된다.

고려시대에는 사회 체제의 발달과 함께 전문 관료들인 문신(文臣)과 무신(武臣)이 차츰 구분되기 시작하면서 무신을 무시하게 된다. 무신 정권의 도발은 이러한 문무(文武)의 차별과 갈등을 극명하게 드러낸 것이다.

조선시대에는 양반 제도의 도입으로 처음부터 문신과 무신의 구분을 확실히 해서 선발 방식부터 달랐다. 그리하여 문사로 대변되는 선비 문화라는 독특한 문화 형태를 만들어 냈다. 비록 공자가 육예(六藝)를 강조했다지만 이 고요한 아침의 나라, 동방예의지국의 선비들은 한결같이 공자 말씀만 잘 외워 과거시험만 붙으면 벼슬길로 나아갈 수가 있었다. 오직 글로서, 즉 입으로 세상을 다스리고자 했다. 모든 선비가 꿈꾸는 가장 이상적인 인물상은 제갈공명이었다. 하지만 세계사에서도 그 유례를 찾기 힘든 선비들에 의한 피비린내나는 난세(亂世)를 맞이하는 데는 그다지 오래 걸리지 않았다.

개국 이래 공신과 양반 계층은 세습되어 수적으로 점점 늘어나고, 벼슬자리는 한정되다 보니 점점 경쟁이 치열해진다. 한번 양반은 영원한 양반, 결코 다른 길은 있을 수 없었다. 벼슬이 아니면 차라리 굶어 죽겠다고 버텨 보지만 그게 쉬운 일인가. 이제 상대를 끄집어 내리지 않으면 더 이상 자리가 생기지 않는다. 벼슬을 못하면 자신은 물론 그 가문이 몰락할 수밖에 없다. 이 사생결단의 구직난을 좀 덜기 위해 조선 중기부터는 서얼 차별을 두어 경쟁률을 낮춰 보지만 그것도 잠시, 결국 피비린내나는 당파 싸움을 불러오게 된다. 오직 입으로만 싸워야 하는 이 처절한 싸움은 결코 끝나는 법이 없다. **칼싸움은 승부가 분명하고 빠른 데 비해, 말싸움은 승패가 불분명**하고 지루할 수밖에 없다. 비록 1심에서는 졌지만 2심, 3심에서 얼마든지 뒤집을 수 있다. 어

황우석 줄기세포 논문 조작 사건은 전통적인 선비 문화의 전형을 보여주는 듯하다. 유리할 때에는 수십 명이 몰려들어 이름 석 자 걸치기에 혈안이더니, 판이 깨어지자 저마다 도망가기에 바쁘다. 영락없는 야바위판이다. 전 국민을 실망시키고, 한국을 세계적인 웃음거리로 만들어 놓고노 누구 하나 책임지고 뛰어내리는 시늉조차 하는 사람이 없다. 발뺌하고 책임을 떠넘기기에 지칠 줄도 모른다. 너무 머리들이 좋아서 지켜보는 국민 모두가 헷갈린다. 엎치락뒤치락하는 꼴이 흡사 진흙탕 개싸움을 보는 것 같다. 아마도 유전자 조작으로 부끄러움을 느끼는 호르몬이 분비되지 않는 모양이다. 스너피라는 개의 복제는 분명하다고 하는 것을 보니, 아무래도 수의학과에서 연구를 계속하는 것이 옳았을 듯하다. 성급히 산부인과까지 넘어와 욕심내는 바람에 개망신당하고 만 것 같다.

옛말에 "대체로 총명한 사람이 끝에 가서 일을 그르치곤 한다. 왜 그럴까? 총명한 사람은 남보다 쉽게 자기 의견을 만들지만, 의견이 생기자마자 참지 못하고 버리기 때문이다. 그래서 애욕(愛慾)의 구렁텅이에 빠지는 사람들은 언제나 남달리 총명한 이들이다"[10]라고 하였다.

디 3심뿐이던가, 4심, 5심, 자자손손 싸울 수 있다. 오죽하면 외적에게 나라를 다 빼앗기고 도망다니면서도 물고뜯는 싸움을 계속하여야 했다. 이미 조선의 건국과 함께 구축된 제도 속에 태생적으로 잉태된 숙명적인 결과들이다. 문(文)의 문화, 즉 선비 문화의 본질적 특성이 가장 추악하게 드러난 결과이기도 하다.

  무인(武人)은 체질적으로 행동이 앞선다. 그리고 그 결과에 대해서는 목숨으로 책임진다. 변명은 무인의 수치이고, 또 그 기회조차 주어지지 않는다. 그에 비해 문인(文人)은 습관적으로 계산이 앞선다. 입으로 산다. 말만 잘하면 설령 죽을 죄를 지었어도 빠져나갈 수 있다. 호랑이에게 물려가도 정신만 차리면 산다. 어떤 상황에서든 꾀를 내면 살 수 있다. 잘되면 제 탓이요, 못되면 누구 탓으로 돌리는 것은 이미 몸에 밴 습관이다. 그들에게 그건 능력이지 결코 부끄러운 것이 아니다. 이기고 지고는 세 치 혀에 달렸다. 그리고 끝까지 우겨야 이긴다. 지고도 졌다고 해선 안 된다. 상대의 약점을 찾아내어 다시 물고 늘어지면 언제든지 역전시킬 수 있다. **칼로써 지면 남는 것이 없는데, 말로 지면 앙금이 남는다.** 칼로 싸우면 승자만 남지만, 입으로 싸우면 아무도 죽지 않는다. 그러니까 예나 지금이나 말싸움엔 승패가 없다는 말이다. 자존심만 상할 뿐이다. 그렇다고 이대로 물러설 수 없다. 명색이 선비인데 고집으로 버텨서 자존심이라도 지켜야 한다. 그것이 곧 선비의 절개다. 지고도 졌다 하지 않으니 이긴 놈도 기분이 나쁘다. 결국 감정 싸움이 되고, 한(恨)을 남긴다. 아마 이런 점 때문에 공자님께서도 선비는 입을 조심해야 한다고 그토록 누누이 말씀하셨던가 보다. 또 혼자서 안 되면 떼를 짓는다. 그렇지만 덕(德)을 따른 것이 아니라 정(情)이나 사상, 또는 이(利)에 따라 모였기 때문에 상황이 바뀌어 불리(不利)해지면 금방 쪼개진다. 정(情)은 상하기 쉽고, 생각

> 조선 말기 나라가 위태로워지자 백성들이 들고 일어나고 무인들은 의병으로 싸우다 죽는 데 비해, 선비는 이도저도 할 수 없었다. 자신의 절개를 증명해 보이기 위해 할 수 있는 일은 기껏해야 자결뿐이다. 산이나 들판에서 적과 싸우다 죽는 무인들은 이름조차 못 남기지만, 목욕 재계하고 자리 깔고 자결한 선비는 '충절'이란 가문의 영광을 후손에게 유산으로 남길 수 있는 것이다. 그나마 지조가 부족한 선비들은 이왕 망하는 나라를 헐값(본인에게는 엄청난 고가)에 팔아넘길 궁리로 부지런히 눈을 깜박거렸다.

은 언제든지 바뀔 수 있기 때문이다. 그때는 적보다 더한 원수지간이 되고, 배신이 난무하게 된다.

또한 사랑방 방석절개는 변화를 두려워하거나 꺼리는 타성을 기른다. 따라서 진취성이 떨어지고, 발전적이지 못하다. 그저 현실 안주에 만족하려는 속성이 강하다. 조선 중종 때의 정치가로 도학정치(道學政治)를 주창하며 개혁을 주도하다 훈구파의 탄핵으로 죽임을 당한 조광조(趙光祖)나 구한말 김옥균(金玉均)처럼 간혹 개혁적인 인물도 나오지만, 결코 변화를 받아들이지 못한다. 비록 문신이지만 무(武)의 성향을 가진 자는 그냥 두고 볼 수 없었던 것이다.

선비의 나라답게 모든 역사도 문인(文人)에 의해 문(文)의 시각으로 기술되었다. 그저 무인(武人)은 마지못해 키우는 사냥개나 날강도쯤으로 여겼다. 조선 전기 이시애의 난을 평정하고, 여진족 토벌에 혁혁한 공을 세워 27세에 병조판서에 올랐던 남이(南怡) 장군도 기어이 신숙주·한명회·유자광 등의 모함으로 죽임을 당했다. 무신(武臣) 주제에 감히 시(詩)를 읊어? 참, 죽이는 방법도 치사스럽기 짝이 없다. 급할 때는 나가 싸우라 해놓고, 크게 공을 세우면 반드시 죽여 버린다. 그래서 한참 잘 싸우고 있던 이순신(李舜臣) 장군도 너무 잘 싸우니까 잡아들여 죽지 않을 만큼 패놓아야 했다. 한두 번쯤 져주어서 도망도 가고 했어야지, 그랬더라면 한번 패배는 병가지상사라며 겁먹지 말고 다시 나가서 싸우라며 위로주를 내렸을 텐데 말이다. 하여간 이순신 장군도 너무 고지식하셨어! 전장에 나가 나라 위해 목숨 바친 수많은 장수들에 대해선 입도 벙긋하지 않으면서, 팔자 좋은 선비가 기생놀음에 술 먹고 그럴듯한 시(詩) 한 수만 남겨도 청사에 길이 빛난다. 무신(武臣)이 전쟁터에서 비장한 마음에 호연지기로 쓴 시는 문학성(낭만성)이 떨어져 국어 교과서에 실릴 수 없다? 그리하여 **조선시대는 무신(武臣)들을 모조리 거세시켜 버렸던 것이다. 허울이야 무반(武班)**이지만, 사실은 하급 문반(文班)과 다를 바가 없었다.

선비는 체질적으로 도전과 모험을 싫어한다. 아니 겁낸다고 해야 할 것이다. 따라서 전쟁을 기피한다. 그저 《정감록(鄭鑑錄)》이나 들여다보며 피난 갈 궁리나 하며 슬그머니 엉덩이를 뒤로 뺀다. 왜구가 그토록 자주 침입을 해왔으면 그때마다 군사를 끌고 건너가서 마땅히 혼을 냈어야 하는데, 오히려 선물 들고 찾아가 달래기에 바빴다. 그러니 조선의 왕이 일본 천황에게 조공을 바쳤다는 소리를 듣고, 계속해서 끊임없이 당했던 것이다. 노략질을 많이 할수록 조공(?)도 많이 가져오는데 가만히 앉아 있을 리가 없지 않은가? 지금도 그때와 그다지 다를 바가 없다. 문민 정부 들어서니 예의 그 버릇이 다 나온다. 일본은 일본대로, 북한은 북한대로 그저 달래기에 급급하다. 미국도 달래고, 중국도 달래고, 러시아도 달래고. 기실은 사정사정하는 것이지만. 우린 평화를 사랑하고(평화를 싫어하는 민족이 세상에 어디 있나?) 전쟁을 혐오하는 민족이다. 우린 절대 싸울 의사가 없으니 제발 침략하지

24. 선비 문화를 다시 생각한다

말아 달라고. 그래서 백의 민족인가? 아니면 바보 민족인가? 아예 '날 잡아 잡수세요' 하는 꼴이다. 옛말에 "평탄한 길이라고 수레가 넘어지지 않던가? 거친 파도 속이라도 배가 건널 수 있는 법이다. 별 탈 없을 거라 짐작하면 반드시 변고가 생길 것이요, 변고가 생길까 걱정하며 대비하면 아무 탈 없을 것이다"[11]라고 하였다.

춘추시대 초(楚)의 왕손려(王孫厲)가 문왕(文王)에게 이렇게 말하였다. "서(徐)의 언왕(偃王)은 인의지도(仁義之道)를 행하기를 좋아하여 한수(漢水) 동쪽의 32개국이 모두 그에게 복종하고 있습니다. 임금께서 만약 쳐부수지 않으면 우리 초나라도 언젠가는 그 서나라를 섬겨야 할 것입니다." 그러자 문왕은 "진실로 도(道)가 있는 나라라면 칠 수가 없소!"라며 반대하였다.

그러나 왕손려의 의견은 달랐다.

"큰 나라가 작은 나라를 치는 것, 강한 나라가 약한 나라를 치는 것은 마치 큰 물고기가 작은 물고기를 삼키는 것과 같고, 호랑이가 멧돼지를 잡아 먹는 것과 같습니다. 어찌 그런 일에 이치가 맞지 않을까를 걱정하십니까?"

이에 문왕은 군대를 일으켜 서나라를 쳐서 잔폐시키고 말았다. 서 언왕은 죽음에 이르러 이렇게 한탄하였다.

"나는 문덕(文德)만 있으면 되는 줄 믿고 무비(武備)를 소홀히 하였다. 인의지도를 행하면 될 줄 알았지. 사람을 속이는 마음을 가진 자도 있다는 것을 알지 못하였다. 그래서 이 지경에 이르고 말았다."

그러니 옛 왕 노릇을 하는 자가 어찌 무비가 없을 수 있겠는가!

유향(劉向)의 《설원(說苑)》

산천이 셀 수 없이 바뀌어 양반 제도도 없어졌지만, 집집마다 족보 뒤지면 벼슬한 조상 한 사람 없을까만, 양반 아닌 집안 없다. 학교에서도 끊임없이 군자는 어떻고, 양반이란, 선비 정신이란…… 등등 가르치는 것이 옛날 서당과 별반 달라진 것이 없다. 선비 문화는 흰 쌀밥 문화이다. 쌀밥만 먹어서는 건강해질 수 없다. 잡곡을 섞어먹어야 한다. 흰옷 입었다고 고상하고 순결한 지조를 지니는 것 아니다. 그건 그냥 결벽증일 뿐이다.

이런 선비 문화의 찌꺼기들이 지금까지 남아 교육열, 입시 전쟁, 화이트칼라 선호, 입씨름 정치, 적반하장, 책임 회피, 복지부동, 코드 인사, 침도 마르기 전에 뱉은 말 주워담는 정치인들…… 등등 썩은 악취를 내뿜고 있다. 무엇보다 고약한 것은, 그러고도 부끄러움(恥)을 모른다는 것이다. 그보다 더 참기 힘든 것은, 부끄러운 줄 알면서도 오히려 더욱 뻔뻔스럽게 고개를 바짝 세우는 것이 무슨 절개인 양한다는 것이다. 그리고 그것을 묵인하는, 용납되는, 신의(信義)도 없고 용기도 없는, 오물을 그대로 밟고 다니는 사회가 우리를 견딜 수 없게 만든다.

25 십팔기 이후에는 무예가 없었는가?

언뜻 생각해 보면 결코 그렇지가 않을 것 같다. '십팔기'에 속한 무기 이외에도 화포 · 석뇌 · 표창 등등 온갖 무기들이 있다. 심지어 낫과 같은 농기구 등도 급할 때는 전쟁 무기로 사용되었다.

그런데 앞에서 우리는 무예란 용어를 분명하게 정의하였다. 무예란 '무기를 다루는 기예'를 말한다. 그것도 살상을 목적으로 하는 공방의 의미를 포함한 기격 동작을 단련하는 것을 말한다. 무턱대고 주먹을 내지르거나 막대기를 휘두른다고 무예라 하지 않는다. 또 아무런 기술도 없이 창·칼을 휘두른다고 무예라 하지도 않는다.

먼저 언급한 여러 무기들은 특별한 공법(功法)이나 투로(套路) 혹은 격투의 법식(法式)에 따라 수련하지 않아도 사용할 수 있다. 힘이 세거나 단순한 동작을 여러 번 반복해서 숙달만 하면 활처럼 누구나가 다룰 수 있다. 즉 특별한 기예가 필요없기 때문에 굳이 무예라 이름하지 않는 것이다. 누구든지 창이나 칼을 가지고 사람을 죽일 수는 있다. 그렇다고 그들을 모두 무예인이라 부르지 않는 것과 마찬가지이다.

그렇다면 조선시대에는 '십팔기' 외에 또 다른 무예가 없었을까? 성급하게 결론짓자면 '없다' 라고 해야 할 것 같다. 임진왜란을 겪으면서 처음으로 '6기(六技)'를 정한 후 정조 때까지 약 2백 년의 세월이 흘렀다. 그 사이 정묘재란과 병자호란을 겪으면서 조선 왕조에서는 끊임없이 무예에 대한 연구를 계속해 왔다. 그 노력의 결과가 '십팔기'이다. 이 십팔반(18개) 무예를 온전히 보전하기 위해 만든 책이 바로 《무예도보통지》이다. 이 무예 십팔반 하나하나가 어느 날 갑자기 거저 만들어진 것이 아니다. 왕명에 의해 박제가(朴齊家)·이덕무(李德懋)·백동수(白東脩) 등 당대 최고의 학자들과 무관들이 모여 심혈을 기울여 그때까지 전해 오던 모든 무예를 총정리해 놓은 국가적인 사업이었다.

여기에는 동양 3국의 2백25종의 문헌 자료가 참고되었으며, 주변국은 물론 당시 조선에 전래해 오던 온갖 무예들을 다 수합해서 '십팔기'를 만들었다. 이전 혹은 이후의 어떤 문헌에서도 '십팔기' 이외의

무예를 찾을 수가 없다. 따라서 이 작업에서 벗어난 어떤 별난 무예가 있었을 것으로는 상상하기 어렵다. 혹 있었다고 치더라도 그다지 소용되지 못한 하찮은 것이었을 터이다. 그래도 어느 문중이나 깊은 산 속에 신비한 무예가 전해져 오지 않았겠느냐고 반문할 수도 있겠지만, 조선시대의 사회 제도나 국법 아래에서는 결코 있을 수 없는 일이다. 유교와 선비의 시대인 조선 왕조 5백 년 동안 무관이 아닌 일반 백성이나 선비가 칼이나 창을 들고 다닌다는 것은 상상조차 하기 힘들다. 근자에 들어 만들어 내는 영화나 만화·드라마에서나 가능한 일이다. 광산은 국가가 엄격히 통제하였으며, 대장간을 비롯해 쇠를 다루는 일을 모두 관청에서 감독했다. 허락 없이 무기나 쇠를 모으는 것은 곧 역모에 해당된다. 이런 제도하에서 자생적으로 무예인이나 무예 집단이 생겨난다는 것은 불가능한 일이다. 그리고 무엇보다도 그 이후 총포의 발달과 함께 고대 무예는 그 효용성이 차츰 낮아져 갔기 때문에 새로운(?) 것을 개발할 이유가 전혀 없었다.

> 흔히들 '십팔기(十八技)'를 두고 중국 무술로 오인하는 경우가 많다. '십팔기'가 공식 명칭이긴 하지만, 때로는 '무예십팔반(武藝十八般)'으로 불리기도 했다. 그렇지만 분명한 사실은 중국에는 결코 '십팔기'란 단어조차 존재해 본 적이 없었다. 다만 《수호지》 등 문학 작품의 내용 중에 '십팔반무예'가 서너 번 등장하는데, 이때에는 18가지 무기 종류를 나열하는 데에 사용되고 있다. 물론 지금도 그런 의미로 사용되고 있지만, 그때마다 18가지 무기 종류가 일정치 않게 들쑥날쑥한다. 그러니까 '온갖 병장기'를 표현할 때 사용하는 관용어인 셈이다. 그렇지만 이마저도 정식 무예에서는 한번도 언급된 예가 없다. 만약 그런 근거가 진작부터 있었더라면 《무예도보통지》를 편찬할 때 결코 언급하지 않았을 턱이 없다.

굳이 들먹이자면 도가(道家)나 불가(佛家)의 양생술 정도가 있었을 뿐이다. 그외에는 현재까지 어떤 문헌에서도 무예 종목이 언급된 바가 없다. 근자에 와서 '십팔기'의 재연에 편승하여 그럴듯한 이름의 자칭 전통 무예들이 우후죽순 생겨나고 있지만, 그 중 어느 하나도 그 연원이 분명한 것이 없는 이유가 바로 이 때문이다. 누가 어떻게 만든 무예(상품)인지 알 만한 사람들은 다 아는 사실이지만, 무협 소설 작가도 안 웃고 못 배길 황당한 족보를 들고 나온다. 심지어 이것저것 흉내 낸 것을 가지고 스스로 창안했다고도 한다. 한국 사람이면 누구나가 깜박 죽는 그럴듯한 수식어를 붙인 출처 불명의 무예들이 수도 없이 쏟아져 나오고 있다. 화랑·해동·한·한백·금강·계백·신라·고구려…… 등등, 그리고 순우리말로 새끼 꼬듯 꼰 수식어가 거의 예외 없이 그런 것들이다. 저잣거리 약장사와 다를 바 없다. 제대로 배운 무인(武人)이라면 결코 이런 짓 못한다.

26 무예는 과학이다

《무예도보통지》의 〈기예질의(技藝質疑)〉편을 보면, 선조가 평양성에서 왜병을 대패시킨 명(明)의 도독 이여송(李如松)에게 그 연유를 묻자, 그는 척계광의 《기효신서》법을 따라 전승하였다고 대답한다. 이에 선조가 그 책을 좀 보자고 하였으나, 이여송은 비밀이라 하며 내놓지 않았다. 그리하여 선조는 역관에게 몰래 영을 내려 그의 휘하에게서 간신히 구해 보게 되었다고 했다.

　지금이야 이러한 고대 무예서(武藝書)라도 서점에 가면 누구든지 책 한 권으로 다 구해 볼 수가 있다. 아니면 도장에 나가 직접 배울 수도 있다. 하지만 일국의 왕이 좀 보여 달라고 부탁하는데도 거절할 만큼 고대의 무예서는 절대 남의 손에 들어가서는 안 되는 귀중한 것이었다. 일반 무가(武家)에서도 마찬가지다. 오늘날의 예를 들어 쉽게 설명하자면, 우리나라 대통령이 미국의 국방장관에게 "페트리어트 미사일 만드는 설계도 좀 보여 달라"고 하는 식이다. "돈 줄 테니 이번에 개발한 최신 무기 좀 파시오" 한다고 파는 것이 아니다. 그러니 어떻게 해서든 훔쳐보는 것 외에는 방법이 없다. 그러니까 선조의 명을 받은 그 역관은 오늘날로 치면 산업, 아니 군사 기밀 스파이였던 셈이다.

　그런데 이처럼 어렵게 《기효신서》를 구해 본 선조는 책을 아무리 읽어봐도 해독할 길이 없다. 그래서 유성룡(柳成龍)에게 풀어 보라고 명한다. 그러나 문관인 유성룡인들 어찌 알겠는가? 유성룡은 다시 종사관 이시발(李時發)에게 물으니 그 또한 알지 못하여 훈국랑 한교(韓嶠)를 추천한다. 하지만 한교인들 갑작스레 어쩌겠는가. 마침 그에 앞서 명의 참장 낙상지(駱尙志)가 유성룡에게 자기들 군사가 왜병을 물리치고 본국으로 귀국하기 전에 이를 배워 익혀갈 것을 권한다. 이에 유성룡은 날쌘 군사 70여 명을 모아서 낙상지의 군사 10명을 교사로 삼아 밤낮으로 익히게 하고, 이 일을 한교에게 맡긴다.

　이런 힘든 과정을 통해 조선군은 바야흐로 제대로 된 무예 6기를 갖추게 된 것이다. 그리고 그것을 전쟁이 끝난 후 《무예제보》라는 책으로 남겼다. 이후에도 정조시대에 이르기까지 지속적으로 무예를 연구 발전시켜 나가 십팔기를 완성하게 된다. 스스로 무예를 설계할 능력을 갖춘 것이다.

이같이 고대의 무예는 그 시대 최고의 과학이었다. 현대의 최첨단 기술이 모두 국방에 우선적으로 사용되듯이 당시에도 최고의 기술은 국방에 제일 먼저 사용하였다. 십팔기 역시 선조 때의 한교로부터 2백여 년에 걸쳐 수많은 학자들이 참여하여 연구 개발한 것으로, 정조 때의 박제가·이덕무·백동수 등 당대 최고의 실학자와 무관들이 왕명으로 이것들을 모조리 체계적으로 정리한 것이다. 그러므로 십팔기는 고도의 법(法)·술(術)·기(技)를 총동원하여 만든 무예로서 당대 과학의 최고 결정체라 할 수 있다. 각 종목마다 세(勢) 하나하나가 매우 엄밀하며, 깊은 무예 이론을 내포하고 있다.

무예란 그저 알기 위해 존재하는 것이 아니다. 몇 가지 기예를 배워서 그 동작과 순서를 안다는 것만으로는 무예인이 될 수 없다. 반드시 익혀서 몸에 배도록 해야 하며, 죽을 때까지 수련을 멈추어서는 안 된다. 다시 말해 아는 즐거움으로 무예를 하는 것이 아니라 익히는 즐거움으로 하는 것이다. 제대로 된 법식을 갖춘 무예라면 익히면 익힐수록 더욱 깊고 오묘한 맛을 느낄 터이다. 그것이 무예인으로 살아가는 길이다.

오늘날에 와서는 이러한 고대 무예가 한낱 전통 문화로서의 가치는 고사하고 그저 무당이나 망나니의 막춤만도 못한 취급을 받고 있다. 비록 볼거리나 취미 생활, 게임이나 영화의 콘텐츠, 운동 종목의 하나로밖에 인식되지 못하고 있다지만 과학하는 정신을 잊어서는 안 될 것이다. 합리적이며 논리적이어야 하고, 또한 실리적이고 실천적이며 증명되어져야 한다. 옛것이라 하여 무조건 고집해서도 안 되며, 버릴 것은 버려야 한다. 비록 적의 것이라 해도 우수한 점은 수용하고, 변화와 발전을 거부해서는 더욱 안 된다. 무예는 혼자 하는 것이 아니다. 항상 상대가 있기 때문이다. 끊임없이 연구 개발해야 하며, 습득해 나가야 한다. 오늘날의 과학 기술이 그러하듯이.

27 조선 5백 년은 너무 길었다

'암탉이 울면 집구석 망한다'는 속담이 있다. 뒤집어 보면, 집구석 망하려면 암탉이 운다는 말이다. 청(淸)이나 조선 모두 말기에 여자들이 설쳤고, 결국 나라는 망하고 말았다. 암탉이 울어서 그런가? 만약 그때 암탉이 울지 않았더라면 나라가 망하지 않았을까? 아니다. 나라가 망해 가는데, 수탉이 제 구실을 못하니 암탉이라도 나서서 우는 것이다. 그러니까 암탉이 울 때쯤이면 집안 꼴이 이미 다 됐다는 것을 말한다.

세계사 연대표를 보면 고대 국가들은 대개 수천 년씩 유지되기도 하였으나, 현대로 내려올수록 점점 단축되어 왔다. 문화 발전의 속도와 왕조의 수명은 서로 반비례하는 모양이다.

고대에 왕(王)은 곧 신(神), 또는 신의 대리인으로 받들어졌기 때문에 감히 누가 그를 밀어내고 스스로 왕이라 칭할 수 없었다. 그러나 인간의 인지가 발달하면서 누구든 가장 힘센 사람이 왕이 될 수 있다는 것을 알게 되면서부터는 끊임없이 왕권 다툼이 일어나게 되고, 그에 따라 왕조의 수명도 짧아지게 되었다.

우리나라 역사를 보면 신라 1천 년, 고려 5백 년, 조선 5백 년으로 다른 나라에 비해 상대적으로 길다. 매우 안정된 상태를 유지해 왔다고 볼 수 있다. 다시 말해 세계사에서 보기 드문 깔끔한(?) 역사라 할 수 있다. 그런데 그 중 조선 5백 년은 너무 길었던 것 같다. 고려가 신라의 절반이었으면 조선은 고려의 절반쯤에서 끝났어야 했다. 임진왜란, 아니면 병자호란 직후에 역성 혁명이 일어났어야 했다. 더 썩기 전에 밭을 한번 갈아엎었어야 했다는 말이다.

대개 외침이나 역성 혁명은 왕조가 쇠락해 힘이 없을 때 일어난다. 태조 이성계가 조선을 세운 지 2백 년이 지날 무렵에 이르러서는 구조적으로 썩기 시작했다. 그것은 조선 왕조가 무능해서라기보다는 역사의 진행 과정에서 생긴 당연한 귀결이라고 할 수 있다. 고려 왕조 역시 차츰 부패해져 스스로는 개혁이 불가능하였기 때문에 필연적으로 역성 혁명을 불러왔다.

조선은 고려와는 전혀 다른 새로운 이념인 유학(儒學)을 내세우고, 사병 제도를 혁파하여 강력한 중앙집권적 왕조를 건설하였다. 항상 그러하듯 전대 왕족과 권력자들의 모든 것을 빼앗아 혁명에 동참한 공신들에게 벼슬과 봉록을 나누어 준다. 그리하여 초기 1,2백 년 정도는 그럭저럭 갈등 없이 잘 유지된다. 그러나 그후부터는 어쩔 수 없이 내부적으로 갈등이 싹터 치유할 수 없는 상황으로 치닫게 된다. 왕족과 개국공신을 비롯하여 양반들이 대를 이어나가면서 그들의 자손들이 계속 번창하며 수를 늘려 나간다. 평민들보다 불어나는 속도가 몇 배나 빠르다. 이 양반들은 굶어죽는 한이 있어도 농(農)·공(工)·상(商)에 종사할 수 없다. 반드시 벼슬을 해야 먹고 살 수 있다. 설령 벼슬을 못해도 일평생 글만 읽다가 죽어야 한다. 머리에 쓴 것도 없고 가진 것도 없으니, 살아서는 백수(白首, 白手)요, 죽어서는 학생부군(學生府君)인 것이다. 개화기 일본의 하급 무사들이 무사로서의 체면을 버리고 상업에 종사하여 앞다투어 서양 문물을 받아들인 것과는 지극히 대조적이다.

대개 어느 왕조든 한 2백 년쯤 태평성대로 흐르다 보면 이 양반들에게 나누어 줄 벼슬과 재물이 점점 모자라게 되는 것은 필연적이다. 개국공신의 자손이라 해도 예전의 봉록만으로는 넉넉할 수가 없다. 결국 자리 싸움이 일어날 수밖에 없다. 그것이 조선 중기에서부터 시작된 분당, 즉 당파 싸움이다. 어떻게든, 무슨 꼬투리를 잡아서든 상대를 끄집어 내리거나 역적으로 몰아서 삼족을 멸해야 우리 집안이 먹고 살 수가 있는 것이다. 누가 조그만 벼슬이라도 차지할라치면 사돈의 팔촌까지 모여들어 그 덕을 보며 얻어먹고 살아야 한다. 그러자니 서푼어치도 안 되는 감투 하나를 가지고라도 백성들을 쥐어짜야 한다. 벼슬은 한정되어 있고, 양반은 끝없이 늘어나니 먼저 서얼 차별 제도를 두지 않을 수 없다. 그럼에도 불구하고 그 양반에 비해 몇십 배 빨리 늘어나야 할 평민의 숫자는 오히려 줄어들고 있으니, 개국 초기의 안정된 피라미드형의 사회 계급 구조가 점점 불안정한 형태로 변모해 간다. 견디다 못한 백성들이 들고 일어나면서 왕조는 드디어 종점에 다다르게 된다.

현대의 민주자본주의 역시 내부적으로는 그러한 사이클을 갖고 있다. 고대에는 몇천 년 혹은 몇백 년 걸리는 왕조의 사이클이 현대에는 10년 미만의 정권 사이클로 바뀌었지만, 기본 구성은 마찬가지이다. 제조업을 바탕으로 한 초기 산업자본주의가 점점 서비스자본주의로 발달되면서 머리 잘 굴리는 선비층(화이트칼라)만 잘살게 되고, 온몸으로 땀 흘리는 평민층(블루칼라)은 아예 인간으로서의 존재 가치조차 없어지고 있다. 영국을 비롯한 상당수의 선진국들은 이미 영화의 종반부로 접어들고 있는 것도 이 때문이다. 중국을 비롯한 신생자본주의 국가(인건비가 싼)는 이제 막 시작 단계이지만, 이들은 예전의 다른 국가들에 비해 필름이 훨씬 빨리 돌아갈 것이다. 빨리빨리 좋아하는 한국보다 더 빠르게 모든 것을 경험하게 될 것이다. 결국 자본주의는 금세기를 넘기기 전에 혼돈의 시대를 맞을 것이다.

말머리를 돌려 다시 조선으로 가보자. 그럼 조선은 어떻게 해서 5백 년이나 계속되었는가? 그건 바로 기다려도 기다려도 영웅이 나타나지 않았기 때문이다. 중간에 몇몇 도적(?)이 나와 난을 일으켜 보았지만 그저 먼지만 조금 일으키다 주저앉고 말았다. 조선은 처음부터 영웅이 태어날 수 없도록 설계되어 있었기 때문이다.

의협(義俠)은 무력으로 금법을 범하기 쉽고, 은사(隱士)는 번잡한 인간 세상을 간파하고 무정부주의의 길을 걷는 것으로 흐르며, 영웅(英雄)은 결국 자기를 표현하고 강한 힘을 드러내야 하기 때문에 전제왕권과 저촉될 수밖에 없다. 고려의 왕건이나 조선의 이성계와 마찬가지로 무릇 역성 혁명이란 무인(武人)들이 하는 것이다. 세계사 어디에도 선비가 왕조를 세운 예는 없다. 간혹 선비가 세상을 바꿔 보겠다고 나서 보지만 중국의 손문(孫文)이나 고려말의 신돈(辛旽), 구한말의 김옥균(金玉均)처럼 개혁만 부르짖다가 용두사미로 끝나고 만다. 닭의 모가지를 비트는 것만으로는 혁명이 되질 못한다. 단칼에 모든 닭의 모가지를 잘라 버려야 한다. 태조 이성계는 누구보다 이것을 잘 알고 있었다. 그래서 사병을 혁파하고 중앙집권을 확고히 하였으며, 유학(儒學)을 통치 이념으로 삼아 문(文)을 숭상하고 무(武)를 철저하게 억눌렀다. 불교를 누르고, 유학을 하나의 종교처럼 신앙하게 만든 것이다. 이 유교(儒敎)는 바로 조선의 카스트 제도인 것이다.

딱 한번 가장 적절한 시기에 영웅다운 영웅이 등장한 적이 있다. 바로 이순신 장군이다. 그러나 그는 마지막 순간에 말타기를 거부하고서 홀연히 떠나가 버렸다. 그가 도가(道家)와의 깊은 인연이 없었더라면, 혹은 그가 이(李)씨 성으로 태어나지 않았더라면 아마도 주저없이 말 위에 올랐을 것이다. 그러나 그 역시 무장(武將)임에도 불구하고 유교를 신앙하는 선비에 지나지 않았다. 충절(忠節)을 꺾을 만큼 큰 뜻을

> 여담 혹은 야담이지만, 아무래도 이순신의 죽음은 여러 가지 의문을 남긴다. 마지막 전투에서 그의 행동은 도무지 이해가 가지 않는다. 전술상으로도 이치에 맞지 않을 뿐더러 야사에 전해지는 이야기처럼 미리 관을 준비했다거나, 일부러 표적이 되고자 붉은 옷을 입고 굳이 도망가는 적선을 쫓아 선두에 나선 점 등 의문투성이이다. 분명 그는 전란이 끝난 후 닥쳐올 자신의 운명을 짐작한 듯했다. 한창 전쟁중 잘 싸우고 있는데도 불구하고 잡아다 주리를 틀지 않았던가? 만약 당시 원균(元均)이 웬만큼만 싸웠어도 이순신은 살아남지 못했을 것이다. 다행히 원균이 패전하는 바람에 다시 바다로 나갔지만, 머지 않아 전쟁이 끝나면 그럴듯한 칭호와 함께 뒤이어 대역무도한 죄를 씌워 죽일 것은 자명한 일. 탁월한 선견지명을 지닌 그가 이를 몰랐을 리 없다. 왜적을 물리친 일등공신이자 역사상 가장 위대한 영웅을 살려두고 허약해진 조선 왕조가 어찌 유지되겠는가. 임란의 시작과 끝, 그 모든 것이 이순신에게는 미리 완벽하게 짜여진 각본 같아 보인다. 그리하여 후세 사람들은 그의 죽음을 두고 의도된 것이었다고도 하고, 또 전해져 오는 이야기로는 위장된 죽음이었다고도 하는 것이다.

품지 못했던 것이다.

이후 조선에서는 다시는 영웅이 나타나지 않았다. 아무리 썩은 왕조라 하더라도 누가 밀어뜨리지 않으면 그냥 계속되는 법. 결국 왜놈들이 피 한 방울 안 흘리고 거저 집어삼키게 된 것이다. 핍박받던 평민들은 낫과 괭이로 외세에 맞서다 죽어가고, 구식 군대 무인들은 소규모로 무리지어 의병으로 싸우다 죽어갔지만, 5백 년 동안 이 땅의 주인이었던 선비들은 나라를 팔아먹거나 스스로 목숨을 끊어 절개를 증명하는 것 이외는 달리 할 일이 없었던 것이다.

28 선비와 칼

고대의 검(劍)은 상무 정신의 상징으로 귀족이나 평민이 모두 좋아하는 무기였다. 왕이 신하에게 봉책을 내릴 때나, 절친한 친구들끼리 깊은 우정을 표시하는 데도 검을 선물하였다. 자신이 아끼는 검을 준다는 것은 '언제든 너를 위해서라면 목숨도 내놓을 수 있다' 는 뜻으로 절대적인 신의(信義)를 드러내는 것이었다. 이에 따라 검을 잘 만드는 장인, 명검을 식별하는 사람들, 그리고 검을 잘 다루는 검술가가 배출되었다. 이런 호검기풍(好劍氣風)은 필연적으로 무사 계급을 탄생시켰으며, 사회에 숭검(崇劍) 심리를 보편화시켰다. 차츰 사람들은 검에 대해 신비감을 갖게 되고, 검에는 초월적인 힘이 깃들어 있다고 믿게 되었다. 그리하여 고대의 왕들은 명검을 만드는 데 엄청난 공을 들였다.

무예의 왕은 역시 칼이다. 오늘날에도 무예를 배운다고 하면 가장 먼저 칼을 배우고 싶어한다. 특히 개인 무예에서는 칼을 빼놓을 수가 없다. 굳이 무예가 아니라도 칼은 석기시대의 돌칼에서부터 오늘날의 면도칼까지 우리 인간에게 없어서는 안 될 도구이기도 하다. 또 집집마다 몇 자루씩 있는 식칼을 비롯해 아무리 작은 공구용 칼이라 해도 능히 사람을 해칠 수 있기 때문에 항상 두렵고 조심스레 다루어야 할 물건이다. 때로는 여인의 정조를 지키는 호신용이 되기도 하고, 자객용이 되기도 한다. 지금도 회교권 일부 국가에서는 모든 남자들이 호신용으로 옆구리에 하나씩 걸고 다니기도 한다. 또 옛 그림에서 보듯 글 읽는 선비라 해도 항상 옆에 검을 두고 아꼈었다. **숭검(崇劍)을 통해 절제와 용기, 충절과 협의의 덕(德)을 닦고자** 했던 것이다.

그런데 고대 국가 중 조선은 지구상에서 참으로 유별난 사회 체계를 가진 나라였던 것 같다. 광산이나 대장간, 즉 쇠를 다루는 일을 나라에서 직접 관장하거나 통제하였고, 유황 등 화약을 만드는 재료들의 거래를 엄금하였다. 결벽증에 가까울 정도로 무기 및 그 재료들의 개인 수요와 거래를 제한하였던 것이다. 쇠붙이를 모은다는 것 자체가 곧 모반을 꾀하는 일이었고, 벼슬하는 관리라 하더라도 집 안에 칼 한 자루 걸어 놓았다가는 언제 누명을 쓰고 멸문지화당할지 몰랐다. 설령 무반(武班)이라 해도 업무상 허락된 장소 이외에 사사로이 칼이나 어떤 종류의 무기도 소지하고 다니는 것이 용납되지 않는 사회였다. 그것이 바로 태조 이성계가 만든 조선이다. 어느 누구도 고려의 무신정권처럼, 또는 자신처럼 왕조를 넘보지 못하도록 원천적으로 전 백성을 무장해제시킨 것이다. 그렇게 만들어진 것이 바로 조선의 선비문화, 즉 칼의 문화가 아닌 붓의 문화이다. 이런 전통은 오늘날에까지도 고스란히 전해지고 있다.

문치에 관심이 많은, 글읽기를 좋아하는 왕이 나오면 성군이라 입이 마르도록 칭송하고, 이를 조금이라도 소홀한 왕이 나오면 요순공맹(堯舜孔孟)의 거미줄을 내뱉어 책상 앞에 꽁꽁 묶어두어 등창이 나서 죽거나 말려죽게 하였다. 간혹 활달한 성격의 왕이 나서 무예나 사냥에 관심을 가질라치면 성군의 자질이 없다거나, 심지어 폭군이라 해서 내쫓기도 하였다. 그리하여 왕이 왕답지 못하고 문신들의 끝없는 입씨름에, 흡사 요즈음의 우리나라 정치판처럼 왕조가 점점 시들어갔다. 태조 이성계도 아마 이렇게 될 줄은 꿈에도 생각지 못했을 것이다. 고려 무신의 칼보다 조선 문신의 세 치 혀가 훨씬 더 무서울 줄은. 덕분에 고대 국가 중 조선 왕조만큼 치안이 잘된 나라도 없었다. 선비가 혼자서 아무 무기도 없이 전국 어디든지 돌아다녀도 괜찮은 나라가 또 어디 있었던가.

이렇게 오랫동안 칼을 멀리하다 보니 우리 민족에게 칼은 왠지 섬뜩하고 화를 불러올 것 같은 불길한 느낌을 가지게 했다. 말발굽 소리는 오랑캐, 칼은 왜구의 침략을 연상시킨다. 그리고 그것을 결정적으로 각인시킨 사건이 바로 구한말 명성황후 시해 사건이다. 단 한칼로 5백 년을 재잘거리던 선비들의 입을 일시에 다물게 해버렸다. 그때 다물어진 입들은 해방이 되자 일시에 터진다. 그러나 그것도 잠시, 도저히 시끄러워서 못 참겠다며 머리 위로 공포탄 한 방 쏘자 쥐 죽은 듯이 조용해졌다. 그게 5.16 군사 혁명이다. 그러다가 갑자기 떨어져 나간 재갈. 이번엔 공포탄에 안 속는다. 12 · 12 군부반란, 그리고 5 · 18 만행, 결국 실탄으로 재갈을 다시 물렸다. 문민 정부가 들어서고서야 다시 봄철 제비새끼들처럼 지저귀게 되었다. 입을 보다 크게 벌리고 요란하게 짖어야만 벌레 한 마리 더 얻어먹을 수 있는 시대가 온 것이다.

> 일제의 식민치하에서 우리의 무예는 명맥이 끊어지고 대신 그 자리에 일본 무예가 강제로 이식되기 시작하였다. 일본은 이러한 무예의 이식을 문화정치 차원에서 자행하였는데, 이 과정에서 유입된 무예가 검도 · 유도 · 가라테 · 합기도 등으로서, 이들은 일제치하에서 태동하여 해방을 거치면서 그대로 남아 한국 무예인 양 기능하게 되었다.
>
> 이렇듯 식민지 지배로 인한 일본 무예의 한국 유입은 해방 이후 한국 무예의 전개 양상에 커다란 문제를 야기하게 되었다.
>
> 일본의 식민지 교육의 일환으로 행해진 체육 교육은 일본의 군국주의 야욕과 맞물려 병식 체조, 형식 체조 중심으로 행해지게 되었다. 이러한 체육은, 일군(日軍)은 물론 학교에서도 국방력 강화를 위해 행해졌다.
>
> 현재의 검도 · 유도 등도 그 당시부터 행해졌는데 초기에 검도는 격

검으로, 유도는 유술로 불려졌다. 학교체조교수요목(學校體操敎授要目)의 제정(1914)에는, 격검 및 유술에 대하여 종래의 방식에 의거하여 행한다고 명시되어 있다. 또한 체조 교수 시간 외에 행해야 할 종목에서도 격검 및 유술 등의 종목을 행할 것을 명시하고 있다.

또한 학교체조교수요목의 개정(1927)에서도 검도 및 유도(격검과 유술에서 검도와 유도로 그 명칭이 바뀜)를 적당한 방법으로 가르친다고 명시하고 있다.

1937년에 개정된 학교체조교수요목에서도 "검도 및 유도에 대해서 적당한 기회에 강화(講話)를 행하여 실제의 수련과 상부(相扶)하여 그 효과를 힘씀"이라고 하여 지속적으로 무도 교육을 실시할 것을 명시하고 있다.

일제치하에서의 무예는, 일본의 식민지 교육의 일환으로 자신들의 군국주의적인 야욕과 함께 우리 민족의 의식을 일본 무도를 통하여 지배하려는 의도로 실시되었다. 1904년 육군연성학교에서 검술(격검)이 행해졌고, 1916년 사립 오성학교 등에서 검도를 지도하였으며, 1921년에는 조선무도관이라는 사설도장에서 검도를 가르쳤다. 일제시대에 뿌리를 두고 있는 이러한 검도는 어디까지나 일본에 의해서 전래된 일본인의 민족 정신으로 무장된 일본의 무예일 뿐이다.

검도는 일본의 국기이다. 현재처럼 경기체육화한 검도에는 무예로서의 기예는 거의 없어졌지만, 결코 단순한 스포츠가 아니다. 칼(刀)은 일본의 민족 정신, 즉 대화혼(大和魂)을 상징한다. 그들은 수천 년 동안 칼을 숭배해 온 민족이다. 칼은 그들의 정신이자 자부심이며, 힘의 원천이다. 그러나 우리에게 일본도(日本刀)는 공포와 굴종의 상징일 수밖에 없다. 그런데 이 겐또(劍道)가 해방 후에도 계속해서 이 땅에 남아 있다. 인왕산 꼭대기의 쇠말뚝도 뽑아내고, 총독부 건물도 부수어 버렸지만, 명성황후 가슴에 꽂힌 칼은 아무도 뽑아내지 못하고 있다. 뽑기는커녕 지금까지 그 영화를 누려온, 뻔뻔스럽다 못해 이제는 아예 당당한 친일파들의 특권을 물려받았음을 상징하듯, 아니면 친일의 기득권을 보호하듯 시퍼런 칼날을 번뜩이고 있다. 설마 일본을 흉내내며 일본 정신으로 극일(克日)을 하겠다는 것은 아니겠지? 두 손으로 시퍼런 칼을 잡고 떡하니 버텨서서 목에 힘주면 일제 때 지배자의 기분이 느껴지는 모양이다. 어때, 무섭지, 겁나지? 왜 아니 무섭겠나. 목이 서늘해서 35년간 움츠리고 찍소리 한번 못해 봤는데. 어릴 때 매 많이 맞고 자란 아이가 나중에 남을 잘 때린다고 했던가. 지배자의 근성이 피지배자에게로 전이된 것이다.

도대체 우리 조상들이 언제부터 치마바지 입고 죽도를 휘둘렀는지 모르겠으나, 딱하게도 현재 시중에 나온 검도에 관한 책이나 논문들을 보면 하나같이 검도의 뿌리가 원래 한국에 있었음을 구차스레 강조하고 있다. 다른 식민 무술계의 주장과 다름없이 삼국시대에 일본에 전해진 검도가 체계화되고 더욱 발전되어 일제 때 수입되었다. 다시 밀해 제 고향을 찾아온 것이기 때문에 그것은 곧 우리 것이라는 황당하고 비굴한 논리를 펴고 있다. 그러나 더욱 한심한 일은 이런 어처구니없는 논리가 무예계뿐만 아니라 일반인은 물론 일부 지식인들에게도 아무런 의심 없이 곧이곧대로 받아들여지고 있어, 학계에서도 이런 상식 이하의 주장이 실린 논문들이 계속 쏟아지고 있다는 것이다. 만약 그같은 논리로 보면, 오늘날 대부분의 일본 문화는 원래 한반도에서 전해진 것이니 굳이 왜색 문화라 하여 배척할 필요가 없지 않겠는가. 식민 지배 시절 일본이 주장하던 '대동아(大東亞)' 논리와 다를 바가 없는, **자발적 피지배근성에서 비롯된 것**이라 아니할 수 없다. 아무리 식민 지배를 당했던 다른 여러 나라에서도 나타나는 일반적인 현상이라고 하지만, 실로 문화적 소양을 의심치 않을 수 없는 한심한 노릇이다. 조선시대에 '왜검(倭劍)'을 받아들일 때에도 그런 구차한 변명은 하지 않았다.

십팔기에도 일본 무예 두 종목이 포함되어 있다. '왜검(倭劍)'과 '교전(交戰)'이다. 임진왜란을 겪고 나자 조선은 이제까지 무시해 왔던 왜구의 검술을 제대로 연구해서 대응해야 할 필요를 느꼈다. 숙종 때 군교(軍校) 김체건(金體乾)이 사신을 따라 일본에 들어가 검보를 얻어 와서 그 검술을 배웠는데, 여기에 새로 교전보(交戰譜)를 만들어 추가하였다고 했다. 십팔기를 만들 당시 왜놈의 것을 받아들여 온전히 우리의 것으로 새로이 만들어 낸 것이다. 다시 말해 십팔기 중의 '왜검'은 우리가 필요해서 능동적으로 받아들여 온전히 우리 것으로 만든 조선의 무예 가운데 하나이다. 당연히 식민지 지배 수단으로 강제로 이식된 '겐또(劍道)'와는 전혀 다르다. 그리고 더 정확히 말해서 지금의 '검도'는 이미 무예로부터 멀리 떨어져 나간, 경기체육화로 개량된 스포츠일 뿐이다. 오직 격법(擊法) 한 가지만으로 누가 먼저 머리·허리·손목을 맞히느냐로 승패를 가리는 스포츠에 다름 아니다. 설령 진검을 들었다 해도 마찬가지이다. 거기에는 무예로서의 법식(法式)은 하나도 없다. 오직 일본 정신만이 있을 뿐이다.

그리고 요즈음 이 검도인들이 한술 더 떠서 전통 무예, 즉 십팔기 중 본국검 혹은 예도를 수련한다고 하는데, 전통적인 조선 검법(劍法)도 아니고, 일본의 겐또(劍道)도 아닌 우스꽝스런 동작을 볼 때마다 민망해서 바로 쳐다보기가 힘들다. 발끝까지 가리는 긴 치마바지를 두르고 시퍼런 칼로서 엄숙하게 주위를 압도하여 보는 이들의 기를 죽이려는 검도 시범과, 여기저기 나붙어 있는 검도 복장 모델의 광고를 볼 때마다 씁쓸한 기분을 느끼지 않을 수가 없다. 이미 가고 없는 사람들을 가지고 친일 청산을 하느니 마느니 하기 전에, 지금 이 땅에 깊이 박혀 있는 일본도(日本刀)부터 먼저 뽑아내야 하지 않겠는가. 식민 문화인지 전통 문화인지 구분도 하지 못하면서 무슨 청산을 하겠다는 것인지. 검도는 분명 식민 문화의 유산이다. 전세계에서 일본 다음으로 검도를 좋아하는 한국, 수시로 일본에 건너가 일장기 아래에서 죽도를 휘두르며 머리를 조아린다. 마치 아직 친일이 살아 있음을 고하는 모양새이다.

확고한 중앙집권 체제와 5백 년씩이나 이어진 왕조의 안정된 치안 상태 때문에 조선은 개인 무예의 발달을 가져오지 못했다. 대신 십팔기에서 볼 수 있듯이 군사용 병장 무예가 이를 대신하였다. 일반 병졸들과는 달리 한교·백동수·김체건 등 《무예도보통지》 편찬에 참여한 극히 일부 무관들의 예에서 보듯, 당시 조선의 병장 무예 수준이 동양 전체에 비추어 보더라도 어느 나라, 어느 문파에도 뒤지지 않을 만큼 높았음을 알 수 있다. 그만큼 국가적으로 지속적인 공력을 쏟아부었기 때문에 가능했을 것이다.

29 교육열이 나라를 망친다?

옛말에 "국가의 흥망은 필부에게도 책임이 있다〔國家興亡, 匹夫有責〕"고 하였다.

정권이 몇 차례나 바뀌고 세월이 흐르면서 차츰 잊혀져 가고 있는 말

가운데 '한강의 기적'이 있다. 오늘의 현실이 점점 예전만 못하게 돌아가고 있고, 이후의 여러 지도자들도 자신의 업적이 이 '기적'을 넘어서지 못하자 이 말을 입에 담기를 꺼리고, 그것만으로도 부족해서 개발 독재니 정경유착이니 등으로 '기적'을 가려 없었던 일로 만들고 있다. 아무리 "못되면 조상 탓한다"고 한다지만, 보자보자 하니 점점 더 치졸해져 가고 있다. 그것이 어찌 그때 그 지도자 한 사람만의 공적이었던가? 우리 모두가 열망했고 선택한 일이었다. 국민 모두의 땀과 노력으로 이룬 자랑이었다. 아무래도 제 얼굴에 침 뱉는 일 같아 안쓰럽다. 그렇게 해서 무슨 득이 있는지, 꼭 그렇게라도 해야 위안이(혹은 한풀이라도) 된다면야 설령 '저주의 굿판'인들 굳이 말릴 수야 없을 터. 어쨌거나 그 '기적'의 밑거름은 한국인들의 유별난 '교육열'이라는 것을 우리 모두가 인정하는 바다.

고대에는 공신에 오르거나 관리에 등용되기 위해서는 반드시 군공(軍功)이 있어야만 했다. 《사기(史記) 상군열전(商君列傳)》에 "종실 사람이 군공(軍功)이 없으면 족보에 넣지 않는다"고 하였을 만큼 오직 승적(勝敵)의 군공만이 유일한 벼슬길이었다. 이 군공 제도는 백성들의 사기를 진작하고 군대의 전투력을 높이는 데 지대한 공헌을 하여, 진(秦)나라가 천하통일의 대업을 완성시키는 지렛대 역할을 하였다. 그러나 사람은 각기 능한 바가 따로 있어, 적을 이기는 용력이 있다고 해서 반드시 정사를 잘 다스릴 수 있는 지능이 있는 것은 아니며, 반대로 정사를 잘 돌본다고 해서 반드시 적을 이길 수 있는 용력을 가진 것도 아니다. 또한 평화 시기에는 군공을 세울 수가 없으므로 이때에는 농사를 잘 지어 거두어들이는 양식의 양에 따라 관작을 내리고 등용하는 관리 선발 제도를 시행하기도 하였다.

대개 어느 왕조든 건국 초기에는 정부의 요직들을 무신(武臣)들이

대저 독점하다시피 하였다. 이때에는 문관을 천시하는 풍조가 만연하게 된다. 진시황(秦始皇)의 분서갱유(焚書坑儒)가 이를 잘 나타내고 있다. 한고조(漢高祖) 유방(劉邦) 역시 천하는 '말 위에서 얻는 것[馬上得之]'이라 믿고서, 유가(儒家)의 학술을 좋아하지 않고 지식인을 멸시했다. 심지어 그는 '오줌을 유생의 머리에 뿌려[溺儒冠]' 유생들을 모멸하기도 했다. 그러나 경제가 회복되고 사회 질서가 안정됨에 따라 용력(勇力)으로 통치하는 공신(功臣)과 지식으로 다스리는 관리[文官] 사이의 모순이 돌출되면서 관리 선발 제도가 전환기를 맞게 된다. 중국의 한무제(漢武帝)는 동중서(董仲舒)의 발의에 근거하여 태학(太學)을 세워 선비들을 교육시켜 관리로 삼는 새로운 문관 제도를 건립하였다.

위진남북조시대에는 구품중정제(九品中正制)가 생겨났다. 중정을 설치하고, 추천된 인물의 품제를 평가하여 선거 방식으로 관리를 선발하였다. 수양제(隋煬帝)에 이르러 이를 폐지하고 과거제(科擧制)를 만들었는데, '개과취사(開科取士)' 즉 국가에서 일정한 과목을 설정하여 정기적으로 고시를 통하여 인재를 선발하고 관직을 배분하는 제도로서 당(唐)을 거치면서 더욱 완비되었다. 이후 이 과거(科擧)는 1천3백여 년간 중국의 관리 선발 제도로 이어져 내려오다가 청(淸)말(1905) 학교 교육을 실시하면서 폐지되었다. 무관(武官)을 선발하는 무거(武擧)는 당(唐)의 무측천(武則天)시대에 처음 생겨났다.

우리나라에서는 958년 고려 광종 때에 이 제도를 받아들여 봉건적 통치 질서를 유지하는 기본틀로 삼았다. 초기에는 강력한 지방 호족과 개국공신이 있어서 왕권이 매우 불안하였다. 광종은 강력한 왕권 확립을 위해 훈신들을 숙청하는 한편, 과거 제도를 도입하여 중앙집권 정책을 펴나갔다. 성종은 유학을 정치 이념으로 활용하여 정치 제도를

> 고려의 과거 제도는 제술과(製述科)·명경과(明經科)·잡과(雜科),
> 그리고 승과(僧科)가 있었다. 무과(武科)는 예종 때 일시적으로 실시
> 했다가 곧 폐지하고, 공양왕 때 실시하려고 했지만 시행되지 못했다.
> 고려의 과거제는 규정상 큰 죄를 지은 자가 아닌 양민 이상의 신분이
> 면 누구나 응시할 수 있게 하였다. 그러나 내부적으로는 엄격한 신분
> 제한을 가함으로써 일부 문벌 출신만 합격시켜 높은 벼슬을 독점하였
> 다. 궁극적으로는 통치 체제를 문란케 하는 요인이 되고 말았다.
>   과거제도 도입 이전까지 우리나라에는 상하의 구분만 있었지, 동서
> 의 갈림은 없었다. 우리 문화에서 쪼개짐의 역사는 여기서부터 시작
> 된 것이다. 문무의 구분은 탐탁치 않다. 처음처럼 하나였어야 했다.

정비하였다. 이후 국가 통치 체제가 잘 정비되어 귀족 문화가 크게 발달되어 인종대까지 전성기를 맞게 된다. 그러나 12세기에 들어서면서 이 틀이 깨어지기 시작했다. 문벌 귀족들의 권력과 경제력 독점은 이에 반발하는 이자겸(李資謙)의 난과 묘청(妙淸)의 난으로 인해 위기에 처했고, 마침내 무인란(武人亂)으로 붕괴하고 만다. 1170년 정중부(鄭仲夫) 등이 주도한 무인란은 무반(武班)에 대한 차별과 군인들의 불만이 원인이 되어 일어난 정변으로, 고려 사회를 새로운 국면으로 전환시켰다.

조선시대에는 유가 사상을 국가의 통치 이념으로 채택하면서 지식인들로 하여금 선현의 이상 인격을 구비하여 스스로의 직분 내에서 수신(修身) 양성(養性)하여 윤리 도덕 규범을 파악하고, 나아가 세상을 편안케 하여 백성을 구제하는 것을 최고의 가치로 여겼다. "학습하고 여력이 있으면 벼슬을 한다"는 태도로 하여금 보편적 사회 심리 및 풍습이 되게 하였다. 그러나 지식인들은 오로지 독서에 모든 것을 다 바쳐야 했다. 독서를 통해서만이 벼슬을 차지할 수 있었기 때문이다. 이

러한 모든 것은 오로지 과거시험을 치르기 위해서였을 뿐이다. 아무리 훌륭한 자질의 소유자라 할지라도 과거시험에 합격하지 못하면 통치 계층으로 올라설 수 없었고, 세상에서 영광을 누릴 수가 없었던 것이다. 등과(登科)를 하여 관리가 되어야만 가문을 빛내는 것은 물론 입신양명할 수가 있었다. **결국 과거 제도는 독서가 자신을 정신적으로 충실하게 하고, 개성을 풍부하게 하며, 시야를 확장시켜 과학적인 지식을 획득하는 본연의 목적을 벼슬 취득의 수단으로 고착시켜 버리는 폐단이 되었다.**

신라·고려 초기에까지 이어져 오던 문무겸전 정신은 과거제의 도입을 계기로 쪼개지고 만다. 사서(四書)와 오경(五經)의 범위를 크게 벗어나지 못하는 과거고시의 내용 또한 중세 한국인의 가치 지향, 사유 방식, 사회 심리에 지대한 영향을 미쳤다. 이 5백여 년 동안 고착화된 조선인의 행동 및 사유 양식은 나라가 망해서도 떨쳐내지 못하고 오늘에까지 이어져 현재 우리의 가치 지향에 그대로 반영되고 있다.

일제 식민 지배를 통해 근대적인 개념의 교육 제도가 도입되고, 신분제도가 파괴되면서 양반 상놈의 구별이 없어져 누구나 시험을 통해 벼슬을 할 수 있는 신세계가 도래한 것이다. 하지만 그 기본틀은 조선의 과거 제도와 크게 달라진 것이 없다. 지금도 학력 및 전공을 불문하고 누구에게나 응시 자격을 주는 고시 합격이 아니고서는 고위 공직에 오를 수가 없고, 그렇지 않으면 운 좋게 권력자와의 학연·지연 등으로 출세하는 길밖에 없다. 화이트칼라, 즉 선비다운 직업을 갖기 위해 어떻게 해서든지 대학 졸업장을 따야 한다. 불과 십수 년 전까지는 남보다 잘살기 위해 대학을 갔지만, 지금은 남이 다 가는 대학이니 저도 가지 않을 수 없어 간다. 모두가 똑같은 졸업장 들고 나오니 게인지 고동인지 구분이 잘 안 된다. 그러니 굳이 열심히 공부할 필요도 없어졌다.

흔히 자원이 부족한 나라에서 한국인의 교육열이 한강의 기적을 이루는 밑거름이 됐다고 한다. 하지만 어찌 그것만으로 설명이 되겠는가. 훌륭한 지도자와 유능한 지식인들, 그리고 우리 국민들의 근면성이 합쳐져 이룬 경제 성장이 아니었던가. 그때는 국민 모두 남녀노소 상하 없이 모두 '땀' 흘리며 일했다. 공부도 땀 흘리며 했다. 지금처럼 아무나 대학에 갈 수 없었고, 비록 대학을 나오지 않았어도 땀 흘린 만큼 대가가 있었다. 초등학교를 갓 졸업한 어린 소녀들도 졸음을 쫓아내며 공장에서 밤새워 일했다. 가난하지만 머리 좋은 학생들은 주린 배를 맹물로 채워가며 골방에서 주야로 공부해 고시 합격의 꿈을 이루어 나갔다. 그래서 누가 잘살게 되면 부러워할망정 질시하지는 않았다. 또 가끔은 가난한 집 자식이 어디어디에 수석 합격하여 신문지상에 소개될 때면, 모든 사람들이 부러움에 찬 칭찬의 박수를 아끼지 않았었다. 이 땅의 새벽을 밝히는 모든 가난한 부모들에게 희망의 활명수가 되어 주었기 때문이다.

1980년대부터 시대적·경제적 요구에 의해 대학 설립이 무분별하게 늘어났다. 웬만하면 누구나가 대학을 다닐 수 있게 됐다. 현재는 오히려 학생 수가 모자라 대학이 문을 닫을 지경이 되었다. 양적인 균형도 문제가 많지만, 질적인 면에서는 더욱 한심하다. 졸업생들이 기업이 요구하는 수준에 도무지 못 미친다는 것이다. 수준 미달, 기업적인 표현으로 심하게 말하자면 모조리 불량품인 셈이다.

우리나라 사람들은 흔히 우리 민족의 두뇌가 세계에서도 몇 손가락 안에 꼽힐 만큼 우수하다고 자부한다(아마 다른 나라 사람들도 자기들 역시 그만큼 똑똑하다고 할 것이지만). 그렇지만 아무리 우수한 민족이라 해도 그 민족 모두가 다 똑똑할 순 없는 법이다. 모든 국민이 다 대학에 가서 학문을 연구할 만큼 뛰어난 민족은 없다. 언젠가 서울에서 중간 서열쯤에 들어가는 대학의 교수가 답답한 현실을 이야기한 적이 있다. 자기 학교에 온 학생들만 하더라도 솔직히 여기에 앉아 있을 이유가 없다는 것이었다. 모두가 단순 노동이나 해야 어울릴 자질밖에 안 된다는 것이다. 좀더 심하게 말해서 게나 고동이나 모두 다 대학에 온다는 것이다. 그렇지만 설령 자질이 좀 부족하더라도 공부 더해서 나쁠 것 없지 않느냐고 반문할 수도 있다. 물론 그렇다. 학문(공부)의 자유를 모르지 않는다. 그런데 그런 사람들이 일부가 아니라는 것이다. 교육이 형식이나 질적인 면에서 지극히 비효율적이라는 것이다. 바로 이 문제가 오늘날 우리 경제 발전의 발목을 잡고 있다.

중학 무시험 입학, 고교 무시험 입학. 평준화 정책은 사실상 대학까지 평준화시켰다. 지독히 가난하거나 공부하기 싫은 사람들을 제외하고, 대부분 대학 졸업장을 들고서 사회에 나온다. 예전 같았으면 솔직히 대학 문 앞에도 가보지 못했을 정도의 수준밖에 안 되는 이들도 어쨌거나 자기도 대학을 나왔으니 주변 다른 사람들만큼 잘살아야겠다는 것이다. 함량 미달의 대학 졸업장을 화이트칼라 직장에서 남들만큼 대우받으면서 잘살 수 있는 자격증으로 여기는 것 같다. 대졸 출신이 초등학교만 졸업했어도 남녀노소 누구나 할 수 있는 매표소 근무와 같은 단순 노동을 하면서 대기업 사원과 같은 대우를 받기 요구한다는 것이다. 그리고 대학을 나왔는데 어찌 3D 업종에서 일한단 말인가. 놀았으면 놀았지 3D가 아니라 300D 업종이라 해도 그런 일은 못한다는 것이다. 졸업장이 개인의 자존심 증명서 같은 것이 되어 버렸다. 현실적으로 기업에서 대졸 사원을 채용해 보면 학벌이나 개인적인 역량에서 엄청난 차이가 나기 때문에 차별 대우하지 않을 수가 없다. 그렇지만 대학 졸업장이 무슨 국가공인 자격증이라도 되는 양 똑같이 대접해 달라는 것이다. 심지어 지방대, 삼류대학이라고 응시원서조차 안 주고 차별한다며 성토하고 있다.

세계적으로도 드물게 한국은 대개의 경우 남자 혼자서 전적으로 한 가정을 책임지고 꾸려 나간다. 초등학교만 졸업했어도 충분히 할 수 있는 표 파는 단순 노동까지 대졸 출신의 가장이 맡고 있다. 그렇지만 봉급은 일반 기업 혹은 타부서의 대졸 사원만큼 받아야겠다는 것이다. 아직까지도 여성들의 사회 진출이 쉽지 않다 보니, 대부분의 여성들은 그저 조건 좋은 남자 만나 결혼해서 가정주부로 들어앉는 것을 순순히 받아들이는 경향이 짙다. 그래서 대학 졸업장이 필요하단다.

결과적으로 학력(교육열)의 거품이 임금 인플레를 선도하고 있다. 학벌을 중시하는 풍토가 나라의 성장 잠재력을 다 갉아먹고 있는 것이다. 도무지 국제 경쟁력이 생겨나지 못한다. 우리의 대학 역사가 짧은 데다 고도 성장과 더불어 기업의 요구와 학벌 중시 풍토 때문에 이제 전 국민이 대학에 들어갈 수 있을 만큼 대학교만 잔뜩 세워 놓았다. 그러나 교육의 질적인 면에서는 선진국 고등학교 수준도 안 되는 것 같다. 20여 년 동안 우리의 늘어난 대학이 한 일은 학생들을 진정한 엘리트로 키운 게 아니라, 단순 노동력의 부가가치를 약간 높여 준 것에 불과했다고밖에 볼 수 없다. 이 '양질의 노동력'이 지금 비만증에 걸려 국가 경제의 효율성과 생산성을 떨어뜨리고 있다. 세계 11위의 교역 대국임에도 불구하고 국민 소득은 형편없다. 남달리 열심히 일했지만 도무지 남는 것이 없다는 말이다.

획일적 평등주의. 자존심에 뿌리를 둔 평등주의 평준화는 이제 제발 버릴 때가 되었다. 문(文)의 정신은 경쟁을 두려워한다. 시험으로 합격 여부를 가리는 것은, 엄밀히 말하자면 어떤 자격을 검증하는 것이지 경쟁이라고 하기에는 부족하다고 할 수 있다. 굳이 표현하자면 간접적인 경쟁이라고나 할까. 진정한 경쟁은 무예(武藝)로부터 시작된다. 습무(習武)를 통해서건 스포츠를 통해서건 상무(尙武) 정신을 기르는 것이 우리 교육의 문제점을 해결하고 보완하는 데에 큰 도움이 될 것이다.

30 검사와 변호사

예전에는 판검사 출신들의 정계 입문이 많았으나, 1980년대 이후에는 큰 정치적인 사건이나 사회적 이슈가 되는 별난 사건을 맡아 유명해진 변호사 출신들의 정계 입문이 눈에 띄게 늘어났다.

초기에는 노동 운동이나 학생 운동에 관련된 사건들의 변론을 맡으면서 인권변호사란 수식어를 단 변호사들이 하나둘씩 국회로 진출하더니, 요즈음은 장애인 복지, 외국인 노동자의 인권, 환경 보호, 의문사 진상 등등 그때그때 여러 가지 사회 문제와 관련하여 정부나 대기업 등을 상대로 약자의 편에 서서 변론을 맡았던 변호사들이 많아졌다. 물론 이런 현상은 앞으로도 더욱 늘어날 것이다. 사회가 다양해진 만큼이나 문제 또한 늘어날 테니까.

과거 어렵고 어두운 시절에는, 독재 정권의 불합리에 맞서 온갖 고초를 겪으면서 싸우던 민주투사와 노동운동가들을 위해 변론을 맡는다는 것 자체가 대단한 신념과 정의감을 갖지 않고는 힘든 일이었다. 많지 않는 변호 비용, 심지어 무료 변호도 마다 하지 않고 소수·약자·민중의 편에 서서 부당한 힘에 대항했었다. 때로는 협박을 당하기도 하고, 돈도 안 되는 사건에 매달리다 보니 평생을 가난하게 살다간 훌륭한 변호사들도 많았다. 그렇지만 개중에는 본인이 원했던 원치 않았던 그런 사건들을 맡은 것이 나중에 출세의 발판이 되기도 했다. 대통령이 된 변호사도 있고, 장관이나 고위 공직에 오른 이들도 많다.

아하, 그런데 여기에 참 재미있는 일이 있다. 이 출세한 변호사들 앞에 붙어 있던 수식어는 엄밀히 말하자면 그들의 것이 아니었다. 원래는 사건 의뢰인(대개는 피고)의 것이었다는 말이다. 재판이 끝나고 시간이 지나면서 사건의 당사자는 어디론가 사라져 버리고, '사건을 맡았던 변호사'만 남았다. 피고가 입었던 수의(囚衣)를 슬그머니 걸쳐입은 변호사만이 남게 된 것이다. 당연히 그 사건의 주인공은 사건의 당사자이며, 그 결과인 공적(?)은 당연히 그에게 돌아가야 하지만 아이러니컬하게도 세상사는 반드시 그렇지만은 않다. 그들이 변호사의 도움(?)으로 겨우 목숨을 건져 국립 호텔에서 세월을 죽이고 있는 동안, 혹은 무죄로 풀려나와 계속 감시받으며 제 있을 곳을 찾지 못하고 이리저리 방황하는 동안, 그들의 존재는 국민들의 뇌리에서 완전히 지워져 버린다. 대신 그들이 입었던 수의는 변호사의 어깨에서 태극무공훈장보다 더 빛나고 있다. 그것이 출세의 부적이 된 것이다. 독재 시절 다른 친구들 거리로 뛰쳐나가 온몸으로 투쟁할 때 짐짓 모르는 체하고서 혼자 골방에 틀어박혀 열심히 법전 외워 고시 합격해 판검사 혹은 변호사가 되었지만, 마음 한편에는 부끄러움도 없지 않았을 것이다. **피 묻은 수의는 그런 그들을 갑자기 거룩한 순교자로 만들어 주는 마법의 망토였던 것이다.** 드디어 이 망토를 걸치려는 민주변호사·양심변호사·노동변호사·환경변호사가 양산되기 시작한 것이다.

법정 체계에서 보자면 판사는 정(正)을 숭상하고, 검사는 의(義)를 추구하지만, 변호사는 이(利)를 따르는 경향이 있다. 직업상 검사는 무(武)의 습성이 강하고, 변호사는 문(文)의 성향을 가진다. 검사는 선(善)의 편에서 악(惡)을 처단하는 역할을 하기에 악한 이들을 할 수만 있다면 영원히 이 땅에서 제거해 버리고 싶을 것이다. 모든 것을 선과 악으로 판단한다. 이에 비해 변호사는 선악(善惡)의 옳고 그름에 대한 판단으로 법정에 임할 수가 없다. 오직 의뢰인의 입장, 즉 자기 고객의 이익을 위해서만 일한다. 흔히 약자나 억울한 사람들을 위해 변론함으로써 인(仁)을 베푸는 것으로 이야기하지만(간혹 그런 사례도 없지 않지만), 실제로는 이(利)를 좇는 직업이다. 판사나 검사처럼 국가가 먹여 살리는 것이 아니다. 그건 곧 자기의 생업이다. 그들은 천사가 아니며, 정의의 사도도 아니다. 그냥 법(밥)장사일 뿐이다. 억울한 사람을 구제한다고? 미안하지만 강도든 사기꾼이든 법에 걸리면 억울하지 않을 사람 없다. 양심에 따라? 죄송하지만 그건 판사의 몫이지 결코 변호사의 것이 아니다. 같은 법정에서도 아침에는 가해자의 편에서, 오후에는 어느 피해자의 편에서 변론을 해야 한다. 오늘은 억울하게 핍박받는 어느 가난한 자의 편에서, 내일은 천인공노할 살인자의 편에서 변론을 해야 하는 것이다. 오직 법의 빈틈과 상대의 약점을 파고들어 고객의 이익을 극대화시키는 일을 할 뿐이다. 이기면 보다 많은 수입이 보장되고, 또 유능하다는 평판이 붙어 그를 더욱 바쁘게 만들어 줄 것이고, 설령 진다 해도 전혀 손해 볼 것 없다. 이기고 지는 게임에서는 어차피 한쪽은 지게 되어 있다. 반드시 이겨야 한다는 법적 책임감도 없다. 단지 처음부터 이길 수 있는 유리한 입장의 고객을 잡지 못한 것이 약간 아쉬울 따름이지. 원고 편에서 변론을 할 적엔 어떻게 해서든 법의 유리한 점을 이용해 피고를 확실하게 핍박해서 보다 유리한 판결을 끌어내야 하며, 피고나 피의자 편에 서서는 어떻게 해서든 법의 맹점을 이용해서 빠져나갈 구멍을 찾아야 한다. 쉽게 말하자면 **법을 잘 지키는 것이 아니라, 법을 잘 알아서 가지고 노는 것이다.** 그래야 유능하단 소리를 듣는다. 결국 권력이나 법에 대해 변호사는 항상 좌파적이 될 수밖에 없다.

그리고 변호사의 또 다른 특징은 변명에 있다. 상대방의 약점을 찾아 공격도 잘해야 하지만 방어도 잘해야 한다. 위기의 상황에서 그때그때 순발력 있게 반격과 방어를 해야 한다는 것이다. 희대의 살인자를 위해서도 이런저런 온갖 이유를 다 둘러맞추어 어떻게 해서든 무죄를 주장해 형량을 낮추어야만 한다. 결코 양심이나 도덕으로 판단해서는 안 된다. 오직 투철한 직업 근성을 가지고 세 치 혀로 승부해야 한다. 하다못해 "이 피고가 이토록 잔인한 살인자가 된 것은 그의 잘못이 아니라, 그렇게 할 수밖에 없도록 만든 우리 사회의 잘못인 거다"라는 상투적인 변명이라도 늘어놓아야 하는 것이다. 그래야 먹고 사는 직업이다.

검사와 변호사. 직업적인 특징을 지적하고 보니 지나치게 극단적인 면만을 이야기한 것 같다. 늦은 시간 텔레비전 시사토론 프로에 나와 열띤 논쟁을 벌이는 여야 국회의원 혹은 여야 편에 앉은 교수 또는 전문가들을 지켜보면서 문득 변호사라는 직업이 참 재미있다는 생각이 들었다. 실제 그들 중에는 변호사 출신들이 많고, 설령 판사나 검사 출신이라 해도 그 자리에선 자기가 속한 집단을 변호하기 위해 나왔기 때문에 역할에서는 다를 바가 없다. 그렇지만 아무래도 변호사 출신들이 단연 돋보인다(옳다거나 훌륭하다는 의미가 아니다). 상대의 약점을 집요하게 물고 늘어져 공격도 잘하고, 아무리 봐도 변명의 여지가 없는데도 잘도 둘러댄다. 아무리 오랫동안 입씨름을 해도 끝이 나지 않는다. 판사도 없는 변호사들만의 입싸움이기 때문이다. 그런데 이런 부류의 정치인들은 전직에서 오는 습관적 약점이 있다. 그때그때 상황에 따라 법을 해석하고 응용하는(쉽게 말하면 요리조리 가지고 노는) 버릇 때문에, 무슨 확고한 소신에 따르기보다는 역시 상황에 따라 말과 행동이 수시로 바뀐다는 점이다. 전날 뱉은 말을 다 기억한다면 그는 변호사 못해 먹는다. 신(信)과 의(義)를 따르는 것이 아니라 이(利)를 좇는 것이 변호사라는 직업의 본질적 특성이기 때문이다. 신(信)에 대한 개념이 없다 보니 배신에 대한 부끄러움도 모를 뿐더러, 신념(信念)이나 소신(所信)을 지니기가 어렵다.

같은 입이지만 오늘은 이 말 했다가 내일은 저 말 하는 정치인들, 오늘 이 당일 때와 내일 저 당일 때 다르고, 야당일 때 여당일 때 다르고, 들어갈 때 나올 때가 다르다. 자기 주인 눈치 보며 그때그때 달라지는 그들을 볼 때마다 모두들 변호사 하면 참 잘하겠다는 생각이 든다. 판사처럼 조정 내지는 결정을 해야 할 대통령이 전직의 습관을 버리지 못하고서 계속 한쪽 편만을 들고, 또 그때그때 달라지는 언행을 보면서 변호사라는 직업에 대해 발칙한 상상들을 해보았다. 도무지 문덕(文德)이라곤 찾아볼 수가 없어 안타깝다. 그런가 하면 검사답지 못한(?) 검사들도 문제다. 폭탄주를 마시지 않으면 감당하기 힘든 직업인가? 모름지기 검사(檢事)는 검사(劍士)가 되어야 할 것이다. 무덕(武德)을 지녀야 한다. 먼저 바른 '용(勇)'과 바른 '엄(嚴)'을 갖춰야 한다. 항상 신중(愼重)해야 하고, 절제(節制)해야 한다. 의리(義理)만으로는 정의(正義)를 세우지 못한다. 무릇 인간사 모든 일이 다 그렇듯이, 덕(德)을 지니지 못한 법조인은 법의 나무에 기생하는 벌레에 다름 아니다. 바로 이들이 사(士)자 붙은 도적의 맨 윗자리를 차지하는 것이다. 진정 법(法)의 신성함을 인정한다면 그 밑에 썩어서 거름이 되어야 하리라.

세상사가 항상 시간의 축 위에 돌아가는 수레바퀴 같다. 아니나 다를까? 벌써 빨간 수의를 얻어 입으려는 사람들이 모여들고 있다. 자주와 통일을 외치는 신흥 민족종교(?)가 우후죽순처럼 생겨나고 있다. 그동안 어디서 뭐하다가 이제야 나타났는지, 스스로 온몸에 빨강 물을 발라 악을 써대는 꼴이 교주는 고사하고, 마치 구호품 하나 거머쥐려고 발버둥치는 난민들 같아 안쓰럽기 짝이 없다. 인권변호사가 한창 뜨고 있다. 반미변호사·통일변호사가 뜰 날도 머지않은 것 같다.

말(言)을 바꾸는 것은 그 스스로에 대한 배신이다. 그때그때 달라지는 생각을 신념(信念)이라 하지 않는다. 변(易)하는 것은 덕(德)이 아니다. 배신은 배신을 낳는 법, 변호사 정권이 벌이는 삼류 드라마의 뻔한 종말에 국민들이 역겨워하고 있다.

옛말에 "죽임으로써 살인자를 없앨 수 있다면 비록 죽여도 괜찮고, 형벌로서 범법자를 없앨 수 있다면 중벌이라도 괜찮다"[12]고 하였다.

31 대한제국의 유산

1882년 6월 5일, 무위영 소속 구 훈련도감 군병들이 겨와 모래가 섞인 쌀을 급료로 지급하려던 관리들을 구타한 사건으로 촉발된 대규모 폭동이 일어났다. 이름하여 임오군란(壬午軍亂)이라 하였지만, 어떤 지도자 아래 조직적으로 일으킨 난이 아니고 하급 군병과 빈민층이 일으킨 그저 우발적인 폭동에 지나지 않았다. 그렇지만 결과적으로 가뜩이나 허약해진 왕조를 더욱 어렵게 만들었다. 그 정도의 소동도 스스로 진압할 힘이 없어 청군을 끌어들이는 바람에 조선을 열강들의 본격적인 각축장으로 만드는 계기가 되었다. 대원군을 청으로 납치하게 한 뒤 명성황후와 그 척족은 권력을 잡아 친청사대(親淸事大)로 기울어 급진적인 개화파를 눌렀다.

1884년 12월 4일, 김옥균·박영효·홍영식 등 개화파가 민씨 정권을 무너뜨리고 청국과의 종속 관계를 청산해서 주권 국가를 건설하고자 정변을 일으켰다. 하지만 역시 스스로의 힘도 없이 일본 공사관의 후원을 업고 의욕만 앞세워 정권을 장악하지 못하고서 사흘 만에 청군에 의해 진압되고 말았다. 썩은 집 대들보 바꾸려다가 서까래 무너져 기왓장에 얻어맞고 도망간 꼴이다. 어설픈 선비가 하는 일이 다 그렇지만 말이다.

1894년 1월 11일, 고부민란(古阜民亂)에서 발단하여 수탈을 견디다 못한 농민들이 동학(東學)을 중심으로 반봉건·반외세의 기치 아래 봉기한다. 4월 27일, 농민군에 의해 진주성이 점령당하여 정부의 요청으로 청군이 출병하자, 갑신정변을 마무리하면서 맺은 청·일 간의 톈진(天津)조약을 빌미로 인본군도 조선에 동시에 들이닥쳐 전쟁을 일으킬 위험이 높아졌다. 이에 놀란 정부가 양국군의 철수를 요청하자 청은 이를 받아들였으나, 일본은 이를 거부하고 내정 개혁을 요구하였다. 그해 7월 23일, 일본은 무력으로 경복궁을 점령하여 대원군을 앞세운 친일 정권을 수립한다. 김홍집 등 개화파 인사들로 구성된 내각에 의해 근대적 제도 개혁(갑오경장)이 추진된다. 곧이어 일본군은 청군을 공격하여 청일 전쟁을 일으킨다. 한편 관군과 일본군에 의해 농민군은 완전히 괴멸된다. 9월 16일, 청군을 조선에서 완전히 몰아낸 일본은 보다 강압적인 내정 개혁을 강요한다. 이에 박영효를 몰아내고 다시 권력을 장악한 민씨 정권이 내정 간섭을 이유로 계속 거부하며 러시아를 끌어들여 일본을 몰아내려 하자 1895년 8월 20일, 일본 공사 미우라(三浦梧樓)가 지휘하는 폭도들이 경복궁에 난입하여 명성황후(閔妃)를 학살한다. 이에 전국적으로 항일의병 운동이 일어나기 시작했다. 을미의병의 지도층은 모두 지방 유생들이었고, 병사들은 대부분 농민들이었다. 봉기 초기에는 위세를 떨쳤으나 조직적으로 연합하지 못하고, 차츰 계층간의 갈등과 변절 등으로 관군에 패하다가 이듬해 여름쯤에 이르러 활동이 저절로 중단되고 말았다.

1896년 2월 11일, 고종의 아관파천(俄館播遷)으로 친러 정권이 들어선다.

1897년 10월 12일, 서울 한복판 지금의 조선호텔 자리에 세워진 원구단(圜丘壇)에서 고종은 황제즉위식을 갖고, 다음날 만천하에 대한제국을 선포한다. 드디어 수천 년 동안 중국 황제 아래에서 일개 변방 왕국으로 이어온 한반도 역사에서 가장 감격적인 순간이다. 이 '거대한 사건'은 몰락해 가는 조선 왕조의 마지막 열망이자 몸부림이었다. 그렇지만 열강들은 이미 세력 균형을 이루어 가고 있었기 때문에 이 일에 대해 모두 냉담하여 간섭조차 하지 않았다. 무엇보다도 이 칭제는 국왕 측근의 보수파를 중심으로 갑오·을미 개혁으로 위축된 왕권의 강화와 전제화하려는 복고적인 경향이 강했다. 더불어 개혁을 시도했지만 이에 소요되는 재정적 뒷받침이 되지 않아 결과적으로 정부의 재정을 더욱 어렵게 하고, 국민들의 경제 생활을 더욱 피폐하게 만들었다.

1904-5년, 러일 전쟁에서 일본이 승리를 거두자 조선은 제국주의 열강들의 승인 내지는 묵인하에 사실상 일본의 식민지로 전락하게

된다.

　대한제국! 명성황후가 일본군의 칼에 시해되었음에도 장례는 고사하고 곡(哭)소리 한번 제대로 낼 수 없었던 조선은 이미 손발 다 잘리고 몸뚱이만 남은 꼭두각시에 불과했다. 국호를 대한제국으로 바꾸고 스스로 황제에 오른다고 해서 이미 엎어진 나라가 오뚝이처럼 벌떡 일어날 리 만무하다.

　이 칭제 사건은 혹시나 죽어가는 자식이 다시 살아나지는 않을까 싶어서 해보는 무당 푸닥거리에 지나지 않았던 것이다. 전세계는 분명 딱한 코미디의 한 장면쯤으로 생각했을 것이다. 당시 조정의 실권과 인물들은 이미 일본의 손아귀에 들어간 상태였다. 그런데 그 일본이 조선이 대한제국으로 새롭게 태어나는 것을 왜 내버려두었을까? 비록 친러 정권이 장악하고 있었다지만, 과연 일본이 적극적으로 방해하였더라면 그런 일이 가능했을까?

　흔히 우리는 역사는 반복된다고 하며, 역사에서 그 전례 및 교훈을 얻는다고 말한다.

　도요토미 히데요시〔豐臣秀吉〕가 조선을 정벌할 때 터무니없는 건방을 부려 "명(明)을 치러 가니 길을 내어 달라〔假道入明〕"고 말하지 않고, 그냥 조선 땅만 차지하려고 했더라면 왜란의 결과는 아마 달라졌을 것이다. 지나친 호기를 부려 명을 끌어들이는 바람에 입 안에 다 들어온 고기를 내뱉고 만 것이다. 그리고 3백여 년이 지난 후 "조선과 청은 형제지국이므로 임진왜란 때처럼 조선에 쳐들어온 일본군을 쳐부수어 조선을 구하는 것은 우리 청국의 당연한 의무이다"라고 해서 벌어진 싸움이 청일 전쟁이 아니던가?

　역사에서 교훈을 배우지 못한 조선은 똑같은 일을 되풀이했고, 임진왜란의 실패를 거울삼아 같은 실수를 되풀이하지 않겠다는 일본은 우선 청(淸)으로부터 조선을 명분상 확실하게 떼어 놓아야 할 필요가 있었다. 그것이 바로 대한제국의 탄생이다. 그리하여 더 이상 청(淸)이 개입할 명분을 없애고 느긋이 조선을 삼키게 된다. 나중에 만주를 삼키는 데에도 그 방법을 다시 한번 써먹는다. 이미 멸망한 청(淸)의 마지막 황제 푸이〔簿儀〕를 데려다 만주국 황제로 만들어 앉힌 다음 만주를 뚝 잘라먹는다. 그리고 나서 중국 본토를 공략해 들어갔다. 대한제국의 탄생은 친일파 대신들이 고종을 부추겨 일으킨 사건이 아니었을까? 이제 형식적으로는 완전한 독립국이니 누구의 힘을 끌어들일 명분마저 없어져 버렸다.

원구단 옆을 지날 때면 역사에 불경스러운 희극 한 장면을 떠올리게 되어 왠지 씁쓸해진다. 쓸데없이 비약시킨 발칙스런 상상이었을까? 대한제국의 탄생. 바로 그것이 역사적으로나 실질적으로 조선 왕조의 종말을 고한 날이었다. 이후 인수인계 기간을 거쳐 1910년 안방 열쇠와 등기부등본을 고스란히 넘겨 주었다. 전쟁다운 전쟁이라도 벌여서 **제대로 한번 싸워 보고 빼앗겼더라면 그토록 억울하고 수치스럽지는 않았을 것**이다.

그런데 묘하게도 일본 역시 역사의 교훈을 잠시 깜박하고 말았다. 이번에도 너무 흥분하여 과식한 탓에 35년 만에 그만 다 토해 놓고 말았다. 손쉽게 얻은 조선과 만주 정도로 만족하고 꼭꼭 씹어 제대로 소화시켰더라면, 미국을 건드리지 말고 적당한 선에서 타협했더라면, 그놈의 원자폭탄만 아니었어도 조선반도 하나쯤은 어떻게 해서든지 지킬 수 있었을 텐데. 일본의 입장에서 보면 지금도 보면 볼수록, 생각하면 할수록 아쉽기 짝이 없을 것이다. 역시나 싸워서 빼앗긴 것도 아니고, 거인이 등을 치는 바람에 위에까지 내려간 것을 고스란히 토해냈으니

31. 대한제국의 유산 153

더욱 억울할밖에. 그렇지만 **역사는 되풀이되고, 기회는 반드시 다시 오게 마련.** 그때는 정말이지 다시는 같은 실수를 하지 말아야지. 우선 가장 굵은 미국과의 끈부터 잘라 놓아야 한다. 그리고 분위기 슬슬 띄우면서 가벼운 잽부터 날려 보자. 먼저 "다게시마는 우리 땅"이라고 운을 띄우고. 하지만 어찌 그 정도로 만족하겠는가. 본심은 "조선은 우리 땅"이 아니었던가? 지진과 태풍 등 자연재해로부터 안전한 한반도가 두고두고 욕심나지 않을 수 있겠는가? 중세에는 명(明), 근세에는 미국만 아니었어도 조선은 일본 땅이었다. 주위에서 간섭하는 강대국만 없으면 조선은 언제든지 되찾을 수 있는, 아니 되찾아야 할 우리 땅이라고 되새김질하는 것이 일본인 모두의 속마음이 아니겠는가. 야스쿠니〔靖國〕신사를 참배하는 고이즈미〔小泉純一郎〕총리는 속으로 무엇을 빌겠는가? 역사상 한번도 외적으로부터 침략당해 본 적이 없는 이 나라를 지켜 달라고? 천황의 만수무강을? 풍년과 국태안민을? 정치적인 쇼라고 순진하게 속아 주어야 할까? 그때마다 그는 "두 번 다시 전쟁을 하지 않겠다는 결의를 밝힌 것"이라는 구차하고 간사스런 변명을 되풀이한다. 그렇다면 전범들의 영혼을 위로하는 것이 아니라 꾸지람하러 갔다는 말이지? 너희 같은 전쟁광들이 두 번 다시 이 땅에 태어나서는 안 된다고? 물론 말도 안 되는 소리. 아마도 이렇게 염원했을 것이다. "언젠가는 반드시 그대들의 죽음이 헛되지 않았다는 것을 증명하고야 말 테다!" "다시 한번 대일본제국의 영광을 위해 굽어살피소서!" 참배하고 나오는 그의 모습을 보면 칼만 안 들었지 그대로 사무라이다. 이젠 드러내 놓고 칼을 갈겠다는 것이다. **백 번을 다시 생각해도 일본은 위험한 이웃이다. 어떤 형식으로든 친일 청산을 하지 않으면 안 되는 이유가 바로 여기에 있다.**

여담이지만 한때 일본은 자신들의 성취에 한껏 도취되어 미국에 대해 "No"라고 하다가 10년을 헤맸다. 결국 견디다 못해 다시 "Yes"라고 하자 우연(?)히 경기가 살아나기 시작했다. 그래도 자존심은 있어서 한신 타이거즈 야구단이 일본시리즈 우승한 것이 경기 회복을 촉발시켰다고들 말하지만. 어쨌든 고이즈미 총리의 눈물겨운 구애 덕분에 일본은 한국을 따돌리고 아시아에서 미국의 가장 확실한 동맹 관계를 굳히고 있다. 역시 우연(?)히 같은 전철을 밟고 있는 한국은 끝까지 "No"라 할 수 있을지? 우연인지 필연인지 10년 후면 알 수 있겠지.

대한제국. 슬프고도 불쌍한 이름이다. 태어나자마자 "으앙" 소리 한 번 못 질러 보고 질식해 죽은 애처로운 내 새끼. 그 죽은 자식 이름을 따서 '대한민국' 이라 하였다.

이번 정권이 들어서고, 포화 상태인 수도를 옮기는 문제를 두고서 나라가 시끄러웠다. 지난 시절 이런 일을 예견한 박정희 대통령이 서울 주변을 그린벨트로 묶어 놓고 흙 한 줌, 나무 한 그루 못 건드리게 해서 잘 보존해 왔는데, 미련하고(어쩌면 그 반대로 약아빠진) 무책임한 후대 지도자들이 모조리 까뭉개어 아파트 지어 팔아먹고는 이제 와서 답답해서 더 이상 못살겠으니 이사 가자고 난리들이다. 재개발 정도로는 성에 차지도 않을 뿐더러 먼저 사람들의 뒤치닥거리하기도 싫으니, 이참에 넓은 곳으로 옮겨서 두고두고 분양(정권 유지)해 먹자는 거다. 한민족은 기마민족(유목민족)의 후손이라 그런지 지난 역사나 유물에 소홀한 습성을 버리지 못하는 모양이다. 그런저런 이유로 해서 하루 아침에 몇백 년의 전통을 내팽개치고 뒤도 돌아보지 않으니 과연 한국인답다 해야 할 것이다. 그러니 이제 와서 고구려가 어쩌니저쩌니 하며 난리들이 아닌가. 독일은 통일 후 수도를 왜 베를린으로 옮겼을까? 그다지 자랑스러울 것도 없는 근현대사 속에 태어난 친일 정권·

친미 정권·군사 정권으로 이어온 '대한민국'도 이참에 바꿔 버리는 것이 어떨까? 또 저작권 문제로 찜찜했던 애국가도 새로 만드는 것이 좋지 않을까? 한국 사람 조금 살 만하면 이사 갈 때 먼저 쓰던 멀쩡한 가구들을 다 버리고 간다. 자나깨나 입만 열면 "개혁, 개혁" 하니, 아예 홀랑 벗어던지고 완전히 뒤집어 새 동네, 새 아파트 들어가 사는 것이 어떨까? 한때 어느 재벌 회장님께서 마누라 빼고 다 바꾸라고 했지만, 까짓것 마누라까지 바꿔 버리지 뭐!

이야기가 주제넘게 본질에서 벗어나 행정 수도 후보지만큼이나 멀리 와 버렸다. 이왕 꺼낸 말이니 마무리짓고 본론으로 되돌아가야겠다.

우리 국민들은 지난 역사와 정권은 말할 것도 없고 재벌과 관료, 상류층, 심지어 이웃과 스스로에게 뭔가 풀리지 않는 답답함을 가슴에 품고 살아와서 그런지 '개혁'이니 하는 판을 뒤집어엎는 용어를 아주 좋아하는 것 같다. 모두가 현실에 불만스럽다는 것일 게다. 하지만 우리 모두 급한 마음 조금 가라앉히고 냉정히 생각해 보자. 이미 온 세계가 세계화 물결 속에서 범세계적이고 보편적인 가치와 룰 속에서 움직여 나가고 있다. 한국 역시 이미 세계 수준에 걸맞게 갖출 것은 얼추 다 갖추었다고 생각된다. 이 정도면 어떤 영웅적인 지도자가 '개혁'이라는 선동적인 단어로 정치하기에는 한참 철이 지났다고 봐야 한다. 어쩌면 그들이 주창하는 '개혁' 대신에 '개선'이 더 적합할 것이다. 현재 전세계를 둘러보면 과거처럼 탁월한 지도력을 갖춘 카리스마적인 지도자들(케네디·마오쩌둥·덩샤오핑·대처·미테랑·박정희·다나카 등등)이 나라를 이끌어 가던 시대는 지났다. 더 이상 어떤 한 지도자에 의해 끌려가지도 않을 뿐더러 굳이 그럴 필요도 없다. 자동화 공장처럼 모든 것이 시스템으로 돌아가고 있는 것이다. 사사건건 직접 나서서 간섭하거나 가르치려 드는 지도자보다는 관리자형 지도자, 즉 요샛말로 CEO형 지도자를 둔 나라들이 잘 굴러가고 있는 것이다. 제발 다음에는 OO 정권, OO 정부니 하는 구호를 외치는 철지난 혁명가(선동자)보다는 살림 잘 챙기는 관리자형 지도자를 뽑을 수 있었으면 한다. 정직한 관리자 말이다.

어쨌거나 구한말, 모두들 갖은 지혜를 다 짜내어 나름대로 위기를 돌파해 보고자 노력했다. 그렇지만 힘[武力] 없는 지혜란 얼마나 무모하고 답답한 것이던가. 기둥과 대들보까지 다 썩어 기울어진 집이 잔가지 몇 개로 보수될 턱이 없다. 마땅히 엎어 버리고 새로 지었어야 했다. 그건 목수가 할 일이다. 방안에 틀어앉아 새는 빗물 피해 가며 책 읽던 선비가 할 일이 아니었다. 개혁이 아니라 혁명을 하였어야 했다. 선비는 체질적으로 기존 체제를 유지하려고 한다. 기득권이 유지되는 틀 안에서 개혁하겠다고 고집한다. 혁명을 할 능력도 배짱도 없기 때문이다. 어느 시대나 그건 무인(武人)의 몫이다. 그렇지만 불행히도 조선의 무(武)는 씨가 말라죽은 지 오래되었다. 비록 무장들이 있었지만 모두 기개가 꺾인 지 오래인 거세된 내시 같은 존재에 불과했다. 오래전부터 용기나 기개는 선비들의 것이지, 무인들의 것이 아니었다. 그저 늙고 병들어 죽어가는 왕 옆에 마네킹처럼 녹슨 창 들고 서서 임종을 지키는, 역시 늙은 시종에 지나지 않았던 것이다. 학정과 외세에 저항했던 백성들의 힘을 결집시켜 새로운 시대를 열어 나갈 영웅은 끝내 나타나지 않았다. 5백 년간 지속된 억무숭유(抑武崇儒) 정책으로 조선에서는 이미 무반(武班)들조차 문반(文班)들처럼 문약한 선비가 되어 버렸던 것이다.

객담 하나 더 보태어 보자. 글쓴이가 조그만 회사를 운영한 지 20년이 되었지만, 아직 회사의 로고를 만들지 못하였다. 명함을 받아 본 사람들이 왜 로고가 없느냐고 묻는다. 사실은 부담스러워 만들지 않았다. 요즘 한창 세간에 오르내리는 D그룹 오너 형제들간의 고소 고발 사건을 보면서 더욱 묘한 느낌이 든다. 어쩌면 저리도 로고의 모양과 똑같이 되어가는지. 영문자 뒤에 직사각형 돌판이 세 조각으로 부러진 모양이다. 로고 만든 이가 이번 일을 꼭 예견한 것만 같다. 또 얼마 전 윗대 어른들이 합쳐 사이좋게 운영해 온 L그룹의 로고는 4분의 1이 나누어지는 형상이다. 두 집안은 뉘집 형제간 부럽지 않게 잘 상의해서 서로 분가를 했다. 다행히 빠져나간 그 바탕을 비워두지 않고 채워둔 디자인이어서인지 무리 없이 자연스러워 보인다. 산을 연상케 하는 삼각형의 H그룹 로고는 뒷장이 한 장씩 떨어져 나가는 형국이다. 그동안 잘 떨어져 나가다가, 어느 날 뒷장이 앞으로 나서는 바람에 왕자의 난을 겪었다. 뒷장은 떨어져 나가더라도 앞산 그늘에 얌전히 있어야 무리가 없을 것이다. 그리고 또 하나, 한국 재벌의 대명사인 S그룹 로고는 풍선 모양이다. 어디까지인지는 모르겠으나 계속 부풀어 갈 것이다. 쪼개어지지는 않겠지만 너무 팽창하면 스스로 터질 위험이 적잖다. 적당히 바람을 빼는 지혜가 필요할 것도 같은데……. 아무튼 온갖 사람들이 끊임없이 바늘로 찔러 터트리고자 덤벼들 것이다. 그게 사람들의 심리다. 본사 주위에 철통같이 방탄유리를 둘러쳐 철옹성을 구축하고 있지만 날아오는 화살을 언제까지 다 막아낼 수 있을지. 눈에 보이는 화살(矢)은 막아낼 수 있겠지만 보이지 않는 화살(殺)은 막을 수가 없다. 문제를 해결하는 방식 역시 재벌답다. 돈이면 귀신도 부리는 세상이 아닌가. 8천억이란 거금(상대적이긴 하지만)에 일시에 쥐죽은 듯 조용해져 버렸다. 하지만 떡값인지 덕(德)값인지 모를 끈 달린 고깃덩어리를 쫓아간 들개들이 헛물켜고 돌아오기까지는 그다지 오래 걸리지 않을 것이다. 아무래도 천하의 똑똑한 사람들은 다 모아 놓앉지만 현명한 사람은 못 구한 모양이다. 공덕비(功德碑)가 될지 치덕비(恥德碑)가 될지 두고 봐야겠지만, 지금부터라도 부지런히 덕(德)의 제방을 쌓을 일이다. 그것이 진정한 보험이다.

물론 온갖 일이 생기다 보면 그에 꼭 들어맞는 것도 있을 수 있기 때문에 그럴듯해 보이는 이야기겠지만, 어쨌거나 위의 세 로고를 디자인한 사람들 지금의 상황을 보고서 섬뜩한 기분이 들었을 것 같다. 그래서 옛 어른들은 항상 음덕(陰德) 쌓기를 중히 여겼던 것이다. 그렇지만 욕심 많은 인간들이 음덕 쌓을 생각은 않고, 고작 한다는 짓이 조상 묏자리 잘 잡아 음덕(蔭德) 볼 생각만 하고 있다.

그런데 더 섬뜩한 일은 태극기이다. 대한제국 때, 인천에서 일본 선박 메이지마루(明治丸)를 타고 일본으로 가던 수신사 박영효가 배 안에서 만들었다고 한다. 아마도 이 지구상의 모든 국기 중 가장 복잡하고 철학적으로 심오한 뜻을 내포한 것일 게다. 급하게 만든 것치고는 너무도 절묘하다. 반도의 운명을 어쩌면 그렇게도 정확하게 예견(?)하고 그렸는지 소름이 끼친다. 주역이니 음양이니 하는 거창한 우주관이 유독 대한민국의 상징성과 무슨 연관이 있는지는 모르겠으나, 어쨌든 태극기를 이해(!)하려면 한참 동양철학을 공부해야 한다. 가운데 음양이라 했지만 지금의 남북 상황과 똑같다. 합쳐지기는커녕 끊임없이 서로를 범하려 물고 늘어진다. 주변 4괘는 중·일·러·미를 상징하는 것 같다. 영락없이 요즈음 6자회담 로고다. 4괘 중 어느 하나만 틀어도 가운데 음양은 요동을 쳐야 한다. 4강국 사이에서 끝없이 휘둘리는 형국이다. 이런 말 해도 죄가 되지 않는다면, 국기의 도안을 바꿨으면 싶다. 남북 통일을 위해서라도. 물론 통일이 되면 당연히 바꾸겠지만. 이런 대치 상태로는 통일을 예감하기 쉽지 않다. 요즈음 일부에서는 청색의 한반도기를 들고 남북을 오가고 있지만 영 어색하다. 그냥 흰 바탕에 맨 아래에 검은색, 다음은 청색, 맨 위는 적색 띠를 평행으로 늘어놓았으면 싶다. 기존의 색도 살리고, 편하게 안정시켰으면 좋겠다. **우주니 음양이니 천지인이니 하는 거창하고 상투적인 것 말고, 제발 좀 현실적인 이상, 즉 지혜니 용기니 믿음이니 정의니 하는 그런 덕담의 의미를 부여했으면 한다.** 물론 태극기가 무슨 죄가 있을까마는 작금의 우리 정치 외교가 꼭 일부러 구한말의 상황으로 되돌리려고 애쓰는 것 같아서 해본 객쩍은 소리이다.

사법고시 시험 과목에서 국사(國史)를 제외한 지 오래되었다. 역사를 우습게(귀찮게) 아는 법조인들이 정계로 쏟아져 들어오고 있다. 수신사 일행들이 뱃멀미를 하면서 그래서 그런지, 난 태극기만 보면 어지러워진다.

32 안중근과 안두희

동서양을 막론하고 고대 무예계(武林)에는 온갖 영웅담들이 회자되는데, 그 중 빠질 수 없는 것이 바로 자객(刺客)에 관한 이야기이다. 요즘 말로 하면 암살자를 말한다. 사마천(司馬遷)의 《사기(史記)》에는 이들의 이야기를 〈자객열전(刺客列傳)〉으로 묶어 후세에 전하고 있다.

중국의 춘추(春秋) 말기에는 전문 자객의 출현이라는 사회적 현상이 있었다. 그들은 민간에서 생활하며 부귀를 도모하지 않고, 절개를 숭상하여 용감함과 뛰어난 실력을 갖춘 무사들이었다. 또한 그들은 권신 혹은 귀족들과 친분을 맺으며 자신을 알아 준 은혜에 보답하기 위해 죽음도 불사하였다. 《전국책(戰國策)》에는 당시 가장 유명했던 자객 예양(豫讓)의 이야기를 전하고 있다.

"진(晉)의 예양은 권신 지양자(智襄子) 순요(荀瑤)의 중시를 받았고, 그를 절친한 친구로 여겼다. 후일 진에 내란이 일어나 권신들이 서로 다투어 지양자는 조양자(趙襄子) 무휼(毋恤)이 연합한 위(魏)·한(韓) 세력에 의해 죽음을 당했다. 조양자는 지양자와의 원한이 뼈에 사무쳐 지양자의 머리를 베어 검게 칠하고서 술잔을 만들었다. 이에 예양은 지양자의 복수를 위해 성과 이름을 바꾸고 궁중으로 들어가 내시가 되었다. 한번은 세면장에서 몸에 칼을 숨기고 조양자를 찌르려 하였는데, 그만 사전에 발각되고 말았다. 그러나 조양자는 그의 '의로운 사(士)'의 품격을 크게 칭찬하고 그를 놓아 주었다. 하지만 예양의 굳은 맹세는 변함이 없었다. 이번에는 자신의 몸을 문둥병 환자처럼 꾸미고 석탄을 삼켜 벙어리 노릇을 하며, 수염과 눈썹을 밀고 저잣거리에서 구걸을 하였는데 그의 아내조차도 알아보지 못할 정도였다. 그는 조양자가 외출하기를 기다려 다리 아래에 매복해 있다가 죽이려 하였으나, 이번에도 역시 조양자에게 발각되어 붙잡히게 되었다. 예양은 처형당하기 전에 자신이 '죽음으로 맹세한 의(義)'를 완성시켜 줄 것을 청했다. 그리고 검을 뽑아 세 번 뛰어올라 조양자의 옷을 맹렬히 찌르며 하늘을 우러러 "내 이제 구천에 가서 지백(智伯)에게 보고하겠노라!"고 소리친 후 칼을 입에 물고 자결했다. 그의 죽음은 세상을 떠들썩하게 하였고, 조나라의 사(士)들은 이 소식을 듣고 모두 눈물을 흘렸다고 한다.

어디 중국에서만이겠는가. 신라 황창랑(黃昌郎)의 이야기는 우리나라 역사에서 가장 대표적인 것으로 오늘에까지 전한다. 《무예도보통지》에는 십팔기 가운데 하나인 '본국검'이 이 황창랑에 그 연기(緣起)를 두고 만들어졌음을 설명하고 있다.

'예도(銳刀)'와 같이 요도(腰刀)를 사용한다. 《여지승람(輿地勝覽)》에 이르기를 "황창랑은 신라 사람이다. 언전(諺傳)에 나이 7세에 백제에 들어가 시중에서 칼춤을 추었는데, 이를 구경하는 사람이 담을 이룬 것 같았다. 백제 왕이 이 이야기를 듣고 불러들여 마루에 올라와서 칼춤을 추도록 명하였다. 창랑이 이 기회를 타서 왕을 찔렀다. 이로 인하여 백제국인들이 창랑을 죽였다. 신라인들이 창랑을 애통히 여겨 그 얼굴 모양을 본떠 가면을 만들어 쓰고 칼춤을 추었다. 지금도 전한다."

"황창(黃倡)은 황창(黃昌)이라고도 한다. 곧 신라에 설치하였던 화랑(花朗)이다〔신라의 군신들은 사람의 됨됨이를 알아보는 데 근심이 없다. 미모의 남자를 취하여 장식시켜서 화랑이라 부르는데, 무리들이 구름처럼 모여들었다. 이로 인하여 사람이 간사하고 정직함을 알아보고 가려서 쓴다〕. 술랑(述郞)·영랑(永郞)〔언전에 "신라의 술랑(述郞)·남랑(南郞)·영랑(永郞)·안상(安詳)이 통천(通川)의 총석(叢石)에서 놀았다"고 한다〕의 유와 같은 이들이다. 그런고로 황창랑이다. 화랑의 도중(徒衆)이 수천 인이나 되었는데, 서로 충성과 신의를 갈고 닦았다. 또 신라는 왜국에 이웃하고 있으므로 그 춤추는 칼들이 반드시 전해졌을 것이나 상고할 수가 없다. 이제 황창랑으로 인하여 본국검의 연기가 된다."

시대가 바뀌면서 자객의 무기, 즉 암살의 도구도 칼에서 총으로 바뀌었다(기타 여러 가지 암기나 독약 같은 것도 많이 사용되었겠지만 그것들을 이용한 암살은 왠지 좀 비겁한 느낌을 준다. 암살 자체가 원래 비겁한 행위이긴 하지만). 그리고 우리나라의 현대사에서 가장 대표적인 자객이라면 누구나가 알고 있는 안중근(安重根) 의사와 안두희(安斗熙)를 꼽을 수 있을 것이다. 한 사람은 항일 운동의 대의명분에 정정당당한 자객이었고, 또 한 사람은 독립 영웅을 죽인, 말 그대로 암살자(왠지 안중근과 차별하는 훈련을 해야 할 것 같아서)였다. 윤봉길(尹奉吉)·이봉창(李奉昌) 등 수많은 애국 자객들이 있는가 하면, 오히려 왜놈들의 앞잡이가 되어 애국 투사들을 죽인 암살자들도 많았다. 하지만 이 두 사람만큼 극명하게 대비되는 인물도 없는 것 같다.

그런데 이 자객(암살)은 모두 무인의 몫이다. 설령 글 읽는 선비가 했다고 해도 그 행위는 무(武)의 영역에 속한다. 앞의 두 사람은 암살의 대상과 목적만이 서로 달랐을 뿐 고전적인 자객들의 행동 규범에는 일치하고 있다. 한 사람은 조국을 위해, 그리고 한 사람은 자신의 주군(이승만?)을 위해 방아쇠를 당긴 것이다.

안중근 의사에 대한 이야기는 이미 모두가 다 알고 있는 바이거니와, 심지어 일본인조차도 그를 흠모하는 이들이 있다고 하니, 그 의기충천한 기개에 대해서는 더 말할 나위가 없으리라. 그러나 안두희라는 인물은 무척 별난 사람인 것 같다. 그는 한편으로는 무인다운가 하면, 다른 한편으로는 전혀 그렇지가 못하다. 무인답다 함은 죽을 때까지 몸을 피해 다니면서도 결코 입을 열지 않았다는 사실이다. 온갖 사람들이 집요히 그를 추적해 협박과 회유로 역사 앞에서 모든 사실을 털어놓으라 강권하였지만, 결코 주문자나 공범자들을 밝히지 아니하였다(그의 행위가 옳다는 것이 아니다). 그리고 무인답지 못했다는 것은, 왜 비루한 목숨을 진작에 깨끗이 스스로 정리[切]하지 못했느냐 하는 것이다. **신(信)을 위해 의(義)를 버렸더라도 절(節)은 지켰어야** 했다. 비록 흑도의 자객으로서 민족 앞에 못할 짓을 하기는 했지만.

역대 대통령들의 퇴임 후 그들의 가신(혹은 부하)들이 감옥을 들락거리거나 다른 정권에 붙어서 지난 주인을 욕되게 하는 모습을 보면서, 그때마다 그들과 안두희를 비교해 본다. 그보다 별로 나을 것도 없는 것 같은 인사가 있는가 하면, 그보다 못한 사람도 많은 것 같다. **무덤에까지 가지고 가는 것을 신(信)이라 한다.**

이 다음 혹시 새 화폐를 만들 때에는 반드시 김구 선생과 안중근, 혹은 윤봉길·이봉창 등 항일 독립 투사들의 초상을 넣었으면 좋겠다. 안중근 의사의 총에 맞아 죽은 이토 히로부미(伊藤博文)는 일본 지폐에 그 초상이 들어가 있다. 굳이 그들과 비교하여 유치한 오기를 부려서가 아니다. 충분히 그럴 만한 가치가 있기 때문이다.

33 과거사 청산보다 과거사 보상이 먼저다

배신(背信)은 무예계가 가장 혐오하는 행위이다. 흑도에서건 백도에서건 배신은 결코 용서받지 못했다. 한번 배신한 자는 다시 배신하기 때문만은 아니다. 단 한번의 배신도 영원한 배신이다. 그 어떤 공(功)으로도 그것을 덮을 수 없다. 배신자를 거두는 것 역시 배신에 동조하는 행위이다. 마땅히 만인이 보는 데서 보란 듯이 목을 쳐야 한다. 비록 적을 배신한 자라 해도. 굳이 고전을 뒤지거나 멀리까지 나가서 그 예를 찾을 필요도 없다. 우리나라 정치판은 그 모범이 되고도 넘친다.

똥 묻은 개, 겨 묻은 개 마구 뒤섞여 있으니 도무지 싸움이 끝날 수가 없다.

　해방된 지 반세기가 훨씬 지난 지금에 와서야 친일 청산을 한다는 둥 만다는 둥 법석을 떨어대고 있다. 하지만 그전에 먼저 짚어야 할 문제가 있다. 그동안 우리가 독립 영웅들을 영웅답게 대접하고, 그 후손들을 제대로 돌보았는지부터 자문해 봐야 할 것이다. 그게 바로 친일 청산의 올바른 길이자 지름길이라고 생각한다. 독립 투사들을 종로 주먹패만큼도 알아 주지 않으면서 누가 누구를 위해, 무엇을 위해 친일 청산을 하겠다는 것인지.

　모든 일에는 다 때가 있는 법, 사실 친일 청산은 이미 그 때를 놓쳤다. 어쩌면 그분들은 "꼭 친일파를 청산하기 위한 목적으로 독립 운동한 것이 아니다. 해방된 나라에서 같은 민족끼리 싸우지 않고 오순도순 의좋게 잘살자고 한 일이다"라고 했을 것 같다. 물론 당시에는 그럴 수 있는 여건도 되지 못했다. 옛 어른들은 항상 누굴 탓하지 말고 너나 잘하라고 하였다. 그때 못한 일을, 그 시대의 주인들이 못한 일을 후인들이 나서서 대신 청산한다는 것은 그다지 바람직한 일이 못된다. 친일 청산보다는 친일을 명백하게 정리해서 만천하에 알리고, 후손들에게 전해 주는 것이 옳다고 본다. 물론 그 일은 역사학계에서 이루어져야 한다. 그리고 이왕이면 '친일' 이란 용어도 좀더 구체적으로 나누어 매국적인 '충일(忠日),' 적극적인 '친일(親日),' 마지못한 '역일(役日)'로 구분해서 당사자와 그 후손들의 저항을 줄였으면 좋겠다. 과거는 가능하면 빨리 정리하고, 미래를 향해 매진해 나가는 것이 좋다.

　항상 그래왔지만 근래에 들어 일본이 과거사 문제로 우리나라와 중국의 심기를 건드리는 망언들을 노골적으로 내뱉는 바람에 그때마다 한바탕 소동을 치렀다. 물론 결과는 뻔하다. 무슨 결론이나 해결책이

33. 과거사 청산보다 과거사 보상이 먼저다　165

나올 리 없다. 친일 청산 못하듯이 일본의 망언도 근절되지 않는다. 이제까지 단 한번도 시원하게, 솔직하게, 진심으로 사과한 적 없는 일본에 대해 피해 당사국의 국민들은 물론 세계인들도 답답해하고 있다. 이런 이해되지 않는 일본의 근성에 대해서는 따로 연구하기로 하고, 여기서는 이에 대한 우리의 심성에 대해 이야기하여 보자. 이런 일이 있을 때마다 우리는 같은 전범국이면서도 철저한 반성과 반복되는 진심어린 사과, 그리고 그것을 행동으로 보여주는 독일을 일본과 비교한다. 그러면서 너희 일본은 왜 그리 못하느냐, 오히려 이제는 뻔뻔하게 항변조의 변명을 늘어놓는가 하면, 적반하장으로 잘했다고 대드느냐고 성토한다. 이 일은 역사의 문제가 아니다. 감정의 문제다. **감정이 개입되면 역사는 역사가 되지 못한다. 계속 과거사〔恨〕로 남을 뿐이다.** 한번 잘못은 영원한 잘못이다. 진심으로 사과하고, 또 상대가 그것을 받아들여야 과거사를 역사로 흘려보낼 수 있다. 그래서 역사는 무서

오식 자기만 잘나서 그동안 못해 오던 친일 청산을 반드시 해내고야 말겠다는 정치인들 중 누구 하나 광복군 출신 유공자를 찾아보는 인사가 있는지, 효창공원에 참배해 본 적이 있는지 궁금하다. 독립기념관이 평화의 댐만도 관심을 끌지 못하고, 국립묘지에 진혼 나팔소리 들어 본 지 오래되었으며, 사육신묘, 현충사, 3·15 의거, 4·19 탑 등등 모두 다 잊혀지거나 잊혀져야 할 것들이 되어 버렸다. 바야흐로 5·18 이전의 것은 좁쌀만큼도 가치 없게 되었다. 카메라가 따라가지 않는 그런 곳에 가서 궁상떨어 보았자 시간 낭비일 테니까. 초중고 졸업할 때까지 학교에서 에버랜드, 롯데월드, 무슨무슨 대공원, 수련회 등등은 몇 번씩 데리고 다니지만 정작 가봐야 할 곳은 안 간다. 아이들 기분 맞춰 주고, 노는(돈 쓰는) 법 가르치는 것이 요즈음 교육이다. 이 땅에서는 역사도 유행을 탄다.

운 것이다. 진정으로 반성한다면 백번 천번을 나무란다 해도 그때마다 잘못을 인정하고 사과해야 옳다. 그래야 용서하고 다음으로 함께 나갈 수 있지 않겠는가.

그런데 이 못된 일본의 근성이 친일파 사람들에게 고스란히 전해졌는지, 아니면 우리한테도 본래 그런 면이 있는지, 이 땅의 친일파들은 왜 그토록 자신의 지난 잘못을 솔직하게 인정하고 용서를 구하지 않는지 역시 답답하기 짝이 없다. 언제까지 이런 일로 에너지를 낭비해야 하는지, 이젠 친일이란 말만 들어도 짜증부터 난다. 이젠 그만 잊고 싶다. 엎드려 절받기를 해서라도 용서하고 넘어가고 싶다. 그런데 당사자가 잘못을 인정하기는커녕 오히려 구차한 변명으로 대들어 부아를 돋우니 환장할 노릇이다. 아무래도 유쾌한 일이 못된다.

과거 친일한 사람들과 그 후손들을 데리고 한풀이를 하기에 앞서 먼저 해야 할 일이 있다. 몇 분 남지 않은 독립 투사들과 그 후손들을 누구보다도 잘살 수 있도록, 누구보다도 자랑스러울 수 있도록 받들어야 한다. 그들이 빛남으로써 상대적으로 친일이나 매국한 자들, 그리고 그 후손들이 부끄럽도록 해주어야 한다. 법이니 예산이니 제도니 따지지 말고, 학벌이니 자격이니 제발 따지지 말고 최대한 융통성을 발휘해서 혜택(당연한 대우)받을 수 있도록 노력해야 한다. 독립 운동한 조상을 둔 덕분에 집안 다 망하고 남들처럼 자식들 제대로 교육 못시켜 출세는커녕 먹고 살기조차 힘들어 한다는 것은 세상 사람들이 다 알고 있다. 그래도 명색이 독립 투사들의 후손이라 국가나 사회에 폐를 끼치거나 남부끄러운 짓 하면서 살 수도 없다. 국가에 대해 무리하게 무엇을 해달라고 조른 적도 없다. 그게 다 조상 부끄럽게 하는 일이라는 것을 잘 알기 때문이다. 모두 나라를 위해 싸웠지, 당신의 자식들 배불리려고 한 일이 아님을 잘 알기 때문이다. 국가가 그들을 버려도 원망하지는 않는다. 단지 섭섭해할 뿐이다. 공무원 채용 등 제도적으로 배려를 하는 것은 당연한 일이고, 그만한 자격이나 능력조차 없는 후손들은 달리 방안을 연구해서라도 국가의 배려에서 소외되는 일이 없도록 해야 한다. 만약 할 수만 있다면 대통령에게 권하고 싶다. 다른 큰 국가기관도 마찬가지겠지만 우선 청와대에서 일하는 사람들부터 이왕이면 국가유공자들의 후손들로 해달라고. 요리사·청소부·정원사…… 등등 비록 하찮은 직책이라 해도. 이 사람들은 남달리 열심히 할 것이고, 또 절대로 가문에 먹칠하는 부끄러운 짓은 하지 않을 것이기 때문이다. 그들의 아버지 할아버지가 그랬던 것처럼 국가와 민족을 위해 언제든지 또 한 목숨 바칠 수 있는 사람들이다. 말로서가 아니라 몸으로. 비록 낮고 낮은 곳에 머물고 있지만, 그들의 아버지 할아버지가 독립 투사였다는 것을 사람들이 기억해 주기만 한다면 말이다. 얼마나 든든하고 아름다운가? 그런 사람들에 둘러싸인 위정자의 모습이라면? 괜찮아 보이지 않은가?

또한 지난 시절 권력의 테두리 안에서 자행된 불미스러운 온갖 의혹과 사건들에 대해 정부는 밝히고, 사과하고, 용서를 구하고, 보상해야 한다. 그것도 못하면서, 산 사람들의 한도 풀어 주지 못하면서 죽은 귀신들을 불러내어 살풀이를 하겠다는 것은 떳떳치 못한 일이다. 전임자들이 한 일이라 잘 모르겠다고 발뺌하는 것은, 조상들의 잘못을 왜 우리가 책임져야 하느냐고 항변하는 친일파 후손들과 다를 바 없는 비겁한 처사이다. 그렇다면 굳이 당신이 지금의 그 자리에 있어야 할 이유가 없다.

그리고 이참에 우리 스스로에게 솔직하게 자문해 봐야 할 일이 있다. 먼저 시도 때도 없는 일본의 망언에 의연하게 대처하지 못하고 냄비 물 끓듯 파르르하는 것이나, 일본을 때려잡지 못하니 대신 친일 청산해서라도 반드시 역사의 한풀이를 하고야 말겠다고 나서는 것의 이면에 혹시 우리의 문화적 후진성이나 아무리 해도 경제적으로 일본을 따라잡지 못한 데서 오는 열등감, 그리고 아직도 스스로 자주 독립하지 못하고 강대국들에 둘러싸여 휘둘리는 바람에 상한 자존심, 선진국 문턱에서 주저앉고 만 허탈감, 점점 삼류로 저질스러워지는 정치판을 보면서도 어찌해 볼 도리를 찾지 못한 데서 오는 답답함 등등, 뭐 대충 이런 일들로 해서 생긴 콤플렉스 혹은 스트레스를 해소하기 위해 무언가 희생양을 찾고 있지는 않은지? **정의 사회가 구현되지 못한 원인이 친일 청산을 못해서? 선진국이 못된 것이 과거 군사 정권에 의한 개발 독재 후유증 때문에? 통일이 못된 건 맥아더 때문? 정치 문화가 발달하지 못한 건 지역 감정 때문에? 이래서는 한도 끝도 없다. 이제 제발 좀 솔직하자. 그게 어디 그들 때문인가? 지금이 어려운 건 지금의 지도자, 지금의 지도층, 그리고 그들을 선택한 우리 한 사람 한 사람 각자의 탓이 아닌가. 지금은 지금 우리의 역사이지, 그때 그 사람들의 역사가 아니다. 백미러(모든 거울이 다 그렇지만)가 앞길을 인도하는 것은 아니다.**

다음으로 친일인사 명단 발표, 과거사 규명, 배신과 변절에 대한 분류를 둘러싼 확인과 논의 등등, 일련의 작업이 자칫 역사적 진실에 보다 가까이 접근하는 것을 목표로 하기보다는 오히려 증오를 완화시키고, 책임을 희석시켜 매국적인 행위에 학자연하는 역사적 전거의 베일을 덮어씌워 버리고 마는 것은 아닌지? 과거 김영삼 정부에서 실시한 금융실명제가 결과적으로 그동안 떳떳치 못한 방법으로 재산을 불려온 부자들에게 면죄부(?)를 준 것처럼 말이다. 특별법에 의한 조사와 발표, 그리고 사태 종결? 완전하며 전적인 시인이 없는 종결, 한낱 기록만으로 그것들을 모두 역사라는 망각의 강으로 흘려보낸다는 것인가? 차라리 지금처럼 기억과 한(恨)의 연못에 가두어두는 것이 어떻겠는가.

그럼에도 불구하고 우리는 과거 나라를 팔아먹고 동포에게 못할 짓 한 비겁한 자들과 그 후손들을 손가락질하며 멸시할 수밖에 없다. 아니 마땅히 그렇게 해야만 한다. **독립군의 자식은 언제든 다시 독립군이 될 수 있다. 역시 매국노의 자식은 기회가 오면 언제든, 아니 반드시 다시 나라를 팔아먹을 것이다. 그 단맛을 알기 때문이다.** 병역을 기피한 자들의 자식들이 그 아버지의 죄값(?)을 치르기 위해 두 배로 복무를 할까? 천만에. 저 이로울 땐 애국자가 되었다가 불리할 땐 언제든지 조국을 등질 것이다. 그 후손들이 무슨 죄가 있느냐, 자식더러 아버지와 할아버지의 잘못을 인정하는 불효를 저지르게 강요할 수 없지 않느냐, 민주 내지는 자유 국가에서 너무 잔인하지 않느냐고 반문할 수도 있다. 하지만 국가는 민주니 자유니 독재니 인권이니 하는 그 어떤 가치보다도 우선한다. 그래서 약간의 그럴 가능성에도 우리는 서슴없이 돌멩이를 던져야 하는 것이다. 어디에도 발을 못 붙이게 추방시켜야 한다. 억지로 특별법을 만들어 물리적으로 벌하자는 것이 아니다. **양심과 도덕의 울타리로 그들을 격리시켜야 한다**는 말이다.

해방된 지 이미 반세기도 훌쩍 지난 과거사를 다시 들춰내어 친일 청산한다며 매국적 인사들의 후손에게 그 조상이 저지른 배신의 멍에를 씌우는 것은 물론 가혹한 처사임에 틀림없다. 비록 정치적인 목적을 띠고 있다 해도. 그렇지만 가혹하기로 따지자면 그동안 이 나라가 독립군과 그 후손들에게 한 행위(대접?)가 오히려 더했으면 더했지 결코 덜하지는 않다고 해야 할 것이다. 특히 국외에 뿔뿔이 흩어져 힘든 삶을 살아가고 있는 독립 투사들의 후손들 이야기가 전해질 때면 가슴이 미어진다. 이젠 더 이상 모른 척하고 넘어가서는 안 된다. 그들의 기억 속에, 또 우리들의 기억 속에 그 흔적이 사라지기 전에 이 나라 이 민족이 진 빚을 갚아야 한다. 그분들이 이 땅에 살았더라면 그동안 마땅히 누렸어야 할 혜택(뭐 대단한 것도 아니지만)을 알기 쉽게 돈으로 계산해서라도 우선 보상해야 한다. 앉아서 기다리지 말고 온 지구 구석구석을 뒤져서라도. 제2차 세계대전 때 유대인들을 대량 학살한 전범들을 끝까지 추적하듯이. 다른 모든 나라 사람들이 보란 듯이. 특히 일본인들에게 보란 듯이 말이다. 비록 조상이 독립 운동한 덕분에 삼대를 힘들게 살고 있지만, 또다시 조국이 위태로워지면 그들은 서슴없이 총칼을 잡을 것이다. 그 쓴맛을 알지만 결코 그것을 거부하지 못하기 때문이다. 그것이 그들의 혈통이고 가문이다. 성(姓)을 갈고 피를 다 바꾸지 않는 한 그들은 자자손손 독립 투사의 후손으로 살아갈 수밖에 없는 것이다. 따라서 반드시 그들이 잘 살아야 한다. 그들이 자랑스러워해야 한다. 그래야 대한민국이 바로 선다. 그래야만 남들이 우리를 우습게 보지 못한다. 그것이 바로 신(信)을 세우는 일이다. 정의(正義)를 세우는 일이다. 신(信)도 지키지 못하면서 무슨 배신(背信)을 응징하겠다고 하는가. 과거사 청산은 입으로 하는 것이 아니다.

또한 그 보상이 어찌 독립 투사들의 후손에게만 해당하겠는가. 6·25 전쟁 때 유엔군으로 참전했거나 우리가 어려울 때 도와준 수많은 외국인들과 그 후손들도 찾아서 보상해야 한다. 아무리 사소한 도움이라 해도. 국가기관이 못하면 기업이나 민간단체라도 나서야 한다. 우리 대한민국은 결코 당신을 잊지 않았다고, 당신의 아버지 할아버지를 기억하고 있다고. 언제 식을지 모르는 한류 열풍에 손쉽게 물건 팔아먹을 생각만 하지 말고, 냉장고든 선풍기든 먼저 그 후손들 집집마다 한 대씩 선물하고 "한국은 당신을 잊지 않았습니다" "○○는 당신을 기억합니다!"라는 글귀와 빛바랜 사진을 함께 광고로 사용해도 좋을 것이다. 은혜는 반드시 갚는 민족임을, 물건을 팔기 전에 먼저 신의(信義)를 중시하는 기업임을 보여야 할 것이다.

근자에 들어 옛 공산국가에 흩어져 힘겹게 살아가던 독립 영웅들의 후손들이 아버지·할아버지의 땅에 들어와 공장일, 막노동 심지어 노점상까지 하고 있는 모습이 심심찮게 매스컴에 보도되고 있다. 관계기관에서는 이런저런 법적인 이유를 대며 제대로 보상을 못해 줘 그들을 섭섭하게 하고 있는 모양이다. 물론 법에는 융통성이 없다. 이럴 때 쓰라고 특별법이 있고 각종 위원회나 온갖 기금이 있는 것이 아닌가?

언제 이분들 청와대로 모셔다가 따뜻한 식사 한 끼 대접했으면 좋겠다. 너무 감상적인가? 속 보이는 정치적 제스처인가? 아니다. 그게 최소한의 예의이고 마땅히 그래야 할 도리이다.

그리고 6·25 전쟁, 월남전에서 납북된 국군용사들부터 생사 확인하고, 할 수 있는 수단을 다 동원해서 그들과 그 가족들을 남쪽으로 데려와야 한다. 납북된 어부들도 마찬가지이다. 상황이 여의치 않다면 비밀 상봉이라도 주선하고, 몸값을 지불하고라도 데려와야 하며, 뼈값을 주고라도 유해를 찾아와야 한다. 이는 국가의 의무이다.

춘추시대 오자서(伍子胥)는 원래 초(楚)나라 사람이었으나 아버지와 형이 평왕(平王)에게 죽자 오(吳)나라로 망명하였다.

오자서(伍子胥)가 장차 오(吳)나라로 가면서 그의 친구 신포서(申包胥)에게 이렇게 말하였다.

"지금부터 3년 내에 초(楚)나라가 망하지 않으면 내 다시는 그대를 보지 않을 것이오!"

그러자 신포서가 이렇게 말하였다.

"그대는 노력하시오. 그렇지만 나는 그대를 도울 수 없소. 그대를 돕는다는 것은 나의 조국을 벌하는 것이 되고, 그대를 제지하는 것은 친구의 관계를 저버리는 것이 되오. 비록 그렇기는 하나 그대는 망하게 하시오. 나는 버티게 할 터이니. 그리하여 초나라가 망하는지 이겨내는지를 봅시다."

그로부터 3년 후, 과연 오자서는 오나라 군대를 이끌고 초나라를 쳐들어왔다. 초(楚) 소왕(昭王)은 할 수 없이 서울을 떠나 도망가야 했다. 이때 신포서는 임금의 명령을 받지 않았음에도 서쪽으로 진(秦)나라를 찾아가 이렇게 요청하였다.

"오나라는 무도(無道)한 나라입니다. 군대도 강하고 사람도 많습니다. 천하를 정복할 야심을 가졌으며, 이를 초나라로부터 시작하고 있습니다. 우리 임금은 도망하여 운몽(雲夢)에 거하고 있으면서 저를 보내어 이 위급함을 고하게 한 것입니다."

이 말에 진왕 애공(哀公)이 "좋습니다. 장차 시도해 보겠습니다"고 하였다.

그러나 신포서는 진나라 조정에 똑바로 선 채 떠나지 아니하고 밤낮으로 울어 칠일칠야(七日七夜)를 그치지 않았다. 애공이 이를 보고 이렇게 말하였다.

"이와 같은 신하가 있는데 어찌 구원해 주지 않으랴!"

그리고는 군대를 일으켜 초나라 구원에 나섰다. 오나라에서는 이 소식을 듣자 군대를 이끌고 돌아가 버렸다. 소왕이 다시 나라를 복구하자, 신포서의 공을 높이 들어 그를 봉(封)하려 하였다. 그러나 신포서는 이를 사양하였다.

"망해 가는 나라를 구한 것은 명예를 위한 것이 아닙니다. 공을 이루었다고 상을 받는 것은 용기를 팔아먹는 행위입니다."

끝내 받지 않은 채 숨어 버리고 종신토록 얼굴을 내놓지 않았다.

《시경(詩經)》에 "백성에게 재앙이 있으면 기어가서라도 구해야 한다〔凡民有喪, 匍匐救之〕"라고 하였다.

유향(劉向)의 《설원(說苑)》

그리고 언제 시간 나면 효창공원에 한번 가보시라. 주위가 침침하고 을씨년스럽기 짝이 없는 산동네 한복판의 쌈지공원에 불과하다. 아마 서울에 사는 사람들 중 효창공원이 어디에, 그리고 그곳에 무엇이 있는지 아는 사람도 많지 않을 것이다. 얼마 전 서울 뚝섬 유원지를 공원으로 개장하면서 '서울숲'이라 이름했다. 참 편한 발상이다. 그동안 서울에는 숲이 없었던 모양이다. 비단 그뿐만 아니라 국가적으로 큰 무엇이 세워지거나 들어설 때마다 그 이름 붙이는 데 섭섭함이 많았었다. 이왕이면 김구(혹은 백범) · 안중근 · 윤봉길 · 이봉창 등등 독립 영웅들의 이름이 붙은 국제공항 · 대공원 · 대로 · 건물이면 얼마나 좋겠는가. 돈 더 드는 일도 아닌데. 생색내기 좋아하는 정치인들 소견이 겨우 그것밖에 안 되는지. 겨우 한쪽 구석에 표지석 하나 세워 놓고 뭘 기리겠다는 건지. 한심하기 짝이 없다. 그리고 이왕이면 김구 공원, 안중근 공원(당연히 대공원)이 각 도시마다 있었으면 더 좋겠다. 머지 않아 용산 미군기지가 옮겨가고 나면 그 땅 전체를 공원으로 만들지, 아니면 무슨 최첨단 연구단지를 세울지, 또 아니면 슬그머니 한쪽 뚝 잘라 주상 복합 초고층 아파트를 지어 팔아먹을지 모르겠다. 하지만 그 무엇이 들어서든 이번만은 김구나 안중근 이름이 붙은 그 무엇이 되었으면 한다. 그리고 기업이나 개인들도 성금내고 기념 식수할 수 있도록 했으면 좋겠다. 그 자리가 멀리 고려 때에는 몽고군, 임진왜란 때에는 청군, 일제식민시대에는 일본군의 주둔지였다고도 하니 더욱 더 그러하다. 혹시나, 아니 뭐 나쁠 것도 없지만, 자신의 문민성(성군의 자질)을 드러내고자 또 그저 만만한 세종대왕 갖다붙이는 일 그만 좀 했으면 한다. 야스쿠니 신사에 못지않은 신성한 전각을 세우고, 흩어져 있는 독립 투사들의 묘를 그곳으로 이장하여야 할 것이다.

강한 나라는 그렇게 만들어지는 것이다.

편협하고 옹졸함에서 오는 파괴적인 과거사 청산은 그만두자. 건설적인 청산도 얼마든지 가능하다. 악(惡)을 응징하기보다는 선(善)을 선양하는 도덕적 접근법도 고려해 보자는 말이다. 세상에 순결한 역사는 없다. 깨진 꽃병 조각을 모아붙이면 더 예뻐 보이듯 상처 많은 역사가 더 훌륭하고 아름다운 법이다. 불순물이 많은 철을 많이 두드릴수록 더욱 강한 강철을 얻을 수 있다. 그 어느 때보다 관용과 포용이 절실한 때이다. 누구를 두드려팬다고 해서, 친일이 청산된다고 해서, 과거사가 규명된다고 해서 반드시 사회 정의가 바로 서는 것은 아니다. 먼저 양심과 덕(德)을 세울 일이다. 그리고 일본의 망언에 대해서도 마찬가지이다. 자신 있으면 그런 일에 흥분하지 않는다. 이미 진 거다. 진정한 용기와 배짱이 있다면 먼저 칼을 갈 것이다. 일본 고이즈미 총리가 야스쿠니 신사에 참배할 때마다(그는 그 효험을 톡톡히 보고 있다), 일본 정치가들이 망언을 할 때마다 일본대사관 앞에 몰려가 열내며 손가락 자를 일이 아니다. 우리 모두 효창공원에 몰려가 참배하고 각오를 다질 일이다. 그런데 이 땅의 총리는 3·1절에 업자들과 골프를 즐기다 쫓겨났다. 독립기념관에 잠시 들러 참배라도 하고 갔더라면 그 음덕으로 자리만은 지켰을 텐데.

그런데 친일 청산, 과거사 규명, 역사 바로 세우기 등등의 시류를 틈타 이참에 현대사와 미래사까지 청산 혹은 주도하고자 하는 간특한 무리들도 있다. 겨우 남북의 물꼬가 트이자마자 질세라 맨 앞줄에 서서 자주와 통일의 깃발을 흔들어댄다. 민주 투사, 노동 투사, 환경 투사에 이은 통일 투사들이다. 길 닦아 놓으니 똥차가 먼저 지나간다더니, 아마도 구한말 매국노들과 일제 친일파들이 저러하였을 것 같다. 눈치와 동작 빠르기가 중국의 가면극 '변검(變臉)'을 무색케 한다. 맥아더 동상을 꺼꾸러뜨리고 미군을 몰아내면 절로 통일이 되는가? 그건 비단 미국뿐만 아니라 6·25 전쟁에 참전했던 유엔의 모든 국가들에 대한 모욕이자 배신이 된다. 무(武)의 문화가 없는 나라에 살다 보니 배신의 대가가 어떤 것인지를 모르는 모양이다. '신의(信義)'는 붉은 색이다. 목숨을 담보로 한다.

34 명문가의 무예와 저잣거리 무예

프랑스의 어느 시골 마을에 페르디낭 슈발(1838-1924)이라는 우편배달부가 있었다. 그는 항상 이상적인 궁전을 상상으로 그려 오고 있었는데, 어느 날 발부리에 채인 돌멩이를 보고서 문득 그 꿈을 실현하기로 마음먹는다. 그날부터 그는 우편물을 배달하면서 시골길에서 눈에 띄는 예쁜 돌들을 주워 모으기 시작했다. 그리하여 33년 동안 하루도 쉬지 않고 홀로 밤늦도록 자신이 꿈꾸던 궁전을 지어 나갔다. 숲 속의 작은 궁전, 성, 사원, 집, 짐승의 우리, 굴, 나무 등등. 이 아름다운 궁전은 아직도 남아 있는데, 안타깝게도 80년도 채 되지 않아 부서지고, 조각은 해체되고 마멸되어 가고 있다. 대부분의 건물과 조각품들은 이보다 훨씬 오래간다. 왜냐하면 이들은 주류 전통에 속하고, 그렇기 때문에 어떤 식으로 만들어져야 하는가, 또 만든 뒤에는 어떻게 보존되어야 하는가라는 원칙에 입각하여 지어지고 보존되기 때문이다. 그렇지만 이 시골 농부 겸 우편배달부의 작품은 아무런 전통도 없이 자신만의 상상에 의해 지어졌다. 한마디로 '미친' 농부의 소꿉놀이에

지나지 않은 작품이었다.[13]

 앞서 무예는 과학이라고 주장하였는데, 좀더 안으로 들어가 보면 과학은 결코 하루 아침에 이루어지지 않는다는 것이다. 수천 년의 세월 동안 인간의 온갖 지혜가 스며들면서 끊임없이 변화 발전해 왔다. 엄밀하게 말하자면 인간이 만들어 온 문명에는 '창조'란 결코 없다고 할 수 있다. '모방'과 '개선'만이 있을 뿐이다. 제아무리 천재라 하더라도 앞서 축적된 과학 지식을 전해받지 못한다면 새로운 성과를 이루어 내기가 불가능하다. 따라서 훌륭한 스승의 지도를 받은 사람과 그렇지 못한 사람과는 하늘과 땅만큼의 차이가 있다.

 그리고 과학에는 축적된 수많은 공식과 법칙이 있다. 철학·사회과학·역사는 물론 심지어 문학이나 예술 등 모든 분야에서도 마찬가지이다. 바로 그 법식(法式)을 찾아낸 사람을 우리는 학자(學者)라 부른다. 또 그러한 행위를 공부(工夫) 혹은 학문(學問)을 한다고 하는 것이다. 남들이 이미 찾아 놓은 공식·법칙·사실들을 단지 설명해서 전달해 주는 사람을 학자라 하지 않는다. 그러므로 대학 교수라 해서 모두가 학자라고 일컬을 수 없는 것이다. 그저 지식의 전달자일 뿐이다.

 무예 또한 한 치도 이와 다를 바 없다. 단지 여기에는 개인의 목숨, 나아가 국가의 존망이 달려 있으며, 항상 상대[敵]를 염두에 두어야 한다는 속성이 있을 뿐이다. 다시 말해 상대의 좋은 기술은 어떻게 해서든지 받아들이고, 나의 것은 상대에게 보여줄 수 없다는 것이다(현대의 첨단 산업 기술 분야와 같다. 그래서 산업 혹은 기술 전쟁이라고 부르지 않는가). 예로부터 명문의 무가(武家)일수록 이를 더욱 엄격히 지켜왔다. 비단 무가만 그러했던 것이 아니라 도가·불가 등 수양하는 곳도 역시 마찬가지였다. 그렇지만 그 중에서도 무가가 가장 엄격했는데, 문전제자(들락거리면서 배운 속가제자), 문안(문중)제자, 그리고 방안(입실)제자의 구분이 분명하여 그 가르치는 범위와 수준에 엄청난 차별이 있었다. 따라서 최종적으로 한두 명의 입실제자 이외에는 그 문중의 무예를 온전히 전해받을 수가 없었다.

이렇게 이야기하고 보니, 독자들은 당장에 무슨 무협지나 영화에서 보듯 문중의 비전절기를 몰래 한 명의 수제자에게만 가르쳐 주는 것으로 생각하기 쉽겠지만 반드시 꼭 그런 것만은 아니다. 대개 똑같은 걸 가르치는데, 배우고자 하는 사람의 자질과 심성에 따라 가까이 두고 보다 깊이 있게 가르친다는 뜻으로 이해해야 한다. 특별히 차별해서 남달리 가르친다기보다 가까이 모시다 보니 보고 듣는 것이 다른 제자들보다 좀 많았다고 해야 할 것이다. 쉽게 말해 스승의 잔소리나 꾸지람을 남보다 더 많이 듣는다는 뜻이다. 그것이 곧 구전심수(口傳心授)한다는 말이다. 십팔기를 예로 들어 설명해 보자. 《무예도보통지》에는 열여덟 가지 무예 종목과 네 가지의 응용 종목, 그리고 두 가지 오락 종목이 실려 있다. 수많은 참고 자료와 해설이 있음에도 불구하고 이 책에는 무예 이론이 거의 없다. 단지 〈기예질의(技藝質疑)〉편에 명(明)의 허유격(許遊擊)과 한교(韓嶠)가 나눈 대담이 실려 있는데, 무예와 전술에 대한 원론적인 몇 가지 이야기뿐이다. 그리고는 각 종목마다 세명(勢名)의 동작 설명과 함께 총보(總譜)와 총도(總圖)로서 투로(套路)를 그려 놓고 있다. 심지어 동작 설명만을 따로 언해본으로 추가해서 한문을 모르는 일반 백성들도 누구든 따라 할 수 있게 해놓았다. 대개 이 정도면 웬만한 문중에서 제대로 배운 무예인이라면 그 동작들을 그대로 재연하는 것이 그다지 어려운 일이 아니다. 그렇지만 이 '웬만한' 문중이 문제다.

구한말 임오군란(壬午軍亂)을 계기로 구식 군대가 해산되고, 한일합병과 함께 전설 속으로 사라져 버린 '십팔기'라는 이름 석 자는 해방이 되고도 한참 후인 1969년 10월 3일(해범 선생이 처음으로 십팔기 도장을 개관한 날)에서야 비로소 다시 드러나게 된다. 유일한 전승자인 해범(海帆) 김광석(金光錫) 선생에 의해서였다. 그리고 그때부터 지금까지 그 이외에 누구도 십팔기를 하였노라고 나선 사람이 없다.

비록 십팔기가 역사적 굴곡에 의해 그 실기가 사라졌다고는 하지만, 《무예도보통지》란 책이 있어 그 실기를 전하고 있다. 그런데 이처럼 동작이 아주 자세히 설명되어 있는데도 불구하고 어째서 해범 선생을 기다려서야만이 비로소 그 실기가 재연(再演)될 수 있었을까? 이는 앞서 지적한 대로 웬만한 문중에서 무예를 익힌 자가 그 이외에는 아무도 없었다는 말이다.

오늘날에는 누구든 마음만 먹으면 언제든지 책이나 비디오 등을 구하여 무예를 흉내내는 것이 가능하지만, 옛날에는 어림도 없는 일이었다. 문중 사람이라 해도 입실제자가 아니고서는 평생을 가도 무예서 하나 구경할 수 없었다. 보통 사람이 무예를 배우고자 하면 담 너머 눈동냥으로 몰래 익혀 흉내내든지, 저잣거리에서 무예를 팔고 다니는 이들에게서 한두 가지 기예를 배우는 수밖에 없었다. 비록 저잣거리 무예라 하더라도 직접 배워서 익히지 않으면 한 동작도 제대로 흉내낼 수 없었던 것이다. 그런데 해범 선생이 나중에 펴낸 세 권의 책에는 실기는 물론이고 엄청난 무예 이론이 다 들어가 있다. 예전 같았으면 평생 무예를 수련할 입실제자가 아니고선 결코 접해 볼 수 없는 귀한 이론들이다. 세상에 내놓아 봐야 제대로 이해할 사람도 없을 텐데 하며 망설여지는 것들도 모두 다 실어 놓았다. 심지어 십팔기와는 직접적으로 관련이 없는 도가(道家) 문중의 귀중한 수양법까지 내놓았다. 무예와 함께 익히면 더없이 좋을 것들이다. 공개를 하느냐 마느냐를 놓고 제자들간에 논란이 없지도 않았지만, 시대의 흐름에 따르기로 하여 아낌없이 실었다. 단어 하나하나 문장 하나하나에 내포된 품은 뜻과 변화는 실기를 완전히 익힌 다음 그 동작과 함께 다시 설명을 들어야만 깨우칠 수 있는데, 그 정도에 이르러야 비로소 무예의 참맛을 안다고 할 수 있다.

  소싯적부터 십팔기를 익혀 온 해범 선생이 도장을 연 지 36년, 그리고 책을 펴내어 그 실기를 공개한 지 벌써 20년이 다 되었고, 또 수많은 공연을 통해 직간접으로 십팔기를 알리고 보급해 왔다. 덕분에 지금은 십팔기에 대한 일반인들의 인식이 많이 나아졌고, 덩달아 이를 흉내내는 무예인과 무예단체들이 우후죽순 생겨나 전통 무예 붐을 일으키고 있다. 그동안 어디에 숨어서 무슨 무예를 하다가 갑자기 나타났는지 모르겠으나, 어쨌건 명분이나마 전통 무예를 한다고 하니 반가울 따름이다. 그렇지만 본인이야 자기 도취에 빠져 '희한한' 전통 무예를 하든지 말든지 상관없지만, 기인(奇人) 행색을 하고 하찮은 재주를 생업의 수단으로 팔고 다니는 것은 좀 지나치지 않나 싶다. 그걸 무슨 대단한 무예인 줄 알고 따라서 배우는 사람들을 보면 그저 안타까울 뿐이다. 아무리 너그럽게 봐준다 해도 무(武)자 근처에 닿지도 않는 기예들이다. 글쓴이도 이제까지 무(武)의 기역자 하나 제대로 아는 이를 만나 본 적이 없다. 배우고자 하는 사람이 스스로 안목을 키우는 수밖에 도리가 없다.

  재야학자라 불리는 사람들이 있다. 제도권 밖에서 공부하는 이들을 일컫는 말인데, 이들 대부분은 스승이 없거나 있다손 치더라도 대개 제대로 학통(學統)을 밟지 않은 사람들이다. 물론 이들의 학문도 때로 훌륭한 경우도 있지만 대개는 체계적인 교육을 받지 않아 기초가 부실하고, 자신의 주장이 논리적인 비판을 받을 기회가 없어 외길로 쭉 가는 바람에 돌이킬 수 없는 자가당착의 오류에 빠지는 경우가 많다.

다시 돌아가기에는 너무 늦어 버려 끝까지 고집하는 바람에 점점 옹졸해지고 편협해질 수밖에 없다. 수양의 길도 마찬가지이다. '땡초'라는 말이 있다. 계통을 밟아 스승을 모시고 출가한 것이 아니라, 스스로 부처님 앞에서 머리를 깎고 불도를 닦는 중을 일컫는 말이다. 물론 그 중에는 세상에 이름을 드러내기 싫어하는 깊게 수양한 분들도 있을 것이다. 그렇지만 대부분은 앞에서 예로 든 우편배달부와 별반 다르지 않다. 거울을 만들겠다고 평생을 벽돌 가는 일에 바치는 어리석음을 범하거나, 스승의 말 한마디면 알 수 있는 기초적인 문제를 혼자서 수십 년을 바쳐서도 깨닫지 못하는 경우가 허다할 수밖에 없다. "근본이 없다"고 하는 것은 바로 이런 것을 두고 하는 말이다. 혼자 골방에서 육법전서를 달달 외워 사법고시 합격한 사람과 명문대학에서 자타가 존경하는 스승 밑에서 체계적으로 법학을 공부해서 합격한 사람이 생각이나 품격 면에서 비슷하기란 참으로 어렵다. 의사·약사시험과는 달리 전공자가 아닌 아무나가 사법고시에 응시하도록 한 것부터가 근본적으로 잘못된 것이다. 법의 정신, 법의 철학이 책이나 시험지만으로는 전해질 수 없는 것이다.

  학문이든 기예든 그 맥과 전통을 고집하는 것도 모두 그 때문이다. 무학(武學)은 더욱 그러하다. 수천 년 동안 몸으로 체득하여 대대로 전해져 오는 심오한 이론과 무덕(武德)은 때로는 말로, 때로는 몸으로, 때로는 마음으로 전할 수밖에 없다.

  무언(武諺)에 이르기를 "가르침이 엄하지 않으면 권(拳)이 바르지 못하고, 배움이 전일하지 않으면 권(拳)이 외람된다〔**教不嚴 拳必歪, 學不專 拳必濫**〕"고 하였다.

35 유목 문화와 농경 문화

지구상의 모든 민족은 크게 두 부류, 유목민족과 농경민족으로 나누어진다. 최초의 인류는 당연히 채집이나 수렵으로 살아갔으나, 차츰 인지가 발달하면서 농경과 목축 기술을 습득하게 된다. 경작이 가능한 지역에서는 농경을, 그렇지 못한 곳에서는 유목을 주로 하게 되었다. 이에 따라 문화도 크게 대별되는데, 특히 인류 역사에서 큰 전쟁은 대부분이 두 문화의 충돌에서 비롯되었다.

고대 세계의 가장 큰 공사이며 또한 가장 오랜 기간에 걸쳐 완성한 중국의 만리장성은 춘추전국 시기에 건축을 시작하여 명대 만력년에야 그쳤다. 2천 년 동안의 끊임없는 보수와 연장은 중국인의 사회 심리에까지 큰 영향을 미치게 되었다. 장성은 중국 민족의 보호신으로서 사람들로 하여금 외족의 침입으로부터 그것에 의지하고 우상하게 만들었다. 그것은 확실히 보통의 담벼락이 아니다. 그것은 지리적으로 두 개의 민족, 두 가지 다른 문명을 극명하게 나누고 있다. 한쪽은 용맹한 유목민족이고, 다른 한쪽은 덕(德)과 예(禮)를 숭상하는 농경민족이다. 한쪽은 낙후된 목축 문명이고, 다른 한쪽은 선진의 농업 문명이다. 그것은 두 가지 확연히 다른 민족 성격·민족 정신 사이에서 심리적으로도 명확한 경계선을 그었다. 한쪽은 천애를 다니며 하늘을 지붕으로 삼는 공격적이고 획득하는 정신이며, 다른 한쪽은 국토와 집을 지키며 진취성이 부족한 보수주의 정신이다. 지리와 심리 분계선상에 위치한 장성이므로 정신적인 상징 의미도 바로 이곳에 있다.[14]

인류 문명의 4대 발상지가 모두 큰 강을 끼고 있는 것에서 짐작할 수 있듯이 문화는 대개 농경 문화가 주도적으로 발전시켜 왔다. 물론 강가는 비단 농업뿐만 아니라 목축을 하기에도 좋은 곳이다. 그러나 목축이라 해서 모두 유목(遊牧)은 아니다. 한 곳에 정착해서 목축을 하는 것은 유목이라기보다는 농경에 가깝다.

농경 문화는 필연적으로 농기구·치수(治水)·천문(天文) 등의 과학 문명을 발전시킨다. 그리고 이에 필요한 문자·오락·예술·교통·역사·철학·종교 등등, 심지어 이를 지키거나 빼앗기 위한 무기와 무예까지. 그러니까 인류 문화란 곧 농경 문화라 해도 과언이 아니다.

두 문화의 특징을 비교하면, 우선 농경 문화는 정착 문화이며, 유목 문화는 이동 문화이다. 바로 이 정착성이 문명(문화)의 지속적인 발전을 가능케 했다. 그리고 농경 문화의 정착성은 곧 축적성을 의미한다. 노동력, 생산된 곡물이나 재화, 심지어 문화와 과학 등 무형의 것들을 축적하는 성질을 지닌다. 풀(물)을 따라 이동해야 하는 유목은 항상 최소한의 것만을 가질 것을 요구한다. 심지어 방목하는 짐승의 숫자도 욕심껏 늘릴 수 없다. 가족의 수나 강수량에 따라 조절해야 한다. 그러나 농경민족은 땅(영토)에 집착하게 되고, 그것을 넓히기 위해 이웃과 자주 다투게 된다. 또한 유목민족은 상대적으로 종족 개념이 강하다. 구소련의 붕괴로 인한 동구의 여러 유목민족 국가의 분열과 갈등에서 보듯 오늘날에도 이런 습성이 강하게 남아 있다. 아무리 이동성이 강하다 해도 결국 목초의 양(강수량)이 그 지역에서 살 수 있는 인간의 수를 결정한다. 강수량이 풍부하면 가축의 수도 늘어나고, 그에 따라 종족의 수도 늘어난다. 그리하여 종족간의 다툼도 줄어들지만, 그 반대의 경우 필연적으로 이웃과 전쟁(학살이라고 해야 더 정확하다)을 치르거나 멀리 농업 국가로 약탈하러 떠나야 했다.

북방의 척박한 지역에서 항상 부족함을 느끼는 유목민족(오랑캐)은 보다 따뜻하고 모든 것이 풍족한 남쪽의 농경 문화를 부러워하며 끊임없이 넘보게 된다. 그러다가 큰 가뭄이 들거나 부족의 힘이 축적되면 곧장 쳐들어 가는 것이다. 그리고 점령한 후에는 자신의 정체성을 잃고 빠른 속도로 사라져 간다. 스스로의 문화가 풍부하지 못한데다가 환경이 바뀌어 농경 문화에 흡수 동화되는 데에 그다지 오랜 시간이 걸리지 않기 때문이다.

호전적이고 행동적인 유목 문화는 무(武)의 특성이 강한 반면에, 방어적이고 사변적인 농경·문화는 문(文)의 특성을 많이 지니게 된다.

최근에 들어 중국의 동북공정을 계기로 불거진 고구려사에 대한 국민적 관심은, 옛 영토에 대한 아쉬움도 있지만 우리의 피 속에 잠재된 기마 유목민족의 특질 때문은 아닌지 싶다. 그 옛날 만주 벌판을 달리던 호방하고 역동적인 오랑캐 시절의 기억이 다시금 우리의 피를 끓게 하는 것은 아닌지.

36 사막 문화와 아라비안나이트

'사막 문화' 하면 중동을 먼저 떠올리게 된다. 척박한 땅에서 꽃피운 문화가 세계사에서 얼마나 지대한 공헌을 하였는지를 모르는 사람은 없다. 오아시스, 4대 문명의 발상지, 함무라비 법전, 유대교, 기독교, 이슬람교, 실크로드, 대상 무역, 이스라엘, 팔레스타인, 그리고 아라비안나이트 등등.

농경과 유목은 정착과 이동이라는 점에서부터 달라지기 시작했다. 사막 문화는 이 두 문화의 특성을 모두 가지고 있다. 그러면서도 무(武)의 성향이 강한 문화이다.

간혹 우리는 사막의 모래 아래 묻힌 고대도시 이야기를 들을 때가 있다. 수천 년 전 사막 한가운데서 번창하던 도시가 어느 날 갑자기 역사에서 흔적도 없이 사라져 버렸는데 언젠가는 다시 그 모습을 드러낼 것이라는 전설 같은 이야기 말이다. 이런 고대도시의 멸망은 지진이나 화산과 같은 천재지변이 원인인 경우도 있지만, 대개는 물, 즉 수자원의 고갈이 직접적인 원인이었다.

전통적으로 사막은 오아시스 주변으로 사람이 모여 살았다. 오아시스란 곧 샘물이 솟아나는 곳으로, 그 크기만큼 마을의 크기가 결정된다. 겨우 몇 가구가 살 수 있을 만큼 물이 적게 나오는 오아시스가 있는가 하면, 수만 명이 모여들어 거대한 도시를 형성케 할 만큼 많은 양의 물이 나오는 곳도 있다. 그러다가 어떤 원인으로 물이 줄어들거나 고갈되면 사람들은 미련 없이 떠나야 하고, 그 도시는 버려져 모래 속으로 사라지게 된다.

그럼 약 1백 명을 먹여 살릴 수 있을 만큼의 물이 솟아나는 오아시스 마을이 있다고 하자. 세월이 지나면서 아이들이 계속 태어나 그 수를 훨씬 넘어설 경우에 그 부족은 어떻게 살아갈 수 있을까? 아니면 용수량이 줄어들거나 고갈되어 버린다면? 물의 양 이상으로 가족이 늘어나면 누군가는 그곳을 떠나야 한다. 가장 흔히 선택하는 것이 바로 대상을 따라 장사하러 떠나는 것이다. 그래서 사막(중동)은 대상 교역이 발달하게 되었다. 그러나 수원이 고갈되어 가족 또는 주민 전체가 다른 오아시스를 찾아서 이동할 경우에는 어떻게 해야 하나. 전혀 사람이 살지 않는 새로운 오아시스를 발견한다면 모르겠으나(이런 일은 말 그대로 신기루를 찾는 일인데, 거의 있을 수 없는 일이다), 다른 오아시스엔 이미 그곳 용수량만큼의 주민들이 살고 있다. 결코 다른 가족이나 부족을 받아들일 수가 없다. 결국은 선택을 해야 한다. 가족 모두를 데리고 유목이나 대상을 하면서 떠돌이 생활을 하거나, 그게 싫으면 남의 오아시스를 빼앗아야 한다. 빼앗는다는 말은 곧 그곳 사람들을 몰아내거나 모두 죽여야 한다는 뜻이다. 그렇지 못하면 사막을 떠돌다가 말라죽을 수밖에 없다.

  자연의 섭리가 얼마나 오묘한지, 목축을 하는 유목민족들은 대개 양의 젖과 고기를 주식으로 하고 있어 상대적으로 여성의 출생 비율이 낮다. 에스키모, 몽고 및 유라시아 지역 유목민족, 중동 지역, 아프리카 사막 지역 등 야채가 부족하거나 아예 생산되지 않는 지역 민족들은 전통적으로 여성의 비율이 낮아 일처다부제의 풍습이 존재하기도 한다. 당연히 결혼을 위해서는 여자 쪽 집에 지참금을 지불하여야 했다. 농경 지역과는 달리 척박한 땅에서 인구가 늘어나는 것을 자연스레 제한했던 것이다. 그러나 인간은 욕심과 잔꾀가 많은 동물. 가뜩이나 모자란 여자를 부자들이 여럿씩 차지하는 바람에 가난한 사람은 평생 여자 한번 안아 보질 못하고 죽기도 한다. 그래서 예로부터 수간(獸姦)과 비역질, 그리고 강간이 많고, 여자를 무슨 물건처럼 빼앗거나 사고 파는 바람에 여성의 인격이 무시되고 있다고 하는 것이다. 여자는 가능하면 집 안에 꼭꼭 숨겨두고 남에게 보여주어서는 안 되는 것이다. 밖으로 내보낼 적에는 반드시 보자기를 얼굴에 뒤집어씌워 남자들의 성적 욕구를 자극하지 못하게 해야 한다. 여성 할례 풍습도 아마 이런 토양 때문에 생겨났을 것이다. 유목이나 대상을 위해 가장이 오랫동안 집을 비우는 일이 잦기 때문이다. 사내아이가 태어나면 반드시 할례를 하여야 했다. 원래 이 풍습은 사막 지역의 유목 민족에게 많다. 아마도 자신의 양이나 소를 이웃집과 구분하기 위해 표시한 데서부터 유래했을 것이다. 몽고나 유라시아 평원의 유목민들은 가족을 모두 데리고 이동하는 데 비해, 사막지대의 유목민들은 가족을 데리고 다닐 수가 없다. 오아시스에 가족을 두고 장기간 풀을 찾아 떠돌다 오기 때문에 그동안 가족들에게 무슨 일이 일어나는지 알 수가 없는 것이다. 그래서 가장 은밀한 곳에 자기 새끼임을 표시해 두었을 것이다.

사막에서는 모든 것이 부족하다. 그렇기에 사막 문화는 잔인하고 배타적이다. 강탈하고, 죽이고, 속이고, 훔치지 않으면 살아가기가 힘들다. 농사를 지을 수도 없고 목축이나 장사를 해서 먹고 살아야 하는데, 이것도 대부분 떠돌며 대상을 해야 한다. 힘들고 위험하며 언제 목숨을 잃을지 모른다. 그래서 모든 남자는 칼을 차고 다닌다. 척박한 환경만큼이나 법도 잔인하다. 이에는 이, 눈에는 눈, 도둑질하면 손을 자른다. 강간하면 돌로 쳐죽인다. 오죽하면 세계 최초의 성문법이 이곳 사막에서 태어났겠는가. 그렇게 하지 않으면 도저히 질서를 잡을 수가 없기 때문이다. 그렇지만 그토록 엄한 법도 이를 모두 감당하지 못한다. 그래서 절대자의 명에 의지하지 않고는 질서를 잡을 수가 없다. 그렇지만 이런 환경에서 태어난 **종교도 배타적이며 엄격할 수밖에 없다**. 타종족을 인정할 수 없듯이 타종교 역시 인정하지 못한다. 화합과 포용의 관습이 부족하여 서로 공존하기를 꺼린다. 그리스도교가 이런 문화에 대한 반작용으로 생겨나 모든 사람을, 심지어 원수조차도 사랑하라고 하였지만 결국 그곳에서 쫓겨나고 만다. 그리하여 유럽의 농업 문화권으로 건너가서 그 뿌리를 내렸지만, 역시 종교적으로는 타종교(다른 신)를 인정하지 않는다.

문학 또한 마찬가지이다. 대표적인 중동문학인 《아라비안나이트(천일야화)》는 이러한 사막 문화의 특징을 잘 나타내고 있다. 우선 이야기의 지역적 범위가 중동 지역뿐만 아니라 인도·중국·유럽 등 무척 광범위하다는 것이다. 이는 대상 무역을 통해 동서양의 온갖 이야기들이 다 모여들었음을 말한다. 이야기의 줄거리는 대부분 **모험에의 권유**이다. 게다가 그 모험을 위해서 필요한 지혜와 용기, 호기심을 강조한다. 끊임없는 여행, 위험과 탈출, 위기와 모면, 보물과 도적, 양탄자와 온갖 괴물들 등등. 그리고 그 무엇보다도 아름다운 공주와의 황홀한 사랑. 이런 먼 나라의 이야기들을 어린 '사내' 아이들에게 끊임없이 들려주어, 성인이 되면 하나둘씩 대상에 딸려 떠나보내야 했던 것이다. 사막은 아니지만 산악 지역이었던 고대 그리스 역시 무역과 전쟁으로 먹고 산 국가였다. 《이솝 이야기》 또한 《탈무드》나 《아라비안나이트》와 같이 대표적인 지혜문학의 하나이다.

37 이스라엘과 농업

그런데 오늘날 이 사막 문화의 대표적 국가인 이스라엘에서의 농업은 상당히 의외적인 일이다. 물론 다른 사막 국가들과 달리 기름이 나지 않아 어쩔 수 없이 농사를 지어 먹고 살 수밖에 없을 것이라고 생각되지만, 자세히 들여다보면 그게 아니다. 그들은 농업 국가로 불려지는 것을 자랑스러워한다.

전체 이스라엘 경제에서 농업이 차지하는 비중이 그다지 높지는 않다. 그렇지만 먹을 식수도 부족한데 농사라니? 멀리 갈릴리 호수에서

물을 끌어와 밭의 흙 바로 아래에 우리나라 온돌처럼 파이프를 묻어두고 바늘구멍을 통해 배추나 과일나무 뿌리에 직접 꼭 필요한 양만 공급한다. 이렇게 힘들게 키운 야채나 과일을 멀리 유럽에까지 수출한다. 물론 품질도 아주 좋다.

왜 그럴까? 두뇌가 우수하고, 또 유대인의 상술은 세계 제일이 아닌가? 그렇게 힘들어 농사짓느니 다른 기술집약적인 첨단 산업을 하면 훨씬 유리할 텐데.

나라 없는 설움으로 2천 년을 떠돌며 살아온 유대인들에게 지금의 이스라엘 땅은 어쩌면 종교 이상으로 더 소중한지도 모른다. 앞에서 유목 문화의 특징 중 하나가 땅(영토)보다는 종족(민족)에 대한 집착이 더 강하다고 말했었다. 사막 문화도 종족과 땅(오아시스)에 대한 집착을 동시에 가지고 있다고는 하지만, 농경민족에 비하면 땅에 대한 집착은 그리 강한 편은 아니었다. 역사나 성경에서도 살펴볼 수 있듯이 고대 중동 지역의 민족들은 상황에 따라 수없이 이동하며 살았었다. 지금도 그렇지만 결코 타민족과 같이 섞여 서로 융합되는 일이 없었다. 그런 일은 농경 사회에서나 가능한 일이다.

이스라엘 민족이 전세계를 떠돌면서 배운 가장 중요한 것이 땅의 정신, 바로 '농사철학'이다. 땀으로 그 땅을 적셔야 애정이 생긴다는 사실을 터득한 것이다. 농사철학이란 자기 땅에 씨 뿌리고 가꾸고 수확하면서 살아가는 것을 말한다. 또 그 땅에서 태어나 그 땅에 묻히겠다는 것이다. 더 이상 떠도는 유목 생활을 않겠다는 것이다. 농경민족에서 보자면 당연한 것을 가지고 거창한 철학 운운한다고 웃어넘기겠지만, 유목민족이나 사막민족에게는 생소한 이야기이다.

실제 이스라엘에서 농업에 종사하는 인구는 20퍼센트도 채 안 된다. 그런데 수상·장관·교수…… 할 것 없이 누구에게 물어봐도 그들은 자기가 농부이거나 농부였다는 것을 자랑스레 내세운다. 남녀 불문하고 농업학교를 나와 짧게는 3년, 길게는 10년 정도씩 모두 농사를 짓는다. 비록 척박한 사막의 한 귀퉁이지만, 소중한 그 땅에 그들은 먼저 농사부터 지었던 것이다. 그것이 주변 여타 사막 국가들과 다른 점이다. 2천 년을 떠돌며 배운 지혜를 그대로 실천하고 있는 것이다. 전 국민이 농부인 것이다. **땅의 철학, 땀의 정신, 농사철학의 소중함**을 누구보다도 잘 알고 있는 것이다. 다시는 이스라엘 민족이 그 땅을 떠나는 일이 없을 것이다.

오늘날 우리나라는 어떤가? 수천 년을 농업으로 살아왔지만 공업화와 함께 농사일을 점점 기피하고 있다. 급기야 농촌 총각은 장가도 갈 수 없게 되었다. 도시의 아이들은 평생 흙 한번 만져 보지 못하고(현장 학습이니 주말 농장이니 하는 이야기는 꺼내지도 말자) 성인이 된다. 땅을 아파트처럼 재산 증식이나 투기 대상으로만 알고 있다. 세상이 많이 변해 이 땅에 태어났다고 해서 반드시 이 땅에서 죽어야 한다는 법도 없다. 이제는 누구나 지구상 어느곳이든 원하는 곳에 가서 살 수가 있다. 경제가 어려워질수록 한국 사회가 싫다고, 자녀의 교육 때문에…… 등등의 이유로 이민 가는 사람이 많아지고 있다. 짐작컨대 그들 중에 농사를 지어 본 사람은 많지 않을 듯하다. 아마도 대부분 도시에서 태어나 자란 사람들일 것이다.

간혹 주위 사람들에게 비록 도시의 비좁은 아파트라 하더라도 아이들 교육을 위해 베란다에 아이스박스 몇 개 주워다가 고추든 상추든 뭐든 먹을 것을 심으라고 권한다. 씨 한 톨이 싹을 틔워 수확하는 과정을 보여주거나 경험하게 하라고. 농사철학은 더없이 소중한 생산철학이다. 또한 그것은 책에서만 배우는 사유철학이 아닌 행동철학이기도 하다. 그리고 이왕이면 똥강아지라도 한 마리 키워서 나중에 새끼 낳고, 남에게 팔거나 주기도 하고, 심지어 죽기도 하는 과정을 경험하게 해주었으면 좋겠다. 여간 번거로운 일이 아니지만 아이들은 그 과정을 통해 역시 생산철학을 배우고, 자식(종족)에 대한 본능적인 애정을 간접적으로 익히게 될 것이다. 요즈음 경제가 어려워 살기가 힘들어지자 자식을 내다버리거나, 이혼을 하면 서로 안 맡으려고 싸운다. 심지어 보험금 노리고 처자식을 죽이는 끔찍한 일도 자주 생긴다. 오히려 부모라면 자신을 팔아서라도 처자식을 먹여 살리고자 하는 것이 정상인데. 아마도 이 사람들 역시 대부분 도시에서 자라 농사철학을 경험해 보지 못한 이들일 것으로 짐작된다. 온갖 예쁜 화초나 애완용 동물을 키우면서 아이들의 동심이 어쩌고 정서가 저쩌고 하는 고상한 철학도 좋지만, 시골에서 농사짓고 짐승들을 키워 보는 것도 더없이 중요한 일이다. **생산철학은 땀을 흘려야 배울 수 있기 때문**이다.

유목 문화에 비하면 농업 문화가 문(文)의 성향이 강한 것은 사실이지만, 도시 문화에 비하면 농촌 문화가 상대적으로 무(武)의 특질을 띤다. 농사든 목축이든 어업이든 거기에는 모두 촌놈 정신이 깃들어 있다. 생산은 위험이 따르고 땀을 흘려야 된다. 그래야 뚝심이 길러진다. 이에 비해 도시 정신은 안락한 생활과 이익을 추구하는 기회주의적 경향이 강하다. 촌놈 정신은 도전적이며 생산적인 업종을, 도시 정신은 관리적이며 서비스업을 선호한다. 재벌 창업자들이 대부분 시골 출신이며, 그 2세들은 보다 안전하고 편한 서비스 업종을 선호하는 이유가 바로 여기에 있다. '엘리트'란 단어는 도시형이다. '선비〔士〕' 역시 비노동형이면서 쌀밥형이다.

이스라엘이 팔레스타인 땅에 정착하면서 끊임없이 피비린내나는 분쟁을 일으키고 있다. 2천 년 전에 자기들이 살았던 곳이니 내놓으라고! 팔레스타인의 입장에서 보면 적반하장도 유분수지 인류 역사상

이처럼 한스럽고 기막힌 일이 어디에 있었던가. 종교 이전에 배타적인 사막 문화는 타종족과의 공존을 허락하지 않는다. 결국 새로운 베를린 장벽, 21세기 만리장성인 콘크리트 장벽이 세워졌다. 농업 문화를 지향하면서도 포용의 덕(德)을 받아들이지 못하고 있는 것이다. 누구와도 피 섞이지 않는 자신들만의 왕국을 건설하고 싶은 것이다. 극과 극이라고 했던가. 아이러니컬하게도 히틀러의 결벽증적인 민족주의와 너무나 흡사하다. 공존의 길은 없는가? 장벽을 허물고, 고맙고 미안한 마음으로 자기 민족보다 오히려 팔레스타인 주민들에게 더 많은 혜택이 돌아가도록, 그리하여 유대인들을 받아들인 덕분에 이전보다 훨씬 잘살게 되었다는 말이 나오도록 노력하는 길만이 유일한 해결책이자 진정한 농업 정신을 구현하는 길이다. 미국을 업고, 또 미국을 닮아 무력으로 평화를 지키려고 하는 이스라엘이 안타까울 뿐이다.

38 태권도와 택견

해방 전후 최홍희(崔泓熙) 등 일본 유학생들에 의해 들어온 공수도(空手道), 즉 가라테가 1955년 태권도(跆拳道)로 개명하여 오늘에까지 이르렀다는 사실은, 김용옥의 《태권도철학의 구성 원리》(1990, 통나무)라는 책을 통해 세상에 알려지게 되었다. 그러면 그 이전엔 아무도 몰랐단 말인가? 국민 대다수는 물론이고, 심지어 태권도를 익힌 젊은이들까지도 전혀 몰랐었다. 지금까지도 태권도가 이 땅의 전통 무예인 줄로 착각(사실은 속은)하고 있는 사람들도 많다. 특히 어린 학생들은 거의 전부라고 해도 과언이 아닐 것이다.

그렇지만 김용옥의 저서 이전까지 어떤 곳에서도 태권도의 원형이 가라테라는 사실을 이야기해 주지 않았다. 한결같이 고구려 고분의 수박희(手搏戱) 그림을 기원으로 삼고, 조선시대 '십팔기' 중 하나인 '권법(拳法)' 그림(만)이 그것을 증명하고 있다는 논리를 편다(물론 이때에도 '십팔기'란 명칭을 쓰지 않고, 《무예도보통지》에서'라는 표현만을 쓴다. 일찍이 '십팔기'란 말이 시중에 없었더라면 아마도 이 '권법'이 태권도의 원형으로 정해졌을는지 모른다). 대학에 태권도학과까지 생기고, 수많은 논문이 발표되고, 이를 전공한 교수 또한 수없이 배출되었음에도 불구하고 모두들 이 사실을 애써 모른 척하거나 감추어 왔다. 이것이 어디 학문인가? 아니면 사이비(신흥) 종교인가? 동양 3국의 역사를 잘 모르는 세계인들을 속일 순 있을지 모른다. 하지만 일본 사람들을 어떻게 속인단 말인가? 식민 통치 시절 배워 간 가라테를 태권도로 개명한 것을 모르는 일본인이 있을까? 태권도 시범을 보면서 혹시 저것이 가라테의 원조일지도 모른다고 생각하는 일본인이 있을까? 김치를 '기무치'라 하며, 원래부터 일본 전통 음식이었노라고 주장한다면 한국인들이 믿을까? 아무래도 한국 사람만 속고 있는 것 같다. 이러고도 일본의 교과서 왜곡 운운하는 것이 부끄럽지 않을까?

그러나 이러한 사실이 김용옥 교수에 의해서 비로소 밝혀지기 전까지 정말 아무도 몰랐던가? 실은 현재 5,60대 이상의 어른들과 무예계 사람들은 대부분 다 아는 사실이었다. 알면서도 모른 척했던 것이다. 1960년대까지만 해도 '태권도'란 말은 촌스러운 표현이었다. 그때는 모두 '당수도(唐手道)' 혹은 '공수도(空手道)'라 불렀다. 그저 남 잘되는 일에 초쳐서 심보 고약하다는 소리 듣기 싫어 나서지 않았을 뿐이며, 게다가 서슬 퍼런 군부 독재 시절 정권 차원에서 육성하던 스포츠였기에 누구 하나 이의를 제기할 수가 없었던 것이다. 또한 그렇다고 해서 그 시절엔 마땅히 내세울 만한 국가적인 자랑거리도 없었다. 모난 돌이 정 맞는다고 하지 않던가. 대놓고 우기면 속아 넘어가 주는 척 하는 것이 한국인의 심성이 아니던가? 그렇지만 종종 배신(背信)보다는 불신(不信)이 더 문제가 된다. 배신은 분명하지만, 불신은 애매하기 때문이다.

제5공화국 시절, 정치적 의도가 다분한 '국풍(國風)' 운동의 회오리 속에 그때까지만 해도 듣도 보도 못한 '택견'이란 것이 갑작스레 무형문화재 제76호로 지정(1983년 6월 1일)된다. 그리고 수년 동안 태권도의 원형이 바로 이 택견이라며 함께 잘 어울리다가, 어느 날 갑자기 택견이 태권도와는 전혀 관련이 없다면서 등을 돌려 독자적인 길로 가버린다. 사실은 엄청난 연관성(?)이 있는데도 말이다. 역시 김용옥 교수는 같은 책에서 태권도의 '태권(跆拳)'은 '택견'에서 차용한 것임을 분명하게 밝혀 놓고 있다. 이보다 더 큰 연관성이 어디 있겠는가. 사실 택견이 무형문화재로 지정된 배경에는 '태권'과의 연관성(후원)이 적지않은 영향을 끼쳤을 텐데도 말이다.

일본 기원의 무예가 온전히 '우리 것'이 되기 위해서는 사람들을 납득시키기 위한 논리가 필요하다. 그래서 때로는 역사적인 조작이 필요하고, 자체적인 성격 변화도 필요하게 된다. 즉 본래의 모습으로는 사람들에게 '우리의 것'으로 어필할 수가 없었던 것이다. 그래서 가라테는 태권도로, 검도(劍道)는 일본 검도가 아닌 한국 검도로 이미지 변신을 꾀하게 되었다. 그러나 이러한 일본 무예들의 한계는 무예 문화의 능동적 수입이 아닌 수동적 이식이라는 점에서 문화제국주의의 첨병으로서 기능하였고, 사람들의 역사 의식과 전통 문화에 대한 이해를 흐리게 함은 물론 무예 문화에 대한 올바른 안목을 깡그리 없애 버렸다는 데에 있다. 더불어 이러한 안목의 부재는 우리에게 끝없는 문화(무예)적인 열등감을 갖게 하였다.

해방 후 각 분야에서 이 땅에 뿌리 내린 식민 문화의 잔재를 없애려고 많은 노력을 기울여 왔는데, 유일하게도 무예계에서만은 전혀 이러한 노력이 시도된 예가 없었다. 오직 김용옥 교수만이 저서《태권도 철학의 구성 원리》를 통해 태권도의 뿌리는 바로 일본의 가라테임을 지적하였을 뿐이다. 그 주요 내용 몇 부분을 소개하면 다음과 같다.

　태권도의 역사를 기술하는 데 있어서, 고구려 무용총(舞踊塚)의 수박도(手搏圖)가 태권도의 할아버지라든가, 각저총(角抵塚)의 각저도(角抵圖)가 그 한 모델이라든가, 신라의 화랑들이 익힌 무예가 바로 태권도라든가, 석굴암 입구 좌우에 버티고 서 있는 수문신장인 금강역사가 태권도의 상단막기와 하단막기 포즈를 취하고 있다든가 하는 등의 귀에 걸면 귀걸이, 코에 걸면 코걸이식의 기술 오류를 반복해서는 안 될 것이다. 석굴암 금강역사의 포즈는 당대의 중국이나 일본의 금강역사상의 한 전형을 구현한 것일 뿐일진대, 만약 그것이 태권도폼이라면 동아시아 전체의 금강역사상이 일시에 태권도 국제 선수들이 되고 말 것이니, 국기원이나 WTF(World Taekwondo Federation, 세계태권도연맹)의 업무가 좀 바빠질 것이다. 이런 식으로 말하기 시작한다면 나현성(羅絢成) 선생의《한국체육사연구 韓國體育史硏究》에 나와 있는 전통 체육의 모두가 태권도와 관련된 조형(祖形) 및 발전으로 봐야 될 것이니, 이런 식의 일반론과 견강부회론을 나열하는 태권도사는 기술되어야 할 의미조차 상실하게 되는 것이다. 전부는 전무일 뿐이다.

내가 도장 다닐 1960년대만 하더라도 '태권도'라는 말은 대개 청도관을 중심으로 고집된 특수한 어거지 말이었을 뿐, 일반에게 가장 널리 쓰였던 어휘는 '당수(唐手)'라는 한마디였을 뿐이다. 그외의 많은 명칭이 있었어도 일반 사람들 입에서 흔히 나오는 말은 '당수'였다. 아마도 '태권도'라는 말이 일반에게 보편화된 것은 '월남 파병'이라는 사건이 그 계기를 이룬 것이었을 터이다. 월남 파병으로 전장병에게 태권도가 의무적으로 교육되고, 또 그것이 따이한의 심볼이 되고, 또 국군태권도시범단, 파월교관단의 국제적 활약으로 국내외적으로 그것이 보편화됨에 따라 '태권도'는 양적 팽창을 하게 되었고, 또 우리나라 일반 국민 의식 속에 보다 포풀라할 수 있는 기예로서 자리잡게 되었던 것이다.

도장의 체계가 갖추어지고, 관의 체제가 정비되고, 또 다수의 관원, 또 상하 위계질서의 팽배에 따른 권위가 확보됨에 따라 태권도가 국기(國技)의 모습을 갖게 되고, 또 교육의 커리큘럼이 되게 됨에 따라 사정은 달라지게 되었다. 즉 해방 후 한국 역사의 일반적 분위기 속에서 어떠한 동기에서 출발했든지간에 순 '왜놈'한테서 배운 것 가지고 폼잡기는 어려웠다. 족보가 온전히 왜놈 것이 되어 버리면 그것으로 주체적 권위의 심볼을 삼는다는 것은 남보기에 매우 꼴이 좋지 않았던 것이다.

돌이켜보건대, 인류 역사상 '태권도'라는 이름 석 자가 1955년 4월 11일 이전에는 도시 존재해 본 적이 없다. 우리가 태권도라고 부르는 모든 무술의 조형은 완벽하게 메이드 인 재팬이다. 이 사실에 대해서 추호도 거짓말이 있을 수 없다!

태권도란 이름이 생겨난 것은 일본에서 가라테를 배워 온 최홍희(崔泓熙)에 의해서였다. 1955년 당시 第三軍管區司令官이었던 최홍희는,

그해 4월 11일 大韓唐手道 靑濤館 第一回顧問會를 열어 '跆拳'이라는 이름을 만들어 냈다. 그러나 당시 唐手道, 空手道, 拳法, 手搏道 등을 고집하던 他館의 반발 때문에 1961-1965년 8월까지는 '跆手道'라는 말이 잠정적 타협 명칭으로 쓰였다.

그는 또 태권도와 중요무형문화재 76호(1983년 6월 1일 지정)인 택견과는 실제적으로 아무런 연관 관계가 없음도 지적하였다.

일제시대 '제국신문' 주재(主宰)를 지냈던 최영년(崔永年)이 지은 《해동죽지(海東竹枝)》(1925년 4월 25일) 놀이[遊戱]편에 소개된 '탁견희(托肩戱)'는 정확히 말해 무예가 아니다. 이 책은 줄다리기[引索戱], 씨름[角觝戱], 손바닥때리기[手癖打], 돈치기[打錢戱], 제기차기[蹴雄毬], 강강수월래[强强曲], 연싸움[鬪風箏], 공기놀이[五卵戱], 팽이치기[氷毬子], 줄넘기[跳索戱], 그네뛰기[送唾韆], 널뛰기[跳板戱] 등등 온갖 세시풍속과 민속놀이를 모아 설명하고, 거기에다 저자가 지은 한시(漢詩) 한 수씩을 덧붙인 책이다. 무예서(武藝書)가 아니라는 말이다. 당연히 여기에는 단 하나의 무예도 실리지 않았다. '수벽타'에 부친 한시에서 척계광(戚繼光) 장군이 운운하였듯이, 그가 '십팔기'와 《무예도보통지》를 몰랐다거나, 무예와 놀이를 구분할 줄도 모를 만큼 무지한 사람이 아니었다. '탁견'은 단지 마주 보고 서서 발로 상대를 넘어뜨리는 유희의 일종이라고 기록하고 있다.

탁견희(托肩戱)
옛 풍속에 각술(脚術)이라는 것이 있는데, 서로 마주 보고 서서 차서 거꾸러뜨린다. 세 가지 법이 있는데 최하는 다리를 차고, 잘하는 자는 어깨를 차고, 비각술(飛脚術)이 있는 자는 상투에 떨어진다. 이것으로 혹은 원수도 갚고, 혹은 사랑하는 여자를 내기하여 빼앗는다. 법관으로부터 금하기 때문에 지금은 이런 작난이 없다. 이것을 탁견이라 한다.

백 가지 기술 신통한 비각술
가볍게 상투와 비녀를 스쳐 지난다
꽃 때문에 싸우는 것도 풍류의 성격
한번 초선(貂蟬)을 빼앗으면 의기양양하다
百技神通飛脚術　　輕輕掠過髻簪高
投花自是風流性　　一奪貂蟬意氣豪

각저희(角觝戲)
옛 풍속에 서로 부닥쳐 싸워서 승부를 결단하기 좋아했다. 이것을 씨름이라 한다.

붉은 다리 훨훨 피는 가슴에 넘치고
용기는 구정(九鼎)을 단번에 들기나 할 듯
방초(芳草) 푸르른 평평한 모래 벌판에
성난 소 뿔로 비비며 쌍쌍이 달려든다
赤脚偓偓血溢腔　　勇如九鼎一時扛
一圈平沙芳草際　　怒牛犄角赴雙雙

수벽타(手癖打)
옛 풍속에 수술(手術)이 있는데, 예전에 칼 쓰는 기술에서 온 것이다. 마주 앉아서 서로 치는 것인데, 두 손이 왔다갔다할 때에 만일 한 손이라도 법에 어기면 곧 타도(打倒)당한다. 이것을 손뼉치기라고 한다.

    검술은 먼저 손재주의 묘한 것으로부터 온다
    척장군이 하마 군사에게 재주를 가르쳤다
    세 절구에 만일 한 절구만 어긋나면
    눈 깜짝할 사이에 주먹이 머리에 떨어진다
    劍術先從手術妙   戚將軍已教兵才
    三節朐如差一節   拳鋒一瞥落頭來

저자는 택견·수박·각저가 무예가 아니며, 놀이라는 사실을 분명히 알고 있었던 것이다. 김용옥도 당시 택견의 기능보유자였던 송덕기의 말을 그 예로 들고 있다.

택견이 어떻게 해서 발생되었는지는 자세히 알 수 없으나 구한말까지 몇몇 사람들이 모여서 택견을 했었다. 나는 12세부터 필운동에 살던 임호(林虎)라는 택견의 명인을 만나서 택견을 배우기 시작했다. 그 당시 택견이라고 해서 특별한 무술이라고는 생각지 못하고, 운동을 좋아하는 사람들이 여가를 이용해서 운동하기 좋은 장소에 모여서 실시하던 일종의 민속놀이였다.

그러니까 당사자조차도 민속놀이였음을 인정한 것이다. 그리고 이어서 '가라테'를 '태권도'로 개명하게 된 계기를 설명하고 있다.

1952년, 휴전 협정이 조인되기 전 해, 한국 전쟁의 전화 속에 국토가 휘말려 있던 어느 날, 제1군단 참모장이었던 최홍희는 이승만 대통령이 지켜보는 앞에서 자기가 길들인 당수도시범단의 시범 광경을 30분간 연출할 수 있는 절호의 찬스를 얻는다. 시범을 다 관람하고, 또 남태희가 맨손으로 13개의 기왓장을 일격에 완파해 버리는 것에 너무도 감명을 받은 이승만 대통령은 모든 국군이 이 무술을 익히게 하라고 고관 참모들에게 명령한다. 그리고 이승만 대통령은 자리를 뜨면서 최홍희에게 다음과 같은 한마디를 건넸다. "택견이구먼."

자, 그렇다면 이승만(1875-1965)은 왜 가라테 시범을 보고서 "택견이구먼"이라고 했을까? 당시 그가 '가라테' 시범인 줄 모르고 관람 후 그 말을 했다면 말 그대로 '가라테'를 택견인 줄 오해해서 내뱉은 말일 것이고, 그게 아니고 가라테 시범인 줄 알고서도 한 말이라면 "택견 같은 것이구먼" 하고 뱉은 말일 것이다. 어쨌거나 구한말에 태어난 그는 '택견'을 알고 있었던 셈이다. 그 사건을 계기로 최홍희는 일제 가라테로는 최고 권력자(더구나 항일 투사 출신)의 눈에 들 수 없다는 것을 깨닫고 재빨리 포장지를 바꿔치기해 버렸다. 이렇게 생겨난 글자가 바로 '태권(跆拳)'으로 '택견'과 유사하게 억지로 조작해 만든 단어이다. 당연히 이전 수천 년 역사의 어떤 문헌에서도 단 한번도 나타난 적이 없는 우스꽝스런 순한국식 조어이다.

'택견'에 대한 자료로는 조선 말기 풍속화 두 장, 외국 선교사가 찍은 흑백 사진 한 장, 그리고 1925년 최영년이 만든 《해동죽지》 놀이편에 소개된 것이 전부이다. 그리고 그 명칭으로는 '택견' '태껸' '탁견' 등 정확하지 않다. 그런데 그동안 전혀 알려지지 않았던 자료가 1990년 새로이 나타났다. 만약 이것이 좀더 일찍이 세상에 알려졌더라면 상황은 지금과 매우 달랐을 것이다. 김용옥 교수조차 《태권도철학의 구성 원리》를 펴낼 때까지 몰랐었던 것 같다. 만약 알았더라면

이능화(李能和; 1869-1943)
구한말, 일제 시기의 국학자. 자는 자현(子賢), 호는 간정(侃停) · 상현(尙玄) · 무능(無能). 충북 괴산 출생. 한때 농상공부 주사로 있었으나 신문학에 뜻을 두고 관직을 떠나 1904년 관립 한성법어학교 교장, 1909년 관립 한성외국어학교 학감을 역임. 영 · 불 · 중 · 일 4개 국어에 통달. 한일합방 후 오로지 학문 연구에 몰두하여 사료(史料) 수집 및 종교 · 민속 방면에 힘을 기울임. 1922년부터 16년간 조선사편찬위원회 편수위원을 지내면서 방대한 저술들을 남김. 주요 저서로는 《朝鮮女俗考》《朝鮮佛敎通史》《朝鮮道敎史》《朝鮮解語花史》《朝鮮基督敎 及外交史》 등 많은 저작과 논문들이 있음.

보다 재미있게 논리를 전개해 나갔을 것이다. 바로 구한말 일제 시기의 국학자이자 우리나라 민속학의 선구자인 이능화(李能和, 1869-1943)의 저서 《조선해어화사(朝鮮解語花史)》(李在崑 譯, 1990, 東文選)가 번역 출간되면서였다.

이 책의 원전은 1930년에 출간되었다. 구한말 학자로서 총독부 조선사편수위원을 지내면서 학문을 하여야 했던 이능화는, 스스로의 호를 '무능(無能)'이라 지어 부를 만큼 자책하면서도 우리나라 종교 · 민속 방면에 수많은 저서를 남겼다. 그런데 안타깝게도 그의 저서 대부분이 아직까지 번역되지 못하고 있다. 어쩔 수 없이 왜놈 밑에서 저술을 하여야 했던 그는 왜놈들의 말과 글의 사용을 무척이나 싫어했다. 그렇다고 한글로는 책을 출판할 수도 없고 해서 거의 한문으로만 글을 썼다. 일반적인 우리말까지 모조리 한자로 억지로 표기하여 이두(吏讀)식 표기가 수없이 많이 사용되었다. 그러다 보니 어지간한 한문학자도 그의 저서들을 번역하기가 용이하지 않은 것이다. 《조선해어화사》의 '해어화(解語花)'란 '말을 알아듣는 꽃' 즉 '기생(妓生)'을 말한다. '조선기생사'의 완곡한 표현인 것이다. 이 번역서 18쪽에 '미동(美

童)'에 대한 주석이 나오면서, '택견'의 연원을 정확히 설명하고 있다.

〔미동(美童)〕 세속에서는 비역(屁役)이라 칭하는데, 남색(男色)을 이른다. 중국의 상공자(相公者)와 같은 것이다. 앞서 우리나라 풍속에서는 만약 미동이 하나 있으면 여러 사람들이 질투하여 서로 차지하려고 장소를 정해서 각법(脚法), 속칭 택기연(擇其緣)으로 싸워 자웅(雌雄)을 결정지어 이긴 자가 미동을 차지한다. 세속에서는 이것을 급기롱(給寄弄)이라 한다. 조선조 철종(哲宗, 1849-1863 재위) 말년부터 고종(高宗, 1863-1887 재위) 초기까지 이 풍속이 대단히 성하였으나 오늘날에는 볼 수 없다.

바로 그 시기를 살았던 당대 최고 민속학자의 설명이니 이보다 더 한 근거가 있을 수 없을 것이다. 그가 자신의 책보다 수년 앞서 나온 《해동죽지》를 몰랐을 리 없음에도 불구하고 '탁견(托肩)'을 따르지 않고, '택기연(擇其緣)'으로 그 어원을 분명히 하고 있다. 그는 당대 그 누구도 따라올 수 없을 만큼 수많은 고전 문헌들을 두루 섭렵한 대학자였다. 1875년에 태어난 이승만 역시 어렸을 적에 이런 놀이를 보고 자랐을 것이다.

예나 지금이나 경제가 어려워져 서민들이 살기 힘들어지면 성(性)풍속이 매우 문란해진다. 조선 말기는 나라가 피폐해져 백성들이 살기가 매우 힘들었다. 모두 다 먹고 살기 힘들어 딸을 낳으면 버리거나 관기(官妓)로 보내 입이라도 하나 덜어야 했다. 그 바람에 어떤 고을에는 관기가 2백 명도 넘었다고 하니 관리의 부패와 백성의 형편이 어느 정도인지 가히 짐작할 수 있을 것이다. 그리고 사당패 · 남사당패 · 걸립패 등 여러 유랑예인 집단들이 생겨나 기예와 함께 매춘(계간)도 함께 하고 다녔었다. 민속학자이자 문화재전문위원인 심우성(沈雨晟) 선생의 저서 《남사당패연구》(1974)에는 당시까지 현존했던 남사당패 출신들의 증언을 싣고 있는데, 당시의 풍속을 충분히 짐작케 하고 있다.

남사당패는 '숫동모〔男〕'와 '암동모〔女〕'라는 이름으로 남색 조직을 이루고 있었다. 조직의 제일 말단인 '삐리'는 전원이 여장(女裝)을 하고 암동모 구실을 하였다. 이들은 서로 짝을 이루었는데 패거리의 우두머리인 '꼭두쇠'일망정 암동모를 하나 이상 차지할 수 없었고, 반반한 삐리가 많은 패거리가 인기가 좋았다. 그들이 한마당의 놀이판을 벌이는 데는 일정한 보수가 없고, 숙식을 제공받고 하룻밤을 놀고는 마을을 떠날 때 마을 사람들이 주는 얼마간의 노자가 수입원이 되었다. 이 밖에 마을의 머슴이나 한량들에게 자기 몫의 암동모를 해우채〔解衣債, 몸값〕를 받고 빌려줌으로써 작전(作錢)의 수단으로 삼았다.

이로 미루어 보건대 '택견'은 일종의 발차기〔脚法, 脚術〕놀이임이 분명하다. 손을 사용하지 않고 발만으로 누가 먼저 상대의 어깨나 상투를 맞히느냐로 승부를 다투는 내기 놀이였던 것이다. 물론 그 근원을 고구려 벽화나 십팔기 중의 '권법'으로 주장할 수도 있겠지만, 그것은 어디까지나 씨름 등 여타 다른 잡기나 놀이도 주장할 수 있는 일반론적인 유추일 뿐이다. 중요한 것은 그 어원이며, 그것이 그다지 아름다운 풍습에서 유래된 것이 아님 또한 분명해졌다. 게다가 이 놀이는 구한말 한양에서 한때 성행하였던 것으로 짐작된다. 단편적이나마 택견에 관한 자료를 남긴 이들이 모두 한양에서 태어났거나 활동했던 인물들이기 때문이다. 또한 이들이 하나같이 무예와 놀이를 구분하지 못했을 리가 없다.

당시 한양은 외세와 더불어 서구 문물이 막 들어오기 시작했고, 경제가 피폐해 서민들의 삶이 무척 곤고한 시기였다. 이 놀이패가 많이 노닐던 왕십리는 하층민과 하급 군인들이 모여 사는 지역이었다. 하릴없는 동네 아이나 건달들이 이 놀이를 즐겼을 것이다. 예나 지금이나 동네마다 건들대는 왈패들이 있었으니까. 사랑하는 여자를 두고 서로 겨루었다고 하지만, 당시 사회가 아무리 혼란스러웠다고는 하나 조선은 엄연히 엄격한 유교 국가였다. 설마 양갓집, 아니 상놈의 여자라 해도

〈대쾌도(大快圖)〉

그런 짓거리로 여자를 빼앗거나 빼앗기는 작태가 있었다고는 보기 어렵다. 이능화 선생의 주장대로 비역질의 수단으로 사용한 데서 온 놀이임이 분명하다. '미동(美童, 혹은 舞童)'이니 '사랑하는 여인'이니 '꽃'이니 하는 것은 모두 '삐리'의 완곡한 시적(詩的) 표현이다. 또 하나, 유숙의 그림으로 추측되는 〈대쾌도〉에는 씨름과 함께 택견이 묘사되어 있다. 장소는 지금의 광희문 밖쯤으로 여겨지는데, 이런 놀이판들은 대개 성문 밖 서민들이 많이 모여 사는 동네에서 벌어졌다. 이로 미루어 보아도 당시 택견은 씨름과 같은 놀이에 지나지 않는 것이었다고 단정지을 수 있다. 씨름은 서로 껴안고 넘어뜨리기인 데 반해, 택견은 손을 쓰지 않고 발로 차거나 넘어뜨리는 발놀이였음도 짐작할 수가 있다. 어느 구석을 살펴도 택견이 무예라고 인정할 만한 흔적이 없다.

군이 무예와 연관짓자면, 당시 근처의 훈련원(訓鍊院)이나 어영청(禦營廳) 등의 군영에서 있던 군사들의 권법 훈련 중 발차기 모습을 담 너머로 구경한 동네 아이들의 흉내내기에서 유래된 놀이로 짐작할 수 있겠다.

이를 짐작케 하는 기록이 《선조실록》에 나온다.

선조 33년 4월에 비망기(備忘記)로 정원(政院)에 전교하기를 " '어제 중국 병사들이 진 친 곳을 보니, 그 중의 한 부대는 모두 목곤(木棍)을 가지고 있었다. 언젠가 중국 조정의 말을 들었는데, 목곤의 기술이 장창이나 용검(用劍)보다 낫다고 하였으니 그 기술을 익히지 않을 수가 없다. 또 권법(拳法)은 용맹을 익히는 무예이니 아이들로 하여금 이를 배우게 한다면 동네 아이들이 서로 본받아 연습하여 놀이로 삼을 터이니, 뒷날에 도움이 될 것이다. 이 두 가지 무예를 익힐 아동을 뽑아서 종전대로 이(李) 중군(中軍)에게 전습(傳習)받게 할 것을 훈련도감에 이르라' 하였다. 그리고 인하여 《기효신서(紀效新書)》 가운데 목곤과 권법에 관한 두 도해에 표식을 붙여 내리면서 이르기를 '이 법을 훈련도감에 보이라' 하였다."

그리고 어느 문헌을 살펴보아도 군사들이 행하던 수박이나 각저와 택견의 직접적인 연관성은 보이지 않는다. 《해동죽지》에 소개된 '각저희'는 분명 지금의 씨름이며, '수벽타'는 손뼉치기 놀이이다. 마찬가지로 '탁견희'는 지금의 택견을 말한다. 다시 말해 분명 택견은 놀이의 한 종류로서 정식 이름을 얻은 것이다. 후대 사람들이 수박과 택견의 연관성을 주장하지만 그것도 전혀 가당치 않은 것이다. 《해동죽지》의 '탁견희' 설명에서도 수박과 각저와의 관계를 언급하지 않았을 뿐더러, 이들을 정확히 구분해서 싣고 있다. 설마 저자가 고대로부터 흔히 언급되어 온 각저와 수박을 몰랐을 것으로 짐작할 사람은 없을 것이다. 더하여 고구려 벽화 운운하는 역사 건너뛰기는 어불성설에 지나지 않는다.

어찌되었건 '태권도'와 '택견'은 현재 한국의 대표적인 무예(?)가 되어 많은 사랑을 받고 있다. 비록 그 원형이 호신술의 일종인 가라테이기는 하지만, 이 땅에 식민 정책의 일환으로 강제 이식된 검도 및 유도와는 달리 일본 유학생들에 의해 자연스레 받아들여져 뿌리를 내린 태권도는, 개명(改名)을 하여 한국화한 정식 스포츠이다. 그렇지만 50년에 이르도록 그 역사를 떳떳이 밝히지 못하고, 오히려 전통 혹은 민족 무예의 지위까지 욕심내는 바람에 전통성은커녕 논란과 웃음거리를 자초하고 만 것이다. 저잣거리에 나도는 호신술이었을 때라면(지금도 수없이 많은 호신술이나 무예들이 생겨나고, 또 유통되고 있다) 그까짓 믿거나 말거나 한 족보니 원형이니 하는 것을 따질 필요조차 없겠으나, 제도권으로 들어가 세계적인 스포츠가 된 지 수십 년이 지난 지금까지도 그 역사에 대해 어물어물한다는 것은 떳떳치 못한 처사임이 분명하다.

그리고 '택견'이 무형문화재로 지정된 것에 대하여, 과연 그만한 가치가 있는지는 어느 개인이 판단할 문제가 아닐 터이다. 그렇지만 보유자 당사자의 말은 물론 그 어떤 문헌에서도 '택견'을 무예라고 칭한 적이 없고, 대신 '놀이(演戲)'라고 분명하게 명기된 것을 굳이 무예 종목으로 지정한 배경에는 뭔가 석연치 않은 점이 있다. 아니면 당시의 문화재전문위원들이 무예와 놀이를 구분하지 못한 무지에서 비롯된 일일 것이다. 하기야 놀이 종목 무형문화재로 지정하였더라면 너도

나도 몰려올 각종 전통 민속놀이 기능보유자들로 인해 담당 부처 문짝이 남아나지 못했을는지도 모르겠다.

택견이 전통 무예에서 출발하였다가 조선시대에 들어와 문존무비(文尊武卑) 사상이 팽배해지면서 민속놀이화되었으니, 그 기원을 좇아 당연히 무예라 일컬을 수 있다는 몰상식한 주장도 더 이상 펼치지 않았으면 한다. 그러한 논리라면 씨름이나 검무(劍舞) 또한 전통 무예라고 해야 할 것이다. 그리고 식민시대 일제의 탄압에 의해 거의 사라질 뻔했다가 해방 후 복원하였다는 주장도 앞뒤가 맞지 않는다. 이미 조선 말기에 풍기문란을 염려하여 관에서 엄금하였고, 또 신문화가 도래하여 전통적인 유랑예인 집단도 사라지면서 자연스레 소멸되었으리라고 보는 것이 옳다. 민족 무예라 하여 일제의 전통 문화 말살 정책에 의한 탄압으로 비밀리에 전수되어 왔노라 하는 것은 더욱 유치한 과장에 불과하다. 무슨 대단한 민족 무예라고 일제가 두려워해서 단속했겠는가. 그저 도시의 시장 경제가 발달되면서 차츰 새로운 조직적인 주먹패(깡패)들이 생겨나 동네주먹(탁견꾼, 어깨)이 꼬리를 감추면서 함께 사라진 것일 뿐이다. 어찌되었건 온전히 '우리의 것'임은 분명한 사실이다. 그러니 별 생각 없는 우리들끼리 집 안에서 꼽추춤 보듯 웃고 넘어가 버리면 별일 아니겠으나, 바야흐로 바깥에까지 들고 나가 민족 무예라고 자랑하겠다 하니, 혹여 무예에 안목 있는 외국인들이 보면 어떻게 생각할지 민망스러움이 앞선다. 그런가 하면 혹자는 이를 '맨손 무예'로 분류하기도 하는데, 이 역시 진지하게 숙고하지 않은 데서 빚어진 오류이다. 애초에 맨손 무예란 성립될 수 없는 단어이다. 맨손 기술에 무예라는 단어를 덧붙인 예가 없다. 예로부터 수박이든 각저든 모두 권법 혹은 권술로 분류해 무예와 명확히 구분해서 사용해 왔다. **태권도나 택견을 무예라고 주장하려면 먼저 무예로서의 충**

> 태권도가 기술적으로 발전해 나가는 것은 당연한 일이고, 어떠한 문제가 있을 수 없다. 그렇지만 택견이 나날이 발전한다는 것은 심각한 문제이다. 왜냐하면 국가 중요무형문화재의 지정 목적은 멸실 혹은 변질될 우려가 있는 전통 문화의 원형을 고스란히 있는 그대로 보존코자 하는 데에 있기 때문이다. 따라서 지정할 당시의 형태에서 벗어나 계속 새로운 기술이 개발되고, 다른 형식으로 운용된다면 무형문화재 지정 취지에서 크게 벗어나는 것이 된다.

분 조건을 갖추어 나가야 한다. 다시 말해 지금의 동작으로 창·칼·봉 등을 다루는 병기 기술을 개발해야 한다는 말이다. 그렇지만 현재 상태로는 무예로서의 필요 조건에도 제대로 미치지 못하고 있다. 병기 기술로 도저히 연결할 수가 없는 품새와 동작들로 이루어져 있기 때문이다.

여하튼 택견과 태권도는 서로 실오라기 하나만큼의 연관성조차 없음에도 불구하고, 그 명칭에 얽힌 이러한 사연 때문에 항상 함께 비교될 수밖에 없다. 재미있는 일은 그럼에도 불구하고 시간이 흐르면서 택견은 태권도를, 태권도는 택견을 서로 흉내내면서 발전(변질)되어 가고 있다는 사실이다. 그리하여 태권도는 발차기를 위주로 하면서 가라테의 품세로부터 점점 멀어져 가고 있고, 택견은 '결련택견'이니 하면서 태권도 경기를 흉내내어 놀이에서 호신술로, 또 경기 종목으로의 변신을 시도하고 있다. 사실 택견은 씨름이나 깽깽이(닭싸움) 놀이와 마찬가지로 처음부터 결련하는 놀이였는데도 말이다.

'무예'와 '호신술' 그리고 '놀이(잡기)'는 제대로 이해하고, 이를 분명하게 구분해 놓지 않으면 앞으로도 끊임없이 이러한 혼란을 야기할 것이다. 바로 이 점 때문에 아무런 역사적·문헌적 근거도 없는 온갖 전통 무예들이 끊임없이 복원(?)되고 있고, 또 앞으로 수없이 창안될 (전통 무예가 창안되다니 말도 안 되는 이야기이지만) 것이기 때문이다.

수천 년의 역사를 자랑하는 대한민국이 그 자신의 무예도 없이(모르고) 맨손으로 나라를 지켜온 줄 알고, 수백 가지 민속놀이 중 가장 비천한 것을 골라 2천 년 전부터 전해져 오는 유일한 민족 무예라면서 무예 종목 국가 중요무형문화재로 지정해 놓고 자랑스러워하고 있으니 우습다 못해 부끄러워 고개를 들 수가 없다. 불과 백 년 전의 일도 제대로 모르면서 고구려 벽화를 들먹이는 역사 건너뛰기는 무지를 넘어 기만이라고밖에 볼 수 없다. 이는 2천 년 역사와 문화에 대한 자랑이 아니라 조롱이자 자기 비하에 다름 아니다. 그러니 주변 나라들이 만만히 알고서 얕보는 것이 아닌가. 공교롭게도 한반도 주변 4강국은 모두 한때나마 이 땅을 점령해 본 적이 있는 무(武)를 숭상하는 나라들이다. 맨손과 입으로 떠들고 싸우는 작은 나라를 어느 누가 두려워할까? 언제 그들을 상대로 투쟁다운 투쟁 한 번이라도 해 본 적이 있었던가? 늦었지만 지금이라도 '택견'의 국가 중요무형문화재 지정에 대해 재검토가 있어야 할 것이다. 취소할 명분(실은 용기)이 모자란다면 종목이라도 '무예'에서 '놀이'로 바꿔야 할 것이다.

물론 '태초에 무예가 있었다'고 할 수 있듯이, 세상의 모든 기예(문화)가 처음부터 근사한 모습을 갖추어 태어난 것은 없다. 보잘것없고 미천한 것에서 시작하여 조금씩 조금씩 더해지고 꾸며지면서 성장 발전해 나가는 것이다. 그러면서 서로간의 간섭과 변질을 거듭하는 것이 문화의 속성일 터. 태권도가 이 땅에 뿌리를 내려 제 이름을 얻은 지 반세기, 그리고 1세기 남짓 만에 다시 태어난 택견이 진정한 국민의 스포츠(혹은 무예)로서 발전해 나가기 위해서는 먼저 그 연원과 역사부터 정확하게 이야기되어져야 한다. 온전한 우리 것, 혹은 전통적인 것이라야만 소중하고, 외래의 것이라 해서 다 하찮은 것은 아니다. 수준 높은 것이어서 더 귀하고, 낮은 것이라 해서 덜 귀한 것은 없다. 단지 스스로 그 뿌리를 감추려 하고 억지로 꾸미려 드는 처사가 부끄럽다는 말이다. 또 그런 일이 용인되는 우리 사회가 한심하다는 것이다. 무예는 과학이지 종교가 아니다. 미신하는 마음으로 배우고 익히는 것이 아니란 말이다. 학문하는 자세여야 한다.

39 '모든 길은 로마로'

역사 시간에 가르치는 경구로 고대 로마의 번영이 남긴 말이다. 이에 버금가는 경구로는 근세 제국주의 시대에 영국이 남긴 '해가 지지 않는 나라' 정도가 될 것이다.

그런가 하면 고대 그리스의 지중해 해상 무역 독점, 알렉산더 대왕의 동방 원정, 로마제국, 중국 한무제(漢武帝) 때의 실크로드 개통과 수당(隋唐)의 번영, 명(明) 정화(鄭和)의 해상 원정, 몽고제국과 마르코 폴로의 《동방견문록》, 콜럼버스의 신대륙 발견, 마젤란의 세계 일주 등등, 모두가 세계사에서 위대한 번영의 순간을 나타내는 이정표들이다. 우리 역사에서 이와 비슷한 것을 찾자면 통일신라 때의 혜초와 장보고 정도일 것이다. '모든 길은 로마로.' 이미 격언이 되다시피 한 이 말을 이참에 좀더 파고들어 뒤집어 보자. 완전히 거꾸로 읽어보자는 말이다. 그러면 '로마는 모든 길로 열려 있다'는 말이 된다. 사방, 아니 모든 곳으로의 문이 활짝 열려 있었다는 말이다. 자, 이제 위에 나열한 영광된 시대의 공통된 코드가 무엇인지 드러나지 않는가? 그것은 곧 근현대사에서 끊임없이 우리에게 화두가 되고 있는 '개방'이란 단어이다. 조선시대의 '문호 개방'에서부터 지금의 '시장 개방'까지. 어찌 비단 대한민국뿐이겠는가? 모든 다른 나라들도 저마다 각각 역사상 황금기가 있었고, 그 시기는 반드시 이 개방의 시기와 일치한다.

과거의 역사라서 그다지 수긍이 가지 않는다면 현대사에서도 얼마든지 찾을 수 있다. 가까운 일본의 메이지유신, 구소련의 붕괴와 독일의 통일, 미국의 공격적인 세계화와 그에 맞서는 유럽의 통합, 중국의 개방. 어쩌면 인류는 역사상 가장 위대한 변혁기를 맞고 있는지도 모른다.

그렇다면 오늘의 현재 모든 길은 서울로 통하고 있는가? 우리는 과연 모든 문을 열었는가? 어느 문은 꼭꼭 잠가 놓고, 어느 문은 반쯤만 열어 놓고 있지는 않는가? 아니면 찬 바람 더운 바람 가려가며 열었다 닫았다 하고 있지는 않는가? 티끌과 흙먼지가 따라 들어올까봐 두려운가? 그리하여 나중엔 안방까지 빼앗길까봐 두려운가? 고인 물은 반드시 썩는다. 새 물이 솟아나지 않으면 밖에서 흘러 들어오게 하든가, 그것도 안 되면 다른 샘물이라도 퍼다 부어야 한다.

모든 길을 향해 문을 열어라. 모든 것에 문을 열어라. 상품이든, 예술이든, 종교든, 인종이든, 미운 나라 고운 나라는 더 이상 없다. 좋은 문화 나쁜 문화도 더 이상 없다. 문만 열었다고, 모두를 환영한다고 써 붙여 놓는다고 그냥 찾아 주지는 않는다. 열린 문으로 나가라. 길이 있으면 어디든지, 길이 닿으면 세상 끝까지, 길이 없으면 길을 내어라. 툭툭 털고 떠나라. 언제까지 안에서 토닥거릴 것인가? 언제까지 크지도 않는 땅에서 남북으로 쪼개고, 그것도 모자라 동서로 담쌓고, 노소로 등돌리고, 현재와 과거로 찢어발기고, 빗장 걸어 놓고 골방에 들어앉아 허구한 날 천리안(인터넷) 들여다보며 남의 집 담장 너머에 독화살과 오물 떠넘기기로 지샐 것인가? 젊은이들이여, 이 땅이 그대에게 무얼 주겠는가? 5천 년 찬란한 역사가 그대들의 미래를 보장해 주겠는가? 한국인이기 이전에 그대는 지구인(세계인)이다. 국경은 이제 더 이상 의미가 없으며, **국적은 그대의 본적지 주소만큼의 의미밖에 없는** 시대이다. 다시 돌아올 생각하지 마라. 세계가 네 것이다. 민들레 씨처럼 퍼져 나가라. 그곳에서 뿌리를 내리고, 씨를 뿌리고, 그리고 뼈를 묻으라. 박지원(朴趾源)의 《열하일기(熱河日記)》나 유길준(兪吉濬)의 《서유견문(西遊見聞)》 같은 선비적 호기심이 아니라 개방과 모험, 도전과 투쟁, 곧 무(武)의 정신으로 나아가라. 그것이 바로 모든 길로 통하는, 모든 문(門)을 열 수 있는 만능 키이다. 문(文)으로는 나의 문도, 남의 문도 열 수 없다. 모든 길은 서울로! 아니다. 모든 길은 세계로!

무(武)가 앞장서지 않는 문(文)은 결코 한 발짝도 나아가지 못한다. 공교롭게도 한국의 해외 진출 물꼬를 튼 것은 월남 파병이었다. 이게 우연이었을까? 아니면 박정희 대통령의 미래를 내다본 결단이었을까? 둘 다 아니다. 그건 당연한 결과일 뿐이다. 지금의 이라크에 군을 파병한 여러 나라가 모두 미국의 강압에 의해서라고 생각하는 바보가 아직도 있을까? 그렇다면 그는 나중에 들어가 동전이나 고철 부스러기 몇 개 챙기는 것으로 만족해야 할 것이다. 물론 그마저도 싫은 반전론자라면 어쩔 수 없지만 말이다.

역시 죄가 되지 않는다면 애국가 가사도 좀 바꾸자고 주장하고 싶다. "대한 사람 대한으로 길이 보전하세!"가 아닌 "대한 사람 전세계로 길이 뻗어가세!"로.

40 예(禮) · 신(信) · 의(義)

　신(神)이 인간을 버렸는가? 아니면 인간이 신을 버렸는가?
　동서양을 막론하고 고대인들은 신들이 자연에 살도록 내버려두었었다. 아니, 모셨다고 해야 할 것이다. 산이나 큰 나무, 강이나 바다, 연못이나 우물, 뱀이나 소, 바위나 동굴, 심지어 뒷간이나 부뚜막에도 크고 작은 신들이 살고 있었다. 대지는 원래 하늘의 소유였다. 당연히 하늘에 사는 신(神)들은 땅에 내려와 그가 원하는 곳이면 얼마든지 차지하고 앉아 인간들의 공양을 받았다. 그러고도 기분이 조금만 언짢으면 마음 놓고 인간들을 혼내 줄 수 있었다. 그래서 인간은 자연 앞에서 한없이 겸손했다. 다시 말해 신 앞에서. 하지만 이제 신들은 하늘에서조차도 편히 쉴 수가 없게 되었다. 인간들의 인지가 발달하면서 끊임없이 신들을 박해하였다. 과학은 신을 자연으로부터 완전히 추방시켜 버렸다. 이제 신은 더 이상 자연의 주인이 될 수 없다. 오직 인간만이 자연의 주인이자 지배자인 것이다. 자연은 더 이상 자연이 아니다. 오직 인간을 위해서 존재하고, 인간에 의해 다스려져야 할 노예일 뿐이다. 심지어 '환경 보호(자연 보호)' 운운하면서 신의, 아니 인간의 자애로움으로 보살펴져야 할 가련한 존재에 불과하다.
　간혹 홍수 · 지진 · 화산 폭발 · 해일 등등 자연의 용트림에 놀라는 척하며 자연을 화나게 하지 말고 조심조심 다루어야 한다며 호들갑까지 떨기도 하지만, 곧이어 혹독한 처벌을 내린다. 난폭한 신(야생의 동물)들은 모두 도태시키고, 말 잘 듣는 신(소 · 돼지 · 닭 등과 같은 순한 짐승)들만 골라 교당 안에 가둬두고서 천연기념물처럼 보호하고 있다.

머지않아 자연은 인간의 피조물, 정확히 말하자면 개조물이 되어야 할 것이다. 더 솔직하게 말해서 신이 인간의 피조물이 되는 셈이다. 끊임없이 새로운 신을 만들어 내고, 길들이고, 마음에 들지 않으면 도태시켜 버린다.

어쨌거나 고대인들은 자연과 신을 동일시하여 극진히 모셨다. 예(禮)란 원래는 신을 위한 단어였다. 고대의 예(禮)란 곧 제례(祭禮)나 의례(儀禮)를 말하는 것으로, 신과의 소통을 위해 인간이 신에게 바치는 정성의 표시였던 것이다. 신에게 예(禮)를 바치는 과정, 즉 의식(儀式)을 통해서 통치자는 절대 권력을 확보하게 되는 것이다. 왕은 곧 신의 대리인이었다.

춘추전국시대에 중국에서는 공자(孔子)라는 인물이 나타나 통치권자들이 독점하고 있던 이 예(禮)를 민간에 퍼트렸다. 이후 신을 모시는 제례(祭禮)가 인간들이 사는 동네로 내려오면서 인간과 인간 사이의 예절·법·도덕 규범·철학 등으로 분화되어 나갔다. 물론 그는 예(禮)만 퍼뜨린 것이 아니었으며, 주(周)대로부터 통치 계급의 자제들에게만 가르치던 육예(六藝: 禮·樂·射·御·書·數)를 모두 내다팔았다. 덕분에 그는 동양의 모든 나라에서 수천 년 동안 불천위(不遷位)로 모셔지는 영광을 누리게 된다.

조선 5백 년 동안, 예(禮)는 창이나 칼보다 더 무서운 것이어서 끊임없는 피바람을 일으켰다. 이 예(禮)를 어기는 자는 벼슬은 물론 심하면 목숨까지도 내놓아야 했다. 당연히 5백 년 내내 권력을 잡는 수단으로서의 예(禮)는 온갖 갈등과 한(恨)을 낳을 수밖에 없었다.

유교 사회에서는 선비 혹은 군자가 지켜야 할 덕목을 오상(五常)[15] 또는 오덕(五德)이라 한다. 인(仁)·의(義)·예(禮)·지(智)·신(信)이 바로 그것이다. 그런데 조선 유교 사회에서는 이 다섯 가지 중에서 유독 예(禮)를 가장 중요하게 여겼다. 이 때문에 유교를 정치적인 종교라고 부르기도 한 것이다. 사실 개인이든 사회든 이 다섯 가지 덕목이 골고루 선양되었어야 공자가 꿈꾸던 이상적인 유교 국가가 될 수 있었는데도 말이다.

해방이 되면서 갑작스럽게 서양의 온갖 문물과 제도가 한꺼번에 밀려왔다. 종교·철학은 물론 개인의 가치관까지도 한꺼번에 뒤섞이면서 혼돈 속으로 몰아넣었다. 젊은이들은 재빨리 서양 신을 받아들여 주도권을 잡아나가는 반면에 어른들은 자연히 뒤로 밀릴 수밖에 없었다. 이와 함께 구세대의 전유물이었던 예(禮)도 퀴퀴한 냄새 때문에 뒷간 구석으로 쫓겨나 버렸다. 그런데 5백 년 이상 이 사회를 지탱해 오던 하나뿐인 대들보를 미처 다른 것으로 대체하기도 전에 뽑아 버리는 바람에 혼란은 더욱 가중될 수밖에 없었다. 어쨌거나 예전엔 집 밖으로 나갈 때면 반드시 챙겨야 하는 것이 있었는데, 갓이나 짚신보다도 더 중요한 예(禮)란 것이었다. 예의범절을 갖추지 않고는 문 밖으로 한 발짝도 나갈 수 없었고, 또 그냥 나갔다가는 사람 대접받는 것은 고사하고 집안 망신까지 다 당하여야 했다. 우리가 어렸을 적에는 남의 집 심부름만 가도 "인사 잘하고, 안부 잘 여쭙고, 행동이나 말조심해서 부모님 욕먹는 일 없도록 해라"란 말을 귀에 딱지가 앉도록 듣고 또 들어야 했다. 예(禮)를 모르고는 출입을 할 수가 없었다. 또한 예전에는 사람을 판단할 때 예(禮)에다 그 기준을 두었다. "음, 뉘 집 자손인지 예의바르게 제대로 배웠구먼" 하는 소리를 들어야 합격이었다. 그리고 그런 사람을 믿고 썼다. 어쨌거나 그 사회가 건전하게 잘 엮어지려면 사람과 사람 사이에 믿음[信]이 있어야 하는데, 조선시대는 그 신(信)을 예(禮)가 대신했다.

그러다 해방 후 신문화의 거센 해일에 예(禮)가 뿌리째 뽑혀 나가면서 신(信)이 깨어져 버린 것이다. 피치 못할 역사의 소용돌이와 함께 불신(不信)의 사회가 도래한 것이다. 예(禮)의 주성분인 염치와 체면, 그리고 양심을 중시해 온 사람들은 점점 뒷전으로 밀려나고, 뻔뻔하고 낯가죽 두껍고 파렴치한 인간들이 물 만난 고기처럼 설치기 시작하였다. 상하가 뒤집어지는 개벽천지를 맞게 된 것이다. 해방과 함께 온 좌우 대립, 6·25 전쟁, 독재 정권, 문민 정권, 국민 정부, 참여 정부, 어찌 보면 잃어버린 우리 사회의 가치관을 정립코자 하는 몸부림 같기도 하다. 그렇지만 아직까지도 엎어진 신(信)을 바로 세우지 못하고 있다. 그동안 이를 대신한 것들이 나타나 저마다 자기가 적임자라고 설쳐댔지만 결과는 오히려 고질병만 심어 놓았다.

예(禮)와 더불어 온갖 잡신들이 쫓겨나고, 새로운 해방군이자 점령자인 미국을 등에 업고 국제적으로 공인받은 양신(洋神)이 무혈 입성한 것이다(동북 3국을 비교해 보면 부인하지 못할 것이다). 먼 사막의 오아시스가 고향인 서양 종교는 태생적으로 배타적이어서 기존 종교와 융합하지 못한다. 결국 이 땅에서 종교의 첫째 기능인 사회적 통합을 완전히 이루지 못하고, 또 다른 갈등을 유발시키기도 하였다. 종교가 주도하는 사회적 통합은 신을 매개체로 한, 절대적이면서 또한 간접적인 믿음이다. 즉 네가 믿는 신과 내가 믿는 신이 같으니까 너와 나는 서로 믿을 수 있다는 것이다. 인간과 인간 사이의 직접적인 믿음이 아닌 것이다. 따라서 한 국가에 한 종교(종파)여야 전체적인 통합이 가능하게 된다.

그 바람에 이 땅 사람이면 벗어날 수 없는 **혈연·학연·지연이 신(信)의 대용품**으로 애용되었다. 연(緣)은 정(情)이다. 연이 닿는 사람에게는 지나치게 관대하고, 그렇지 못한 사람에게는 경계심을 늦추지 않는다. 같은 성씨, 같은 학교, 같은 고향 사람이면 믿을 수 있고, 그외에는 도저히 못 믿겠다는 것이다. 정(情)과 신(信)을 구별하지 못한 데서 오는 어리석은 소치이다. 그나마 그런 끈도 없는 사람끼리는 같이 술먹고, 목욕하고, 오입해서 연정(緣情)을 쌓아야 한다. 막말로 한통속이 되어 어거지 신(信)을 만드는 것이다. 연이 없으면 구호품 빵 한 조각 얻어먹기 힘들었다. 교회에라도 나가서 신을 중매자로 한 연을 만들어야 했다. 심지어 연이 없는 사람을 채용할 때에는 사주나 관상을 보고 판단했다. 스스로 당당하지 못하고, 어느 집 처마 밑에라도 붙어서야 안심입명의 근거를 보장받을 수 있었다. 근 1백 년 이래 굴곡의 역사가 반도의 자손들에게 이같이 구차한 삶을 영위할 수밖에 없도록 만든 것이다.

처음의 거창한 이야기가 우리의 고질병인 지역 감정까지 내려왔다. 내친 김에 조금만 더 나갔다가 돌아가야겠다. 모든 원인은 신(信)이 깨어진 데에 있다고 나는 믿는다. 어떻게든 이 신(信)을 바로 세우지 않으면 안 된다. 다행히 '지역 불신'이라 하지 않고 '지역 감정'이라 하지 않았는가. 따라서 마음만 먹으면 고칠 수 있는 병이다. 정(情)은 정(情)이고, 신(信)은 신(信)이다. 이 둘을 구분할 줄 알면 고칠 수 있다. 정(情) 때문에 신(信)을 버리는 일이 없어야 한다. 정(情)을 위해 충(忠)하는 것은 신(信)이 아니다. 그건 그냥 애정(愛情)일 뿐이다. 충(忠)이 연(緣)을 따라서는 안 된다. 신(信)을 따라야 한다.

이 주장이 실감나지 않는다면, 그다지 머지않은 과거시대를 살다간 훌륭한 인물 몇 분을 떠올려 보라. 김구·안중근·윤봉길·안창호·주시경·신채호·이준…… 등등. 아니면 이순신 장군, 또는 당신이 개인적으로 좋아하는 연예인이나 운동 선수를 생각해 보라. 당신은 그분들이 어디 출신인지 아는가? 혹시 알아보고자 했던 적이 있는가?

당신과 같은 지역 출신이라서 더 존경하는가? 타지방 출신이라는 것을 알고 나면 싫어질까? 물론 그러한 일은 없을 것이다. 진정 훌륭한 사람에게는 그런 것을 따지지 않는다. 그것만큼 졸렬한 짓도 없기 때문이다. 마찬가지로 천하의 나쁜 짓을 한 인간을 알고 보니 고향 사람이라 해서 덜 밉거나 용서해 주고 싶은 생각이 들던가? 절대 아닐 것이다. 오히려 더 불쾌할 것이다. 옛사람이든 지금 사람이든 출신 지역이 먼저 떠오르는 사람은 결코 훌륭한 사람이 아니다. 역대 어떤 대통령보다도 뛰어난 업적을 남겼음에도 불구하고 정작 '훌륭한' 또는 '존경스런' 이라는 수식어를 붙여 주기가 망설여지는 박정희 대통령의 가장 큰 실수가 바로 이 지역적 편협성이다. 안타깝게도 영원히 공평치 못했던 인물로 남을 수밖에 없다. 공명정대(公明正大)하지 못했기 때문이다. 그가 만약 무인답게 이 연(緣)줄만 깨끗하게 끊었더라면, 장기 집권의 흠에도 불구하고 우리도 위대한 대통령을 가졌었노라 자랑스러워했을 것이다.

지금도 출신 지역을 기반으로 정치나 사업을 하여 크게 성공한 이들이 많다. 하지만 제아무리 큰 업적과 성공을 거두었다 해도 결코 훌륭하다는 말은 듣지 못할 것이다. 시중에서는 그저 하기 좋은 말로 이러한 이들을 존경한다고 하지만, 사실은 크게(혹은 약간) 부럽다는 뜻일 게다. 제일가는 재벌이라 해도 부러움 혹은 시기의 대상일 뿐이다. 설령 노벨상 10개를 받아 와도 결코 훌륭한 인물로는 남지 못한다. 당사자들도 물론 그 사실을 잘 알고 있을 것이다. 그러니 굳이 '훌륭한' 일을 하겠다고 나설 필요가 없지 않은가. 그저 누릴 것 누리고, 챙길 것 챙기면 그뿐인 것이다.

더 이상 신(神)의 말씀만으로 신(信)을 세우기에는 인간들이 너무 약아져 버렸다. 사람〔人〕의 말〔言〕에는 믿음〔信〕이 있어야 한다. 신(信)

과거 1960,70년대 선거철이면 후보들이 뿌려대는 각종 물품 때문에 선거 특수 경기가 일어 공장들이 바빠질 정도였다. 때문에 국회의원 출마했다가 두세 번 떨어지면, 어지간한 부자도 집안 쫄딱 망하기 일쑤였다. 물론 당선되면 그 몇 배로 거두어들일 수 있으니, 좀 산다는 사람치고 한번쯤 욕심내지 않을 수가 없는 일이었다.

그렇기에 당시의 공명선거 캠페인은 항상 "주지도 말고, 받지도 말자"였다. 하지만 어느 누구도 그 말에 귀기울이지 않고 비누·수건 한 장 더 받으려고 아우성이었으며, 심지어는 "누구는 주고, 누구는 안 주냐"며 멱살다짐까지 벌이곤 했었다.

돌이켜보면 참 순진한 구호였고, 오히려 그때는 사람 도리가 잘 지켜졌었던 것 같다. 무슨 말이냐 하면, 그래도 그때는 "얼마면 붙고, 얼마면 떨어지더라" "누구는 얼마, 누구는 얼마를 뿌린다더라. 그러니까 누가 이길 거다"라는 공식이 통했었다. 다시 말해 뿌린 만큼 거둘 수 있는 세상이었다는 말이다.

그런데 80년대에 들어서면서 이 공식이 깨어지기 시작하더니, 세상 인심이 고약하게 바뀌기 시작했다. 막걸리·비누·수건 대신에 아예 현금(돈봉투)을 달란다. 그리고 나서는 "주는 것 못 먹으면 병신이지, 주는 대로 받아먹고 찍을 때는……"이라는 말을 대놓고 해대기 시작했다. 경제 성장과 더불어 뱃가죽만 두꺼워진 것이 아니라 낯가죽도 두꺼워진 것이다.

물론 지금에 비하면 이마저도 순진했었다고 볼 수 있다. 90년대 들어와서는 선거철이 다가오면 분위기가 살벌해지기 시작한다. 사람들의 눈과 입이 가늘게 옆으로 찢어지고, 눈알이 좌우로 바빠지며 말소리가 낮아지기 시작한다. 여기저기 길모퉁이에는 쥐눈깔이 반짝이고, 귓속말들이 암호처럼 난무하게 된다. 모두를 의심하고, 감시하고, 이쪽저쪽 주는 대로 받아먹고, 안 주면 받아내고, 이쪽에서 받아먹고 저쪽에다 일러바치고, 뒤통수치고, 고발하고…… 선거판이 아니라 야바위판인지 노름판인지…… 막말로 개판이다. 그러다 보니 선거를 치르

40. 예(禮)·신(信)·의(義) 219

고 나면 주민들끼리도 이리저리 찢어져 한동안 원수 보듯 하게 된다.

하기야 이마저도 10년 후에는 순진했었다고 할는지 모를 정도로 세상이 점점 천박하게 돌아가는 듯하다. 아무리 공짜라면 양잿물도 마시는 민족이라지만, 해도해도 너무했다. 애초부터 찍어 주지 않을 바에는 받지를 말았어야지. 그게 최소한의 양심 아닌가? 얼마가 들었는지 받아 본 적이 없어 모르겠지만, 그까짓 돈봉투에 양심을 팔아? 그러고도 제 신성한 참정권은 지키겠다고? 받아 먹었으면 밉더라도 찍어 주었어야지, 세상에 그런 얌체가 또 있을까. 차라리 기권하는 게 양심에 덜 부끄럽겠다.

기어이 불신(不信)의 시대, 배신(背信)의 시대가 오나 보다. 요즈음 각 기관이나 기업체마다 내부 고발자(당하는 입장에서 보면 배신자)들 때문에 망신당하는 일이 심심치 않게 일어나고 있다. 고발을 하려면 진작에 당당하게 했어야지. 그때는 누이 좋고 매부 좋고 하면서 가만히 있다가, 나중에 뭔가 틀어져 섭섭하게 되자 앙갚음으로 하는 고발은 배신에 다름 아니다. 그렇게 해서 자신이 평생을 몸담아 일했던 기업이 폭삭 망하거나 개망신을 당하면 속은 시원하겠지만, 후에 자식들에게 뭐라고 말할까? 아빠가 저 회사를 키우고, 저 빌딩을 짓고, 저 제품을 만드는 데 기여했다고 할까, 아니면 내 손으로 일군 회사를 내가 망하게 했다고 자랑할까? 철근 빼 먹고 부실공사 해서 내려앉은 다리나 건물을 가리키며 저때 돈 많이 벌었다고 자랑할 텐가?

그런가 하면 시민들끼리 서로 감시하도록 포상 제도를 만들어 각종 위반 사항을 고발토록 하고 있다. 아예 파파라치 학원까지 생겨나 성업중이란다. 그런 사소한 것까지 행정력이 미치지 못해 생각해 낸 고육지책인 줄은 알지만, 지극히 치사스럽고 졸렬하고 무책임한 정책이다. 머지않아 그 결과가 엄청난 불행으로 나타날 것이다. 부정과 부패·부조리보다 더 무서운 것이 불신과 배신임을 깨닫지 못한 데서 기인한 황당한 발상들이다. 신(信)이 진작 깨어진 우리 사회를 그동안 이나마 지탱해 온 것이 바로 '인심'이었는데, 이제 이것마저 금이 가기 시작하고 있다. 사람들로 하여금 점점 서로를 의심하고, 고발하고, 미워하게 만들고 있는 것이다.

　예전에 '막가파'란 말을 유행시킨 범죄인들은 "부자들은 모조리 죽여 버리고 싶다!"라고 했지만, 그마저도 이제는 옛날 이야기이다. "부자든 가난하든 상관없다. 그저 다 밉다"며 아무 데나 불을 지르고, 아무 상관없는 사람을 그냥 죽이는 범죄가 늘고 있다. 길을 가다 누군가가 던진 돌멩이에 맞았을 때, 던진 사람이 드러날 경우에는 그 사람에게만 화를 내고 나무라면 되지만, 누가 던졌는지 모를 경우에는? 모든 사람을 의심하고, 모두를 미워하고, 모두에게 복수하고 싶어지게 된다. 그래서 홧김에 그 돌을 주워서 "어디, 아무 놈이나 맞아라"며 군중들 머리 위로 되던지게 되면? 이 땅의 내일이 두렵기만 하다.

에는 마음[心, ↑]이 없다. 그것은 오직 행동으로 증명될 수 있어야 한다. **신(信)과 의(義)는 무덕(武德)의 대들보이다.** 무예(武藝)를 되살려야만 하는 이유가 여기에 있다. 충분히 그만한 가치가 있다. 명분이 뚜렷하면 대의(大義)가 되고, 인(仁)의 인도를 받으면 정의(正義)가 된다. 대의든 정의든 협의(俠義)든 신(信)이 받쳐야 군건히 설 수 있기 때문이다. 그래서 예로부터 신의(信義)라 하여 이 둘은 항상 붙어다녔다. 모름지기 뱉은 말[言]에 책임을 져야 하고, 의(義)를 위해선 희생을 각오해야 한다. 우리는 역사를 통해 신(信)과 의(義)를 위하여 아낌없이 목숨을 바친 수많은 영웅호걸들을 알고 있다. 그들로 인해 역사가 빛나고 있는 것이다.

41 온돌 문화와 체덕(體德)

우리나라 초중고등학교의 쉬는 시간 교실 풍경을 보면 대충 비슷비슷하다. 화장실 갔다오고, 교실 안에서 수다를 떨거나 장난질, 그리고 중학교·고등학교로 갈수록 책상에 엎드려 자는 학생들이 늘어간다. 지극히 당연한 풍경을 가지고 무슨 말을 하자는 건가? 쉬는 시간에 쉬는 것이 뭐 잘못됐다는 것인가? 물론 그렇다. 하지만 그 쉬는 방법이 문제다.

대만에 유학 다녀온 이들을 통해 그쪽 학교의 쉬는 시간 풍경을 전해들은 적이 있다. 대개의 대학교마다 한국 유학생들이 꽤 있는데, 쉬는 시간이면 이들 모두가 일제히 복도 끝에 있는 재떨이 주위로 모여든다는 것이다. 그리고 그곳에서 쉬는 시간 내내 담배를 피우거나 수다를 떨다가 수업이 시작되어서야 흩어져 교실로 뛰어간단다. 그렇다면 대만 학생들은 쉬는 시간을 어떻게 보내기에 그것이 이상하다는 것인가? 그 나라 학생들 대부분은 화장실에 들른 후 그대로 바깥으로 나간단다. 그리고 운동장에서 달리기하는 학생, 넓이뛰기하는 학생, 체조나 태극권하는 학생 등등 각자가 나름대로 몸을 풀고 들어온다는 것이다. 누가 강제로 시킨 것도 아닌데. 한 시간 내내 딱딱한 의자에 꼼짝없이 앉아 있었으니, 잠시나마 몸을 풀고 다시 수업을 받는 것이 정상적이지 않은가? 유럽 쪽에 유학을 다녀온 이들에게 물어봐도 역시 비슷한 대답이었다. 이는 매우 중요한 차이이다. 우리 사회가 본격적으로 산업 사회로 접어들면서 모든 게 편한 것이 좋은 것이라는 인식이 분별없이 퍼져 나갔다. 대충 짐작컨대 아파트가 보급되면서였던 것 같다.

한국 학생들에게서는 아무래도 조선시대 선비 문화를 떠올리게 된다. 바닥이 따뜻한 사랑방에 모여 긴 담뱃대를 물고 이야기꽃으로 세월을 보내는 선비들 말이다. 아랫도리가 썩어날 정도로 들어앉아 주야로 공맹(孔孟)을 외웠다. 비록 문과 급제하여 벼슬을 못했다 해도 그것은 모두 운수 소관. 한국인들의 높은 교육열은 전적으로 조선시대 유교 문화의 영향이다. 요샛말로 화이트칼라가 되기 위한 이 선비 문화 때문임을 부인하기 어렵다. 대학을 졸업한 젊은 실업자는 늘어만 가는데도 공장엔 일할 사람이 없다. 배운 대로 모두 다 깨끗한 사무실 책상에서 일하고 싶고, 또 편한 만큼 더 나은 대접을 받아야겠다는 것이다. 어렸을 적부터 집에서 청소며 설거지·심부름 한번 안해 보고, 오직 책상 앞에 앉아 밤늦도록 공부만 하며 학교와 학원을 오가면서 자랐다. 그러다 보니 행동력(실천력)이 떨어져 매사를 입만 가지고 해결하려 든다.

교육의 목표를 우리는 지(智)·덕(德)·체(體)를 기르는 데 두고 있지만, 현실은 아무래도 이와는 거리가 먼 듯하다. 겨우 지(智)만은 제대로 가르치고 있는 것 같지만, 사실 이것도 덕(德)이 빠진 지육(知育)이 되다 보니 이기적이고 약삭빠른 잔꾀만 가르치는 것 같다. 그리고 체(體)는 체력장 때문에 마지못해 하는 체육 시간이 고작인데, 요즘은 그나마 그것도 군사 정권 냄새가 나는지 아예 없애 버렸다. 체육 시간은 있으나마나, 다른 입시 과목으로 대체되기 일쑤다. 그런데 이 체육의 목적을 건강한 신체 발육을 위한 것으로만 생각하고 있는 것 같다. 고대 로마의 풍자시인 유베날리스가 남긴 **"건전한 신체에 깃든 건강한 정신과 용감한 가슴"**이란 말에 그다지 실감이 가지 않는 모양이다. 뭐 그 정도는 다 안다고? 그렇지만 지금 당장은 현실이 허락치 않아서 잘못인 줄 알면서도 주야로 입시 공부를 시키지 않을 수 없다고? 그렇다면 그건 교육자로서 직무 유기이며, 그 직무를 다하지 못할 바에는 하루빨리 교단에서 내려와야 하지 않을까? 그렇게 따지자면 대한민국에 제자리 지킬 수 있는 사람이 몇이나 되겠느냐고 반문할 테지만 그 또한 더 비겁한 핑계일 뿐이다. 어쨌거나 이런 일은 모두가 체육(體育)의 목적을 제대로 이해하지 못한 데서 비롯된 것이리라 짐작된다.

체육의 궁극적인 목적은 '건전한 신체, 건강한 정신' 즉 행동력(실천력)의 함양에 있다. 행동철학을 가르치는 수단인 것이다. 동양식으로 표현하자면 바로 무(武)의 철학, 즉 상무숭덕(尙武崇德)의 정신을 배양하는 것이다. 배운 지식으로 올바른 판단을 내리고, 그것을 행동으로 옮길 수 있도록 습관화시키는 것이다. 그것이 진정한 교육이다. 지(智)와 체(體)를 길러서 덕(德)을 쌓는다고 하는데, 이 덕(德)이니 도덕(道德)이니 하는 것은 행위를 통해 결과로 나타난 것을 가리킨다. 도덕 시험에 만점을 받았다 해서 그 사람을 도덕적인 사람, 도덕성이 높은 사람이라 할 수 없는 것도 이 때문이다. 아느냐 모르느냐의 문제가 아니고, 행동으로 옮겼느냐 못 옮겼느냐의 문제인 것이다. 예법을 잘 안다고 해서 예의바른 사람이 아니라, 예(禮)가 몸에 밴 사람을 예의바른 사람이라 하듯이. 언행일치(言行一致)·지행합일(知行合一)·문무겸전(文武兼全)하지 못한 '똑똑한' 인간들이 판치는 세상을 우리는 매일같이 보고 있지 않은가.

요즈음 새로이 지은 학교에 가보면 시설들이 너무 좋고 편리하기 이를 데 없다. 심지어 교실마다 화장실이 설비되어 있는 초등학교도 생겼다고 한다. 글쎄, 나 같으면 옛날처럼 운동장 건너편 끄트머리에 만들어 놓고 비가 오나 눈이 오나 쉬는 시간에 그곳까지 뛰어갔다 오게 했으면 좋겠다. 그리고 쉬는 시간이면 교실에서 밀린 숙제를 하거나 엎드려 자거나 수다 떨지 못하게 모조리 교실 밖으로 내쫓아 강제로라도 몸을 풀게 하고 난 뒤 교실에 들여보내고 싶다. 불편함과 부족함의 교육도 조금은 시켰으면 한다.

  부모의 마음이야 아끼는 정(情) 때문에 자기 자식이 나중에 좋은 직장에서 남보다 편히, 남보다 잘살게 되기를 바라는 욕심을 가지는 것쯤 이해해 줄 수도 있다. 이런 경우 자식에게야 물론 좋은 부모는 될 수 있을지언정 무조건 훌륭한 부모라 할 수는 없겠다. 그렇다고 교육자들까지 내 제자 운운해서는 곤란하다. 먼저 사회가 필요로 하고, 사회에 보탬이 되며, 사회를 위해 힘든 일 험한 일 가리지 않는 적극적인 인재(그냥 평범한 시민이라 해도) 양성을 염두에 두어야 하지 않겠는가. 좋은 대학 합격해서 저 잘살고 출세하는 일은 그 다음의 문제가 아닌가. 성적이나 재주가 뛰어나고 안 뛰어나고를 따지기에 앞서 사회에 적극적으로 참여할 수 있는 습관을 길러 주는 것이 학교의 첫째 의무라 생각된다. 그냥 버리는 쉬는 시간을 잘 활용하면 의외로 좋은 결과를 얻을 수 있지 않을까 싶다. 습관이란 아무리 사소한 것일지라도 엄청난 차이를 낳는다. **한국인들은 자식의 이름에 문(文)자나 영(榮)자 넣기를 좋아하고, 일본인들은 무(武)자와 웅(雄)자를 선호한다.** 부모의 바람이 서로 다른 까닭이리라.

  여담이지만, 예전에 처음 사무실을 열 무렵 중고 책상 몇 개와 헌 소파를 들여놓았었다. 사무실뿐만 아니라 요즈음은 일반 가정에도 소파 없는 집이 없다. 텔레비전을 보면 모든 사무실에는 으레 소파가 있어 당연히 그래야 하는 줄 알았다. 그런데 이 소파가 시간이 지날수록 왠지 찜찜해지기 시작했다. 남이 사용하던 것이라서 그런 게 아니었다. 헌 나무책상은 세 귀퉁이가 떨어져 나갈 때까지 무려 15년 넘게 끌고 다녔으니까. 그러던 어느 날, 외무를 마치고 오후 늦게야 사무실로 돌아오게 되었다. 모두들 퇴근한 줄 알았더니 직원 두 명이 남아 소파에서 바둑을 두고 있었다. 근처 문방구에서 사온 모양이었다. 그리고 옆의 책상 위에는 중국집에서 시켜먹은 듯 접시와 술병들이 널브러져 있었다. 출판사 시작한 지 얼마 되지도 않아 그나마의 밑천까지 바닥나 버려 가뜩이나 어려운 때였기도 했지만, 그 꼴을 보자니 갑자기 쌓였던 부아가 치밀어올랐다. 아무리 낡아빠진 건물 옥탑방의 볼품없는 사무실이지만 그래도 명색이 출판사 사무실인데, 이 무슨 한심한 꼴인가 싶었다. 그래도 그 자리에선 꾹 참고 기다렸다가 한참 후 그들이 나간 다음에 바둑판을 접어 쓰레기통에 처박아 버렸다. 그러자 다음날 버려진 바둑판을 다시 소파 탁자 위에 올려다 놓고 나한테 따지고 들었다. 근무중도 아니고 퇴근 시간 후인데 뭐 어떠냐는 것이다. 화가 난 나는 "난 때려치웠으면 치웠지, 그런 꼴 못 본다. 여기가 동네 복덕방이냐. 설령 일거리가 없어 하루 종일 천장만 쳐다보고 지낸다 해도 여기서 화투를 치거나 바둑 두는 꼴은 못 본다. 사무실은 일하는 곳이지 노는 곳이 아니다. 정 놀고 싶으면 나가서 놀아라" 하고 그 자리에서 바둑판을 밟아 부수어 버렸다. 그리고 며칠 후에는 소파까지 내다 버렸다. 그때 이후 지금까지 우리 사무실에는 소파가 없다. 그리고 사무실에서 바둑이나 화투를 하는 거래처와는 곧바로 거래를 끊어 버린다.

고려시대까지만 해도 우리나라도 입식 생활을 하였는데, 유독 조선 시대에 들어서는 모두가 좌식 생활을 하게 된다. 침대나 걸상이 없어지고, 온돌방 앉은뱅이 생활이 정착된 것이다. 왜 그렇게 변했는지는 정확히 모르겠으나, 아마도 과거 시험을 위해 하루 종일 방 안에 틀어박혀 글만 읽어야 하는 선비 문화 때문이 아닌가 싶다. 누운 자리에서 일어나 앉아 책도 읽고 밥도 먹고, 아무튼 모든 것을 방 안에서 다 해결하였다. 심지어 방 윗목에 요강 단지를 두어 해가 지면 오줌을 누러 갈 필요조차 없었다. 학자들은 이 온돌 문화의 효율성과 과학성이 우리 민족의 지적 우수성을 증명하는 것이라며 열을 내어 자랑한다. 그야 어련할까마는 한편으로 **이 온돌 문화가 유교 문화와 결합하면서 한민족의 진취성을 떨어뜨리는 데 한몫 거든 것만은 틀림없는 것 같다.** 침대와 소파는 자기 전에는 신발을 벗지 않는 입식 문화권에서나 소용되는 가구이다. 언제든지 뛰쳐나갈 준비가 되어 있다. 그렇지만 좌식 온돌에서는 반드시 신발을 벗어야 한다. 방 안으로 들고 나가는 것이 불편하다. 온돌이 전래되어 온 북방에서도 좌식 생활을 하지는 않았다. 온돌 방식 자체는 분명 우리 민족의 지혜로운 에너지 사용법이라 할 수 있지만, 문제는 사람의 실천력(행동력)을 떨어뜨리는 것이다. 서 있으면 앉고 싶고, 앉으면 눕고 싶다고 하지 않던가. 한번 따끈따끈한 온돌 아랫목에 엉덩이를 붙이면 여간해서 일어나기 싫은 법이다. 그러다 보니 말만 많아지게 되고, 모든 일을 턱짓으로 시켜먹으려 든다. 발등에 떨어진 불이 아니면 내일로 미룬다. 그러면서도 앉아서 천리를 내다본다며 세상일에 온갖 간섭이다. 수다를 떨다 보면 안할 말까지 내뱉게 된다. 변화를 싫어하고, 있는 그대로에 안주하려 든다. 학자연 선비연하면서 자신의 게으름을 가린다. 열강의 수많은 함대들이 문을 열라고 대포를 쏘아대도 누구 하나 내다보지 않는다. 구들장 꺼지기 전에는 절대 엉덩이를 뗄 수 없다. 그런데 이 온돌에 침대와 소파가 들어온 것이다. 전혀 어울리지 않을 것 같은데도 그만 찰떡궁합이 되고 말았다. 온돌 위에 소파와 침대라? 서양 사람들이 희한하게 여기는 것이다. 어쨌거나 그 덕분에 수백 년 동안 아랫목에 누룽지처럼 눌어붙어 있던 엉덩이가 간신히 떨어지긴 했다. 사랑방 수다가 다방으로 자리를 옮긴 것이다.

입식 문화가 동적인 무(武)의 문화라면, 좌식의 온돌 문화는 정적인 문(文)의 문화라 할 수 있다. 그렇더라도 온돌에 소파·침대 들여놓았다고 해서 문무겸전 문화가 되는 것은 아니다. 사무실이나 다방의 푹신한 소파에 앉으면 아무래도 시간을 많이 죽이게 된다. 그래서 나는 소파가 싫다. 지금의 온돌 방식도 싫다. 그런데 엉덩이와 등짝이 말을 잘 안 듣는다. 내 안에 게으른 무엇이 하나 더 들어앉아 있는 모양이다. 어릴 적부터 함께 붙어다니던 것이라 도무지 떨어지지 않는다. 더 재미있는 일은, 원래 육물(六物: 꽹과리·태평소·소고·북·장구·징)을 가지고 대지를 힘차게 밟고 천지를 경동시키며 신나게 놀던 풍물놀이마저 사물만 가지고 노는 앉은뱅이 테크노뮤직으로 변했다는 것이다. 평민 음악이 드디어 거문고처럼 양반 음악으로 승격(?)되어 마당에서 대청으로 올라간 것이다. 하기야 서양의 오페라도 원래는 시장터에서 벌이는 서민들의 놀이였다고 하지 않던가. 이왕이면 복식도 선비나 양반님네 옷으로 했으면 더 좋았을 것을. 코리아 테크노댄스의 원조격인 무당춤도 앉은뱅이춤으로 바뀔 날이 머지않은 것 같다. 그래도 북방민족 오랑캐의 피가 흐르는지 앉아서 싸우는 인터넷게임은 유별나게 좋아하는 것 같다. 그러니까 앞으로는 전쟁도 방 안에 앉아서 치러야 할 판이다. 스포츠 경기도 직접 익히면서 즐기기보다 구경만 하고 훈수만 들려고 한다. 너희들은 열심히 치고받고 싸워라, 난 점잖게 앉아 즐길 테니 하는 심사다.

1990년대 이후, 기업을 경영하는 이들이 하나같이 하는 말이 있다. 대학을 나온 신입사원들에 대한 실망감이다. 딴에는 고르고 골라 채용했는데도 깜박 속는다는 것이다. 말을 시켜 보면 다 알아듣는 것 같은데, 막상 일을 시키면 뭐 하나 제대로 해내는 일이 없어, 그때마다 또 속았구나 하고 혀를 내두른단다. 장마철 수박 고르기보다 더 힘들다. 그러다 보니 예외없이 극기 훈련이다 뭐다 해서 한 1년 정도 교육을 시켜야 겨우 오줌똥 가릴 정도가 된다는 것이다. 자연히 대학에다 대고 불량품 만들어 내보낸다며 성토를 해댄다. 그게 어디 대학만의 잘못인가. 이 답답하고 굼뜬 '온돌군자'들은 우리의 선비 문화가 만들어 낸 것이다. 이들을 밖으로 내쫓아 달리게 해야 한다.

이밖에도 체육(體育)을 신체 발육에 필요한 단백질 혹은 비타민이 많이 포함된, 교육의 보조 식품 정도로밖에 인식하지 못하고 있는 나라에서 벌어지는 희한한 현상은 수도 없이 많다. 모두 생각 없이 받아들인 서양 체육을 그저 동작만 따라 하다 보니 생긴 현상이다. 체육의 정신, 체육의 철학이 뭔지도 몰랐다는 말이다. 그러니 체육이란 지루하고 재미없는 단순 노동 같을 수밖에. 동서양을 막론하고 체덕(體德)은 곧 무덕(武德)에서 나온다. 먼저 무(武)의 정신을 헤아려 볼 일이다.

42 절(節)·절(切)·팽(烹)

인류 역사상의 수많은 영웅들 중에서도 패배한 영웅들의 이야기는 후인들의 심금을 울리며 끊임없이 회자되고 있다. 가장 대표적인 예가 중국의 초패왕(楚覇王) 항우(項羽)이다. 그의 영웅적인 행동, 그리고 마지막 전투에서의 비장함은 수많은 고사성어를 남기며 중국 문학과 예술의 훌륭한 소재가 되고 있다. 그는 명문가의 후손으로서 우람한 체격과 무예 실력, 그리고 학식을 갖춘 시인이면서 탁월한 군사전략가였다. 그럼에도 불구하고 지나치게 호방하고 난폭한 기질 때문에 민심을 얻는 데에는 실패하여, 결국 유방(劉邦)에게 패하자 깨끗하게 자결하고 말았다.

영웅이란 호칭은 원래 무인(武人) 가운데서 뛰어나게 용감한 인물들의 이름 앞에 붙이는 수식어이다. 명사형 문인(文人)을 두고는 결코 영웅이라 하지 않는다. 그들에게는 지사(志士) 혹은 열사(烈士)라 하여 이름 뒤에 붙여 줄 뿐이다. 사실 옛 영웅들의 대부분은 오늘날의 척도로 재자면 모두 독재자들이다. 호전적이고 모험적이어서 전쟁과 정복을 좋아해 사실 백성들로서는 괴로울 수밖에 없다. 그래서 비록 성공한 영웅이라 해도 말로가 그다지 영광스럽지 못한 경우가 많다.

무림(武林)에서 추구하는 절대적인 가치관이자 도덕 규범인 무덕(武德) 중의 하나는 절(節)이다. 다른 사람보다 아무리 출중한 무예를 갖추었다고 해도 기개와 절개를 갖추지 못하면 결코 무협(武俠)이 될 수 없었다. 절(節)은 개인 존엄이자 곧 무인의 품격이다. 의(義)·명(名)·충(忠)·신(信)을 위해 언제든지 자기 목숨 하나 아까워하지 않는 행위를 말한다. 이는 비단 무인뿐만 아니라 선비들에게도 마찬가지이다. 패장의 자결은 이 절(節)을 지키기 위한 마지막 수단이기도 하다. 일본 무사들의 할복(割腹) 또는 절복(切腹)은 스스로의 과오와 패배를 인정하고, 무사다운 마지막 마무리를 위해 스스로 목숨을 끊는 절(節)인 것이다. 지나친 감이 있지만 그렇게 목숨을 다해서라도 명예와 존엄성을 지켜야 하는 것이 무림의 전통적인 관념이었다.

무(武)는 그 속성상 진퇴(進退)를 분명히 할 것을 요구한다. 왜냐하면 승부(勝負)가 분명하기 때문이다. 그러나 질 것이 분명한데도 나아가야 할 때도 있는 법, 의리와 명분, 복수와 절개를 위해서이다. 그것이 곧 순절(殉節)이다. 반대로 이길 수 있음에도 물러날 때가 있는데 이를 용퇴(勇退)라 하며, 역시 절(節)이다. 무덕(武德)은 일반적인 정감이 아니다. 지극히 냉철한 자각 의식으로 내화(內化)된 무림의 도덕 신앙이다.

역사상 등장한 수많은 영웅들에 대한 후인의 평가가 바로 이 절(節)과 절(切)에 따라 크게 달라지기도 한다.

최근의 독재자 중 이라크 후세인 대통령의 말로는 추하기 짝이 없다. 하늘을 찌르던 호기는 어디로 가고, 구차하게 숨어 있다 붙잡혀 재판을 기다리고 있다. 당당하게 싸우다 죽거나 깨끗하게 자결했으면 후세는 그를 신제국주의에 맞선 중동의 영웅으로 미화하였을 터인데, 결국 추악한 독재자의 모습밖에 남기지 못하였다. 이에 비해 만약 히틀러가 자결하지 않고 후세인처럼 생포되었더라면, 과연 지금의 나치즘 추종자들이 생겨났을까? 실패한 영웅 가운데 가장 대표적인 나폴레옹이 그 최후를 깨끗이 무인답게 마무리했더라면 지금보다 훨씬 위대한 영웅으로 칭송받았을 것이다.

임진왜란 때 이순신 장군이 마지막 전투에서 순사하지 않고 살아남았더라면 그토록 극심했던 당파적 대립 속에서 온전히 그 명(命)과 명(名)을 보전할 수 있었을까? 프랑스의 드골 장군처럼 이승만 대통령과 박정희 대통령이 진퇴를 분명히 했더라면 역사는 그들에게 보다 후한 점수를 주었을 것이다. 김재규가 철없었다는 말밖에는 달리 마땅히 표현할 길이 없는 그러한 감정적인 저격이 아니고, 대의를 위한 냉정한 판단에 의해 당당하게 행해진 협절(俠節)이었다면, 그리고 자신의 뒷마무리를 깔끔하게 정리했더라면 후인들은 두 사람의 이야기를 전설로 미화시켰을 것이다. 그러나 우습게도 흔해빠진 갱 영화의 한 장면으로 역사의 한 페이지를 장식하고 말았다. 무인의 절(切)에는 반드시 그에 합당한 명분이 있어야 한다. 스스로는 물론이고 상대에게도 그에 마땅한 존엄을 지킬 수 있도록 배려해야 한다.

하지만 그 철없던 절(節)이나마도 이제 다시는 찾아볼 수 없을 것 같다. 피 묻은 군홧발로 권좌를 차지한 무인 출신의 역대 대통령들이 오늘을 살아가는 모습을 보노라면, 먼저 간 그들이 차라리 아름답다 해야 할 것이다. 일국의 대통령이, 그것도 군인 출신 대통령이 권좌를 내려오자마자 앞서거니 뒤서거니 감방을 들락거리며 온갖 수모와 손가락질을 당하였는가 하면, 숨긴 재산을 두고 또 끝없이 숨바꼭질을 하며 구차하게 살고 있다. 무인으로서 갖춰야 할 단 한 가지 덕목도 보여주지 못한 채 무인(군인)을 욕되게 하고, 국민을 역겹게 하고 있다. 그렇다고 문민 대통령이라 해서 별반 달라진 것 없다. 자식들이 앞서거니 뒤서거니 감방을 들락거린다. 그래도 부끄러운 줄 모르고 임기를 다 채우고 나온다.

예전에는 동네 아이들끼리 싸우면 어느 부모 할 것 없이 우선 자기 자식부터 몇 번 패거나 쥐어박고 봤다. 누가 잘했건 누가 잘못했건 이유없이 각자 그 부모한테 얻어맞고 볼 수밖에 없었다. 그러니 그저 싸우고 나면 쉬쉬해야지, 억울하다고 부모에게 하소연해 봤자 몇 대 더 맞는 것밖에 도리가 없었다. 결국 아이들 싸움은 아이들 싸움으로 그 자리에서 그치고 말았다. 그런데 언제부터인가(아마 민주주의 시대가 도래하면서 그랬던 것 같다) 이 나라에선 아이들이 싸우면 꼭 어른들 싸움으로까지 변해서 이웃이 원수처럼 눈흘겨 가며 살기가 예사다. 심지어 고소까지 하는 경우도 있다. 누가 법치 국가 아니랄까봐 여차하면 법(法)부터 찾는다. 법 앞에서는 만인이 평등하다고 하니까 사리도, 이치도, 경우도, 양심도 필요없는 줄 아는 모양이다. 법 앞에서는 오직 뻔뻔해야 한다. 어쨌거나 요즘은 아이 어른 할 것 없이 모두가 따지길 좋아한다. 심지어 어떤 부모는 집 안에서 형제들이 싸우는 데에도 누가 옳고 누가 그른지를 따져 재판해 주기도 한다. 본인이야 참으로 공평하고 민주적인 부모라고 착각하면서 살아가겠지만, 그 집구석 앞날이 한심스럽기 그지없다. 대개 이런 부모들이 나중에 보면 십중팔구 그렇게 키운 자식들한테 고스란히 그대로 당하는 경우가 대부분이다.

그게 어디 한 집안뿐이겠는가. 문민 정부가 들어서면서부터 하나같이 대통령이란 사람이 그저 제 식구들 감싸기에 여념이 없다. 집안 식구는 말할 것도 없고 자기 부하, 또는 자기편 사람들이 사고를 치면 끝까지 감싸다가 욕먹고 망신당하는 경우가 끊임없이 일어나고 있다. 다들 문인 출신들이어서 그런지 끝까지 우기면서 온갖 구차스런 변명을 늘어놓으며 뻔뻔한 꼼수를 부린다. 언뜻 생각하면 자기편 식구를 저렇게까지 감싸주니 더욱 존경하고 잘 따를 것 같지만, 인간이 어디 개만 할까. 주인을 우습게 알고, 우선은 복종하지만 여차하면 잡아먹으려고 덤벼들게 되어 있다.

한 집안의 가장이든 일국의 대통령이든 냉정할 땐 얼음칼보다 더 냉정해야 한다. 자기가 임명한 관료에게 문제가 있으면 가차없이 그 자리에서 내쳐야 한다. 계속해서 감싸다가 욕은 욕대로 얻어먹고 난 다음에야 마지못해 해임한다. 자, 거기까진 좋은데 내보내는 모양새가 또 영 아니다. 어떤 대통령을 두고 흔히들 정치가 몇 단이네 어쩌네 하지만 내가 보기엔 아직 한참 초보다. 사람을 쓰는 것도 중요하지만, 버리는 것도 중요하다. 그저 여론의 눈치나 보면서 본인이 제풀에 지쳐 사임원을 제출할 때만 기다리는데, 이건 초보도 왕초보다.

이왕 버릴 거면 국민들의 불만을 풀어주는 희생으로 사용하고 버려야 한다. (지나친 표현이지만) 모든 국민이 보는 데서 단호하게 목을 쳐야 한다. 그래야 기강도 서고, 그동안 쌓인 국민들의 불만도 해소시켜 줄 수 있다. 너무 잔인하지 않느냐고? 박정희 대통령이 다른 대통령과 다른 점이 바로 이것이다. 부하가 잘못하면 상관에게 책임을 물어 대뜸 목을 잘랐고, 큰 사고가 나면 반드시 불문곡직하고 해당 장관이나 총리를 잘라 버렸다. 그것도 보란 듯이 확실하게, 그리고 신속하게. 그것 또한 '절(切)'이자 '엄(嚴)'이다. 당사자에게도 저잣거리에서 몰매맞아 죽느니 차라리 주인 손에 죽는 것이 더 당당하지 않겠는가.

문민 정권이 들어서면서 유행했던 '토사구팽(兎死狗烹)'이란 말이 있다. JP 덕분에 정권을 잡은 YS가 곧바로 그를 버린 것을 두고서 '팽' 하였다고 세상 사람들이 떠들어댄 것이다. 그렇지만 앞뒤를 살펴보면 그 일을 토사구팽이라 하기엔 조금 무리가 있다. 비록 함께 손을 잡았지만 JP는 YS의 개가 아니었기 때문이다. 서로 거래를 한 것이고, 누군가의 배신으로 그 거래가 깨어진 것일 뿐이다. 역시 싸구려 범죄 영화의 흔해빠진 한 장면에 다름 아닌 것이다. 또 지팡이(JP) 짚고 칠전팔기로 소원을 이룬 DJ 역시 지팡이를 버리는 데 그다지 오랜 시간이 걸리지 않았다. YS에게 당한 경험에서였겠지만 DJ 때에는 계약서를 좀더 확실하게 챙긴 모양이었음에도 결국 버림받고 만다. 그렇지만 그것들은 모두 '팽'으로 볼 수 없는 일이다. 계약을 깬 것일 뿐이다. JP가 팽을 당한 것은 오직 박정희 대통령에 의해서였다. 역대 대통령 중 유일하게 박정희만이 적절히 토사구팽을 잘 구사하였다. 권력과 정치를 그나마 좀 알았던 것이다. 그러나 그 역시 너무 오래 키운 미친개 한 마리에게 물려 비참한 최후를 맞게 된다.

'팽' 역시 또 다른 형태의 '절(切)'이다. 사냥이 끝났으면 사냥개는 반드시 삶아야 한다. 이젠 사냥도 끝나고 본격적인 농사철이다. 소나 말이 필요한 것이다. 문민 정부가 벌써 세 차례나 들어섰지만 아직 한 번도 '팽'을 본 적이 없다. 오히려 동네 닭 잡아먹은 제집 개를 위해 변명만 늘어놓다가 글자 그대로 맨날 '개망신'만 당하고 있다. 엉뚱하게 소를 잡아먹고 사냥하던 개들 데리고 밭을 갈겠다고 하니 농사는 이미 글렀다. 호미 두고 낫으로 김매는 격이고, 고양이에게 어물전 맡긴 꼴이다. 우선은 동네 닭으로 입가심이나 하고 있지만, 언젠가는 소도 잡아먹고 주인도 물어뜯게 되어 있다. 육도삼략(六韜三略)이 병법인 줄은 알지만, 토사구팽이 지도자가 반드시 행해야 할 치법(治法)인 줄은 모르는 것이다. **팽도 모르고 정치하는 것은 낫 놓고 기역자도 모르는 것과 같은 것이다.** 사냥이 끝났으면 개들은 모두 우리(국회) 안에 가두고, 소·말을 끌고 나가 농사를 지었어야 했다. 하긴 무(武)도 모르는 판에 팽(烹)을 안다고 한들 별 수 있을까마는. 신의(信義)가 뭔지도 모르면서 후계자를 키운다고 하니 다음 일이야 보나마나. 사냥개든 애완견이든 주인을 위해서는 모두 충신(忠臣)이지만, 동네 사람들이나 손님들이 보기엔 모조리 간신(奸臣)일 뿐이다. 요즈음은 이 간신들만 데리고 정치를 한다.

  여담이지만, 우리나라 현대 정치사에 있어서 **JP**만큼 독특한 인물도 없는 것 같다. 만년 2인자에 억울했던지 조상 묘까지 이장해 가면서 대통령 한번 해보려고 했지만 결국 뜻을 이루지 못하고 무대에서 사라지고 말았다. 특유의 능글한 비웃음과 속내를 드러낼 듯 말 듯한 모호한 언어 구사, 뛰어난 권모술수로 난세를 잘 헤쳐나왔지만, 결국 지역 감정을 기반으로 오랫동안 정치판에서 거간꾼 노릇을 한 인물로 정치사에 기록될 수밖에 없을 것 같다. 최고 권력자는 속내를 보이지 않는 부하를 가장 꺼리는 법이다. 결코 함께 먼 길을 갈 수가 없는 것이다. 남다른 경륜과 뛰어난 정치적 술수에도 불구하고 결국은 내침을 당하게 된 원인은 아마도 이런 음흉스러워 보이는 처신 때문일 것이다. 그리고 그는 무인이라기보다는 문인적인 성향이 강하다. 결단력이 부족한 것이 치명적인 결점이다. 모사꾼으로 참모 역할은 잘할 수 있지만 지도자감으로는 부족한 인물이다. 대개 이런 사람들은 인물로나 경륜으로 보아 나무랄 데 없어 보이지만 걸음걸이를 보면 알 수가 있다. 박정희와 JP는 걸음걸이에서 확연히 다르다. 박정희는 체구가 왜소하지만 걸음걸이는 또박또박 힘이 있다. 이에 비해 풍체가 그럴듯한 JP는 걸음걸이에 힘이 없다. 팔자걸음에 바짓가랑이에서 펄렁펄렁 바람이 새고 있다. 엄(嚴)과 절(節)이 부족한 사람들의 전형적인 걸음이다. 대개 하체가 부실한 사람은 의지가 부족하다. 이런 사람은 어느 분야에서건 절대로 최고 지도자에 오르지 못한다. 결국 홀로서기를 못해 보고, 지팡이(JP)로서의 역할만 하다가 정치적 삶을 마감하였다.

부동산 투기 의혹으로 경제부총리를 떠나보낸 대통령이 못내 아쉬운지(아마 억울해서란 표현이 더 적합할 듯하다) '국민 여러분께 드리는 글'을 통해 "관계 기관으로 하여금 진실을 밝히도록 해서 책임질 일이 있다면 책임을 지게 하고, 억울한 일이 있다면 억울함을 풀도록 하겠다"고 하였다. 이미 끝난 일에 일국의 대통령이 속내를 다 드러내놓은 모양새가 영 너절해 보인다. 정치는 정(情)으로 하는 것이 아니다. 칼[刀]로 하는 것이다. 어떻게 해서든 빠져나가려고만 하고, 지고서도 억울해하며 승복하지 않으려는 변호사 근성을 그대로 드러내 보인다. 억울함을 풀던 책임을 지던 그건 당사자가 알아서 할 일이지 대통령이 신경 쓸 일이 아니다. 자기가 타던 말이 부상당해 고통스러워할 때 주인이 총을 쏴 사살하거나, 부상으로 낙오되어 죽거나 적에게 붙잡혀 고통스럽게 죽어갈 처지에 놓인 동료 병사의 자결을 돕거나 죽여주는 흔해빠진 영화 장면을 보면서 그들은 어떤 생각을 했을까? 주군(主君)을 모시는 자들도 자신이 사냥개인지 소인지 분수를 알아 처신해야 명(命)과 명(名)을 온전히 보전할 수 있을 것이다. 아무나 국민을 위해 봉사하는 것이 아니다.

 옛글에 "곤궁했을 때는 지조를 바꾸지 말고, 출세했을 때는 득실을 따지지 마라"[16] 하였다.

43 금메달과 스포츠맨십

 오늘날 우리가 말하는 스포츠(sports)란 체력이나 기술을 필요로 하는 활동으로서, 오락으로 즐기거나 승부를 겨루기 위한 신체 운동을 말한다. 한때 스포츠로는 낚시·사냥·사격·승마 등의 오락만을 지칭하였고, 정해진 규칙에 따라 개인이나 단체가 벌이는 경쟁은 운동 경기라 일컬었으나 지금은 같은 의미로 사용되고 있다.

 원시적인 운동 경기는 사냥에서 시작하여 오락으로 발전해 왔지만, 인류의 문화가 발달되면서 고대 아테네 올림픽처럼 종교적이고 정치적인 요소를 가미한 운동 경기로 발전되어 왔다. 고대 운동 경기는 대개 사냥 또는 전투 기술에서 파생되어 나왔다고 할 수 있다. 단지 서로 목숨을 걸지 않고 체력이나 기술을 비교함으로써 승부를 판가름해 보자는 것에서 시작되었다. 즉 무예의 실력을 간접적으로 겨루어서 그에 승복한다는 것이다. 스포츠가 무예를 대신하게 된 것이다.

 그렇지만 어디까지나 간접적인 투쟁이기 때문에 무예처럼 곧이곧대로 승복하기가 쉽지 않다. 그래서 여러 가지 규칙을 정해 놓고 정정당당히 겨루어 결과에 승복할 것을 강요하게 되는데, 그것이 바로 스포츠맨십이다. 더 간단히 말해서, 졌으면 졌다고 깨끗이 승복하고 물러나라는 말이다. 물론 무예에서는 그러한 용어가 필요치 않다. 왜냐하면 목숨은 하나밖에 없고, 단판 승부이기 때문이다. 죽은 자가 무슨 할 말이 있겠는가. 따라서 패장의 변명은 진 것보다도 더 수치스러운 것으로 여겼다.

  몇 해 전, 미국에서 있은 동계올림픽 스케이트 경주에서 한국(우리라는 표현이 내키지 않는다) 선수가 미국 선수에게 금메달을 빼앗겼다 해서 온 국민이 분통을 터트린 적이 있다. 실격당한 한국 선수는 오히려 우승한 선수보다 더한 영웅 대접을 받았고, 언론이나 방송을 통해 인기인으로 떠올라 졸지에 스타 반열에 올랐다. 심지어 가짜 금메달까지 만들어 주는 등 법석을 떨면서 때마침 불어닥친 반미 감정에 불을 붙였다. 그 억울한(?) 사연은 계속 이어져 오다가 월드컵에서 골 세리머니로 복수(?)를 마감하게 된다. 그리고 지난 아테네 올림픽 체조 경기에서 심판의 오심으로 금메달을 빼앗겼다고 한바탕 난리를 피웠었는데, 공교롭게도 상대가 또 미국 선수였다.

  알다시피 두 사건 모두 항의도 하고 관련 기구에 재소도 해봤지만 빼앗긴(?) 금메달을 찾아오지는 못했다. 억울하지만 그것이 스포츠다. 그리고 스포츠맨십을 아는 자라면 이에 승복해야 한다. 정정당당하게 겨루어서 결과에 승복한다는 것은 절대적인 명제다. 여기에 추호도 다른 이유가 있을 수 없다. 상대가 몰래 반칙을 해서, 심판이 고의 혹은 실수를 해서, 관중들이 편파적으로 응원을 해서, 마침 바람이 세게 불어서 등등 온갖 이유와 변명, 그리고 항의가 있을 수 있지만 이런 모든 것들을 초월(무시)할 수 있어야 한다. 그래서 스포츠에는 여러 가지 제한의 규칙이 있다. 예상치 못한 사고, 심지어 심판의 오심조차도 그 규칙 안에 포함되어 있다. 심판의 판정에 불복하는 것은 게임 자체를 부정하는 것과 같다. 그리고 그 모든 것을 인정하였기 때문에 그 자리에 나온 것이다. 그게 싫으면 규칙을 바꾸자고 하든지, 아니면 불참하면 되는 것이다.

2004년 프랑스 자전거 일주대회에서 암을 이기고 이미 5연패를 기록한 암스트롱이 레이스 도중 넘어졌을 때, 뒤따라오며 그와 선두를 다투던 이탈리아 선수는 더 이상 달려나가지 않고 그가 다시 일어나 달릴 때까지 기다려 주었다. 물론 그 때문이었는지 아니었는지는 모르겠으나 기다려 준 그 선수는 우승을 놓치고 준우승을 하였으며, 암스트롱은 6연패라는 금자탑을 세웠다.

그런가 하면 역시 지난 아테네 올림픽 마지막 마라톤대회에서 브라질 선수 리마는 결승점 4킬로미터를 앞두고 선두를 달리다 아일랜드의 어떤 미친 종말론자에게 밀려 넘어지는 바람에 금메달을 놓치고 동메달을 목에 걸었다. 그러나 그가 결승점에 들어서면서 웃으며 날갯짓 하던 모습은 전 지구인들의 박수갈채를 받았다. 결코 땅을 치거나 분통을 터뜨리지 않았다. 금메달을 돌려 달라지도 않았으며, 그를 밀친 사람에 대해 원망하지도 않았다. 안타까운 일이지만 다 있을 수 있는 일이라는 것이다. 결국 아일랜드 정부의 초청으로 국민적인 사과와 환대를 받기도 했다.

스포츠 정신, 스포츠맨십은 결코 상대에게 요구하는 것이 아니다. 바로 자기 자신이 갖춰야 할 내덕(內德)인 것이다. 그리고 스포츠가 주는 놀라운 교훈이 있다면 그것은 경기나 승부가 진행되는 동안 운명이라 불리는 추락과 부활이 무대에서 교체된다는 것이다. 원칙과 오류(혹은 실수) 간의 단절을 인정하면서 끊임없이 주사위가 던져져야 하는 것이다. 마지막 순간까지 경기가 끝난 게 아니라는 사실을 우리에게 일깨워 주는 것이다. 스포츠란 현대 사회의 동력이자 촉진제가 되는 불평등 게임이다.

　과거 한국의 스포츠가 시대적 상황 때문에 독재 정권하에서 비정상적으로 육성되다 보니 근본적으로 많은 문제점들을 잉태하고 있다. 그 중 하나가 배고픔을 참으며 악바리 정신으로 어떻게 해서든지 금메달을 따서 입신양명하여야 했던 절박함에서 성장해 왔다는 점이다. 가난하지만 머리가 좋아 공부에 자신 있는 이들에게는 사법고시라는 희망의 등대가 있었다. 그렇지만 가난한 집안의 머리 나쁜 이들은 운동만이 유일한 출세 수단이 될 수 있었다. 바로 이들을 주축으로 스포츠가 육성되었던 것이다.
　그러다 보니 스포츠의 원래 목적과 정신은 온데간데없고, 오직 금메달만 바라보고 이를 악물고 훈련을 견뎌내서 이겨야 한다는 생각밖에 없는 것이다. 금메달을 목에 걸기까지의 과정은 영광을 위해 감내해야 하는 긴 고통의 세월인 것이다. 그 순간을 위해 모든 것을 희생해야 하는 것이다. 인생을 몽땅 건 도박이다. 실패한 자에게는 아무것도 없다. 닳아빠진 운동화와 망가진 육체밖에는. 모든 것을 다 잃고 만다. 과거도 미래도.
　즐기는 스포츠가 되지 못하다 보니, 독재 정치와 같이 과정은 무시되고 결과만 중요시되는 풍토가 아직도 그대로 답습되고 있다. 금메달을 목에 건 선수들의 환한 웃음과 기쁨의 눈물은 "그동안의 고생은 드디어 끝났다. 이제 나도 평생을 남보란 듯이 여유롭게 먹고 살 수 있게 되었다"는 보상과 출세에 대한 만족감의 표시일 뿐, 승자의 당당함과 여유로움은 찾아보기 힘들다.
　당연히 스포츠맨십, 가치관과 도덕 규범, 스포츠를 통한 덕(德)의 함양 등은 생각할 겨를이 없었다. 하긴 누가 언제 가르치기라도 했던가?

학교 체육은 공부 못하는 혹은 싫어하는 아이들의 대학 진학 수단이 된 지 오래이고, 메뚜기도 한철이라고 돈벌기에 급급한 스포츠 선수들은 부정한 방법으로 병역 기피를 하다가 쇠고랑을 차기도 한다. 신체검사에서 불합격자로 판정받은 이가 프로 스포츠 선수라니! 고위층(부유층) 자녀, 인기 연예인과 더불어 돌아가며 병역 기피 연례 행사를 치르고 있다니!

그렇다고 이게 모두 선수들만의 문제인가? 현대의 스포츠는 관중과 함께 즐기고 만들어 나가는 것이다. 관중의 수준만큼 스포츠 수준도 올라간다. 그저 이기고 지는 것에 웃고 울고 해서는 진정한 스포츠의 맛을 알 수가 없다. 그저 스트레스 해소를 위해서라면 굳이 야구장이나 축구장을 찾을 필요가 없다. 격투기나 개싸움 혹은 닭싸움을 보러 가는 편이 훨씬 나을 것이다. 아니면 오락실에 가서 인터넷게임이나 하든지. 비록 관람이지만 그것을 통해 스트레스 해소나 대리만족 이상의 것을 얻어내야 한다. 규칙을 존중하고, 내 편 네 편을 떠나 기다려야 할 땐 기다릴 줄 알아야 하고, 인내하고 때로는 양보하고, 패자에게는 배려를, 승자에겐 아낌없는 박수를, 멋진 기술엔 칭찬을, 용맹함을, 신중함을, 절제를, 지혜로움을, 단호함을, 우직함을 함께 느끼고 즐길 줄 알아야 할 것이다. 경기장 안에서건 밖에서건. 삶이 곧 스포츠란 생각으로.

44 씨름과 무예

식물이든 동물이든 모든 생물은 살아남아 종(種)을 이어나가기 위해 어떤 형태로도 경쟁을 멈출 수 없다.

특히 동물들의 세계에서는 태어나자마자 곧바로 힘자랑에 들어간다. 사람 역시 인간으로 진화하기 이전부터 서로 겨루어 왔을 테지만, 문화적인 특징을 띤 힘자랑은 청동기시대부터 시작되었다고 볼 수 있다. 《시경(詩經)》에는 "주먹도 없고 용기도 없으면, 직위는 어지러움을 일으키는 단서가 된다〔無拳無勇, 職位亂階〕"라고 하여, 이미 권술이 있었음을 이야기하고 있다. 춘추전국시대에 이르러 '각력(角力)' '각저희(角觝戲)'에 대한 기록이 등장하기 시작하는데, 비로소 고대 스포츠의 초보적 형태인 공연적 대련의 내용을 갖추었다고 보여진다. 진시황은 각저를 좋아하여 크게 흥성케 하였는데, 다른 여러 놀이 종목과 함께 이를 '백희(百戲)'라 칭하였다. 한당(漢唐)시대에는 궁정은 물론 민간에까지 각저백희가 성행하였는데, 한(漢) 화상전(畫像塼) 등에 그 그림이 많이 남아 있다.

우리나라 역시 한당(漢唐) 문화를 받아들인 고구려 고분 벽화에 각저와 수박의 그림이 하나씩 남아 있다. 이 두 개의 그림은 씨름뿐만이 아니라 태권도와 택견 등 모든 전통 무예가 서로 자신의 뿌리라고 주장하는 귀중한 자료이다. 어찌 고구려뿐이었겠는가. 당시 중국 문화를 경쟁적으로 받아들였던 백제와 신라에서도 널리 퍼졌을 것이다. 이 두 그림 중 각저 그림이 지금의 씨름에 가까워 보인다. 그렇다고 해서 이 각저도가 반드시 씨름의 기원이라고 단정할 수만은 없다. 고분 주인의 신분이 매우 높은 걸로 비추어서 분명 당시 유행하던 군인(무인)들의 '각저희'로 봐야 하기 때문이다. 오늘날의 우리 씨름이 아닐 수도 있다는 말이다.

어쨌거나 그 기원이 무예의 기초 수련으로서의 각저이든, 아니면 지구상의 거의 모든 민족들이 보편적으로 즐기던 민속놀이로서의 힘자랑이든 씨름은 우리 민족의 가장 오래된 민속놀이임에 틀림없다. 경기 방식에 약간의 차이가 있지만 이웃 나라인 일본과 몽고에도 씨름이 남아 있는 반면, 중국에서는 현재 몇몇 소수민족 민속놀이에서만 찾아볼 수 있다. 고대에는 각저나 수박 등으로 크게 성행하였으나, 후대에 와서는 무예의 기초 수련 종목인 권법(권술)으로 발전되어 버렸다.

우리나라 씨름에 대한 최초의 기록은 조선 세종 때 편찬된 《고려사(高麗史)》에 등장하는데, 고려 충혜왕(1315-1344)은 정무를 신하들에게 맡기고서 환관들과 씨름(각력, 각저)을 즐겨 조정의 예를 무너뜨렸다고 기록되어 있다. 이 충혜왕은 1328년 세자의 신분으로 원나라에 갔다가, 이때 원나라 우승상(右丞相) 연첩목아(燕帖木兒)의 총애를 받아 1330년 고려왕에 오른다. 1332년 왕위에서 쫓겨나 다시 원나라로 갔다가 1339년에 복위한 그는 협기가 있어 주색을 좋아하고, 놀이와 사냥에 심취했으며, 방탕하여 다른 사람의 처첩이 예쁘다는 소문만 들으면 강제로 끌어들여 취하기를 일삼았다고 하며, 후궁이 1백여 명에 이를 정도였다고 한다. 원에 볼모로 잡혀 있던 동안 못된 건 다 배운 모양이다.

이 기록으로 미루어 보아 오늘날 우리가 즐기고 있는 씨름의 형태가 어쩌면 원(元)의 풍습에서 비롯되었을는지도 모른다. 1백여 년 동안 원의 지배하에 있던 고려는 궁중이나 민간 할 것 없이 원의 제도와 풍습을 받아들였는데, 오늘날 우리 풍습 중 많은 것들이 이때 들어왔다고 한다. 씨름 역시 그 중 하나일 가능성이 매우 크다. 물론 각저니 씨름이니 수박이니 해도 그때나 지금이나 맨손으로 겨루는 놀이가 그다지 크게 달랐을 것으로는 생각할 수 없다. 원의 지배하에 있는 동안 전 국민이 무장 해제되어 무예를 할 수 없게 되자 그 대용품으로 씨름을 즐기지 않았을까 짐작된다. 이후 씨름은 단오절과 중추절의 민속놀이로 자리잡게 된다. 아이러니컬하게도 이 씨름이 다시 부활하게 된 때도 1927년 일제 식민 치하에서였다. 태권도의 전신인 가라테〔空手道〕가 1600년경 일본에 의해 무장 해제된 오키나와〔沖繩〕에서 발생했듯이, 한일 합방과 더불어 무장 해제되면서 십팔기가 사라지자 씨름이 부활된 것이다. 1936년에는 대한체육회에 가맹하면서 경기 체육으로 육성되기 시작했다. 이때부터 해방 직후까지 열광적인 호응을 얻던 씨름은 차츰 시들해져 가다가 1983년, 즉 군부 독재가 한창이던 5공 시절에 와서 다시 부활한다. 정치적인 목적으로 일으킨 민속붐(국풍 운동)을 타고 '민속씨름대회'가 개최되면서부터이다. 호신술로서, 또는 오락으로서 과격한 맨손 격투기에 국민들이 심취하게 되는 것은 당시의 사회상과 연관이 있는 것과 맥락을 같이하는 것이다.

오늘날 한국 씨름과 가장 유사한 것은 일본의 '스모〔相撲〕'이다. 고대에는 각력(角力)으로 표기되었다. 지금의 경기 방식에서는 차이가 있지만, 고대에는 거의 흡사했을 것이다. 고구려 고분 벽화의 '각저'와 '수박'이 중국 한나라에서 전해졌듯이 '스모' 역시 한반도에서 전래되었을 가능성이 크다. 물론 모든 민족이 즐겼듯 자생적으로 생겨난 놀이일 수도 있다.

그렇지만 현재의 '스모'는 형태면에서는 주변 국가의 그것과 거의 흡사하지만, 내적인 면에서는 엄청난 차이를 지니고 있다. 우선 '스모'는 서기 710-1185년까지 일본 황실의 후원을 받으면서 국민적인

후한(後漢)시대의 〈석각백희도(石刻百戱圖)〉

오락으로 발전하게 된다. 종래의 잔인한 구경거리가 고도의 격식을 갖춘 쓰러뜨리기 경기 방식으로 순화된 것이다. 그후 무가시대(武家時代)에는 공개 시합을 금지하고, 사무라이를 위한 군대식 스모로 육성되기도 하였다. 1600년 이후 다시 공개 시합인 프로 스모가 시작되면서 일본의 국기(國技)로 불리기 시작했다. 오늘날에는 매년 6개의 큰 대회가 열려 엄청난 관중을 끌어모으며 수백 명의 직업 씨름꾼이 양성되고 있다.

 이제 씨름과 스모의 형식과 내용에서의 차이점을 비교해 보자.

 먼저 일본의 스모는 등급 제도가 매우 복잡하지만, 한국의 씨름에는 원래 특별한 등급이나 그에 따른 호칭 없이 그냥 힘이 센 사람에게 붙이는 일반명사인 '장사'로 통칭했을 뿐이다. 1983년 민속씨름대회

당(唐)시대의 〈상박도(相撲圖)〉   진(秦)시대의 나무빗

가 개최되면서 우승자에게 '천하장사'라는 호칭이 붙여졌다. 이에 비해 스모는 제1인자를 '요코즈나〔橫綱〕'라고 부르며, 그 아래로 '오제키〔大官〕' 등 수많은 등급과 그에 따른 호칭이 주어진다. 특이한 것은 우승했다고 해서 무조건 '요코즈나'의 호칭이 주어지지 않는다는 것이다. 경우에 따라서는 여러 차례의 우승을 거두고도 '요코즈나'에 등극하지 못하는 예도 있다. 선수의 실적과 경력, 그리고 품행 등을 종합적으로 평가한 후에 위원회에서 결정한다. 특히 외국인 선수에게는 이 호칭을 붙여주기를 꺼려 배타성을 드러내기도 한다. 이처럼 등급과 호칭에 엄격한 이유는 독특한 일본 문화에서 기인하기도 하지만, 무사들의 계급 제도의 영향을 받았기 때문일 것이다. 또한 스모는 경기 전에 거행하는 의식이 길고 지루하며, 선수가 서로 겨루는 자세를 취하는 과정도 까다롭고 복잡하다. 그리고 마지막 경기가 끝난 후에 치르는 의식도 길다. 이 역시 궁중의 까다롭고 엄격한 의례(儀禮)의 영향을 받았기 때문이다. 따라서 스모 경기 관람은 이런 전통 문화를 함께 즐기

는 것이다. 긴 의식과 수차례의 대치 끝에 막상 시합 자체는 순식간에 끝나 버리기에 스모는 지루하고 싱거운 경기라서 재미가 없다고 말하는 외국인들은 이러한 일본의 의례 문화를 모르기 때문이다.

경기 운영 방식도 토너먼트 방식이 아닌 매일 번갈아 가면서 한 차례씩 단판 승부를 벌여 최고 승적을 거둔 두 사람이 최종 결전을 벌인다. 여기서도 두 선수의 승률과 등급에 따라 까다롭고 복잡한 운영 규칙이 적용된다.

전체적인 경기 운용면에서 스모는 품격 높은 궁정의 의례와 멋을 받아들였으며, 승부의 결정에서는 무사도(武士道) 정신을 따르고 있다. 비록 힘자랑을 하는 볼거리 오락에 불과하지만 엄격한 무사도 정신을 받들고 있는 것이다. 우선 선수 개개인은 관중이나 심판 등 그 누구에게도 무릎을 꿇거나 허리를 굽혀 절하는 법이 없다. **천하의 무사(장사) 가 누구 앞에 고개를 숙일 수 없는 것이다. 기예를 팔아먹고 사는 예인들이나, 혹은 시장의 장사꾼들이 허리 굽혀 절하는 것이다. 무사란 오직 승자에게만 고개를 숙이는 법이다.**

그 다음, 선수에게는 무사로서의 대접이 따른다. 우선 시합을 위해 4.6미터의 스모판 위로 올라 간단한 의식을 치르고, 두 선수가 호흡을 고르고서 겨룰 자세를 취하는 동안 심판과 관중 모두는 선수의 의사를 절대적으로 존중해 준다. 단번의 경기로 곧장 돌진해 승부를 내는 경우도 있지만, 서로의 호흡이 맞지 않을 경우 여러 차례의 대치 자세를 똑같이 반복하는 바람에 기다리는 관중을 짜증나게 하기도 한다. 그렇다고 심판이 이를 제지시켜 빨리 싸우도록 강요하는 법이 없다. 비록 씨름이지만 칼을 든 무사의 목숨을 건 승부로 보는 것이다. 두 무사가 목숨을 두고 겨루는데, 옆에서 누가 이래라 저래라 하는 것은 당치도 않는 일이기 때문이다. 대신 선수는 경기중 어떠한 상황에서도 결코 선수로서(무사로서)의 예(禮)를 잃거나 품위가 떨어지는 행위를 해서는 안 된다. 지거나 이기거나를 막론하고 감정적인 폭언이나 화난 몸짓은 물론 고약한 인상조차 금물이다. 입장에서 퇴장할 때까지 거의 한마디도 내뱉지 않고, 오직 승부에만 열중해야 한다. 그리고 아무리 억울하게 졌다 해도 그 자리에서 이의를 제기하거나 항의하지 않는다. 졌으면 그 자리에 서서 고개 숙이고 물러나야 한다. 판정에 불복한다는 것은 곧 스모판을 떠난다는 뜻이다. 또한 스모꾼들은 경기뿐만 아니라 사생활에서도 품위를 잃어서는 안 된다. 십수 년 전, 인기 선수 한 명이 당시 인기 절정의 연예인(미야자와 리에)과 약혼을 했다가, 그녀의 누드집 발간 때문에 주위의 강요로 파혼한 적이 있다. 상식적으로는 이해가 안 되지만 그만큼 엄격함을 요구한다.

이 스모 경기의 의례(儀禮)는 마지막 날 경기에서 새로운 우승자가 결정되고 났을 때 그 극치를 보여준다. 경기가 끝났는데도 관중들 중 아무도 자리를 뜨지 않는다. 새로운 요코즈나(때로는 그냥 우승자)는 일단 퇴장한 후에 약 10여 분 동안 머리와 치장을 새롭게 한다. 그리고 다시 입장할 때에는 먼저 다른 모든 선수들을 앞세운 다음, 마지막으로 위풍당당하게 전 관중의 기립박수를 받으며 스모판에 오른다. 그가 자리를 정하면 나머지 선수들이 퇴장하고, 곧이어 시상식과 부상 수여식이 거행되는데, 인기 요코즈나의 경우 각계에서 주는 기념패와 부상이 줄을 잇는 바람에 이를 주고받는 의식에만 30분이 더 걸리는 경우도 있다. 이 일이 모두 끝난 후 요코즈나가 단을 내려가면 그제서야 관중들도 퇴장한다. 이 모든 것이 요코즈나에 대한 최고 강자로서의 예우이다.

이에 비해 한국의 씨름은 별다른 특징이 없어 보인다. 우선 경기 전반에 걸쳐 어떤 의례(儀禮)도 찾아볼 수가 없다. 오직 엎치락뒤치락 재미있고 호쾌한 승부만을 기대할 뿐이다. 요즘 들어 경기 전에 가수나 국악인을 동원해 분위기를 돋우기도 해보지만 그다지 신나 보이질 않는다.

경기도 단판 승부가 아닌 3판 양승 혹은 5판 3승제를 도입함으로써 긴박함(무예 승부다운)이 없고, 중간중간 샅바 싸움에 주심이 반말로(천하장사에게?) 꾸지람을 하고 속히 겨룰 것을 강요한다. 경기 시간을 초과하면 그때까지의 승률과 체중으로 승부를 결정지어 버린다. 진정한 승부가 뭔지도 모르는 데서 온 규정이다. 경기 도중 판정에 불복하거나 짜증 또는 화를 내며 모래판에 주저앉아 어거지를 부리는 광경도 종종 볼 수 있다. 머리는 요란하게 노랑물을 들이고, 이기면 엉덩이를 천박하게 흔들며 요상한 댄스를 추거나 감독에게 달려가 안겨서 감격해하는 폼이 도무지 장사(무사라고는 할 수 없고)답지 못하고 경박스럽기 그지없다. 관중들의 매너도 흡사 개싸움이나 소싸움 구경하듯 해서 선수(장사)에 대한 예우나 경외심 같은 것은 찾아볼 수 없다. 그저 엎치락뒤치락해서 스트레스를 풀어주는 오락거리 정도로 여기며 깔깔대거나, 조금만 지루해지면 집어치우라고 고함을 쳐댄다. 최종판에서 우승자가 가려진 후의 모습은 더욱 가관이다. 천하장사가 모래판에 엎드려 사방의 관중들에게 큰절을 올린다. 요즈음은 천하장사를 가마에 태우고 한 바퀴 돌리는데, 이 역시 논리적으로나 정서적으로 어울리지 않는 모양새다. 심하게 말하자면 종놈이 씨름에 이겼다고 정승이 될 수 있는 것은 아니지 않는가. 네놈이 아무리 천하장사라 해도 신분은 그저 힘센 종놈일 뿐이라는 것이다.

고대 한국의 씨름에 대한 구체적인 상황이 기록으로 남아 있지 않아 단정적으로 말할 수는 없지만, 오늘날의 씨름 형태로 유추해 보아도 크게 벗어날 것 같지는 않다. 우선 일본의 스모는 황실의 의례와 무사도 정신을 이어받아 전세계에서 가장 격조 높은 국민 스포츠로 키워진 데 비해, 한국의 씨름은 하급의 민속놀이일 뿐이라는 것이다. 조선시대 선비 문화라는 토양에서 씨름은 일반 평민(농부)들의 여흥거리에 지나지 않는 놀이였다. 사대부집 자제들이 종놈들과 힘을 겨루었을 것으로는 상상할 수가 없지 않은가. 더 심하게 말하자면 명절날 부자가 내놓은 송아지 한 마리를 두고, 이 고을 저 고을 힘센 청년(아마도 대부분 종이나 머슴)들이 벌이는 힘자랑이었을 뿐이다. 만약 지금의 민속씨름이 조선 왕조가 멸망하지 않고 궁중에서 수없이 행해졌던 군사들의 각저(희)에서 전해져 왔더라면, 상당한 예(禮)와 법(法)이 함께 전해졌을 것이다.

한국의 씨름과 일본의 스모를 비교하면서 어떤 것이 더 높은 가치가 있고 없고를 논하자는 것은 아니다. 스모는 스모대로, 씨름은 씨름대로 각각 자기 나라의 전통적인 민속놀이로서 있는 그대로의 귀중한 가치를 지니기 때문이다. 다만 이런 비교를 통해 같은 놀이라 하더라도 무예가 살아 있는 나라와 그렇지 못한 나라에서의 발전 양상이 크게 다르다는 것을 지적하고 싶었을 뿐이다. 어찌 씨름뿐이겠는가. 다른 놀이는 물론 심지어 민족 정신까지도 큰 차이를 보이게 된다.

한 20여 년간 호황을 누리던 민속씨름이 시대의 변화와 함께 점점 시들어 가는 것을 보면서 나름대로 무(武)의 시각에서 분석해 보았다.

그동안 관중들의 눈치나 보면서 군사 정권의 강요에 의해 억지로 참여한 기업들의 지원으로 너무 안일하게 운영해 오지 않았나 하는 생각이 든다. 우리의 씨름이 앞으로 어떤 멋과 격식을 갖춰서 발전해 나가야 할지를 고민하기 위해서는 먼저 씨름의 문화적 배경부터 제대로 알아야 할 것이다. 그저 '우리 것은 소중한 것'이라는 주장만으로는 자고 나면 새로운 오락거리가 한두 개씩 생겨나는 이 시대에 사람들의 시선을 잡아두기란 쉽지 않을 것이다.

45 한국 전쟁과 이승만

　대개의 권력자, 특히 최고 권력자들은 원천적으로 독재자일 수밖에 없다. 단지 그 강도에 있어서 국민들이 감내할 수 있느냐 없느냐 하는 정도의 차이에 따라 평가가 달라지는 것이다.
　우리 현대사에서는 정부 수립과 더불어 군사 정권이 들어서고, 독재 정치로 나아갈 수밖에 없었다. 혼란기에는 이런저런 사정 다 헤아려 가며 나라 살림을 꾸려나갈 수가 없다. 무엇보다 먼저 구심점이 되는 강력한 정권이 들어서야 잘됐던 못됐던 다음 일을 진척시켜 나갈 수 있기 때문이다. 미군의 남한 진주와 함께 당연히 미국과 말이 통하는 이승만을 책임자로 한 꼭두각시 정권이 만들어질 수밖에 없었다. 오늘날의 아프가니스탄이나 이란에 친미 정권이 들어서는(만들어 가는) 것과 하나도 다를 바 없다. 불행하게도 이승만이 항일 투쟁 시기 김구 선생 이상으로 큰 역할을 하였거나 그 중심에 있던 인물이었더라면, 그리하여 당연지사로 알고 환영하였더라면, 한국이 겪어야 할 온갖 불행들의 일부는 잉태되지 않았을 것이다. 어쩔 수 없는 선택이었지만 잘못 끼워진 첫 단추였던 셈이다.
　이승만은 아무리 들여다봐도 무인(武人)이 아니다. 그는 골수 선비이다. 미국의 신탁 통치 덕분에 문인(文人) 독재 정권이 들어서면서 불행이 시작된 것이다. 이왕 독재 정권이 들어서려면 무인(武人) 정권이 들어섰어야 했다. 고집은 세지만 문약(文弱)할 수밖에 없는 늙은 선비를 남쪽의 지도자로 삼기로 결정한 이상 이제 그가 대통령이 되는 데 방해가 되는 걸림돌, 즉 그보다 잘나고 당당한 인물을 제거해 주어야 했다. 흔히 김구 선생의 암살 배후로 이승만을 지목하려고 하지만, 내 생각에는 절대 그렇지 않다고 본다. 암살 후 우야무야 묵인은 했지만, 결코 그가 직접 암살을 지시했거나 사전에 인지하고 있었을 거라고는 생각지 않는다. 그는 고집스런 선비다. 미국에서 독립 운동을 하였다지만, 그곳에서의 독립 운동은 전투적인 일이 아니다. 외교 업무, 즉 행정적이고 사무적인 일들뿐이다. 그는 직접 자기 손으로 적을 쏘아 죽여 본 일도 없고, 전투에 직접 참가해 본 일도 없다. 살생이나 살인은 아무나 하는 것이 아니다. 선비는 결코 못한다. 직접도 못할 뿐더러 누굴 죽이라고도 못한다. 당연히 미국의 사주를 받았거나, 충성파들이 알아서 벌인 걸림돌 제거였을 것이다. 만약 이승만이 무인(武人)이었고, 또 사전에 암살을 지시했더라면 뒤처리를 그렇듯 우유부단히 하지는 않았을 것이다. 안두희와 그 일당 몇을 골라 곧바로 빨간 보자기를 씌워 처형시켰어야 했다. 이젠 모두 다 죽어 역사의 그늘 속으로 사라져 버렸으니 그저 짐작으로 사실을 꿰맞추는 수밖에 없겠지만, 어쨌거나 이 사건은 이승만 정권이 어설프고도 희귀한 문인(文人) 독재 정권으로 치달을 수밖에 없도록 만든 단초가 되었다.

  이에 비해 북쪽에는 무인(武人) 독재 정권이 들어서면서 민족의 재앙은 필연적이 된다. 이승만이 차라리 독재다운 독재자, 즉 무력을 선호하는 군인(무인) 출신의 독재자였다면 당연히 그는 먼저 군사력을 키우는 데 최우선적으로 힘을 쏟았을 것이다. 하지만 외교가 전문인 그는, 구한말 위정자들이 그러하였듯이 외세(미국)를 잘 이용하기만 하면 권력의 핵심은 무력이고, 무력의 한가운데에 권력이 있다. 목적으로서의 무력은 전체주의를 부르고, 도구로서의 무력은 폭력에 지나지 않는다. 도전으로서의 무력만이 진정한 민주주의를 가져다 줄 것이다. 물론 오늘날의 무력은 군사력만을 뜻하지 않는다. 경제력도 무력에 포함시켜야 한다. 그렇지만 군사력이 뒷받침하지 않는 경제력은 결코 무력이 되지 못한다.

요즘 어른 아이 할 것 없이 모두가 통일에 앞장서겠다고 아우성이다. 통일의 유관순, 통일의 안중근, 통일의 김구가 되고 싶은 것이다. 피 한 방울 흘리지 않고도 통일투사가 될 수 있는 기회를 놓칠 수야 없지. 이제 낡아빠진 독립투사, 민주투사, 노동투사, 환경투사는 저리 비켜라? 백두대간 산등성이에서 벌거벗고 통일염원 달리기를 하고, 누가 더 철책에 가까이 가서 통일 푸닥거리를 하는가가 경쟁이다. 통일목사, 통일스님, 통일신부, 통일무당, 통일작가, 통일춤꾼, 통일음악가…… 바야흐로 통일산이 아니면 명함도 못 내밀게 생겼다. 아무렴 좋고말고! 그저 좋은 게 좋지! 그렇게 오두방정을 떠는데 왜 아니 통일되겠나! 문무(文武)의 성질도 모르면서 통일하겠다고? 통일은 힘으로 하는 것이지, 기분으로 하는 것이 아니다. 알량한 선심이나 한류 바람이 통일시켜 주기를 바라는가?

무력이 없는 민주·평화 통일은 망상에 지나지 않는다. 과거 독일은 스스로 원해서 동서로 쪼개진 것이 아니었다. 하지만 한반도는 강대국이 개입하기 이전에 분명 스스로 이념적으로 갈라져 있었다. 이념이란 것도 따지고 보면 문(文)의 갈래이기 때문이다. 이제 이념의 장벽이 사라졌다. 오직 체제만이 있을 뿐이다. 가장 간단한 방법은 어느 한쪽 체제가 붕괴되는 것이다. 그렇지만 그 이전에 이 민족을 하나로 묶는 끈이 필요하다. 그저 만만한 단일 민족이라는 연(緣)이니 정(情)의 끈이 아닌 공통의 정서, 공통의 가치를 지닌 민족의 덕(德)을 만들어 내야 한다. 힘(力)과 신(信)을 바탕으로 한 흔들리지 않을 확고한 그런 덕(德)을 말이다.

된다는 안일한 생각으로 큰소리치다가 결국은 남침을 당하고 만다.

직접 전투를 이끌며 항일 투쟁해 온 김일성이 볼 적에 이승만은 그저 늙은 고집쟁이 선비에 지나지 않았다. 싸운다면 그야말로 식은 죽 먹기나 다름없는 것이다. 만약 김구 선생이나 다른 독립 투사가 남한의 대통령이 되었다면, 김일성은 남침할 꿈도 꾸지 못했을 것이다. 그는 오히려 북침을 염려하였을 것이다. 따라서 6·25는 이승만에게 책임이 있다고 해야 할 터이다. 비록 간접적인 것이긴 하지만.

문인(文人)이 지도자가 되면 설령 안으로 백성들이 편히 살 수 있도록 할 수 있을는지 모르겠지만, 밖에서는 만만히 여겨 여차하면 쳐들어가 점령하고자 한다. 반면 무인(武人)이 나라를 다스리고 있으면, 백성들을 잘살게는 못해 준다 해도 다른 나라가 함부로 침범하지는 못한다. 나라 살림은 엉망이지만 싸움은 마다하지 않기 때문이다. 오늘날의 쿠바나 북한이 그 대표적인 예가 되고 있다.

지루한 군사 정권에 대한 염증 때문에 문민 통치를 주창하는 정권이 계속되고 있지만, 결코 바람직한 현상만은 아니다. **무력을 마치 평화 통일의 걸림돌로 여기고, 감상적인 국민 염원과 알량한 외교력만 믿고 강대국 사이에서 이쪽저쪽 눈치만 보다가는 자칫 또 나라를 망치게 될 것이다. 하루빨리 문무(文武)의 균형잡힌 정권을 세워야 한다.**

46 《삼국지》와 신의(信義)

솔로몬의 일화.

옛날 옛날, 한 옛날, 멀고 먼 어느 서쪽 나라에 일찍이 황당하기로 소문난 왕이 있었다. 권모술수에 능한 어머니를 둔 덕분에 배다른 형들을 제치고 아버지의 왕국을 이어받을 수 있었던 그는, 사치가 심하고 색을 유난히 밝혀 7백 명의 왕비와 3백 명의 후궁을 거느렸다고 한다. 다행히 아버지에게서 물려받은 강력한 전차부대로 왕권을 유지할 수 있었고, 또 유능한 심복들 덕분에 많은 부와 명성을 쌓을 수가 있었다.

어느 날인가, 왕이 해가 중천에 뜰 때까지 늦잠을 자고 있는데, 장막 밖에서 아기 우는 소리와 함께 여인들의 다투는 소리가 요란하더니 기어코 왕의 단잠을 깨우고야 말았다. 화가 난 왕이 버럭 고함을 지르자, 시종이 문 밖에서 고한다. 내용인즉, 후궁 둘이서 갓난아이 하나를 두고 서로 자기 아이라고 주장하며 다툰다는 것이다. 얼토당토않은 이야기에 짜증이 난 왕은 "도대체 어느 년들이 그딴 일로 아침부터 짐의 단잠을 깨운단 말이냐?"며 고함을 지른다.

"사실은 아침부터가 아니고 어제저녁부터 두 후궁이 서로 다투는 통에 아기가 젖을 먹지 못해 다 죽어가고 있습니다. 두 후궁의 주장이 모두 완강하여 누구도 양보를 하지 않으려고 합니다. 아이와 어미의 주인이신 왕께서 직접 시비를 가려 주시길……."

간밤의 진한 놀음에 아직 피로가 가시지 않은 왕은 잠시 헤아려 보았지만 두 후궁의 이름도 얼굴도 기억나지 않자 더욱 짜증이 났다. 수백 명의 처첩들이 사흘이 멀다 하고 아기를 낳아대는데, 도무지 누가 누군지 알 수가 없다. 그때 옆에서 곯아떨어져 자고 있던 어제 새로이 맞아들인 젊은 후궁이 몸을 뒤척이자 벌거벗은 엉덩이가 드러났다. 다시 스멀스멀 욕정이 솟아오르기 시작한다.

"이런 정신나간 여편네들 같으니라구. 야, 이놈들아! 낸들 그걸 어찌 알겠느냐. 귀찮으니 아기를 반으로 나누어 줘서는 얼른 내쫓아 버려라!"

냅다 소리를 지른 왕은 냉수를 한 잔 들이켜고서 곧장 비밀의 동산으로 기어 올라가 버렸다.

2004년의 인도네시아 쓰나미에서 기적적으로 살아남은 갓난아이 하나를 두고 아이 잃은 여러 명의 부모들이 나서 서로 자기 아이라고 주장하는 바람에 DNA 검사를 통해 그 부모를 찾아주었다고 하니, 솔로몬의 일화도 그저 지어낸 이야기는 아니었던 모양이다.

그렇지만 과연 그 판결이 옳았을까? 사람이 화가 나면 무슨 소리를 못하겠는가? 제 자식을 다른 사람이 자기 자식이라고 우겨대니 기가 찰 노릇이 아닌가? 거기에다가 자식의 아비 되는 인간이 한다는 소리가 아이를 반으로 나누어 가지라고? '이런 미친 연놈들! 그래 좋다. 차라리 잘됐다. 어디 제 새끼 반으로 나누어 봐라. 애를 죽였으면 죽였지, 내 자식 남한테는 못 주겠다!' 또 다른 후궁은 '나야 뭐 아기가 하도 예뻐서 그냥 한번 욕심내 본 건데, 굳이 죽일 것까지야 없지. 차라리 포기하고 말지!' 라고 생각하여 한 발 물러설 수도 있지 않는가?

그랬건 저랬건 어쨌든 말도 안 되는 황당한 이야기인 것 같은데, 뒤처리 잘한(?) 시종 덕분에 사람들은 하나같이 지당하시고 현명하신 판결이라며 수천 년 동안 침이 마르도록 칭송하고 있다.

우리나라 출판가에서는 10년 넘게 소설 《삼국지(三國志)》가 베스트셀러로 읽히고 있으며, 여기에 편승하여 좀 한다 하는 작가들이 너도 나도 덤벼들어 《삼국지》를 새롭게 번역해 내는 바람에 그야말로 《삼국지》 춘추전국시대를 맞고 있다.

그런데 도무지 이해가 안 되는 것은 대학 수험생들의 논술 필독서로 《삼국지》를 선전하고 있는 점이다. 아마도 서울대학교에서 학생들의 교양을 위해 선정한 도서 목록에 올라 있는 것을 출판사에서 책의 판매를 위해 '논술용'으로 둔갑시켜 《삼국지》 붐을 일으킨 모양이다. 하지만 아직도 《삼국지》와 논술이 무슨 상관 관계가 있는지, 해당 출판사의 광고 문구를 제외한 어떤 논리적 설명도 본 적이 없다. 하기는 우리나라의 논술시험이라고 해봐야 학생들이 알아야 할 철학적 기본 개념을 중심으로 사고력과 서술 능력을 테스트하는 것이 아니라, 주관식 국어시험에 다름 아닌 것이 되어 버렸으니 어쨌거나 고전을 읽어서 나쁠 건 없을 터이다. 그 문제에 대해 더 왈가왈부하다가는 배가 아파서 저런다 소리 듣기 십상이니, 이쯤에서 그냥 넘어가도록 하자.

그런데 이렇듯 한다 하는 작가들이 줄을 지어 이 주인 없는(?) 《삼국지》에 자기의 이름을 붙여 스스로 돋보이게 하고, 덕분에 목돈도 챙겨 보자는 간특한 셈을 얼버무리고자 늘어놓은 변명들이 또 가관이다. 재번역·재창작 운운하는데, 그들 중 누구도 한문이나 중국어를 배웠다는 작자가 없다. 그러니까 모두 다 누군가가 먼저 해놓은 번역본들을 가지고 적당히 자기 식으로 각색했다는 것이 아닌가. 과연 이런 일을 그 정도 급의 작가들이 도전해 볼 만한 가치가 있는지 의아스럽기 그지없다. 독자들의 선택 폭을 함부로 침범할 수 없으니 여기까지도 그냥 넘어가는 것이 마땅할는지 모른다. 하지만 그래도 또 할 말이 남는다.

《삼국지》가 '사국지' '오국지'로 복잡해져 가고, 여기에 덩달아 역시《삼국지》를 누구보다도 잘 안다고 자부하는 천하의 훈수꾼들까지 옆에서 너도나도 한마디씩 거들고 있지만, 역사나 본질에서 한참 벗어나 더듬고 있는 것 같다. 불후의 고전으로 모두들《삼국지》를 이 시대에 맞게 새롭게 조명했다고 하지만, 아무래도 '이 시대'는 아니고 '자기 입맛'에 맞게 고쳐 썼다고 하는 편이 솔직한 표현일 것이다.

흔히 우리가 읽고 있는 소설《삼국지》란, 중국 명대(明代) 초기에 지은 나관중(羅貫中)의《삼국지연의(三國志演義)》를 말한다. 그는 원대(元代)의《삼국사략(三國事略)》《삼국지평화(三國志平話)》등 이전의 여러 작품과 자료들에 근거하여 삼국시대의 다양한 정치적·군사적 분쟁과 전쟁을 뛰어난 필치로 그려냈다. 그런데 이《삼국지연의》, 즉 소설《삼국지》를 두고 중국인과 한국인들의 읽는 방법과 목적이 서로 조금씩(어쩌면 전혀) 다른 것 같다. 일반 독자들은 말할 것도 없고, 이를 새롭게 편역해 내는 여러 작가들 역시 소설《삼국지》의 진정한 의미를 모르고 있지 않나 하는 생각이 든다.

그늘은 하나같이 새롭게 번역하는 이유 가운데 하나로 조조(曹操)의 입장을 고려했다고 한다. 쉽게 말해서, 결국 천하를 차지한 조조를 그토록 비하시키는 건 옳지 않다는 것이다. 심지어 서울대학교의 어느 교수는《삼국지》에 대한 연구서를 내면서 "유비는 쪼다이고, 조조가 진정한 영웅"이라 거들고 있다. 또 어느 작가는 기존 소설《삼국지》의 역사적 오류와 허구성을 고발하고, 사실(史實)에 맞게 고쳐 썼다면서 자기 것이 중국 정사(正史)에 가장 가까운 작품이라고 주장하기도 한다. 요약하자면, 나관중의《삼국지연의》는 역사적 사실을 무시한 채 제멋대로 나약하고 실패한 유비를 미화시키기 위해 상대적으로 성공한 영웅인 조조를 아주 나쁜 인물로 그려 놓은 엉터리 소설이라는 것이다. 새롭게 나온 소설《삼국지》들이 잘 팔리고 있고, 저마다 잘난 훈수꾼들이 거들고 있는 것을 보니 이러한 주장들에 독자들도 동의하는 모양이다.

그렇다면 불과 십수 년 전까지 우리(아니 우리 조상들)는 왜 이런 생각을 못하고, 남의 나라 엉터리 소설을 열심히 읽었을까? 중화 사상에 물들어서? 사대주의에서 아직 깨어나지 못해서? 중국의 역사를 잘 몰라서? 그래, 어쩌면 그럴 수도 있겠다. 그렇다면 저 중국인들은 정말이지 미련한 종족들인가 보다? 자기 나라 역사도 제대로 모르고, 엉터리 《삼국지》를 읽고 또 읽으면서 세상에다 대고 불후의 고전이라며 떠벌이다니! 역시 허풍을 좋아하는 민족이라 그런가? 역사 교과서 한두 페이지만 뒤적이면 금방 엉터리라는 것을 알 수 있는데도 말이다. 하기야 이제 와서 고구려가 자기나라 역사라고 우길 정도이니, 역사가 뭔지 제대로 알기나 하는지? 과연 그럴까?

우리나라에서는 소설 《삼국지》를 읽으라고 하면서 왜 읽어야 하는지에 대해 구체적으로 이야기해 주지 않는다. 불후의 고전이니 반드시 읽어야 한다는 것은 너무도 당연한 이야기이니 두말할 것도 없지만, 읽어야 할 고전이 어디 그 책뿐이던가. 요즈음에 와서 논술시험에 도움이 된다는 말은 그저 광고일 뿐, 굳이 《삼국지》가 아니어도 독서를 많이 하면 논술 실력이 느는 것 또한 당연지사. 내 나라 역사 공부하기도 시간이 모자라는데, 남의 나라의 짧은 한 시대를 공부하기 위해 굳이 그 두꺼운 책을 다 읽을 필요는 없을 터. 결국은 흔히 이야기하는 무협적인 재미와 난세를 헤쳐나가는 온갖 인간들의 권모술수, 그리고 제갈량의 지혜를 배우게 하기 위해 《삼국지》를 읽히는 것인가? 쉬운 말로 처세술을 배우라는 것인가? 그렇다면 《삼국지》를 지혜 소설로 분류해야 할 것이다. 더 따지고 들어가면 지루해질 터이니 이쯤에서 본론으로 들어가야 될 것 같다.

소설 《삼국지》, 즉 나관중의 《삼국지연의》가 오늘에까지도 중국인들의 사랑을 받고 있는 이유는, 그것이 더할 나위 없는 훌륭한 문학 작품이기도 하지만 그들 민족의 정서를 가장 잘 그려내고 있기 때문이다. 《삼국지연의》는 나관중 혼자만의 창작 소설이 아니라 긴 세월 동안 중국인의 정서와 그들이 신앙하는 도덕 규범들이 녹아들면서 수없이 다듬어져 온 작품이다. 《삼국지연의》는 역사 소설이면서 무협적 냄새를 다분히 풍긴다. 실제로 문학사에서는 《수호지》와 더불어 중국 무협 소설의 모태로 꼽기도 한다. 이 작품이 처음부터 역사적 사실에 근거하여 새롭게 창작했다고 하는 앞서의 국내 작가처럼 쓴 소설이었다면, 애당초 문학사에 이름조차 남기지 못하였을 것이다. 중국인의 정신 문화의 심층에는 '유(儒)'와 '협(俠)'이 두터운 두 지층을 이루고 있다. 특히 중국 민중의 마음 깊은 곳에는 '협(俠)'이 두텁게 깔려 있는데, 이는 '유협(遊俠)' '무협(武俠)' '문협(文俠)' '호협(豪俠)' '검협(劍俠)' '의협(義俠)' 등 거의 모든 인간 문화 정신의 뿌리를 이루고 있다. 무협이 추구하는 여러 가지 도덕 규범 중 최고의 절대적 가치를 지니는 것이 바로 '신(信)'인데, 《삼국지연의》는 이를 가장 잘 표출해 낸 것이다. '신(信)'을 대들보로 삼고, 이를 '인(仁)' '지(智)' '용(勇)' '충(忠)' '절(節)'로 받쳐 세운 누각인 것이다. 정사(正史)와는 달리 성공하지 못한 촉한(蜀漢)의 세 영웅을 주인공으로 삼은 것은, 유비(劉備)의 후덕함과 제갈량(諸葛亮)의 지혜가 유가적(儒家的) 취향에 맞기도 했지만, 그보다 먼저 세 사람이 맺은 의형제결의를 비장하게 그려내는 데 적합했기 때문이었다. 그들 셋은 모두 무장(武將)이지만, 서로 닮은 구석이라고는 전혀 없는 별난 인물들로 그려지고 있다. 그럼에도 불구하고 한 번 맺은 신의(信義)를 숱한 난관을 거치면서도 죽을 때까지 변치 않고 지켜 나간 점을 그 어떤 미덕보다 높이 평가하고 우러러

보이고 싶었던 것이다. 특히 세 사람 중 관우(關羽)는 조조가 포로로 잡아 그토록 회유를 하였건만 결코 '신(信)'을 저버리지 않았다. 후세 사람들은 그를 군신(軍神)으로 모셔 곳곳에 관왕묘(關王廟)를 지어 그의 무용과 덕을 기리고 있다. 지금도 '신용'을 가장 중시하는 중국 상인들이 '재신(財神)'으로 받들며 그 앞에서 향을 사르고, 돈 많이 벌게 해달라고 빈다.

중국 민간 사회에서 생활한 작가 나관중이 허구로 꾸며낸 '도원삼결의(桃園三結義)'는 "같은 해, 같은 달, 같은 날에 태어나기를 바라진 않으나 한날, 한시에 함께 죽기를 원할 뿐" "성은 다르지만 형제로 맺어졌으니 합심 협력하여 어려움을 극복하고 환난을 함께한다" "함께 살고 함께 죽을 것을 하늘에 맹세한다"는 중국 평민 사회의 이상적인 인간 관계를 그대로 옮겨 놓은 것이다. 바로 이 점 때문에 《삼국지연의》가 민간 사회에 널리 퍼져 나갈 수 있었던 것이다. 이 결의에 대비시켜 근대의 역사가들이 볼 때 악명은 높았지만 실제로는 노련한 장군이자 정치적인 수완이 뛰어났던 조조를 꾀 많고 사악한 인물의 전형으로 그려 놓았다. 비록 성공한 장수였을지라도 환관(宦官)의 양자였던 그를 유교적인 소양을 지닌 중국의 역사가들이 곱게 봐주었을 리가 없고, 대중들은 전설 속에서 그를 지략이 뛰어난 간웅으로 묘사하기를 즐겼다. 여기에 나관중이 그의 이마에 영원히 지울 수 없는 낙인을 찍어 놓고 만다. 조조가 네번째로 동탁을 죽이려다 실패하여 도망하던 중 친구 여백사의 집에 숨어들자 주인은 돼지를 잡고 술을 사와 정성껏 환대하지만, 그는 오히려 의심하여 여백사와 그 가족을 죽여 버리는 천하에 둘도 없는 나쁜 놈으로 묘사해 버린 것이다. 은덕을 원수로 갚고 착한 사람을 죽이는 이 내용이 실제였던 허구였던, 바로 이 부분 때문에 조조는 영원히 '조조'가 되어 버렸다. 친구를 의심한다는 것은 신의를 가장 중시하는 무협은 말할 것도 없고, 하층의 민간 사회에서조차 가장 비열한 행위로 여겨 이 일을 그 전형으로 삼았던 것이다.

이 협의(俠義) 소설을 역사 소설로 인식하는 바람에 무(武)가 뭔지도 모르는 문중(文衆)들의 나라에선 참 희한한 용도로 읽히고 뜯어고쳐지고 있는 것이다. 소설가와 역사가의 역할이 잘 구분되지 않는 모양이다. 부처님 눈에는 부처님만 보이고, 돼지 눈에는 돼지만 보인다고 했다. 10여 년 전부터 불어닥친 소설 《삼국지》 열풍과, 이에 편승한 출판계와 작가들의 난투극을 보면서 어째 세상 인심이 점점 고약하게 변해 가는 느낌이 들어 주제넘게 장광설을 늘어놓았다. 나관중의 《삼국지연의》가 중국 민중들의 정서가 반영된 통속 소설이라면, 오늘날 이 땅에 새로 고쳐진 소설 《삼국지》는 지금 우리 민심의 반영일 것이다. 같은 작품을 읽고도 취하는 바가 서로 다른 것이다.

이제 좀 솔직해져 보자. '젊은 세대에 맞추어 새롭게' 그리고 '역사적 사실에 근거해' 운운하면서, 평역이니 개작이니 하면서 책 좀 팔아먹자고 뛰어든 일이 아니던가. 어느 정도 목적을 달성했는지 모르겠으나 아무래도 잘한 일은 아닌 것 같다. 《삼국지》를 너무 우습게 본 듯하다. '고전'이니 '명작'이니 하는 말의 뜻을 잘 모르거나 가볍게 생각하는 모양이다. 《삼국지》는 《삼국지》이다. 《삼국지》는 《삼국지》답게 내버려두어야 한다. 조조는 조조답게, 유비는 유비답게 그냥 내버려 둘 일이다. 명작을 남길 자신이 없는 작가가 고전에 기대어 장난치는 법이다. 이 글의 맨 앞에서 나도 '솔로몬의 지혜'를 가지고 실없는 짓거리를 해보았다. 물론 해서는 안 될 일이다. 오히려 역사적 진실에 가까운 이야기이지만 그런다고 달라지는 것 하나 없다. 헛짓하는 거다. 오라는 데도 갈 만한 곳도 없는 할 일 없는 인간들이 화장실 벽이나 인터넷에 낙서질하는 것이다. 저만 똑똑해서, 그리고 옛날 사람들이 다

멍청해서가 아니다. 비논리적이며 역사적 사실과 부합하지 않는다는 것도 다 안다. 알면서도 그렇게 이야기하는 것이다. 그것이 그들이 만들어 온 도덕 규범이고, 그렇게 되었으면 하는 바람이며, 그렇게 가르치고 믿고 싶었던 것이다.

> 《삼국지》를 새로 쓰고, 《춘향전》《흥부전》《심청전》을 비틀어 장난을 치더라도 그 본질은 건드리지 말아야 한다. 역사적 사실 운운하면서 따지려면 역사학자가 될 일이다. 그건 그 시대와 가까웠던 그들이 더 잘 알고 있었을 것이다. 우리는 문학이니 예술이니 종교니, 심지어 과학까지도 일정 부분은 그냥 따지지 않고 덮어두고 넘어가는 부분이 있다. 소설을 읽거나, 영화를 보거나, 예술 작품을 감상하는 것도 그런 부분에 대한 암묵적인 약속(가정)하에 가능한 것이다. 어쩌면 그것이 인간이 만들어 온 문화의 본색일는지도 모른다. 그걸 모조리 따지고 들면, 세상에 예술이 무슨 필요가 있겠는가?

끊임없는 전란의 역사를 이어온 중국과 일본에서는 예로부터 무예(무협) 문화가 발달해 왔다. 고대 중국에서 상무(尙武)와 습무(習武)는 군사는 물론 평민들에게서도 생활 습관화되었다. 춘추시대 초기 학교는 '육예(六藝),' 즉 예(禮)·악(樂)·사(射)·어(御)·서(書)·수(數)를 가르쳤다. 당시에는 제사와 무술이 가장 중요한 국가의 대사여서 군사 훈련과 제례가 주요 학습 내용이었으며, 글과 셈은 이를 위한 기초 지식이었을 뿐이다. 이후 사(士)가 분화되면서 상층에는 유가(儒家) 문화가, 하층에는 무협(武俠) 문화가 지층을 이루는 독특한 문화 구조를 형성해 나가게 되었다.

나관중의 《삼국지연의》가 이 상하층민 모두에게서 사랑을 받아온 데 비해, 같은 시기 같은 성격의 작품으로 하층민에게 특히 많은 사랑을 받아온 것은 시내암(施耐庵)의 《충의수호전(忠義水滸傳)》이다. 봉건 사회 지배 계급의 부패와 억압받는 민중의 실상을 묘사한 시대 소설로서, 송대(宋代)의 여러 백화 소설이며 잡극·민간 전설 등에 등장하는 영웅 고사를 기초로 하였다. 당시 평민들의 정서를 잘 그려낸 작품으로, 이후에도 끊임없이 첨삭되면서 《칠협오의(七俠五義)》 등 근대 무협 소설의 탄생 계기를 마련해 주기도 하였다. 게다가 이 소설은 중국 민간 사회의 도덕 신조인 '협의(俠義)'가 가장 잘 반영된 작품으로, 송강(松江)을 중심으로 임충(林沖)·노지심(魯智深)·무송(武松) 등 1백 8인의 호걸들이 양산박(梁山泊)에 모여 반란을 일으킨 영웅담을 치밀하게 그려냈다.

의협심과 개성이 강한 주인공들이 의기투합해서 억압받는 민중들을 대신해 부패한 관료들을 벌주거나 관군을 쳐부수어 통쾌함을 선사하고, 마지막으로 나라에 충성한다는 줄거리이다. **송강의 '인(仁)'을 매개로 '협(俠)'을 끌어모아 한바탕 신명나게 놀다가 '충(忠)'으로 마감하는 전형적인 통속 장편 소설이다.**

중국인의 집단 잠재 의식인 '협의(俠義)' 정신을 가장 잘 나타낸 이 작품의 근본 줄기는, 천하에서 둘째가라면 서러워할 도적들이 형제애로 뭉쳐 생사고락을 같이하면서도 어느 누구 하나 죽을 때까지 배신하지 않는다는 것이다. 의형제를 맺는 것은 일종의 강호 습성으로, 일단 의형제를 맺게 되면 맹약은 평생토록 구속력을 지닌다. 영화도 함께 누리고, 굴욕도 함께해야 하며, 희로애락을 같이하는 친형제 이상의 친밀감을 지닌다. 하지만 배신하는 날에는 모든 사람들의 멸시를 받았으며, 죽어서도 용서받을 수 없었다.

흔히 우리나라에서는 무슨 장사나 사업을 하더라도 친구와 동업하는 것을 극히 꺼리고 말린다. 언젠가는 다투다가 깨어진다는 것이다. 친구간의 신의(信義)가 이해타산 앞에서는 잘 지켜지지 않는다는 것이다. 반면에 중국인들은 거의 모든 회사가 동업 형태로 운영된다. 사장이 둘인 경우도 있지만 보통 대여섯, 심지어 10명이 넘는 경우도 많다. 그만큼 신의(信義)를 중시하고, 또 잘 지켜진다는 말이다. 중국인들에게는 잘나고 못나고, 능력이 있고 없고를 떠나 한번 믿으면 끝까지 믿고 밀어주는 특질이 있다. 심지어 친구를 위해 함께 자기 아버지 가게를 털어먹는 경우도 있을 만큼 친구간의 의리를 더 중시한다. 《삼국지연의》의 도원삼결의와 《수호지》의 양산박결의는 물론 기타 온갖 무협 소설, 그리고 홍콩의 무협이나 갱 영화들도 바로 이 '협절(俠節)'과 '협의(俠義)'를 그려내고 있는 것이다.

또한 한국 사람들은 친구간의 돈독한 정(情), 즉 우정(友情)을 이야기할 때 형제같이 잘 지내는 것을 이상적인 친구 사이로 생각하는 경향이 강하다. 따라서 친구를 사귈(고를) 때, 대개 상대의 취향·외모·환경(빈부·실력·집안 배경)과 함께 이런저런 연(緣)을 살피게 된다. 그야말로 '마음'에 드는, 혹은 '도움(이익)'이 될 것 같은 친구를 사귀고 싶어한다. 그런데 정(情)이란 것은 여름날 떡고물처럼 변하기 쉽고, 멀어지면 소원해진다. 그러다 보니 한평생 우정을 지켜 나가기가 싶지 않다. 그럼에도 그런 우정을 무슨 대단한 미담처럼 이야기하기도 한다. 무(武)의 정신이 없다 보니 항상 신(信)에 대한 개념이 부족하다. 민족성 자체가 이성적이지 못하고 다분히 감정적이다. 애정(愛情)·우애(友愛)·우정(友情) 등 심정적(心情的)인 단어를 즐겨 쓰고, 우의(友誼)·우의(友義)·신의(信義)·의리(義理) 등 윤리적인 용어를 경시하는 풍조가 있다. 결국 정(情)을 중시하는 바람에 수많은 한(恨)을 만들어 내고, 신(信)을 가벼이 여기는 바람에 배신(背信)이 난무하게 되었다. 또한 정(情)은 마음의 상태이지만, 신(信)은 행위의 규범이다. 신의(信義)를 내뱉었으면 반드시 지켜야 한다. 여기에는 책임이 따르고, 때로는 희생도 각오해야 한다. 바로 이 점 때문에 기피하는 것은 아닌가. 심지어는 정(情)과 신(信)을 구분조차 못하는 바람에 배신을 보고도 그저 그럴 수도 있겠거니 하며 의분을 일으키지 않는다. 우리 사회는 배신에 대해 부끄러워할 줄도 분노할 줄도 모른다.

정(情)은 덕(德)이 아니다. 정(情)을 끊거나 버린다고 해서 지탄의 대상이 되지는 않는다. 가족이나 친척·남녀 사이에서 생긴 정(情)과 한(恨)에 대해선 제삼자나 사회가 간여할 문제가 아니다. 하지만 배신은 모든 사람들에게서 지탄받아 마땅하다. 왜냐하면 신(信)은 개인과 개인, 즉 타인과 타인 사이에서 지켜져야 할 사회적인 덕목이기 때문이다. 배신을 용서하고 묵인하는 것은 무책임하고 비겁한 짓이다. **불신과 배신은 문명 사회의 가장 큰 적이기 때문이다. 덕(德)이 바로 서지 못한 때를 우리는 난세라 부른다.**

모든 인간 관계가 다 그래야겠지만, 특히 '친구'로서의 사귐에는 신의(信義)를 먼저 생각해야 한다. 저런 녀석이라면 내 목숨을 맡겨 놓아도 되겠다, 저런 녀석을 위해서라면 내 목숨을 바친다 해도 아깝지 않겠다 싶을 만한 믿음이 있어야 진정한 친구라 할 수 있다.

《삼국지》를 난세의 지략서로, 《수호지》를 조폭 소설의 시조 정도로 여겨서는 백 번을 읽었다 해도 헛읽은 거다. 그런 작품이었다면 애초부터 고전의 반열에 올리지도 않았다. 유비의 인(仁), 관우의 신(信), 장비의 용(勇), 제갈량의 지(智), 조자룡의 충(忠)으로 뭉친 덕화(德和)를 즐기면서 《삼국지》를 다시 한번 읽어보시길.

47 승자의 예(禮), 패자의 예(禮)

　옛말에 "이기고도 교만하지 않으면 남을 감복시킬 수 있고, 스스로 단속하여 성내지 않으면 이웃과 화목할 수 있다"[17]고 하였다.
　미국의 타이거 우즈를 두고 골프황제니 뭐니 하면서 한창 떠들썩거리더니, 요즘에 들어서는 그가 우승을 하든 말든 그다지 큰 뉴스 거리가 되지 못하고 있는 것 같다. 으레 하던 우승이라 그렇기도 하겠지만 왠지 그리 반갑게 들리지가 않는다. 처음 그가 어린 나이로 미국 골프계를 평정했을 때는 우리도 괜히 기분이 좋았다. 한창 반미 열풍도 불고 있었고, 유색인종이 백인의 전유물로 여겨지던 골프계를 마음껏, 이름 그대로 호랑이처럼 휘젓는 것에 대리만족 비슷한 것을 느낀 건 아니었을까? 그렇지만 그의 성공은 이제 별로 곱게 느껴지지 않는다. 골프가 어떤 것인가? 현존하는 스포츠 중 가장 신사적인, 에티켓을 중시하는 경기가 아닌가. 처음 어렸을 적엔 고함을 지르고 신경질을 부려도 사람들은 그가 아직 철이 덜 들어서 그러려니 하고 귀엽게 봐주었다. 그런데 계속해서 그 버릇을 버리지 못하고, 걸핏하면 잘 안 된다고 골프채를 내리치며 신경질을 부려댄다. 우승을 많이 하고 돈을 많이 벌어서 황제라 칭하지만 인간되기는 한참 멀었다. 오직 이기는 법만 배웠지 골프의 정신, 스포츠맨십은 못 배운 탓이다. 그의 경기를 보는 것이 즐겁지 않을 뿐더러 왠지 짜증이 나는 이유가 바로 이 때문이 아니겠는가.
　올림픽 개막식에서는 각국의 선수단이 알파벳순으로 입장하게 된다. 엄숙하면서도 질서정연하게 입장하는 각국의 선수단 대열은, 그러나 미국 선수단이 들어서자마자 갑자기 장내는 물론 대열 전체가 화들짝 흔들리기 시작한다. 다른 나라 선수단과는 달리 미국 선수단은 대열이 있으나마나 완전히 제멋대로다. 엄숙했던 분위기가 난장판, 심하게 말하면 개판이 되고 만다. 그야말로 의례가 뭔지도 모르는 천박한 양키 근성을 그대로 드러낸다.

그뿐 아니다. 각종 경기중 특히 미국 선수가 이겼을 때에는 역시 응원단이나 선수의 환호가 유별나게 요란스럽다. 거의 광분에 가까울 정도로 펄쩍펄쩍 뛰면서 발광을 해대며 괴성을 지른다. 간혹 한국 선수들도 이들에 비해 모자람이 없을 만큼 천박하게 환호하는 경우를 보여 여간 민망스럽지 않을 때가 있다. 이겨서 금메달 땄으면 됐지, 무슨 잔소리냐고 하겠지만 그게 그렇지가 않다.

올림픽 금메달은 각 종목마다 혹은 체급마다 4년에 한 개씩밖에 주어지지 않는다. 그 금메달을 위해 전세계의 젊은이들이 10년 혹은 20년 세월을 땀흘려 왔다. 마지막 결승까지 오른 선수 말고도 수많은 선수들이 그 과정에서 쓰디쓴 패배를 맛보고 밀려났다. 진정한 스포츠맨이라면 그들에 대한 배려가 있어야 한다. 스포츠맨십이란 정정당당하게 겨루어 승자에겐 박수를 패자에겐 위로를 주는 것이어야 하는데, 금메달이 확정되는 순간의 승자의 미친 듯한 발광은 패자로부터 진정한 승복과 박수를 받을 기회를 날려 버리고, 또한 패자(결승까지 오지 못한 수많은 패자들까지 포함해서)에게 위로를 보내기는커녕 더욱 무참하게 만들고 만다.

전쟁이 끝나면 아군들의 시신만을 수습해서 영혼을 위로하는 의식을 치르는 것이 아니다. 죽은 적군의 영혼도 함께 위로하는 제를 올린다. 그런 후에야 논공행상이 행해지게 된다. 그것이 바로 예(禮)이다.

승자든 패자든, 비록 적이라 해도 훌륭한 장수나 충직한 병사들은 마땅히 칭송해 주어야 한다.

또한 고수든 하수든 시합에 임할 때에는 최선을 다해야 한다. 천하 제일의 무림고수가 한참 아래 하수의 도전을 받아 물리칠 때에도 최선을 다해야 한다. 비록 천하의 하수라 해도 상대는 목숨을 걸고 최선을 다해 오기 때문에 마땅히 이쪽에서도 최선을 다해야 한다. 까짓 하수쯤이야 하고 대충 장난하듯 칼을 휘둘러 물리치는 것은 상대에 대한 모멸이자 승부의 예를 저버리는 것이다. 예전에 한국 대표팀의 실력이 자기들에게 미치지 못한다고 해서 2,3류급 수준의 선수단을 보내거나, 최선을 다하지 않고 적당히 몸풀기하듯 시합을 치르고서 훌훌 털고 가버리는 꼴을 우리는 수도 없이 당했다. 그때마다 기분이 어땠는가? 미국 프로 선수로 이루어진 농구팀들이 올림픽에서 장난하듯 깔깔거리면서 경기하는 모습을 본 세계의 시청자들은 어떤 기분이었는가? 이기고 지고를 떠나 진지하게 시합에 임하는 것이 진정한 스포츠 정신이다.

무릇 생명을 가지고 태어난 만물은 살아남기 위해 최선을 다한다. 영원하지 않기 때문이다. 목숨은 누구에게나 소중한 것. 식물이건 동물이건. 아무리 하찮은 미물이라 할지라도 그 목숨을 취할 때에는 경건해야 한다. 사라지는 것에 욕됨이 없도록, 물러나는 자에게 부끄럼이 없도록. 그래야만 깨끗하게 승복할 수 있기 때문이다. 이기고도 패자로부터 존경과 박수를 받지 못했다면 그는 진정한 승자가 될 수 없다. 그래서 옛말에 **"이겼으나 교만하지 않고, 패했으면 원망하지 않는다"**[18]고 하였다.

세계 바둑의 제일인자인 이창호는 언제 누구와 겨루어도 항상 겸손하다. 상대가 누구든간에 항상 "열심히 배우겠다" "최선을 다하겠다"로 일관한다. 아무리 큰 기전(棋戰), 아무리 힘든 승리를 쟁취했어도 환호하는 모습을 한번도 본 적이 없다. 겨우 이겨서 미안하다는 듯한 계면쩍은 미소만 지어 보일 뿐이다. 그리고 대국중에도 이왕 이길 바둑이면 상대의 돌들을 더 많이 잡아서 대승을 거둘 수 있는데도 웬만하면 그렇게 하지 않고 약간의 집으로 승리를 거둔다. 그게 바로 진정한 고수의 덕(德)이다. 그래서 진 사람들은 그가 진정으로 자기보다 얼마나 높은 위치에 있는지 알 수가 없다. 고수든 하수든 그저 이번에 아깝게 졌으니 다음에 한 번 더 겨루면 이길 수 있을 듯한 생각이 드는 것이다. 그래서 더욱 분발하게 만든다. 하지만 아무도 그의 깊이와 높이를 알 수가 없을 것이다. 또한 대국중에는 유리하든 불리하든 표정에 변화가 없다. 진정한 무인은 누구에게도 그것을 내보이지 않는 법이다. 병법에 "빈 것은 더 빈 것처럼 보여서 적이 추측하기 어렵게 만들어야 한다"[19]고 했다. 크게 이겨서 승리의 쾌감을 만끽하고 싶은 욕망이 있다면 당신은 하수다. 처음부터 다시 배워야 할 것이다. 심법(心法)부터.

　예로부터 무가(武家)에서는 "기예를 익히기 전에 먼저 사람이 돼라"고 하여, 그 사람됨을 중시하였다. 해범 선생께서는 항상 **"천하의 어떤 고수(高手)를 상대로도 만합(万合)을 겨룰 수 있어야 하고, 천하의 어떤 하수(下手)를 상대로도 만합을 사양치 말아야 진정한 고수라 할 수 있다"**고 말하였다.

　여담이지만, 미셸 위 선수가 프로에 입문하기 전 허리케인 카트리나로 인한 피해 복구에 50만 불을 기부했다고 한다. 참 장한 일이다. 대개 크게 성공해서 부유해진 예술가나 스포츠 선수들은 남에게 베푸는 일에 상당히 인색한 경향이 있다. 기부 행사에 참여는 하지만, 일단 자신의 주머니에 들어온 돈은 여간해서 내놓지를 않는다. 자신들은 세상을 즐겁게 해주었으니 그만큼 베풀었다는 심리가 내재해 있는 모양이다. 인기와 존경은 별개이다. 덕(德)이 그 기준이 된다.

48 사관학교 졸업식과 대통령

다시 노대통령에 대한 이야기이다. 개인적으로 다른 대통령 이상의 어떤 감정이 있는 것은 아니다. 단지 그분의 언행이 조금 별나서 여러 사람들의 입에 오르내리기 좋고, 또 글쓰기의 소재 혹은 비교 모델이 되기에 충분해서다.

무슨 심중으로 그러한 결정을 내렸는지 모르겠으나, 사관학교 졸업식에 해마다 참석하지 않겠다는 것이다. 더욱 황당한 것은, 격년마다 참석하겠다는 것이다. 참석하면 하고 말면 마는 것이지, 격년제는 또 무엇인가. 한국 최고의 대학인 서울대학교 졸업식에 대통령이 참석하지 않게 된 지도 오래되었으니, 사관학교라고 해서 굳이 참석해야 할 이유도 없지 않은가? 과연 그런가? 그래도 되는 것인가? 노대통령의 일거수일투족에 대해 온갖 쓰디쓴 말을 아끼지 않던 그 잘난 언론인들도 이 일에 대하여는 일언반구도 없는 걸 보니, 정말 별일도 아닌가?

다른 나라에서는 어떻게 하는지 모르겠으나, 대통령이 그 나라 사관학교 졸업식에 참석하지 않는다는 것은 도무지 (우리) 상식으로는 이해가 되지 않는다. 개인적인 감정에 의해서건, 혹은 정치적 판단에 의해서건 이 결정은 분명 잘못된 것이다. 아무리 지난 시절의 군사 정권에 대한 반감이 있다 해도 이건 지나치다.

대표적 국립학교인 서울대학교 졸업식에 참석해 축사를 해주지 않는 것은 조금 섭섭하기는 할망정 이해할 수 있는 일이다. 그들은 졸업 후 사회에 나가 국가와 민족의 번영을 위해 열심히 일한다고들 하지만, 근본적으로는 자신의 이익을 좇아 일하게 마련이다. 하지만 같은 국립학교라 해도 사관학교는 그 성격이 전혀 다르다. 졸업식이 곧 임관식이기 때문이다. 졸업과 동시에 소위로 임관되는 그들에겐 이제 바야흐로 국가와 민족을 위해——틀린 말은 아니지만 이는 순진한 교과서적인 표현이고, 사실은 그들의 최고 통수권자인 대통령을 위해 ——**제 한 목숨 바치겠노란 충성을 서약하는 자리**인 것이다. 그리고 그 통수권자와 처음으로 대면하여 종속 관계를 확인하는 자리이기도 하다. 대통령이 참석하는 것은 단순히 졸업을 축하하기 위해서가 아니다. 그들의 목숨을 담보로 접수하고 충성 서약을 받기 위해서이다. 졸업식은 학교장이 주최하지만, 임관식은 국가 원수인 대통령이 주관해야 하는 것이다. 그런데 그 당사자가 나타나지 않는다고?

사관학교 졸업식에의 대통령의 참석 여부는 그의 재량권도 아니고, 관례도 아니다. 그것은 그의 권한이자 신성한 의무이다. 불참은 최고 통수권자로서의 직무 유기이다. 계약 위반이며, 원인 무효다. 어떤 일이 있어도 반드시 참석해야 하며, 한 명 한 명에게 일일이 계급장을 달아주고 악수를 해서 그 서약을 받아내야 한다. 누가 그걸 대신한단 말인가? 국무총리가 축사를? 장관이?

요즈음은 게나 고둥이나 다 '민주주의' '민주주의' 하니까, 권력이 진짜 투표 용지에서 나오는 줄 아는 모양이다. **국가의 권력, 최고 통치권자의 권력은 총칼(군대)에서 나온다는 것은 만고의 진리이다.** 선거는 그 권력을 누가 차지하느냐를 정하는 게임의 룰일 뿐이다. 민주주의의 전도사로 자처하는 오늘의 미국을 보라. 민주주의(혹은 선거)와 군사력 중 어느것이 진짜 미국의 힘인지. 이 땅의 통치권자와 그의 수하들은 권력이 어디서 나오는지, 권력이 무엇인지도 모르는 모양이다. 헌법이 곧 권력인 줄 착각하지 마라. 총칼 없는 법이 무슨 효력이 있는가. 아직 피비린내도 가시지 않은 현대사를 벌써 잊었단 말인가. 민주주의가 권력이 아니다. 그것을 차지하고 행사하는 여러 방식 중의 하나일 뿐이다.

"무인은 자기를 알아 주는 사람을 위해 기꺼이 목숨을 바친다"고 하였는데, 오늘의 저 피 끓는 젊은이들은 장차 누구를 위해 목숨을 바친단 말인가. 졸업식에 대통령이 참석하느니 마느니 할 거라면 차라리 앞으로 모든 사관학교 졸업식에 일체 참석치 말았으면 한다. 대신 반드시 그가 직접 주최하는 임관식을 따로 가져야 옳다고 생각한다. 그토록 바쁘다면 육해공을 한꺼번에 한자리에서 치르더라도. 사관학교 졸업식 및 소위 임관식이 대통령 골프 치는 것보다 더 하찮은 일이 되어서는 안 된다.

어쨌거나 옛말에 "자식은 어미가 못생겼다고 싫어할 수 없고, 개는 집이 가난하다고 싫어할 수 없다"[20]고 하였는데, 참으로 답답한 노릇이 아닐 수 없다.

처량한 '국군의 날,' 초라한 '광복절'

1950년 10월 1일, 육군 3사단이 퇴각하는 인민군을 쫓아 38선을 다시 넘었다. 바로 이날을 기념하여 10월 1일을 '국군의 날'로 지정하였다.

박정희 정권 시절까지만 해도 '국군의 날'은 공휴일로 서울 한복판에서는 이를 기념하는 대규모 군사 퍼레이드가 펼쳐졌었다. 그러다 어느 순간 공휴일에서 제외되고, 군사 퍼레이드마저도 사라져 버렸다. 과거 독재 정권에 대한 국민들의 반감 때문에? 군부 반란으로 도적질한 정권의 이미지 관리를 위해서? 문민 정부니까 당연히? 억지로 군대에 끌려 갔다온 국민의 국군에 대한 앙금 때문에? 아니면 북한에 밉보이기가 무서워서? 엄청난 국방비를 조금이라도 줄여 보자고? 그도 저도 아니면 그저 군인들 조금이라도 편하게 해주자고? 이후 다시는 부활하지 못하고 점점 오그라들어, 지금은 계룡산 산속에 숨어 몰래 치르는 그들만의 파티로 전락하고 말았다.

8월 15일, 우리에게는 '광복절'이지만 일본에서는 '종전기념일'로 불린다. '패전'이라는 표현을 쓰지 않을 뿐더러 오히려 원폭 피해국으로 둔갑시켜 주변국보다 더 크게 기념한다. 야스쿠니신사는 인파로 미어터질 지경이고, 정치인들은 물론 수상까지 참배해서 전쟁 피해국들을 오히려 더욱 분통 터지게 하고 있다. 그에 비해 우리나라 '광복절'은 초라하기 그지없다. 공휴일이라 대부분 다 놀러가 버리고, 강제 동원된 학생과 공무원들로 자리를 메운 세종문화회관에서 겨우 일년에 한번 사람 대접받는 거동조차 힘든 늙은 독립유공자 몇 명 단상에 앉혀 놓고 일본 성토대회 여는 것이 고작이다. 매스컴도 이제 '광복절'에 대한 기사거리가 고갈되어 버렸는지, 오히려 일본 수상의 야스쿠니신사 참배만을 기다리고 있다. 초등학교에서조차 가르치지 않는 광복절 노래가 모기 소리처럼 잦아드는 것과 반대로 일본의 '종전기념일'은 점점 더 요란스러워지다 못해 국경일처럼 변해 가고 있다. 8월 15일이면 일본 국군(자위대가 아닌)의 위협적이고도 거대한 군사 퍼레이드를 보게 될 날도 그다지 머지않을 것 같다. 우리에게 광복절은 이제 '열받는 날'이 되어 버렸다.

프랑스는 제2차 세계대전 종전일을 승전일로 기념해 최대 규모의 군사 퍼레이드를 벌인다. 다시는 외적의 침략을 허용치 않겠다는 각오는 입으로 다지는 것이 아니다. 반드시 싸워서 응징하겠다는 의지를 무력시위로 보여주어야 한다. 군사 퍼레이드가 그저 독재 정권의 힘자랑도 아닐 뿐더러, 국군의 상투적인 기념일을 기리는 것만도 아니다. 반드시, 그리고 보란 듯이 치러져야 할 이유가 우리에게 있다.

근자에 들어 국군의 날 '10월 1일'에 대한 이견이 분분해지면서 광복군 창설일로 새로이 정하자는 여론도 생겨나고 있다. 하지만 이토록 보잘것없어진 국군의 날에 대한 반성(울분)은 없고, 문민 정부 들어서 점점 사기가 떨어져 가고, 당연히 있을 수 있는 사고가 터질 때마다 여론의 뭇매를 맞는 대한민국의 국군을 볼 때마다 지난 시절 서울 시가지를 힘차게 행진하던 군사 퍼레이드를 생각해 본다.

말이 나온 김에 이왕 국군의 날을 바꾸려면 조선 군대가 해체된 을사조약(1905)을 기려 11월 17일로 하여 국권 상실로 인한 40년간의 단절을 극복하고, 대한제국의 정통성을 잇는 계기로 삼았으면 한다.

제발 힘과 의지를 전세계에 과시하는 '국군의 날'과 '광복절'이 되었으면 한다.

49 의례(儀禮)

예(禮)는 언제부터 갖추게 되었을까? 아마도 최초의 예(禮)는 신(神)을 받드는 제례(祭禮)에서 비롯되었다고 할 수 있겠다. 이 지구상에는 하늘에 계시는 가장 위대한 신, 천지만물에 깃든 자연신, 조상신 등등 한없이 많은 신들을 모시는 온갖 다양한 형태의 의례(儀禮, 儀式)가 있다. 문화의 발전과 더불어 역사가 흐르면서 그러한 예(禮)들이 점점 아래로 내려와 개인과 개인 사이의 예의범절에까지 미친 것이다.

고대 국가의 가장 중대사는 제사와 전쟁이었는데,[21] 이 두 가지 일은 모두 상류층 무사 계급이 담당하였다. 왜냐하면 아직 문사(文士) 계급이 출현하지 않았기 때문이다.

중국의 《예기(禮記)》에는 지금에 비해 몹시 빈궁했던 원시시대, 인류 문명의 발단 초기에 사람들은 돌 위에 기장과 돼지고기를 굽고, 웅덩이를 파서 물을 받으며, 손으로 잔을 삼고, 진흙을 이겨 방망이를 만들고, 흙으로 벽을 만들어 북삼아 두드렸는데 이로써 제사의 경건함을 표현했다고 전한다. 문명 사회에 이르러 사람들은 이전보다 더 많은 물질적인 조건을 얻을 수 있었고, 자연히 감정상 더욱 천지신령에게 태만할 수가 없었다. 그래서 오늘날 우리들이 볼 수 있는 예술과 공예 기술의 최고의 것들은 모두 제사와 상관 있는 물품들이다. 다시 말해, 천지조상이 개인보다 더 중요했다는 말이다. 만약 예술에 오락성이 있다면 먼저 신을 즐겁게 해드리고, 그 다음으로 귀신을 즐겁게 해드려야 했으며, 마지막으로 비로소 사람을 즐겁게 하는 것이었다. 세계 각 민족의 예술은 그 원시 단계에서 거의 모두 이러한 과정을 겪었다. 자고로 예술과 종교는 떼려야 뗄 수 없는 인연인 것이다.

여러 가지 원시 의례 중 무(武)와 가장 깊은 관계가 있는 것은 아무래도 전쟁(전투) 직전에 치르는 의식일 것이다. 지금도 아프리카나 아마존 혹은 동남아 곳곳에서 원시적인 삶을 살고 있는 부족들은 부족 간의 전투나 사냥을 나갈 때에 반드시 성대하고 엄숙한 의례(의식)를 거행한다. 바로 여기에서 각 민족(혹은 부족) 특유의 춤과 음악이 비롯되기도 한다.

우리나라에도 해마다 전국적인 규모로 개최되는 전국체육제전이 있다. 지금은 동계·하계 올림픽이나 월드컵 등 수없이 많은 세계적인 스포츠 행사에 가려 크게 관심을 끌지 못하고 있지만, 어쨌건 국내 체육 행사 중 가장 성대하고 연혁이 오래되었다.

2003년, 이 전국체육제전의 개막식에 참석한 노무현 대통령은 축사를 위해 단상에 서자마자 대뜸 "여러분들, 그동안 고생 많으셨지요. 간단하게 말하겠습니다. 여러분, 최선을 다해 싸우십시오!"라는, 선수들의 노고를 치사하는 참으로 어처구니없는 몇 마디 말로 축사를 갈음해 버렸던 것으로 대충 기억된다. 이게 뭔가? 이래도 되는 건가? 겨우 그 말 듣자고 허구한 날 땡볕에서 그토록 힘든 연습을 해왔단 말인가?

바빠서 축사를 미처 준비하지 못한 것일까? 아니면 혹여 축사를 적은 메모지를 잃어버린 것이었을까? 설마 이 행사를 하찮이 여겨 축사 따위는 아예 준비조차 안한 것은 아니겠지? 아니면 또 스스로 예의 없음을 자처하여 순박함으로 가장했을까? 전국체육제전의 개막식을 술자리 정도로 착각했을까? 자, 위하여! 건배! 아니지, 힘들게 준비한 선수들을 배려해서 단 1,2분이라도 줄여 줘야지! 역시 노대통령은 다르다!? 아무튼 그렇게 개막식은 잘(?) 치러지고, 저녁 뉴스에서 그 짧은 축사 장면 또한 방영되었다. 그 다음해에도 또 그랬는지, 아니면 그보다 더 짧게 했는지, 아예 참석조차 하지 않았는지 잘 모르겠다. 실은 더 이상 보고 싶지 않았다는 게 솔직한 심정이다. 그런데 이제 와서 굳이 누구도 문제삼지 않았던, 스쳐간 순간을 끄집어내 시비를 거는 것은 다음에도 누군가 또 그러지 않을까 하는 노파심에서다.

오늘날 우리가 행하는 근대 경기 체육은 올림픽으로 집약된다. 이것은 고대 아테네 올림픽의 경기 종목, 방식, 그리고 무엇보다 그 정신을 이어받은 것이다. 고대 올림픽이란 무엇인가? 그것은 바로 앞서 이야기한 그들의 신(神) 제우스에게 드리는 의례와 전쟁을 가상한 운동(혹은 격투) 시합인 것이다. 끝없이 이어지는 도시(국가)간의 전쟁을 종결해 보자는 의도에서 발현된 것이다. 더 이상 신을——신의 계시를——빙자한 서로간의 침략은 그만두고, 모든 도시 국가가 아테네에 모여 신들이 보는 앞에서, 선발된 국가 대표 병사(선수)들끼리 정정당당하게 가상 전투(시합)를 벌여 신들을 위로해 주자는 의식에서 나온 것이다.

고대의 신(神)들은 대개가 그렇지만, 특히 고대 그리스의 신들은 광폭해서 전쟁을 좋아하고, 변덕이 심해 히스테리를 잘 부렸다. 선악에 대한 구분이 명확치 않았으며, 덕(德)보다는 힘을 중시했다. 그들은 스트레스를 해소하기 위해 툭하면 인간들에게 전쟁놀이를 시켰다. 그리스 신화에 등장하는 온갖 신(神)들의 행적과 족보를 보면, 그들은 걸핏하면 행패에 빼앗고 죽이고, 음모와 배신, 간통과 이간질, 허구한 날 연애질에, 그것도 근친상간에 근친살해는 다반사인, 한마디로 완전히 개차반이다. 심지어 가장 위대한 신 제우스도 인간 소녀를 건드리기까지 했다. 인간 말종, 아니 신(神) 말종 중에 말종들이다. 전세계에서 가장 버르장머리 없는 신들이다. 인간이 저지를 수 있는 악행이란 악행은 모조리 다 저지르고 있다. 신화 역시 그 시대상의 반영이라고 보면, 고대 그리스 사회가 대충 그러했다고 짐작할 수 있다.

그리스나 로마 모두 농업 국가가 아님에도 해상 무역을 통해 번영을 구가했다고 하는데, 사실은 해상을 지배하면서 배가 닿는 곳이면 어디든지 쳐들어가 굴복시키고 노예로 만들고 노략질을 일삼았을 터이다. 좀더 솔직히 말하자면 해적 국가였던 셈이다. 그러다 보니 허구한 날 저희들끼리도 빼앗고 죽이고 할 수밖에 없었던 것이다. 실제 그리스인들은 수다스럽고 열정적이었으며, 또한 폭력적이었다. 《이솝이야기》에서 보듯이 그들의 지혜는 이해타산적이며 착취적이다. 지중해 연안 각지에서 약탈해 온 재물들로 사치와 향락을 마음껏 누렸으며, 수많은 노예들 때문에 편안한 삶을 영위할 수 있었다. 밤이면 술과 섹스로 지새다가 낮이면 호화로운 목욕탕에서 끝없이 수다를 떨었다. 이 수다 문화, 즉 해적질한 영웅담들로 그들의 신화며 연극・철학・문학・역사를 만들어 낸 것이다. 여담이지만, 요즈음 한국 출판계에서는 만화로 그린 그리스 로마 신화가 최고의 베스트셀러이다. 어린아이들에게 굳이 이런 부도덕하고 황당무계(?)한 책을 읽혀야 하나 하는 의구심마저 든다. 좀더 성숙한 다음에 읽혔으면 싶은 것이다. 지식이니 교양이니 하는 것도 좋지만 자라나는 아이들의 심성 발달에 별로 좋은 거름이 될 것 같지가 않기 때문이다. 뭐, 그러니까 더 읽혀야겠다는 부모들이 있다면 어쩔 수 없지만서도.

어쨌거나 현대 올림픽의 목적과 정신은 고대와 똑같지는 않지만, 알게 모르게 우리는 이를 통해 고대의 제전 의식(祭典儀式)을 답습하고 있는 것이다. 고대 올림픽은 단순한 오락거리가 아니었다. 글자 그대로 신(神)을 받드는 의식이다. 스포츠(운동 경기)를 위해 제전을 치르는 것이 아니라 제전을 위해 경기를 치르는 것이었다. 이전에는 희생을 바치고, 음악・무용・연극 등으로 스트레스를 해소해 드려서 환심을 샀지만, 차츰 그것만으로는 지루해하는 신들을(더불어 인간들도) 보다 즐겁게 해주기 위해 가짜(?) 전쟁놀이인 운동 시합을 새로운 레퍼토리로 추가한 것이다.

고대든 현대든 먼저 모든 선수들과 관중들이 모인 자리에서 성화(聖火)를 올린다. 굳이 올림피아의 제우스 신전에서 가져온 불이 아니라 하더라도 불이란 원래 하늘에서 내려준 것, 지구상 대부분의 부족이나 국가들은 고대로부터 큰 제식(祭式)을 치를 때 반드시 불을 피워 하늘에 있는 신(神)에게 먼저 사실을 통고하여야 했다. 아메리칸 인디언들은 불을 피워 흰 연기를 하늘에 올려 신과 교감하였으며, 오늘날 우리가 제사를 지낼 때에도 먼저 향을 피워 흰 연기와 냄새로 하늘에 계신 조상신에게 알려 찾아올 수 있도록 유도하고 있는 것이다. 또 바티칸에서는 새로운 교황을 뽑을 적에 전세계의 추기경들이 시스티나 성당에 모여 콘돌라베(교황 선출 비밀회의)를 연다. 교황 선출이 확정되면 투표 용지를 태워 굴뚝으로 흰 연기를 내보내 새로운 교황의 탄생을 알린다. 누구에게? 밖에서 기다리는 군중들과 세상 사람들에게? 아니다. 무엇보다도 먼저 하늘에 계신 신들에게 이 사실을 알리기 위함이 아니겠는가. 그러고 나서 곧이어 종을 쳐 인간들에게 알린다. 소리는 아래로, 그리고 사방 옆으로 퍼져 나가지만 그다지 멀리가지 못한다. 하지만 연기는 곧장 위로 올라가 금방 신(神)의 눈에 띄기 때문이다.

그렇게 신(神)들에게 통고를 하여 모신 다음, 그 앞에서 정정당당하게 시합할 것을 맹세한다. 감히 비겁한 행동으로 신의 기분을 언짢이 했다가는 천벌을 면치 못하게 된다. 그렇지만 역시 시합만 가지고는 재미가 없다. 신들을 감히 심심하게 할 수야 없잖은가. 춤과 음악으로 여흥을 돋우어 드려야 한다. 지금은 관중들과 선수들을 즐겁게 하기 위해 벌이는 식전 행사 정도로 알고 있지만, 사실은 신들을 즐겁게 하고 위로해 주기 위한 목적으로 벌이는 제전 의식이 바로 오늘날의 매스게임이다. 그래서 이왕이면 하늘에서 내려다봐서 멋있도록 넓게 평면적으로 잘 짜야 한다.

이런 일련의 행사가 모두 의식(儀式)이자 의례(儀禮)이다. 이 과정에서 본다면 거기에 참석하여 축사를 하는 대통령은 제사장이자 신(神)의 대리인이다. 마지막으로 입장한 구경꾼의 한 사람이 아니란 말이다. 적어도 형식적으로는 그렇다는 말이다. 그렇다면 그 위상에 걸맞는 축사(덕담)가 있어야 했다. 변두리 예식장의 주례사(대충 다 알고 있는 뻔한 덕담이지만)도 그렇게 하지 않는다. "자, 다 모인 자리에서 두 사람의 결혼을 선포합니다. 아들딸 많이 낳고, 잘 먹고 잘 사세요!" 그리고 박수치고 식당으로 몰려가 버린다면? 간혹 외국 영화에서(국산 영화에서는 본 기억이 없고) 하필 국기 게양중일 때 적기가 폭격을 퍼부어 난장판이 되었음에도 불구하고 정해진 순서대로 게양을 마치는 장면을 보게 된다. 또 어떤 악단이 바로 옆에서 포탄이 터져 관중들이 도망치느라 난리법석인데도 끝까지 그 자리에서 연주를 마치는 장면도 자주 본다. (이때 우리나라 관객들은 모두 다 그 꼴이 우습다고 웃어댄다. 모처럼 찾아온, 우리보다 잘난 체하는 고지식한 서양놈들을 마음껏 비웃어 줄 기회를 놓칠 수야 없지. 그렇다면 같은 영화를 본 그 나라 사람들도 우리처럼 웃었을까? 코미디 영화도 아닌데?)

　의식(儀式)이나 의례(儀禮)에는 의무적인 강제성이 있다. 어찌 보면 순전히 낭비적이고 형식적일 수도 있지만, 그것이 바로 문화이다. **문화란 형식이다. 형식적이지 않은 문화란 있을 수 없다. 자연의 관점에서 보자면 지극히 어리석은 것일 수도 있지만, 사회적 동물인 인간이 만들어 낸 약속이다. 그 형식을 통해 우리는 정통성과 역사성을 재확인하고, 더하여 사회적 통합을 추구하는 것이다.** 동물적인 몸짓과 투쟁의 에너지를 문화적 차원으로 전환할 때 비로소 경기(혹은 스포츠)가 탄생하는 것이다. 비록 오늘날의 스포츠 경기가 일면 상업적인 오락 문화로 흐르고 있기는 하지만, 본디의 뜻을 잊어버려 그 가치를 떨어뜨리는 일이 없었으면 한다. 어찌 스포츠뿐이겠는가. 종교 · 학문 · 경제 · 정치 등등 인간이 벌이는 모든 행위에서 그 역사와 정신을 모르면, 그것들이 한순간 한없이 우습고 가벼워 보일 수도 있다. '근본'이 있다, 없다 함은 바로 이를 두고 하는 말이다.

　다시 여담이지만, 불의 신 제우스는 지진과 화산 활동이 많은 지중해 연안 국가들이 모시는 신이다. 그래서 운동 경기나 기타 제전 행사에서 하늘로부터 불씨를 받아 성화를 켠다. 특히 올림픽은 어느 나라에서 개최하든 반드시 아테네의 제우스 신전에서 받은 불씨라야만 한다. 그러니까 지구상의 모든 운동 경기 전에 켜는 성화는 모두 제우스 신을 기리는 것이 된다. 오늘날의 스포츠(체육·운동 경기) 문화가 모두 서양에서 발원하였기 때문이다. 그렇다면 우리나라에서 벌이는 여러 제전 행사에서는 굳이 성화를 켜지 말고 향을 피워 흰 연기를 올리는 것이 마땅하지 않겠는가. 우리네 신(神)들은 점잖아서 함부로 불을 가지고 장난하지 않으므로. 돼지머리와 술은 안 놓더라도 만신(萬神)이 강림하여 함께 즐기게 하였으면 좋을 것 같다. 올림픽을 흉내내어 강화도 마니산에서 제우스 신(아니면 누구? 옥황상제? 염라대왕?)의 불씨를 받아 전국체육제전의 성화를 밝히는 것이 왠지 계면쩍고 초라해 보인다. 논리적으론 그렇다는 말이다.

50 짚단베기, 벽돌깨기

또 하찮은 이야기 하나 늘어놓아야겠다.

조선 숙종 18년, 임금이 친히 관무재(觀武才)를 관람할 때, 박천(博川) 군수 양익명(梁益命)의 용력이 뛰어나다 하여 직접 불러 시험하였다. 그 자리에서 양익명은 주먹으로 돌을 쳐서 부수어 버리는가 하면, 네 사람에게 돌을 던지게 하여 모두 손과 발로 막아내자 임금이 감탄

하여 그에게 큰 벼슬을 내리라고 명하였다. 그러자 곁에 있던 좌의정 목내선(睦來善)이 아뢰기를 "저것은 무예라기보다 잔재주에 불과한 저격놀이일 뿐이니 대수로이 여기지 마시길 바랍니다" 하고 만류하자, 임금이 이를 허락하였다는 기록이 《숙종실록》에 나온다.

예전 중국에서는 무술 도장들이 있으면, 그 문 앞에는 항상 잡상인들이며 떠돌이 무예인들이 판을 벌이고 있었다. 대개 물건을 팔기도 하면서 기예를 보여주는 것으로 생업을 이어갔다. 조선시대에는 남사당패·걸립패 등 전국을 떠돌며 기예를 파는 여러 예인 집단들이 있었지만, 이들 중 어느 집단도 무술적인 기예를 행하였다는 기록은 없다.

일제시대에는 신파극을 공연하는 유랑극단이 생겨나고, 또 서양식 기예를 파는 서커스단이 전국의 장터를 떠돌았다. 그리고 길가 난장에서는 약장수들이 차력(借力)을 보여주며 싸구려 약을 팔았다. 그들은 여러 가지 신기한 기예를 펼쳤는데, 특히 약의 효능을 강조하기 위해 초능력적인 강인한 힘을 보여주어야 했다. 대부분 눈속임이지만, 여러 잡기와 함께 무예에서 빌려온 것들도 있었다. 특히 일반인들이 만져보기 힘든 시퍼런 진검으로 이것저것을 자르고 베는 시범을 보여주면 구경꾼들이 좋아했다. 이들은 주로 이곳저곳 도장들을 기웃거리며 배운 몇 가지 초보적인 동작들을 잔뜩 엄숙하게 펼치는데, 대개 일본 만화나 영화 장면을 흉내냈다. 그런데 언제부터인지 무술계에 이 짚단베기가 도입되어 각종 시범의 단골 레퍼토리가 되고 있다. 관중들에게 긴장감과 섬뜩함을 주기에 그만이기 때문이다. 그러면서 차츰 이 짚단베기가 무슨 대단한 무예의 기술인 양 선전하기 시작했다. 길거리 약장수들이 즐기던 잡기를 무예가 뭔지도 모르는 무예인(?)들이 익히고 있는 것이다. 실제 더 이상 길에서 약을 팔아 생계를 이어가기 힘들어진 예전의 차력사들이 지금은 도장을 열어 무술인 행세를 하기도 한다. 그렇지만 칼로 짚단을 베고 대나무를 자르고 하는 것은 일본식 칼장난에 불과할 뿐 무예도 아니고, 아무것도 아니다. 예전에 칼을 갈고 나면 옆에 있는 풀잎이나 가는 대나무 옆가지로 날을 살짝 시험해 보았던 것에 지나지 않는다. 또 새 칼을 얻었을 때 내 손에 맞는지 한번쯤 길가의 풀을 베어 보기도 하였다.

요즈음 유행하는 대나무베기나 짚단베기 시범은 개나 원숭이 쇼와 다를 바가 없는 것들이다. 금방 베어온 싱싱한 당년생 대나무여서 아무나 비스듬히 휘둘러도 무처럼 잘 베어진다. 만약 마른 대나무 같으면 베어지기는커녕 칼날만 다 버리게 된다. 짚단도 마찬가지이다. 이미 수십 일 전부터 물을 부어가며 푹 썩혀서 잘못 만지면 그대로 부서질 정도다. 진검이 아니라 나무젓가락으로도 자를 수 있다. 썩히지 않은 마른 짚단이라면 어림도 없다. 설령 그것들을 자른다 해도 그냥 뚝심을 자랑하는 것일 뿐 그것이 무슨 무예 기술은 아니다. 마치 허수아비나 묶인 죄수를 세워 놓고 어떻게 하면 단칼에 멋있게 벨 수 있을까를 궁리하는 지극히 유아적인 발상에서 비롯된 것이다. 장작패기나 소여물썰기와 다를 바 없는 것들이다. 또 과거에는 벽돌이며 기왓장·맥주병·송판·각목 등을 주먹이나 발, 심지어 이마로 깨부수는 시범을 많이 보였었는데, 상대나 관중들로 하여금 내가 이 정도로 강하니 아예 덤빌 생각 마라는 경고 또는 과시용이었다. 역시나 그 자체가 무슨 무예의 기술이 되지는 못한다. 보는 그대로 겁주기용 행사였다. 예로부터 그런 것들을 모두 일러 '잡기(雜技)'라 하였다.

대개 어떤 무술(호신술)이 개발되어 시장에서 뿌리를 내리자면 아무래도 어떤 과격한 전술이 필요하게 된다. 그 대표적인 것이 일본의 최배달이 만든 극진(極眞) 가라테이다. 조선인으로 일본 땅에서 살아남기 위하여 이러한 방법을 최대한으로 이용했다. 1960-70년대 한국에 무

> 불과 1백여 년 전까지만 해도 동서양을 막론하고 중죄인에 대한 사형 집행은 충격적이고 잔인한 방법으로 공개석상에서 행해졌다. 특히 참수형은 특별한 오락거리가 없는 그 시대 사람들에겐 꽤 괜찮은 볼거리였다.
> 제2차 세계대전중의 일본군의 잔학한 행위는 널리 알려져 있다. 그중 중국을 침략하면서 저지른 난징대학살은 지금도 중국인들의 치를 떨게 한다. 당시 일본의 일간 신문에는 중국 포로를 상대로 목베기 시합을 벌인 일본군 장교들의 이야기가 연일 실려 일본 국민을 열광케 했다. 포로들을 한 줄로 길게 꿇어앉혀 놓고 정해진 시간에 누가 더 많은 목을 베는가를 두고 내기를 벌인 것이다. 사람을 가지고 망나니가 아니라 개망나니짓을 벌인 것이다. 어쩌면 지금의 짚단베기가 그 개망나니 일본군에게서 유래된 것은 아닌지? 사람 목 대신 썩은 짚단이라도 베어서 함께 그 기분을 느껴 보자는 것은 아닌지? 짚단베기는 망나니의 목베기 연습일 뿐 결코 무예가 아니다.

술 도장을 연 화교 쿵푸인들과 해외에 맨몸뚱이 하나로 코리안 가라테 태권도를 전파한 초기 개척자들도 역시 그러했다. 먼저 현지의 기존 도장과 동네 왈패들의 기를 죽여야 먹고 살 수 있었기 때문이다. 그들이 보는 앞에서 주먹이 바스러지도록 무엇이든 깨부수어야 했던 것이다.

그런데 이 사람들 대부분은 그렇게 해서 성공을 거두었지만, 대개 60세 전후에 단명하였다. 그것도 하나같이 몸이 다 망가져 말년을 고통스럽게 살다갔다. 측근 이외에는 아프다는 말도 못하고, 걸음조차 제대로 걸을 수 없음에도 수많은 제자들 앞에선 건장한 듯이 억지로 버텨야 했다. 제대로 된 고급한 무예를 배우지 못하고, 몸을 망가뜨리는 기격 격투술을 대단한 무예인 양 착각했던 것이다. 무예에 무지한 탓에 미련하고도 불행한 삶을 살다간 사람들이었다. 모두 무예를 수양의 방편으로 여기지 않고, 호신용 기격술을 생계 수단으로 삼는 바람에 생긴 현상들이다.

강하게 단련하는 것은 단기적으로는 빠른 성과를 가져올 수 있다. 하지만 장기적으로는 몸을 망쳐 성취는 고사하고 치유할 수 없는 고통스러운 부작용을 반드시 가져온다. 명문가에서는 절대 삼가는 수련법이다. 한번 망가진 몸은 절대 원상복귀되지 않는다. 한창 젊을 때에는 모르고 그냥 넘어가지만, 40대 중반을 넘어서기 무섭게 일기예보관이 되어가기 시작한다. 부드럽게 꾸준히, 그리고 평생을 단련하는 것을 기본으로 삼아야 상승의 무공을 이룰 수 있다. 나이가 들면 들수록 더욱 고강해지는 것이 진정한 무예이다. 젊은 혈기와 힘만으로 하는 것은 무예가 아니다. 그건 단지 체육일 뿐이다.

운동이든 예술이든 어떤 목적을 위해 신체의 일부만을 집중적으로 사용하거나 단련시키는 것은 결과적으로 몸을 망가뜨리게 된다. 아무리 인기 있는 스포츠라 해도 결국은 노동에 다름 아닌 것이 된다. 그건 체육만도 못한 것이다. 게다가 대부분 경기 방식을 택하기 때문에 무리하게 신체의 일부분을 혹사시키는 경향이 강하다. 사람의 몸은 머리털이나 손톱 하나까지도 보호의 대상이다. 도구로 삼아 단련시키는 것은 어리석은 짓이다. 또한 필요 이상으로 팔·다리 등 신체 부위를 비틀고, 꼬고, 늘이는 것도 바람직하지 않다. 그저 남보다 별난 재주를 가졌다는 것밖에는 별다른 가치가 없는 행위이다. 신체의 어느 부분도 손상시키지 않으면서 공력을 기르는 것이 바로 무예이다.

해범 선생께서는 "근육의 힘만으로 하는 하급 무예나 운동은 3년 이상 할 필요가 없다"고 말하였다. 왜냐하면 3년을 수련하나 10년을 수련하나 별 차이가 없기 때문이다. 무예와 일반 체육의 서로 다른 점이다.

51 무예는 미신이 아니다

 쉽게 배운 것 귀한 줄 모르고, 별것 아닌 것 귀하게 팔아먹는 것이 작금의 세상인가 보다.
 우리나라 사람들만큼 신비한 것을 좋아하는 민족도 드물지 싶다. 뭐든지 옛사람들이 하던 것이나 알고 있던 것들은 지금 세대가 제대로 몰라서 그렇지, 굉장히 지혜롭고 신비한 것들이었으리라고 여기는 버릇이 있다.
 특히 '도(道)' '기(氣)' '선(仙)' '선(禪)' '단(丹)' 등등의 글자만 나오면 일단 깜박 죽고 들어간다. 그리고 '참' '밝' '한' 등 옛스런 순한 글들도 이 신비 상품 개발에 빠져선 안 되는 기초적 약재들이다. 이것들이 들어가면 만병통치약이 되고, 우주 삼라만상의 이치를 단번에 깨치는 지혜를 터득할 수 있게 된다.
 해범 선생께서《본국검(本國劍)》《권법요결(拳法要訣)》《조선창봉교정(朝鮮槍棒教程)》을 집필할 때 참으로 귀한 수양과 무예 수련에 관한 이론 원고들이 많았는데, 북창(北窓) 선생의《용호비결(龍虎秘訣)》을 제외한 대부분을 최종 편집 과정에서 빼버렸다. 실제 입문해서 오랫동안 이론과 실기를 익히지 못할 사람들이 보면 너무 현학적이고 신비적으로 받아들이리라는 염려 때문이었다. 그래서 꼭 필요한 무예 이론들만을 실었다. 물론 그것조차도 제대로 이해할 후인이 다시 생겨나기도 어려울 것이라고 짐작하면서. 고대 동양철학(과학을 포함해서)에는 현대인들의 눈에 상당히 비현실적이고 신비적인 요소가 많다. 구체적으로 느껴지거나 설명되어지지 않는 부분이 많은 것이다. 그것들을 글로 써놓으면 도리어 더욱 난해해지는데, 보는 사람은 점점 더 신비스러이 느끼게 된다.

고대에는 현대 학문처럼 표현 방법이 세분화되지 못하였다. 어떤 이치나 깨달음(느낌)을 표현할 수 있는 용어(낱말)나 부호(수치)가 지금같이 다양하고 과학적이지 못했기 때문이다. 그러다 보니 하늘과 땅이 돌아가는 이치를 설명하는 데는 '도(道)'자를, 인체와 만물이 돌아가는 에너지를 설명하는 데는 '기(氣)'자를 많이 썼다. 사실 이러한 글자들은 수많은 의미를 내포하고(사용되고) 있어서 보통 사람(문외한)들에겐 신비하기 짝이 없는 무한한 상상력을 불러일으킨다. 따라서 얼마든지 변용할 수가 있다. 추상적이고 모호하고 상대적인 개념을 가진 특성 때문에 이러한 용어들은 고대인들의 철학·종교·방술 등에서 애용되었다. 그리고 이러한 용어들은 민간에 널리 통용되면서 사람들을 미혹시키는 데에도 많이 사용되고 있다. 당연히 건강이나 수양 분야(사업)에서는 약방에 감초처럼 없어서는 안 될 용어가 되어 버렸다.

이런 현상은 무예라고 해서 예외일 수 없다. 간혹 자기 집안 혹은 산중에서 비전되어 오던 것으로서 아무에게나 함부로 전해 주지 않는 무시무시하고 신비한 것이라는 둥(사실은 어디 팔아먹을 곳이 없나 하고 눈을 두리번거리면서), 또는 전통 무술로서 일제의 탄압으로 소멸될 뻔하였다가 겨우 명맥을 유지해 왔다는 둥, 심지어 천몇백 년을 거슬러서 고구려 연개소문이나 을지문덕이 비밀리에 전해 준 비전 절기라거나, 신라 최치원이 남긴 비술이라는 둥 바람을 잡으면서 사람들을 현혹시키고 있다. 하여간 오래된 것일수록 약효가 뛰어나서 값이 더 나간다고 한다. 그들의 주장대로라면 인류의 과학 문명은 점점 퇴보해 왔음이 분명하다.

문화든 역사든 실은 과학적인 눈으로 이해해야 한다. 조금만 논리적으로 생각해도 모두가 황당한 것들인데, 사람들은 막연한 동경심으로 그것들을 미신처럼 믿고 싶어한다. 한때 공중부양술로 사람들을 모아 장사를 하는 무리들이 있었다. 물론 대부분의 사람들은 그따위 말에 현혹되지 않지만, 간혹 순진한(어리석은) 사람들이 걸려든다. 천의 한 명, 혹은 만의 한 명만 걸려들어도 꽤 괜찮은 수입이 된다. 길거리에서 "도를 아십니까?" 하며 지나는 행인을 상대로 '도(道)장사'를 하는 이들을 보면 미친 짓 같지만, 역시 어쩌다 천에 한 명만 걸려들어도 그게 어딘가. 듣도 보도 못한 희귀한 종교 집단은 더 말할 것도 없지만 말이다. 아무리 벽돌을 깨는 센 주먹이라 해도 맨주먹으로 전쟁에 나가 적을 때려잡는 것은 아니다. 공중부양술을 배웠다 해서 엘리베이터 안 타고 붕 떠서 20층으로 올라가거나, 제주도까지 비행기 삯 안 들이고 날아가는 것도 아니다. 도(道)를 팔아서 돈 버는 사람은 많아도 '도사(道士. 아마도 본인들은 신선 같은 사람을 말하는 것 같은데, 아무래도 길에서 도(道)를 파는 야바위꾼 같다)'가 된 사람은 본 적이 없다. 돌을 깨는 주먹이라 해서 석재 공장이나 도살장에서 와주십사 하지 않는다. 짚단 잘 벤다고 목장에 가서 소 여물 썰 일도 없다.

우리 것은 소중한 것. 옛것, 전통적인 것을 찾다 보니 문화나 과학이 발달되면서 저절로 없어지거나 버려진 것들까지 들고 나와 대단히 귀중한 것인 양 팔러다니는 사람들이 많아졌다. 하지만 모조리 부시맨의 콜라병일 뿐이다.

우리나라 사람들은 유난스레 자신의 신체적 조건에 대한 부족감, 즉 키·정력·외모·건강에 대해 거의 콤플렉스 수준의 열등감을 느끼는 것 같다. 혹여 서양인들과 접하면서 생겨난 것인지, 아니면 어려운 시절 식탐(食貪)하던 습관 때문인지는 모르겠으나 가히 병적이라 할 만하다. 아무리 많이 가져도 채워지지 않아 끊임없이 눈을 두리번거린다.

> 옛날에 형제만 단둘이 살고 있었는데, 어느 날 그 형이 부모로부터 받은 유산을 동생에게 모두 물려주고서 출가해 버렸다.
> 그로부터 10년의 세월이 흐른 후, 그 형이 다시 돌아왔다.
> "형님, 묻기에 뭣하지만 불문(佛門)에 귀의했던 긴 세월 동안 무얼 깨달으셨는지요? 원대한 그 꿈은 이루셨습니까?"
> "나와 함께 강가로 나가자꾸나. 네게 보여줄 게 있다."
> 강가에 이르자, 형은 잠시 명상에 잠기는 듯하더니 어느새 건너편 강가에 우뚝 서 있었다.
> 동생은 적이 놀란 가슴을 진정시키고, 뱃사공을 불러 몇 푼을 집어 주고서 강을 건너갔다.
> "형님, 정말 대단하십니다. 세상의 알뜰한 유혹 다 뿌리치고, 명상과 고행을 한 결과가 고작 몇 푼의 가치에 불과한 이런 곡예였다니 도저히 믿을 수가 없습니다."

그러다 보니 텔레비전이며 신문·잡지, 기타 책자 등을 통해 소개되는 건강에 관한 이야기에 지나치게 민감한 반응을 보인다. 그렇지만 온갖 방면의 전문가들이 말하는 건강 상식이라는 것이 그야말로 병 주고 약 주는 식이다. 웬만한 병은 다 자기 것 같은 생각이 든다. 결국 아는 것이 병이 된다. 이제 웬만한 병은 의사만큼 자기도 안다고 여기게 되었다.

상식적으로 생각해 봐도 현대인들의 병은 거의 대개가 잘 먹고 게을러서 오는 것들이다. 술·담배는 말할 것도 없고, 온갖 기름진 산해진미를 너무 많이 먹어서 온 병들이다. 주체할 수 없도록 과잉섭취하고, 술·담배로 간과 폐를 지치게 해놓고는 곧장 건강원을 찾는다. 벌어서 남 보태 주는 방법도 참 가지가지로구나 싶다. 한술 더 떠 충분히 건강한데도 헬스클럽을 찾고, 그만하면 날씬한데도 살 뺀다고 난리들이다. 절대적으로 운동이 부족한 현대인들이라도 그저 앉아서 기지개를 켜며 숨만 크게 자주 쉬어도 쌓인 스트레스 풀리고, 소화 잘되게 되어 있다. 물론 평소에 먹어 보지 못했던 색다른 음식(건강 식품)으로 모자란 영양소를 섭취하다 보면 몸이 좋아지는 경우도 있다. 바로 이 순간을 놓치지 않고 그 동양의 신비한 포장지가 그것들의 가격을 잔뜩 올려 놓는 것이다. 고유하고 신비하게 포장된 인스턴트 양생술・건강 식품・호신술 등이 범람하고 있다.

소금에 관한 이야기 하나 해보자. 오늘날에야 흔하디흔한 것이 소금이지만, 예전에는 지구상의 어느 민족에게나 소금은 귀중한 것이었다. 그래서 소금에 얽힌 이야기도 많다. 특히 이 귀한 소금을 먼 내륙으로 옮기는 과정에서 나라마다 이솝 우화 같은 이야기가 많이 생겨났다. 오늘날에는 용기나 포장술이 발달되어 보관이나 운반에 어려움이 없지만 예전에는 그렇지 못했다. 우리나라에서는 대개 가마니에 담아 지고서 마을마다 팔러 돌아다녔다. 그리고 집집에서는 그 소금을 대부분이 독에 넣어 보관하였다. 일반 가정에서도 그랬지만 특히 깊은 산에 자리한 절 같은 곳에서는 가을 한철에 1년 먹을 양을 한꺼번에 구입해서 보관하였는데, 아무리 잘 관리를 하여도 습기에 녹아드는 것을 막을 수가 없었다. 독에 넣어 놓으면 밑바닥에 질퍽하게 녹아 있고, 가마니 소금은 장마철이면 녹아내려 손실이 많았다. 어느 날 이를 아까워하던 절간의 공양주가 한 꾀를 내었은즉, 녹은 소금을 대통에 넣어서 불 땐 아궁이 속에 세워두었더니 덩어리 소금이 되더라는 것이다. 그것을 절구에 넣고 빻아서 보관해 두었다가 나중에 원소금이 다 떨어지면 사용하였는데, 재가 섞여들어 조금 거뭇해지기는 했지만 소금이란 게 귀한 것이라 그나마 아쉬울 땐 먹기도 하고, 또 가난한 이들에게 나누어 주기도 했다.

그런데 이 소금을 얻어먹어 본, 평소 염분 섭취량이 충분치 못했던 사람들 가운데 간혹 효험을 보는 경우가 있어 중생들이 여기에 무슨 신비한 효능이 있는 것으로 여기게 된다. 예나 지금이나 절에서 하는 모든 일에는 일반 중생들이 모르는 저들만의 현묘한 지혜가 있을 것으로 지레짐작하는 습성이 있다. 중세 서양의 교회에서도 성수와 호스티아(성찬식의 빵)가 신비한 효능이 있다는 소문이 퍼져 너도나도 가져가 아픈 환자들을 위해 사용하던 때가 있었다. 나중에는 병든 소나 돼지들에게 먹이기도 했다고 한다. 어쨌거나 한국 사람들은 뭔가 비과학적이고 신비한 것을 좋아하는 습성이 매우 강하다. 소금은 아무리 높은 온도에서 아홉 번이 아니라 아흔아홉 번을 구워도 조금도 변하지 않는 소금일 뿐이라는 것은 누구나 다 아는 사실이다. 그럼에도 대나무(참나무면 더 좋을지도 모르는데?) 통 속에 넣어서 구웠기 때문에 뭔가 신비한 효능을 가지게 되었을 것이라고 믿는다. 항상 애용하는 말로 현대 과학이 제대로 밝히지 못했을 뿐이라는 것이다. 혹 사람에 따라서 죽염 속의 불순물(재나 흙)로 인해 약간의 변화(효험)를 느낄 수도 있었겠지만, 과학적으로 입증된 효과도 없을 뿐더러 더 이상 입증할 것도 없다는 것은 자명한 사실이다. 그런데도 사람들은 이런 일을 믿는다. 아니 믿고 싶어한다. 그 바람에 돈 잘 버는 사람들이 생겨나고 있다.

이러한 맹신이 건강염려증과 결합하여 계속해서 다른 건강 상품의 탄생을 유도한다. 옥돌이니 황토니 돌침대니 하면서. 요즈음 남의 집을 방문할 때 간혹 꽃차가 나오는데, 칡꽃·국화꽃, 심지어 연꽃 말린 것까지 대단히 귀한 것인 양 내놓는데 참 난감하기 짝이 없다. 처음엔 뭣 모르고 주는 대로 마셨다가 머리가 띵해지면서 멀미가 난 적이 몇 번 있다. 그때는 그저 내 체질에 안 맞아서 그런 모양이라며 대수롭지 않게 넘어갔었다. 체질이 양(陽)에 가까운 기름진 사람들은 이런 차를 마신다 해도 별다른 증상을 느끼지 않지만, 음(陰) 체질은 한두 잔

마시면 곧 열이 위로 올라 어지럽게 된다. 거기에다 웰빙 붐을 타고 생꽃잎들로 비빔밥을 만들어 파는 음식점까지 생겨나고 있는데, 생각할수록 인간이란 참으로 희한한 동물이구나 싶다. 이쯤 되면 인간이 영악한 건지, 아니면 어리석은 건지 판단이 잘 안 선다. 꽃은 눈과 코를 즐겁게 해주는 것만으로 인간의 욕망을 다 채워 주지 못한다. 이제 혀까지 만족시켜 주어야 하고, 낱낱이 뜯기어 목욕탕에서 인간의 피부 촉감까지 만족시켜 주어야 한다. 머지않아 어쩌면 인간이 꽃을 노래하는 것이 아니라, 꽃이 인간을 위해 노래를 불러야 할는지도 모른다.

이치적(아니 상식적)으로 생각해 보면, 꽃이란 결코 먹을 수 있는 것이 아님을 금방 알 수가 있다. 천하의 온갖 초근목피를 약재로 사용하는 한방에서도 예외적으로 꽃은 거의 쓰지 않는다. 간혹 특정한 증세를 지닌 환자를 위해 몇 종류의 꽃이 사용되기도 하지만 어디까지나 치료용이다. 누구나가 먹어서 좋은 몸보신용으로 쓰이는 경우는 없다. 만약 아무나 먹어서 몸에 좋다면 아마 지구상에는 꽃이 존재하지 않았을 것이다. 식물들이 종족을 퍼뜨리는 수단으로 결코 꽃을 사용하지 않았을 것이라는 말이다. 인간의 입으로 들어오기 전에 동물이나 온갖 벌레들이 먼저 먹어치웠을 것이라는 뜻이다. 동물에게든 벌레에게든 꽃은 결코 먹어서 이로울 리가 없다. 백해무익하거나 오히려 해로울 뿐이다. 간혹 꽃을 먹는 짐승들이 있지만, 그들은 그 꽃을 소화할 수 있는 특정 효소를 분비하고 있기 때문에 가능하다. 천하의 어떤 해충도 꽃잎을 갉아먹지는 않는다. 진딧물도 꽃대까지는 올라가도 꽃잎은 절대 건드리는 법이 없다. 꽃잎은 종족 보존을 위해 벌 나비를 유인하는 도구이자 다른 온갖 해충의 접근을 방지하는 보호책인 것이다. 건강식보다는 차라리 방충제를 만드는 게 더 좋을 것이다. 한가한 사람 있으면, 꽃을 따다 말려서 베갯속으로 사용해 보시라. 어쩌면 먼

지진드기 방제에 도움이 될지도 모르니, 꽃가루도 마찬가지이다. 사실 송화떡만큼 맛없는 떡도 없다. 개떡만도 못하다. 맛없는 맛으로 먹는 것이 송화떡이다. 꽃가루가 맛이 있고 영양이 많으면 역시 그 꽃은 진작에 멸종했을 것이다.

 인간은 꽃을 보고 향기를 맡으면서 본능적으로 성적인 흥분(물론 매우 미약하지만)을 느낀다. 그래서 그걸 먹고 싶어지는 것인가? 그리고 먹으면서 쾌감을 느끼는가? 역시 아주 미약한 성적인 쾌감을? 수많은 종교나 방술, 혹은 신비한 동양철학과 관련된 미신적 취향에 대해서는 본인들이 굳이 그렇게 믿고 싶어하니 누가 옆에서 왈가왈부할 일이 아니다. 그렇지만 과학적이어야 할 건신술, 혹은 무예에서의 속임수나 견강부회는 제발 삼가야 할 것이다.

 무예는 자신의 몸을 위해 그 '몸'을 단련시키는 것이다. 동양에서 무예나 의학, 그리고 양생법 등은 수백 년 또는 수천 년의 역사를 가지고 있다. 그러나 보니 아직까지도 그런 오래된 지혜와 수행의 결과가 현대적인 언어로 설명되지 못하고, 대부분 옛 용어로 그냥 남아 있는 경우가 많다. 또한 세월이 흐르면서 후세인들이 이를 더욱 모호하게 부풀려 놓은 것도 많다. 대개 제대로 알지 못하는 사람일수록 더욱 장황하게 늘어놓는 버릇이 있다. 제대로 된 건신술이나 정말 좋은 명약이라면 그렇게 저잣거리에서 떠벌리며 팔러다니지 않는다. 무예인이라면 이런 증명되지 않은 속설이나 비법을 맹목적으로 따르거나, 비논리적인 모호한 동경심으로 제멋대로 해석해서 몸을 망치는 일이 없도록 항상 합리적이고 과학적인 사고를 지녀야 한다. 지혜롭지 못하면 몸이 괴롭다. 사소하고 쓸데없는 일에 인생을 낭비하거나 망치기 십상이다. 무예란 결코 한 개인의 어쭙잖은 상상력에 의한 흉내내기가 아니다.

누천 년에 걸쳐 축적된 경험과 지혜의 결정체이다.

요즈음 어떤 무리의 사람들은 신령스럽고 영험한 곳을 찾아 소원을 빌고, 지기(地氣)가 강렬한 곳을 찾아가 그것을 자기 몸으로 받아 깨달음이나 무슨 신통력을 얻고자 하지만 모두 허무맹랑한 미신과 다를 바 없다. 그런 공덕(空德)을 좇아다니는 사람치고 정신이 올바로 박힌 사람 보지 못했다. 뭐 우주와 교감하고 합일한다는 둥, 뜬구름 잡는 소리를 해대지만, 사실 따지고 보면 이 세상에 우주와 합일하지 않는 생물이 어디 있으랴? 벌레 한 마리, 풀 한 포기 살아가는 것조차도 우주와 합일하지 않고서 가능한 일인가? 모두가 무예를 닦거나 수양하는 사람이 경계해야 할 것들이다. 물론 무예를 오랫동안 익히다 보니 보통 사람보다 몸이 빠르고 강인한 것은 사실이지만, 그게 그리 신비하거나 별난 것일 수는 없다. 남 안하는 것을 오래 수련하다 보니 당연히 그렇게 된 것일 뿐이다. 거기에 대해 필요 이상의 경외감을 가지는 것은 어리석은 일이다. 무예는 결코 미신이 아니다. 과학이다.

52 엄(嚴)하지 않으면 강륜(綱倫)이 서지 못한다

유럽에서 오래 생활해 본 사람들은 그들의 자녀 교육에 있어서의 엄격함에 자주 놀란다고 한다. 상류층으로 올라갈수록 더욱 엄격해지는데, 아이들을 동반한 모임이나 파티에 참석하다 보면 어김없이 여기저기서 "찰싹!" "퍽!" 하는 소리들을 듣게 된단다. 자녀들이 버릇없이 굴면 장소를 가리지 않고 그 자리에서 뺨이나 엉덩이를 때려 주의를 주기 때문이다. 어머니들끼리 이야기를 나누고 있는데, 나어린 소녀가 하늘을 나는 비행기를 가리키며 갑자기 무어라 소리를 지르자 그 어머니가 거침없이 소녀의 팔뚝을 꼬집는다. 옆에서 보기가 민망할 정도로 가차없다. 그럴 때는 꼭 계모 같아 보인다. 그렇지만 아이들은 단련이 된 듯 여간해서는 울지 않는다.

해마다 열리는 파리도서전은 서울도서전과 달리 아이들이 거의 눈에 띄지 않는다. 이상히 여겨 물었더니, 부모들이 자녀 교육에 덜 극성이어서가 아니라 동네마다 도서관이 잘 갖추어져 있어 굳이 데리고 나올 필요가 없기 때문이란다. 그나마 일요일에는 약간의 아이들이 부모를 따라오는데, 대부분의 아이들이 어른들과 마찬가지로 조용히 다니기에 그다지 눈에 띄지가 않는다. 간혹 이 부스 저 부스를 깔깔거리며 뛰어다니다 바닥에 주저앉거나, 복잡한 전시장 복도를 휘젓는 아이들이 있는데 예외없이 아랍계 혹은 아프리카계이다. 평소에도 그렇지만 주말이라 해도 파리 사람들은 아이들을 잘 데리고 나서지 않는다. 지하철 승강장에 줄지어 서 있는 사람들 중에도 아이들은 불과 대여섯 명에 지나지 않는데, 그나마도 어른들처럼 똑바로 서 있어서 눈에 잘 띄지 않는다.

요즈음 한국에서 공휴일 지하철이나 공원 등에 나가 보면 부모를 따라온 아이들이 많다. 다 아실 터이지만 얌전히 오가거나 노는 아이는 드물다. 아이도 아이지만, 데리고 나온 부모들은 더욱 한심하기 짝이 없다. 도무지 제지하는 법이 없다. 도리어 대견한 듯이 바라보며 흡족해한다. 공원에서는 더욱 가관이다. 아빠라는 사람들은 더더욱 가관이다. 아이가 어른을 보고 배우는 것이 아니라, 어른이 아이를 보고 배우는 것 같다. 아빠와 어린 아들이 같이 치고받으며 서로 반말을 해대고 논다. 아무래도 삼강오륜(三綱五倫)을 잘못 배운 모양이다. 오륜의 하나인 '부자유친(父子有親)'을 아마도 '부모와 자식은 친구처럼 지내야 한다'는 뜻으로 알아들은 모양이다. 무릇 엄(嚴)하지 않으면 예(禮)가 제대로 서지 못한다.

예로부터 '엄(嚴)'은 '병가오덕(兵家五德)'의 하나로서 아주 중히 여기는 덕목이다. 특히 군중(軍中)에서는 더욱 그러하다. 군(軍)은 국가권력의 모체이다. 국가 구성에 없어서는 안 될 중요한 것이지만, 동시에 다루기가 힘들고 위험하기 짝이 없는 조직이다. 나라 국(國)에서 무(武)는 밖으로부터 외적을 막는 수단이지만 언제 안(口, 궁성)으로 향할지 모른다. 무(武)는 생명을 다루기 때문에 반드시 엄격하게 통제되어야 한다. 상하 구분이 명확하고, 공과(功過)와 상벌(賞罰)이 분명하며 공평해야 한다. 공(公)과 사(私)의 구분이 확실해야 하고, 신(信)과 정(情)의 구별도 할 줄 알아야 한다. 특히 지도자라면 남에게는 관대하고 인자하다 해도 자신에게는 더없이 엄격해야 한다. 그래야만 아랫사람이 믿고 따른다. 중세 유럽의 기사들이 지켜야 할 가장 주요한 계율(도덕 규범)이 바로 '신중(愼重)'과 '절제(節制)'였다. 즉 '엄(嚴)'에 해당하는 덕목이다.

전쟁은 희생을 강요한다. 적을 죽이는 것이지만, 결국 그만큼의 자기 부하를 죽이는 것이다. 그래서 혹독한 것이고, 책임이 막중하다. 그러다 보니 군사(병영) 문화란 것이 한없이 경직되고 폐쇄적이며, 민간 문화에 대해 배타적이다. 각종 내부적 사고나 자신들의 과실에 대해 솔직하게 인정하기를 꺼린다. 일본이 과거 자신들의 과오를 인정하지 않고 숨기려 드는 것과 같은 것이다. 집단 문화의 고질적인 병폐이다.

> "깨물어서 안 아픈 손가락 없다."
>
> 정말 그럴까? 어디 다섯 손가락 차례대로 한번씩 깨물어 보라. 물론 분명 안 아픈 손가락은 없다. 하지만 분명 덜 아프고 더 아픈 손가락이 있다. 새끼손가락이 제일 가늘고 제일 아프다.
>
> 자식 사랑도 마찬가지이다. 모두 귀엽다 하지만 아무래도 내리사랑이다. 그게 인지상정이다. 그렇지만 부모가 되어 이런 정에 끌려 내리사랑으로 집안을 다스리다간 결국 집구석은 풍비박산되고 만다. 정(情)은 정으로 그치고 말아야 한다. 그렇지 못할 때에는 강(綱)이 무너진다. 사실 제일 짧고 못생긴 것이 엄지손가락이다. 깨물어도 제일 덜 아프다. 하지만 이 엄지가 없으면 나머지 손가락들은 제구실을 못하거니와 화합하지 못한다. 오직 엄지만이 나머지 네 손가락을 다 상대하고 다스릴 수 있다.
>
> 집안을 다스리는 것도 마찬가지이다. 잘났든 못났든 맏이가 맏이로서 대접받는 집안은 결코 강(綱)이 무너지는 법이 없다. 가난한 집안이나 재벌 집안이나 마찬가지이다. 자식들에게 민주적이고 공평하다고 자부하는 신식 부모들의 집안일수록 형제간의 다툼이 많은 법이다.

지(智)나 인(仁) 혹은 의(義)의 반려를 받지 못한 엄(嚴)이다. 이때마다 항상 들먹이는 말이 '군의 사기 저하'이다. 물론 핑계에 지나지 않는다. 실수를 인정한다고 군의 사기가 떨어지는 것이 아니다. 근엄함을 고집한다고 위엄이 서는 것이 아니다. 진정한 무인(武人)은 솔직하지 못함을 지극히 싫어한다. 변명과 몸보신은 무(武)의 정신이 아니다. 언제든지 목숨 바칠 준비가 되어 있다면, 언제든지 모자 벗을 준비도 되어 있어야 한다. 그러지 못한다면 그는 참다운 군인이 아니다.

IMF 이후 명예퇴직 때문에 일반 직장에서도 진급을 꺼리는 경향이 있다는데, 요즈음 고위 공직에 오르는 게 당사자들에겐 여간 망설여지는 것이 아닐 터이다. 임명되자마자 과거의 몰염치한 행위들이 들 춰지는 바람에 제대로 해먹지도 못하고 개망신만 당하다 쫓겨나오는 일이 허다하기 때문이다. 부동산 투기는 단골 메뉴이고, 특혜 · 뇌물 · 인척 비리 · 병역 기피 등을 이유로 중도 하차하는 일이 끊임없다. 모두 수신제가(修身齊家)를 못한 탓이요, 스스로에게 엄(嚴)하지 못했던 탓이다.

　세계화가 급속히 진행되고 있는 오늘날에는 관료들의 엄격함과 투명함이 무엇보다도 우선 요구되는 덕목이다. 그 당사자인들 법과 규정, 그리고 공직자의 윤리와 갖춰야 할 도덕 규범을 몰라서 그런 짓을 했을 리 만무하다. 남들도 다 하는 일인데, 설마 무슨 일이 있으랴. 평소 엄(嚴)의 정신으로 무장하지 않았기 때문에 알면서도 그랬던 것이다. 사람의 도덕이나 윤리 수준을 면접이나 필기시험으로 알 수는 없다. 처음 뽑는 신입사원이라면 어쩔 수 없이 이것저것 물어보아서 그 사람됨을 추측해 보는 수밖에 없다. 하지만 공작자라면 굳이 그럴 필요가 없다. 과거 행적을 추적해 보면 금방 드러난다. 그 사람의 생각이나 양심을 저울질하는 것이 아니라 그간의 행실을 묻는 것이다.

　엄(嚴)하지 않으면 아무리 좋은 제도와 법률을 갖추었더라도 온전히 제 기능을 발휘하지 못한다. 예전엔 너도나도 관례처럼 행하던 편법 또는 불법 투기 때문에 아까운 관료를 자르는 것은 국가적으로 큰 손실이라고 하지만, 사적인 일에 관용차를 사용했다거나 남보다 싸게 아파트를 구입했다는 등의 사소한(?) 이유로 지탄을 받거나 쫓겨나는 외국(대개는 선진국들)의 예를 보면 그다지 큰일도 아니라고 봐야 한다. 이런 일은 현 정부의 개혁 정책 때문이라기보다는 **세계화 과정에서 필연적으로 거쳐야 할 통과의례**일 뿐이라고 봐야 한다. 단지 그 속도가 우리의 예상보다 훨씬 빨라지고 있다는 것뿐이다. 지금부터라도 **자**

신에게 엄격한 사람들만이 미래 사회의 주인이 될 수 있을 것이다. 속된 말로 '털어서 먼지 안 나는 놈 없다'고들 하지만, 앞으로는 진짜 털어서 먼지가 안 나야 한다. 그것이 곧 세계화의 기준이다. 이 요건에 부합하지 못하고서는 미래, 아니 현재 세계에서도 결코 주도적인 국가가 될 수 없다. 기업들 역시 살아남기 위해서는 점점 더 엄격해져야 한다. 방심은 곧 나태로 이어지고, 결국 도태되고 만다.

조금 미안하지만, 1997년 외환 위기를 넘기지 못하고 해외로 도피한 김우중 전 대우그룹 회장을 예로 들어 보자. '세계는 넓고 할 일은 많다'는 유행어를 남기며, 이 땅의 수많은 젊은이들에게 세계를 향한 도전의 꿈을 심어 주었던 그가 끝없는 도망자 생활로 자신의 업적과 명예에 먹칠을 해버렸다. 사람들은 한결같이 그가 진작에 돌아와 당당하게 모든 책임을 지고, 죄값을 치를 것은 치르고, 용서를 구할 것은 구했더라면 하는 아쉬움을 이야기한다. 아무래도 용(勇)과 절(切)이 부족했던 모양이다. 패배를 인정하는 것도 진정한 용기임을 모르지 않았을 텐데. 결국 한낱 장사꾼에 지나지 않았단 말인가. 그런 그가 도망자의 신분으로 프랑스와 베트남을 오가며 이런저런 일로 재기를 꿈꾸고 있다는 기사가 사람들로 하여금 쓴웃음을 짓게 하였다. 그런데 우리 모두 김우중 회장에 대해 간과한 것이 있다. 설령 외환 위기가 아니었더라도 어쩌면, 아니 필시 그는 지금쯤 비슷한 상황을 맞았을 것이라는 점이다. 그의 대우그룹은 과거 군사 정권과 결탁하여 부실 업체들을 특혜로 인수받아 성장한 대표적인 기업임을 누구도 부인하지 못한다. 본인의 의욕(혹은 욕심)이 지나쳐 기업을 한없이 늘리는 데에만 열중했지, 제대로 관리하는 데에는 소홀했다는 점이다. 문제는 그가 배운 1970-80년대식 경영 방식(즉 정경유착)을 계속 고집하다가 결국 배탈이 나고 만 것이다. 분명 세계는 넓고 할 일은 많은 것은 사실이다. 그런데 세계에 나가려면 먼저 자신부터 세계 기준에 맞는 경영마인드를 갖추었어야 했다. 선진국 진입 문턱에서 주저앉은 대한민국도 마찬가지였다. 제대로 갖추기는커녕 기본이 뭔지도 모르면서 OECD에 덜컥 가입해 놓고 우쭐대며 선진국 흉내나 내며 허구한 날 칵테일 파티를 벌였으니, 주제를 몰랐어도 한참 몰랐던 것이다. 과거 개발도상국 시절 한국에서 하던 주먹구구식 장사 수단으로는 선진국에서 통할 리 없고, 그때 그 시절 우리네와 비슷한 상황에 있는 폴란드·인도·베트남 등 후진국들을 오가며 옛 영광을 되살리고자 고군분투(?)하다가 결국 포기하고 돌아와 예상대로 법과 씨름(?)하는 그를 보면서 안타까운 생각을 금할 수 없다. 세계는 넓고 후진국도 많다? 하지만 세계화 바람에 이제 후진국조차도 옛날 같지가 않았던 것이다.

문 밖을 나서면 진퇴를 분명히 해야 한다. 구차해서는 결코 명(名)을 보전할 수 없다. 하물며 무예인이라면 더할 나위 없이 자신에게 엄격해야 한다. 선비가 세 치 혀로 화를 부를 수 있듯이, 무예 역시 자칫 돌이킬 수 없는 화를 부를 수 있다. 대개의 무예인들은 생리적으로 호전적이며 협기(俠氣)가 강해 행동이 앞설 때가 많다. 또한 호기(豪氣)가 지나쳐 큰 실수를 저지를 때도 있다. 자신만 망치는 것이 아니라 수많은 사람들을 불행하게 만들기도 한다. 그래서 옛말에 **"무릇 지혜로운 자는 망령되이 행동하지 않으며, 참 용기를 가진 자는 함부로 사람을 죽이지 않는다"**[22]고 하였다. 또 개인적인 욕심을 위해 무(武)를 사용할 수도 있다. 때문에 몸가짐을 항상 엄격히 하고, 긴장되어 있어야 한다. 비록 천하의 고수라 해도 한순간 술에 취하면 천하의 하수에게 그 목을 베일 수 있다. 매일같이 땀 흘려 수련했다 한들 신호등을 무시하고 길을 건넜다가 차에 치여 죽거나, 위험한 짓을 하거나 방심하다가 사고 나서 다친다면 무예인의 수치인 것이다. 술 담배를 즐기거나 평소 제대로 건신하지 못한다면 진정한 수행인이라 볼 수 없는 것이다. 막상 전쟁이 일어나 나가서 싸워야 할 때 어딘가 고장이 생겨 움직이지 못하는 전차와 같은 것이다. 유가적(儒家的) 인생관인 "마음을 바르게 하고 몸을 닦아 가정을 정돈하고 나라를 다스리며 천하를 평정한다〔正心修身齊家治國平天下〕"가 글 읽는 선비들만의 것이 아님을 알아야 한다.

옛글에 "경솔함이 많은 자는 차분하게 깊이 생각하는 식견이 없고, 두려움이 많은 자는 틀을 뛰어넘는 식견이 없다. 욕심이 많은 자는 비분강개하는 절개가 없고, 말이 많은 자는 진실한 마음이 없으며, 용기가 많은 자는 예술적인 고아한 품격이 없다. 그러므로 재주 있는 사람의 행동은 대부분 방종하니 바른 것으로써 단속해야 하고, 올바른 사람의 행동은 대부분 판에 박은 듯 딱딱하니 운치로써 융통성 있게 해야 한다"[23]고 하였다.

53 인(仁)은 이 시대에 필요한가?

프랑스에서는 대학입학자격시험에 합격하면, 이과 문과를 가리지 않고 누구라도 의과대학에 진학할 수가 있다. 물론 한국과 마찬가지로 인기학과여서 지원자가 많다. 1학년 수강생이 대체로 4,5백 명쯤 된다. 그런데 이 의과대학 1학년 수업에서 가장 큰 비중을 차지하는 과목은 해부학도 생리학도 생물학도 아닌 인문사회과학이다. 이 과목이 철학·의학윤리·의학역사·심리학 등 다양한 분야를 아우르고 있으며, 비중상 해부학의 3배, 물리학의 6배를 차지한다. 2학년부터 조금씩 그 비중을 줄여 나가는데, 의학이 암기식의 단순과학이 아니라는 걸 학생들에게 주입시키려는 교육 정책인 것이다. 이들 중 15퍼센트 정도만이 2학년으로 진급할 수 있다. 의사가 된다는 것이 그저 미래의 안정된 생활만을 의미하지 않는다는 것을, 인간의 육체를 다루는 신성한 직업에 우선해야 할 도덕성을 먼저 주입시킨 후에야 본격적인 실천 교육을 하겠다는 것이다. 의술(醫術)이 인술(仁術)임을 확실히 가르치고 있는 것이다.[24]

법조인을 키우는 미국의 로스쿨에서도 법학보다는 사회학이나 인류학 등 인문학 전공자들을 더 선호한다고 한다. 법밖에 모르는 사람보다도 교양과 덕목을 고루 갖춘 균형된 사고를 지닌 법조인을 양성코자 하기 때문일 것이다.

한마디로 말해 의사며 판검사·변호사가 되기 전에 먼저 사람이 되어야 한다는 것일 터이다. 지극히 당연한 이야기이지만 우리 형편에는 왠지 공허하게 들린다.

해방 후 급격한 변혁기를 거치면서 오랜 독재 정권으로 인한 관료주의가 깊이 뿌리박혀, 우리나라는 모든 제도와 사고 방식이 획일화되었다. 뭐 그렇다고 그것이 반드시 나빴다고 할 수만은 없는 일이다. 그런 상황에서 이것저것 다 따졌다간 우왕좌왕하다가 아무 일도 이루지 못했을 테니까. 어쨌거나 이 관료주의의 폐단은 인재를 양성하고 안배하는 과정과 제도에서도 심하게 나타난다. 학벌과 단순한 시험(대표적으로는 국가고시)만으로 인재를 등용한다. 지독한 편의주의적인 방법이다. 가장 공평하고, 가장 빠르다. 누가 봐도 객관적이며, 시험

부정 또는 학위 위조만 아니면 뒤탈날 일도 없고 책임질 일도 없다. 과목만 바뀌었지 옛 과거 제도와 하나도 다를 바가 없다. 기업이든 국가 기관이든 채용되고 나서도 여전히 관료적이고 획일적이다. 별탈없이 때가 되면 진급되고, 줄 잘 서고 요령만 잘 부리면 요직이나 물 좋은 자리를 차지할 수도 있다.

그러다 보니 사람됨을 지향하는 인성 교육은 애초에 물 건너가 버렸다. 스포츠조차도 배고픔을 벗어나 출세의 수단이었고, 지금은 돈벌이 또는 대학 진학의 한 방편이 되었다. 세상에서 진정 자신이 하고 싶은 것을 택하는 것이 아니라, 요모조모 따져 보고 그 중 제일 이익이 큰 것을 택한다. 그리고는 죽기 살기로 매달린다. 진정 마음(욕심 말고)이 가지 않은 일에 인생을 바쳤으니, 아무리 많이 가지고 높은 자리에 올랐어도 결코 행복하지 못하다. 당연히 본업을 벗어난 곳에서 다른 방법으로 보상받고자 한다. 그 방법들에는 건전한 것도 있지만, 대개는 변태적일 수밖에 없다.

사람 덜된 것이 먹고 노는 것인들 별수 있을까? 한국의 대표적인 중산층이 모여 사는 서울의 강남, 서울대학교에 가장 많이 입학하는 학군, 가장 이기적인 동네에서 가장 이기적으로 공부한 학생들, 자신들도 잘난 부모들처럼 잘살 수밖에 없고 또 마땅히 그래야 한다고 생각하는 아이들, 당연히 인류대학을 나와야 하고 좋은 직업은 마땅히 자기들의 것이 되어야만 한다는 생각을 태어나면서부터 가지고 자란 이들에게서 우리는 어떤 덕목을 기대할 수 있을까?

《흥부전》에서의 흥부를 무능한 인간으로, 《삼국지》의 유비는 쪼다요, 조조는 영웅이라고 비꼬는(믿는) 이 시대에 인(仁)이 어쩌니저쩌니 하는 것 자체가 쪼다짓은 아닌지? 설령 그렇다 해도 도무지 한 말씀 안 드리고 넘어갈 수가 없다. 어느 기업에서 연구인지 조사인지 해봤더니, 유비와 같은 사람이 CEO가 되면 그 회사 망한다고 했단다. 참, 한다한다 하니까 끝도 분수도 모르고 기분 내키는 대로 쏟아낸다. 요(堯)·순(舜)을 비롯해 그 많은 성군(聖君)들이 다스리던 나라들은 그 때 왜 망하지 않았는지 모든 역사학자들은 처음부터 다시 연구해 봐야 할 것이다. 이왕 과거사 진상 규명할 바에야 멀리 고대부터 시작하는 것이 어떨는지.

예나 지금이나 동서양을 막론하고 인(仁)은 만덕(萬德)의 으뜸이다. 흔히 우리가 '덕(德)'이라고 할 때는 보통 이 인덕(仁德)을 말한다. 용도 폐기된 지 이미 오래되어 누구도 거들떠보지 않는 때 묻은 빨래판 만큼의 대접도 못 받고 있지만. 유가(儒家)든 무가(武家)든 불가(佛家)든 도가(道家)든 인덕(仁德)을 중히 여기지 않는 곳이 없다. 인(仁)은 혼자만의 덕이 아니고, 남에 대한 배려이다. 어질고 베푸는 것은 곧 남을 위하는 행위이다. 선천적으로 타고나기도 하지만, 또한 후천적으로 길러져야 하는 덕목이다. 배워서 안다는 것만으로는 의미가 없다. 반드시 행해서 드러나야 하는 덕목이다. 그 반대말은 바로 이(利)가 될 것이다. 인(仁)이 베푸는 것이라면, 이(利)는 취하는 것이다.

인(仁)은 화(和)이다. 인(仁) 자체는 특별한 능력이 아니어서 그것으로 어떤 눈에 보이는 성과를 만들어 내지는 못한다. 그렇지만 인(仁)이 없으면 만덕(萬德)이 반죽되질 않는다. 어떤 일을 도모하되 조화를 이끌어 내지 못한다는 말이다. 유비가 아니면 관우·장비·제갈량을 한 배에 태울 수가 없고, 급시우(急時雨) 송강(松江)이 아니면 천하의 도적놈들을 양산박에 모을 수 없다는 말이다. **인(仁)이 아니면 용(勇)이든 충(忠)이든 의(義)든 한곳에 잡아두질 못한다.** 인(仁)이 아니면 힘이며 권력(또는 금력)이며를 제어할 수가 없다.

인(仁)은 결코 어리석고 무능한 자의 너절한 습관이 아니며, 결코 손해 보는 덕 또한 아니다. 인(仁)이란 편협하지 않은 정(情)이다. 인(仁)한 자만이 마음〔天心, 人心〕을 얻을 수 있다. 또한 인(仁)만이 선(善)으로 이끌 수 있다. 인(仁)하지 못한 지도자를 선택했을 때 우리가 어떤 고통을 당하였는지 생각해 보라. 그들을 우리는 독재자라 부른다. 인(仁)하지 못한 벼슬아치를 탐관오리라 부른다. 무인(武人, 軍人)이나 판검사, 그외에 특수한 직책을 가진 이들은 사람들의 생명을 다루거나 신체적 제재를 가할 수 있는 권한을 가진다. 따라서 남다른 엄중한 도덕심을 요구한다. 칼을 휘두르고 법을 집행하되, 항상 인(仁)을 놓쳐서는 안 된다. 의사라는 직업은 사람을 살리는 더할 수 없는 숭고한 일이지만, 때문에 그를 빌미로 과다한 이익을 취할 수도 있는 직업이다. 뛰어난 실력(의술 혹은 경영 능력)으로 크게 성공해서 어마어마한 종합 병원을 지어 보다 많은 환자들에게 혜택을 준다고 하면서 결국은 더 많은 돈을 버는 것으로 끝낸다면, 그는 결코 빈민촌에서 의료 봉사로 일생을 보낸 가난한 의사보다도 훌륭하다 할 수 없을 것이다. 그래서 의술(醫術)을 인술(仁術)이라 했다. 모으는 게 아니라 베푸는 것이다.

우선 눈앞의 성공(돈)만을 바라보는 자에게 인(仁)이란 쓸데없는 것일지 모르나, 진정 멀리 보는 지도자에게 인(仁)은 없어서는 안 될 덕목이다. 아직도 인(仁)이 무용한 덕목이라고 생각하는 **CEO**가 있다면, 그는 진정한 리더가 아니다. 그 역시 오너의 충직한 가신 가운데 한 명일뿐이다. 언제든지 갈아치워도 되는 월급쟁이에 지나지 않는다.

처음에 언급했듯이, 우리나라 학생들은(부모들도) 대부분 공부 열심히 해서(시험 잘 봐서) 앞서의 물 좋고 끗발 센 사(士)자 들어가는 직업을 택하거나, 잘나가는 재벌 기업에 들어가 최고경영자가 되는 것을 꿈꾼다. 그런데 재미있는 일은, 우리나라에서 가장 잘나가는 재벌 그

롯의 창업자들은 예외없이 모두 '촌놈'들이었다. 시골에서 태어난 뚝심 좋은 사람들이라는 말이다. 그리고 서울의 명문가 엘리트 출신들이 만든 회사나 기업들은 중간에 대부분 무너져 버렸다. 최고 대학을 나온 최고의 수재들은 모두 촌놈 밑에 가서 경영자(사실은 기술자나 관리자) 노릇을 하고 있었다는 사실이다. 혹시 인(仁)이 부족하여 이기심이 강하고, 쓸데없이 크게 벌려 여러 사람 먹여 살려야 하는 힘든 일을 하고 싶어하지 않는 도회지 출신이기 때문이 아닐까? 그들은 자신이 노력한(쌓아온 실력) 것에 대한 확실한 보상만 받으면 만족하는 습관이 있다. 도시 출신은 집중해서 파고들어 이윤을 많이 내는 일을 좋아하는 반면에, 촌놈 출신은 땅이나 짐승처럼 넓히고 늘리는 재미에 사업한다. 도시 엘리트 출신은 평소 제 몫을 철저히 챙기고 나누어 먹어 보질 못한 데 비해 시골 사람 인심은 그렇지 않다. 농사도 서로 도우며 같이 짓고, 나누어 먹기도 잘한다. 인심(人心)이 곧 인심(仁心)인 것이다. 자, 이제 누구 밑에 어떤 사람들이 모여들 것인지는 뻔하지 않은가. 도시 출신 엘리트들은 일반적으로 지(智)는 있되 인(仁)이 부족한 경향이 있다. 우리나라 각 기업체 창업자와 최고경영자들의 출신지를 조사해 보면 재미있을 것 같다. 특히 제조업과 서비스업을 비교하면 더욱 재미있는 결과가 나올 것이다. 예로부터 인심은 곳간에서 난다고 했다. 하지만 이제 인심은 금고(통장)에서 나야 한다. 세상이 점점 도시화되는 바람에 인심 나올 곳간이 없어졌기 때문이다.

또한 인(仁)은 겸허하다. 결코 스스로 나서서 자기를 드러내고자 하지 않는다. 그래서 우리 조상들은 인(仁)을 베풀 때 항상 음덕(陰德) 혹은 은덕(隱德) 쌓는다고 하였다. 성경에서도 오른손이 하는 일을 왼손이 모르게 하라고 하지 않았던가.

인(仁)이 없으면 힘(권력이든 금력이든)을 제어하기가 어렵다. 수많은 독재자들과 악덕 기업주들의 횡포에서 보듯 결국 남을 괴롭히고 자신을 망친다. 인(仁)은 무력보다 더 강하다. 공자 이후 수많은 선현들은 군왕과 군자가 반드시 갖춰야 할 덕목으로 인(仁)을 우선적으로 꼽았다. 지도자에게 있어서 인(仁)은 의무이다.

인(仁)이 없을 때 신(信)은 금이 가고, 충(忠)은 원성을 부른다. 또한 예(禮)는 위선에 지나지 않으며, 지(智)는 이기심을 낳는다. 의(義)는 바로 서지 못하고, 엄(嚴)은 반발을 부른다. 성(誠)은 비루해지며, 절(節)은 교만해진다. 용(勇)은 야만스러워지고, 명(名)은 존경받지 못한다. 공(功)은 그 빛을 잃고, 부(富)는 필시 미움을 산다. 승(勝)은 원한을 사고, 검(劍)은 결코 그 피를 씻을 수가 없다.

세상의 모든 덕(德)이 다 선(善)하지는 않다. 인(仁) 없이는 그 어떤 덕(德)도 선(善)이 되지 못한다. 악덕(惡德)이 될 수도 있다는 말이다. 인(仁)을 갖추지 못한 무인들이 권력을 쥐었을 때 어떤 일이 벌어지는가를 5·18 광주 시민 학살 사건이 잘 말해 주고 있다. 이 땅의 부자들이 존경은커녕 끊임없이 질시의 대상이 될 수밖에 없는 것도 바로 인(仁)이 부족하기 때문이다.

세상에는 인(仁)을 좇는 사람과 이(利)를 좇는 두 부류의 사람들이 있다. 대부분 이(利)를 좇지만, 지조를 지닌 이들은 인(仁)을 좇는다. 천하의 재사(才士) 제갈량이 유비를 따른 것도 이 때문이다. 결코 유비가 조조보다 유능해서가 아니다. 성공을 따른 것이 아니라 덕을 위해 생을 바친 것이다. 비록 현실에서는 세상 사람들 모두가 이(利)를 좇는다고 해도 마음으로는 인(仁)을 따르게 마련이다. 그것이 곧 선(善)이기 때문이다. 인(仁)을 좇다 보니 유비를 택했고, 이(利)를 좇다 보니 조조를 따르게 된 것이다. 조조는 성공했고, 유비는 실패했다. 그런데도 세상은 유비를 받들고 조조를 경멸한다. 왜일까? 그것이 곧 민심인 것이다. 성공해야만 반드시 영웅이 되는 것은 아니다. 그 덕을 살펴 훌륭하다고 하는 것이다. 중국 한나라 때의 유향(劉向)이 지은 《설원(說苑)》이라는 책에 좋은 말이 나온다. "높은 산은 마땅히 우러러보아야 하고, 훌륭한 행동은 마땅히 따라 해야 한다. 힘으로는 비록 미치지 못하더라도 마음으로는 힘써야 한다[高山仰止 景行行止 力雖不能 心必務爲]."

요즈음 시중에는 석가·예수·흥부·놀부·조조·유비 등등 옛 유명 인물들을 빗대어 무슨무슨형 CEO가 어쩌고저쩌고 하는 경영서들이 너절히 쏟아져 나오고 있는데, 한마디로 웃기는 수작들이다. 돈이 이 시대의 종교라고 했던가. 사람들은 바야흐로 귀찮게 일일이 복(福)을 나누어 줄 게 아니라 아예 떼돈 버는 법을 가르쳐 달란다. 이(利)를 좇아 이유(수단) 불문하고 성공하는 것만이 최고의 덕목으로 아는 기업에서 옛 성현들을 들먹이는 자체가 그저 심심풀이 장난에 지나지 않는 짓들이다. 그런 책은 길거리 약장수들이 파는 정력제와 같은 것이다. 사실 돈 버는 방법만큼 간단한 것이 어디 또 있겠는가. 오직 이(利)를 좇아 '열심'만 부리면 되는 것을. 힘 안 들이고 많이 벌려고 하니 그따위 얄팍한 책에 주머닛돈이나 털리지. 당장은 유비보다 조조형의 CEO가 더 나을 것 같지만, 멀리 보면 결코 그렇지만 않다는 예를 굳이 먼 나라에서 찾지 않아도 된다. 해방 전후 생겼다 사라져 간 수많은 기업들을 훑어보면 금방 알 수가 있다. IMF 직후 어느 기관에서 현직 기업인들을 대상으로 역대 기업인들 중 가장 존경하는 인물은 누구인지를 물은 적이 있다. 모두들 정주영·이병철 회장을 제치고 유한양행 창업주인 유일한(柳一韓) 회장을 제일로 꼽았다. 일반인들에게는 다소 의외의 결과로 보이겠지만, 훌륭한 사람과 유능한 사람은 이렇

> 1926년에 설립된 유한양행. 지금은 그의 후손들조차 단 한 주식도 보유하고 있지 않다. 한국 최초로 종업원지주제를 실시하였으며, 그가 경영 일선에서 물러날 때 역시 한국 최초로 혈연 관계가 전혀 없는 전문 경영인에게 사장직을 물려주고 나왔다. 그후 약간의 주식을 보유해 오던 후손들도 수년 전 모두 회사에 기부해 버려서 실질적으로 완전히 인연이 끊어졌다. 그렇지만 세상 사람들은 누구도 유한양행이 유일한 회장의 기업임을 잊지 않는다. 회사는 지금까지도 그분의 뜻대로 잘 운영되어 오고 있으며, 또한 이 각박한 세상에 감히 어느 누구도 주인 없는(?) 이 회사를 제 것으로 말아먹을 생각을 하지 않는다. 아무리 못된 정치인도 이 회사에 가서 떡값 뜯어낼 생각을 품지는 않는다. 왜, 법이 무서워서? 규정 때문에? 물론 아니다. 훌륭하기 때문이다. 존경하기 때문이다. 인(仁)으로 세워진 집이기 때문이다. 그 집에 아무리 많은 부(富)가 쌓여도 누구 하나 그것을 질시하거나 욕하지 않을 것이다. 그의 후손들이 자자손손 세상 사람들로부터 어떤 대접을 받고 어떻게 살아갈 것이라는 것은 안 봐도 알 수 있지 않은가. 이(利)가 인(仁)을 베푸는 훌륭한 수단이 되어야 함을 보여주었던 것이다.

듯 분명하게 구별되는 것이다. 유능하다 해서 반드시 훌륭하다 할 수는 없기 때문이다.

자, 이쯤에서 그대가 따르고 있는 장수(將帥)가 유비 같은 덕장(德將)인지, 항우 같은 용장(勇將)인지, 유방이나 조조 같은 지장(智將)인지 한번 생각해 보라. 그리고 자신이라면 어떤 장수가 될 것 같은지도. 혹시 이 세 가지를 다 갖춘 장수가 있다면? 있다. 오직 한 사람, 바로 이순신 장군이다. 무덕(武德)을 모두 다 갖춘 역사상 유일한 장수였다. 그렇다면 이순신과 같은 CEO는 어떨는지? 그대라면 기꺼이 그를 따를 수 있겠는가? 그래서 얼마만큼의 이(利)를 취할 수 있을 것 같은가? 유감스럽지만 유비든 조조든 제갈량이든 유방이든 이순신이든 그 누구도 그대에게 이문(利文) 남기는 법을 가르쳐 주지는 못할 것이다. 그들이 목숨 바쳐 추구한 것은 결코 그런 것이 아니었다. 그대라면 이(利)를 위해 언제든 목숨을 내놓을 준비가 되어 있는가? 만약 몹쓸 병이나 위기 상황에서 그대 목숨과 전 재산을 맞바꾸어야만 할 때 선뜻 목숨을 버리고 재산을 지킬 수 있는가? 그렇다면 후인들은 어쩌면 그대를 이장(利將)이라 부르며 칭송(?)할지도 모르겠다.

옛말에 "가지는 그 뿌리를 잊을 수 없고, 덕(德)을 입었을 때는 그 보답을 잊어서는 안 되며, 이(利)를 보면 반드시 자신을 해칠 것이 아닌가를 염려해야 한다. 그러므로 군자는 이 세 가지를 늘 정신에 머물게 하고 마음에 깃들게 해야 그 길상(吉祥)이 후손에게까지 미치게 된다"[25]고 하였다. 군자는 의(義)를 중시하고 이(利)를 가벼이 여긴다고 했지만, 지금 세상은 제아무리 군자라 해도 이(利)를 가벼이 여길 수가 없다. 또 그래서도 안 된다. 다만 **명(名)을 좇든 이(利)를 좇든, 먼저 덕(德)을 배울 일이다.**

54 염치(廉恥)를 모른다

산이 높으면 골이 깊고, 양달이 있으면 반드시 응달이 있듯이, 초고층 빌딩과 아파트가 우후죽순처럼 솟아나고 있지만 그 어느 구석진 곳엔 항상 감추고 싶은 무엇이 있게 마련인가 보다. 개인도 역시 마찬가지여서 높은 곳에 오른 사람일수록 그 그늘이 깊다.

요즈음 우리 사회에서 가장 찾아보기 힘든 단어가 바로 '부끄러움〔恥〕'이 아닌가 싶다. 지난 세기 동안 식민 지배, 동족 상쟁, 독재 정권을 거치면서 때로는 구차스럽게 살아와서 그런지 낯가죽이 많이 두꺼워졌나 보다. 다들 저 잘난 맛에 살고, 저 잘나지 못해 안달을 하는 세상에 이런 말을 들먹이다가 시쳇말로 또 쪼다 소리를 듣기 딱 알맞겠지만 이왕 나온 말이다.

조선시대 민화 가운데 문자도(文字圖)라는 것이 있다. 그 중 가장 대표적인 것은 일명 〈효제문자도(孝悌文字圖)〉라고 하는 팔자도(八字圖)이다. 유학을 통치 이념으로 삼는 조선시대의 감계적(鑑戒的) 사상이 그대로 반영된 것으로서, 유교적 윤리 강령을 여덟 글자로 압축해 놓았다. 《논어(論語)》에서 유래한 '효(孝)' '제(悌)' '충(忠)' '신(信)'과 《관자(官子)》[26]에서 따온 '예(禮)' '의(義)' '염(廉)' '치(恥)'란 여덟 자를 소재로 각각의 한자 자획 속에 해당 글자의 의미와 관련된 고사나 설화 내용을 대표하는 상징물을 그려넣은 것이다.

이처럼 염(廉)과 치(恥), 즉 염치(廉恥)를 선비가 지켜야 할 기본적인 덕목으로 꼽았다. 청렴하여 체면을 차리고, 부끄러움을 아는 마음이 어찌 선비에게만 해당되겠는가. 사람이라면 마땅히 지녀야 할 기본 심성일 것이다. 여기서 치(恥)란 '부끄럽다'는 것이 아니라 욕됨을 알고 '부끄러움을 안다'는 의미이다. 또한 자신의 행동을 돌아보고 반성하여 부끄러울 짓을 하지 말라는 것이다. 소크라테스가 "너 자신을 알라"고 한 말 속에는 "네 분수를 알라" 그리고 "부끄러움을 알라"는 뜻도 포함되어 있을 것이다.

이 염치(廉恥)를 모르고, 혹은 소홀히 하다가 망신당하는 사람들이 부쩍 많아졌다. 감방을 당당하게 제 집 드나들 듯하는 수많은 정치인들과 그 주변에 붙어 기생하는 온갖 잡충들. 하기야, 어쨌거나 한 나라 대통령까지 지낸 인물들이 자식들 앞세워 가며 감방을 형님 먼저 아우 먼저 하면서 드나들고도 부끄러운 줄 모르는 판이니 더 할 말이 있겠는가. 그야말로 후안무치(厚顔無恥)의 세상이다. 웬만한 부정부패는 하루치 1단 뉴스거리도 되지 못한 지 오래되었다. 장관 벼슬에 올랐다가 며칠 만에 개망신당해 쫓겨나는 일이 이젠 그저 흔해빠진 뉴스거리에 지나지 않게 되었다. 그런데 더욱 가관인 것은 선(善)을 빙자한, 다시 말해 인(仁)을 베푼다는 핑계로 부끄러운 일을 서슴지 않는 가증스런 일들이다. 종교를 빙자해서, 혹은 자선 사업을 한다며 'OO원'을 차려 놓고 온갖 못된 짓해서 돈 버는 일이 이젠 아예 새로운 유망 직종으로 자리잡았다. 그들에겐 종교조차도 야바위 상품으로 보이는 모양이다. 그런가 하면 차마 웃지 못할 일도 벌어지곤 한다. 예전에 라이온스클럽 어느 지역구 회장 선거원이 수억 원의 돈봉투를 돌렸다고 해서 빈축을 사기도 했다. 이미 공공연한 일이라 사건 같지가 않아 그냥 웃고들 넘어갔지만 모두들 한마디씩 한다. 차라리 그 돈으로 라이온스클럽이라는 모임의 취지에 맞게 어려운 사람들에게나 보태 주었으면 오죽 좋겠느냐며. 그런데 그후 그 회장님과 그 졸개님들 서로 마주 보고 웃으며 속으로들 무슨 생각을 할지가 참 궁금해진다. 그런가 하면 러시아의 유명 음대 가짜 박사들이 모여 연합회를 만들고 연주회까지 열었다고 한다. **"예(禮)가 있는 자 서로 위하다 죽고, 예(禮)가 없는 자도 역시 서로 위하다 죽는다"**[27]고 했다. 한마디로 끼리끼리 논다는 말이다. 눈꺼풀을 깜박거리며 눈알 굴리는 소리가 들리는 듯하다. 물론 이 땅에서 염치를 모르기는 정치인들이 단연 으뜸이다. 친일파의 후손들이 국회의원 배지 달고 과거사 청산을 부르짖는가 하면, 성추행을 해서 망신을 당하고도 미적거리는 국회의원, 경건해야 할 국경일에 독립지사묘에 참배하러 가기는커녕 업자들과 골프 치다 망신당해 쫓겨난 총리, 거기에다 똥색도 동색(同色)이라고 우기며 변명을 거드는 주변머리 정치인 등등. 왕은 무치(無恥)라더니, 권(權)자를 잡으려면 먼저 무치가 되어야 하는 모양이다. 뻔뻔함이 도처에서 묻어나고 있다. 옛말에 **"군자는 덕을 행함으로써 자기 몸을 온전히 하고, 소인은 탐욕을 행함으로써 자기 몸을 망친다"**[28]고 했다. 인(仁)을 입에 담기 전에 먼저 치(恥)를 생각하였어야 했다.

염치(廉恥)를 배우지 않았기 때문이다. 여기서 '배운다'는 말은 '배우고 행한다'는 뜻이다. 그래서 '덕행(德行)' '선행(善行)'이라 하는 것이다. 저도 남만큼 벌었으니 이제 그럴듯한 감투 하나 얻어 체면 좀 세우고 싶었던 모양인데, 아쉽게도 항상 붙어다니는 염(廉)과 치(恥)를 몰랐던 것이다.

세상을 살아가다 보면 누구라도 여러 가지 크고 작은 실수를 저지르게 마련이다. 그렇다 하더라도 간혹 크게 부끄러운 실수를 해서 평생을 두고 후회하는 경우가 있다. 특히 보통 사람들과는 달리 지도층 인사들에게는 더욱 치명적일 때가 많다. 그리고 그것은 낙인과도 같아 결코 지워지지가 않는다. 오히려 잘되면 잘될수록, 지위가 높아지면 높아질수록 흉터는 더욱 크고 돋보이게 된다. 본인이야 어떻게 해서든 잊고 싶고 감추고 싶겠지만, 그럴수록 잘되는 사람의 흠일랑은 한껏 꼬집고 싶어지는 것이 세상인심인 것이다. 누구나가 존경해 마지 않는 고(故) 이병철 회장의 사카린 밀수 사건이 그 좋은 예가 된다. 훌륭한 업적에도 불구하고 영원히 지울 수 없었던 것이다. 누군가가 그분에 대한 글을 쓸라치면 반드시 한 줄 덧붙이는 이야기이다. 그게 글쓰기의 습관이다.

그런데 앞에서 언급한 여러 사람들이 치(恥)를 몰라서 그러하였을 것이라고는 하였지만 정말 그럴까? 만약 그랬다면 그건 '실수'이지, 결코 부끄러운 일이 될 수는 없지 않은가. 하기야 '몰랐을 것'이라고 하는 것 자체가 배울 만큼 배운 사람들에게는 오히려 욕이 될지도 모르겠다. 분명 부끄러운 일인 줄 알면서도 저질렀을 것이다. 그렇기 때문에 지탄받고, 용서받지 못하는 것이다. 알고서도 그랬다면 실수가 아니고 '악행(惡行)'을 저지른 것이다. 마땅히 벌받고 쫓겨나야 하는 것이다. "남이 하니 따라서 했다" "나도 모르게 마누라가 저지른 일이다" "오래된 관행이다" 등등 구차한 변명을 늘어놓는다고 지워지는 일이 아니다. 대수롭지 않은 일처럼, 없었던 것처럼 행세하는 모양새가 영 어색하고 안쓰럽기 짝이 없다. 기껏해야 낯가죽이 두껍다는 공치사밖에 돌아갈 것이 없는데도. 그렇지만 남들이 설령 용서한다 해도 과연 스스로의 부끄러움에서 벗어날 수 있을까. 무사라면 자결을 해야 할 것이고, 선비라면 조용히 숨어서 없는 듯이 사는 것이 마땅하다. 아니면 그 짐을 덜기 위해 평생토록 선행을 쌓으며 살아가든지.

박정희 대통령 시해 사건 후, 함께 숨진 경호실장 차지철의 치부를 들추어 내기 위해 기관과 매스컴이 그의 모친까지 찜쩍거리다가 "내 자식이 나쁜 놈일지는 모르겠지만, 결코 부끄러운 짓을 한 적은 없다!"는 호통만 듣고 쫓겨났다. 물론 이후 그의 모친 말대로 별다른 꼬투리를 찾아내지 못했다.

병사들의 집단인 군(軍)은 예로부터 국가의 가장 큰 소비 집단이다. 따라서 온갖 부정부패가 자라나기 좋은 토양이다. 공(功)과 명(名)을 목숨 걸고 추구하는 집단이기 때문에 다른 국가 기관에 비해 상대적으로 적게 일어나지만, 간혹 부정한 일들이 안 일어날 수가 없다. 특히 지금처럼 평화 시기가 오래가면 더욱 부패하기가 쉬워진다. 사실 진정한 무인과 영웅은 싸워 봐야 알 수 있다. 전쟁중일 때에는 확연하게 드러나지만, 평화 시기엔 잘 구분되지 않고 오히려 실력보다는 행정에 밝은 관료형, 즉 선비적인 인물이 더 높은 자리를 차지하기 쉬워진다. 다시 말해 용감하고 의로운 사람보다 눈치 빠르고 이해타산에 밝은 인물이 진급하기 쉬워진다는 말이다. 그만큼 부정한 일이 일어날 소지가 커진다고 볼 수 있다. 진정한 무인은 생리적으로 부끄러운 일을 싫어한다. 병가오덕(兵家五德)에 엄(嚴)이 있다. **무인에게 '부끄러움'은 곧 실명(失名)이자 실명(失命)이다.** 치(恥)를 알아야 욕됨을 피하고 스스로 당당해질 수 있다. 진정한 용(勇)은 그렇게 나온다.

옛글에 "거짓에 힘쓰면 길게 갈 수 없고, 헛된 것을 좋아하면 오래 갈 수 없다"[29]고 하였다. "몸은 엄중하게, 마음은 여유롭게, 표정은 온화하게, 기질은 부드럽게 해야 한다. 말은 간략하고 여유 있게, 마음은 공명정대하게, 도량은 넓고 크게, 의지는 과감하고 굳게, 일을 계획할 때는 주도면밀하게, 그리고 일을 할 때는 타당해야 한다."[30]

55 엘리트 문화의 상실과 얼치기 지식인들

책 만드는 일을 하다 보니 자연스레 고서점을 드나들게 된다. 간혹 일제시대나 해방 직후에 나온 책들을 번역하거나 새롭게 조판해서 복간하는 일이 있다. 대개 월북한 학자들이나 예술가들이 남긴 것들로, 그때마다 그 시대에 이런 연구를 한 그분들에 대해 경외감을 느끼지 않을 수가 없었다. 정말 학자다운 학자들이로구나 하는 말이 저절로 나온다. 그러면서 만약 그분들이 모두 이 땅에 남아 학문을 계속했더라면 오늘날처럼 이 나라가 이 지경으로까지(혹은 이 정도밖에) 되지는 않았을 텐데 하는 아쉬움이 남는다. 6·25는 동족상잔의 비극을 남겼지만, 그 와중에 이 땅의 엘리트 문화가 뿌리째 뽑혀나간 것이 어쩌면 가장 큰 손실이 아니었나 싶다.

어쩔 수 없는 선택이기도 했지만, 분단은 남북에 친소·친미 독재 정권이 들어서게 하였다. 게다가 남북의 두 집권자 모두 진정한 독립의 영웅들이 되지 못한 데 대한 콤플렉스를 가지고 있었다. 사실 일제 말기 이 땅의 각 분야에서 한다 하는 사람치고 정도의 차이는 있겠지만 사회주의를 동경하지 않은 이가 없었다고 해도 과언이 아닐 터이다. 설상가상으로 당시 어떤 분야에서든지 내로라하고 최고로 자부하는 사람들은 대부분 북으로 넘어갔다. 백남운·정인보·홍명희·이광수·최승희·정지용·이태준·이여성·김용준·정현웅·이극로…… 등등. 하나같이 한 시대를 대표하던 최고의 엘리트들이다. 그리하여 남쪽에는 이삼류급 학자나 예술인, 혹은 지주집 아들이거나 친일파 집안 출신이라 가고 싶어도 갈 수 없었던 꺼림칙한 사람들만이 남았다. 그런데 그 이후 남북의 이류급 출신 독재자들이 문제였다. 독재자의 공통된 특성으로 똑똑해서 말 많은 자를 싫어한다지만, 특히 과거가 그다지 떳떳치 못한 자들일수록 더욱 심한 법이다. 예전에 자기보다 조금이라도 실력이 나았거나 잘난 자는 '저놈은 속으로 항상 나를 비웃겠지' 하는 생각에 그냥 놔둘 수가 없는 것이다. 그자가 살아 있는 한 항상 자기와 비교 대상이 되기 때문이다. 결국 남북에서 모조리 잡아 죽여야 했다. 똥 묻은 개가 겨 묻은 개 나무란다고 하지만, 이런 상황에선 똥도 겨도 묻지 않은 개는 물어뜯어 죽여야 하는 것이다. 한 시대에 태어난 엘리트를 일시에 없애 버려 엘리트 문화가 사실상 단절된 것이다. 진시황의 분서갱유도 이보다는 피해가 덜하였을 것이다. 그래서 독재는 계속되고, 독재가 끝나도 도무지 사회가 바로 서지 못하고 있는 것이다.

일류들이 사라지자 얼치기 이삼류가 대신 그 빈자리를 차지하게 되는데, 이들 또한 어부지리로 얻은 일류자리에서 집착과 콤플렉스를 떨칠 수가 없다. 그렇기에 그나마 남아 있는 몇몇 일류도 독재자들이 잡아 죽이도록 은근히 동조하거나 방관자적 입장을 취하면서 손쉽게 그 자리를 차지하는 것이다. 이들 역시 독재자들처럼 결코 자기보다 잘난 자를 못 봐준다. 독재 정권하에서는 모든 정보가 제한되어 있고, 그에 아부하는 지식인들에게만 정보(지나고 보니 별것도 아닌 것들)가 제한적으로 공급된다. 따라서 멍한 국민들을 상대로 얼마든지 똑똑한 전문가 행세를 할 수가 있었다. 노트 한 권으로 평생 교수짓 해먹을 수가 있었던 것이다. 독재 정권하에서는 그나마 선동가들이라도 있었는데, 문민시대에 들어와서는 그들도 이제 용도 폐기되어 버렸다. 공부는 뒷전이고 데모를 주업으로 삼던 386 세대가 제철을 만나 개혁을 부르짖는데, 이들 역시 아무래도 엘리트와는 거리가 멀다. 얼치기 지식인들이 길러낸 미숙아들일 뿐이다.

엘리트의 단절 이후 우리 사회는 기형적인 지식인(?)들이 그 만만한 자리를 빼앗기 위해 호시탐탐 기회를 엿보고 있다. 바로 선동자와 반항자들이다. 지루한 계단밟기를 싫어하는 그들은 끊임없이 전복의 기회를 노린다. 갖가지 방법을 동원해 튀고자 한다. 심지어 스스로 근본 없음, 예의 없음을 내세워 순박함으로 포장하기까지 한다. 그리고 그것이 먹혀들기도 한다. 파스칼 브뤼크네르는 말한다. "전문적인 반항자라는 말은 모순된다. 이례적인 상태가 진부한 무엇이 되어 버리기 때문이다. 누구나 독특한 존재가 되고 싶어하는 사회에서 그건 말하자면 훌륭한 자기 격상의 메커니즘이다. 스스로를 추방자로 자처함으로써 한껏 돋보이도록 하며, 가능한 한 위험에 처하지도 않으면서 저주받은 자의 어두운 후광이 자신에게 내리도록 하는 것이다. 너무도 많은 문인·저널리스트·대학교수·종교인·정치가들이 배교자인 양 처신한다. 한 발은 안쪽에, 또 다른 한 발은 바깥쪽에 둔 채 자신이 철저히 외부에 머문다고 믿으며 전체 영역에 침투하는 방법이랄까. 그러면서 그는 확고한 지위와 명성이 가져다 주는 온갖 혜택을 누린다. 숨어서 망을 보는 급진주의자들. 게릴라병의 너덜한 옷 밑으로 프티 부르주아가 되살아나고 있다. 반항은 대중 소비의 산물이자 어찌 보면 유행의 보완물이 되었다. 일찍이 소외·악습·범죄로 여겨졌던 태도들까지 순응주의와 마주치게 되었다."[31]

불복종의 속물 근성이 다시 적기(혁명)와 흑기(무정부주의) 아래로 몰려들고 있다. 모대학 교수의 북한을 찬양하는 발언으로 구속을 하느니 마느니를 두고 세상이 시끄럽다. 천박한 땅에서 천박한 정권이 탄생하는 것은 당연지사. 근본 없는 엘리트, 천박한 엘리트의 시대가 도래한 것이다. 우리 사회 상층부에 아류, 혹은 이삼류의 전통이 흐르고 있다.

무예든 학문이든 구전심수(口傳心授)로 대를 이어나가야 진정한 전통이 서고, 그래서 당당해지는 법인데, 뽑혀나간 이 땅의 엘리트 문화는 언제나 복원될는지 요원하기만 하다. **스승다운 스승, 어른다운 어른이 없는 세상에 조금만 튀면 모두 저 잘난 줄만 안다.** 제대로 된 가

문과 학통을 지녔다면 설령 노벨상 열 개를 받았다 해도 감히 저 잘났다고 까불지 못한다. 근본은 통째로 잘려나가 버리고, 잎만 무성한 잡목들이 산을 뒤덮고 있다. 옛글에 "강물 소리에 영웅의 눈물 다하지 않고, 천지는 공평무사한데 초목은 가을을 맞는다"[32)]고 하였다.

아참, 고서점 주인에게 물어봤더니 6·25 이후 나온 책들은 별로 찾는 사람도 없어 그냥 헌책 취급한단다. 반세기 동안 이 땅의 그 많은 학자들이 펴낸 책들이 별로 소용이 없단다. 그래도 모아 놓으면 신규 대학 도서관 생길 때 차떼기로 가져갔는데, 요즈음은 그마저도 드물다고 한다.

56 용(勇)은 계산에 앞선다

맹자(孟子)는 "나는 호연지기를 배양하는 데 능하다〔善養吾浩然之氣〕" 하여, 용기(勇氣)란 실제적으로 장기간의 육체 활동과 도덕 수양을 거쳐서 도달하는 일종의 정신 경계임을 주장하며, 굳센 의지를 단련시켜서 고상한 품격을 배양시킬 수 있다고 하였다.

우리나라 역사에 등장하는 고대의 무용담이라면, 관창(官昌)으로 대표되는 신라 화랑들의 이야기와 고구려·백제 등에서 전해 오는 수많은 장수들에 관한 것이 있다. 그리고 조선시대 대제학을 지낸 홍양호(洪良浩)의 《해동명장전(海東名將傳)》(1734)은, 삼국시대 이래 용맹을 떨쳤던 이름난 장수들의 이야기를 모아 놓았다. 물론 그 이전에도 수많은 영웅들이 있었을 터이지만 기록으로 남아 제대로 전승되어 오지 않았을 뿐이다.

전쟁을 통해 생겨난 이러한 수많은 무용담들은, 세월이 흐르면서 더욱 미화되고 부풀려져 전설이 되고 예술이 되어 끝없이 전해져 오고 있다. 그 숱한 옛 영웅들의 이야기를 여기에 어찌 다 옮겨 실을 수 있겠는가? 용(勇)은 무인들이 숭상해 마지않는 덕목이라 이런 영웅적인 용감한 행위는 승패를 떠나 모두에게서 숭앙받게 된다. 옛사람들은 비록 적이라 해도 용감한 자는 진심으로 존중하였으며, 죽이더라도 그 예(禮)를 다하였다.

병가(兵家)에서 용(勇)은 가장 중요한 덕목이다. 용(勇)은 영웅심의 발로이며, 영웅이란 곧 용장(勇將)을 말한다. 용(勇)은 무인이라면 갖춰야 할 필수 조건이며, 이를 위해 끊임없이 수련하는 것이다. 진정한 용(勇)은 그만한 실력을 갖추었을 때 나오는 법이므로.

용(勇)은 선비의 덕목이 아니다. 선비는 글로써 충(忠)한다. 예로부터 선비는 목숨을 걸고 임금의 잘못을 간(諫)한다 하였지만, 사실 목숨을 걸고 하는 경우는 드물었다. 아무리 폭군이라 해도 문신(文臣)이나 선비가 하는 것이 마음에 안 든다 해서 그 목숨을 빼앗는 일은 드물었다. 나약한 문신의 목숨까지 빼앗는 일은 조금 비겁한 행위로 비쳐지는 탓도 있었지만, 만약 그랬다간 후세의 역사가들(모두 문인들이었다)이 두고두고 자신을 포악무도한 자로 기술할 것임을 잘 알기 때문이었다. 혁명에 참여하기를 거부하고 썩은 왕조에 끝까지 충성하겠노라고 고집하다가 맞아죽은 정몽주는 천사에 길이 빛나는 충절로 숭앙을 받는 반면, 그를 죽이고 새 시대를 연 태종 이방원은 조선시대 내내 그다지 성군으로 받들어지지 못한 예에서 보듯 문신들은 무(武)를 혐오했다. 또한 무신(武臣)이 역모를 꾸미거나 가담하면 반드시 극형에 처하였지만, 문신(文臣)은 대개의 경우 관직을 삭탈하고 유배를 보내는 형벌로 그쳤다. 선비는 절(節)은 있으나 용(勇)이 없음을 잘 알기 때문이다. 따라서 잠시 귀양을 갔다가도 임금의 마음이 바뀌면 언제든 다시 벼슬할 수가 있었던 것이다. 설령 그렇지 못한다 해도 최소한 꿋꿋이 선비의 절개를 지킨 충신으로 역사에 남을 수도 있었다. 그리하여 귀양을 가면서도, 귀양을 가서도 원망은커녕 일편단심 임을 향한 시(詩)를 끊임없이 읊어댄다. 반대로 무신(武臣)은 죽으면 죽었지 그런 짓은 못한다. 글을 몰라서 그런 시(詩)를 남기지 않은 것이 아니다. 이순신 장군이 백의종군하면서 임향시를 남긴 적이 있던가. 신(信)이 없으면 충(忠)도 없는 법. 구차하게 목숨을 구걸하지는 않는다.

근현대사에서도 우리는 수많은 용감한 투사들을 보아 왔다. 구한말의 수많은 의병들, 안중근·윤봉길 등 항일 독립 투사들, 6·25 전쟁 영웅들, 강재구 소령, 그리고 타인의 위급함을 구하기 위해 자신의 목숨을 내던진 수많은 의인(義人)들. 목숨은 누구에게나 소중한 것. 그분들인들 자기 목숨 소중한지 왜 모르겠는가. 자기가 죽거나 불구자가 되면 부모형제·아내·자식들의 운명이 어떻게 될지를 왜 모르겠는가. 그런 생각이 먼저 들면 누구도 그렇듯 사지로 몸을 던지지 못한다. 행동이 계산에 앞서는 것이다. 용(勇)은 그런 것이다.

박정희·전두환·노태우로 이어져 온 군사 정권에 신물이 나서인지 이후 계속해서 문민 정부를 표방하는 문인 대통령(군인 출신이 아니라고 해서 무조건 그렇게 부르는 것도 문제가 없지 않다. 사실은 무(武)도 문(文)도 아니다. 그저 정치꾼들일 뿐이다)이 정권을 잡아오고 있다. 그런데 박정희 이후의 군사 정권이든 문민 정권이든 한결같이 앞선 정권의 잘못을 들먹이는데, 공통적이게도 모두 박정희의 벽을 뛰어넘지 못해 안달이다. 특히 이번 정권은 죽은 박정희만 물고 늘어진다. 그보다 그 죄악이 결코 가볍지 않은 살아 있는 두 군부독재자에 대해서는 입도 벙긋 못한다. 명패 집어던질 땐 언제고, 오히려 비서를 보내 큰절을 올렸다. **현실은 두렵고, 과거사는 만만한가** 보다. 비굴하기 짝이 없다. 이승만 문인독재자에 대해서는 한없이 관대하다. 같은 문민 정부라 생각해서 동질감을 느끼는가. 하긴 이렇게 나무란다고 이제 와서 없던 용(勇)이 갑자기 생겨날 리 없지 않은가. 그러다 보니 주위에도 온통 비굴한 인재들(?)만 득실거린다. 군대 가기 싫어 손가락 끝마디만 절단한 사람이 국회의원 배지를 달고 있다. 어찌 그 한 사람뿐이랴. 다들 이런 저런 변명을 갖다대지만, 오히려 간사스럽고 뻔뻔함만 더하고 있다. 어떤 사정이든 군대는 갔어야 했다. 가서 의롭게 죽든 억울하게 맞아서 의문사하든, 어쨌든 군대에는 모두가 목숨을 바치러 가는 그런 곳이다. 민주와 자유를 쟁취하기 위해 가지 않았노라 하지만, 그건 잘못된 생각이다. 그 어떤 가치보다 국가가 우선한다. 나라가 온전히 서고 난 다음에야 민주니 독재니 할 수 있다. 나 하나 군대 안 갔다고 해서 나라가 무너지는 것도 아니고, 국민의 자유와 권리 쟁취를 위해 투쟁하는 것이 더 중요하다고 한다면 그것 또한 구차한 변명에 지나지 않는다. 그건 뒤집어 이야기해도 마찬가지이다. 당신 한 명 없어도 올 봄은 온다고, 개나리가 하루 늦게 필 수는 있겠지만.

　남들 군대에 가서 2,3년씩 썩고 있을 때 혼자 열심히 공부해서 좋은 직장 구하고 병역 특례까지 받아 돈 조금 더 모으는 것이나, 다른 동료들 거리에 나가 독재 정권에 항거하고 있을 때 혼자 골방에 들어앉아 고시 공부해서 출세한 거나 비겁하기는 매한가지이다. 스스로 인정했으면, 염치(廉恥)를 알았으면 공직에는 나오지 말았어야 했다. 정계나 관계로 나가지 않고, 학계나 재계로 진출한 이완용(李完用)을 비롯한 여러 충일(忠日) 가문 사람들의 처신이 차라리 지혜롭다 하겠다.

중국의 루쉰(魯迅)은 "온순하고 선량하다는 것은 악덕(惡德)은 아니지만, 발전해야 하는데도 모든 일에 대해 순응하고 선량하기만 하다면 미덕(美德)이 아니라 발전성이 없는 것"이라고 하였다.

용(勇)은 실천하는 힘이다. 이것이 부족하면 그 어떤 덕목도 제구실을 못한다. 용(勇)이 없는 인(仁)은 퍼지지 못하고, 충(忠)은 마음뿐이다. 의(義)는 일어서지 못하고, 엄(嚴)은 지켜지지 않는다. 절(節)은 흐느적거리고, 지(智)는 비겁을 낳는다. 신(信)은 헛되며, 공(功)은 이루어지지 않는다. 반대로 덕(德)이 없는 용(勇)은 만용(蠻勇)이 된다. 길들여지지 않은, 다듬어지지 않은, 어리석은, 몰염치한, 욕심에 찬 용(勇)이다. 지(智)·인(仁)·절(節)·의(義)의 반려를 받지 못한 용(勇)은 비참한 결과를 부른다. 12·12 군부 반란은 의(義)를 저버린 용(勇)이며, 5·18 시민 학살은 인(仁)이 없는 용(勇)의 대표적인 예이다. 그저 임전무퇴와 명령복종만이 참다운 군인 정신이라고 가르친 대한민국

건전한 육체에 건전한 정신이 깃들 듯 건강한 신체가 아니면 진정한 용(勇)을 기를 수가 없다. 공명(功名)을 좇던, 사랑을 좇던, 돈을 좇던 용(勇)이 있어야 가능하다. 흔히 우리는 실패는 성공의 어머니라고 말한다. 그렇지만 곧이곧대로 그 말에 수긍하기 어려운 사람들도 있다. 왜인가? 실패를 하고서 거기서 끝내는 사람에게는 실패는 영원히 실패일 뿐이다. 다시 도전하는 사람에게만이 실패가 곧 성공의 어머니가 될 수 있다. 그리고 이왕 실패할 바에야 철저하게 실패해야 한다. 그곳에서 배우는 것이 정말 많다. 바닥까지 가보기도 전에 실패를 인정하고 손을 터는 사람은 진정한 의미에서 실패를 경험한 것이 아니며, 포기하는 법을 배운 것일 뿐이다. 그래서 용(勇)이 필요한 것이다.

국군의 현주소이다. 개혁한답시고 부지깽이로 아궁이 마구 쑤셔대다가 잘 타던 불 꺼트리는 참여 정권은 지(智)가 부족한 용(勇)의 한 예가 될 수 있겠다. 부지깽이는 지혜의 지팡이다. 꼭 요긴할 때만 슬쩍슬쩍 사용해야 한다. 초보자들은 함부로 쑤셔대다가 불 꺼트리고 부지깽이까지 다 태우고 만다. 5공 시절 소 잡아먹고 사냥개들 데리고 농사짓겠다고 한 것도 마찬가지다. 호미 대신 낫으로 김매는 꼴이다.

옛말에 "지혜 있는 자는 잘못을 두 번 저지르지 않고, 용기 있는 자는 죽음을 피하지 않는다"[33]고 하였다. 그렇다고 용(勇)이라 해서 억세고 과감하게 무력을 뽐내는 것으로만 생각해서도 곤란하다. 천성적으로 용(勇)과 기(氣)가 센 사람은 예(禮)와 지(智) 혹은 인(仁)을 등한시하기 쉬워 일을 그르치고, 작은 치욕을 부끄럽게 여겨 큰 원한을 사기도 하여 남과 자신을 망친 고사가 수없이 전해 내려오고 있다. 호기(豪氣)와 격정(激情)을 누르고 양보와 관용, 신중과 절제를 함께 익혀야 한다. 그것이 수양인의 자세다.

무언(武諺)에 이르기를 "무예가 높아지면 담이 커지고, 담이 커지면 무예가 더욱 높아진다〔藝高人膽大, 膽大藝更高〕"고 하였다. 용(勇)은 정통적으로 무(武)를 통해 신체를 단련시키면서 길러왔다. 좋은 말이나 글로 얻을 수 있는 것이 아니다. 용(勇)은 땀을 먹고 자란다. 오늘날에는 여러 가지 격렬한 스포츠를 통해 용(勇)을 기른다. 도전·탐험·정복 등 자칫하면 목숨을 잃을 수도 있는 위험한 스포츠나 경기를 통해 체력과 인내력의 한계를 늘려가고 있다. 우리나라 기업에서는 대학 교육에 대해 불만이 많다. 제대로 된 인재를 키워내지 못하고, 불량품을 양산한다는 것이다. 대학을 믿고, 성적을 믿고 뽑았는데 영 신통치가 않다는 것이다. 그래서 이를 가려내고 재교육하는 데 막대한 비용이 들어간다고 불만이다. 전공 지식은 성적으로 뽑았으니 어쩔 수 없다고 하더라도 도전 정신, 패기, 솔선수범, 인내력, 예의, 적응력 등등 기본적인 소양조차 갖추지 못하고 있다는 것이다. 한마디로 문약(文弱)한, 무(武)적 성향이 부족한 인재(?)들뿐이라는 것이다. 그리하여 사원 교육에 그 어느 나라에서도 찾아볼 수 없는 진풍경이 벌어진다. 바로 '극기 훈련'이라는 것이다. 부족한 인내력과 용기를 길러 보자는 발상에서 나온 것 같은데, 군대까지 갔다온 대한 남아를 다시 해병대 훈련을 시키고 있으니 참으로 답답한 노릇이다. 군(軍)도 이제 예전 같지가 않은 걸 어떡하나. 이럴 줄 알았으면 처음부터 해병대 출신을 뽑았으면 좋았을 것을. 잘하면 해병대나 공수부대 서로 먼저 입대하려고 일류대학교 학생들 줄서겠다. 그렇다고 그것 며칠 훈련시킨다 해서 갑자기 뭐가 생길 것 같은가? 물론 당장은 그런 기분이 든다. 그렇지만 뭉친 근육이 풀어질 때쯤이면 언제 그랬던가 싶게 잊어 버리고 만다. 짐작컨대 들인 비용과 시간만큼 효과를 얻기 힘들 것이다. 용(勇)은 일찍부터, 가능하면 보다 어렸을 적부터 꾸준히 길러야 한다. 어느 날 갑자기 인내심 강하고 용감한 사람이 되는 법은 없다. 물론 극기 훈련의 목적이 반드시 그런 것만은 아닐 터이다. 아마도 회사일이 힘들더라도 참고 열심히 해서 이익을 많이 올리자는 것일 게다. 아무렴 용(勇)과 인(忍)을 구별하지 못하기야 할까.

　우리의 학교 교육이 그 추구하는 본연의 목적에 충실했더라면 이런 희한한 풍경이 벌어지지는 않았을 것이다. 말로는 지육(智育) · 덕육(德育) · 체육(體育)을 외치면서도 오직 지(知)만을 가르쳐 온 결과가 아니겠는가. 그것도 올바른 지(知)가 아닌, 오직 대학 문고리 잡는 데에만 소용될 뿐인 그런 것을. 체육을 그저 신체 발육의 보조 수단 정도로만 여기고 있는 것은 아닌지? 이제까지는 무지에서 생긴 일이라 치자. 더 이상 이래서는 안 된다는 것을 누구보다도 잘 알면서 고치지 않는 것은 죄악이다. 어떤 이유에서라도 그것은 우선 일선 교육자 모두의 잘못이다. 누가 뭐래도, 설령 쫓겨난다 해도 제대로 가르쳤어야 했다. 의무를 다하지 못한다면, 잘못을 바로잡을 용기가 없다면 그 자리를 물러나야 한다. 그건 '학문(學問)'하는 자세가 아니다. 가르치는 사람조차도 알지 못하는 용(勇)을 어디에서 배운단 말인가? 모난 돌이 정 맞는다, 그저 둥글둥글 사는 것이 세상 살아가는 지혜라고 가르치지는 않는지 적이 염려스럽다. 어렵고 혼란스럽던 시절도 이젠 한참 지났다. 스스로 당당해져야 한다. 그것이 용(勇)이다. 그래서 **"양심이 밝은 사람은 잘못이 있으면 스스로 안다. 알면서 고치지 않는 것을 두고 자신을 속인다고 하는 것이다"**[34]고 하였다.

"가난은 부끄러워할 일이 아니니, 정작 부끄러워해야 할 것은 가난하면서 의지를 잃는 것이다. 가난하고 지위 없음을 싫어할 것이 아니니, 싫어해야 할 것은 비천하면서 무능한 것이다. 늙음은 한탄할 것이 아니고, 오래 살면서 삶을 허비하는 것을 한탄해야 한다. 죽음을 슬퍼할 일이 아니니, 정말 슬퍼해야 할 것은 죽을 때까지도 남에게 도움이 안 되는 것이다."[35]

57 스포츠와 체덕(體德)

다른 모든 제도와 더불어 체육(운동 경기, 스포츠) 역시 우리나라에 본격적으로 도입된 것은 불과 1백 년도 안 된 일제시대였다. 우리보다 일찍 개화한 일본을 통해 아무 생각 없이 그대로 받아들여진 것들이다. 구한말 선교사들에 의해 도입된 몇 가지 운동이 있기는 했지만, 대개는 식민 교육에 의해 시작되었다.

오늘날 한국이 세계적인 스포츠 강국의 반열에 오를 수 있었던 것은 순전히 군사 정권의 정치적 목적에 의하여 집중적으로 육성된, 즉 속칭 엘리트 체육의 덕분이다. 올림픽에서든 다른 세계대회에서든 오직 금메달만 따오면 편히 먹고 살게 해주겠다는 약속을 믿고서, 이를 악물고 참고 견디며 청춘을 다 바쳐 운동을 하였다. 집안 좋고 공부 잘하고 인물 잘났으면 누가 그 짓을 했겠는가. 우승해서 감격의 눈물을 흘리던 그때 그 사람들은 지금 얼마나 자신의 삶에 만족하고 있는지 모르겠으나, 메달을 따지 못한 이름조차 기억되지 않는 다른 수많은 선수들은 지금 어떻게 살고 있을까를 생각해 보면 왠지 씁쓸해진다. 물론 난감하고 힘든 시절 그들의 우승이 마치 우리 자신의 우승인 양 감격해하며, 덕분에 우리도 할 수 있다는 용기와 힘을 얻은 것 또한 사실이다.

월드컵 축구의 우승을 제외하면, 우리나라도 이제 웬만한 운동 경기에서 금메달을 따봤다(표현이 조금 어색하지만). 이젠 웬만한 세계대회의 우승으로는 국민을 열광시키지도, 감격시키지도 못할 정도이다. 그럼에도 불구하고 어느 한구석이 허전하다. 과연 그것이 우리가 그토록 원하고 갈구해 마지않았던 그 무엇이었던가?

오늘날 우리가 말하는 '체육' 혹은 '스포츠'는 분명 외래 문화이다. 그것도 서양에서 들어온 것들이다. 이를 가장 먼저 받아들여 일본이 개발한 유도와 한국에서 개발한 태권도 이외에 동양의 것은 하나도 없다. 일반적으로 종교나 정치·법률·예술 등등 어떤 외래 문화가 국경을 넘어가자면 험난한 산이나 강을 건너야 하고, 반드시 검문소를 거쳐야 한다. 그런데 이 스포츠는 그 어느것도 검문 없이 우리 마당으로 들어왔다. 아무도 이를 검문해야 한다는 생각조차 하지 않았다. 왜 그랬을까? 아니 그게 뭐가 이상하다는 건가? 무슨 문제라도 된단 말인가?

지금같이 무역이나 왕래가 자유로운 시절에도 사람이나 어떤 상품 하나가 다른 나라로 들어가려면 여러 가지 검문과 검역을 거쳐야 한다. 농산물이든 전자 제품이든. 심지어 벌레나 풀 한 포기라 해도. 왜? 이미 그곳에는 오래전부터 그러한 생물, 그러한 문화가 있기 때문이다. 다시 말해 그 스스로의 것이 있기 때문이며, 그것들이 변질되거나 사라질 수 있기 때문이다. 나아가 자신들의 정체성이 흔들리기 때문이다. 그런데 이 스포츠는 그러한 검문 없이 무조건적으로 받아들여졌다. 왜냐하면 이 땅에는 없는 종자들이었기 때문이다. 그래서 그것이 들어온들 뭐가 달라지거나 나빠질 게 뭐 있겠느냐는 것이다. 좀더 사실대로 말하자면 아무 생각조차 없었다는 것이다. 오늘 이 순간까지도 무슨 종목이든 나가서 금메달만 따오면, 그래서 국민들을 열광시키기만 해준다면 그뿐.

전국에는 온갖 박물관들이 있다. 옛것들을 모아 진열해 놓고 어른이며 아이들에게 보여준다. 민속박물관, 민속촌, 학교 등지에서는 아이들에게 제기차기·연날리기·윷놀이 등등 여러 가지 민속놀이를 가르친다(대개 맛뵈기 정도지만). 그리고 팔도의 노래·춤·굿 등을 무형문화재로 지정해서 그 원형을 보존해 오고 있다. 왜? 그것들에는 우리만의 정서가 있고 전통이 있으며 멋과 우리의 정신, 우리의 정체성이 깃들어 있기 때문이다. 그것들을 통해 너와 내가 같은 민족임을 확인하고 싶은 것이다. 그래서 오늘날 전세계의 온갖 재미있는 스포츠며 오락·게임 등을 대형 마트에서 상품 고르기보다 더 쉽게 즐길 수 있음에도 불구하고 이처럼 재미없는 전통놀이를 경험케 하고 있는 것이다.

우리가 서양으로부터 스포츠를 도입하였을 때(그냥 따라서 했다고 하는 것이 더 정확할 듯한데) 아무런 저항 없이 받아들였다고 하였는데(다른 것들에 비해 상대적일 수도 있지만), 그것은 곧 형식(운동 방법 혹은 경기 방식)만 따라 했지 그 정신을 배우진 못했다(몰랐다)는 것이다. 정신이라는 표현이 너무 거창하다면 '목적' 아니면 그냥 '즐김' 이라 해두자. 그러니까 이제 "재미있게 놀면서 땀 흘려 체력 단련 좀 하는데 무슨 말이 많느냐. 그냥 즐기면서 스트레스 풀면 됐지" 하고 가볍게 무시하고 넘어갈 수도 있다.

앞의 글들에서 여러 예를 들어 이야기하였듯이 '민족 정신' 의 '정신' 은 단순히 그 민족의 '머릿속의 생각' 을 뜻하는 것이 아니다. 민족 정신이란 전통 문화를 배경으로 **행동으로 드러난 생각** 을 말한다. 거기에는 그 민족 특유의 철학, 도덕 관념, 행동 규범, 그리고 멋이 있다. 그 '정신' 이 얼마나 균형잡히고 진취적이느냐에 따라 훌륭한 민족 정신을 가졌느냐 못 가졌느냐를 말하는 것이다. 단순히 몸을 움직이는 것에 지나지 않는 스포츠(체육)에서 웬 거창한 민족 정신이느냐고 할 수도 있지만, 스포츠 역시 그 나라의 전통 문화를 배경으로 태어났기 때문에 당연히 그 민족의 정신이 알게 모르게 배어 있다. 왜냐하면 몸과 마음이 둘이 아니기 때문이다. 분명 그 민족은 그 운동을 하면서 누구나 공통적으로 그 정신을 느낀다. 그 정신이 있기 때문에 그들의 몸이 그 운동을 동일한 즐거움으로 받아들이게 되는 것이다. 타문화권의 민족은 그것을 느끼지 못한다. 문화인류학자 M. 베네딕트는 "괴리되고 판이한 문화 요소를 수정하여 하나의 다소 일치되는 사상과 행동 양식으로 만들 것"을 주장하였다. 문화적 전통과 민족 심리 및 시대적 조건을 바탕으로 외래 문화를 어떻게 소화·흡수·배척·개조 시킬 것인가를 늦었지만 지금부터라도 진지하게 고민해야 할 것이다.

불과 1백여 년 만에 경제적 기적과 더불어 급성장한 우리의 스포츠, 군사 정권의 통치 수단 가운데 하나로 육성된 엘리트 체육(참으로 절묘한 말장난이다), 출세의 수단, 욕구불만 해소, 극기심과 파괴적인 성취욕, 열광과 대리만족, 금메달 제일주의, 밉고 잘나고 큰 나라에 대한 한풀이 수단, 그리고 뒤늦게 깨달은 스포츠와 돈의 공식. 이것이 오늘날 우리 스포츠의 자화상이 아닌가. 수단으로서 혹은 목표로서의

박세리와 소렌스탐이 한 조에서 골프를 칠 때, 두 사람의 '정신(즐김)'이 같을까? 양궁(洋弓)을 당길 때에도 국궁(國弓)을 당길 때와 동일한 호연지기를 느낄 수 있을까? 아니면 오직 메달만 보이는가? 외국인들이 자기 동네 골프장을 바라보는 눈이 한국인들과 같을까? 그들도 우리처럼 골프장을 정치인·공무원·사업가·장사꾼들이 끼리끼리 모여 쑥덕거리며 협상하고 모의하는 접대 장소로 생각할까? 왜 우리 선수들은 금메달 따서 돈 좀 벌고 나면 금방 사라지는가? 우승한 서양 선수들의 환호와 우리 선수들의 눈물은 같은 감정의 표현일까? 선진국 선수와 후진국 선수의 졌을 때의 표정은 왜 그렇듯 대비되는가? 우리는 왜 금메달을 딴 선수의 얼굴에서 가난의 그림자와 인고의 주름살을 느낄 수밖에 없는가? 단순히 스포츠의 역사가 짧아서 그럴 수 있다고 대답할 수 있을까? 전 유럽을 하나로 묶은 축구처럼 동양을 하나로 묶는 스포츠는 만들어질 수 없을까? 남북이 함께 즐길 수 있는, 우리 정신이 담긴 우리의 스포츠는 만들 수 없을까? 우리의 전통놀이를 스포츠로 개발할 수는 없을까? 남사당패의 '살판(땅재주)'이 마루 운동의 원조였더라면? '어름(줄타기)'을 새로운 체조 종목으로 만들면 어떨까? 쌍검이나 부채춤으로 리듬 체조를 개발하면? 십팔기의 일부 종목을 중국의 우슈처럼 체육화시킨다면?

스포츠였지, 결코 즐김의 스포츠가 되지 못했다. 선수 자신이 스스로 즐기지 못한다면, 그건 구경꾼들 앞에서 재주 부리는 곰이나 원숭이와 다를 바가 없지 않은가.

만약 서양인들이 국궁을 쏘거나 제기차기를 할 때 우리와 같은 재미를 느낄 수 있을까? 더 나아가 우리의 전통과 역사를, 호연지기와 동질감, 그리고 정서와 멋을 음미할 수 있겠는가 말이다. 그저 처음 보는 이색적인 놀이에 지나지 않을 것이다. 마찬가지로 우리가 다른 나라의 놀이를 즐긴다고 해서 그저 재미 이상의 어떤 것을 느끼거나 추구할 수는 없을 것이다.

언제까지 엘리트 체육을 고집할 것인가? 그들은 주장한다. 올림픽에서 금메달 하나 따는 데 대략 50억 원의 비용이 든다고. 하지만 그 효과를 돈으로 환산한다면 족히 5백억 원은 될 거라고. 그렇다면 이런 장사를 마다할 이유가 없지 않은가? 정말 50억 정도밖에 안 들까? 금메달 못 따고 사라져 간 수많은 선수들의 인생의 가치는? 그 5백억이 없으면 나라 경제가 어떻게 되기라도 하는가? 엘리트 체육에 50억, 아니 5백억 원 상당의 덕(德)을 실을 수 있는가? 엘리트 체육인들만이 덕을 가지는가? 금메달을 따지 못한 나머지 수많은 선수들은 얼마만큼의 덕을 가져갔을까? 아무래도 계산을 다시 해야 할 것 같다.

이제 스포츠는 21세기의 새로운 종교가 되고 있다. 과거 종교가 담당했던 사회적 역할, 즉 사회적 통합을 대신하고 있다. 일요일은 이제 더 이상 예전의 일요일이 아니다. 사람들은 교회 대신 경기장을 찾는다. 경배 대신에 열광을, 소망 대신에 승리를 외친다. 그리고 아낌없이 십일조를 뿌린다. 게임은 이념과 전쟁마저도 우습게 만들어 버렸다. 테러와 전쟁도 운동 경기 관람하듯이 즐기는 세상이다. 선악과 정의의 기준으로 판단하지 않는다. 오직 이기고 지는 것에만 관심이 있다. 단지 직접 구경은 못하고 화면으로밖에 볼 수 없는 것을 섭섭해할 뿐. 앞서의 기록을 갱신할 보다 큰 게임, 보다 큰 테러, 보다 큰 재난(?)을 기다리는 것은 아닌지? 이미 그렇게 세뇌되어 있다. 세상의 그 어떤 것도 변화(변질)의 과정을 벗어날 수 없는 법. 체육(운동 경기, 스포츠)은 이미 본연의 목적을 잃어버린 지 오래다. 그보다도 부가적인 효과, 돈벌이 수단으로서 인식되고 장려되고 있다. 돈 없는 스포츠, 돈을 끌어모으지 못하는 스포츠의 도태는 점점 가속화될 것이다.

공통의 취미, 공통의 관심, 공통의 정서인 스포츠가 세계를 하나로 묶고 있다. 축구공 하나가 한날 한시에 전 지구인의 시선을 한곳으로 모은다. 이런 시대에 우리의 스포츠는 어떤 '정신'으로 어디를 향해 나아가야 할 것인가? 월드컵에서 우승하면 우리는 무엇을 얻는가? 드디어 우리도 해냈다는 자부심? 스포츠를 통해 얻고자 하는 것이 고작 금메달과 스트레스 해소뿐이던가? 스포츠의 진정한 덕목은? 이제 그것을 공부할 때가 되었다.

58 역사는 흐른다?

부서진 몸과 마음의 고통을 가슴을 찢어 열어 보인 자화상으로 유명한 멕시코의 여류화가 프리다 칼로. 1939년 프랑스의 초현실주의 시인 앙드레 브르통은 그녀를 파리전시회에 초청하면서, 신체의 일부를 도려내어 내면의 피 흐르는 상처들을 보여주는 해부학적인 그녀의 그림들을 두고 '초현실주의 회화'라고 일컬었다. 하지만 그녀 자신은 "내 그림은 초현실주의가 아니다. 나는 꿈이 아니라 현실을 그린 것이다"라고 단호하게 반발하였다.

역사 속으로 들어간다는 것은 필연적으로 역사를 더럽히는 것이라고 했다. 아마도 현대적인 역사학의 역사가 짧아서 그런지, 아니면 너무 많은 변화를 숨쉴 겨를도 없이 한꺼번에 겪는 바람에 미처 제대로 갈무리를 못한 때문인지 '과거사'에 대한 논쟁이 한창 뜨겁다. 사실 이런 용어가 역사학에서 통용될 만큼 검증된 건지, 아니면 정치학의 용어인지 잘 모르겠지만 어쨌거나 역사학의 울타리를 넘어 전 국민을 그 소용돌이 속으로 몰아넣고 있다. 당연한 결과로 역사에 대한 비평이 아마추어보다 못한 수준으로 떨어져 역사학자들을 곤혹스럽게 만들고 있다. 지역 감정처럼 싫다, 좋다 식의 간단한 방법이 횡행하게 되어 버렸다. 물론 역사적 현상은 하나의 유동적인 과정이기 때문에 사람들이 지니고 있는 역사에 대한 평가 기준 역시 반드시 그렇게 정확하고 영구적인 것이 될 수는 없다. 그럼에도 불구하고 어떤 고정적이거나 비항구적인 가치 척도로 역사를 평가하게 되면, 필연적으로 '현재가 옳고 과거는 그르다'고 여기게 된다. 그렇다고 해서 역사가 쓰레기상자 인터넷의 댓글 수준에서 재조명(?)된다는 것은 아무래도 역사학에 대한 모욕일 수밖에 없을 것 같다. 역사가 민중의 평가나 선택의 대상이 되어서는 곤란하다. 역사학의 영역에서 역사학자들에 의해 분석되어져야 옳을 것이다. 이런 사실을 알면서도 주제넘게 '과거사' 문제에 대해 한마디 보태고자 한다.

예전에 군사 반란으로 정권을 탈취한 두 도적이 물러나자, 지난 12·12 사태 당시 군 지휘권을 강탈당했던 정승화 전 육군참모총장 등에 의한 재판이 열려 세상이 다시금 시끌벅적해졌던 적이 있었다. 그 일을 두고 지식인 양하던 그 시대 최고의 인기소설가가 조선일보 아침 논단(1994년 12월 1일자)에 쓴 '그때 어디 있었느냐'라는 글은 내게 적잖이 충격을 주었다. 때늦은 '12·12' 시비에 대해 "미진하더라도 현실이 이제 현실로서의 생명을 다하고 역사 속으로 사라지기를 원할 때는 조용히 보내 주는 편이 옳다. 역사 속에 편입되고 그 질서에 맡겨져야 할 현실에 발목이 잡혀 당면한 국정의 현안들이 방치되는 일은 피해야 한다. 역사 속으로 보내 주더라도 우리 모두 자신을 향해 준엄한 물음만 잊지 않으면 된다. '그때 너는 어디 있었느냐'는."

역사! 사전에는 "인간 및 인간이 속하는 자연의 모든 현상에서 과거에 일어난 사실이나, 그 사실에 관한 기술(記述)"이라 하였다. 그러니까 요새 흔히 쓰는 말로 과거사를 가리키는 것인가? 그럼 이 과거사, 즉 과거에 일어났던 일들 중 어디까지를 역사에 편입시킬 수 있을까? 10년 혹은 20년, 아니면 1백 년 전 이야기? 죽은 박정희는 다음날부터 과거사의 주역이고, 살아 있는 5공의 주역들은 아직 현재사에 속하는가? 물론 오늘도 내일이면 과거가 되고, 역사가 될 수 있다. 그런데 이 역사(과거사)를 역사학자가 아닌 정치가들이 그 범위(기간)를 두고 서로 밀고 당기면서 늘였다 줄였다 하는 꼴이 영 볼썽사납다. 한쪽에서는 일제시대와 제3공화국까지를, 다른 한쪽은 6·25와 제5공화국도 포함할 것을 주장하는 모양인데, 결국 무슨 위원회가 하나 만들어지더니 동학 혁명까지 재평가한다고 하는 웃지 못할 일이 벌어지고 있다. 그렇게 해서 그 기간 동안 일어난 일들에 대해 잘잘못을 따져야겠다는 것이다. 역사를 정치적인 잣대로 뜯어고치겠다는 발상부터가 황당하고 발칙하기 짝이 없는데, 정말 그렇게도 할 일이 없을까 싶다. 이 문제는 아무래도 역사학자들이 수고를 해야 할 것 같다. 어차피 서로 시시비비를 따지기 위해 꺼낸 작란(?)이니, 내일이면 저들도 강물에 떠내려가는 쓰레기처럼 과거사가 될 테니까.

그런데 역사, 과거사, 친일 청산의 진흙 구덩이에 뒤섞여 서로 물어뜯기에 정신없는 이 사람들은 아무래도 역사와 현실을 혼돈하고 있는 것 같다. 이야기를 앞으로 되돌려 보자. 앞서의 작가는 12·12 군사반란을 역사에 맡기자고 하였는데, 그가 역사라는 말의 뜻은 제대로 알고 있는지 의아스럽기 짝이 없다. 당시 아무도 그 글에 대한 반론이 없기에 혹시 내 생각이 잘못되지 않았나 하여 그후로도 몇 년간 머릿속에서 지워지지가 않았는데, 아마 지금처럼 인터넷이 보급되었더라면 그 양반 어찌되었을까?

역사라니! 일제시대부터 제5공화국, 아니 이번 정권까지 일어난 모든 한맺힌 일들을 역사로 넘기자고? 10년도 더 지난 일이니 이젠 역사라고? 그래서 역사의 심판에 맡기고 잊으란 말인가? 그렇지만 어찌 그것이 역사가 된단 말인가. 핏자국의 비린내가 아직 가시지 않았고, 눈물이 채 마르지도 않았는데 역사란 말인가. 가해자와 피해자가 두 눈 뜨고 멀쩡히 살아 있는데, 역사란 말인가? 법의 심판을 마쳤으니 역사인가? 같은 전우의 총탄에 숨겼는데 잊으란 말인가? 대명천지에 자기 나라 군인들에게 수백 명의 시민들이 학살당하였는데 잊으란 말인가? 그것은 현실이다. 한(恨)의 얼룩이 지워지지 않는 한 과거사는 영원히 역사와 현실 사이에서 끝없이 갈등할 수밖에 없다. 이승과 저승 사이를 떠도는 원혼처럼. 가해자는 자자손손 떵떵거리며 잘 먹고 잘 살고 있고, 피해자는 피눈물을 흘리며 죽지 못해 살고 있는데, 그것이 역사라면 현실은 또 무엇이란 말인가? 현실과 허구를 오가며 글쓰기하는 작가에게는 역사조차도 그렇게 왔다갔다 하는 모양이다. 역사를 운운하기 전에 그는 먼저 자신부터 그때 어디에 있었는지 밝혔어야 했다.

분명코 우리는 저주받은 땅에 살고 있다. 국민의 한(恨)과 피로 얻은 부(富)를 가지고 자자손손 잘 먹고 잘 사는 나라가 있다면, 그게 어디 온전한 나라 하겠는가? 현실 청산은 감히 꿈도 꾸지 못하면서 과거사 청산하겠다고? 살아 있는 독재자에게는 엎드려 절 갖다바치면서, 만만한 죽은 독재자만 물고 늘어지는 것이 과거사 청산인가? 어디까지가 역사이고, 어디까지가 과거사인가? 먼 이국땅에서 이름 없이 숨져 간 수많은 독립 투사들, 그리고 그 아들 손자들이 아직도 한스럽고 힘겨운 삶을 살고 있는데. 6·25 사변과 월남전 실종 군인, 피지도 못하고 스러져 간 학도병, 강제 납북자, 그들에게 역사를 이야기할 텐가? 지난 일이니 잊어 달라고? 나뭇잎 두 개로 눈을 가리고, 콩알 두 개로 귀를 막는 꼴이다.

> 작금에 행해지고 있는 과거사 청산의 주된 대상은 대충 일제 친일과 제3공화국으로 한정된 것 같다. 자유당시대는 역사로 흘려보낸 것 같고, 제5공화국의 도적떼들 이야기는 《임꺽정》의 영웅담 정도로 치부하고서 넘어가는 모양이다. 아니면 아직 피비린내가 가시지 않아서 과거사로 요리할 엄두가 나지 않는지, 죽었는지 살았는지 그저 꼬챙이로 쿡쿡 찌르는 시늉만 하고 있다. 그래, 방관자에게는 지난밤의 일도 역사가 될 수 있다. 그렇지만 당사자에겐 죽어서도 역사가 되지 못한다. 가해자이건 피해자이건. 그 자식이 있고, 그 손자가 있다. 그들에게 역사는 결코 흐르는 강물이 아니다. 썩은 연못일 뿐이다.

왜 잘못된 역사가 끝없이 되풀이된단 말인가? 왜 그때 그 사람들은 청산을 하지 못해 우리에게 그 짐을 떠넘겼는가? 하지만 어찌 그들을 원망하는 것인가. 스스로 왜적을 물리쳐 독립 국가를 세웠더라면, 그런 숙제가 남지 않았을 것이다. 그렇지만 그때는 형편이 그러했다. 그것을 그들이 용인하고 감수했기 때문일 것이다. 과거는 그 시대를 살다간 그들의 것이다. 오늘의 가치관으로 고칠 수 있는 것이 아니다. 아직 사고의 균형이 잡히지 않은 젊은이들을 정치놀음에 끌어들이기 위해 역사를 운운하는 것은 비겁하고 떳떳치 못한 일이다. 먼저 현실을 이야기해야 할 것이다.

얼마 전 12·12 사태를 다룬 'PD수첩'이라는 프로에서, 육군사관학교에서 정신 교육을 담당하였던 어느 퇴직 교수는 "다시 그런 상황이 되었을 때, 어느 편에 서야 할지 지금도 판단이 서지 않는다"라고 말하여 나를 소름이 돋게 했다. 아, 저게 우리 군(軍)의 현 수준이로구나 하는 생각에 마음이 무척이나 무거웠다. 어떻게 저토록 기본적인 군인 정신조차 갖추지 못했단 말인가. 다시 명령이 떨어지면 같은 군인끼리 총을 겨누고, 시민을 향해 거침없이 방아쇠를 당기겠다는 건가? 6·25 동족 상잔과 양민학살의 전통을 이어받아서? 지난 일을 정리하지 못하고 어물어물 덮어두고 나온 결과가 바로 이런 것이 아니겠는가. 새삼 현실이 무섭구나 하는 생각이 들었다. 그분의 진심에서 나온 말이라기보다는 개탄스러운 결과를 한탄하는 자조에서 뱉은 말이었을 것으로 믿고 싶다. 반란군의 수괴와 가담자들이 훈장 달고 모두 보란 듯이 잘 먹고 잘 살고 있는데, 다시 기회가 온다면 누가 그 단물을 마다하겠는가. 역시나 **상무(尙武)만 가르치고, 숭덕(崇德)을 가르치지 못한 데서 온 필연적인 결과이자 업보**이다. 강요된 복종은 진정한 의미에 있어서의 의무가 결코 아니다. 그것은 아무런 가치가 없다. 노예일 뿐이다. 무슨 사고만 터지면 대한민국 국군이 새로 태어나야 한다고 떠드는데, 말 그대로라면 지금까지 골백번도 더 태어났어야 했다. 가라테가 태권도로 개명했듯이, 해방 후 일본군 출신들로 국군을 만들어서 일본군 정신을 가르치는가? 미국의 제도를 받아들여서 미국

> 6·25 전쟁중 수없이 자행된 양민 학살에서부터 5·18 광주 시민 학살에 이르기까지. 그외에 권력의 음지에서 저질러진 헤아릴 수조차 없는 많은 탄압. 그때마다 학살과 고문을 담당했던 이들은 한결같이 명령에 따랐다고 변명하거나 자위한다. 차마 인간으로서는 못할 짓을 저질렀던, 아직도 살아 있는 일본군 출신의 노인들처럼. 물론 그러한 조직에서 명령에 복종하는 것은 당연하다. 설령 그보다 더한 일도 시키면 해야 한다. 논리적으로나 법적으로나 그들에겐 죄가 없다. 죄가 있다면 오직 한 사람, 즉 명령을 내린 제일 상위 계급자에게만 성립된다. 그렇지만 그것도 "부여된 권한으로 스스로의 판단에 의해 내린 결정이자 명령이었다"고 변명해 버리면 범죄인지 과실인지 도통 구분이 안 된다. 바로 이 점 때문에 사람들의 목숨을 다루는 조직에서는 다른 어떤 곳보다도 덕성(德性) 교육을 중시해야 한다. 상위로 올라갈수록 그 권한에 비례하는 덕성을 갖출 것을 엄격하게 요구해야 하는 것이다.

의 군인 정신을 가르치는가? 설령 그랬다 하더라도 이제는 전통적인 우리의 군인 정신을 이어받아야 한다.

용기 있는 자는 그들에게 돌을 던져라. 그래야만 한다. 그리고 그 밑에 들어가 빌붙어 먹고 사는 쓸개 빠진 이들에게도 침을 뱉어라. 비록 그 아비는 나빴지만, 자식들이 그 덕에 잘 먹고 잘 사는 것이 밉기는 하지만 무슨 죄가 되는 것은 아니지 않느냐고 말하지 말자. 차라리 그 돈 싸들고 영원히 이 땅을 떠났으면 좋겠다. 우리네 아이들이 무엇을 배우겠는가? 그 후손들이 이 땅에서 하는 일마다 망해야 한다. 아니 망하도록 해야 한다. 사필귀정. 그것이 그들이 이 땅에 살아 있는 유일한 존재 가치여야 한다. "그것 봐라, 못된 짓해서 잘 먹고 잘 살더니 결국 다 망하는구나. 벌받은 거다"라는 욕을 먹도록 해야 한다. 거창하게 '정의 구현'을 들먹이는 것이 아니다. 처벌은 언제나 모범적이고 교화적이어야 한다. 그렇다고 법으로 그들을 단죄하자는 것이 아니다. 단지 부끄러움을 알게 해줘야 한다는 말이다. 잊어버릴 만하면 일제시대 매국노들의 후손들이 슬그머니 명예 회복을 운운하거나, 땅 찾기에 나섰다가 못난 조상 욕을 더 얻어먹이는 꼴을 보게 된다. 있는 재산 몽땅 털어서 나라에 바쳐 속죄를 해도 시원찮을 판에. 역시 그 종자에 그 피는 못 속이나 보다. 과거사 청산을 통해 나라를 바로 세우겠다는 거창한(?) 얘기는 나중에 하고, 현실 청산부터 해야 하는 이유가 바로 여기에 있다. 아니면 누구의 말처럼 다시 그러한 일이 일어난다면 기회를 놓치지 않고 동승할 것인가? 할 수만 있다면 동족의 피로써 부귀를 누릴 것인가? 불과 몇 년 안 가서 지금의 아이들이 우리 세대의 비굴함을 나무라지 않겠는가?

　과거사 청산. 그런데 곰곰이 생각해 보면 방법이 없는 것도 아니다. 윗물이 맑아야 아랫물이 맑은 법이다. 생각을 바꾸자. 과거사 청산을 역으로 해보자. 현실을 청산해서 과거로 거슬러 올라가자. 그것만이 오늘을 딛고 미래를 가꾸어 나가는 길이다.

　대한민국은 선진국들이 수백 년씩 걸려서 이룩한 민주주의 · 자본주의 · 법치주의 · 자유주의를 불과 1백 년 만에 빨리빨리 이룩하다 보니, 역사에 대한 시간적 개념도 그만큼 압축된 것은 아닌지 모르겠다. 유대 민족에게는 2천 년도 역사가 아닌 현실이다. 그래서 팔레스타인을 내쫓고, 그 땅을 자기네 땅이라 주장한다. 독일 민족에게 제2차 세계대전은 역사일는지 모르지만, 유대인 학살은 결코 역사도 과거사도 될 수 없었다. 그것은 지금도 현실이고, 앞으로도 그러할 것이다(아이러니컬한 이야기이지만 나치에 의한 참혹한 학살이 없었다면, 그래서 세계인의 동정을 받지 못했더라면 과연 이스라엘의 건국이 가능했을까? 아마도 아직도 예전처럼 전세계에 흩어져 살아가고 있었을 것이 틀림없다). 과거사를 언제쯤 역사의 강물에 흘려보낼 수 있을까? 그건 아무도 모른다. 역사가도 모른다. 어쩌면 영원히 역사에 편입되지 않고 현실로 남을지도 모른다. 그래서 그들은 끊임없이 단죄하고, 뉘우치고, 무릎 꿇어 사죄하고, 어떻게 해서든지 찾아가서 보상하는 것이다.

그런데 우리는 어떤가? 앞만 보고 달려와서 그런가? 내일 또 달려야 하니 오늘은 빨리 날려보내 버려야 할 짐인가? 이미 엎질러진 물인데 골치 아프니 얼른 과거사로 내다 버려야지? 어쨌든 한국인들은 역사니 과거사니 하는 말들을 너무도 좋아하는(?) 것 같다. 아무리 큰 사건도 공소시효가 지나면 모조리 과거사라는 하수구로 내다 버린다. 그래서 역사의 강이 오물투성이이다. 썩지도 않는 쓰레기들이 강을 꽉 막고 있다. 윗물을 정화한다고 난리면서 발밑으로는 쓰레기를 계속해서 내다 버리고 있다. 현실을 똑바로 직시할 용기도 없고, 정화하는 데 드는 노력과 비용 지불에도 인색하면서 오염된 과거사를 청산(문제가 있는 표현인데)하겠다고 난리다. 오늘도 공소시효가 끝나는 날엔 과거사 청산의 대상이 될 텐데.

법(法)에는 공소시효가 있다. 하지만 덕(德)에는 그 시효가 없다. 윤리(倫理)를 거스르거나 배덕(背德)한 죄는 영원히 그 시효가 소멸되지 않는다. 정치적 결단이나 특별법에 의한 결벽증적인 청산이 아니라 덕(德)을 세움으로써 단죄를 해야 한다. 역사는 흘러야 한다. 윗물을 탓하기 전에 앞물부터 더 이상 흐리게 하지 말자. 진정한 지혜와 용기가 필요한 때이다.

59 무인(武人)은 명(名)에 목숨을 건다

서양 사람들의 명함은 항상 이름이 먼저이고 그 아래에 조그맣게 맡은 직책이 표기되는 데 비해, 한국을 비롯한 동양에서는 이름 앞에 직책이나 직위 또는 직업을 먼저 내세운다. 그게 아니면 '무슨무슨 박사' 아무개라 기재하고, 심지어 여러 개를 앞세우기도 한다.

간혹 특별한 별칭이 붙은 왕이나 교황처럼 새로운 이름을 얻는 경우도 있지만, 대부분의 서양인들은 태어나서 부여받은 이름만으로 일생을 살다간다. 그에 비해 동양에서는 항렬에 따라 이름을 짓고 이어서 아호·자·별호·택호·당호의 여러 가지 개인적인 호칭이 주어지게 된다. 특히 어른의 성명을 함부로 부르는 것은 큰 실례가 되지 않을 수 없다. 어쩌면 이러한 연유에서 이름 앞에 직함을 먼저 내세우는 습관이 생겨난 듯하다.

세상에 나아가 뜻을 펴고, 출세하고자 하는 것은 모두 공명(功名)을 추구한다. 무인(武人) 문인(文人) 할 것 없이 누구나가 세상에 나아가 양명(揚名)코자 하였다. 강호의 수많은 무예인들이 그것을 위해 목숨을 걸었고, 중세 유럽에서는 기사(騎士)가 되는 것을 영광으로 여겼으며, 명예를 그 목숨보다 중시하였다. 그만큼 예로부터 무예인들은 명(名)을 소중히 생각했다. 그리고 그 이름에는 항상 그에 걸맞은 책임, 때로는 의무가 수반되기도 했다. 개인적인 것만이 아니고 문파(문중) 혹은 가문의 명예까지를 항상 생각하여야 했다. 서구 소설이나 영화에서 자주 "내 이름을 걸고" 혹은 "내 아버지(어머니)의 이름을 걸고"라는 장면이 나온다. 이쯤이면 대개 상대도 고개를 끄덕일 수밖에 없다.

그렇지 않으면 모든 일은 거기에서 끝이다. 한발 더 나아가 "가문의 이름으로"까지 나오면 목숨까지 걸겠다는 것이다. 또 "신의 이름으로"라고 한다면 전쟁도 불사하겠다는 것이다.

간혹 우리는 사람마다 그답지 못한 일을 하거나, 그에 걸맞은 대접을 받지 못했을 때 "명색이 ○○인데"라고 말한다. 그리고 심할 경우에는 "이름값도 못한다" "자리값도 못한다"고 나무라기도 한다.

옛말에 "집안을 어떻게 다스려 나가고, 그 자식에게 어떤 이름을 지어 주는가를 보면 그의 선비됨을 알 수 있다"[36)]고 하였다. 요즈음은 부모가 아이의 심부름을 해주는 한심한 꼴을 자주 보지만, 예전에는 심부름이란 전부 아이들의 몫이었다. 그때마다 아이들은 한결같은 부모의 주의 사항을 듣게 되는데, 심부름의 내용뿐만 아니라 행동거지, 즉 예절에 대한 말들이다. 어디를 가든 "부모님 욕먹을 짓하지 마라" "집안 망신시키지 마라" 등등. 귀에 못이 박히도록 듣던 말들이다. 그리고 예의가 바르면 "뉘 집 자식인지 그놈 참" "뉘 집 자식이라 역시"란 말을 듣는다. 버릇이 없어도 역시 같은 말의 어감이 다르게 사용된다. 그만큼 가문의 명예를 중요시했었다.

실제에서도 그렇지만 무협 소설에 나오는 수많은 인물들은 각기 별호를 지니고 있다. 대개 강호인들이 그 사람의 품성과 업적에 따라 붙여준 것들이다. 좋든 나쁘든 그 별호는 그를 따라다니게 되는데, 심지어 녹림의 무리라 해도 그 별호에 걸맞게 행동하게 되고, 경우에 따라서는 그 이름에 목숨을 걸기도 한다. 동서양을 막론하고 무법자·무뢰한·암흑가조차도 명예에 관한 그들만의 법을 가지고 있었으며, 승부 규칙의 명확함 등 보편적인 기본 도덕은 지켰었다.

지금은 각종 업적에 대해 수여하는 명예 작위가 되었지만, 그 중세의 기사(騎士)들이 갖추어야 할 소양으로 용맹함과 명예심, 그리고 예의바름을 꼽는다. 이 기사도(騎士道, chivalry)가 오늘날 유럽 신사도(紳士道, gentlemanship)의 모태가 된다. 근대 서양의 귀족들도 자신의 이름이나 가문의 명예에 손상을 입었을 때 그 자리에서 결투를 신청하는 장면을 영화나 소설 속에서 어렵지 않게 볼 수가 있다. 이처럼 소중한 명(名)은 대개 공(功)을 쌓아서 얻어진다. 그리고 그 공(功)은 용(勇)·인(仁)·예(禮)·신(信)·성(誠)·의(義)·절(節) 등의 반려를 받아서 이룬다. **덕(德)의 반려를 받지 못한 명(名)은 공명(空名)이나 허명(虛名)에 불과**하며, 때로는 악명(惡名)이 되고 만다. 이름〔名〕을 중히 여기는 것은 동서양이 다르지 않았다.

그런데 현대 자본주의 시대에 이르러 명(名)이 자본과 결탁하면서 이름은 곧 돈이 되는 공식이 만들어졌다. 이름난 기업 혹은 유명 상표가 옛 명문가를 대신하고, 옛 성현이나 역사적인 인물의 초상이 걸려 있어야 할 명예의 전당에 연예인이나 스포츠 선수들의 사진이 걸려 있다. 그리고 이 모든 이름들은 주식 시세와 똑같이 시시각각 돈으로 환산되고 있다. 위대한 옛 인물들의 이름들로 포장된 온갖 상품들이 진열대에서 창녀의 미소를 띤 채 손님을 기다리고 있다. 어디 그뿐인가, 개인들도 자신의 이름을 팔기 위해 언제든지 벌거벗을 준비를 하고 있다.

이렇듯 예나 지금이나 명(名)은 귀한 것이고, 또 그 앞에 붙어 빛내 줄 별호 하나 얻기가 그리 쉬운 일은 아니다. 그런데도 요즈음 사람들은 이 명(名)을 너무 가벼이 여기는 것 같다. 지금은 호(號)보다는 대개 그 직책이나 자격 등을 많이 사용한다. 장관·의원·회장·판사·의사·검사·변호사·교수·박사·교사 등, 대개 명품으로 불려지는 것들을 세인들은 선망한다. 하지만 이들 중에는 너무 쉽게 그것을 얻어서인지, 아니면 그것을 다른 목적(대개 돈)을 위한 도구 정도로 생각해서인지, 그 이름 때문에 망신당하는(실제로는 이름을 더럽힌) 꼴을 자주 본다. 명(名)을 이(利)와 바꾸는 어리석은 사람이 너무 많다는 말이다. 넘어진 공(功)은 다시 세울 수 있고, 축난 이(利)도 다시 채울 수 있다. 벗어던진 예(禮) 역시 다시 갖출 수 있고, 다하지 못한 충(忠)을 다시 바칠 수도 있다. 모자란 지(智)는 다시 얻을 수 있고, 떨어진 의(義)도 다시 내걸 수 있다. 하지만 한번 더럽혀진 명(名)은 결코 제 빛깔을 찾을 수가 없다. 2005년의 짜증나는 여름, X파일 사건이 터지면서 재벌로부터 떡값을 받았으리라는 의혹을 받은 정치인, 그리고 검사들과 여러 잘난 사람들의 이름이 흘러나온다. 아하, 그러니까 이 나라 제일의 재벌로부터 떡값(장학금)을 받지 못한 나머지 인사들은 한마디로 우리 사회에서 별볼일 없거나 이삼류 인생밖에 안 된다는 말이지.

비록 옛날 무인들처럼 목숨을 걸지는 않았지만 어쨌든 그 이름을 얻기 위해 평생을 바쳐왔는데, 그까짓 돈 몇 푼(서민들에겐 엄청난 액수이지만, 그만한 그들에게는 없어도 그만인), 혹은 정(情)이나 연(緣)과 맞바꾸다니. 그 명성과 그 자리가 그토록 하찮은 것이었나? 떡값에 이름을 파는 것은 바보짓이다. 그걸 은혜로 아는가? 명(名)은 결코 다른 무엇과 바꿀 수 있는 것이 아니다. 상대의 알량한 떡값에 자신의 모든 것(名)을 걸다니! 그런 어리석은 계산법(거래)이 어디 있나? 그렇지만 단 한번, 목숨을 바쳐서라도 신의(信義)를 지켜야 할 경우라면 기꺼이 이름을 바칠 수 있을 것이다. 떡값 없이도 말이다.

명(名)은 얻기도 힘들지만 지키기도 쉽지 않은 일이다. 진정 자기를 다스리는 지혜만이 명(名)을 온전히 보전해 줄 수 있다. 그것이 바로 '엄(嚴)'이다. 더욱이 딱한 일은, 근래에 와서 악명(惡名)과 오명(汚名)도 이름이랍시고 부끄러운 줄 모르고 버젓이 달고 다니는 몰염치한 인간들이 부쩍 늘어나서 같은 하늘 아래 함께 숨쉬며 살아간다는 것이다. 낯가죽이 방패보다도 더 두꺼운 모양이다. '치(恥)'라는 호르몬이 분비되지 않은 별난 종자들이다. 그들을 나무라야 한다. 그래서 고개를 못 들게 해야 한다. 왜 그런 역겨운 인간들을 매일같이 보고 살도록 내버려둔단 말인가? 우리 아이들에게 그 꼴을 보여줄 수 없지 않은가. 그들에게 손가락질을 해야 한다. 그들에게 염치(廉恥)의 돌을 던져야 한다. 그것은 시민의 의무이자 당연한 권리이다. 그들이 잘 먹고 잘 사는 만큼 더 많은 사람들의 고통과 한(恨)이 깊어지기 때문이다. **사회란 논밭과 같은 곳이다. 그냥 두면 잡초가 더 잘 자라는 법이다.** 농사가 잘되기를 바랄 수 없지 않은가.

여담이지만, 요즈음 인터넷을 통해 몸도 숨기고 이름도 숨겨서 남의 집 담장 너머로 돌멩이 던지는 사람들이 너무 많다. 그저 심심하니까 아무데고 남들이 던지면 저도 따라 던진다. 옳고 그르고를 떠나 익명(匿名)이란 원래 소인배들이나 하는 부끄러운 짓이다. 그곳에는 용(勇)도, 의(義)도, 예(禮)도 없다. 무인(武人)이 할 짓이 아니다. 옛말에 "개 한 마리가 형체를 보고 짖으면 모든 개가 이 소리를 듣고 따라 짖는데, 세상에서 이를 병으로 여긴 지가 참으로 오래되었다"[37]고 했다.

60 존경하는 법을 모른다?

세상 돌아가는 꼴 보기가 민망스러워 하늘로 고개를 돌리는 사람들이 "이 나라에는 어른이 없다" "스승이 없다"며 한탄하는 것을 자주 보았다. 사실 우리 모두 어쩌면 존경에 굶주려 있는 것은 아닐까? 누군가를 간절히 존경하고 따르고 싶은데 그럴 만한 '인물'이 없다?

예전에 서울대학교에서 신입생들을 대상으로 '존경하는 인물'을 물었더니 '아버지'가 가장 많았다고 한 기사를 읽은 적이 있다. 그후에도 다른 대학교에서 이런 조사가 몇 차례 더 있어 신문 기사화되었는데, 역시 '아버지'가 상당한 비중을 차지했다. 아무도 이 현상에 대하여 문제를 제기하지 않은 것으로 보아 모두가 그럴듯하게 여기는 모양이었다. 다들 자녀 교육 하나는 잘 시켰나 싶어 뿌듯한 것인가? 하지만 이런 결과는 우리 교육의 한 단면을 보는 것 같아서 영 편치가 않았던 기억이 난다.

출판계에서 책이 잘 팔리지 않는 분야가 위인전·평전·자서전이다. 특히 그 인물이 훌륭하면 훌륭할수록, 위대하면 위대할수록 책의 판매는 오히려 더 부진하다. 대신 유명 배우나 유명 인사, 그러니까 스타나 인기인의 (대필) 자서전은 불티나게 팔리는 경우가 많다. 때로는 가당치도 않은 정치가들까지 끼어들어 아예 물을 흐려 놓기도 한다. 이때에는 많이 팔려야 인기가 높다는 것이 증명되느니만큼 당사자나 출판사에서 판촉과 영업에 열을 올린다.

거창하게 철학적 용어를 들이대지 않는다 해도, 요즈음 사람들은 감성과 이성을 잘 구별하지 못하는 것 같다. 하기야 초등학교에 들어가서 고등학교를 졸업하는 12년 동안 제대로 철학 교육을 받아 본 적이 없으니 그럴만도 할 것이다. 설령 철학을 배웠다 해도 공부와 현실을 별개로 알고 있으니, 시험지상에서의 감성과 이성은 구별해도 제 마음 제 머릿속의 그것을 구별하기란 쉽지 않다. 간단히 말해서 '유명한'과 '훌륭한'을, '좋아하는'과 '존경하는'을 아무런 구분 없이 그때

그때 기분나는 대로 사용하고 있다는 것이다.

서양의 부모들은 대개 자라나는 아이들에게 나중에 무엇이 되라고 강요하거나 보채지 않는다. 조용히 지켜보다가 아이가 커가면서 무엇을 좋아하게 되면 그 일을 할 수 있도록 적극적으로 도와준다. 책이나 도구를 구해 주고, 관련 박물관에 데려가 주며, 누구를 좋아하면 그에 관한 온갖 것들을 모아주어 아이가 그 꿈을 잃지 않도록 지속적인 관심을 갖는다. 어떤 인물을 좋아하는 아이의 감정은 차츰 커가면서 자연스레 존경심으로 바뀌게 되고, 구체적으로 자신의 꿈을 실현해 나가게 된다. 반면에 우리의 부모들은 아무것도 모르는 아이들에게 대통령이 되어라, 의사가 되어라, 과학자·판검사·조종사 등등 온갖 명품들을 들이대어 강요한다. 그렇지만 그것도 오늘 다르고 내일이 달라, 고르는 아이도 가망없고 부담없는 헛소리로 받아들인다. 물론 그런 말하는 부모도 실없는 욕심에서 '그냥 해본 소리'에 지나지 않을 테지만.

요즈음도 별 일거리 없는 조사 기관들이 심심하면 존경하는 인물, 존경하는 경제인 등을 조사해서 매스컴을 통해 발표하는데, 역시나 어딘가 그 목적과 결과가 잘 어울리지 않고 어색하다. '존경하는'이란 용어를 잘못 선택한 것은 아닌지? 그 결과를 보건대 아무래도 '좋아하는' '부러워하는' '선망하는' 그래서 '질투하는' 뭐 이런 용어가 어울리지 않을까 싶다. 그나마 선정된 인물들의 면면을 볼라치면 대통령이나 국회의원 뽑는 것과 별다를 것이 없어 보인다. 하나같이 마음에 안 들지만 어쩔 수 없이 찍다 보니 개중에 덜 미운 인물이 뽑힌 듯하다.

누군가 유명하고, 인기가 있고, 부자이고, 좋은 직업에, 높은 벼슬을 차지하고 있으면 사람들이 부러워하고 호감을 가지는 것은 당연하다. 그렇지만 그것은 좋아하는 것이지 존경하는 것은 아니다. 유명하다고 해서, 인기 있다고 해서 반드시 훌륭한 사람이라고 할 수는 없다. 존경한다는 것은 훌륭한 사람을 진심으로 공경하고, 그를 마음속 스승으로 삼아 따르겠다는 것이다. 그런데 그 존경하는 사람이 정주영이었다가 이병철이, 장보고였다가 이순신이, 히딩크였다가 박주영이 된단 말인가? 그야말로 연예인 인기만큼이나 그때그때 유행 따라 바뀌고 있다. 존경의 무게를 도무지 느끼지 못하고 살아온 이상한 세대들이다. 하긴 아이가 글자를 깨우쳐 책을 읽을 정도가 되면 4,50권짜리 어린이 위인전을 전질로 안겨주는 것이 모범적인 부모 노릇인 양 착각하고 있는 나라이니 오죽하랴. 도대체 누구를 존경하랴? 알아서 골라잡아? 아니면 모두 다 존경해 버려?

'훌륭한' 사람이란 반드시 성공한 자만을 지칭하지는 않는다. 비록 세상에 그 이름이 알려지지는 않았을지라도 진정 훌륭한 사람은 많다. 큰 업적을 남기지 않았어도, 조용히 숨어 살았어도 훌륭하고 존경받는 사람이 있다. 반면에 크게 성공하고, 큰 업적을 이루어 유명한 사람임에도 훌륭하다는 소리를 못 듣는 경우도 많다. 심지어 욕까지 얻어먹는 경우도 있다.

'훌륭하다' 함은, 그 사람의 덕성(德性)을 일컫는 말이다(이 말은 흔히 성품 또는 인품이라고도 하지만, 아무래도 타고난 기질, 그리고 개인적이고 자기 위주의 성향을 나타내는 것 같아 덕성이라 하는 편이 더 정확할 듯하다). 누군가를 존경한다고 할 적엔 막연히 남들이 존경한다니까 따라서 존경한다거나, 그의 업적 때문만이어서는 곤란하다. 구체적으로 그 사람의 어떤 점, 즉 그가 가진 어떤 덕목(德目) 때문에 존경하는지를 생각해야 한다. 텔레비전 사극 중 많은 인기를 모았던 〈해

신〉과 〈이순신〉을 예로 들어 보자. 역사적 사실과는 동떨어진 면도 있지만, 둘 다 무협적인 드라마이니 좋은 비교가 될 수 있을 것이다. 〈해신〉에서 어떤 덕(德)을 찾을 수 있는가? 그저 색다른 무협물이어서 재미있었는가? 그리고 〈이순신〉은 왜 재미있는가? 중간에 일본의 독도 영유권 주장으로 갑자기 관심을 불러왔다고 여기는가? 아니면 왜군 전함을 시원스레 부수어 버려서 통쾌하기 때문인가? 실제 역사에서도 장보고란 인물에 관한 자세한 사료는 찾아보기 어려우며, 드라마는 거의 대부분 허구로 짜여졌다. 그나마 아쉬운 점은 무협물에서 가장 중요한 요소인 협(俠)의 정신, 즉 무덕(武德)을 주인공들이 제대로 살리지 못했다는 것이다. 겨우 장사꾼들의 '신(信)'만이 조금 엿보였을 뿐 나머지는 그저 질긴 사랑놀음일 뿐이었다. 그러니까 요즈음 한류(韓流) 열풍을 몰고 온 한국 드라마의 기본 코드인 일편단심, 즉 '성춘향과 이몽룡'에다가 동서양식 퓨전 무술을 가미한 것이다. 그래서 재미는 있지만 감동이 없는 삼류 드라마에 지나지 않는 것이다. 반면에 굳이 사극을 보지 않더라도 이순신은 무장으로서의 덕목을 모두 다 갖춘 인물이다. **병가오덕(兵家五德), 즉 지(智)·신(信)·인(仁)·엄(嚴)·용(勇)을 다 갖췄다는 말이다.** 그리고 세계사에서도 그 유례를 찾기 힘든 훌륭한 공(功)을 이루어 명(名)을 만세에 길이 남긴 인물이다. 드라마 수준과는 관계없이 당연히 훌륭하고, 마땅히 존경받아야 할 것이다. 영웅이란 칭호만으로는 부족해서 우리는 그를 '성웅(聖雄)'이라고 일컫는 것이다.

인기 가수, 인기 탤런트, 인기 축구선수 등, 누구를 좋아하기 전에 자신이 먼저 왜 그를 좋아하는지를 생각해 보라. 그가 훌륭한가, 아니면 그냥 좋은가? 부러운가, 아니면 존경스러운가? 히딩크 감독을 좋아했던가, 존경했던가? 지금도 그를 존경하는가? 그는 분명 남다른 훌

관악산 큰바위 얼굴

계유오덕(鷄有五德)이란 말이 있다. 중국 노(魯)나라의 전요(田饒)가 애공(哀公)이 간신들과 놀아나 국사를 그르치는 것을 보다 못해 벼슬을 사직하고, 대신 그 자리에 닭을 천거하였다. 애공이 그 이유를 묻자 "닭은 다섯 가지 덕을 지녔는데, 머리에 관을 썼으니 문(文)이요, 발에 갈퀴를 지녔으니 무(武)요, 적에 맞서 감투하니 용(勇)이요, 먹을 것을 보면 서로 부르니 인(仁)이요, 밤을 지켜 새벽을 어기지 않고 알리니 신(信)이 있음입니다"라고 말하여 닭보다 못한 간신배들을 나무라는 고사이다.

황우석 교수에게는 분명 훌륭하고 존경할 만한 점, 즉 남다른 덕목(德目)이 있었다. 우선 좋은 성적을 가지고 얼마든지 인기 있는 분야로 갈 수 있었는데도 힘든 길을 마다하지 않고 도전했으니 용(勇)을 갖추었고, 열심히 공부해서 지식을 쌓아 남다른 성과를 이루어 냈으니 지(智)를, 한눈팔지 않고 끊임없이 연구를 계속해 왔으니 성(誠)을, 그리고 마지막으로 그 연구하는 목적을 불치병으로 고통받는 환자들의 구제에 두었음과 더불어 함께 참여한 연구진들의 화합을 이끌어 냈으니 인(仁)을 갖추었다 할 것이다. 2005년 7월 15일 경기도 수원시 이의동에서 '경기바이오센터' 기공식이 열렸을 때, 주민들이 토지 수용에 대한 충분한 보상을 요구하며 행사를 저지하는 시위를 계획했다가 황우석 박사가 참석한다는 소식에 집회를 취소하고 말았다. 유명세 때문인가? 아니다. 그저 저 잘나서 유명하고, 높은 자리에 있어서 유명해졌다면 주민들은 오히려 기를 쓰고 시위를 하였을 것이다. 그게 바로 덕(德)의 힘이다.

드디어 우리 모두가 존경할 수 있는 훌륭한 과학자를 갖게 되어 국민 모두가 기뻐했다. 아하, 그런데 그 모든 것이 그만 백일몽이었다니! 다시 얼마나 더 기다려야 진정한 영웅을 맞을 수 있을까?

룽한 업적을 이루었다. 오직 그것 때문에 그를 존경하는가? 만약 16강 진출에 실패했더라면? 그래도 그를 좋아하고 존경했을 것인가? 물론 그렇다고 싫어하거나, 혹은 좋아하지도 않고 존경 또한 하지 않을 필요는 없으리라. 그저 이미 지나간 옛 인기 연예인들처럼 잊어버리면 그만일 테니까.

한국 축구가 기적처럼 월드컵 4강에 오르고, 전 국민이 열광의 도가니에 휩싸이자 히딩크 감독의 인기(?)를 업은 광고들이 쏟아져 나왔다. 잽싼 기업들과 처세 및 경영 전문가들은 그의 용병술을 기업 경영에 도입해야 한다며 법석을 떨었다. 그리고 곧이어 황우석 박사의 연구 업적을 어떻게 해서든 기업의 경영 기법으로 가공하여 돈을 벌고자 앞다투어 책들을 펴냈다. 그렇지만 그러한 용병술이나 연구 업적을 아무리 기업 경영에 적용해 보겠다고 한들 어디까지나 그것은 한낱 비유에 불과한 흥밋거리에 지나지 않는다. 그런 식의 연구(?)는 과거에도 그러했고 앞으로도 그렇듯이 그저 수많은 사건들의 단순 대비에 불과하다. 그렇게까지 억지 춘향이 격으로 예를 들이대지 않아도 성공 케이스나 전략은 하늘의 별처럼 많다. 그걸 몰라 성공치 못한 기업 없고, 그런 책 한 권 읽지 못해 돈 못 번 사람 없다. 그보다 먼저는 덕(德)을 논할 일이다. 열 가지 덕 가운데 한 가지라도 제대로 지녔으면 쓸모 있는 사람이 될 것이고, 둘을 지녔다면 유능하다 할 것이다. 셋을 지니면 성공 못할 사람 없고, 넷을 지녔으면 훌륭하다 할 것이다. 그리고 다섯을 지녔으면 위인의 반열에 오를 것이다. 자, 이제 우리는 어떠한 덕(德)을 지녔는가? 스스로를 한번 점검하여 보자.

일선에서 학생들을 지도하는 교육자들은 스스로 이러한 덕목을 갖추는 것도 중요하지만, 바로 이러한 점을 아이들에게 구체적으로 알려주어야 한다. 자신이 존경하는 사람을 따르기 위해서는 스스로도 어떤 덕목을 갖추어야 할지를 깨닫고 실천할 수 있도록 도와주어야 한다는 말이다. 훌륭한 사람이니까, 성공한 사람이니까, 혹은 네 스승이니까 무조건 존경하라고 강요할 수는 없지 않은가. 자신을 낳아준 부모를 중히 여기는 것은 천륜(天倫)이다. 인(仁)이 아니다. 누구에게나 공평무사한 정(情)이 아니다. 효(孝)는 타인들과의 관계에서 생겨나는 사회적인 덕목이 아니다. 존경할 만한 덕(德)이 있든 없든 당연히 공경해야 할 인륜지사(人倫之事)이다. **충효(忠孝)는 덕(德)이 아니라 강(綱)이다.**

지금은 찾아볼 수 없지만, 예전에는 미국의 〈큰바위 얼굴〉에 얽힌 전설적인 이야기가 초등학교 국어 교과서에 실려 있었다. 어느 시골 마을, 한 아이가 언젠가는 저 큰바위 얼굴을 닮은 훌륭한 인물이 이 마을에서 탄생하리라는 전설을 믿고서 착하게 살아가다 훗날 자신이 그와 같은 사람이 되었노라는 이야기이다. 아마도 해방 후 미군정하에서 미국의 덕(德)을 가르치려고 의도적으로 실었던 것 같다. 사람은 제아무리 잘났다 해도 혼자서는 못 크는 법이다. 혼자 크는 나무는 잔가

> 사람을 대할 때에도 학력·집안·배경·지연·외모만으로 판단하지 말고, 그가 어떠한 덕(德)을 갖추었는지를 먼저 살펴야 할 것이다. 요즘 말로 인간성이 어떤가를 말이다. 그리하여 그 덕에 맞춰 일을 맡기면 잘 해낼 터이다. 그리고 어떤 조직의 리더가 되려면 그 직책에 필요한 두세 가지의 덕은 말할 것도 없고, 반드시 '인덕(仁德)'을 갖추어야 한다. 특히 최고 지도자적 위치에 있는 자는 다른 어떤 덕보다도 이 인(仁)을 중요시해야 한다. 우리나라 역대 대통령들을 이 덕(德)의 자(尺)로 재어 보면, 무엇이 넘치고 무엇이 모자라서 나라와 국민이 영욕을 겪어야 했었는지 잘 알 수 있을 것이다.

지만 무성할 뿐이다. 쑥대도 대밭에서는 곧게 자란다. 누군가 훌륭한 사람을 존경한다는 것은 대단한 행운이고 든든한 일이다. 또한 훌륭한 사람에게는 반드시 그를 키운 훌륭한 스승이 있게 마련이다. 그렇다고 살면서 훌륭한 스승을 만나는 행운을 얻지 못했다 해서 실망할 필요는 없다. 책을 통해서라도 그 마음에 스승을 모시면 된다. 때로는 굳이 사람이 아니어도 된다. 큰 덕성(德性)을 지닌 자연물들을 지표로 남아도 좋을 것이다. 큰 바위, 큰 산, 큰 강, 큰 나무……. 가만히 마주하고 바라보라. 전해 오는 뭔가를 느낄 수 있을 것이다. 그것은 그 어떤 인간에게서도 찾기 힘든 큰 덕(德)이다. 그것을 가슴에 담아두라. 그 덕(德)이 그대를 키울 것이다.

여담이지만 글쓴이가 20여 년 전 7년간의 외항선 기관사 생활을 그만두고 출판사를 시작하면서 만든 책 중에 민속학자 심우성(沈雨晟) 선생의 《민속 문화와 민중 의식》이라는 책이 있다. 본문 중에 "재주가 승하면 혼이 없다"라는 글귀가 눈에 띄었는데, 꼭 나에게 해주는 말 같아 정신이 번쩍 들고, 얼굴이 붉어졌던 일이 있다. 물론 아직도 그 말을 잊지 않고 있으며, 그분을 지금까지 스승으로 모시고 따르고 있다.

61 무예란 '항심(恒心)'으로 이루는 것이다

《시경(詩經)》에 이르기를 "처음이 없는 것은 없지만, 끝이 있는 것은 매우 드물다"[38]고 하였다.

해범 선생을 모시고 무예를 익힌 지 벌써 35년이 지났다. 그렇다고 해서 그동안 지속적으로 수련을 해온 것은 아니다. 직업상 몇 년씩 바깥으로 나돌아다니기도 하고, 또 생활에 쫓기다 보니 거의 30여 년 동안을 제대로 몸 한번 움직여 보지 못했다. 그렇지만 마음속으로는 십팔기를 한시도 잊은 적이 없다. 생활 속에서 틈틈이 움직이면서 감각을 익혀 잊지 않으려 애썼던 것이다. 그러나 아직은 조그만 공(功)도 이루지를 못하였다.

해범 선생께서는 늘 "무슨 일을 하든 항심(恒心)을 잃지 마라"고 말하였다. 만약 그 말대로 그동안 쉬지 않고 수련을 열심히 해왔더라면, 아마 지금쯤 칼끝에서 두세 송이 꽃을 피워냈을 텐데 하는 후회가 없지 않다. 그러면서도 "일반 체육처럼 수련을 하지 않는다 해서 실력이 줄어들거나, 나이가 들수록 쇠퇴하는 것은 제대로 된 무예가 아니다. 그건 저잣거리에서 근본 없이 배운 것들이다"라는 가르침을 늦게나마 몸으로 깨닫게 되어 무척 다행스러이 여기고 있다.

대개 일반인들은 무예란 원래 매우 힘들고 과격하게 수련해야 하는 것으로 여기고 있다. 주먹으로 벽돌을 깨고, 험한 산골짜기에서 폭포수를 맞으며 고된 훈련을 거쳐야 하는 것으로 말이다. 어디 일반인들뿐이겠는가. 무예를 익혀서 가르친다는 많은 사람들도 실제로 그렇게 알고 있고, 또 그렇게들 수련하고 있다. 체육계와 군사 훈련에서도 그렇게 해야 하는 것으로 여기고 있다. 그렇지만 이런 것들은 그다지 좋은 방법이 되지 못한다. 물론 어느 정도 성과는 얻어 단기간에 상당한 효과를 거둘 수는 있다. 하지만 근육의 한계를 넘어서지 못한다. 그러다가 나이와 더불어 시들해질 수밖에 없다. 게다가 그동안 몸을 혹사시켰기 때문에 늙어갈수록 골병이 깊어져 고통에 시달리게 된다. 모두가 성급하게 욕심으로 수련한 데서 오는 병폐이다. 또 무예가 뭔지도 모르고 남 따라, 혹은 영화나 만화 주인공을 흉내내다 보면 기필코 그렇게 되고 만다.

해범 선생께서는 또 "예로부터 무예를 수양의 방편으로 익히는 명문가에서는 무엇을 익히든 절대적으로 몸을 보호해 가며 수련했다. 살갗 한 군데 벗어지는 것도 용납하지 않았다"고 하였다. 그렇기에 "각 문중마다 수백 년 동안 나름대로 축적된 수많은 경험과 이론을 가지고 있는 것이다. 담장 밖의 사람들은 죽었다 깨어나도 그 방법을 알 수가 없다." 그렇다 해서 그것들이 대단하고 신비한 어떤 것인 줄로 짐작할 터이지만, 실상인즉 우리가 지극히 평범하고 사소히 여기는 것도 많다. 평소의 가르침 속에 다 들어 있는 것들인데, 아무도 그 중요성을 모르기 때문이다. 심지어 "이건 매우 중요한 것이니 명심해야 한다"라고 말해 주어도 못 알아듣는다. 왜냐하면 이러한 것들은 오랫동안 꾸준히 수련해 몸으로 체득되어야 비로소 이해되는 것이기 때문이다. 그래서 당부하기를 "지금 한 말을 항상 염두에 두고 그 동작을 익혀 나가다 보면 언젠가는 네 몸이 그것을 깨닫게 될 것이다"라고 하였다. 그러나 이러한 것들 모두를 글로서 다 전할 수는 없다. 그러자면 동작 하나마다에 책 한 권이 나와야 할 테니까. 또 그랬다가는 쓸데없이 복잡하고 어지럽게 보여 아무도 배우려 들지 않을 것이다.

이런고로 좋은 문중의 훌륭한 스승에게서 직접 배우는 것과 저잣거리에서 배우는 것이 하늘과 땅만큼 다를 수밖에 없다. 그렇지만 항심(恒心)이 없으면 결코 이렇듯 귀한 것들을 얻을 수가 없다. 그래서 옛 어른들은 뭔가를 가르쳐 주기 전에 먼저 항심을 살폈던 것이다. 오랜 세월을 두고 꾸준히 수련하지 않으면 그 이치를 체득할 수 없을 뿐더러 중간에서 그친다면 모두가 헛것이 되어 버리기 때문이다. 무언(武

諺)에 이르기를 "도를 배우기는 쉬워도, 도를 닦기는 지극히 어렵다〔學道容易, 修道艱難〕"고 하였다.

그런데 이 '항심'을 기르기 위해 앞서 언급하였듯이 한겨울 계곡의 얼음물에 몸을 담근다든지 하는 극기 훈련이나 지옥 훈련을 하는 것은 지극히 어리석은 일이다. 간혹 유명 스포츠 선수들 가운데 한겨울에 강원도 산골짜기에서 얼음을 깨고 알몸을 담가 극기심을 자랑하는 모습을 매스컴을 통해 보게 되는데, 참으로 혀를 찰 노릇이다. 용기와 각오를 다지는 것은 가상하지만, 다음 시즌부터 내리막을 타지 않는 선수를 일찍이 본 적이 없다. 무지가 만든 편견이다. 막된 '용(勇)'은 기를 수 있을지 모르나, '항심'과는 거리가 멀다. '항심'을 수동적이고 피동적인 인내심, 극기심, 오기와 혼동해서는 안 된다. 무예란 항심으로 하는 것이지 극기심으로 하는 것이 아니다. 만용은 모두 막싸움할 때나 소용되는 것들이다. 한결같은 마음으로 쉬지 않고 꾸준히 땀을 흘려야 공(功)을 이룰 수 있다. '항심'은 '성(誠)'과 '중용(中庸)'에 닿아 있다.

또한 무예는 본질적으로 경쟁하게 되어 있다. 이러한 속성은 국가든 기업이든 개인이든 예외일 수 없다. 수련을 게을리 하지 않아야 할 뿐더러 끊임없이 연구하여 보다 나은 기예를 습득해야 한다. 이웃 나라가 새로운 무기를 가지게 되면, 우리도 그와 같거나 보다 나은 무기를 확보하지 않으면 안 되는 것처럼. 어떤 기예를 열심히 익혀 스스로 만족한다고 해서 더 이상 수련하지 않는 것은 무인이기를 포기하는 것이다. 더 이상의 전쟁은 없겠지, 혹은 나보다 뛰어난 자가 없으니 하여 훈련을 중단하는 것도 있을 수 없는 일이다. 에베레스트 산을 정복하거나 올림픽에서 금메달을 따는 것처럼 정해진 목표를 달성했다고 해서 끝나는 것이 아니다. 같은 초식(招式)이라도 끊임없이 닦아서 그 수준을 높여 나가야 한다. 언제 어떤 고수로부터 도전을 받을지 모른다. 죽을 때까지 한순간도 긴장을 늦출 수 없다. 비가 오건 눈이 오건, 춥건 덥건 피할 수 없는 것이 전쟁이다. 쳐들어오는 적더러 준비가 안 되었으니, 연습이 부족하니 내년에 싸우자고 할 수 없는 것 아닌가. 그래서 무(武)는 항심으로 이루는 것이라고 한 것이다. 무예가 수양의 방편일 경우에는 더더욱 그러하다.

옛말에 **"배우는 사람은 소털만큼 많지만, 성취하는 사람은 기린의 뿔만큼 적다"**[39]고 하였다.

62 지(知)와 지(智)는 다르다

유가(儒家)·무가(武家)·병가(兵家)·도가(道家)·불가(佛家)를 막론하고 '지(智)'를 주요 덕목으로 꼽지 않는 데가 없다. 어디 그뿐이랴. '지(智)·덕(德)·체(體)'를 교육 활동의 목표로 내걸고 있는 학교는 말할 것도 없고, 정계·재계·예술계·스포츠계 등등, 굳이 철학을 들먹이지 않아도 모두가 지(智)를 최고의 가치로 받들고 있다. 또 계속해서 보다 나은, 보다 새로운 지식 혹은 아이디어를 추구하기에 여념이 없다. 사실 인간이 추구하는 모든 것이 지(智)의 활용이 아니던가.

너무도 타당한 이 지(智)를 굳이 손가락 꼽아가며 덕(德)으로 내세우지 않아도 될 터인데, 아마 열심히 공부하라는 뜻으로 끼워넣은 모양이라고 생각하면 큰 오산이다. 우리는 흔히 '지(知)'와 '지(智)'를 명확히 구분하지 않고 혼용하고 있다. 또한 대부분이 열심히 공부해서 대학까지 나왔으니, 그까짓 '지(智)'에 대해 별로 아쉬울 것도 없다고 생각한다. 사회에 나가서도 계속해서 새로운 학문, 새로운 기술을 습득해야 한다며 꾸준히 공부할 것을 요구받지만, 사실 배움의 끝이 어디 있으랴. 그저 '지(智)'나 '지(知)' 모두 '공부'라는 생각뿐이다.

고대 그리스인들은 철학을 "지혜에 대한 사랑과 추구"라고 하였다. 칸트는 철학을 "지혜에 대한 교리이고 실천"이라 말하였다. 철학은 일개 학문도 인식도, 게다가 지식도 아니라고 했다. 바로 지식에 대한 자유로운 성찰이라고 했다. 그렇다면 지혜란 무엇인가? 그리고 지식이란 무엇인가? 지혜란 인식하고 도달해야만 되는 삶에 대한 진리이다. 삶에 대한 사랑이다. 또한 삶에 대한 책임이다. 역시 그리스인들은 이론적이거나 관조하는(sophia) 지혜와 실용적인(phronesis) 지혜를 서로 견주기도 하였다. 그렇지만 그 중의 하나는 다른 하나 없이는 불가능할 것은 자명한 사실. 따라서 진정한 지혜는 이 둘의 병합일 것이다. 지혜는 사고·지능·지식 등, 요컨대 실제로 어떤 지식으로 간주되는 것일 테지만, 그것은 단지 이론만이 아닌 실천과 관계가 있다. 따라서 증거가 아니라 시험이다. 실험이 아니라 실습이다. 학문이 아니라 삶이다. 데카르트는 "잘 행하기 위해 잘 판단하는 것"이라고 했다. 공자(孔子)도 "배우고 때때로 익히니 기쁘지 아니한가[學以時習之 不亦悅乎]"라고 하였다. 더 나아가 "배우고 익힌 것을 행하면 더욱 즐겁다"라고 해야 할 것이다.

이처럼 안다는 것으로서의 지(知)와 슬기로서의 지(智)는 분명한 차이가 존재한다. 알고 있는 것을, 배운 것을, 인식하고 있는 것을 운용(運用)할 때 비로소 지(智)가 되는 것이다. 머릿속에 온갖 지식과 학문을 잔뜩 넣어다니는 것으로 스스로 지식인인 양하는 것은 어리석은 일이다. 그것은 그저 자신의 눈과 입을 즐겁게 하기 위한 고물 수집 취미에 다름 아니다. 도서관의 수십만 권 책이나 인터넷상의 온갖 자료들도 단순한 지식 혹은 정보일 뿐이다. **행(行)으로 드러나야 비로소 덕(德)으로서의 지(智)**가 될 수 있다. 따라서 지식인(知識人)과 지식인(智識人)은 구별되어야 한다. 황우석 교수의 줄기세포 조작 사건은 지(知)와 지(智)의 좋은 예이다. 조선시대나 작금의 우리 사회를 보아서 알 수 있듯이, 전자만 많아지면 세상이 얼마나 피곤해지는지를 잘 알수 있다. 많이 아는 것만이 능사가 아니다. 지(知)를 덕(德)으로 바꾸는 것이 진정한 지혜이다. 바로 이 때문에 행동하는 철학으로서 무덕(武德)이 필요한 것이다.

지혜롭지 못하면 그 몸이 고달프듯이 지(智)가 부족하면 충(忠)을 제대로 할 수가 없다. 오히려 해가 될 뿐이다. 또한 용(勇)과 의(義)는 희생만 부를 뿐, 결코 공(功)을 이룰 수가 없다. 반면에 **지(智)가 덕(德)의 보필을 받지 못하면 총칼보다 더 무서울 때도 있다.**

지(智)는 훌륭한 스승을 만나 배우고 익혀야 얻을 수 있다. '훌륭한'이라고 했다. 유명하다고 다 훌륭한 것은 아니다. "나, 여기 있소" 하는 사람치고 훌륭한 사람 없다. 수많은 제자들을 끌어모으려 드는 사람치고 제대로 된 스승 없다. 그건 장사다. 지(知)는 팔아먹을 수 있지만, 지(智)는 그렇게 전해 줄 수가 없다. 석가·예수·공자가 언제 수백 수천 명씩의 제자들을 거느렸던가? 기껏해야 열 손가락 내외다. 그러면 오늘날처럼 큰 대학이나 학원을 차려 수천 혹은 수만 명이 배워 나갔으니 그들은 제자가 아니란 말이느냐고 응수할 수도 있겠다. 물론 그들도 제자가 맞다. 그렇지만 잠시 거쳐 간, 지(知)를 배워 간 제자일 뿐이다. 그 정도만으로 스승의 모든 것을 배워 체득했다고는 할 수가 없다. 하물며 구전심수(口傳心授)하지 않으면 결코 제대로 가르칠 수 없는 무예에서는 더 말할 나위가 없다. 그렇다고 꼭 열 명만 제자로 받겠다거나 하는 것은 아니다. 수만 명이 거쳐 가지만, 그 중 잘해야 한두 명 건진다는 말이다. 그만한 자질을 갖춘 사람이 드물고, 또 그것을 갖추었다 해도 항심(恒心)으로 꾸준히 해낼 수 있는 인물은 더더욱 찾아보기 어렵기 때문이다. 스승으로서도 자신의 법(法)을 전해줄 수 있는 재목감을 제자로 둘 수 있다면 그만한 행운이 없을 것이다. 어쨌거나 훌륭한 스승을 만난다면 이미 절반은 성공한 것이다.

그나마 글로 전하여지는 학문은 수많은 책을 통해 수천 년 전의 훌륭한 학자들을 스승으로 삼고 배울 수가 있다. 그렇지만 무예(武藝)는 그럴 수가 없다. 수천 년에 걸쳐 천하에는 수없이 많은 무예가 생겨나고 사라지고 했지만, 그것을 책으로 남긴 예는 극히 드물다. 그것은 문중의 비기(秘技)이자 국가의 기밀(機密)이기 때문이다. 조선시대만 하더라도 개인이 사사로이 지도 한 장 품고 다녀도 의심쩍게 여겨 목숨을 부지하기 어려웠다. 하물며 무예의 실기를 기록으로 남기는 것은 상상조차 하기 힘들다. 물론 오늘날에는 책방에 넘쳐나는 것이 무예서이지만, 무예의 본고장인 중국에서도 모원의(矛元義)가 《무비지(武備志)》를 편찬하면서 모은 몇 가지 무예 기록이 남아 있을 뿐이다. 그외에 여러 무예의 기록이 있지만 대부분 현학적이고 실기와는 거리가 먼 철학적인 용어들로 모호하기 짝이 없게 기술된 것들이거나, 기본이 되지 못하는 것들뿐이다. 명문가에서도 무예 실기는 대개 구전심수(口傳心授)로 전해져 왔다. 간혹 글로 남기기도 하지만, 그것마저도 불과 몇십 자의 가결(歌訣)로 되어 있어 설령 외부인들이 그것을 보더라도 해득할 길이 없다. 무학(武學)이 깊은 이라도 그것을 보고서 나름대로 대충 짐작할 수는 있지만, 완전히 그 실기를 체득하기란 쉽지 않다. '십팔기'를 정리해 놓은 《무예도보통지》만 하더라도 동양 3국에서 가장 잘 짜여져 있으며, 동작 하나하나를 그림과 설명으로 (언문과 함께) 더없이 잘 나타내고 있음에도 불구하고, 해범 선생이 그 실기를 공개하기 전까지는 어느 누구도 흉내조차 내보지 못했던 것이다.

　무예 수련 역시 먼저 명문가의 훌륭한 스승을 찾아야 한다. 이 또한 지혜가 필요한 일이다. 세상 살기가 힘들어질수록 풍기문란해지고 혹세무민하는 황당한 종교 혹은 미신, 그리고 온갖 참언(讖言)이나 방술(方術) 등이 기승을 부리게 마련이다. 스스로 바른 생각을 가지고 자신을 지키고 다스리지 못하면 비싼 대가를 치르거나 헛된 삶을 살기 쉽다. 맹신은 편견을 불러오므로 절대 금물이다. 배우는 일이나 가르치는 일 모두 냉철한 지혜를 필요로 한다. 식당 메뉴판처럼 걸려 있는, 돈 주면 누구나가 배울 수 있는 몇 가지 재주를 배워 익혀 몇 단(段) 취득했다고 해서 마치 무예의 고수가 된 것처럼, 곧 신선이 될 수 있을 것처럼 우쭐해서도 안 된다. '제대로' 배운 것을 끊임없이 연습하고, 공부를 계속해야 한다. 불가(佛家)에서도 "공부를 하는 데는 의심[疑情]을 일으키는 것이 중요하다. 의심하지 않으면 깨달음도 없다"[40]라고 하였다. 또 착실하게 말을 잘 들으면 지혜가 없는 것이요, 순종하지 않으면 도리어 지혜로운 것이라는 말이 있다. 처음 배운 수련법대로 평생을 똑같이 하는 것은 무지한 일이다. "똑같은 초식도 처음과 지금이 무한히 달라야 한다. 사방에 물어 훌륭한 무인들을 찾아, 보고 묻고 배워 나가면서 자신의 무예를 완성해야 한다. 그렇다고 이것저것 천하에 널려 있는 온갖 기예들을 주워모아 담고 다니라는 말이 아니다. 그건 지극히 미련한 짓이다. 전투하러 나가는 병사가 무기란 무기를 모조리 다 짊어지고 나가는 꼴이다. 1백 가지 기예를 욕심하지 말고, 한 가지 기예에 정심할 것"을 해범 선생께서는 누누이 당부하였거니와, 덧붙여 "무예에서(수양에서도) 완성이란 없다. 무한히 발전시켜

나가는 것"이라고 하였다. 기예와 이론은 물론이고 인접 학문까지 두루 배워 끊임없이 자신과 기예를 다듬어 나가야 한다. 그것이 무예의 길이고, 그 길은 끝이 없다.

무언(武諺)에 이르기를 "스승은 문으로 들어오도록 이끌어 주지만, 수행은 본인에게 달려 있다〔師父領進門, 修行在個人〕"고 하였다.

63 기사도(騎士道)와 《돈키호테》

기사(騎士)란 중세 유럽의 상층 사회에서 활동하던 기마무사(騎馬武士)를 가리킨다. 따라서 기사 정신은 서구 상류 사회의 문화 정신이다. 귀족 가문 출신의 자제가 기사가 되기 위해서는 7,8세가 될 무렵, 출신에 따라 등급이 높은 영주의 집에 들어가 영주나 그 부인의 시중을 들어야 한다. 그러다가 12세쯤 되면 견습기사가 되어 주인을 따라 전장에 나가 방패잡이나 종자 역할을 하면서 전문적인 무예와 기사 훈련을 받는다. 21세가 되면 그 능력을 인정받아 기사 작위를 받는다. 작위 수여식은 여러 형태가 있는데, 대축제일 또는 왕실에서 행해질 때에는 굉장한 의식을 치르지만 전쟁터에서는 간단히 행하였다. 이때 수여식을 받는 기사는 스스로 원하는 의식의 방식을 선택할 수도 있었지만 대개는 칼을 평평하게 뉘어 어깨에 가볍게 대는 방식을 사용했다.

이같은 기사 제도에서 생겨난 기사 문화는 확실히 폐쇄적인 상층 사회의 귀족 문화였다. 그것의 문화 정신 역시 귀족 문화 정신이 될 수밖에 없었다. 기사 제도 가운데 기사와 평민은 왕래할 수 없다는 규정이 이를 잘 말해 주고 있다. 그것은 신분을 중히 여기고, 자기 수양에 힘쓰며, 맹세를 지키고, 법규를 존중하는 사회 등급의 문화 정신이었다. 기사 신분을 갖게 되는 것은 무사가 상류 사회에 진입하게 되는 표시였으며, 이는 일반적으로 세습되었다.

11-13세기에 가장 왕성했는데, 기사 제도가 발전하면서 그리스도교도로서 이상적인 기사상(騎士像)이 널리 퍼졌다. 교회를 존중하고, 영주와 군대의 상관에게 충성하며, 자기 명예를 지키는 이가 기사의 이상형이었다. 이런 이상에 가까운 기사들이 나타난 것은 11세기말부터 유럽 그리스도교 세계의 기사들이 교회를 보호한다는 공동 대의 아래 모였던 십자군 전쟁 때였다. 특히 예수의 무덤에서 작위 수여식을 치른 기사를 성묘기사(Knights of the Holy Sepulchre)라 불렀다. 십자군 전쟁 때 최초의 기사단들, 즉 예루살렘의 구호기사단과 성전(聖殿)기사단이 생겼다. 이후 여러 가지 목적과 형태를 띤 기사단들이 생겨났다. 그들은 교회를 존경하고 영주에 충성하며, 용맹함과 명예심 그리고 예의바름을 기사가 반드시 갖추어야 할 덕목으로 삼았다. 그러다가 십자군 운동이 시들해지고 백년 전쟁을 치르면서 돈을 받고 싸우는 용병(傭兵)들이 늘어나면서 기사들은 차츰 줄어들었다. 14-15세기에 걸쳐 대포의 발달과 중앙집권제가 강화되면서 전통적인 기사 제도가 완전히 무너졌다. 16세기에 들어서면서 군사적 의미를 완전히 상실한 기사 작위는 국왕이 마음내킬 때 수여하는 명예 지위로 전락하였다. 군주의 측근인 고위 귀족들 사이에서 이같은 명예 작위를 갖는 것이 유행하였다. 중세말부터는 종교와 관계없는 세속적인 기사 작위들도 많이 생겨나 귀족이나 정부 관리, 각종 직업과 예술 분야에서 훌륭한 업적을 이룬 사람들에게 명예로 수여하게 되었다.

가브리엘 알렉상드르 드캉의 돈 키호테와 산초(19세기)

　서양 기사의 인격 정신, 즉 기사 정신은 의무를 가장 우위에 두는 가치 관념이었다. 기사의 모든 것은 제도를 통해 보장되고 규범화하였다. 그것은 법률과 유사한 형식으로 기사와 각급 봉건 통치자와의 관계를 사회화시켰으며, 종교적 신성함을 부여하였다. 기사와 영주의 관계는 '채읍선서(采邑宣誓)'나 '재산 목록' 등의 서류를 통해 확정되고, 또 합법화되었다. 이들 문서는 기사와 영주의 관계에 변화가 생기면 반드시 다시 교환하였다. 그리고 기사에게는 영주를 위해 봉사해야 하는 의무 규정이 있었다. 기사들의 문제는 대개 기사 법정을 설치해 즉결 심판하였다. 기사는 또 교회에서 보호하는 선교사·참배자·과부와 고아를 보호한다는 선서를 하여야 했다. 이리하여 기사는 심리적으로 주종 관계를 초월하는 사회적 의무감을 갖게 된 것이다. 그것은 인격 평등의 관념을 구현했을 뿐만 아니라, 사회 정의가 상징하는 종교 정신의 행동 준칙이었다. 비록 자신의 주인을 위해 봉사하였지만, 정의를 지키고 남을 위해 봉사하는 것을 기사의 좌우명으로 삼았다. 이같은 추상적이며 초월적인 정의·진리에 대한 충성과 의무감은 후대 유럽 정신의 이성주의와 인도주의의 기원이 되었다. 바로 이런 점에서 기사 정신은 무조건적이고 절대적인 동양의 충(忠)과 확연히 구별된다.

세르반테스

1605년 스페인의 세르반테스는 이런 중세의 기사 이야기에 관한 희극적인 장편 풍자 소설을 발표하였는데, 그것이 바로 역사상 서구 문학에서 가장 중요한 고전으로 손꼽히는《돈키호테》이다. 늙은 주인공 돈키호테가 기사(騎士) 이야기책을 탐독하다 환상에 빠져, 늙어빠진 말 로시난테를 타고 종자 산초 판사와 함께 기사 수업(騎士修業)을 떠나 겪게 되는 온갖 익살스러운 사건과 모험을 사실적으로 그렸다. 그의 이름은 현실을 무시한 공상적인 이상가를 지칭할 때 사용되기도 한다.

그렇지만 이 작품은 그동안 한국에 번역되어 읽히지 못했다가《돈키호테》출간 4백 년 만에 완역 출간하게 된다. 그동안 작품의 일부분이 초등학교 교과서에 실려 살짝 맛보기를 했을 뿐이다. 그렇지만《돈키호테》가 왜 명작인지는 어느 누구도 알아듣게 설명해 주지 않았다. 그냥 재미가 있어서? '배트맨' 흉내내다가 옥상에서 떨어진 아이처럼 함부로 위험한 짓 하지 말라는 계몽용 작품인가? 우스꽝스런 희극 소설의 예로 실었는가? 왜 초등학교 교과서에만 실었을까? 이제 완역되었으니 대학 논술시험 대비 필독서로 권장할 만하지 않을까? 단지 문학적으로 중요한 작품이라서? 그렇다면 그토록 중요한 작품을 왜 그

동안 번역하지 않았는가? 아무래도 이 땅에서는 어린이용 코믹 소설 이상으로는 대접받기 힘들었던 것 같다.

시대와 계층을 불문하고 모든 사람들로부터 사랑받는 작품, 즉 명작에는 반드시 추구하는 어떤 보편적인 덕(德)이 있다. 특히 서민들이 좋아하는 작품일수록 이런 경향이 더욱 짙다. 상류층 혹은 전문가들이 선호하는 작품은 상대적으로 그렇지 못하다. 그런 작품들은 역설적이게도 오히려 비뚤어진 인간 본성을 보다 심각하게 그려낸 작품이 많다. 그런 작품을 써야 하고, 또 그런 작품을 선호해야만 일반 서민과 구별되기 때문일까?

서양 작품에는 서양의 덕(德)이, 동양 작품에는 동양의 덕(德)이 녹아 있게 마련이다. 흔히 《돈키호테》는 중세의 몰락한 기사의 타락한 모습을 신랄하게 풍자한 소설로만 인식하고 있는데, 이는 문학평론가의 지극히 단순한 시각일 뿐이다. 오히려 그 반대라고 봐야 한다. 무지몽매할 정도로 기사로서의 의무에 충실한 주인공을 내세워 사라져 가는 기사도 정신을 부활시킨 작품이라고 봐야 한다. 비록 우리나라 독자들에겐 황당하고 익살스럽지만, 분명 거기에는 유럽인들의 기사 정신에 대한 향수를 그려내고 있다. 기사 정신은 분명 중세의 전 유럽을 하나로 관통하던 무(武)의 정신, 즉 무덕(武德)이었다. 그것을 소설 작품 하나로 되살려 수백 년을 전하고 있는 것이다. 그리하여 정의와 명예, 용감함과 예의바름, 오늘날의 신사도(紳士道) 정신으로 승화된 이 기사도 정신이 그때나 지금이나 유럽 정신의 뿌리가 된 것이다.

오늘날에 와서는 읽기 쉽게 다듬고, 심지어 만화 영화로까지 만들어서 어린아이들이 볼 수 있도록 하였지만, 결코 그 정신을 훼손하는 법은 없다. 《삼총사》처럼 어렸을 적부터 읽고 보고 깔깔대면서 부지불식간에 영웅심과 의협심, 그리고 모험심을 키워 가는 것이다. 《돈키호테)를 만고의 명작으로 손꼽는 이유가 바로 여기에 있다. 일제시대부터인지 아니면 해방 후에 실었는지는 모르겠으나, 예전에는 초등학교 국어 교과서에 그 일부가 실려 있었는데 지금은 보이지 않는다. 《홍길동》을 그저 서얼(庶孼)의 설움을 고발한 조선시대 사회 소설 정도로밖에 그 가치를 모르니 《돈키호테》가 주는 무덕(武德)을 알 리가 있을까? 당연한 결과라 여겨진다. 선비의 지조와 여인의 절개를 조선시대 문인 정신의 꽃으로 가르치는 학교 교육도 이제 좀 바꿨으면 좋겠다. 덕(德)이 없는 지조는 사람을 교만하고 옹졸하게 만든다. 그건 아집이거나 고집불통일 뿐이다.

〈서유기〉〈드래곤 볼〉〈닌자거북이〉. 어디 그뿐이랴, 〈배트맨〉〈황금박쥐〉〈아톰〉〈스타워즈〉 등등 수없이 많은 이런 유의 작품들도 모두 새롭게 각색 포장된 무협 작품에 다름 아니다. 이것들이 모두 근엄한

기사 계급에 의해 야기되는 폭력과 치안 불안에 맞서서 교회와 영주들은 서기 1000년, 군인의 행동 범위를 엄격하게 제한하는 '신(神)의 평화' 협정을 체결했다. 프루아사르, 《연대기》, 제1권, 15세기(프랑스어본 86, f° 1). 네모 안은 전쟁 장면을 묘사하는 연대기 작가. 파리. 국립도서관.

368 武德—武의 文化, 武의 精神

11세기경 유럽 귀족들의 부(富)는 토지에 집약되어 있었으며, 그들은 유산 배분으로 인해 토지가 여러 조각으로 쪼개지는 것을 매우 두려워하였다. 따라서 귀족 집안에서는 이들 가운데 한 명만 결혼시키는 풍습이 있었다. 그리하여 나머지 아들들은 합법적으로는 부인도 없고 재산과 마땅한 거처조차 없이 살아야 했다. 행운이 따른다면 많은 유산을 물려받은 귀족 가문의 과부와 혼인할 수도 있지만 대부분의 결혼도 하지 못한 수많은 귀족 남자들은 평생 동안 무리지어 모험을 찾아다녀야 했는데, 모험이란 말 자체도 이 무렵에 생겨났다고 한다. 당시의 모험이란 군사적·파괴적 행위를 의미하였으며, 도처에서 약탈과 폭력이 난무하였다.

물론 이런 불안을 일으킨 장본인은 기사 계급과 군인 패거리들이었다. 마침내 교회가 기사 계급의 폭력 행위를 막기 위해 나서게 된다. 당시의 연대기에는 '신(神)의 평화'에 대한 기록이 나온다. 병정들을 성골함 주위에 모아 놓고, 주교와 군주들은 다음과 같이 설교하였다. "지옥에 떨어지고 싶지 않다면 하느님 앞에서 너희들의 영혼을 걸고 서약하라. 너희들은 서로 죽일 수는 있으나, 교회 주위에서는 싸움을 할 수 없다. 교회는 누구라도 원한다면 피신할 수 있는 피난처이기 때문이다. 또한 예수의 수난을 기리는 뜻에서 금요일과 일요일에는 싸울 수 없다. 그리고 여인들, 특히 귀족 계급의 여인들을 공격해서는 안 된다. 또한 상인·성직자·수도승들을 해쳐서도 안 된다." 이로써 지정된 장소에서 무장한 군인들끼리만 폭력 행사가 가능하다고 못박은 일종의 전쟁 규약이 마련된 셈이다.

더불어 성직자를 비롯하여 나이가 많아질 때까지 결혼하지 못한 젊은이 등 독신자가 많았던 중세 사회에서 매춘은 매우 치밀하게 조직되었다. 모두가 성적 욕구를 배출할 수 있는 통로가 필요하다는 점에 공감했던 것이다. 당시 윤락은 시에서 공식적으로 운영하였는데, 특별히 이 때문에 폭력 시위가 일어나지는 않았다.

조르주 뒤비, 《서기 1000년과 서기 2000년. 그 두려움의 흔적들》

한국인이 만들기에는 하찮은 작품들인가? 못 만드는 것인가? 아니면 생각조차 미치지 못한 것인가? 《돈키호테》를 두고 그 나라 학교에서는 아이들에게 어떻게 가르치고 있을까? 우리처럼 반대말, 비슷한 말, 낱말 풀이 공부를 시키고 있을까?

서유럽의 문명 중 보편적인 문화 성격에 가장 깊은 영향을 준 것은 분명 중세 기사 정신의 인격 특징들이다. 기사도는 개인의 명예감이 기초가 된 인격 정신인 동시에 기사 준칙을 자각적으로 준수함으로써 자신의 행동 방식을 규범화하였다. 그것은 기사에게 직무에 충실하고, 용감하게 전쟁에 참가하며, 허락한 말은 반드시 지키고, 약자를 도와줄 것을 요구하였다. 만약 그들의 명예가 모욕이나 의심을 받게 되면 결투의 방식으로 자신의 명예를 회복하였으며, 궁중 예절을 앞다투어 배워 고상한 기풍을 소중히 하였다. 또한 귀부인을 위해 봉사하고 사랑하는 '기사도적인 사랑'을 하기도 했다. 기사 정신은 상층의 귀족 문화 정신으로 개인 신분의 우월감이 기초가 되어 높은 곳에 위치하고 있는 도덕과 인격 정신이다. 또한 여기에는 서양 민족의 고대 상무 정신의 적극성이 응집되어 있다. 이는 신라의 화랑 정신과 지극히 유사하다.

기사도 정신, 그리고 신사도. 현대 유럽인들은 이를 통해 개인의 신분과 명예를 중시하여 기품과 예절, 겉으로 드러나는 행동거지에 대해 신경을 쓰며, 정신적인 이상을 숭상하고, 여자를 존중하는 낭만적인 기질을 동경하도록 했다. 또한 공개 경쟁, 공평 경쟁이라는 페어플레이 정신을 형성케 했으며, 약자 돕기를 좋아하고, 이상과 명예를 위해 희생하는 호쾌한 무인(武人)의 기질과 품격을 물려받은 것이다. 오늘날 스포츠를 통해 구현하고자 하는 이상적인 인간 정신인 스포츠맨십 역시 이 기사도 정신에 다름 아닌 것이다.

64 폭력과 잔인성

옛글에 "어리석은 자는 행동에 틈이 생길수록 고집을 부리고, 비루한 자는 거짓을 꾸밀수록 더욱 야만스러워진다"[41]고 하였다.

인간의 본성에는 항상 잔인성이 내재되어 있다. 먼 원시시대, 혹은 더 멀리 인간의 모습을 갖추기 전 동물이었을 적부터 습득된 잔인한 야성이 DNA에 각인되어 있는 모양이다.

다행히 문명화되면서 온갖 법률과 도덕 규범, 자기 수양, 교육 등을 통해 이 위험한 본성을 잘 다스려 왔다. 그렇지만 때로는 이 통제를 벗어나 살인이며 살생·폭력·전쟁을 부르기도 한다. 또한 무력적인 잔인성 말고도 문화적 수단을 이용하여 그것을 드러낼 때도 많다. 말이나 글로 얼마든지 상대를 괴롭히기도 하고, 아이나 동물들을 학대하는 등의 여러 가지 변형된 형태로 나타나기도 한다.

가장 현대적인 방법은 바로 인터넷이다. 불과 10년 전만 하더라도 글이나 말로 누구를 공격하거나 비판할 때에는 언론매체나 방송을 통한 공개적인 방법을 택할 수밖에 없었다. 그리고 그 과정에서 여러 가지 통제 기능이 작동하여 많이 걸러지고 순화되어 살기와 비린내가 거의 제거될 수 있었다. 하지만 한국의 인터넷에서는 전혀 상황이 다르다. 댓글은 즉석 인민 재판이다. 이곳은 마치 굶주려 먹잇감을 기다리고 있는 악어나 사자 우리 같은 곳이다. 고기가 떨어지면 순식간에 몰려들어 먹어치우고, 또 다음 먹잇감을 기다린다.

배고픈, 아니 배부른 천민들의 반항·해방·저항·폭력이 끊이지 않는다. 프랑스의 작가 파스칼 브뤼크네르는 말한다. "헐뜯기 문화가 판을 친다. 광고에 의한 광고 비판, 미디어에 의한 미디어 비판, 공연에 의한 공연 비판 등등, 얼마나 신나는 일인가! 자기 편에 대한 트집 잡기는 이제 특별히 벌이가 좋은 수단이 되어 버렸다. 판매를 목적으로 하는 모든 상품은 모두 사용법과 나란히 자기 비판을 포함해야 하는 것이다. 그리하여 더없이 적나라한 선동 문화가 공식적인 문화가 될 만큼 전복(顚覆)의 아카데미즘이 확산되어 간다. 소외 집단, 패륜아, 괴짜, 유행에 민감한 자들이 이득이 훌륭한 원천으로 간주됨으로써 적어도 말로나마 그 위상이 높아지게 된 것이다."[42]

한민족의 혈관에는 북방 기마 민족의 피가 흐르고 있어 거칠고 호전적이며 야성적인 민족성이 내재되었음을 부인할 수 없다. 이런 성질이 일제 식민시대, 그리고 독재적인 군사 정권의 지배를 거치는 동안 꾹꾹 억눌려 왔다. 드디어 문민 정부가 3대를 이어왔지만 어느 누구도, 어떤 정권도 이 억눌리고 꽉 막힌 가슴을 도무지 시원하게 뚫어주지 못하고 있다. 그리하여 사람들은 점점 매운 음식을 찾게 되고, 모두들 주머니에 돌멩이 몇 개씩을 넣고 다닌다. 그러다가 정치인이든 연예인이든 경제인이든 일반 개인이든 가릴 것 없이 누군가가 공공의 적으로 찍히게 되면 모두들 기다렸다는 듯이 일제히 돌멩이를 던져댄다. 누구든 까딱 잘못하면 다음 희생자가 되고 만다. 억압된 불만을 잔인하게 발산시키고 있는 것이다. 그렇지만 그것도 순간적이다. 애초부터 희생자가 자신에게 직접 스트레스를 준 당사자가 아닌, 어디까지나 대용품이기 때문에 근원적으로 해소될 리가 없다. 결과적으로 무자비하고 무책임한 잔인성만 키우게 된다. 동굴 속 웅녀의 답답함, 혹은 수천 년을 웅크리고 살아온 반도의 답답함을 누가 풀어주겠는가?

올림픽과 월드컵 등 큰 국제 행사를 치르면서 깨끗이 사용하자는 캠페인을 벌인 덕분이기도 하지만, 우리나라 공중 화장실 벽들에 낙서가 사라진 것은 사실 인터넷 보급 때문이다. 더 이상 그런 싱거운 짓일랑은 이제 하지 않는다. 남녀노소는 말할 것도 없고, 심지어 변태나 정신이상자들까지 누구든 자신을 드러내지 않고 불특정 개인·단체·다수에게 집적 화살을 날릴 수가 있기 때문이다. 그리고 그 반응과 결과를 즉석에서 확인할 수 있다. 파장이 커지면 쾌감도 걷잡을 수 없을 만큼 커진다. 그걸 즐기는 것이다.

제우스 신 앞에서 행해지던 고대 그리스의 절제된 올림픽 경기와 달리, 고대 로마 시민들은 원형 경기장에 노예들을 몰아넣고서 서로를 죽이게 하여 그 욕구불만을 해소할 수 있었다. 오락으로 즐겼다고 하는 것이 더 정확할 터이다. 월남전 이후 전쟁다운 전쟁을 겪지 못해 피냄새를 맡지 못한 인간들은 한동안 스포츠라는 대용품에 만족하여야 했다. 그 사이 중동 전쟁, 구소련의 아프가니스탄 침공 등 지역적 분쟁이 있기는 하였지만 전세계인이 동시적으로 즐길 수 있는 것은 못되었다. 피의 갈증을 해소하기엔 터무니없이 부족했다. 그러다가 9·11 테러가 발생한 것이다. 미처 영화에서도 볼 수 없었던 그야말로 환상적인 광경을 전세계인이 동시에 즐기게 된 것이다.

그런데 여기에서 미국의 부시 대통령은 세계사에 길이 남을 실수(?)를 하고 만다. 테러와의 전쟁을 선포한 것이다. 그리고 테러범을 소탕하기 위해 군대를 동원하여 전쟁(?)을 치렀다. 바야흐로 **테러를 전쟁의 영역에 포함**시켜 버린 것이다. 이제 테러는 당당한 전쟁 수단이 되어 버렸다. 테러는 원래 범죄의 영역이었다. 범죄와 전쟁은 엄연히 다르다. 악(惡)을 물리친다고 하였지만, 전쟁에 무슨 선악(善惡)의 경계가 있는가. 드디어 테러가 선악의 굴레에서 벗어나 전쟁의 수단으로서 공식적으로 인정받게 된 것이다. 선전 포고 없이, 그리고 민간인 복장으로 군인이 아닌 불특정 다수를 상대로 전투할 수 있게 되었다. 새로운 전쟁 개념과 공식이 생겨난 것이다. 전쟁의 고전적 규칙이 무너진 것이다. 무역센터가 아니라 도시 전체를 날렸다 해도 끝까지 테러는 범죄로서 대접하였어야 했다. '전쟁' 이 아니라 '소탕' 이라는 표현을 사용하였어야 했다. 빈 라덴과 부시는 테러와 전쟁의 경제를 허문 역사적인 인물로 길이 남을 것이다. 또한 인간들은 고지식하게 케케묵은 룰을 지키는 전쟁보다 룰이 없는 예상 불가능한, 상상을 초월하는, 9·11 테러보다 훨씬 멋진(?) 테러(전쟁)를 즐길 준비를 하고서 은근히 기다리고 있는 것이다. 자, 다음은 어디일까?

나라와 나라 사이, 개인과 개인 사이가 점점 좁혀지면서 인간들의 스트레스 지수도 점점 올라가는 것 같다. 스포츠 경기 역시 점점 격렬함의 강도를 높이고 있다. 단순한 승부, 기록의 갱신은 이미 고전적인 레퍼토리에 지나지 않는다. 사람들은 **전쟁의 참혹함이 심할수록 운동 경기에 절제된 규칙을 적용하는 데 반해, 평화가 오래 계속될수록 스포츠는 오히려 더 격렬한 것을 선호하는** 경향이 있다. 일상의 밋밋함을 참을 수 없게 된 것이다. 인간의 본성이 그러한 모양이다.

브뤼크네르는 다시 말한다. "우리의 민주 사회들은 평등주의를 지향하기 때문에 시샘하고, 타인에게 부여된 조그만 특권(찬스) 앞에서도 분노를 조장한다. 따라서 우리의 사정이 좋지 못할 때 다른 사람의 행복을 보는 것보다 더 견디기 어려운 것은 없다. 재산·건강 그리고 사랑을 매우 많이 물려받은 사람들이 으스대며 걷는 광경, 그들이 점잔 빼며 폼잡는 과시적인 태도, 이것들이 모두 가증스러운 것이다. 이 때문에 텔레비전 뉴스에서 세계의 끔찍한 사건들을 일상적으로 바라보는 일이 마음을 가라앉히는 효과를 가져올 수 있다. 우리가 다른 사람들의 불행을 특별히 즐기기 때문이 아니라, 이 불행이 우리가 생각보다 혼자가 아니고 심지어 운이 좋다고까지 느끼게 해주기 때문이다. 우리는 비교를 통해 위안을 얻는다"[43]라고.

> 요즈음 한참 아시아를 휩쓸고 있는 한류(韓流)의 일편단심 코드도 어떤 의미에서 보면 잔인성이 큰 요인인 것 같다. 춘향전 모델에다가 할리우드식 사랑법을 가미한 것이 아닌가 생각된다. 주인공들을 잔인하게 그리고 집요하게 몰아쳐 상식의 한계를 훨씬 뛰어넘어 어디까지가 인간의, 사랑의 한계인가를 실험(학대)한 후에 뻔한 결말로 풀어 버린다. 사랑에 부와 명예, 심지어 목숨을 건다는 식이다. 그러니까 요샛말로 올인한다는 거다. 아, 물론 착하고 아름다운 주인공 커플이 이기게 되어 있고, 변학도는 아슬아슬한 순간에 다된 밥상을 엎고 만다. 시청자들도 이미 다 짐작하고 있다. 다만 얼마나 더 참혹하게, 아니 잔인하게, 화려하고 화끈하게, 그리고 집요하게 학대하는가를 지켜보는 것이다. 그리하여 가학과 피가학을 동시에 즐긴다. 그것이 한류다. 이 잔인한 사랑 싸움 바람에 졸지에 찰리 채플린 흉내내기로 성공한 성룡(成龍)식 코믹 무협 영화가 밀려나 버린 것이다. 그렇지만 머지않아 이 코드 역시 식상해질 것이고, 반대로 쿨한 혹은 더욱 변태적인 사랑 코드가 나타날 것이다.

격투기가 인기를 더해 가고 있다. 처음에는 그 정도가 지나친데다 다소 천박하게 여겨져 국내에서 그다지 환영받지 못하였는데, 한 씨름 선수가 뛰어들어 돌풍을 일으키고 있다. 하필 그 선수가 제압한 상대가 미국 선수인 바람에 인기가 걷잡을 수 없을 만큼 갑작스레 높아졌다. 최소한의 규칙으로 마음껏 화끈하게 경기를 펼쳐 관중들의 스트레스를 풀어 준다. 말이 경기지 사실은 막싸움이다. 선수는 화끈하게 돈을 벌고, 관중은 화끈하게 잔인성을 발산한다. 흡사 1970년대 유행했던 개싸움을 연상케 한다. 인간이 얼마나 개 같을 수 있는가를 시험하는 것 같다. 여기에 무슨 덕목이 있는가. 악마적인 잔인성만이 돈의 크기를 결정한다. 이미 용도 폐기된 수많은 고전 무예가 호신술로 명맥을 유지하다가 스포츠화되어 가고 있다. 본연의 무예 정신인 무덕(武德)은 사라지고, 오직 몇 가지 잔기술만이 돈벌이용 스포츠로 남아 있다. 격투기는 결코 스포츠가 아니다. 그냥 격투기일 뿐이다. 서양에서는 전통적으로 서로 결투할 경우에 주먹만을 사용하였다. 발로 상대를 가격하는 것을 비신사적인 행위로 여겼다. 그것을 스포츠라 한다면 머지않아 올림픽에서 개싸움이나 진짜 로마식 검투 경기를 보게 될 것이다.

세상에 변하지 않는 것은 없다고 하지만, 어느 사이에 운동 경기가 인간의 야성을 억제하고 순화시키는 본연의 기능을 상실하고, 도리어 야성을 분출시켜 더욱 잔인하게 만드는 역할을 하고 있다. 테러든 격투기든 모두 **전쟁의 부재가 낳은 또 다른 폭력**이란 말인가?

옛글에 "무릇 작은 즐거움이 의(義)를 해치고, 작은 지혜가 도(道)를 해치며, 낮은 판단이 치(治)를 그르치고, 구차스런 마음은 덕(德)을 해친다"[44]고 하였다. 해범 선생께서는 평소에 누누이 당부하기를 "무예 수련을 통해 남을 이기려고 하지 마라. 언젠가는 무리수를 두게 마련이다. 단지 지지 않으려고 노력하라"고 하였다.

65 지(智)·덕(德)·체(體)

1894년 갑오 농민 전쟁 후, 조선 정부는 교육을 근대화하려는 목적에서 그해 7월 예부(禮部)를 폐지하고 근대적인 교육 행정 기관인 학무아문(學務衙門)을 설치하였다. 그리고 다음해인 1895(고종 32)년 2월 2일, 고종은 〈교육조서(教育詔書)〉를 발표하였다. 이 조서는 교육의 중요성을 강조하면서 전통적인 도덕 교육에 지식 교육과 체육 교육을 새로이 첨가하여 교육의 근대화를 이루어야 한다고 주장하였다. 주요 내용으로는 첫째, 세계의 형세를 보건대 부강한 나라는 모두 백성의 지식 수준이 발달하였으니, 지식을 깨우치는 것은 교육의 선미(善美)이고, 교육은 실로 국가를 보존하는 근본이다. 둘째, 교육은 그 길이 있는 것이니 허명(虛名)과 실용을 분별해서 실용에 힘쓰고, 독서나 습자로 옛사람의 찌꺼기나 줍고 시세에 어두워서는 안 된다. 셋째, 오륜의 행실을 닦는 덕양(德養), 체력을 기르는 체양(體養), 격물치지(格物致知)[45]의 지양(智養)을 교육의 3대 강령으로 삼는다. 넷째, 널리 학교를 세우고 인재를 기르겠다는 등이 있다.

하지만 아쉽게도 이 〈교육조서〉는 그 내용에 있어서 근본적으로 전통적인 가치관을 개혁하는 것은 아니며, 앞서 일본의 메이지 천황이 발표한 〈교육에 관한 칙어〉의 내용을 그대로 답습하여 봉건적인 주장을 담고 있다. 그러나 이마저도 국운이 이미 기울어 제 역할을 다하지 못한 채 선포하는 것으로 그치고 식민시대를 맞게 된다.

이보다 앞서 1890년 10월 30일, 일본 메이지 천황은 〈교육에 관한 칙어〉라는 일종의 교육헌장을 발표하였다. 일본은 메이지 유신(1868)

이후 근대화에 전력을 기울이면서도 내부적으로는 천황제 중심의 군국주의 정치를 지향하였다. 이 칙어는 교육 부문에서의 이러한 의지를 표명한 것으로 일본의 식민지였던 우리나라의 교육 방향까지 결정하였다. 내용은 지육(智育)·덕육(德育)·체육(體育)을 통해 봉건적인 권위 체제를 옹호하고 천황에 대한 절대적인 헌신을 강요한 것으로, 천황 중심의 교육을 통해 천황에 충성하고 군국주의에 동조하는 '충량한' 신민을 기르는 데 목적이 있었다. 우리나라에서는 해방 이후 1948년 교육법이 제정되고서야 실제로 이 칙어가 폐지되었다.

영국의 사회학자이자 철학자인 스펜서(Herbert Spencer, 1820-1903)가 주창한 지(智)·덕(德)·체(體)의 삼육(三育) 이론은 이렇게 해서 우리나라에 도입되었다.

한 나라의 교육은 그 역사와 문화와 민족 이상에 뿌리를 두고 운영되고 개혁되어야 함에도 불구하고 근현대사의 굴곡 때문에 우리의 교육은 이러한 역사적·문화적 특수성을 반영하지 못한 상태에서 전개되어 왔다. 해방을 맞은 지 반세기가 지났음에도 일제 식민 교육 정신, 미국식 교육 제도, 민족 문제, 이념 논쟁, 봉건적이고 관료적인 권위주의 등등 많은 문제점들을 제대로 정리하지 못한 채 고작 입시 제도에 발목이 걸려 오도가도 못하고 있으니 안타깝기 그지없다. 21세기 초, 세계화의 기치 아래 세계는 자본이라는 신제국주의의 거대한 소용돌이 속으로 휘몰아쳐 들어가고, 과거 어느 시대보다도 냉혹하고 살벌한 양육강식의 시대가 도래하고 있다. 예로부터 교육은 백년대계라 하였지만 지금은 결코 아니다. 개인과 개인, 나라와 나라, 문명과 문명, 사건과 사건, 자본과 자본이 시차도 없이 급속도로 거리를 좁혀 들어오고 있다. 더 이상 전통적인 가치관이나 수단은 백년은 고사하고 당장 내일을 기약해 주지도 못한다. 1백 년을 내다보고 느긋하게 고민하던 시대는 이미 오래전에 지나갔다. 10년을 내다보고 하루하루를 고민하지 않으면, 미래는 우리를 매몰차게 거대한 해일 속에 내동댕이칠 것이다. 그런데도 이 나라는 교육의 본질적인 문제는 모른 체하고서(어쩌면 실제로 모르는지도 모른다) 입시 제도 문제에 부딪혀 부모(유권자)들의 눈치나 보고 있다. 그러다 보니 명품 대학교 입학이 어느새 모든 교육의 목표가 되어 버렸다(졸업은 자동이니 더 말할 필요도 없고). 그럼에도 불구하고 지육·덕육·체육은 식민시대 교육 활동의 3대 목표로서 해방된 지 반세기가 지난 지금까지도 모든 학교의 낡은 본관 지붕 끝을 지켜왔었다. 요즈음은 다양화 시대에 맞춰 색다른 구호를 내세운 학교도 많이 생겨났지만, 표현만 약간 달리했을 뿐 크게 벗어나지 않는다. 그리고 굳이 벗어나려고 애쓸 필요도 없다. 교육의 목표를 이처럼 잘 요약한 구호를 찾기도 힘들 테니까. 지금도, 그리고 앞으로도 계속 유효하다고 할 수 있다. 그럼 지금까지 우리의 교육이 이 지·덕·체를 기르는 데 과연 충실했던가?

서양의 학교 제도를 받아들이면서 우리는 교육이란 곧 지식(신학문) 습득이라는 등식을 갖게 되었다. 오직 서양의 신학문만이 험난한 시대를 살아나갈 수 있는 가장 유효한 무기로 여겨졌다. 불과 1세기 동안 숱한 체제 전복, 그리고 그에 따른 가치관의 혼돈 속에 낡은 덕(德)을 기르는(보살피는) 일은 자연스레 뒷전으로 밀리고, 오직 신지식만이 난세에 배부름을 보장해 주었다. 그러다 보니 체육은 일제 군국주의와 해방 후 좌우 이념 대립, 독재 정권에 대한 충성의 수단으로 인식되었고, 개인의 건강한 신체 발육이나 인격 도야의 수단으로 받아들여지지 못하였다.

앞의 글들에서도 누차 강조하였지만, 덕(德)은 행(行)의 철학이다.

안다고〔知〕해서 덕(德)을 지녔다고 하지 않는다. 마음먹었다고 되는 것도 아니다. 반드시 실천해서 드러나야 한다. 따라서 글이나 말만으로는 가르치고 길러 줄 수가 없다. 반드시 땀으로 익혀야 길러진다. 시험지로도 덕(德)은 측정되지 않는다. 행실을 보고 판단하는 것이다. 방금까지 학교에서 길거리에 쓰레기를 버리면 안 된다는 교사의 가르침에 모두들 '예!'라고 대답하였을 아이들이, 교문 앞 가게에서 과자 하나 사들고 나오다 포장지를 골목에 툭 내던져 버리는 광경을 어렵잖게 볼 수가 있다. 뇌물을 먹거나 부정한 일을 하면 안 된다는 것을 모르는 공직자가 어디 있겠는가? 지금의 입시 위주 교육이 잘못되었다는 것을 누구보다도 교사들이 더 잘 알고 있지 않은가? 조기 유학이나 자녀 교육을 이유로 이민 가는 가정이 줄을 잇는데도 이 나라는 겨우 대입 선발 방식에 매여 끝없이 소모적인 논쟁만 벌이고 있다. 도낏자루 썩어나간 지는 오래되었고, 도끼날조차도 어디로 달아나 버렸는지 모르는 판에 나무하러 누굴 보내야 할지 몰라 입씨름만 하고 있는 꼴이다.

　잘못된 것을 알면서도 이런저런 핑계를 대는 것은 '신(信)'이 부족해서이고, 바른길로 나아가지 못하는 것은 '용(勇)'이 부족해서이다. 잘못된 길임을 알면서도 중단하지 못하는 것은 '엄(嚴)'이 모자라서이고, 잘되고 잘못됨을 생각조차 못하는 것은 '지(智)'가 부족해서이다. 아무려면 어떠냐 하는 사람은 아예 '근본'조차 없는 자이다. 모두 행동(실천)철학이 부족해서이다. 다른 어떤 이유를 대든 그것은 비겁함에 지나지 않는다. 이순신 장군은 남은 12척의 배만으로도 포기하지 않았다.

　어디 인성(人性) 교육만 그러한가? 과학 교육도 그러해서 실험을 더 중요시하지 않은가? 실천하지도 못하는 잡다한 헛지식들만 머릿속에 집어넣어 사회에 내보내고 있으니, 불량품 취급받는 것 아닌가? 그럴 바에야 책 몇 권 쥐어 주어서 내보내고 말 일이다.

덕(德)은 몸으로 길러야 한다. 다시 말해 땀을 흘려 몸에 배게 해야 한다. 당장은 안 되더라도 항상 염두(화두)에 두고 조금씩 조금씩 닦아 나가야 한다. 그것을 두고 수양(修養)이라 한다. 해범 선생께서는 늘 무예를 '수양의 방편'으로 삼기를 강조하였다.

무(武)를 통해서건, 아니면 체육을 통해서건 기예를 익히고 신체를 단련하는 것은 당연한 일이다. 하지만 그것만으로는 부족하다. 성(性)을 길러야 한다. 해범 선생께서는 또한 이와 같이 강조하였다. "**육체와 정신이 결코 둘이 아니다. 둘 중 한 가지만 수련하거나, 몸 따로 정신 따로 수양하는 것은 지극히 어리석은 일이다.**"

66 전쟁과 예술, 그리고 무덕(武德)

종교와 전쟁. 인류 문화의 발생에서부터 지금까지 이보다 더 중요한 일이 또 있을까?

특히 전쟁은 파괴와 발전이라는 두 가지 상반된 역할을 하면서 인류 문화에 지대한 공헌을 해왔다. 큰 전쟁은 항상 크나큰 과학적 진보와 더불어 예술·철학·사회 제도 등에도 변화와 발전을 가져왔다.

무(武)는 당연히 현실주의다. 현실주의적 관점은 자연스레 전쟁의 불가피성을 받아들이게 된다. 그리고 전쟁은 알력과 충돌을 해결할 수 있는 수단이 된다. 인류학적 관점에서 보면 전쟁은 인간 본성의 일부라고 할 수 있다. 자유란 권력 없이는 아무것도 아니며, 그 누구도 국가와 군대의 힘 밖에서는 자유로울 수가 없다. 따라서 전쟁은 국민이 실존과 독립을 확보하기 위해 치러야 할 당연한 대가였다. 정치 권력의 역할은 내적 차원에선 평화를 보장하는 것이고, 외적 차원에선 전쟁에 맞서는 것이므로, 결국 평화와 전쟁은 같은 것에서 유래한다.

문학에서도 큰 전쟁 후에는 반드시 대작이 탄생하곤 했었다. 그리고 먼 후세대들에게도 전쟁은 예술 작품의 중요한 제재로서 끊임없이 기억되어 찬미되고 있다. 우리나라에도 조선시대 고전 소설에서부터 현대 소설에 이르기까지 전쟁을 소재로 한 작품은 수없이 많다. 특히 최근의 6·25 전쟁은 그 참혹함만큼이나 지금도 수많은 작가들에게 글쓰기를 강요하고 있다. 아직 그 한(恨)이 다 풀리지 않았기 때문이리라.

그런데 이런 작품들을 보면서 항상 아쉬운 점이 있었다. 대개 우리나라의 작품들을 보면 전쟁의 참혹상, 비틀린 인간상, 이념의 소용돌이, 가족의 붕괴, 가치관의 전복 등의 갈등 속에 어떻게 해서든지 살아남아야 한다는 점을 강조하고 있다. 양민 학살 등 전쟁의 비참함을 고발하여 더욱 뼈저리게 느끼도록 독자들에게 강요하고 있다. 소설을 다 읽거나 영화를 보고 난 후에는 감동보다는 왠지 묵직한 부담을 느끼곤 한다.

만약 우리가 문학이나 기타 예술에 대해, 사회나 역사에 대해 어떤 의무(때로는 목적)를 요구할 수 있다면 그것은 아마도 예술이 진(眞)·선(善)·미(美)를 선양하고, 가(假)·악(惡)·추(醜)를 구축하는 것일 게다. 더 나아가 가·악·추조차도 진·선·미로 승화해 내는 것이 예술의 미덕(美德) 아니겠는가.《바람과 함께 사라지다》《전쟁과 평화》《누구를 위하여 종은 울리나》《토지》《여명의 눈동자》《닥터 지바고》《태백산맥》 등의 작품들은, 전쟁과 격변기의 소용돌이를 도도히 흐르는 강물처럼 훌륭히 그려내어 많은 사람들로부터 사랑을 받고 있다. 또한 대개의 작품들은 주인공들의 사랑과 갈등이 이야기의 큰 줄기를 이루고 있는 데 비해 《삼국지》는 신의(信義)를, 《수호지》는 협절(俠節)을 미화하고 있기도 하다.

비록 전쟁을 소재로 하진 않았지만 《이솝 이야기》는 지혜를, 《아라비안나이트》는 모험과 용기를, 《돈키호테》는 기사도 정신을 근간으로 하고 있다. 프랑스의 위대한 작가 장 지오노의 《지붕 위의 기병》(1951)은 현대판 '기사도적인 사랑'을 가장 잘 그려낸 소설로 손꼽힌다. 우연한 만남으로 길동무가 된 이탈리아의 젊은 귀족 앙젤로와 늙은 귀족의 어린 부인 폴린은 콜레라의 격류를 헤치며, 기병대의 추격, 강도와의 싸움 등을 겪는 일주일간의 모험을 함께하면서 죽음보다 강한 사랑을 싹틔운다는 줄거리이다. 아름답고 순수한 기사도적 사랑을 그린 이 작품은 영화로도 만들어져 많은 사랑을 받기도 했다.

그외에 전쟁을 배경으로 한 작품들 중 가장 인상 깊은 것으로는 미국의 남북 전쟁을 배경으로 한 대작 드라마 〈남과 북〉을 들 수가 있겠다. 전쟁치고 추악하지 않은 것이 어디 있겠는가. 특히 내전인 경우에는 그 참혹함과 한스러움이 다른 어떤 전쟁보다도 클 수밖에 없다. 같은 민족끼리, 같은 이웃끼리, 심지어 한 집 안에서조차 서로 총칼을 겨누어야 할 때도 있기 때문이다. 적국과의 싸움은 피아간의 구분이 확실하고, 죽이는 명분과 죽임을 당하는 이유가 분명해서 한(恨)을 남기지 않는다. 그렇지만 내전의 경우 그 경계가 불분명한 상태에서(특히 민간인의 경우에는 더욱 그러하다) 싸우기 때문에 억지로 네편 내편을

갈라야 한다. 그 과정에서 억울한 죽음을 많이 만들게 된다. 미국의 남북 전쟁도 우리의 6·25 사변과 그다지 다르지 않은 내전이었다. 〈바람과 함께 사라지다〉는 전쟁의 포연이 채 가시기 전, 모두가 잊고 싶었던 그 참상을 남녀간의 애증(愛憎)을 소설적 바탕으로 삼아 적나라하게 그려낸 여성적인 작품이었다면, 〈남과 북〉은 남쪽과 북쪽의 명문가 출신인 두 주인공이 사관학교에서 만나, 이후 서로가 적군이 되었음에도 끝까지 변치 않는다는 신의(信義)를 중심으로 내전 이야기를 감동 깊게 풀어나간 남성적인 작품이다. 그렇지만 두 작품 모두 내전의 상처와 기억을 치유하고 예술적으로 승화시키는 데에 지대한 공을 세웠다.

 우리나라에서도 몇몇 소설과 영화가 만들어지기도 하였지만, 월남전에서 패전한 이후 이를 소재로 한 영화가 미국에서 많이 나왔다. 초기에는 〈플래툰〉〈지옥의 묵시록〉〈디어 헌터〉 등의 명작들이 나와 이상한, 혹은 추악한 전쟁으로서의 월남전을 고발하고 있다. 당연히 미국 내에서도 월남 참전 용사들은 천덕꾸러기 신세를 면치 못했다. 명분도 약한 전쟁에서 패배하기까지 했으니 그 치욕스러움을 말로 다할 수 없었다. 월남전에서 전사했다거나 다쳤거나 무공훈장을 받았어도 하나도 자랑스럽지 못하고, 주위의 눈총을 받으면서 주눅든 채로 살아야 했다. 그런데 이런 아픔의 기억이 희미해질 때쯤에서 나타난 〈람보〉는 상황을 하루아침에 뒤집어 버렸다. 그야말로 영화처럼. "비록 패전하였으나 우리는 떳떳하다. 우리는 국가의 부름에 목숨을 바쳐 충성했다. 왜 우리를 무시하고 멸시하느냐. 아직도 우리는 미국을 사랑한다. 미국을 믿는다. 국가의 부름이 있다면 지금이라도 목숨 바치겠다. 우리가 미국을 사랑하는 만큼 국가도 우리를 버리지 말아 다오." 뭐 대충 이런 이야기에, 흔해빠진 아이러브아메리카풍 영화다. 어쨌건 이 오락 영화 한 편으로 역사상 가장 치욕스런 패배를 당한 수치스런 전쟁을 비록 자랑스럽지는 못하지만, 결코 부끄럽지 않은 당당한 전쟁으로 이미지를 바꿔 버렸다. 다음날부터 그동안 숨죽여 살던 미국의 월남 참전 용사들은 장롱 속에 깊숙이 숨겨두었던 훈장을 꺼내어 가슴에 달고서 술집을 당당히 출입할 수 있게 되었다.

누군가는 전쟁의 참혹상을 이야기로 남겨 후세에 전해야겠지만, 또 누군가는 그 상처를 치유하고 감싸 주는 일을 해야 하지 않을까? 〈남과 북〉과 〈람보〉는 새삼 예술의 위대한 힘을 실감케 한다(두 작품의 예술성을 말하는 것이 아니다). 그것이 미국의 힘이다.

문학을 한다는 것은 결과적으로 글을 다루는 일이므로 여기에 종사하는 사람은 자연적으로 문(文)의 성향을 가질 수밖에 없다. 특히 우리나라에서는 전통적으로 선비는 곧 문인(文人)이라는 등식이 굳어져 있어, 작가는 당연히 선비적이어야 하고, 작가 정신 또한 문(文)의 정신이어야 한다고 생각한다. 그러한 까닭에 대부분의 한국 작가들은 무(武)에 대한 개념 혹은 이해가 부족하기 짝이 없다. 심지어 무예에 대한 상식조차 부족하여 소설이나 드라마 혹은 영화에서 전쟁 장면이나 무예실기 동작을 묘사할 때엔 자못 황당하여 실소를 자아내게 한다. 하긴 일반 독자들도 무예에 대한 상식이 없으니 감상하는 데에 별 문제될 것은 없다. 하지만 작품의 소재로서 무예에 대한 황당한 묘사는 그렇다손 치더라도 이야기가 주제에 이르면 문제는 심각해진다. 무(武)의 문화에 대한 이해가 전무하다 보니, 당연히 무(武)의 정신이 무엇인지도 모르고 단지 소재로서만 이야기를 꾸려 나간다는 점이다. 그래서 작품을 다 읽고 나면 꼭 뭔가 허전한 구석이 남는다. 음식으로 치면 소금이나 양념이 한 가지 빠진 듯한 느낌이 드는 것이다. 가령 최초로 관객 1천만 명을 돌파한 전쟁 영화다운 전쟁 영화 〈태극기 휘날리며〉에서 우리들에게 이야기하고자 하는 것이 무엇이던가? 전쟁의 참혹상, 동족 상잔, 형제애? 어떻게 해서든 개죽음을 면해 한 명이라도 살아남아 집으로 돌아가야 한다. 그래서 가족을 책임져야 하고, 대를 이어야 한다. 이밖에 다른 무엇이 있던가? 전투 장면이 드디어 할리우드 수준으로 올랐다? 〈라이언 일병 구하기〉의 플롯을 따랐지만 이야기하고자 하는 주제는 지극히 현실적인 문제뿐이다. 전쟁 영화라면 누구나가 상상하고도 남는 상투적인 이야기들이다. 다큐멘터리 영화가 아닌 다음에야, 고발 영화가 아닌 다음에야, 그래서 오락 영화라 해도 무언가가 부족하다. 《여명의 눈동자》《태백산맥》 등등 비록 전쟁을 소재로 하였지만 결국 질긴 사랑, 이념 갈등을 치열하게 부각시키기에만 집중하다 보니 예술적 멋(맛)을 내는 데는 부족한 감이 없지 않다. 같은 이야기를 하더라도 이왕이면 맛을 살리면서 작품을 완성했으면 하는 아쉬움이 항상 남는다. 그 맛을 내는 양념(때로는 주제)이 바로 무덕(武德)이다. 무협이든, 전쟁이든, 조폭이든, 연애든, 오락이든 항상 이 덕(德)을 깔고 나갔으면 보다 깊은 맛을 냈을 것이다. 그게 예술이 아니던가? 다행히 근자에 들어 여인의 치마폭을 벗어나지 못하던 사극 드라마가 조금씩 무협적인 요소를 가미해서 배경 무대를 넓혀 시청자들을 시원하게 해주고는 있다. 하지만 아직 온전한 무(武)의 멋을 살리는 데까지는 한참 미치지 못하고 있다.

우리나라는 최근 1세기 동안 선진국들이 수백 년에 걸쳐 경험한 갖가지 사건과 변화를 그야말로 온몸으로 부대껴 왔다. 그만큼 상처도 많고 한(恨)도 깊다. 하지만 비 온 뒤에 땅이 굳어지고, 강철은 두드릴수록 강해진다고 했다. 다른 어떤 민족보다도 격렬한 시련을 겪고 또 극복해 낸 우리 민족이 이 상처를 잘 치유하고 맺힌 한(恨)을 풀어낼 수만 있다면, 지구상 그 어느 민족보다도 강해질 수 있지 않겠는가. 역사적 진실을 고발하고 예술적 정감에 호소하는 것도 중요하지만, 이왕이면 더불어 덕(德)을 세워 주는 문학이었으면 좋지 않을까. 충절(忠節)은 고전 소설에서나 그려지고, 신의(信義)가 조폭 영화에서나 반겨 주는 하찮은 것이 아니다. **덕의 예술, 덕의 철학, 덕의 교육**이 절실한 시대이다. 그런 연후에야 덕의 정치를 기대해 볼 수 있을 것이다.

67 박정희와 이순신

시대는 한참 다르지만 간혹 서로 비교되는 인물이 있다. 그렇다고 해서 두 인물을 비교하는 것이 현실적으로 무슨 큰 의미가 있는 것도 아니고, 또 반드시 그래야 할 이유도 없다.

이순신과 박정희. 두 인물은 모두 무인(武人)이었다는 사실 이외에는 서로 비교할 만한 요인이 없다. 분명한 것은 이순신은 박정희를 알 리 만무였지만, 박정희는 이순신을 누구보다 잘 알고 있었다는 사실이다. 물론 "그게 뭐 그리 대수로운 일이냐, 이순신을 모르는 사람이 세상에 어디 있느냐!"고 할 것이다.

몇 해 전 새로 임명된 문화재청장은, 아마도 평소에 박정희를 끔찍이 싫어하였던 모양인지 "광화문 현판의 박정희 글씨를 떼어내겠다" "온양 현충사는 박정희 기념관 같은 곳이다"라고 하는 바람에 한동안 세상이 시끄러웠던 적이 있다. 박정희와 이순신의 관계가 비로소 논의

되는가 싶었더니, 그도 얼마 안 가서 가라앉아 버렸다. 두 무장의 인과 관계를 살피기보다는 문화재에 대한 일반론으로 대응함으로써 소동을 마무리하고 만 것이다.

요즈음 정원이나 공원을 아름답게 꾸미는 일을 '조경(造景)'이라고 한다. 아마도 일본식 표현인 듯하다. 그렇지만 옛 우리네 조상들은 정원을 그렇게 자기 마음대로 조작해서 꾸미지는 않았다. 최대한 있는 그대로의 풍광을 살리고 살짝만 건드려 멋을 냈다. 아마도 '치경(治景)'이라는 표현이 더 가까울 것 같다. 그런데 유사한 말 중에 '차경(借景)'이라는 것이 있다. 국어사전에 등재된 말은 아니지만, 글자 그대로 해석하자면 경치를 빌리는 것을 말한다. 경치가 빼어난 산 밑이나 강가에 집 한 채 지어 놓으면 배경이 아주 그럴듯해 보이지 않겠는가. 앞뒤의 산이나 강이 비록 내 것은 아니지만 공짜로 경치를 빌리는 것이다. 어디 경치뿐이겠는가. 정치인이나 인권변호사·사기꾼들이 자신을 과장하기 위해서 온갖 것들을 이용해 차경(借景)을 한다. 가령 미국 대통령의 취임식 입장권 한 장 간신히 구해들고 가서는, 그것을 배경으로 사진을 찍어 와 마치 그 취임식에 초대라도 받은 것처럼 선전해대는 졸때기 정치인처럼. 그리고 자신의 사무실이나 거실에 유명인사와 악수하는 사진들을 보란 듯이 걸어 놓은 이들이 대개 그러한 부류의 사람들이다. 뿐만 아니라 이 차경을 잘 이용해 출세한 시인(詩人)이며 작가들도 있다. 위대한 인물에 기대거나(치켜세우거나 깎아내리거나 걸고 넘어져), 신령스런 산이나 오염되지 않은 강(자기 때문에?) 등을 배경으로 작품을 써서 스스로의 위상을 높이거나 남보다 더 순수한 영혼을 지닌 것처럼 보이게 하여 성공한 이들을 말한다.

그런데 박정희 대통령은 역시 교육자 출신답게 이순신 장군을 자신의 차경(借景) 소재로 삼았다. 온양 현충사뿐만 아니라 임진왜란중 이순신 장군이 전투를 치른 곳이나 머물렀던 곳은 모조리 성역화시켰다. 그리고 자신이 직접 쓴 글씨로 현판을 만들어 걸어 놓았다. 온양 현충사는 그가 정기적으로 참배했던 곳이다.

왜적(倭賊)을 물리친 이순신, 일본군 출신의 박정희. 사실은 서로 상극(相剋)인데, 바로 이 점에서 그의 지장(智將)으로서의 면모를 엿볼 수 있는 것이다. 일본군 출신이라는 것은 박정희의 가장 큰 약점이자 평생을 두고 떨치기 힘든 낙인이며 콤플렉스였다. 그 콤플렉스를 건드리는 인물은 결코 두고 보는 일이 없었다. 광복군 출신으로 조용히 죽은 듯이 사는 이들은 내버려두었지만, 고개를 쳐드는 자는 사정없이 짓밟았다. 그리고 한편으로는 이순신을 떠받들어 같은 무장(武將)으로서 자신의 애국심을 부각시켰다. 그렇다고 박정희가 가식적으로 이순신의 공적을 기렸을까? 결코 그렇지는 않았다고 본다. 분명 그는 누구보다도 이순신을 존경했을 것이다. 교육자였고 군인이었기에 이순신을 자신과 민족의 귀감으로 삼았을 것이다.

비록 독재자였으나 박정희는 분명 지(智)와 용(勇), 그리고 엄(嚴)을 겸비한 장수였다. 모자란 것을 차용(借用)할 줄 아는 지혜가 있었으며, 자신의 잘못을 덮기 위해 전임자(이승만)를 고의적으로 폄훼하는 비겁한 짓은 하지 않았다. 일본군 출신이라는 치명적인 약점을 가진 그 역시 근본은 내세울 것 없는 보통 사람이었다. 그렇지만 지혜롭게 자신의 약점을 잘 보완해 나갔다. 무인(武人)의 냄새를 지우기 위해 열심히 서예를 배워 문기(文氣)를 드러낼 줄도 알았고, 때로는 촌로들과 막걸리를 마시거나 시내의 허름한 식당에서 식사도 하면서 자신의 소탈함을 나타내기도 했다. 비록 자신은 근본이 없었지만, 근본 있는 이들을 주위에 두려고 애썼다. 여담이지만, 글쓴이가 오랫동안 스승으로 모시는 또 한 분은 일찍이 우연한 기회에 박정희 대통령 내외분과 인연이 닿아 가끔 청와대에서 모셨었다. 당시 육영수 여사는 정기적으로 각 부처 장관의 부인들을 모아 놓고 그분을 모셔다가 강의를 부탁했었다고 한다. 그분은 명문가의 후손이어서 어렸을 적부터 양반 교육을 받았던 터라, 부인들에게 그러한 교육을 하였던 것이다. 또 지금은 내로라하는 여러 재벌 회장님 형제분들의 젊은 시절 가정교사도 두루 맡으셨던 분이다. 아, 물론 '근본(根本)' 교육을.

그런데 이후의 대통령들은 자신의 전임자는 내버려두고 모두 죽은 박정희만을 깎아내리기에 여념이 없다. 모조리 박정희 콤플렉스에 사로잡힌 모양이다. 스스로의 못남을 드러내는 꼴이다. 콤플렉스를 극복하는 데에도 지(智)가 필요하다. 박정희 대통령은 나름대로의 무덕(武德)을 지녔으며, 공(功)과 명(名)을 이룬 인물이다. 남이 뭉갠다고 없어지는 것이 아니다. 그렇게 해서는 절대 박정희를 넘어서지 못한다. 스스로 덕(德)이 모자라면 남의 것을 빌리는 지혜라도 있어야 하지 않는가. 차라리 박정희를 차경(借景)하는 것이 더 현명할지도 모르겠다. 요샛말로 벤치마킹하라는 말이다. 물론 몇몇 어쭙잖은 정치인들이 어설픈 차경으로 박정희를 이용하다 별 재미를 보지 못했지만서도.

마오쩌둥[毛澤東]의 사후, 덩샤오핑[鄧小平]은 "공(功)은 칠이요, 과(過)는 삼이라"고 그를 평가하여 절묘한 타협점을 찾았다. 그렇다면 박정희에 대한 우리의 평가는?

언제부터인가 정권을 잡은 새 대통령은 마치 앞의 정권을 무너뜨리고 자기가 새로운 왕조를 건설한 양 행세를 하고 있다. 자신을 대통령으로 만들어 준 당은 부수거나 개명해 버린다. 그리고 전임 대통령의 업적을 애써 무시하거나 폄훼한다. 흔적조차 남는 것을 싫어한다. 제일 먼저 자신을 앞서의 정권과 단절시키는 일부터 한다. 아마 할 수만 있다면 국호(國號)까지도 바꾸었을 것이다.

스스로 근본 없다고 하면서 오히려 그만큼 더 순박한 양 자랑스럽게 떠벌린다. 주변에는 근본 없는 무리들만 끌어모아 근본 있는 집단을 물어뜯게 하고 있다. 그야말로 한없이 '낮은 데로 임하소서' 이다. 근본이 없는 것이 아니라 아예 천박한 것이다. 그가 간 지도 벌써 4반세기가 지나는데, 후인들은 그동안 뭘 했는지 아직도 무슨 문제나 대형 사고가 생기면 '개발 독재 후유증'으로 돌린다. 한심한 일이다. 그때는 그들의 시대였고, 지금은 우리(나)의 시대이다. 그들은 폐허 속에서, 허허벌판에서 조상 탓을 하거나 책임과 의무를 소홀한 적이 없다. 어떤 상태로 물려받았다 해도 이 시대는 이 시대를 살아가는 사람들만의 몫이다. 어떻게 다듬고 발전시켜 나갈지는 우리들의 책임이자 권한이다. 조상 탓, 남의 탓 한다고 달라지는 것은 하나도 없다. 스스로 못남을 떠벌리는 짓이다.

아무리 새로운 당의 새로운 대통령이라 해도 그는 분명 대한민국의 몇번째 대통령이다. 정해진 임기 동안 나라 살림을 맡아 보는 정부의 최고책임자, 즉 CEO에 지나지 않는다는 사실을 모르는 모양이다. 모두들 자신이 왕이라도 된 줄로 착각하는 듯하다. 정권을 창출한 것이 아니라 그냥 인수한 것이다. 기업을 인수해도 자산과 부채를 함께 책임져야 한다. 부채는 나 몰라라 하면서 자산만 인수하는 경우가 어디 있는가? 지금의 회사나 나라가 이러이러하니 내가 나서서 이를 해결하고 더욱 발전시키겠노라 해서 대통령에 출마한 것 아닌가. 그런데 전임자를 욕하고 부정한다면, 제 얼굴에 침 뱉는 것과 다를 바 없지 않은가. 앞으로는 부채를 인수할 건지 안할 건지 공약으로 내걸고 출마해 주었으면 한다.

한마디 더 보태자면, 박정희의 시대는 분명 난세였다. 이를 수습하는 데는 절대 권력이 절대적으로 필요했었다. 그렇지만 지금은 난세가 아니다. 어느 누가 아무리 잘해도 비교가 될 수 없다. 판이 달라졌기 때문이다. 세상이 바뀌었다 해서 지금의 잣대로 지난 시절을 재단하는 일은 비겁하거나 철없는 짓이다. 이젠 박정희를 잊어야 한다. 멀어져야 한다. 죽은 자와 싸우는 것은 무당의 몫이다. 현명한 자라면 입 밖에도 내지 않을 것이다. **뒤돌아보는 지도자는 지도자가 아니다.**

옛말에 "진주는 다리가 없어도 걸어가고, 옥은 날개가 없어도 날아간다"[46]고 하였으니, "자고로 명성을 누리는 사람은 공을 자처하지 않는데, 오늘에 와서 그 명성이 어찌 희미해지겠는가?"[47]

덕(德)이라고는 바늘로 찔러도 피 한 방울만큼도 나오지 않을 것 같은 요즈음의 정치인들에게 진작 들려주고 싶은 옛글이 있다. "좋아하고 싫어하는 마음이 너무 분명하면 조화를 이루지 못하고, 현명함과 어리석은 마음이 너무 분명하면 사람들과 가까이 하지 못하는 법이다. 속으로는 꼼꼼하고 총명하더라도 겉으로는 어리숙한 척 너그럽게 좋고 싫은 사람 모두에게 공평하게 하고, 현명하거나 우둔한 사람 모두 이익을 얻도록 해주어야 너그럽고 어진 도량이 생긴다."[48] 또 "내 뜻대로 풍류를 누릴 때는 재주 많은 귀신이 오히려 고지식한 신선보다 낫지만, 크나큰 번뇌에 시달릴 때는 아리따운 꽃의 정령조차도 재앙 귀신보다 고통스럽다"[49]고 하였다.

68 서양의 일곱 가지 덕〔七德〕

서양에서 말하는 윤리학(倫理學, ethics)은 원래 '습속' '성격'이라는 뜻의 그리스어 ethos에서 유래하였으며, moral philosophy라고도 한다. 개인적으로는 좋은 에토스의 실현을, 사회적으로는 인간 관계를 규정하는 규범과 원리의 확립을 목적으로 하는 학문을 말한다.

서양에서의 윤리 사상은 고대 그리스의 소크라테스와 플라톤, 그리고 아리스토텔레스에 의해 확립되었다. 소크라테스는 '덕(德)'은 곧 '지(知)'라고 하여, 명확한 이해와 자각으로 뒷받침된 덕이 아니면 덕의 이름에 값할 수 없다고 했다. 플라톤의 윤리 사상은 개인 윤리의 단계에 머물지 않고 사회 윤리로서의 국가학 혹은 정치학에 귀결한다. 그는 《국가》를 통해 인간의 영혼이 이성(理性)과 의지(意志)와 정욕(情欲)으로 나누어지듯이 국가를 구성하는 계급도 이성에 해당되는 지배 계급, 의지에 해당하는 방위 계급, 정욕에 해당하는 직능 계급으로 나누고, 이들 각자에 해당되는 덕이 지혜(智慧), 용기(勇氣), 절제(節制)라고 주장하였다. 그리하여 이 세 가지 덕이 조화를 이루었을 때 정의(正義)가 실현된다고 하였다. 아리스토텔레스는 진정한 의미에서 체계적인 덕(德) 이론을 세운 사람이었다. 그는 《니코마코스 윤리학》에서 덕을 교육으로 습득할 수 있는 '지성의 덕'과 습관으로 성립되는 '습득적인 덕'의 두 종류로 나누었는데, 후자를 '윤리적인 덕'이라 불렀다.

고대 로마의 스토아학파는 자연법을 존중하고, 인간이 의지로 자연 법칙과 도덕 법칙을 합치시키는 삶의 방식을 이상으로 했다. 키케로는 저서 《의무에 관하여》에서 "정의의 근저는 말과 약속에 대한 충실성, 거짓 없음, 곧 진실성이다"라고 하였다.

중세 윤리학은 그리스도교의 윤리신학이 그 전형이 되었다. 토마스 아퀴나스는 《신학대전》에서 아리스토텔레스의 체계적 덕론을 기초로 그리스도교적 덕론을 체계화하였는데, 정의(正義)·절제(節制) 등 이전의 것들은 인간적 윤리덕(倫理德)이라 하고, 신(神)에 대한 덕(德)으로서 믿음·소망·사랑을 들었다.

위와 같은 과정을 거치면서 서양의 일곱 가지 덕(德, virture)이 정립되었다. 그 중 네 가지는 자연의 덕이라 하여 고대 철학자들이 정한 **신중(愼重)·절제(節制)·용기(勇氣)·정의(正義)**의 기본 덕을 말하고, 여기에 신학적인 덕인 **믿음·소망·사랑**의 세 가지를 합쳐 일곱 가지 덕[七德]을 그리스도교 윤리의 기본으로 꼽았다. 그리고 이 중에서 사랑을 가장 으뜸한 덕으로 중요시하였다.

일반적으로 덕(德)이란 생활과 행동을 윤리(倫理)의 원칙에 일치시키는 것이라고 정의되어 왔으므로 이 일곱 가지 덕은 이러한 윤리의 원칙을 따를 때 취하는 태도와 성향을 뜻한다. 그외에도 박애(博愛)·관용(寬容)·책임(責任)·봉사(奉仕) 등의 여러 덕목이 있다.

동양과 서양에서의 덕(德)에 대한 관념에는 뚜렷한 차이가 있다. 서양에서는 인간을 이성(理性)과 의지(意志)를 갖춘 개인적 주체로서의 인격이 존재한다는 사실을 중심으로 하고 있는 데 비해, 동양에서는 인간 관계에서 이상적인 상태를 추구하는 개념을 주요 덕목으로 꼽았다. 유가오덕(儒家五德) 중 지(智)를 제외한 인(仁)·의(義)·예(禮)·신(信)은 모두 대인 관계에서 비롯된 사회적인 덕목들이다. 반면에 서양의 네 가지 '자연의 덕' 신중·절제·용기·정의는 동양의 병가오덕〔兵家五德: 智·信·仁·嚴·勇〕과 오히려 흡사해 무덕(武德), 즉 무인(武人)이 갖춰야 할 덕목 그대로인 것을 알 수 있다. 그리고 바로 이 네 가지 덕이 중세에는 기사도(騎士道) 정신으로 이어지며 오늘날의 신사도(紳士道) 정신, 즉 유럽 정신의 뿌리가 된 것이다. 고대 그리스는 분명 무(武)의 나라였다. 비록 문(文)의 성향이 강한 위대한 철학자들에 의해 정립되었지만, 무(武)의 정신으로 계승되어 진취적이고 합리적이며 실용적인 덕목으로서 서양 문화를 선도하고 있는 것이다.

69 '우리' 문화와 '나' 문화

간혹 호사가들은 한국인의 언어 습관 중 '우리'라는 말에서 타민족에 비해 남다른 유대를 찾아볼 수 있다고 주장한다. 서양인들이 '나'라는 주어를 많이 사용하는 데 비해 한국인의 '우리'라는 표현 속에는 공동체 의식이 깃들어 있으며, 항상 '자기'보다는 '우리,' 즉 남을 배려하는 미덕 또한 깃들어 있다는 것이다. '나의' 대신에 우리 집, 우리 식구, 우리 아버지, 우리 동네, 우리 나라 등등. 일견 수긍이 가기도 하는 이러한 현상은 언어사회학자들이 보다 구체적으로 연구해야 할 점이지만, 문화적인 시각에서 바라보는 것도 재미있을 듯하다.

문법적으로는 분명 '나' 혹은 '나의'라고 해야 함에도 불구하고 습관적으로 '우리'라고 표현하는 데에는 크게 두 가지 원인을 꼽을 수 있겠다. 앞서 여러 사람들이 주장한 대로 우선 오랜 농경 사회를 통해 다져진 공동체 의식 때문일 것이다. 농사는 혼자서 못 짓는다. 온 가족이, 때로는 온 동네 사람들이 모여 함께 일하고 함께 나누어야 한다. 그리고 함께 그 땅과 곡식을 지켜야 했다. 수렵과 유목 사회에서는 그 반대이다. 오히려 가족과 가족, 부족과 부족이 가능한 멀어지는 것이 좋다. 농사는 일손이 많을수록 더 많이 생산할 수가 있지만, 유목은 그렇지 못하다. 일손이 많다고 해서 양이 젖을 많이 생산하거나 새끼를 많이 낳는 것도 아니다. 오직 하늘에서 내리는 비[雨]의 양에 달려 있다. 두번째는 혈연을 중시하는 씨족 사회의 유산이라는 점이다. 이는 고려 후기 일반 평민층에 급속히 퍼져 나간 족보로 인해 성씨(姓氏) 제도가 확립되면서부터였을 것으로 짐작된다. 이로써 개인보다는 문중을 더욱 중시하면서 '우리' 라는 표현을 선호하게 되었을 것이다.

이런 까닭인지 '우리' 라는 말은 다분히 '정적(情的)' 이다. 그리고 끈끈한 '연(緣)' 이 느껴진다. 함께 땀 흘리고 부대끼다 보면 미운 정, 고운 정이 들게 마련이다. 또 핏줄을 확인해 주는 성(姓)은 어떤 것으로도 끊을 수 없는 연줄이다. 이 혈연(血緣)은 거기에서 그치지 않고 계속 뻗어 나가 '지연(地緣)' '학연(學緣)' 등 수없이 복잡한 줄기를 만들어 낸다.

그것이 전통적인 '우리' 의 사회였다. 그런데 근대화와 더불어 서양의 문물이 앞뒤 구분할 겨를도 없이 한꺼번에 밀려 들어오면서 예외 없이 '우리' 도 낯선 도전을 받게 된다. 그리하여 '나' 와 '우리' 사이에서 심한 심리적 갈등을 겪고 있다.

전통적인 동양의 예교 사회는 공동성을 강조한다. 사람들의 사상과 행위를 공동으로 지켜야 하는 윤리 계통 안에 규범화시켜 놓았다. 사람의 자연적인 개성과 감정 의지는 욕망의 근원이므로 이를 절제시켜야 했다. 물론 사람은 사회에서 생활하므로 좋아하고 미워하는 동물적인 정서와 욕망은 당연히 절제가 필요하다. 그러나 그 범위는 사회의 문화적인 특징에서 결정된다. 농업 문명을 기반으로 하는 동양의 종법 제도는 절제된 범위를 사회 의식과 사회 심리의 각계각층으로 확대시켰다. 크게는 정치 사상에서부터 작게는 개인의 성격에까지 종법 사회 관계와 서로 어긋나는 경향의 존재를 허락하지 않는다. 그리하여 어느쪽에도 기울거나 치우침이 없는, 혈연 관계를 주로 하여 맺어진 종법 사회에서 자연스럽게 형성된 조화와 질서는 사회의 장기적인 안정을 유지하기 위한 최고의 정신적인 원칙이 되었다. 그것이 중용(中庸) 사상이다. 천지자연 중에는 항상 조화와 분쟁이 동시에 존재한다. 조화의 형태가 바로 정체 내부의 평화로운 공존이며, 분쟁의 형태가 바로 개체 사이의 생존 경쟁인 것이다. 중용은 바로 이 조화를 발양시키는 동시에 분쟁을 배척하고 질책하는 것이다. 그래서 예로부터 '개성이 강하다'라는 것은 개인의 결점으로 생각했고, 수양이 부족

'우리'에는 책임과 주체성이 결여되었다. 그러다 보니 유리할 때는 '우리'를 찾고, 불리할 때는 '나'를 들먹이며 **빠져나갈 구멍이 있다**. '잘되면 제 탓이요, 못되면 조상 탓한다'는 말이 있듯이 남 탓할 여지가 얼마든지 있다. 또한 '나의 것'이 '우리 것'이 되고, '우리 것'이 곧 '내 것'이 될 수 있다 보니 습관적으로 공사(公私)의 구분이 잘 안 된다. 개인의 판단은 유보되고, 중론을 따르다 보니 부화뇌동하기 십상이다. 개인적인 자각보다는 사회적 선택, 즉 시류(時流)에 편승하는 경향이 짙다는 말이다. 책임의 경계가 불분명하고 구체적이지 못한 경향이 강하다. '우리'라는 이름으로 개인의 주관적이고 주체적인 생각을 억누르거나 무시할 여지가 많다. 그리고 분배의 과정에서 내 것과 네 것의 경계가 분명치 않다 보니 최종적으로는 분쟁이 발생할 소지가 많아져 끊임없이 편가르기를 하기도 한다.

한 탓으로 여겼다. 그래서 모난 돌은 정을 맞아야 했고, 분쟁을 일으키는 것은 무조건 통제되었다. 한마디로 '우리'를 위해 '개인'적인 욕망과 추구는 엄격히 제한되고 스스로 절제하여야 했던 것이다.

서구의 '개인'이라는 낯선 개념은 'I'와 'my'를 앞세우고 들어왔다. 계몽주의 시대를 거치면서 확립된 서양의 '개인' 혹은 '개인주의'가 아무런 철학적 성찰도 없이 부지불식간에 '우리'들 사이를 비집고 들어온 것이다. 데카르트의 '주체의 자율성,' 그리고 라이프니츠의 '개인의 독립성'으로 무장된 '개인'은 '계급에 맞선 평등' '전통에 맞선 자유'란 구호 아래 서서히 그 영역을 확대시켜 나갔다. 하지만 이 역시 단어의 표피적인 개념만 받아들였지 그 내용, 즉 그 정신과 역사를 미처 살펴보지 못했던 것이다. 그것이 그토록 선망해 마지않던 휴머니즘과 민주주의의 씨앗임을 제대로 알지 못했던 것이다. 그것들을 모두 따로따로 분절시켜 받아들인 것이다. '개인'의 자유만 알았지 윤리 따위는 있는지조차도 몰랐던 것이다. 자유와 평등만 외쳤지 그에 따라야 할 책임과 의무·도덕 규범을 애써 모른 척해 왔다. 단순히 '우리'의 무거운 짐을 털어내고 싶어 '개인'을 받아들였던 것이다. 그러다 보니 '개인'은 수시로 '이기주의'로 변질되어 '우리' 사이를 삐걱거리게 하고 있다. 물론 개중에는 아주 능숙하게(약삭빠르게) 둘 사이를 왔다갔다하는 이들도 많이 생겨났다.

사실 서양에서의 윤리는 18세기 계몽주의 시대까지는 전적으로 종교에 예속되어 있었다. 믿음·소망·사랑이라는 절대적인 덕(德) 아래 개인은 신중·절제·용기·정의의 덕으로 신의 명령, 신에 대한 의무를 이행하여야 했다. 하지만 계몽주의를 거치면서 '자아'에 눈뜬 인간은 신에게 맡겼던 자신의 권리를 찾아 스스로 행사하기 시작했다. 종교 개혁과 숱한 혁명을 치른 끝에 드디어 인간은 신에 대한 승리를 쟁취하게 되고, 더 이상 교회를 찾지 않아도 되었다. 이제 주일마저 하느님을 찬양하는 날이 아니라 개인의 존엄을 확인하는 날이 된 것이다.

이런 천지개벽의 전복을 겪으면서 서양 정신은 무사히 현대에 안착하게 된다. 물론 과학과 철학의 발달이 가장 큰 몫을 했을 것이다. 덕분에 그들은 신의 존재를 부정하지도 않았을 뿐더러 신과 '개인'이 공존하는 절묘한 타협점을 찾아낸 것이다. 신으로부터 자신의 자유는 찾았지만, 신이 아니면 감당할 수 없는 절대적인, 인간에게는 부담스런 힘과 권한은 계속 신에게 맡겨두고, 필요할 땐 언제든지 의지하고 책임을 떠넘길 수 있도록 해놓은 것이다. 보다 더 본질적인 이유는 신을 부정함으로써 필연적으로 야기될 사회적 질서의 붕괴를 원치 않았기 때문일 것이다. 신학적 덕(德), 즉 믿음·소망·사랑을 잃어버린 개인들로는 온전한 사회가 유지될 수 없음을 잘 알기 때문이다. 그들은 예전처럼 교회를 찾지는 않았지만, 그렇다고 신을 교회 밖으로 내쫓지도 않았다. 신학적 덕을 버리지 않았을 뿐더러 오히려 이를 바탕으로 새로운 덕(德)을 만들어 냈다. **자유·평등·박애**, 절대자인 신(神)을 매개체로 한 개인과 개인, 즉 삼각형 구조의 사회적 덕목을 인간들끼리의 직접적인 덕목으로 바꾼 것이다. 이런 일은 아마도 고대 그리스 시대로부터 내려오는 '자연의 덕,' 즉 신중·절제·용기·정의가 있었기에 가능했을 것이다. 사실 이 네 가지는 개인적인 덕이라 할 수 있다. 책임이 따르는 실천적인 덕목이다.

반면 우리는 조선의 멸망과 더불어 신이자 스승으로 모셔 온 공자(孔子)의 위패를 아궁이에 던져 불태워 버리고 보다 힘센 서양 신을 모시게 되었다. 새로운 신은 물론 엄청나게 강하지만, 결코 엄격하지 않았다. 이제까지의 그 어떤 신보다도 자비롭고 풍요로웠다. 그야말로 어머니 같은 신이었다. 그가 권하는 것은 믿음·소망·사랑으로 한없이 부드러운 밀크커피와 같았다. 그리고 사람들은 자유·평등·박애를 앞세우고 들어왔다. 물론 네 가지 자연의 덕도 함께 따라왔지만, 결코 방 안으로 들어오는 것을 허락하지 않았다. 왜 그랬을까? 우리의 눈에는 그것들이 그다지 귀한 손님으로 보이지 않았던 것이다. 그저 가죽 군화를 벗지 않는 무뢰한으로 여겨졌던 것이다.

유가(儒家)의 오덕[仁·義·禮·智·信]은 앞글에서 언급한 것처럼 사회적인 덕목들이다. 유교(유학)가 사회적이고 정치적인 종교이기 때문이다. 그것은 유교가 태어나던 그 시기의 사회상에 원인이 있다. 중국의 춘추전국시대는 열국의 제왕들이 끊임없이 패권을 다투던 시절이라 허구한 날 전쟁이어서 사회가 극도로 혼란스러웠다. 각국의 신출내기 왕들은 군왕으로서의 기본적인 덕(德)조차 미처 갖추지 못하였으며, 나라를 다스리는 방법 또한 제대로 알지 못하였다. 요순(堯舜) 시절에는 나라의 규모나 체제가 단순해서 오직 임금의 어진 덕[仁德]만으로도 천하가 태평할 수 있었다. 그러나 갈수록 사회가 점점 복잡하고 다양해지기 시작하여 새로운 신분 계급이 생겨나게 되었다. 법치(法治) 사상이 미처 뿌리를 내리지 못한 상태에서 복잡해진 나라 살림을 책임지게 될 새로운 관료 계층이 필요하게 된 것이다. 바로 이 점을 맨 먼저 알아차리고, 이에 필요한 인재를 양성하는 사설 학원을 차린 이가 바로 공자(孔子)였던 것이다. 원래 무사(武士) 집안에 태어나 제례(祭禮)를 담당했던 그는, 이전까지는 상류층에만 전해져 오던 온갖 법식과 학문을 평민들에게 퍼트린 것이다. 그때 가르친 과목이 바로 주대에서부터 귀족의 자제들에게 가르쳐 오던 육예(六藝)였다. 여기서부터 새로운 문사(文士) 계급이 탄생하게 되었다. 그리고 그들이 추구하는 가치관과 도덕 규범이 오덕(五德)이었으며, 이것으로 당시 혼란한 사회를 안정시키고 이상적인 국가를 건설하고자 했던 것이다. 여러 제후들이 앞다투어 졸업생〔文士〕들을 채용한 것은 두말할 것도 없다. 그들에겐 학문과 지혜는 있었지만, 결코 스스로 무력(武力)을 지니려 하지 않았기 때문이다. 이후 수천 년의 동양 역사에서 단 한번도 문사(文士)가 군왕의 자리를 넘보거나 빼앗은 예가 없었으니, 이보다 위험찮은 인재가 또 어디 있겠는가. 당연히 무사(武士)보다 문사(文士)를 더 가까이 두려 하였다.

이후 중국은 백가쟁명(百家爭鳴)의 시대를 거쳐 학문다운 학문이 민간 사회에까지 널리 퍼지고, 문화다운 문화가 꽃을 피우게 된다. 나아가 중국뿐만 아니라 동양 사상의 기본 골격이 되어 정치·학문·철학·예술 등 모든 문화에 지대한 영향을 끼치게 되었다. 그런데 만약 공자가 춘추전국시대가 아닌 통일된 진(秦)이나 수(隋)·당(唐)시대에 태어났더라면, 유가 사상(사상이란 것도 본질적으로는 사회적인 생각이지만)이 그토록 사회성 혹은 정치성을 띠지는 않았을 것이다. 따라서 본질적으로 **유학은 다스림과 복종의 학문이다. 군왕(君王)은 오직 인(仁)으로써 나라를 다스려야 하고, 무신(武臣)은 신(信)과 의(義)로써 충성해야 하며, 문신(文臣)은 지(智)와 예(禮)로써 보필**해야 나라가 제대로 설 수 있다는 것이다. 이로써 유가오덕(儒家五德)이 국가의 통치 체계를 위한 신분과 계급에 따라 부여된(요구된) 의무적인 덕목임을 알 수가 있다. 한마디로 군자(지배층)의 덕(德)이지 평민의 것이 아니었다. 백성은 그저 풀잎처럼 바람 부는 대로 누울 뿐이었다.

만약 이 유가오덕이 사회적인 덕(德)이 아니고 개인적인 것이었다면, 그래서 한 개인의 자기 수양, 자기 발전을 위한 덕(德)이었다면, 상하 계급과 신분에 관계없이 누구나에게 그것을 고루 갖추도록 권장되었어야 옳았다. 가령 서양의 '자연의 덕'인 신중·절제·용기·정의는 신분에 관계없이 완전한 인격체로 대접받기 위해 빠짐없이 갖춰야 할 '나'의 덕목이었다. 그에 비해 인(仁)·효(孝)·제(悌)·충(忠)·신(信)·예(禮)·의(義)·염(廉)·치(恥)가 모두 '나'의 덕이 아닌 '우리'의 덕이었던 것이다. 그렇지만 모두의 덕이 아닌 군자(선비)의 덕이었다.

바로 이러한 점 때문에 동양에서는 모든 군왕이 이 유학(유교)을 통치 이념으로 삼는 데 주저하지 않았던 것이다. 이때부터 힘은 군왕이 갖고, 신하들은 각자 문(文)과 무(武) 중 한 가지만을 가지게 했다. 두 가지를 모두 갖추는 것은 절대 허용되지 않았다. 이에 비해 서양의 귀족들은 문무(文武)의 구별이 존재하지 않았으며, 제한도 없었다. 오직 세력의 크기만이 염려되었을 뿐이다. 그래서 모든 귀족들은 스스로 무력 키우기를 서슴지 않았고, 군왕들은 힘과 권모술수로써 그들을 누르거나 달래서 자신의 왕좌를 지켜야 했다.

그렇다면 동양에는 자기 성찰을 위한 개인적인 덕목 추구가 없었는가? 삼강오륜이 국가와 사회 구조를 종횡으로 견고하게 얽어 놓아서 누구도 그 틀을 벗어나기가 쉽지 않았다. 물론 유학도 시대의 흐름에 따라 주자학·양명학·성리학이란 이름으로 변화·발전해 나갔지만, 결코 그 근본에서 벗어나는 일은 없었다. 오히려 더욱 조밀해져 나중에는 숨쉬기조차 힘들어지게 되었다. 바로 이 스트레스를 불교나 도교 등을 통해 어느 정도 해소해 나갈 수 있었다. 그렇지 않으면 스스로 깊은 산속에 은거하거나 강호를 떠돌며 시(詩)나 읊조리는 길밖에 없었다. 그래서 반사회적이고 반정치적인 수많은 은사(隱士)와 기인(奇人)들이 생겨났던 것이다. 중국에서 무협 문화가 번성하게 된 데에는 아마 이런 문화적 배경이 큰 역할을 했다고 봐야 할 것이다. 유교(제도권)의 경계를 멋대로 넘나들 수 있는 것은 무협(武俠)밖에 없었으니.

동양이 '우리(집단)'가 아닌 '나(개인)'에 눈뜨기 시작한 것은 19세기 제국주의 물결을 타고 온 서양의 과학 문명 덕분이었다. 당연히 그 선봉은 천주교 선교사들이었다. 계몽주의 시대를 거치면서 새롭게 정제된 자유·평등·박애를 여기저기 뿌려대자 수천 년을 버텨 오던 구들장들이 들썩이기 시작하더니 급기야 천지개벽이 나고 만 것이다.

서양의 개인주의는 결코 우리들이 이해하는 이기주의와 완전히 같지 않다. 물론 이기주의가 중요한 몫을 차지하고 있다. 그러나 집단적인 문화 정신에서 개인주의는 이기주의보다 훨씬 광범위한 내함이 있다. 그것은 물질에 의한 욕망의 만족뿐만 아니라 정신적인 면에서 개인의 의지와 개성의 자유, 그리고 이러한 물질과 정신상의 자아 실현을 위해 진행되는 갖가지 자유로운 진취와 추구, 즉 개인의 분투를 포함한다. 이러한 개인주의의 사회 관념과 그 개인의 추구가 실현되는 때에 얻게 되는 객관적 이익의 유혹이 개인으로 하여금 끊임없이 노력하게 하는 동력인 것이다. 그리고 그 결과 전체 사회의 물질 문화와 정신 문화가 끊이지 않고 창조되는 것이다.

만약 이 '개인'이라는 신약(新藥)을 우리 스스로가 만들어 냈더라면, 이 땅에서 나오는 재료로 만들었더라면 우리 몸에 잘 맞았을 것이다. 오늘날 우리 사회가 심한 가치관의 몸살을 앓고 있는 것은 분명 이 신약의 부작용 때문일 것이다. '개인'의 편리함만 받아들였지 그 덕(철학·정신)은 받아들이지 못한 것이다. 즉 개인주의를 받아들인 것이 아니라 편협한 이기주의를 받아들인 것이다. 그렇지만 그 약은 원래 좋은 약이고, 꼭 필요한 것이다. 문제는 우리의 체질(심성·도덕 규범)이다. '우리'는 분명 집단주의의 민족이었다. 체질을 바꾸든지, 아니면 우리 체질에 맞는 같은 효과의 신약을 만들든지 해야 한다. 계몽을 하든, 개혁을 하든 없어서는 안 되는 재료가 있으니 그것이 바로 '무덕(武德)'이다.

70 무예의 수련 단계

 본서는 처음부터 무예 실기에 대한 이야기는 전혀 염두에 두지 않았다. 하지만 앞에서 무예의 개념 및 정의, 그리고 호신술이나 놀이 등과 구분되어야 한다고 주장은 하고서 실기에 들어가 어떻게 다른지를 설명하지 않았다. 그래서 글쓴이가 35년 동안 해범 선생을 모시면서 배운 과정만을 대략 기술해 보고자 한다. 독자들 가운데 이미 무예를 익힌 분들이 있다면, 그동안 자신이 배운 과정과 비교해 보면 유익할 터이다.
 권법(拳法)을 배우든 병장기술을 배우든 가장 먼저 익혀야 할 것은 권법의 기초가 되는 보형(步型)과 퇴법(腿法), 그리고 단권(單拳)이다. 이 세 가지는 평생을 두고 수련할 때마다 빠짐없이 해야 한다. 목적은 자세를 바로잡고, 힘을 기르는 데 있다. 흔히들 이 세 가지를 중국 무술에서 온 것으로만 알고 있는데, 그건 잘 모르는 이야기이다. 사람의 몸과 팔다리가 나라마다 다를 수가 없듯이, 어떤 무예나 운동 혹은 무용을 하더라도 이 기본 동작에서 벗어날 수 없는 것이다. 혹여 누군가가 자신은 그것을 따르지 않겠다거나, 이와 다른 기본 동작을 따로 만들어 사용하겠다고 고집한다면, 그것은 지극히 무지하고 편협한 생각이라고 나무라지 않을 수 없다. 이 기본법은 어느 시대에 누가 하루아침에 만든 것이 아니다. 수천 년 동안 무예를 익히고 연구하는 과정에서 조금씩 다듬어져 지금과 같은 형(型)을 갖추게 된 것이다. 다시 말해, 수백 년 혹은 수천 년을 해보았더니 지금처럼 하는 게 가장 좋더라는 것이다. 그걸 네 것 내 것 따지면서 마다한다면 이미 시작부터 그른 것이다. 《무예도보통지》의 권법보(拳法譜)에도 이러한 기본에 관한 자료가 잔뜩 나열되어 있다.

그럼에도 불구하고 각 문파마다 이 기본형을 가져다 수련을 하되, 조금씩 그 모양새에서 차이가 난다. 그렇다고 근본을 틀어지게는 하지 않으나, 그 문파의 무학(武學) 수준에 따라 약간씩 혹은 엄청나게 차이가 난다. 보형(步型) 가운데 한 동작을 예로 들어 보자.

가장 대표적인 것이 기마보(騎馬步)와 궁전보(弓箭步)이다. 해범 선생은 《권법요결(拳法要訣)》에서 설명하기를, 기마보(騎馬步)란

"양발을 좌우로 벌리고, 무릎을 굽혀 반쯤 쪼그려앉는 자세이다. 몸은 바로 하고 허리는 곧게 세우면서 양발은 발끝을 안으로 구부려 팔자(八字) 혹은 일자(一字)로 만든다."

라고 하였다. 그리고 궁전보(弓箭步)는

"좌우 양발을 앞뒤로 벌려 앞발 끝을 반드시 안으로 향해 구부리고, 무릎은 지면과 수직이 되도록 굽힌다. 뒷발은 무릎을 곧게 펴며 발끝은 앞을 향하고 발뒤꿈치는 지면에 반드시 붙인다. 몸은 바로 하고 허리는 곧게 세운다. 마치 활시위를 당긴 것과 같이 앞발은 상체가 기울어지지

않게 지탱하고, 뒷발은 힘을 발출할 수 있도록 확실하게 밟아야 한다."

고 설명한다. 그밖에 허보(虛步)·독립보(獨立步)·부퇴보(仆腿步)와 운용 보형인 일좌보(一坐步)·좌반보(坐盤步)가 있다. 천하의 어떤 문중에서 나온 책이라 해도 이 이상 더 정확하게 설명해 놓지는 못했다. 이게 기본 보형(步型)이고, 누구나 평생을 쉬지 않고 이대로 수련한다. 그러면 이제 다 된 건가?

물론 그렇다, 여기까지는. 그런데 그 다음이 문제다. 명문가와 그렇지 않은 일반 시중의 무예와는 여기서부터 차이가 난다. 그래서 똑같은 자세를 취해도 문파마다 달라진다. 우선 기마보에서 발끝을 왜 안으로 구부려야 하는가? 발바닥에서 앞부분과 뒷부분의 힘의 안배는? 그리고 발바닥 중앙은? 무릎을 반쯤 구부리는데 어디까지? 대퇴부가 지면과의 수평에서 올라가면 힘들고 수평이나 그보다 조금 낮으면 편한데, 어느것이 옳은지? 이때 무릎 힘을 안쪽으로 줘야 하는지, 바깥쪽으로 줘야 하는지? 아니면 있는 그대로 버티기만 하면 되는지? 허리는 곧바로 세운다고 했지만 엉덩이·배·가슴은 어떻게? 그리고 어깨는? 목과 턱은? 모두 왜 그렇게 해야 하는지? 그렇게 하지 않았을 경우 어떤 결과(폐단)가 생기는지? 좌우 발의 힘의 분배는 어느 정도? 발가락과 뒤꿈치는? 발로 땅을 어떻게 움켜잡는가? 전체적으로 무게중심은 어디에? 사람마다 신체적 조건이 다른데, 모두에게 똑같이 적용해도 되는지? 팔과 손은 어떻게, 왜? 자세를 취하는 시간은 어느 정도? 변형 혹은 응용형은? 종(縱)과 횡(橫)의 구분은?

다 기록하지는 못했지만, 아무튼 남을 가르치는 자는 이와 같은 질문들에 논리적이고 과학적인 대답을 할 수 있어야 하며, 그리고 그 말이 짧게는 즉석에서, 길게는 10년 혹은 20년 후에 반드시 당사자가 느낄 수 있도록 증명되어야 한다. 가장 간단해 보이는 기본 자세 하나에도 이처럼 글로는 다 설명할 수 없는 엄청난 경험적 이치가 내포되어 있기 때문에 입이 닳도록 기본을 강조하는 것이다. 물론 배우는 사람이 이와 같은 내용을 금방 다 깨우칠 수는 없다. 그 몸이 느껴서 깨달을 때까지는 오랜 수련 기간이 필요하다. 해범 선생께서도 이같은 이야기를 결코 처음부터 다 일러 주지는 않았다. 나중에야 우리들이 "이 말씀을 왜 진작 해주시지 않았습니까?"고 물을라치면, "내가 그 때 분명히 말해 주었으나 너희들이 깨닫지 못했을 뿐이다. 그건 너희 몸이 그만큼 숙련되지 못하였기 때문이다"고 답하여 주곤 했다. "오래 수련하다 보면 자신의 몸이 스스로 깨닫고 의문을 가지게 된다. 만약 초보자에게 이런 이야기를 한꺼번에 해주게 되면 오히려 망치게 될 뿐이다. 그만한 수준에 이르렀을 때 그에 맞는 기술과 이론을 알려 주어야 한다." 글쓴이의 경험으로도 위의 내용 가운데 어떤 것은 스승으로부터 귀에 딱지가 앉을 정도로 들었건만, 정작 몸이 그것을 깨닫는 데는 20년 혹은 30년이 걸린 예도 있다. 무예로 남을 가르친다는 것이 얼마나 무서운 일인지 이로써 알게 되었다. 혹자는 이러한 내용을 진작 글로써 설명해 주면 되지 않느냐고 하겠지만, 그건 거의 불가능에 가깝다. 눈앞에서 직접 동작을 취해 가며 수없이 반복하여 다듬어 주어야만 가능한 일이다. 배우는 사람은 말할 것도 없지만, 가르치는 사람에게도 꾸준한 인내심이 요구된다. 하나를 보면 열을 알 수 있다고 하듯, 이 기마보(기마세) 하나만 봐도 그 문중의 무예 수준을 가히 짐작할 수가 있다. 장담컨대, 한국은 물론 중국에서조차 지금까지 이 기마보 하나 제대로 잡는 무예인을 본 적이 없다. 손가락 발가락 끝 한 마디의 모양과 힘의 안배에 따라 나중에 그 사람의 무예 성취도가 하늘과 땅만큼 차이가 나기도 한다.

그러면 또다시 혹자는 "왜 굳이 그렇게 까다로이 해야 하느냐. 내가 보기엔 그게 그것 같은데" 할 것이다. 그것이 바로 무예이다. 보일 듯 말 듯한 머리카락 한 올만큼의 차이에 목숨이 오가기 때문이다.

해범 선생의 《권법요결》《본국검》《조선창봉교정》에는 '십팔기'의 모든 실기와, 선생이 일생 동안 터득해 온 무예 이론이 기초부터 최고 경지에 이르기까지 상세히 기술되어 있다. 행간 한줄 한줄, 단어 하나 하나, 글자 한자 한자에 앞에서 제기한 그런 복잡하고 깊은 이야기들이 함축적으로 내포되어 있다. 위의 책을 가지고 무예를 익히는 이들이 이 점을 염두에 두고서 공부를 한다면, 단언하건대 오늘 읽을 때와 내년에 읽을 때, 혹은 수십 년 후에 읽을 때가 하늘과 땅만큼이나 다르게 느껴질 것이다.

어쨌든 앞에서 예를 들었듯이 보형(步型) 하나만 해도 실제 가르칠 때에는 책에 있는 설명보다 몇십 배를 더, 말로 때로는 몸으로 직접 가르쳐야 한다. '삼절법(三節法)'만 하더라도 《권법요결》제일 첫머리에 5쪽에 걸쳐 자세히 설명해 놓았다. 그만큼 중요한 이론이다. 선생께서는 평소에 "삼절을 제대로 알면 무예를 안다고 할 수 있다. 맨손이든 무기를 들었든 천하의 어떤 무예 동작도 이 삼절법에서 벗어나는 일은 없다. 세상 사람들은 별난 기술만 좋은 줄 알지 삼절법 귀한 줄은 모른다"라고 하였다. 이 '삼절법'이 '심법(心法)' '안법(眼法)' '수법(手法)' '보법(步法)'과 결합되어야만 제대로 된 무예 동작이 이루어질 수 있다. 또 "삼절(三節) 중에서도 중절(中節)이 가장 중요한데, 이것을 제대로 단련하지 않으면 신법(身法)이 나오지 못한다. 삼절이 하나가 되어야 신법이 나온다. 신법이 나오지 않으면 평생을 수련한다 해도 상승의 무공에 이르지 못한다"고 하였다. 물론 《권법요결》에는 이 '삼절법'에 대한 원리만 설명되어 있고, 그 수련법은 구체적인 언급이 없지만 각 권법 동작의 설명 속에 녹아들어 있다. 비록 본인이 인식은 못한다 해도 바른 기본을 착실하게 쌓아 가면서 꾸준히 수련하면 언젠가는 절로 습득할 수 있도록 해놓았다. 특히 중절(中絶)의 단련법은 글 몇 줄로는 설명이 될 수가 없어, 10년 이상 수련한 몇몇 제자들만이 조금씩 그 중요성을 깨달아 가고 있다. 그렇다고 아무에게나 가르쳐 주어서는 안 되는 무슨 비밀스런 절기라는 말이 아니다. 모두에게 똑같이 알려 주었지만 그걸 제대로 이해하고 완벽하게 익힌 자가 그만큼 드물다는 이야기이다.

시중에서 과격한 스포츠나 무예를 오랫동안 익힌 이들 가운데 상당수가 나이 들어가면서 요통과 관절염 혹은 신경통에 시달리는 대부분의 이유는, 이 중절을 제대로 단련시키지 못하였기 때문이다. 단련은 고사하고 무리하게 혹사시켜 막말로 골병이 든 것이다. 쉬쉬하고 넘어가는 이야기이지만, 과거 발차기를 많이 했던 연로한 무예인들 중 무릎관절 수술 안한 이를 찾기 힘든 이유가 바로 여기에 있다. 또한 거의 모든 무예서에서는 강유상제(剛柔相濟)를 이야기하면서 유(柔)의 중요성을 강조하지만, 구체적으로 유(柔)를 기르는 방법에 대하여는 언급이 없다. 그저 부드럽게 원을 그리는 동작쯤으로 설명하는 게 고작이다. 삼절법, 그 중에서도 중절을 이해(단련)하지 못하고서는 결코 강유(剛柔)를 논할 수 없다.

앞에서 이야기한 이 보형(步型)이 이후 단권(單拳)과 투로(套路), 그리고 실전(實戰)에서는 어떻게 운용되고 변화되는가? 이런 이야기는 천하의 어떤 무예서(武藝書)에서도 언급된 적이 없다. 명문가의 담장 안으로 들어가서 직접 배우지 않고서는 죽었다 다시 깨어나도 배우지 못하는 것이다. 알려 주기 싫어서가 아니다. 몸과 마음으로, 즉 구전심수(口傳心授)하지 않으면 그 진수를 다 가르칠 수도, 배울 수도 없기 때문이다.

　또한 천하의 무예서들은 한결같이 '보형(步型)'은 설명해 놓았으나, '보법(步法)'을 설명해 놓지는 않았을 뿐더러 제대로 구분조차 못하고 있는 예도 수두룩하다. 대개 어떤 문파의 투로(套路)든 예외없이 균보(均步)로 짜여 있다. 《무예도보통지》도 균보법(均步法)으로 동작을 설명하였다고 그 범례에서 밝히고 있다. 이때에는 거의 바둑판처럼 진보(進步)와 퇴보(退步)로만 이루어진다. 초보적인 단계를 거쳐 좀 더 복잡한 투로를 익히거나, 같은 투로라도 능숙해져서 변화, 운용하려면 반드시 보법(步法)의 이치를 알아야 한다. 호보(虎步)·창보(搶步)·압보(鴨步)·투보(套步)·편섬보(偏閃步)·체보(掣步) 등을 모르면, 기본 투로에서 한 발짝도 옮기지 못하고 평생을 균보로 반복하는 수밖에 없다(이것은 《무예도보통지》에 다 나오는 보법들이다. 그러니까 이것들의 의미와 동작을 알지 못하면 제대로 십팔기를 배운 사람이 아니란 말이다). 당연히 응용도 못하고, 실전에서는 또 아무짝에도 쓸모없게 된다. 사실 이런 것들은 무예계에서 통용되고 있는, 그래서 굳이 설명하지 않아도 되는 일상적인 무예 용어에 속하는 것들이다. 그밖에도 호구(虎口)·호혈(虎穴)·곤살(滾殺)·체수(掣手)·제수(提水) 등등 수많은 무예 용어들이 있어 제대로 된 문중 사람이라면 설명 없이도 척척 알아들어야 한다. 특히 체보(掣步; 掣擊)는 유일하게 '조선세법(朝鮮勢法)' 24세(勢)에서만 나오는 보법으로서, 최고의 고난도 기술로 어지간한 고수가 아니면 구사하기가 힘든 것이다. 해범 문중의 고수가 아니면 이해조차 할 수 없다. 그렇기에 시중의 어느 검도인은 이 체보를 발을 땅바닥에 질질 끄는 것이라고 하는 웃지 못할 일들도 생겨나고 있다(지금의 검도 동작으로는 체격과 체보를 익히기가 불가능하며, 아무런 상관도 없다). 그동안 중국의 여러 문파에서 '조선세법'

을 기본으로 자신들의 검법을 정립해 나갔지만, 단 한군데에서도 이 체보(체격)를 이해하고 언급한 예가 없다. 당연히 아직까지 중국의 어떤 무예인도 이 24세의 실기를 온전히 해제한 적 또한 없다. 해범 선생께서는 "체(掣)를 이해한다면, 바야흐로 최고의 경지에 이르렀다고 할 수 있다. 하지만 우리나라에서 무예의 가장 기본적인 호보(虎步)의 뜻 하나 제대로 알고 있는 사람을 만나 본 적이 없었다"고 하였다. 글쓴이 역시도 마찬가지이다. 언젠가 산중에서 무술을 닦는다는 이를 텔레비전을 통해 보다가, 호랑이걸음을 훈련한답시고 산비탈을 두 손 두 발로 엉금엉금 기어다니는 모습에 이르러 폭소를 터뜨리지 않을 수 없었던 적이 있다. 그야말로 낫 놓고 기역자도 모르는 격이다. 그러므로 이 체보(掣步)를 구사할 줄 아는 무예인이라면, 당연히 그가 해범 문중에서 십팔기를 제대로 익힌 사람임을 잘 말해 주는 것이다.

이런 복잡한 과정을 거쳐 기본 자세, 기본 동작, 단권, 그리고 서너 가지 권법 투로를 익힌 다음 약속 교전을 통해 권법의 응용 및 실전 연습을 한다. 그리고 검(劍)과 봉(棒)을 함께 익히면서 본격적인 무예 수련을 시작하게 된다. 당연히 각 병장기술마다 그에 따른 무수한 이론들이 앞서의 보형(步型) 설명처럼 따라붙는다. 간단하게 언급했지만, 이와 같은 과정을 착실하게 거치면서 무한히 능숙하게 동작을 익힌 다음에야 비로소 신법(身法)·경론(徑論) 등을 이야기할 수 있다. 무언(武諺)에 이르기를 "**권법을 백 번 익혀야 신법이 저절로 드러나고, 권법을 천 번 익혀야 그 이치가 스스로 깨우쳐진다**"[50)]고 하였다.

해범 선생께서는 그동안 4권의 저서를 통해 십팔기의 이론과 실기를 공개해 왔다. 또 공연이 있을 때마다 비디오로 찍어가 이곳저곳에서 전통 무예를 한다는 사람과 단체들도 생겨나고 있다. 심지어 불과

근자에 십팔기를 연구하는 무예인들 중 스스로 《무예도보통지》의 원본에 따라 보다 닮게 복원한답시고, 옛스런 그림 동작을 똑같이 흉내내며 요상한 포즈를 취하는 황당한 일이 있다. 역시나 무지에서 비롯된 일이다. 비단 《무예도보통지》의 동작 그림뿐만 아니라, 옛 그림 대부분은 지금의 관점에서 보면 조금 부자연스러워 보인다. 그렇지만 각 세(勢)의 핵심적인 의미를 정확히 표현하고 있다. 그 세(勢)의 의미와 목적을 정확히 이해하고 있는 사람은 그림을 보고 즉시 표현하고자 하는 바를 집어낼 수 있지만, 그렇지 못한 사람은 쓸데없이 군더더기 동작인 꼬꾸라진 어깨, 꺾어진 머리, 비틀린 팔다리 흉내를 내는 것이다. 《무예도보통지》의 십팔기 동작 그림은 한 세(勢)에 한 개만 그려넣었기 때문에 무학(武學)이 없는 사람에게는 당연히 전체적인 동작이 보이지 않는다는 사실을 모르는 것이다. 지금의 사진처럼 연속 동작을 촬영해서 서너 개의 포즈라야 한 세(勢)가 완전히 드러날 수가 있기 때문이다. 그리고 무엇보다 문외한들이 간과하고 있는 것은 《무예도보통지》의 그림 중 어떤 것들은 세(勢)의 완결 동작이 아닌 중간 동작을 그리고 있다는 사실이다. 그것을 모르고 흉내내기에 열중하다 보니 우스운 품새가 나오는 것이다.

물론 그 실기를 전승해 오는 문중에서는 굳이 그림과 설명조차도 필요치 않다. 해범 선생이 《본국검》이란 책을 통해 《무예도보통지》에는 그림이 부족한 '예도'와 '조선세법 24세'를 완벽하게 재연해 놓듯이. 그저 세명만 간결로 암기하고 있으면 되기 때문이다.

1,2년을 배우고 나가 새로운(?) 종목의 문파를 만든 철없는 이들도 있다. 어쨌든 기예들이 조금씩 나아져서 반가운 일이기는 하지만, 한편으론 아쉽고 안타깝기도 하다. 모두들 실기 동작 흉내내기에만 여념이 없다. 직접 물어서 배우질 않았기 때문에 왜 그렇게 해야 하는지, 달리 하면 어찌되는지를 모르는 것이다. 앞에서 언급한 것들을 함께 가져

가지 못했기 때문이다. 그렇게 배워서는 평생을 수련해도 몇 가지 흉내밖에 내지 못한다. 자신은 스스로를 무예인이라 여기지만, 사실은 **무예 연기인에 불과**할 뿐이다.

일정한 법식에 따라 지속적으로 수련하는 것을 공(功)이라 한다. 비단 무예뿐만이 아니라 학문이든 예능이든 각 분야에서 가장 중요한 것이 기본이다. 기본에 충실하지 않고는 결코 공(功)을 이룰 수가 없다. **이 기본을 제대로 갖추고 있는 집안을 명문가라고 하는 것이다.** 담장 밖에서 익힌 것을 가지고 무예라고 떠들어대며 남에게 팔러다니는 것은 자신과 남을 망치는 짓이다. 호기심을 유발하는 간판을 내걸고 여기저기서 주워 모은 몇 가지 무예 동작을 대단한 것인 양 내세우는 사람, 사이비 종교 교주처럼 희한한 몰골로 호객을 하는 무예인들, 산골짜기에 움막을 치고서 젊은이들을 끌어들여 무예를 전수한답시고 극기 훈련이며 지옥 훈련을 시키는 이들, 백몇십 살 먹은 도인에게서 비밀리에 배워 왔다는 고수들. 이 모두는 아무리 봐도 만화나 무협 소설 흉내내기에 지나지 않는 것들이다. 어른들의 '무예놀이' 소꿉장난 같다는 생각을 지울 수가 없다. 뻔한 수작에 본색도 다 알 만한 사람들이지만 각자의 생업인지라 옆에서 뭐라 하기도 곤란하다. 하지만 과장이 너무 심하고 미신적인데다 수많은 젊은이들의 정신과 세월을 갉아먹고 있기에, 평소 "남이야 뭘 하든 간섭 말고 너나 잘하라"는 선생님의 꾸중에도 불구하고 얼핏 언급해 보았다. 한창 감수성 예민할 때 여기에 빠진 젊은이들 중 상당수가 사회 생활에 적응하지 못하고, 소설이나 영화 같은 허황된 것을 찾아다니고 있다. 이들의 머릿속에서는 항상 안개구름이 뭉게뭉게 피어오르고 있어 언젠가는 자기도 주인공이나 신선될 꿈만 꾸고 있다. '도라이' 되기 십상이다. 그러니 사회에 나가 무슨 일을 하겠는가. 다시 말하지만, 그들은 무예인이 아니다. 길거리(혹은 산속의) 약장수일 뿐이다.

무언(武諺)에 이르기를 "3일 동안 배운 것을 3년 동안 익힌다〔學會三天, 練好三年〕"고 하였다.

71 무예의 구성 원리

앞에서 무릇 예(藝)란 반드시 법식(法式)을 갖추어야 한다고 누누이 강조했었다. 인간의 몸으로 표현하는 그 모든 예능 중에서 무예 동작만큼 엄밀하고 과학적인 것은 없다. 가령 예로부터 전해져 오던 춤이 있다고 하자. 그 춤을 추는 이들에게 왜 손을 그렇게 휘젓고 어깨를 들썩이느냐고 물으면 어떤 대답을 할까? "무슨 특별한 이유가 있었겠나. 그냥 보기 좋고 흥이 나니까 그렇게 추는 거지"라고밖에 더하겠는가.

그렇지만 무예(武藝)에서는 어림없는 말이다. 그랬다가는 한번 싸우는 데 목이 열 개라도 모자란다. 반드시 이유가 있어야 한다. 칼끝의 방향이 터럭만큼만 달라져도 그에 합당한 이유를 대어야 한다. 눈알 한번 돌리고 숨 한번 쉬는 것조차도 과학적으로 설명되어져야 한다. 왜냐하면 그 머리카락만큼의 차이에 하나뿐인 목숨이 달려 있기 때문이다. 그러한 무예 동작을 글에 비유해서 설명하여 보자.

우선 보형(步型)은 글자로 치면 모음(母音)에 해당된다. 그러면 팔은 자음(子音)이 된다. 병장기를 들었어도 마찬가지이다. 팔의 길이가 그만큼 길어진 것뿐이므로. 이 둘이 합쳐져 글자 한 자가 만들어진다.

그러니까 한 세(勢)가 이루어진 셈이다. 다시 이 글자가 두세 개 연결되면 하나의 단어(單語)가 되는데, 그것이 일 초식(招式)이다. 공수(攻守)의 의미가 내포된 이 기본 동작을 단수(單手) 혹은 단권(單拳)이라 하여 반복 연결해서 끊임없이 수련하는데, 여기까지가 기본 동작이다. 다음은 이 초식을 5-6개 연결시키면 드디어 하나의 문장이 만들어지고, 다시 서너 개의 문장으로 하나의 시(詩), 즉 투로(套路), 이를테면 총보(總譜)가 완성되어 독자적인 이름을 얻게 되는 것이다.

이 기본 문장인 투로까지가 얼마나 탄탄하게 잘 짜여져 있나 하는 것이 곧 그 무예의 수준이 된다. 대개 각 무예 문파들에는 이런 기본 투로가 각 종목마다 한두 개씩이 있다. 그리고 세명(勢名)은 반드시 그 무예를 익힌 자기네 사람들만이 이해할 수 있는 가결(歌訣)들로 표현해 놓고, 실제 동작은 절대 남에게 보여주지 않는다. 어쩔 수 없이 보여줄 때에는 응용 동작 몇 수만 보여준다. 그만큼 기본 동작은 중요한 것이고, 그 기본 동작을 구체적으로 단련하는 법은 대개 글로 남기지 않을 뿐더러 구전심수(口傳心授)로 전하는 것이다. 임진왜란중에 선조가 직접 명나라 장수에게 척계광의 《기효신서》를 보여 달라고 부탁하였을 때 거절당했던 이유가 바로 여기에 있다. 지금이야 시중에 음식 요리법을 알려 주는 책자가 널려 있지만 예전 같았으면 어림도 없는 일이다. 뉘 집 장(醬)맛이 좋아 이웃집에서 그 만드는 법을 가르쳐 달래도 절대 가르쳐 주지 않았다. 대신 장은 얼마든지 가져다 먹도록 했다. 마찬가지로 일국의 왕이 그렇게 사정하는데도 《기효신서》를 보여주지는 않았지만, 대신 조선의 날랜 병사들을 뽑아 명군에게서 무예 실기를 배워 가게는 하였다. 물론 나중에 역관을 시켜 몰래 그 책을 구해 보기는 하였지만 말이다. 그만큼 기본은 중요한 것이다. 글자처럼 그 기본 공식을 알면 그것으로 얼마든지 나름대로(때로는 더 나은)

의 문장(투로)을 만들어 쓸 수 있기 때문이다. 모원의가 《무비지》를 편찬할 때, 천하에 널려 있는 검법 기예들을 마다하고 오직 '조선세법 24세' 만을 실어 놓은 이유도 바로 그것이다. 그 검법의 24세가 모든 검법의 기본, 즉 글자로 치면 자모(자모)에 해당되는 것이기 때문이다. 이를테면 영어의 알파벳, 한자의 기본 부수, 한글의 자음과 모음 같은 것이다. 그만큼 기본을 중요시한다는 말이다. 무예를 제대로 공부하려면 먼저 이 기본 법식을 보는 안목을 길러야 한다. 기본을 알면 수천 수만의 변화와 응용이 가능하지만, 기본도 모른 채 먼저 응용 동작을 익힌 사람은 나중에 그 기본 동작이 잘 익혀지지가 않는다. 당연히 다른 응용 동작 또한 불가능해진다. 오직 처음에 익힌 응용 동작 한 가지만 죽도록 익힐 수밖에 없게 되는 것이다.

게다가 세명(勢名)에는 용(龍)·봉(鳳)·호(虎)·표(豹)·수(獸)·원(猿)·사(蛇) 등 짐승의 글자가 들어 있는 것이 많다. 어느 정도 무학을 갖춘 이라면, 그 세명만 들어도 상대의 어디를 어떤 식으로 베거나 치고 나가는 동작임을 짐작할 줄 알아야 한다. 모두 그 짐승의 특이점을 살려 비유해 놓은 까닭이다. 물론 제대로 된 문중에서 정확한 의미를 숙지하지 못하고, 막연한 상상력만으로 그 짐승들의 동작을 흉내내다 가는 우스운 꼴을 당하고 만다.

이렇게 익힌 것을 실전에서는 응용 동작으로 변화시켜 사용하게 되는데, 한 초식씩 서로 주고받으며 겨루게 되는 것이다. 따라서 이때에는 투로의 순서와 관계없이 그때그때 필요한 초식을 반사적으로 구사할 수 있도록 숙련되어야 한다.

현대에 와서는 각 문파의 이렇듯 귀한 초식과 투로가 세상에 공개되어 책방에 널려 있다. 덕분에 각 도장마다 이러한 투로를 십여 개씩 가르치기도 한다. 하지만 이렇게 많이 알고 있다고 해서 반드시 고수가 되는 것은 아니다. 그건 단지 온갖 것을 가르치고 배우는 일종의 욕심에 다름 아니다. 옛날의 아무리 오래된 문파라 해도 대개 권법이면 단수 몇 개, 혹은 투로 한두 개가 고작이었다. 그 한두 개를 무한히 반복해서 단련하였다. 그야말로 눈감고도 반사적으로 초식들이 튀어나올 때까지 평생을. 그래야 자기 무예가 되는 것이다. 간혹 시중에서 이런저런 무예들을 두루 배워 모두 합치면 십몇 단이 된다느니 하며 자랑하는 이들이 있는데, 그저 수집 취미일 뿐이지 무예 수련의 올바른 길은 아니다. 전투에 임하는 병사가 온갖 무기란 무기를 다 짊어지고 나가는 것과 같은 꼴이다. 그래서 옛말에 "잘하는 것이 많은 사람은 정통하지 못하고, 생각이 많은 사람은 과단성이 없다"[51]고 했다.

식(式)은 형(形)이며, 법(法)은 용(用)이다.

형식면에서 온전한 문장 하나를 얻었더라도, 그것을 운용하는 것 또한 더욱 수준 높은 이론이 필요하다. 중국의 어떤 문파의 검법(劍法)도 《무비지》에 나온 '조선세법(朝鮮勢法)'의 24세(勢)를 벗어나지 못한다고 하였다. 대개 10여 개의 세(勢)들로 자신들의 검법 투로를 짜고 있으며, 같은 세(勢)라 하더라도 각 문중마다 나름대로 운용을 달리하며 세명(勢名)도 따로 짓는다. 그렇지만 어떤 명칭으로 불리든간에 그 기본 요체는 대동소이하다. '조선세법' 24세 중 맨 처음에 나오는 것이 '거정세(擧鼎勢)'이다. 이 세를 '평대세(平擡勢)'와 '군란세(裙襴勢)'로 연결해서 행한다고 했다. 그러니까 세 가지 세로써 한 초식을 만들어 연습하라는 것이다. '거정세'란 글자 그대로 솥을 들어올리는 격(格)으로 검을 들어올려 상대의 무기를 막는 것을 말한다. 그러니까 검을 수평으로 앞을 향해 위로 들어올려 막는 동작이다. 바로 여기서부터 각 문파나 개인의 무학(武學)의 차이가 나기 시작한다. 《무비지》

71. 무예의 구성 원리 417

나 《무예도보통지》에 실린 그림처럼 오직 기본대로만 수련하는 사람은 평생 하수(下手)를 면치 못하고, 그 기본과 정신을 제대로 알고 쓰임새에 맞게 여러 가지로 변화해서 운용할 줄 아는 사람은 고수(高手)가 되는 것이다.

거정(擧鼎)을 하되 어떻게 할 것인가. 앞으로 곧바로 올리는 기본적인 거정이 있고, 분충거정(奔衝擧鼎)이 있다. 좌거정(左擧鼎)이 있고, 우거정(右擧鼎)이 있다. 그리고 편섬거정(偏閃擧鼎)이 있다. 실전에서는 어느것을 사용할 것인가? 이 이외에 다른 변화는 없을까? 물론 무수히 많다. 또 거정(擧鼎)만 단독으로 연습할 때와 평대(平擡)-군란(裙襴)으로 이어서 할 때는 어떻게 칼의 길을 잡아야 하는가? 만약 순서가 바뀌어 평대-군란-거정으로, 또는 군란-평대-거정으로 운용할 때에 거정은 어떻게 변화하는가? 그리고 그외에 다른 세(勢)들과 연결할 때는? 같은 동작을 검(劍)이 아닌 도(刀)로 운용할 때에는 어떻게 길을 잡아야 하는가? 칼이 길 때와 짧을 때, 무거울 때와 가벼울 때는? 장소가 넓을 때와 좁을 때는? 또 만약의 경우 칼이 없을 때, 즉 권법으로는 운용할 수 없을까? 칼 대신 봉(棒)으로는? 당연히 이 모든 물음에 막힘없이 답하고 운용할 줄 알아야 한다. 그러니까 각 세(勢)의 의미를 완전하게 이해하고 있어야 가능한 일이다. 여기까지 와서야 비로소 거정-평대-군란을 어느 정도 이해했다고 할 수 있다.

문장으로 이야기하자면, 모든 세(勢)는 동사형(動詞形)이다. '들다'라는 기본형 어간을 '밀어들다' '비켜들다' '받쳐들다' 등으로 활용할 수도 있고, 앞뒤 단어에 따라 '들고' '드니' '들며' '들어서' 등으로 변화할 수도 있는 것이다. 종결동사가 되기도 하고, 때로는 연결동사가 되기도 한다. 거정-평대-군란을 책대로 기본 동작을 풀자면 "들어올려 앞을 막고 평대로 목을 베고 물러나며 군란으로 허리를 친다"

가 된다. 이 문장을 그 뜻과 순서에 변함없이 얼마든지 고쳐 쓸 수 있다. 그건 그 사람의 문장 실력에 달려 있다. 그렇다고 문법도 모르는 실력〔武學〕으로 함부로 휘두르면 미군기지 주변에서 어깨너머로 배운 양공주 영어처럼 되어 망치기 십상이다. "앞을 향해 비스듬히 베어 올려 위를 막으면서 살(殺)하고, 이어서 어깨선을 따라 상대의 목을 당겨 베고, 다시 한 발 물러나면서 검을 바깥으로 넓게 휘돌려쳐 상대의 허리를 자른다." 동작으로 보여주면서 설명해도 일정 수준에 이르지 않으면 이해가 불가능하다. 그러므로 글로써 이 이상으로 설명하는 것은 오히려 혼란만 가중시킬 뿐이다. 이때 제대로 배운 고수라면 능히 발이든 손이든 앞뒤좌우 구분없이 자유자재로 이 동작을 구사할 것이다.

이렇게 그 원리를 완전하게 깨우치고 몸에 배도록 단련한 다음, 실전으로 운용할 적에는 한 초식(抄式)을 한 동작으로 행할 수 있어야 한다. 초보자는 대개 한 초식을 원칙대로 '하나' '둘' '셋' 동작으로 연습하지만, 고수가 되려면 이것을 한 동작으로 운용할 수 있어야 한다. 신법(身法)과 운용법을 모르고서는 불가능한 일이다.

이후 실기와 이론에 대한 공부를 계속해 나가 음양(陰陽) · 표리(表裏) · 허실(虛實) · 종횡(縱橫) · 입원(立圓) · 내외(內外) · 기락(起落) · 장단(長短) · 강유(剛柔) · 난나(攔拿) · 쾌만(快慢) · 소말(消抹)…… 등의 이치를 깨우쳐 나가야 한다. 그리고 이와 함께 내공(內功)의 수련을 병행해 나간다면 비약적인 발전을 이루게 될 것이다.

《무비지》에 실린 '조선세법' 24세는 고대 조선의 검법(劍法)이다. 모원의가 이것을 조선에서 구하여 실었을 당시만 해도 이미 검(劍)을 사용하는 예가 별로 없었다. 우리나라에서도 고려 중기 무렵부터 검(劍)이 도(刀)에 밀려나기 시작했었다. 따라서 이 검법은 최소한 고려 초기 혹은 신라시대에 만들어졌을 것으로 여겨진다. 《무예도보통지》

를 만든 학자들도 이 검보(劍譜)가 이 땅에 널리 보급되지 못하고, 모원의의 《무비지》를 통해서야 전해지게 된 것을 두고두고 애석해하였다. 그리하여 이를 기본으로 새로이 《본국검》을 만들었는데, 그 연기(緣起)를 신라의 황창랑(黃倡郎)으로 잡고 있다. 이후 이 24세 검법은 조선은 물론이고 중국의 모든 검법의 모태가 된다. 왜냐하면 천하의 어떤 고수가 어떤 세법을 창안해서 구사한다 해도 결국 이 24세를 벗어날 수가 없기 때문이다. '조선세법' 24세는 검으로 구사할 수 있는 모든 동작〔勢〕을 완벽하게 정리해 놓은 것으로 가히 검경(劍經)이라 일컬을 수 있다.

대개 검(劍)의 수련은 서예(書藝)와 닮은 점이 많다. 칼이나 붓이나 그 사용법의 기본은 영자팔법(永字八法)에서 크게 벗어나지 않는다. 항상 기본을 중시하는 이유도 서로 같다. '조선세법'에서는 격(擊)·자(刺)·격(格)·세(洗)의 기본 세법(勢法)을 가장 중요시하며, 먼저 수만 번을 익혀야 한다. 서예를 배우면서 맨 먼저 한 일(一)자를 1만 번 그어 본 사람과 그렇지 않은 사람과의 차이와 같다. 물론 1만 번 그어 보지 않은 사람은 절대 그 차이를 알아채지 못하지만. 이런 과정을 한 단계 한 단계 착실히 밟아 가면서 글자를 깨우치고, 문장을 능숙히 구사하게 된다. 그 과정이 무예 수련과 매한가지이다. 그리하여 처음엔 해서(楷書)를 익히고, 그 다음엔 행서(行書)를, 그리고 초서(草書)를 연습하는 것이다. 그런 다음에야 자유자재로 붓을 놀려도 결코 기본에서 벗어나는 일이 없다. 이 과정을 무시하고, 처음부터 행서나 초서를 배운답시고 갈겨쓰거나 급하게 다음 순서로 넘어가게 되면 글씨를 완전히 망치게 된다. 또한 평생 해서만 익힌 사람은 초서를 결코 알아보지 못하는 법이다.

검법(劍法)도 마찬가지로 초서와 같은 경지에 이르러 같은 글자라도 앞뒤의 글자에 따라 변하듯 초식도 천변만화한다. 한 초식 한 초식을 펼칠 때마다 강약(强弱)과 쾌만(快漫)을 조절하여 끊어지듯 이어지며 마디마다 한 송이씩 검화(劍花)가 피어나게 된다. 처음에는 몸이 병장기를 끌고 가지만, 능숙해지면 반대로 병장기가 몸을 이끈다. 그리하여 투로는 전체적으로 물 흐르듯 이어진다. 한 초식은 대부분 '하나'의 동작으로 연출되는데, 각 세(勢)들은 모두 빠짐없이 펼쳤음에도 불구하고 안으로 감춰져서 그 경지에 이른 고수가 아니면 결코 알아보질 못한다. 그저 아름다울 뿐이다. 드디어 고수(高手)의 반열에 오른 것이다. 또한 왕희지(王羲之)체니, 조맹부(趙盟頫)체니 추사(秋史)체니 하듯이 자신만의 아름다운 멋을 드러내는 것이다. 비로소 무(武)의 학(學)과 예(藝)를 논할 수 있는 경지에 이른 것이다. 다시 말해, 일가(一家)를 이루었다고 할 수 있다. 단지 검법이 서예와 다른 점이 있다면 상대가 있다는 점이다. 천변만화하는 초식의 변화에 반사적으로 대응할 수 있어야 한다.

이런 과정을 익혀 나가려면 반드시 훌륭한 스승을 만나 지속적인 지도를 받아야 한다. 모든 학문이 다 그렇듯이, 혼자서는 열 번을 다시 태어난다 해도 가장 기초적인 보형(步型)의 원리 하나 제대로 깨닫기 힘들다. 시중에는 간혹 독학으로 십팔기를 터득했다는 이들이 있는데, 이는 지나가는 소가 웃을 일이다. 학교 문 앞에도 가보지 않아 이차방정식도 모르는 사람이 아인슈타인의 상대성 원리를 풀어낸다고 하는 것과 마찬가지이다. 다시 말하지만 무예는 체덕(體德)의 학문이어서, 앞에서 열거한 온갖 원리 중 한 가지를 이해하고 증명하는 데에만도 때로는 수십 년이 걸리기 때문이다. 그리고 반드시 기본을 착실히 소화한 후에 다음 술기를 익혀야지, 급한 마음에 대충 익히고 넘어가면 망치게 된다. 한 일(一)자 서너 번 그어 보고 곧바로 행서나 초서로 들어가는 꼴이다. 근본이 부실하면 천박해지는 것은 물론 아무리 해도 저잣거리 막싸움 수준을 넘어서지 못한다. 그리고 무엇보다도 안타까운 것은 한번 기본이 잘못되어 굳어 버리면 다시 고치기가 너무 힘들고, 경우에 따라서는 거의 불가능해진다는 점이다. 그래서 항상 "배우기는 쉬워도, 고치기는 어렵다"고 하는 것이다. 이후 다른 훌륭한 기예를 보고서 익히고 싶어도 거의 절대적으로 몸이 따라가 주질 않는다. 몸만 그런 것이 아니라, 생각조차 편견이 생겨 바른 것을 보고도 받아들이지 못하게 된다. 그동안 시중에서 다른 무예를 익혔다는 이들이 십팔기를 배우려다가 도중에 포기하고 마는 것도 이런 이유에서다. 십팔기를 먼저 익힌 이들은 여타 어떤 무예의 어떤 동작도 그대로 흉내내며 곧바로 자기 식으로 소화해 낼 수가 있다. 그런데 저들은 십팔기의 주먹 찌르는 것 하나 흉내내기가 안 되는 것이다. 물론 본인으로서는 왜 그런 현상이 생기는지 이해조차 못하지만. 기본이란 그처럼 무서운 것이다.

아무튼 (대충 기술해서) 이러한 과정을 거쳐 한 사람의 무예인이 만들어지는데, 근본 있는 문중에서 이같이 제대로 배우면 누구라 해도 10년차가 20년차를 이기지 못하고, 20년차가 30년차를, 30년차가 40년차를 절대 능가할 수 없다. 당연히 똑같은 동작도 10년이 다르고, 20년이 다르고, 30년이 다르다. 그건 무예계의 만고의 진리이다. 제대로 기본 법식을 알고 수련하면 하루의 연습량에도 차이가 있다. 나이가 들어 기력이 쇠해져 젊은이들에게 밀린다고 하는 것은 잘못 배운 것이다. 그런 것들을 두고 무예라 하지 않는다. 그건 단지 체육(때로는 노동)일 뿐이다. 무예란 일반 체육처럼 근력(筋力)으로 하는 것이 아니라 경력(徑力)으로 하기 때문이다.

올바른[正] 기(技)와 술(術)을 배우고[學] 끊임없이[恒] 익혀서[習] 실천해야[行] 한다. 머리로만 익힌(외운) 것은 잊혀지고, 생각은 언제든지 바뀔 수가 있다. 하지만 몸으로 익힌 것은 절대 잊거나 버리지 못한다.

무언(武諺)에 이르기를 "백 번 보는 것이 한 번 익히는 것만 못하고, 백 가지 익히는 것이 하나의 전일함만 못하다[百看不如一練, 百練不如一專]"고 하였으며, 또한 "천 초를 펼칠 수 있다고 두려워하지 말고, 한 초가 숙련되었음을 두려워하라[不怕千招會, 就怕一招熟]"고 하였다.

72 무사도(武士道)란 무엇인가?

일본의 무사(武士)는 나라[奈良]시대 말기, 대략 770년 전후에 나타난다. 당시 고닌[光仁] 천황이 쇠락하고, 귀족 세력인 영주(領主)들이 득세를 한다. 그들은 자신들의 세력을 확대하기 위해 부하와 가솔들을 무장하게 하는데, 이들을 '무사(武士)'라 칭하였다. 처음에는 신분이 낮은 신하들과 노예들로 구성되었는데, 이들은 오직 자기 주인에게만 복종하는 특수한 집단이었다. 이후 영주들의 권력 투쟁이 계속되고 격렬해지자 이들의 신분도 점차 상승하여 주요한 사회 집단으로 자리잡게 되었다. 1192년, 관동 지방의 무사 집단이 가마쿠라[鎌倉]에서 군사 권력 기구인 바쿠후[幕府]를 설립하여 중앙정권을 통제하는 세력으로 컸다. 그리하여 1603년에 도쿠가와 이에야스[德川家康]는 법령으로 무사의 신분을 고정시켜 사농공상(士農工商)의 우두머리로 하였다. 무사가 일본 사회의 주요한 통치 계층이 된 것이다.

니토베 이나조〔新渡戶稻造〕. 1862년생. 일본 다이쇼〔大正〕시대의 대표적인 사상가이자 교육자. 일본의 메이지 헌법을 만든 이토 히로부미〔伊藤博文〕와 함께 지폐에 초상화가 실린 인물.

개화기의 선각자로서 니토베 이나조는 어떤 인물인가? 그의 경력을 살펴보면 지폐에 실릴 만큼 큰 업적을 이룬 것 같지는 않으며, 일본 국민들에게도 그다지 잘 알려져 있는 인물이 아니었다. 아마도 그가 일본을 서양에 알리는 데 가장 큰 공헌을 하였기 때문인 것 같다. 그는 일본과 서양 문화와의 교류에 힘썼는데, 그 가운데서도 1899년 서양 사람들에게 일본 문화를 알리기 위하여 영어로 쓴 《Bushido! The Spirit of Japan》을 통해 국제적으로 큰 명성을 얻었다. 이미 우리나라에도 여러 차례 번역 소개된 적이 있는 이 책 한 권으로 그의 초상이 지폐에 실리게 된 것이다.

그가 이 책을 쓰게 된 동기는, 서문에서도 밝혔듯이 서양인 부인과 그가 만난 여러 서양학자들로부터 일본은 왜 학교에서 종교 교육을 하지 않느냐는 질문을 받고 나서부터였다고 한다. 아마 그외에도 일본을 동양의 한 미개한 나라로 보았던 서양인들로부터 별로 이렇다 하고 내세울 것 없는 일본 문화에 대한 질문과 함께 멸시도 많이 받았을 것임을 충분히 짐작할 수 있다. 고민 끝에 그는 종교 대신 봉건시대의 무사에 대한 이야기를 통해 일본인들의 도덕 관념을 알리기로 한다. 정말 영특한 발상이라고 아니할 수 없다. 서양 정신의 모태인 기사도(騎士道)를 빌려 무사도(武士道)를 그려낸 것이다. 다시 말해, 일본판 젠틀맨십을 만들어 낸 것이다. 서양의 귀족(상층) 문화인 기사도와 같은 무사 문화가 우리 일본에도 있다고 주장한 것이다. 이해를 돕기 위해 유럽의 역사나 문학에서 예를 많이 들었다고 하였다. 심지어 사무라이는 여성을 배려할 줄 안다고까지 하는 등, 다분히 서양인들을 의식하며 글을 썼다. 그리하여 그 책을 읽은 서양인들의 콧대를 일시에 꺾어 버리고, 오히려 동경하게 만들었다. 문명인으로서 자부심을 갖게 해주는 신사도의 뿌리인 기사도와 같은, 오히려 훨씬 엄격하고 숭고하기까지 한 무사도라는 문화가, 그것도 시퍼렇게 살아 있다니! 자, 이제 더 이상 일본 문화를 해적 문화라고 우습게 보지 마라. 할복이라니! 다른 건 아예 묻지도 마라!

무사도(武士道). 일본 정신의 뿌리. 그가 쓴 이 책 한 권으로 그동안 미개한 섬나라로 여겨지던 일본을 서구 열강과 동급의 반열에 올려 놓은 것이다. 그리고 나아가 일본 문화의 정형을 만들어 냈다. 그는 이 책에서 일본의 무사(武士)들이 지켜온 덕목을 나열하며 극도로 미화시키고 있다. 그들의 정신이 무사도이며, 그것이 곧 '야마토 무사시(大和魂)'라는 논지를 펴고 있다.

그러면 봉건시대의 유산인 무사 계급이 어떻게 해서 일본 근대화의 중심에 있게 된 것일까? 아이러니컬하게도 그것은 일본 역사 발전이 그만큼 뒤떨어졌기 때문에 가능한 일이었다고 볼 수 있다. 일본인들은 항상 무사도를 서양 중세의 기사도와 흡사하다며 서로 비교하는 것을 좋아한다. 그렇게 해서 언제나 변방이면서 야만 상태일 수밖에 없는 아시아 역사에서 벗어나 선진 유럽 국가들과 어깨를 나란히 하는 우월감을 맛보겠다는 것이다. 그렇지만 그 유사하다는 것이 사실 역사적으로는 오히려 중국 전국시대 이전, 문무(文武)가 분리되기 이전의 사(士) 계층과 닮아 있다. 또한 한국의 고려시대 무신 정권 시기와 비슷하다.

서양의 기사와 일본의 무사는 모두 통치 계층에 속했지만 사회적 지위 면에서는 분명 차이가 있으며, 문화적 성질도 상당히 다르다.

도쿠가와 이에야스가 천하를 통일하기 이전까지 일본은 수십 개의 영지로 쪼개져 끊임없이 서로 다투었다. 지형적으로도 일본은 대부분 산과 골짜기로 이루어져 있어서 예로부터 백성들의 이동이 쉽지 않았다. 거기에다 각 영주들끼리 줄곧 다투다 보니 태어난 곳을 떠나 다른 지역으로 피난을 가거나 도피해서 산다는 것은 꿈도 꾸지 못한다. 따라서 국가적인 개념보다는 각 영지의 소단위로 살아가게 되어 계층간의 구조도 매우 단순할 수밖에 없었다. 맨 위에는 우두머리인 영주(領主)가 있고, 그 밑에는 무사(武士), 그리고 나머지는 모두 일하는 주민(농민)이다. 국가 단위가 아니므로 무사를 군(軍)이라 부르기도 마땅찮았다. 그러니까 일종의 사병(私兵)인 셈이다. 이렇게 단순하다 보니 무슨 법이니 절차니 하는 것이 그다지 필요치 않았다. 천황은 있으나마나 하였기에 설령 국법이 있다 해도 지켜질 리 만무하고, 오로지 무력만이 영주 자신의 가문과 영지를 지킬 수가 있었던 것이다. 그래서 전통적으로 영지를 관리하는 문사(文士)보다는 당장 나가서 싸워 줄 무사(武士)가 더 필요했다. 주민들도 자신들의 영주를 잃으면 이웃 영지에 복속되어 핍박을 받게 되니 무사들과 함께 전쟁터에 나가 목숨 걸고 싸우는 수밖에 없다.

이처럼 국가 대신 좁고 폐쇄적인, 그리고 단순한 소단위의 영지에서 살다 보니 주민(백성)들의 선택 범위가 지극히 좁다. 무사든 평민이든 규모가 얼마 되지 않다 보니 모두 영주의 손바닥 안에 있다. 그렇다고 해서 자기들의 영주가 싫다고 다른 곳으로 넘어갈 수도 없다. 그곳에는 다른 영주가 있어 또 그를 섬겨야 하니, 어쨌거나 그것은 배신이 된다. 그곳에서인들 주인을 저버리고 온 배신자들을 가만히 받아들일 리

없다. 틀림없이 보란 듯이 목을 벨 것이다. 그러니 어떻게든 태어난 곳에서 자자손손 살다 죽어야 하는데, 그러기 위해서는 영주의 신임이 절대적이다. 무사든 평민이든 자신의 결백과 충성심을 항상 나타내야 한다. 조금이라도 밉보이거나 의심을 받는다면 그건 곧 죽은 목숨이요, 가족과 가문의 몰락을 의미한다. 그래서 일본 사람들은 '이지메'를 그토록 두려워하는 것이다. 천하 통일 이전의 일본은 중앙집권 체제가 못되고, 소규모의 지연(地緣) 사회였다. 거기에서 생겨난 배타적인 관습법을 어겼을 경우에는 모두로부터 따돌림을 당하게 되는데, 그것을 무라하치부(村八分)라 한다. 결국 공동체에서 쫓겨나는 신세가 되며, 이를 나카마하즈레(仲間外れ)라 일컫는다. 이렇게 되면 어느 누구도 그 사회에서 생명을 부지하기가 어려웠다. 또 공을 세우지 못하면 무사로서의 사회적 지위를 보장받지 못해 버림을 받거나, 자기가 받들던 주군이 세력을 잃어 가난하게 되면 도처를 떠도는 유랑인 신세로 전락하곤 했다.

　이러한 배경에서 무사는 자신들의 주인(영주)에게 충성을 바치지 않을 수 없다. 그리고 이런 역사가 오래 지속되다 보니 독특한 무사 문화가 생겨난 것이다. 그것이 무사도이다. 또한 그들의 주인은 무사가 자신을 위해 목숨을 바치게 되면, 그의 가족들에게 무사 계급을 세습시키고 돌봐 줄 의무가 있는 것이다. 즉 명예와 생계를 보장해 주는 것이다. 그래야 모두가 안심하고 믿고 충성을 바칠 테니까. 서로가 그 조직(공동체) 안에서 벗어날 수 없는 운명인 것을 잘 알기 때문이다. 영주가 통치하는 폐쇄적인 집단 속의 무사들은 개인이라는 사회 단위가 아닌 가(家)에 예속된다. 주인의 명령에 무조건적으로 복종해야 하며, 반항은 가장 큰 죄에 해당된다. 대신 절대 충성하면 주인은 '은혜(仁)'를 베푼다. 다시 무사는 그 은혜에 보답하기 위해 대를 이어가며 충성을 해야 한다는 책임감을 가지게 되는 것이다.

도쿠가와 이에야스에 의해 천하가 통일되었다지만 여전히 천황은 무력하였으며, 중앙집권적 통치 체제가 이루어진 것은 아니었다. 도쿠가와 바쿠후[德川幕府]가 직접 천하를 지배한 것이 아니라, 단지 각 지역의 군벌인 다이묘[大名]들을 통제한 것이었다. 따라서 무사 계급은 계속하여 존재하게 된다. 그러나 무사라 해도 계급이 많고 엄격했다. 상급 무사들은 넉넉한 경제력을 바탕으로 나름대로 학문을 닦고 예술을 즐기며 안락한 생활을 할 수 있었지만, 하급 무사들은 가난을 벗어날 수가 없었다. 거기에다 예전처럼 전쟁도 없어 공을 세워 신분을 상승시킬 기회마저 주어지지 않았다. 이 시기 각 지역의 한[藩]들은 외국과의 통상을 통해 부를 늘리고, 세력을 키워 나갔다. 그리하여 자연스레 상업에 종사하는 무사들이 생겨났다.

서구 열강들의 끊임없는 압력과 한[藩]들의 세력 증강은 차츰 바쿠후[幕府]의 힘을 약화시키고, 상대적으로 천황에 의한 중앙집권의 필요성을 대두시킨다. 1867년, 도쿠가와 바쿠후 15대 쇼군[將軍] 도쿠가와 요시노부[德川慶喜]는 정권을 조정에 반환하고 260년간의 통치를 마감한다. 그리하여 일본은 메이지[明治] 시대를 맞아 본격적인 근대화의 길을 가게 된다. 왕정복고 후 메이지 정부는 한[藩]을 폐하고, 무사의 신분을 없애고, 징병 제도를 통해 정부군을 구성한다. 이에 불만을 품은 일부 무사 계급들이 자주 반란을 일으켰지만 시대의 조류를 막을 수는 없었다. 오히려 그들은 충성을 다해 부국강병과 문명 개화의 기치 아래 서구의 신학문과 사상을 받아들이는 데 앞장섰다. 그것만이 살길이었다.

견마지로(犬馬之勞). 자신의 주인에게 충성을 다하는 것, 이 종복(從

僕) 문화가 무사도의 본질로서 일본의 국민성으로 자리잡혀 있다. 그 주인이 누구냐? 깡패단 두목일 수도 있고, 기업주일 수도 있으며, 국가일 수도 있고, 천황일 수도 있다. 한번 주인은 영원한 주인이다. 니토베 이나조는 무사(武士)의 덕목으로 의(義)·용(勇)·인(仁)·예(禮)·성(誠)·충(忠)·할복(割服)을 꼽고, 이를 잔뜩 미화시키고 있다. 이와 같은 역사적인 배경으로 강압적인 주종 관계에서 생겨난 무사 계급의 별난 행동 양식을 다른 어떤 민족도 가지지 못한 미덕인 양 견강부회하고 있지만, 아무래도 이것들이 인류의 보편적인 덕목으로 느껴지지는 않는다. 이런 이야기들이 있다.

어느 가난한 사무라이의 어린 아들이 자기네 가게에서 빵을 훔쳐먹었다며 그 주인이 아버지에게로 끌고 왔다. 하지만 아이는 한사코 빵을 훔쳐먹지 않았노라고 우겼다. 옥신각신 실랑이가 그치지 않자, 사무라이는 그 자리에서 칼을 뽑아 어린 아들의 배를 갈랐다. 빵은 나오지 않았다. 사무라이는 빵가게 주인에게 이를 확인시킨 뒤, 그 칼로 곧장 그를 처치해 버렸다.

제2차 세계대전중 적의 포로가 된 일본군 부모들은 천황궁 문앞에 엎드려 땅에 머리를 찧으며 사죄드렸다. 포로가 된 아들을 구해 달라고 애원하는 것이 아니었다. 못난 자식 놈이 천황을 위해 목숨을 바치지 못하고 불명예스럽게 포로가 되어 누를 끼쳤으니, 부모가 대신 사죄를 하겠다는 거였다.

1976년, 다나카 가쿠에이〔田中角榮〕전 총리는 재직중 록히드사로부터 뇌물을 받았다는 혐의로 검찰에 기소되었다. 이때 사건의 내막을 알고 있는 그의 비서에게 심문이 가해지자 돌연 자결해 버렸다. 그 다음 부하를 조사하자 또 자결해 버렸다. 이리하여 결국 유죄 판결을 받기는 하였지만, 실제 복역을 미루면서 그가 죽을 때까지 흐지부지되어 버렸다.

이러한 예들만 보더라도(무수히 많다) 도저히 상식적으로는 이해가 가지 않는다. 그야말로 끔찍하게 잔인하고 소름끼치는 일이다. 세상에 자식의 죽음만큼 안타까운 일이 어디 있겠는가? 자기 목숨 귀한 줄을 일본인들이라고 모르겠는가? 그런데도 왜 이런 끔찍한 문화가 만들어지고, 오히려 미화되는가? 그건 앞서 이야기했듯이, 일본은 전통적으로 그렇게 하지 않으면 안 되는 절박한 사회이기 때문이다. 달리 살아갈 방도가 없었다. 다른 성으로 넘어가 살 수도 없고, 과거시험 제도와 같이 중앙의 벼슬길로 나아갈 수 있는 길도 없었다. 오로지 공을 세워 그 주인에게 충성하는 것만이 신분을 상승시킬 수가 있었다.

오직 충(忠)을 위한 신(信), 충을 위한 의(義), 충을 위한 용(勇), 충을 위한 성(誠), 충을 위한 할(割), 다른 선택의 여지가 없는 충(忠)의 덕(德)이다. 즉 충신(忠信)·충의(忠意)·충용(忠勇)·충성(忠誠)·충절(忠節)인 것이다. 그 주인에게 자신의 충심과 결백을 증명하지 않으면 안 되는 사회, 손가락질받으면 모든 것이 끝장인 사회, 그것이 곧 일본 사회이다. 주인에게 버림받는 것은 곧 죽음이다. 가신(家臣)된 자가 주인을 보호하기 위해 목숨을 버리는 것은 당연한 일. 할복 자결을 해서라도 무사로서의 신분과 명예를 지키지 않고는 더 이상 그 사회에서 살아갈 수가 없기 때문이다. 주인을 위한 이 '오직'이라는 변함없는 단심(丹心)이 곧 일장기(日章旗)가 상징하는 '도(道)' 아닌가? 수직적인 주종 관계의 덕목이다. 앞서의 글에서 충(忠)은 덕(德)이 될 수 없다고 했다. 결코 상하좌우 구분없이 인간 관계에서 보편적으로 추구되어야 할 도덕 규범이 아닌 것이다.

무사도, 혹은 무사도 정신을 간단히 말하자면 '목숨을 거는 정신'이라 할 수 있다. '이기지 못하면 죽는 것'이 그들의 행동 양식이다. 지극히 단순하고 원시적인 기질이지만, 그렇다고 아무때나 목숨을 바치지는 않는다. 국가와 민족을 위해 충성을 다하지도 않는다. 오직 주인을 위해, 주인이 보는 데서 죽어 은혜에 보답하고 상을 받기를 바랐다.

"무술과 용맹스러움을 드러내기 위해서 장소를 중시하였다. 만약 보는 사람이 없다면 목숨을 다해 죽어도 개죽음이나 마찬가지이기 때문이다. 만약 누군가가 보고 있다면 서로 앞다투어 무술과 용맹을 과시해야 한다. 이때 죽으면 자손대대로 이름을 날릴 수가 있게 된다."

또한 유가 사상과 선종은 무사 정신에 지대한 영향을 미친다. 인의예성(仁義禮誠)을 신조로 삼고, 개인성은 극도로 절제시켜 거의 말살해 버린다. 선(禪)의 경지에까지 이를 정도로 자기를 버려야 했다. 그리하여 무(武)로써 도(道)의 경지에 이르겠다고 하는 것이다. 오직 이기기 위해선 수단과 방법을 가리지 않는다. 기어코 목적을 달성하기 위해 끊임없이 기회를 엿보며 쉬지 않고 칼을 간다. 다른 모든 것은 버려야 한다. 그렇지만 원래 무(武)의 본성은 죽지 않고 살아남기가 아닌가. 절대 본심을 드러내서는 안 된다. 겉과 속이 다르다. 상대를 찌르려는 의도가 얼굴에 나타나면 안 된다. 고이즈미 총리가 야스쿠니 신사 참배하러 갈 때처럼 입을 꾹 다물고 엄숙하게 앞만 쳐다보고 걸어가야 한다. 그것이 전형적인 무사의 얼굴이다. 이 갈등 속에서 이중성이 싹튼다. 목숨을 지는 벚꽃에 비유하여 허무와 처절함, 그리고 장엄미로 승화시킨다. 그렇기에 루스 베니딕트와 진산(陳山)은 일본 민족성의 '이중성'에 대해 다음과 같이 말하였다.

"일본인은 투쟁을 좋아하면서 또 선함을 좋아한다. 무술을 숭상하면서, 아름다움을 좋아하면서 야만적이고 난폭하지만 고상하다. 또 융통성이 없으나 임기응변에 뛰어나고, 순종하는 것 같으나 지배받기 싫어하며, 충성되어 두 임금을 섬기지 않으나 신의를 저버리고 의를 배반한다. 뿐만 아니라 용감하지만 비겁하기도 하고, 보수적이지만 새로운 사물을 잘 받아들인다. 그리고 이처럼 서로 모순된 기질들은 모두 가장 높은 정도에서 표현되어 나오게 된다."(베니딕트의 《국화와 칼》에서)

"일본 무사의 문화 정신은 현대 일본 민족의 영혼이다. 무사 계층이 일본 사회의 중심이 되어 현대 사회로 향하여 움직이는 과정중에 그들의 가치 관념, 인격 정신과 행동 방식이 일본 전체 사회에 파고들게 되어 '일본 심혼(心魂)'의 민족 성격을 응집시켰다. 현대 일본인의 윤리 도덕 관념 중 보다 많은 것이 상대적이며, 상황에 따라 달라진다. 그들의 모험심, 탐색 정신과 진지한 태도의 결합, 전통을 존중하고 권위자에 복종하는 관념, 주동적으로 외국 문명을 받아들이는 새로운 의식의 공존, 집단적인 특징과 융통성 있게 적응하는 태도의 융합은 모두 봉건성과 현대성, 등급 관념의 구속과 상무 정신의 원시적인 야성(野性)이 서로 혼합하는 기이한 문화 성격을 나타냈다. 이는 무사도 정신이 중심 내용인 '선비의 영혼에 상인의 재주를 가졌다〔士魂商才〕'는 일본 국민성의 기본 구조이다."(진산(陳山)의 《중국무협사(中國武俠史)》에서)

어떠한 덕목들도 모두 최종적으로는 충(忠)으로 귀결된다. 여기에는 선(善)이니 악(惡)이니 하는 보편적인 인간의 윤리 개념조차 끼어들 소지가 없다. 개인의 생각은 철저히 배제하고, 오직 주인의 입장, 주인의 생각을 입에 담아야 한다. 그만큼 오래되어 고착되고 맹목적이다. 다른 선택의 여지가 없는 극한 상황에서 만들어진 문화다. 맹신적이라고 하는 것이 가장 적합할 터이다. 니토베의 말대로 무사도가 곧 일본의 종교, 그것도 국교인 것이다. 물론 지금의 교주는 천황이다. 국민 모두가 집단적으로 세뇌되기를 서슴지 않는다. 지난 시대의 주인인 영주 대신에 더욱 큰 주인인 천황을 섬기는 것이다. 주종 관계가 신(神)과 신자(信者)의 관계로 업그레이드된 것이다. 그가 쓴 《무사도》는 일본교(日本敎)의 영문판 바이블인 셈이다. 야스쿠니 신사는 진시황의 지하군단처럼 죽어서도 천황에게 충성을 바치라는 전몰자 영혼들의 집인 것이다. 그래서 군국주의라는 표현만으로는 그들의 과거를, 그리고 지금을 설명하기엔 항상 부족한 것이다. 지난 시절에 저지른 전쟁의 만행에 대해 진심으로 사과하지도 않을 뿐더러 결코 부끄러워하지도 않는다. 교과서 왜곡? 당연한 일이다. 지난 일을 단순히 역사로 보는 것이 아니라 종교로 여기는 것이다. 이 종교적 행위에 이성적인(세속적인) 잣대를 들이대는 것은 그저 무례일 뿐이다. 중세 유럽에서 교회가 하느님의 이름으로 저지른 온갖 만행들을 떠올려 보면 조금이나마 이해가 갈 것이다.

무릇 덕(德)이란 개인과 개인, 혹은 개인과 사회 관계에서 생겨나는 것이어서 언제나 온기(溫氣)가 있게 마련이다. 그것이 문덕(文德)이든 무덕(武德)이든. 그런데 무사도(武士道)에서 이야기하는 덕(德)에서는 피비린내나는 냉기(冷氣)만이 느껴진다. 일본의 무사도(武士道)가 내세우는 무덕(武德)이 그 비린내를 지우고 온기를 지니기까지는 아직도 많은 세월이 필요할 듯하다. 아니 어쩌면 불가능할는지도 모르겠다. 왜냐하면 충(忠)은 원래부터 덕(德)이 아니기 때문이다. 일장기의 빛깔을 바꾸는 것보다 더 어려운 일이다.

주인에게, 조직에, 국가에 충성하는 문화. 그 일심(一心) 문화가 바로 일본(日本)의 문화이다. 긴장과 절제, 극기와 자기 희생, 목표와 집

전체적으로 일본 무예의 특징은, 오직 적을 죽여 이겨야 한다는 한 가지 목적을 위해 모든 것을 바치는 것이다. 군사 무예의 특질이 강하게 배어 있다. 따라서 당장 효력을 발휘할 수 있는 것이어야만 한다. 몸을 돌보지 않고, 일념으로 강하고 빠르게 죽기살기로 연습할 수밖에 없다. 그러다 보니 여러 가지 기예를 익히기보다는 가능하면 단순하고 효과적인, 우선 당장 써먹기 좋은 단수(單手) 몇 가지만을 가지고 반복적으로 숙달시킨다. 훈련 방법도 거의 극기 훈련에 가깝다. 폭포수 밑에서, 얼음물에서, 주먹으로 생나무를 쳐서 등등 하나같이 신체를 혹사시켜 강하게 만들고자 한다. 그렇지만 앞에서도 언급했듯이 이런 방법은 단기간에 어떤 성과를 얻을 수는 있으나 그 효력이 오래가지 않는다. 멀리 보고 건신(建身)과 양생(養生)을 겸하면서 수양의 수단으로 삼는 개인 무예가 아니기 때문에 무예의 학문적인 깊이는 거의 없을 정도이다. 격검(擊劍)이라 하여 그저 누구나가 쉽게 할 수 있도록 막고 치는 기본적인 동작으로 짜여져 있다. 서너 개의 자음을 반복적으로 나열해 놓은 것 같은 원리이다. 일본 스모 선수들의 평균 수명이 50세인 것에서 알 수 있듯이, 신체를 혹사시켰기 때문에 나이가 좀 들면 어쩔 수 없이 고통 속에서 살다가 단명하는 경우가 많다.

중, 개인적 혹은 국민적 역량을 한곳으로 집중시켜 효율을 극대화시키는 장점이 있다. 또한 항상 긴장감 속에 있기에 기회 포착과 형세 판단에 능하여 그 틈을 놓치지 않는다. 반면에 비판을 받아들이기를 거부하고 외길로 빠질 위험성이 있다. 과거의 군국주의가 그랬듯이. 포용과 여유, 원만함과 안일함이 결여되어 있다. 전통적인 일본의 정원에는 자갈 하나조차 마음대로 놓여 있을 수 없다. 반드시 주인의 손길로 정해진 자리에 있어야 한다. 단연코 잡풀 한 포기도 허락되지 않고 뽑혀 나간다. 지나가던 새 한 마리조차 아무 가지에나 앉았다가는 주인의 눈살을 찌푸리게 한다. 예외나 다양성, 관용이나 자연스러움이란 있을 수 없다.

어쨌거나 일본의 야만성을 무덕(武德)으로 승화시킨 니토베 이나조 덕분에 서양인들은 맨 먼저 '무사도'를 통해 일본을 알게 되었고, 나아가 일본 문화 전체를 그러한 시각으로 보게 되었다. 또 일본인들은 그 시각에 맞춰 자신들의 민족성을 끊임없이 개조(발전)해 나갔다고 볼 수 있다. 게다가 현대적인 유럽의 기사 제도를 받아들여 귀족들에게 작위를 수여하기도 하였는데, 한국인들 가운데 다수의 충일(忠日) 인사들도 여기에 들어 있다. 아무튼 '무사도'는 일본 최고의 상품이다. 오늘날에는 비록 스포츠화되긴 했지만 검도(劍道)가 그 정신을 이어나가고 있다.

73 미국의 서부 정신[52]

교회를 가톨릭의 모든 부패로부터 '정화'하고자 했던 성공회 교회의 이단자들, 즉 일단의 영국 청교도 무리들은 왕정의 위협을 피해 1620년 9월 16일 메이플라워호를 타고 새로운 예루살렘인 아메리카 신천지를 향해 떠난다. 이들 1백31명은 험난한 항해 끝에 마침내 케이프코트(지금의 매사추세츠 지역)에 다다르게 되는데, 그 신천지에 발을 내딛기 전 정치적 단결을 위해 하나의 문서를 만들었다. 그것이 바로 메이플라워 서약이다. 이 서약을 통해서 그들은 모든 것을 함께 결정하고, 이후 만들게 되는 정치적 기구의 법을 준수할 것을 맹세하였다. 미국 정신은 여기서부터 비롯되었다. 그리고 끊임없이 서부를 개척해 나가면서 프런티어 정신을 만들어 냈다.

　미국인들은 정치인들의 공적, 그리고 사적인 도덕성을 매우 중시한다. 무분별한 사적 행동을 했다는 이유로 국민들의 신임을 잃은 후보자나 고위공직자들이 수도 없이 많다. 1965년부터 생겨나기 시작한 반문화와 사회적 반항의 물결에 대항하여, 미국 남부 지역의 여러 목사들은 '침묵하는 다수'인 백인 그리스도교도를 우파 공화당을 지지하는 정치 세력으로 규합하게 된다. 이렇게 생겨난 보수적 종교 세력은 낙태, 공공 도덕, 학교에서의 기도 등 사회적으로 쟁점이 되는 이슈들에 대해서 큰 영향력을 행사하고 있다. 미국이 그토록 강조해 마지않는 이 도덕성은 메이플라워호를 타고 온 순례자들로부터 내려오는 청교도적 전통인 것이다.

　프런티어(미국 서부의 국경)란 역사적인 개념으로 비약되어 개인주의, 진취적인 기상, 평등, 사회적 혼합, 개척자의 삶을 통한 새로운 인간의 창조와 같은 미국의 정치적·정신적 특성을 나타내는 말이 되었다. 좀더 쉽게 말해, 프런티어 정신은 서부 개척 정신이며, 총을 앞세운 정복 정신이자 융합과 팽창의 정신이다. 또한 단순하고도 실용주의적인 보통 사람들의 철학이기도 하다.

　광활한 서부 개척에 나선 이들은 누구도 의지할 수 없었다. 그러나 스스로, 혹은 자기 집단이 정한 사항을 제외하고는 어떠한 속박으로부터도 자유로웠다. 스스로의 판단과 총을 앞세워 서부로 서부로 험난한 정복의 길을 나섰던 것이다. 서부의 자원은 무궁무진했다. 그렇지만 그 자원은 거저 얻을 수 있는 그러한 것들이 아니었다. 그것들을 진정한 재화로 만들기 위해서는 많은 피와 땀이 필요했다. 이러한 경험 속에서 개인주의적이고 창의적인 미국인의 전형이 만들어졌다. 용기와 끈기, 열정과 투지, 적응력과 기술에 대한 믿음, 노동에 대한 프로테스탄트적 미덕, 자비와 이윤 추구가 그것들이다. 이러한 바탕에는 청교도의 윤리(절약 · 검소 · 신의 · 선택)가 있음은 두말할 나위가 없다. 그들은 항상 새로운 프런티어를 발견해 내고, 그것을 정복함으로써 발전해 나가려는 속성을 지니고 있다. 그것이 곧 '뉴프런티어 정신'이다.

'아메리칸 드림'은 신대륙에 건너온 이주민들이 정착하여 살아가면서 늘 지니고 있는 적극적인 삶의 원칙이다. 미국은 기아를 피해 온 사람이건 어려운 생존 조건을 벗어나고자 온 사람이건 간에 그곳에 온 모든 이들에게 보다 나은 삶을 약속했고, 지금도 그것을 약속하고 있는 땅이다. 일단 뉴욕 앞바다에 있는 엘리스 섬(이민 사무국이 있다)에 도착하면, 모든 이민자들은 열린 사회에서 맨주먹으로 성공하여 중산층에 이른다는 아메리칸 드림을 꿈꿀 수 있다. 또한 이것은 종교적 · 정치적 자유의 약속이기도 하다.

19세기말에 이르러 이제 더 이상 개척할 서부가 없게 되었을 때, 미국은 산업 국가가 되었다. 석유의 록펠러, 철강의 앤드루 카네기, 철도의 조지 폴먼 등, 이들 사업가들은 무자비하고 거침없이 경쟁 규칙을 어겨 가면서 천문학적인 재산을 모았다. 이 부자들은 노동력의 착취와 부패에도 불구하고 거의 조작된 그들의 자서전 등에 의하여 뉴프런티어의 새로운 영웅으로 떠오른다. 이들이 만든 신화는 영국의 허버트 스펜서와 미국의 윌리엄 섬너가 다윈의 '종의 기원'을 모방해서 만든 '사회적 다윈주의' 이론을 통해 정당화된다. 그것은 한 사회에서 어떤 개인이나 기업의 생존을 결정하는 것은 최강자의 법이라는 이론이다. 일종의 자연의 법칙처럼 제시되는 이 이론은 부자들에게 그가 가진 부에 대한 정당성을 부여하고, 점점 확대되는 빈곤에 대해 편안한 마음을 가지게 해주었다. 성공한 사람은 그럴 만한 정당한 이유가

> 패권을 쥔 미국은 사람들의 정신을 빌려 만들어 그 자신을 경배하도록 유도하고 있다. 실제로 그곳에서는 민주주의가 가장 모범적으로 실천되고 있으며, 각자의 가슴에 창의력과 역동성, 때로는 숭고하기까지 한 위대함이 발견되기도 한다. 따라서 그것을 단순히 천민들의 기분 전환, 카우보이의 원초적인 오락쯤으로 깎아내린다면, 그건 느긋한 심정으로 우리 자신의 탁월성에 대해 안심하기 위함이다. 그러므로 이런 광휘를 깎아내리고, 투쟁과 폭력과 어리석음의 낙인을 찍어 이 문명을 우스꽝스런 무엇으로 만들어 버린다고 한들 우리로선 덕볼 게 하나도 없는데도 말이다.
>
> 이성은 우리더러 반미가 되라고 하지는 않는다는 분명한 사실을 명심해야 한다. 힘을 저지하려면 스스로 힘을 갖추어야 한다. 이 힘이 상대의 힘에서 영감을 받고 공동의 가치에 기반을 둔다면 상대와 균형을 이룰 것이다. 미국과 경쟁하려면 어떤 식으로든 미국을 닮아야 한다.
>
> 파스칼 브뤼크네르의 《번영의 비참》

있기 때문이며, 가난한 사람은 자기 자신에게 그 책임이 있다는 것이다. 강자에 승복하듯 부자를 존경하게 만든 것이다. 더불어 가진 자의 사회적 책임도 강요하고 있다.

이런 미국식 모델을 따르는 한국에서의 자본주의가 아직 성숙하지 못하고 있는 이유가 바로 논리적 근거(혹은 사회적 합의)가 부족하기 때문이라 할 수 있다. 그래서 한국의 부자는 존경받지 못하는 것이다. 자본주의(기업)의 형식만 받아들였지 그 정신(윤리·철학)을 가져오지 못했기 때문이다. 오늘날의 기업가 정신은 곧 무(武)의 정신과 상통한다. 무덕(武德)은 더 이상 무인(武人)들만의 도덕 규범이 아니다.

새로운 미국의 보편주의는 정복적인 제국주의처럼 군림하는 것이 아니라 기술적·정치적·경제적 규칙으로부터 파생되어 나온다. 지금의 미국이 지니고 있는 민주주의 체제는, 제국주의 체계가 아니라 실상은 그 누구에 의해서도 제어되지 않는 성장 시스템이다. 바로 이런 점 때문에 미국이, 결코 의도하지는 않았지만 결과적으로 제국주의 세력으로 받아들여지고 있는 것이다. 오늘날 미국이 발전하고 영광을 누리고 있는 진정한 이유는 점점 미국 내부의 성장 때문이 아니라, 아메리칸 드림과 다문화주의가 그 모태인 외부의 재능·두뇌·자본을 끌어들이는 힘 때문이다. 그런 점에서 전세계의 유일한 강대국이기 때문에 역사상 지금의 미국에 비교할 만한 예는 고대 로마제국밖에 없다. 바야흐로 '모든 길은 미국으로' 인 것이다.

다만 오늘의 미국은 힘을 지나치게 숭상하다 보니 예(禮)를 소홀히 하여 다른 나라로부터 빈축을 사는 일이 잦다. 심지어 실컷 도와주고도 상대의 자존심을 상하게 해서 오히려 배척당하기도 한다. 또한 '뭐든 가능하다' 는 약속을 기초로 한 야심은, 실지로 미국이 더없이 혐오스런 무엇임과 동시에 크나큰 유혹으로 다가오게 한다. 미국은 우리 모두의 신경을 거스르는 동시에 마음을 사로잡는 것이다.

흔히 서부 정신을 카우보이 정신, 혹은 총잡이 정신이라고 한다. 개척시대는 법이 골고루 영향을 미치지 못해 총(힘)이 곧 법인 시대였다. 그래서 그들은 **총의 정신을 숭상**한다. 오늘날 미국에서는 끊임없이 총기 사고가 잇따르고 있다. 어린 학생이 학교에서 교사와 다른 아이들을 난사하는 사고가 심심찮게 일어나고 있지만, 그렇다고 해서 개인의 총기 소지를 금하지는 않는다. 시도 때도 없이 도검류·총기류 단속을 하는 문치(文治)의 나라 한국의 시각에서 보면 도무지 이해가 가지 않는다. 원래 미국이란 나라가 무법천지인데다 사람들이 난폭해서 자위 수단으로 총을 가지지 않을 수가 없는 모양이라거나, 부시 대통령이 총기 제조업자들로부터 후원을 많이 받아서 고의적으로 묵인하고 있을 것이라는 언론 보도도 있다. 하지만 이런 짐작은 미국을 전혀 모르고서 하는 소리이다.

 미국인에게서 총을 빼앗는 일은 미국 정신을 빼앗는 거나 다름없다. 총은 곧 서부 정신(프런티어 정신)의 상징이자 그들의 문화다. 그 뿌리는 영국의 신사도, 유럽의 기사도에 있다. 힘과 정의와 개척 정신을 상징한다. 그래서 할리우드 영화엔 힘이 넘치고, 정의와 모험·희생이 빠질 수 없는 소재가 된 것이다. '람보'는 미국으로 건너온 '쾌걸 조로'에 다름 아닌 것이다. 총 없는 '람보'는 '람보'가 아니다.

74 내덕(內德), 외덕(外德)

 유가오덕(儒家五德)은 춘추전국시대 혼란기를 배경으로 만들어진 사회 관계에 관한 도덕 규범을 규정해 놓은 것으로 문덕(文德)이라 이를 수 있다. 물론 문무(文武)가 확연히 구분되기 이전까지는 당연히 무사(武士)의 덕(德)이었다.

 유학(儒學)은 처음부터 그 목적이 뚜렷하였다. 무예(武藝)를 익혀 전장에 나가 목숨 걸고 싸워 공을 세우겠다는 것이 아니라, 글을 통해 지혜를 익혀 문사(文士)로서 벼슬을 하겠다는 것이다. 즉 지(智)와 예(禮)로써 충(忠)을 바쳐 일신의 영달을 꾀하겠다는 것이다.

따라서 유학은 내적인 자기 수양의 학문이 아니며, 또 그런 방법도 가지고 있지 않다. 오직 입신양명의 수단으로써 지식과 법도를 익혀 벼슬을 하겠다는 것이다. 무(武)로써 세운 나라의 살림을 책임지겠다는 것이다. 따라서 문사(文士)는 자연히 이(利)에 밝다. 대신 실용과 합리성이 부족하고, 명분에 집착하거나 사변적인 경향이 짙다. 당연히 무(武)와 전쟁을 싫어하고, 모험과 위험한 일을 기피한다. 책임과 의무보다는 권한과 이익을 더 챙기는 버릇이 생긴다. 현존하는 조건의 우월함으로 말미암아 보수적이 될 수밖에 없으며, 자신의 분별없는 행동이 만에 하나 지금의 안정성을 깨뜨리지 않을까 두려워 조심하고 근신하는 버릇이 있다. 문신(文臣)들에서 간신(奸臣)이 많이 나오는 이유가 이 때문이다. 그래서 지조(志操)와 염치(廉恥)를 그토록 강조하였던 것이다. 조선시대에는 당파 싸움으로 툭하면 역적(逆賊)으로 몰았지만, 사실 문신(文臣) 역적이란 어울리지 않는 말이다. 그저 왕의 눈밖에 났다는 정도이지. 진정한 역적은 무신(武臣)에게나 해당되는 말이다. 또한 문신은 전장에 나가 목숨을 바치는 직책이 아니기 때문에 그다지 봉록이 많지 않은 법이다. 따라서 문신(관료)이 원칙대로 산다면 청빈할 수밖에 없다.

동양 정신의 주류는 유가(儒家)의 이성주의 철학이며, 유가 철학의 객관적인 본체는 바로 현실적인 윤리이다. 그리고 현실적인 윤리 정신의 최고 이상은 바로 덕(德)이다. 인(仁)·의(義)·예(禮)·지(智)·신(信)은 말할 것도 없고, 삼강오륜 역시 모두 사회와의 관계에서 지켜야 할 덕목들이다. **윤(倫)이란 바로 등급 무리의 순서를 말하며, 리(理)란 바로 이 등급과 순서에서 준수해야 할 규율**이라 했다. 윤리도덕이란 바로 극기와 순종을 요구하는 예교(禮敎) 그 자체인 것이다. 자기를 위한 수양의 덕이 아니라 타인과 사회를 위한 공덕(公德)이다. 서양 그리스도교의 믿음·소망·사랑, 그리고 자유·평등·박애·정의 역시 사회적 덕목이다. 대부분의 종교가 강요하는 덕목과 금하는 계율도 모두 마찬가지이다. 자기 수양을 중시하는 무가(武家)에서 볼 적에 이러한 것들을 모두 외덕(外德)이라 할 수 있겠다.

이에 비해 **무가오덕(武家五德)**[53]**인 엄(嚴)·용(勇)·성(誠)·의(意)·절(節)은 내덕(內德)**이라 할 수 있다. 서양에서 강조하는 신중(愼重)·절제(節制)·용기(勇氣)도 모두 내덕이다. 자신의 내적 소양을 갈고 다듬어 밖으로 표출하는 것이다. 무(武)는 본질적으로 개인적이다. 자신의 생명을 지키기 위한 것이다. 개인 무예든 군사 무예든 자기 단련을 근본으로 할 수밖에 없다. 해범 선생께서는 "**무예에서 반드시 지켜야 할 도덕 규범은, 무덕을 숭상하여 몸을 단련하는 가운데 성(性)을 기르는 것이다. 무덕이란 덕성(德性)을 견고히 하고 심기(心氣)를 평온하게 하여 기(技)와 도(道)를 함께 중요시하는 데서 비롯된다**"고 말하였다. 그리고 항시 "**무(武) 속에 문(文)이 있으며, 문(文) 속에 또한 무(武)의 요소가 있음을 명심해야 한다**"고 강조하였다. 문인(文人)이라 해서 내덕만 숭상할 일도 아니며, 무인(武人)이라 해서 외덕을 소홀해서도 안 된다. 몸과 마음, 내외를 함께 닦아 나가야 진정한 자기 완성에 이를 수가 있다. 진정한 무인이라면 반드시 **내덕(內德)을 다져 외덕(外德)으로 지향**해 나아가야 한다. 특히 의(義)와 신(信)은 무인이 추구하고 갖춰야 할 절대적인 덕목이다. 그렇지만 고대에는 지나치게 도덕(道德)을 중시하는 바람에 왕왕 덕을 중시하고 재능은 경시하며〔重德輕才〕, 덕을 가지고 재능을 대체하며〔以德代才〕, 덕으로써 재능을 억누르는〔以德壓才〕 경향이 있었다.[54] 오늘날에는 지식에 대한 추구와 재능의 배양을 함께 중시하며 덕(德)을 닦아야 할 것이다.

지금의 한반도는 이념이 남북을 문무(文武)로 쪼개고, 감정이 동서로 가르고, 진보(進保)가 노소를 절단하고 있다. 그런가 하면 사고〔文武〕의 균형이 잡히지 않은 인물들이 돌출 행동이나 충동적인 발언으로 끊임없이 평지풍파를 일으키고 있다. 노무현 변호사 정권과 386 세대가 그 극치를 보여주고 있다. 분명한 사실은, 문(文)은 항상 저 잘나서 쪼개지고자 하는 성질을 가진다는 것이다. 결과적으로 싸울수록 쪼개진다. 진정한 승패가 없기 때문이다. 그래서 선거를 치를수록 국론은 분열되고 그 골은 깊어만 가는 것이다. 반면에 무(武)는 절대 양립하지 못한다. 하늘에 태양이 둘이 아니듯이 오직 하나로 뭉치려는 힘이 있다. 둘일 경우에는 반드시 승패를 가려야 한다.

무언(武諺)에 이르기를 "**글로는 마음을 평하고, 무(武)로는 덕(德)을 살핀다**"[55]고 하였다. 이 시대에 와서 덕(德)이란 진리와 행동에 대한 어떤 관계가 되어야 한다. 강력한 통찰력, 실현중인 능동적 인식이어야 한다. 인식하고 수용하는 것, 이해하고 변화시키는 것, 저항하고 극복하는 것, 즉 행동하기이다. 문(文)이 사고하는 철학이라면, 무(武)는 행동하는 철학이다. 내덕〔武德〕은 닦아야 하고, 외덕〔文德〕은 쌓아야 한다. 진정한 내외합일(內外合一), 즉 문무(文武)가 하나가 되어야 한다는 말이다.

75 양덕(陽德)과 문덕(文德)

예로부터 세상에는 썩지 않는 세 가지〔三不朽〕가 있다고 했다. 가장 으뜸인 것은 덕을 쌓는 것〔立德〕이요, 그 다음은 공을 세우는 것〔立功〕이며, 마지막은 말을 세우는 것〔立言〕이다.

덕(德)은 내재된 미(美)이고, 모(貌)는 외재된 미이다. 그래서 먼저 용모를 보고 덕을 살피게 된다. 우리말에 '멋'이란 것이 있다. 대개 사람이 잘생기거나 아름답게 꾸민 사람, 혹은 근사하게 지은 건물 등을 보고서 '멋있다'라고 한다. 때로는 어떤 일이 절묘하게 잘 이루어졌을 때에도 그같은 말을 한다. 하지만 **진정한 멋은 덕(德)이 밖으로 드러날 때 일어나는 바람〔風貌〕**을 두고서 하는 말일 것이다. 그리고 그러한 멋을 지닌 이를 일컬어서 우리는 또한 '훌륭하다' '아름답다'고 하는 것이다. 여기서부터 인격(人格)이니 인품(人品)이니 하는 말이 비롯된다.

옳은 일인지 그른 일인지는 자신할 수 없지만, 글쓴이는 사원을 채용할 때 대학교에서 공부를 잘해 줄곧 장학금을 탔었다는 사람은 뽑지 않는다. 대개 이런 부류의 사람들은 자신의 성적만큼 스스로가 잘난 줄 알고 있고, 또 그에 합당한 대접받기를 원하는 버릇이 있다. 좀더 지켜보면 조직 내에서 다른 사람들과 잘 화합하지 못하고, 이해타산에 밝으며 이기적인 구석이 많다. 계산에 밝고 비판을 잘하는 반면, 솔선수범하는 버릇은 없다. 당연히 끈기가 부족하고, 항상 보다 나은 직장을 가진 동기생들과 비교하기를 좋아해서 한곳에 오래 머물지를 않는다.

물론 모두가 다 그렇지는 않겠지만, 이런 사람들은 대개 남보다 공부(성적 올리기 공부)에 더 많은 시간을 할애해 왔기 때문에 실천적인 일보다 사고하는 일을 더 좋아한다. 블루칼라보다 화이트칼라로 살기를 고집하는 경향이 있다. 행동력이 떨어진다는 말이다. 외국계 회사들이 신입사원을 뽑을 때 성적보다는 학교에서의 서클 활동이며 봉사 활동, 아르바이트 경험, 사회 참여 활동, 어떤 스포츠를 취미로 가졌는지 등을 따지는 것도 아마 이러한 이유 때문일 것이다.

전통적인 습관 때문에 한국인의 교육열은 대단하여 사회 문제로까지 대두된 지 이미 오래되었다. 또한 상대적으로 못 배운 사람들의 한(恨)도 그만큼이나 깊다. 오래전 못 배운 한을 풀고자 평생 모은 재산을 모 대학에 장학금으로 내놓은 '김밥 할머니' 이후로 '한풀이 장학금'이 줄을 이어 요즘도 심심찮게 신문지상에 오르내리고 있다. 고마운 일이기는 하지만, 앞뒤 재보면 그다지 흔쾌한 일도 아닌 성싶다.

본인으로서야 못 배운 한을 그렇게 해서라도 풀고, 저승 가는 길에 학사모(혹은 박사모) 비슷한 것 하나 얻어 쓰고 가니 흡족할 듯도 하지만, 과연 마땅하고 바람직한 선행인지 공감이 가지 않을 때가 많다. 논리적으로 생각해 보면, 본인이 평생 힘들게 살아온 것이 단지 남만큼 못 배웠기 때문이고, 그래서 배운 사람들로부터 설움을 많이 받았으니, 자기와 같은 사람들이 또 생겨나지 않도록 돕고 싶다는 이야기가 아닌가. 정히 그렇다면 그 돈으로 당신의 자식들 잘 가르치고, 남는 돈은 당신처럼 못 배워서 현재 어렵게 살고 있는 이들을 돕는 게 이치상 맞는 일이 아닌가? 그런 집 자녀들에게 학자금이라도 보태주는 것이 마땅하지 않는가? 그런 사정을 누구보다도 자신이 더 잘 알고 있지 않는가? 당신의 뜻대로 과연 형편이 어려워 학업을 포기할 지경에 처한 학생이 받을지, 아니면 부족하지 않은 형편인데도 성적이 좋다는 이유만으로 그 돈을 따먹을지 어찌 알겠는가? 어쨌든 그 돈을 받은 학생이 (그 가족이) 당신의 이름 석 자나 기억하고 고마워할까? 당신의 무덤에 꽃 한 송이 바칠까? 공부 잘하고 사회에 나가서 못 배운 사람들에게 받은 만큼 되돌려 줄까? 아니면 당신이 받은 그동안의 설움만큼 다른 못 배운 사람들의 몫까지 챙겨먹지 않을까? 하기는 이런 '한풀이 장학금'이 아니라 하더라도 기업이나 부자들이 내놓은 장학금도 이와 같은 형태에서 크게 벗어나지 않는다.

옛 조선시대에는 그 고을에 훌륭한 원님이 내려와 선정을 베풀다 가면, 그의 업적을 기려 공덕비를 세워 주곤 했었다. 때로 염치가 모자라는 원님들은 자신의 재임중에 공덕비를 세워 놓게 하기도 해서 백성들의 빈축을 사는 일도 있었던 모양이다. 오늘날의 온갖 장학 제도도 따지고 보면 이런 공덕비 수준에서 벗어나지 못하는 것 아닌가 싶다. 재벌기업은 명품대학에 대개 제법 큰 목돈이 들어가는 무슨무슨 건물 짓는 데에만 돈을 내놓는다. 연구동·도서관·기념관 등을 짓게 하고, 자신들의 기업명을 붙여 주기를 좋아한다. 얼마 전 고려대학교에서 모 재벌관을 지어 놓고, 준공식날 그 회장을 모셔다가 명예 철학박사 학위를 수여하려다 일부 학생들의 반대로 망신스런 꼴을 겪은 일이 있었다. 다른 재벌기업들도 대충 이와 비슷한 형태로 대학에 큰돈을 내놓는다. 그렇지만 도서관은 지어 주되 그 안에 필요한 도서구입비의 지원은 없다. 연구동은 지어 주되 연구비 지원에는 인색하다. 한마디로 폼나고 생색나지 않는 곳이나 홍보 효과가 없는 데는 돈 안 쓰겠다는 뜻이다. 오직 양덕(陽德)만 베풀겠다는 것이다. 그렇지만 이런 거창한 공덕들도 그다지 오래가지 못하고 부정 회계, 편법 상속, 비자금, 뇌물, 떡값 등으로 묻혀 버리기 일쑤다. 그야말로 공염불이자 공덕(空德)이 되고 만 것이다. 음덕(陰德)이란 말을 제대로 이해하지 못했나 보다. 쥐꼬리만한 양덕을 베풀면서 뒤로는 엄청난 거금(비자금)으로 은덕(隱德?)을 베풀다가 맨날 우스운 꼴을 당하고 있다.

사회적으로 크게 성공해서 재물을 많이 모은 이들도 늙어서 그 재산을 사회에 환원한다는 뜻으로 자신의 아호나 이름을 붙인 장학재단을 설립한다. 이 또한 훌륭해 보이기는 하지만, 역시 옛 공덕비 같은 느낌이 든다. 사회에 환원하려면 조건 없이 던져야 하는데, 꼭 무슨무슨 재단을 만들어 직접 또는 가족이 관리하여 당신의 공적을 드러내길 원한다. 그리고 정기적으로 장학생들을 뽑아 일일이 직접 봉투를 수여함으로써 자신의 훌륭함을 확인시키고 감사하도록 강요한다. 한마디로 **절값**이다. 오른손이 하는 일을 왼손이 모르게 하라가 아니라, 내 손이 하는 일을 네 눈 내 눈 그리고 제삼자까지 똑똑히 보고 기억하라며 증서까지 주고받는다. 게다가 대개 품행이 방정하고 공부 잘하는 모범생을 더 선호하며, 간혹 구색용으로 형편이 어려운 학생도 끼워넣어 주기도 한다. 엄밀한 의미에서 사회 환원이라 할 수 없는 행태이다.

뿐만 아니라 신앙을 가진 이들은 반드시 자신의 종교를 위해서만 아낌없이 기부한다. 종교에 관계없이 모든 이들을 돕는 것이 진정한 자선이고, 오히려 그 종교를 빛내는 것임을 알지 못한다. 설령 안다 해도 그렇게 실천하지 않는다. 편협하고 옹졸하기 때문이다. 천당이나 극락 가는 길도 그만큼 좁은 것이다. 앞에서 인(仁)은 공평무사한 정(情)이라고 했다. 특히 베풂에 있어서 편협함은 아니 베풂만 못하다. '우리'를 넘어서지 못하면 박애(博愛)라 할 수 없다.

또 한 가지 재미있는 일은, 대부분의 우리나라 장학금은 학교에, 즉 글공부 잘하는 학생 혹은 글공부하고 싶은 학생에게 주어진다는 데에 있다. 체육·예술·예능 등에는 인색하다. 한마디로 문(文)에다 덕(德)을 베풀겠다는 것이다. 이왕이면 중고등학교보다는 최고 학부인 대학에, 그 중에서도 가능성(?)이 있는 똘똘한 학생들에게 자신의 인덕(仁德)을 베푸는 것을 좋아한다. 어디 학교 우등생뿐인가. 판사·검사·고위공무원·정치인 등, 이미 성공한 사회적 우등생[文士]에게도 계속해서 장학금을 대고 있다. 흔히 떡값이라 부르는 것들이다. 물론 이런 사람들은 그 몇만 배로 은혜를 갚기도 하지만, 때로는 그 도가 지나쳐 거금을 들여 세운 공덕비에 통칠하는 일도 생긴다. 주는 사람이나 받는 사람 모두 덕(德)의 의미를 얼마나 알고 있는지 궁금할 때가 많다.

이왕 나온 말이니 한마디 더 덧붙이자면, 이 땅의 상당수 기업인들은 뇌물·떡값·정치 자금 등을 일종의 변칙 보험금(隱德?)으로서 절대 소홀해서는 안 되는 것으로 여기는 듯하다. 이를 위해 갖은 편법을 동원해서 비자금을 만들고 있다. 그렇지만 예나 지금이나 기업의 진정한 보험은 '덕행(德行)'이다. 그걸 어려운 서양말로 '노블레스 오블리주'라고 하는 것이다. 덕이 모자라면 아무리 큰 부자도 존경받지 못한다. 그저 시샘과 부러움의 대상일 뿐이다. 부끄러운 일이다. 여러 가지 원인들(대부분 통치자와 지도층 인사들이 주는 스트레스) 때문에 한국인들은 너나 할 것 없이 항상 주머니 속에 짱돌 몇 개씩 넣어가지고 다니면서 어디 던질 곳 없나를 찾고 있다. 희생양이 필요한 것이다. 피를 보고 싶은 것이다. 누가 그 분풀이 대상이 될지 모른다. 특히 정치인·재벌·고위공무원 등 사회의 지도층이나 유명인, 그 중에서도 최고로 잘나가는 사람이 최상의 표적이 된다. 일단 무언가 꼬투리를 잡히면 "너, 잘 걸렸다!"며 앞뒤 안 가리고 남 따라 돌멩이를 집어던진

조선 말기에는 탐관오리들이 백성들의 고혈을 짜내어 배를 불렸다. 일제시대에는 총독부에서 지주들에게 대동아 전쟁에 비행기다 뭐다 하면서 헌납을 강요했다. 독립군은 독립군대로 지주들에게서 독립 자금을 받아냈다. 해방이 되고서는 관리들과 온갖 이념단체들이 부자들을 협박해 돈을 뜯었다. 이후 경제 개발과 더불어 정경 유착 및 정치 자금이라는 명목으로 끊임없이 서로 주고받았다. 지금도 여전히 특혜와 함께 떡값이 오간다. 예전에는 관변단체들이 그 옆에서 눈치껏 뜯어먹었는데, 요즘은 수만 개의 시민단체들이 이런저런 핑계로 기업을 협박하며 모기처럼 빨아먹는다. 그래 놓고도 입만 열면 기업의 투명성이며 기업 윤리를 들먹인다. 아무래도 뜯어먹기가 국민성으로 자리잡은 것 같다.

다. 예수님이 다시 오셔도 못 막는다. 그동안 쌓아온 덕(德)만이 이를 막을 수 있다.

흔히들 "똑똑한 천재 한 명이 수십만 명을 먹여 살린다"고 하며, 인재 육성에 투자를 아끼지 말 것을 역설한다. 장학금의 경제적 효율성을 강조하는 말이다. 그렇지만 그 똑똑한 한 명이 수십만 명을 먹여 살리기는커녕 그들이 가져야 할 것을 혼자서 독차지하기도 한다는 걸 알아야 한다. **덕(德)이 없으면 어떤 것도 선(善)이 되지 못한다**는 말이다. 공부든 일이든 왜 하는지, 어떤 덕목을 추구해야 하는지를 스스로에게 질문하는 습관을 지녀야 한다. 스스로 도덕 규범에 대한 확신이 없는 사람은 남도 믿지 않는다. **똑똑하고 힘 있는 자의 무덕(無德)은 곧 악덕(惡德)이다.**

각 학교는 재학 시절 장학금을 받은 적이 있는 이들의 사후 관리를 좀 했으면 한다. 지구 끝까지 쫓아가서라도 그들이 어떻게 사는지 확인하고, 자신이 과거에 누군가로부터 도움받았다는 사실을 상기시켜 주어야 한다. 받은 만큼 되돌려 줄 것을 요구해야 한다. 학창 시절 장학금받았다는 사실을 그저 자신의 '머리 좋음'을 자랑하는 데 그치게 해서는 안 된다. 비록 법적인 구속력은 없지만, 장학금이란 몇십 몇백 배로 다시 되돌려 주어야 하는 것이 마땅한 그런 돈임을 인식시켜야 한다. **공덕(功德)이든 공덕(空德)이든 공(空)돈이 되게 해서는 안 된다. 덕(德)을 입었으면 반드시 갚아야 한다. 그것을 은덕(恩德)이라 한다.**

이제는 세상도 많이 바뀌었다. 그리고 덕(德)을 베푸는 데에도 약간의 지혜가 필요하다. 발상의 전환이 필요하다는 말이다. 공부가 전부가 아닌 세상이다. 장학금으로 무덕(武德)도 베풀었으면 한다. 비록 성적은 모자라지만 사회 봉사를 많이 한 학생들이나 소년소녀 가장,

남을 위해 희생한 의인(義人)의 남은 자식과 형제들, 아직도 가난하게 살고 있는 독립 유공자들의 후손들, 남다른 재주로 국가나 사회에 공헌한 본인 및 그 자녀들, 불치병을 앓거나 장애가 있어서 정상적인 교육을 받기 힘든 사람들, 자신의 기업에서 산업재해를 당한 이들의 자녀들, 나라를 지키다 순직한 군인들과 소방관 혹은 경찰관들의 자녀들, 성수대교 붕괴나 대구 지하철 화재 사건처럼 갑작스런 재난을 당한 사람과 그 가족들, 좀더 적극적으로 나서서 해외에 흩어져 사는 독립투사들의 후손들 등, 얼마든지 뜻있는 장학금도 많지 않은가. 물론 이런 사람들이 나중에 몇십 몇백 명을 못 먹여 살릴는지도 모른다. 심지어 자기 혼자 살아가기조차도 힘들는지 모른다. 그렇지만 적어도 남을 해치거나 세상을 어지럽히지 않을 것은 분명하다. 또한 결코 그 고마움을 잊지 않을 것이다. **많이 배운 자가 많이 잊는 법이다. 풍족한 자가 귀함을 알겠는가. 장학금 많이 받아 본 자일수록 그 고마움도 덜한 법이다.**

 기업들은 인재를 뽑는답시고 해마다 명품대학 나온 이들을 확보하기에 혈안이다. 또 경쟁 기업의 우수한 인재를 빼내는 일도 서슴지 않는다. 이렇게 유능한 인재들을 모아 놓고도 불안한지 시도 때도 없이 갖가지 극기 훈련을 시키고 있다. 누가 더 지독한 훈련을 시키느냐가 기업의 승패를 좌우한다는 듯이 경쟁하고 있다. 한심한 일이지만 그것이 우리 사회의 현실이다. 머리 좋은 문사(文士)들을 뽑아 놓았는데, 무사적(武士的) 기질이 부족해서가 아니겠는가. **오늘날 이야기하는 기업가 정신은 무(武)의 정신에 다름 아니다.** 모험심과 도전 정신, 용기와 끈기, 결단과 배짱, 전략과 전술, 신중과 절제……. 그러니까 결국 무덕(武德)을, 다시 말해 내덕(內德)을 길러야 한다는 것이 아닌가. 그렇지만 그까짓 흥분제의 효과가 얼마나 길게 가겠는가. 바짝 용쓰면 당장은 성적이 올라가지만 말이다. 무덕(武德)은 행동철학이다. 보다 어렸을 적부터 꾸준히 몸에 익혀야 된다. 가정 교육이 그렇듯이. 지금처럼 공부 잘하는 아이에겐 공부만 시키고, 운동 잘하는 아이에겐 운동만 시켜서는 절대 사회가 원하는 그런 인재를 얻기는 힘들 것이다.

장학재단 이름도 창업자나 자신의 아호며 이름을 따서 어줍잖은 생색 좀 내지 말았으면 싶다. 그건 아무래도 자신이 만든 자기 공덕비 같

현재 우리나라에 옛 신라의 화랑과 유사한 조직이 있는데, 그것이 바로 ROTC(Reserve Officer's Training Corps, 예비장교훈련단), 즉 학생군사교육단 사관후보생(학군사관후보생) 제도이다.

이 제도는 원래 1916년 미국에서 시작되었는데, 한국은 1961년에 도입하여 초급장교 양성기관으로 정착하였다. 일반대학 재학생들에게 소정의 군사 훈련을 실시하여 졸업 후 장교로 임명하는데, 2006년 현재까지 44기 14만여 명을 배출하여 국방에 지대한 공헌을 해오고 있다.

비록 군사 정권 시절에 탄생하였지만 문민 정권이 3대를 이어가는 지금에도 군에서의 이들의 역할이 줄어들지 않고 있으며, 사회 각 분야에서 ROTC 출신자들의 활약상이 두드러지고 있다. 우리나라의 대표적 기업인 삼성그룹은 최고경영자(CEO)의 3분의 1 정도가 ROTC 출신자이며, 상장기업 임원급만도 5천여 명에 이르는 것으로 알려져 있다. 기업들은 ROTC 출신자들을 우대해서 앞다투어 채용하고 있다.

지(智)·신(信)·용(勇)을 좌우명으로 학문과 군사 훈련(武)을 동시에 닦으면서 습득된 강력한 실천력과 책임감, 그리고 통솔력을 바탕으로 각계에서 발군의 리더십을 발휘하고 있다. 이는 문무겸전의 중요성을 보여주는 단적인 예이며, 우리의 교육이 어디로 가야 할지를 가리키고 있는 지표가 되고 있다. 좀더 욕심을 부리자면 CEO뿐만 아니라 국회의원은 물론 장관, 총리, 나아가 대통령까지도 ROTC 출신을 기대해 본다.

다. 이왕이면 유관순·백범·안중근·윤봉길 등 얼마든지 훌륭한 인물이 많지 않은가? 하다못해 요즈음 한창 인기 있는 이순신 장군이나 유명한 과학자, 또는 예술가의 이름을 단 장학재단은 어떤지? 대의명분도 살리고, 자신이나 기업의 이미지도 높이고. 그러다 보면 어쩔 수 없이 그 이름에 어울리지 않는 부끄러운 짓도 삼가게 될 것이고. 그렇지만 동서양을 막론하고 옛사람들은 그 무엇보다도 '음덕(陰德)'을 더욱 중시하였다.

옛글에 "부귀한 자를 대할 때 예의를 갖추기는 어렵지 않으나 체면을 유지하기가 어렵고, 빈천한 사람을 대할 때 은혜를 베풀기는 어렵지 않으나 예의를 갖추기는 어렵다"[56]고 하였다.

얼마 전 아시아 최고의 갑부인 홍콩의 리자청[李嘉誠]은, 어느 대학에 수천억 원을 기부하면서 아무런 조건을 달지 않았다고 한다. 그야말로 협사(俠士)다운 처사가 아닌가. 그 돈을 어디에 어떻게 사용하면 좋을지는 대학이 더 잘 알 것 아닌가. 돈을 버는 것도 중요하지만, 돈을 쓰는 데도 요령(?)이 있었으면 좋았을 것. 음덕이든 양덕이든 덕을 베푸는 데도 지혜가 있어야 멋이 난다. 옹졸하게 갖은 잔꾀를 부리며 생색내기로 베푸는 덕(德)에서 무슨 향기가 나겠는가.

사마천(司馬遷)이 말하기를 "수신(修身)은 지혜의 창고이며, 애시(愛施)는 인(仁)의 실마리이다. 취하고 주는 것은 의(義)의 부절(符節)이며, 치욕(恥辱)이란 용감한가의 여부를 결정하는 단서이고, 이름을 세운다고 하는 것은 행동의 최고점이다"[57]라고 하였다.

76 중국의 무협(武俠)[58]

중국의 무협(武俠)에 대해서는 굳이 설명하지 않아도 문학이나 영화를 통해 모두에게 잘 알려져 있는 편이다. 유구한 역사와 드넓은 영토, 끊임없는 황하의 몸부림, 풍족한 농경 문화를 바탕으로 피어난 화려한 문화, 이를 탐내고 끊임없이 쳐들어오는 북방의 오랑캐, 나라가 크면 자연히 무(武)를 숭상하지 않을 수 없게 된다.

영국의 웰스는 《인류의 운명》에서 "대부분 중국 사람들의 영혼 속에는 한 명의 유가(儒家), 한 명의 도가(道家), 그리고 한 명의 도적이 싸우고 있다"는 관점을 인용하였다. 문일다(聞一多)는 웰스가 말한 '도적'은 중국 무협을 포함하고 있고, 도가는 다만 유가에 대한 보완일 뿐이라고 했다. 근래 어떤 학자는 "묵협 정신(墨俠精神)이 민간 문화를 이루어 상층 문화 정신과 대립하고 있다"는 관점을 제시한 바 있다. 현대 작가 심종문(沈從文)은 "민간 사회 중에서 유협 정신(遊俠精神)이 침윤(浸潤)되어 과거를 만들었고 미래도 형성하게 될 것이다"라고 했다. 결과적으로 말하면, 상·하층 문화 중에서 유(儒)와 협(俠)은 중국 전통 문화 정신의 중요한 두 체제인 것이다.

중국에 있어 협(俠)은 유(儒)와 마찬가지로 선진(先秦)시대에 나타나 지금까지 계속 존재해 오고 있는 오랜 역사를 지닌 사회 계층이다. 협(俠)과 유(儒)의 문화 정신은 일종의 초월 의미(超越意味)를 내포하고 있어 심리적으로 광범위하고도 지속적인 영향을 주며, 중국 문화의 심층 구조에 침투해 있다. 중국 지식인의 영혼 속에 부지불식중에 유(儒)의 그림자가 숨겨져 있다면, 중국 평민의 마음 깊은 곳에는 협(俠)의 그림자가 희미하게 반짝이고 있다. 그러므로 중국 역사상의 무협 현상을 연구하는 것은 중국 문화 기초인 민간 문화의 뿌리를 깊게 연구하고, 이를 전면적으로 이해하기 위하여 매우 중요한 의미가 있는 일이다.

진산(陳山)의 《중국무협사(中國武俠史)》에서

중국의 선진(先秦)시대에는 온 백성이 검(劍)을 숭상하고 무예를 익히는 사회적 기풍이 농후하였다. 그리고 춘추 시기에 이르러서는 그동안 무사 계층을 의미했던 '사(士)'가 분화되어 문사(文士)와 무사(武士)로 나누어지게 된다. 춘추 말기에는 전문 자객의 출현을 보게 되고, 전국시대에는 군웅(群雄)들의 할거 속에 유협(遊俠)의 활약이 두드러졌다. 양한(兩漢)시대에는 드디어 본격적인 무협(武俠)의 형태가 갖추어지며, 수많은 협객(俠客)과 호협(豪俠)이 생겨난다. 송대(宋代)에는 도시 사회의 발달과 더불어 근대 협(俠)의 형태인 무림(武林)이 형성되고, 그들의 무덕인 '협절(俠節)'이 구체적인 모습을 드러내기 시작한다. 비로소 협의(俠義) 소설이 등장하며 무협 문화가 꽃을 피우기 시작한다. 명청(明淸) 양대에 이르러 중국 무술은 최고조에 달해 소림(少林)·무당(巫堂)·아미(蛾眉) 등 많은 유파들이 등장하여 본격적인 무림시대를 열었다.

흔히 중국의 무예인들은 '무협(武俠)' 혹은 '협객(俠客)'으로 불리길 좋아한다. 그렇다고 무림의 사람들 모두가 무협이 될 수는 없었다. 사람들은 무덕(武德)으로써 평가한 연후에야 몇몇 이들을 무협으로 인정하였다. 무덕의 품위면에서 고상한 품격과 절개를 지니고, 행동 방식에서 두드러진 사람들만을 무협이라 하였다. 그들은 의(義)·절(節)·명(名)을 최고의 도덕 규범으로 삼아 평생 동안 추구하였다. 또한 무림의 협사들은 의협(義俠)한 사람의 개인 존엄을 생명보다 더 중요하게 생각하였으며, 간악함을 혐오하여 용서치 않았다. 또한 그들은 사제(師弟) 관계를 무엇보다도 중시하였으며, 정파는 물론 비록 녹림(綠林)의 무리일지라도 신의(信義)를 목숨처럼 아꼈다.

중국의 무협은 서양의 기사(騎士)나 일본의 무사(武士)와는 달리 **하층 사회 대중 문화의 산물**이다. 따라서 그들의 가치 관념은 순박성을 띠고 있다. 서구의 기사처럼 사회의 어떤 추상적인 종교 정신이나 행위 규범에 대한 의무감이나 사명감을 가지고 있지 않았다. 또한 자신이 속한 집단이나 주군에 대해 어떤 책임도 없었다. 그들은 우의(友誼)를 매우 중시하여 동지와 의기 투합하고, 친구의 어려움을 보면 죽음을 불사하고 뛰어들었다. 사회적 약자에 대해 깊은 동정심을 가지고 있어, 가족 관계나 이해 관계에 상관없이 불의(不義)나 불공평을 보면 의기(義氣)를 발휘하여 칼을 뽑기를 서슴지 않았다. 이러한 현상은 협(俠)이 다분히 인정(人情)에 기인하였으며, 이성과 실리가 기준이 되는 가치관이 아니었음을 말해 준다.

현대 중국인의 마음속에 자리한 협(俠)은, 실상 송대(宋代) 이후 세속화된 근대 협(俠)이다. 청대(淸代) 중기를 지나면서 실제 무림(武林)이 사라지고 무협 소설 등 대중 문화 상품이 점차 발달하여 확산되자, 협(俠)은 이제 중국인의 순수 정신 현상으로 자리하게 된다. 그리하여 현대 민간 사회 속에서 역동적으로 살아 움직이며 중국 현대화의 거대한 동력이 되고 있다.

중국 역시 지난 한 세기 동안 어느 나라 못지않은 격렬한 역사적 진통과 굴욕을 겪었다. 그 가운데 가장 특이한 일은, 어쩌면 당연했을, 신해 혁명이 일어나면서 수천 년 중화 사상의 대들보인 유학을 담장 밖으로 내던져 버린 것이다. 공귀(孔鬼) 때문에 나라가 망했다는 것이다. 중국에서 사회주의의 등장은 문(文)에 대한 무(武)의 전복이라고 볼 수 있다. 문약(文弱)해 빠진 늙은 왕조에 대한 염증에서 절대 권력에 의한 무치(武治)를 선택할 수밖에 없었던 것이다. 장제스〔蔣介石〕와 마오쩌둥〔毛澤東〕은 둘 다 무장임에도 불구하고 성격면에서 문무(文武)의 대별이었던 것이다. 덕분에 제국주의로부터 온전히 나라를 지켜낼 수 있었다. 다시 말하자면, 무(武)로써 무(武)를 막아낸 것이다. 그렇지만 무치(武治)의 한계를 넘어설 수 없는 법. 죽(竹)의 장막으로 간신히 13억 인구 굶기지 않았다는 것 이외엔 그다지 한 일이 없어, 또다시 세계사의 뒤안길로 밀려날 처지에 직면하게 된다. 다행히 덩샤오핑〔鄧小平〕의 시대를 맞아 서서히(사실은 급격히) 개방의 문을 열기 시작하였다. 총칼로 짓는 농사로는 더 이상 늘어나는 인민을 먹여 살릴 수 없음을 뒤늦게 깨달았던 것이다. 결국 무치(武治)에서 문치(文治)로의 전환은 수많은 문사(文士)를 필요로 하였으니, 공자(孔子)의 부활은 필연적일 수밖에 없지 않은가.

바야흐로 현재의 중국은 역사상 그 어떤 시대에도 하지 못했던 비약적인 번영을 구가하고 있는 중이다. 옛 수당(隋唐)의 영화도 아마 이보다는 못하였을 것이다. **문무(文武)가 극적으로 균형을 이루는 시기를** 맞은 것이다. 오늘의 중국이 지향하는 모델은 더 이상 한국도, 일본도 아니다. 바로 미국이다. 이제 모든 길은 중국으로 통한다. 이제 다시는 무(武)를 소홀히 하지 않을 것이다. 두 번 다시 역사의 조롱거리가 되지 않을 것이다.

77 십팔기는 동양 3국 최고의 무예 체계이다

 어느 나라를 막론하고 항상 자기의 무예가 최고라고 이야기한다. 지극히 당연한 일이다. 흔한 말로 '우리 것은 소중한 것'이기에 다른 나라의 어떤 것과도 비교할 수 없기 때문이다. 그렇다고 서로 겨루어 우열을 가리는 일도 가능하지 않다. 호랑이와 사자 중 누가 더 셀까? 하는 이야기와 똑같다. 서로의 장단점이 다르고, 활동 무대나 처해진 상황 및 주위 환경에 따라 결과가 다르기 때문이다.

 전통 무예 역시 그 나라의 전통 문화를 바탕으로 생겨난 것이기에 서로 비교하기가 쉽지 않다. 설령 전쟁에서 이기고 졌다 하더라도 반드시 무예의 우열 때문에 승부가 나는 것은 아니기 때문이다. 군대의 규모며 전략, 군대의 사기, 전투 경험, 지형, 날씨 등등 변수가 너무나 많은 까닭이다. 그럼에도 불구하고 동양 3국에서 유독 십팔기가 가장 우수한 병장 무예라고 주장할 수 있는 근거는 무엇인가?

 먼저 십팔기가 탄생하게 된 배경에는 임진왜란이 있었다. 임란 때 조선(朝鮮)·왜(倭)·명(明) 3국의 군사들이 한반도에서 전투를 치르면서 각 나라의 모든 무예가 한꺼번에 회돌이를 치게 된다. 전쟁이 끝난 후, 선조의 명(命)으로 《무예제보(武藝諸譜)》를 펴내면서 6기(六技)가 조선의 병장 무예로 다듬어졌다.

 이처럼 실제로 큰 전쟁을 통해 3국의 무예가 한꺼번에 펼쳐진 이후, 본래의 우리 무예와 주변국의 모든 무예를 서로 견주어 장단점을 살펴서 가장 효율적이고 이상적인 기예들만을 추려 체계화한 것이 바로

《무예도보통지》 서문

십팔기이다. 당연히 가장 우수하다고 할 수밖에 없지 않은가. 현대 전쟁에서도 온갖 최신 무기와 전술이 실험적으로 사용되고, 이를 바탕으로 더 나은 무기들을 개발하지 않는가. 그러나 앞서 이야기했듯이 무예가 아무리 우수하다 하더라도 그것만으로 나라를 지킬 수는 없는 법, 부국과 강병 정책이 함께 이루어져야만 수준 높은 무예도 제 역할을 제대로 해낼 수가 있는 것이다.

《무예제보》의 6기는 명(明)나라 장수 척계광의 《기효신서》를 토대로 만들었다. 《무예도보통지》에 그 내력이 소상히 밝혀져 있다. 척계광은 산동성 인근의 해안 지방에 출몰하는 왜구를 물리치는 데 수없이 많은 공을 세운 장수였다. 그가 만든 병서인 《기효신서》에 실린 6기(곤봉·등패·낭선·장창·당파·쌍수도)는, 왜구와 싸우는 과정에서 만들어졌기 때문에 그들을 물리치기에 가장 효율적인 무예라 할 수 있다. 따라서 왜병과 싸우던 조선군에서는 이것이야말로 가장 시급하고 적합한 무예였기에 서둘러 받아들인 것이다. 이후 모든 조선군에 이를 보급하여 왜구들을 잘 방어해 왔다.

이 6기(六技)가 만들어진 과정을 두고서, 사람들이(심지어 학자들까지도) 흔히 십팔기는 그저 중국 것이라는 말들을 한다. 문화에 대한 기초적인 개념조차 모르는 데서 온 무지한 소치들이다. 이런 사람들은 대개 전통 문화(우리 문화)라 하면 우리가 만든, 그래서 우리에게만 있는 때묻지 않은 순수한 어떤 것, 즉 고유 문화를 의미하는 줄로 착각하고 있는 것이다. 그렇지만 문화에 대한 약간의 상식만 있더라도 세상에 고유 문화란 결코 존재할 수 없다는 사실을 잘 알 수가 있다. 우리 문화, 아니 지구상의 어떤 문화가 진정으로 고유한 것인가 찾아보라. 문화란 끊임없이 서로 영향을 주고받을 뿐만 아니라 습합과 변질되는 과정을 거치기 마련이다. 필요에 의해 스스로 받아들였던, 혹은 강제로 심어졌던 이 땅에서 수백 년을 흘러왔다면 그것은 당연히 이 땅의 전통 문화라 할 수 있는 것이다. 《무예제보》의 6기는 분명 척계광의 《기효신서》를 전적으로 참고해서 만들었다. 아니 거의 그대로 옮겨 놓았다. 그렇다고 해서 조선의 6기가 명(明)의 그것과 결코 똑같았다고는 할 수 없다. 왜냐하면 《기효신서》에 실려 있는 무예들은 그 실제 동작(투로 혹은 총도)을 기록한 것이 아니라, 각 무예의 기본 세명(勢名)만을 나열해 놓았기 때문이다. 이 세(勢)를 가지고 각자 자기 나라 실정에 맞게 기예를 짜는 것이다. 또는 그동안 두서없이 전해 오던 무예실기를 이 세명을 빌려 체계적으로 정리하기도 하는 것이다. 따라서 같은 세명을 가지고 기록된 두 기예가 있다 해도 그 둘이 반드시 똑같은 것만은 아닌 것이다. 무예를, 이를테면 한자(漢字)를 가지고서 중국 사람, 한국 사람, 일본 사람이 각자 자기 시(詩)를 짓지만, 한자로 쓴 시라 해서 모두 중국시라 이르지 않는 것과 같은 이치인 것이다. 자기 문화를 하찮게 여기고 비하시키는 것은 과거 사대주의 혹은 식민지 피지배 근성의 비뚤어진 발로라고밖에 볼 수 없다.

그러다가 1627년 정묘호란(丁卯胡亂)이 일어나고, 1636년 다시 병자호란(丙子胡亂)이 일어나 북쪽에서 만주족들이 쳐들어오자, 그동안 왜구를 상대하던 6기만으로 그들을 상대하기엔 역부족이었다. 긴 칼을 잘 다루던 보병 위주의 왜구에 비해, 북방 오랑캐들은 기마전술을 주로 사용하였기 때문에 월도(月刀)·협도(狹刀)·편곤(鞭棍)·죽장창(竹長槍) 등 긴 병장기를 다루는 무예가 필요했던 것이었다.

병란 후, 그 경험을 살려 북방 오랑캐를 대항해서 이번에는 완전히 새로운 12기를 창안하여 먼저의 6기에 보태니 이것이 바로 십팔반무예(十八般武藝), 즉 십팔기이다. 바야흐로 독자적으로 무예를 창안해 낼 정도의 높은 수준에 도달해 있었던 것이다. 영조 35년(1759) 사도

세자가 임시로 대청할 때 그의 명(命)으로 이루어진 일이다. 또한 십팔기의 일부 종목을 마상(馬上)에서 운용하는 기예(騎藝)도 개발하였다. 그후 조선은 남쪽과 북쪽 이민족의 침입을 잘 막아왔다. 그리하여 조선은 동양 3국, 나아가 세계 어느 나라에서도 그 유례를 찾아보기 힘든 훌륭한 종합 무예 체계를 갖추게 된 것이다. 따라서 **십팔기만이 이 땅의 유일한 전통 무예이자 정통 무예임은 어느 누구도 부인할 수 없는 사실(史實)**이다.

이처럼 십팔기는 저잣거리나 어느 문중에서 자연발생적으로 만들어진 일반 무예가 아니라 국가에서 만들어 공식적으로 이름지은 '국기(國技)'이다. 이는 전세계를 통틀어 유일무이한 일로서, 고대로부터 지금까지 국가가 나서서 병장무예를 이처럼 체계적으로 정리하여 정식 명칭을 부여한 예가 달리 없다. 따라서 《무예도보통지》는 동양 3국은 물론 전세계 유일의 고대 종합병장무예교본으로, 우리나라뿐만 아니라 세계적으로 귀중한 문화 유산이다. 《직지심경》 귀중한 줄은 알면서도, 정작 세계적인 보물인 '십팔기'의 가치를 몰라보고 있으니 심히 안타까운 일이다.

그러나 전쟁이란 언제나 무예만 우수하다고 해서 이기는 것이 아니다. 옛말에도 "전쟁의 승패는 정치에 달려 있다"[59]고 하였듯이, 일찍이 서양의 과학 문명을 받아들여 화약병장기로 빨리 전환하여 개방의 길로 나아갔더라면 근대사의 비극은 없었을 것이다.

78 성(誠)·신(信)·의(意)

전통적으로 흔히 우리는 '수양한다'는 것을 '도(道)를 닦는다'라고 해왔다. 종교적이든, 건신(建身)이든, 학문이든, 아니면 어떤 기술을 익히든 한길을 쉼없이 가는 것을 두고서 이르는 말이다.

그 중 가장 일반적인 '도닦음'은 예나 지금이나 천도(天道), 즉 하늘의 이치를 깨우치는 것을 말한다. 과학의 발달로 인간은 이미 판도라의 상자를 열었을 뿐만이 아니라 신(神)의 역할까지 해내기 시작했다. 그럼에도 불구하고 어떤 이들은 고대 조상들이 현대인들보다도 우수한 지혜를 가졌을 것으로 미신하여 옛 무덤을 뒤지기까지 한다. 하여간 끊임없이 탐구하고 새로운 무엇을 찾는 인간의 지적 호기심은 끝이 없다. 그렇지만 어떤 것을 잡고 수행을 하든지간에 그 목적은 기예의 깊이를 더하고, 홀로 자신을 바르게 하여(獨善其身) 덕(德)의 폭을 넓

- 노자(老子)가 말하기를 "다섯 가지 색은 사람의 눈을 멀게 하고, 다섯 가지 소리는 귀를 멀게 하며, 다섯 가지 맛은 입맛을 상하게 한다. 말 달리며 사냥하는 것은 마음을 발광케 하며, 귀한 재화는 행동에 장애가 된다(五色令人目盲, 五音令人耳聾, 五味令人口爽, 馳騁畋獵令人心發狂, 難得之貨令人行妨)"라고 하였다.
- 군자가 새겨야 할 아홉 가지 생각(九思)

밝게 보고(視思明), 똑똑히 듣고(聽思聰), 안색이 온화하고(色思溫), 태도가 공손하고(貌思恭), 충심을 말하고(言思忠), 존경으로 모시고(事思敬), 의문나면 묻고(疑思問), 화나면 난처해질 일을 생각하고(忿思難), 이득 앞에서 정의를 생각해야(見得思義) 한다.

히는 것일 게다. 도량(度量 혹은 道場), 즉 마음의 그릇을 키우는 것 말이다.

　흔히 우리는 도덕(道德)이란 말을 많이 쓴다. 그러니까 글자 그대로 말하자면, 덕(德)을 닦는(쌓는) 길이라는 말이다. 또한 덕을 존중하고 따른다는 말이다. 그런데 그동안 수양을 한다는 많은 사람들은 이 덕(德)을 닦는 일에는 소홀하면서, 술(術)을 닦는 것을 '도닦음'의 목적으로 했던 듯하다. 도인(道人)이란 도술(道術)을 부리는 사람이 아니라, 덕(德)을 닦는 사람을 일컫는 말이다. 그런데 요즘은 덕(德)도 모르면서 도(道)를 닦겠다는 이들이 너무 많은 것 같다. 사주(四柱)·관상(觀相)·풍수(風水)·역점(易占) 등 이런저런 방술들을 주워모으는 것을 무슨 대단한 도(道) 닦음으로 착각하고 있다. 모두 벼슬 못한 옛 선비들의 군것질용 잡기에 불과한 것들이다.

　그리고 속담에 '하던 짓도 멍석 깔아 놓으면 안한다'는 말이 있다. 그렇지만 요즈음 사람들은 뭐든 멍석을 깔아 주지 않으면 절대 안한다. 그래서 온갖 선원·기도원·건강원 등이 생겨나 성업중이다. 그런데 재미있는 것은 모두들 한결같이 정해진 장소에서, 정해진 시간에, 똑같은 방법으로 집단적으로 해야 한다는 것이다. 사실 수행이란 단독행(單獨行)이어야 할 텐데도 말이다. 석가모니가 언제 단체로 교육받은 적도 없고, 무리지어 수행한 일도 없는데 말이다. 그러니까 현대인들은 인스턴트식 집단 수행을 선호하는 것이다.

　어쨌거나 요즈음은 그렇게라도 수행하겠다는 사람도 많고, 또 득도(得道)를 했다는 도인·도사들도 많은 걸 보니 도(道) 장사가 제법 잘 되어가는 모양이다. 겨우 몇 가지 방술을 익혀서는 순 조선옷 걸치고, 수염 기르고, 죽장 들고 도(道)를 팔러다니는 글자 그대로 길거리 도사(道士)는 물론이고, 어지간한 산골짜기는 뱀 똬리 틀듯 앉아 안개구름을 피워 올리는 그럴 듯한 도인들이 다 차지해 버려 신장 개업하기도 쉽지 않아졌다. 글쎄, 글쓴이가 아는 수양하는 이들 가운데 아직까지 수양한다는 말조차 입에 담는 사람을 본 적이 없는데, 아마 그분들 아직 도(道)를 못 이룬 모양이다.

해범 선생께서는 항시 무예를 자기 수양의 방편으로 삼으라고 하였다. 무예 수련을 통해 몸을 강하게 하고, 덕성(德性)을 기를 것을 끊임없이 주문하였다. 단순히 옛 기예를 익히는 것이 이 시대에 무슨 의미가 있겠는가. 삶 자체가 수행이어야지, 꼭 어디에 가서 별난 재주를 익히는 것만이 능사가 아닐 것이다. 하루하루, 순간순간을 보내면서도 몸과 마음을 정갈하게 유지하면서 수련을 게을리 하지 않아야 한다.

무예를 하건, 깨달음을 추구하건 먼저 건신(建身)과 양생(養生)은 기본이다. 달마가 《역근경(易筋經)》을 남긴 것도 그 때문이다. 앉아서 오랫동안 정진하기 위해선 먼저 몇 가지 기본적인 도인법(導引法)을 반드시 익혀야 한다. 요즘은 불가에서조차 그 법을 잃어버렸다. 그 바람에 참선중 졸음을 쫓는다고 죽비를 치는 황당한 일도 벌어지고 있는 것이다. 겨우 화두를 잡아나가는 데 죽비 소리에 깜짝 놀라 다 도망가 버린다. 참선하는 데 있어서 지극히 금해야 하는 일인데도 말이다. 아랫도리에 피가 통하지 않아 저려 죽을 지경인데도 꾹 참고 용맹정진하다 보니 두 다리가 다 썩어 문드러진다. 제대로 수행이 될 턱이 없다. 그래서 큰스님들은 말할 것도 없고, 심지어 신부·목사들까지 건강 상태가 말이 아닌 이들이 부지기수다. 그러니 다들 수행할 생각은 않고 그저 바깥으로만 나돌려고 한다. 정신만 중히 여기고 몸을 천히 여기는 데서 온 폐단이다. 또 시중에는 단(丹)이다, 선(仙)이다 하면서 건강 기공법(氣功法)을 팔고 있는 곳들이 수없이 많지만, 아직까지 도인(導

引)과 인도(引導)를 구분할 줄 아는 이를 단 한 명도 본 적이 없다. 동작에 따라 역근(易筋)·인도(引導)·도인(導引)을 구분해서 호흡해야 하는데도, 모조리 도인법으로 하고 있다. 처음 숨길도 제대로 열어 주지 않고 복식호흡을 한다고 아랫배만 볼록거리고 있다. 호흡법의 기본도 모르면서 남을 가르치고 있는 것이다. 하기야 오로칠상(五勞七傷)도 모르면서 수양한다고들 하는 판이니 더 말해서 무엇하랴. 모두들 어느 문중에서 제대로 배운 것이 아니라, 시중에 떠도는 양생법들을 주워모아 제 마음대로(수준대로) 해석해서 만들었기 때문이다. 그러니 겨우 소화 기능 향상과 자기 최면, 그리고 스트레스 해소 정도의 효과밖에 못 얻는 것이다. 심지어 남보다 건강하게 오래 살겠다고 단전호흡 수련 열심히 하던 모그룹 회장도 오히려 남보다 일찍 가고 말았다. 엉터리 호흡법으로 스스로 명(命)을 단축한 줄은 저승가서도 모를 것이다.

다행히 해범 선생께서는 십팔기뿐만 아니라 《권법요결》을 통해 문중의 비결서인 북창(北窓) 선생의 '용호비결(龍虎秘訣)'을 공개하였고, 또 아직은 공개하지 않은 '오금수희법(五禽獸戲法)'을 비롯해 여러 가지 양생도인법은 물론, 더하여 수많은 도가의 한방약학까지 가르치고 있다. 《본국검》에 소개한 도인법인 '내장(內壯), 외용(外勇)'은 무예인에게는 꼭 필요한 동작만을 선별해 놓은 것이다. 특히 '외용'은 검법을 수련하는 사람에게는 더없이 필요한 기본공 훈련법이다. 무예를 익히더라도 반드시 이러한 양생법들을 병행해서 수련할 것을 권하고 있다.

어느 날 선생님에게 수양인으로서 갖춰야 할 기본을 여쭈었더니 '성(誠)·신(信)·의(意)'를 꼽아 주었다. 다시 이 세 가지가 도가(道家) 문중에만 해당되는 것인가를 여쭈었더니 "그렇지 않다. 유가(儒家)든 불가(佛家)든 무가(武家)든 도가(道家)든, 심지어 글공부하는 선비라 해도 옛사람들은 이 셋을 중시하였다. 성(誠)이란 지극한 정성, 다른 삿된 잡생각이 들어 있지 않은, 바람이 없는 무념의 정성을 말한다. 신(信)은 두 마음이 아닌 것을 말한다. 마음 다르고, 말 다르고, 행동이 달라서는 안 되는 것이다. 의(意)는 마음의 자리이다. 너그럽고 크게, 바른 뜻을 가지되 절대 옹졸하지 않아야 한다. 이 세 가지가 사람됨의 기본이다"라고 하였다.

79 십팔기의 전승 계보

해범(海帆) 김광석(金光錫) 선생은 1936년 강원도 횡성에서 태어났다. 어린 시절 그의 가족들은 전쟁에 광분하던 일제 말기 세상이 혼란스러워지자 지리산 골짜기 문암(門岩: 장흥군 위치면, 화순군 도암면, 나주군 다도면의 경계 지역으로 원래부터 마을이 있었던 곳이 아니라서 정식 지명은 아니다. 지금은 사람이 살고 있지 않다)이란 곳으로 들어가 살고 있었다. 더불어 그 집안의 내력으로 인하여 수양에 필요한 여러 가지 공부를 하던 중 양생법과 간단한 무예를 연마하여야 했다. 그 시절에는 그의 집안과 왕래하던 여러 수양하는 지인들이 왜경과 일본군을 피해 그곳으로 숨어 들어왔었다고 한다. 그 사람들 중에는 훗날의 6·25 피난 시절 부산에서 만나게 되는 오공(晤空) 윤명덕(尹明德) 선생도 있었다.

오공 선생의 생존 연대는 정확치 않으나, 해범 선생이 16세 때 부산에서 다시 만났을 무렵 환갑을 넘기셨다고 말씀하신 것으로 미루어 1890년 전후에 태어나신 걸로 짐작된다. 당시 오공 선생은 항상 일본군과 왜경을 피해다녔던 분으로 기억되고 있다. 6·25 동란 때에는 부산으로 내려와 아미동 뒷산(천마산: 당시 그곳은 일본인들의 공동 묘지였었다)의 큰 일본인 가족 묘지를 차지하고 있으면서 스무 명 남짓의 전쟁 고아들을 모아 돌보고 계셨다고 한다. 그러다 혼자 피난 온 해범 선생을 발견하고는 막무가내로 붙들어 함께 살게 했다. (당시 해범 선생은 미공보 관저에서 편하게 지내고 있었는데) 그 편한 거처를 두고 피난민 천막촌에서 사는 것이 영 내키지는 않았으나, 문중 어른이시라 딱히 거절도 못하고 꼼짝없이 4년을 함께 지내게 되었다. 낮에는 먹고 살기 위해 뛰어다니고, 밤늦게나 이른 새벽이면 어김없이 해범 선생을 데리고 뒷산(천마산)으로 올라가 무예를 익히게 하였다. 그때마다 오공 선생은 항상 '십팔기'를 말씀하셨지만 《무예도보통지》란 책도 없었으며, 오직 구전심수(口傳心授)로만 무예를 익혔다고 한다. 그곳에서 십팔기를 비롯한 무예 전반에 대한 이론과 실기, 그리고 수양에 필요한 여러 가지 양생법과 한약학을 반강제로 가르치셨던 것이다.

훗날 기억하기로 당시 십팔기를 비롯해 포승줄 감아 던지는 것 등을 보여주셨던 것으로 봐서 당신께서 젊은 시절 잠시 구한말 무관을 지냈거나, 무관을 지낸 분으로부터 기예를 배우지 않았나 짐작된다고 하였다. 신체는 매우 건장하셨고, 한학과 무예에 깊은 조예를 지닌 분이셨는데, 왜 평생을 일본군과 왜경을 피해다녔는지 자세히 물어보지 못했다고 해범 선생은 회고한다. 어렸을 적 지리산 골짜기에 들어와 지내던 대부분의 인사들이 다 왜놈들을 싫어했기 때문에 그러려니 하고 대수롭지 않게 생각했었단다. 또한 이전에는 스님이 아니었으나, 부산에서 만났을 적에는 스님이셨다고 한다.

전쟁이 끝난 이듬해 오공 선생은 해범에게 함께 산으로 가 수양의 길로 갈 것을 몇 번이나 권했으나, 한창 혈기 넘치던 해범 선생은 이를 거절하고 서울로 올라와 살게 되었다. 서울로 올라와 사업에 크게 성공하고 학생 운동에도 가담했던 해범 선생은, 5·16 군사 혁명이 일어나던 해에 돌연히 모든 것을 정리하고, 옛 문중 어른들을 찾아 전국 산천을 유람하며 한동안 수양의 길로 접어들었다. 6여 년 동안 수행하던 해범 선생은 다시 서울로 올라와 오늘에 이르게 되었다.

그리고 수년 동안 지금은 대부분 타계한 여러 무예인들과 왕래하며 서로 교유하였다. 마땅히 수련할 만한 장소가 없어 지인들의 태권도장이나 쿵푸도장을 빌려 무예 수련을 하던 해범 선생은 1969년 우리나라 최초로 십팔기도장을 개원하여 후학들에게 무예를 가르치기 시작해 오늘날까지 이어오고 있다. '십팔기'란 이름은 오공 선생의 말씀에 따라 붙였는데, 나중에 《무예도보통지》를 구해 보고서야 스승의 가르침을 재확인할 수 있었다고 한다.

서울역 바로 아래에 십팔기도장을 열어 후학들을 가르치기 시작했지만, 당시에는 무예계의 어느 누구도 '십팔기'를 우리 무예로 인정해 주지도 않았을 뿐더러 아예 인식조차 없었다. 심지어 중국 무술로 오해하고 무시하기까지 했다. 물론 당시에는 세계적으로 쿵푸(工夫)가 유행하던 터라 대부분 쿵푸가 아니면 배우려 들지를 않았다. 따라서 아무도 십팔기를 우리것으로 알고 배우러 오지 않았고, 대부분의 지

망생들은 십팔기가 쿵푸인 줄 잘못 알고 왔었다. 십팔기뿐만 아니라 다른 여러 무예에도 조예가 깊었던 해범 선생은 어쩔 수 없이 쿵푸도 함께 가르쳤었다(물론 쿵푸라 하지만 모두 해범식으로, 즉 십팔기식으로 고쳐서 가르쳤다).

그리하여 이후 사회단체 대한십팔기협회를 설립(1976년 결성, 1981년 등록)하고 약 15년 동안 '십팔기'를 지키고 전하기 위해 노력하였으나, 세인들의 잘못된 인식과 무관심을 바꾸기엔 역부족이었던 해범 선생은 1983년 그만 도장 문을 닫고 수양 생활로 접어들어 버렸다. 그러다가 1985년 당시 문화재위원이었던 심우성(沈雨晟) 선생을 만나면서 다시 세상에 나오게 된다.

심우성 선생은 민속학자로서 오래전부터 우리의 전통 춤을 연구하기 위해 전통 무예에 관심을 갖게 되었으며, 출판업자로 하여금 규장각에 있는 《무예도보통지》를 영인케 했었다. 그리고 민속답사로 전국 방방곡곡을 다닐 때마다 '십팔기'를 하는 사람을 수소문했으나 만나지 못하다가 1985년에서야 해범 선생을 만나게 된 것이다. 십팔기의 전승 계보와 실기를 확인한 그는 해범 선생에게 그 실기를 세상에 공개할 것을 끈질기게 요구하였다. 그렇게 해서 나온 것이 《무예도보통지 실기해제》(심우성 해제, 김광석 실기, 東文選)라는 책이다. 그리고 그해 12월 20일, 서울 동숭동 '바탕골 예술관'에서 출판기념회 겸 발표회를 공개적으로 가지게 되었다. 여기서부터 우리나라에 비로소 전통 무예 붐이 일어나기 시작했다.

그러나 당시 이 책을 만들 적에 해범 선생은 심우성 선생의 강권에 못이겨 대충 실기를 보여주어 사진을 찍게 하고 동작을 구술해 주는 것으로 번거로운 일에서 벗어나야지 하는 생각에서 한 일이었다고 한다. 어차피 다시 세상에 나가 후학들을 직접 가르치지도 않을 것이니,

그저 실기 동작을 책으로라도 알려 익히도록 해주자는 취지였었다. 그런데 얼마 지나지 않아 그 책을 본 서울대·연세대·서강대·경북대를 비롯한 여러 대학의 학생들이 찾아와, 십팔기가 이토록 소중한 우리의 문화 유산인지 미처 몰랐다며 간곡히 배움을 청하기에 이르렀다. 그렇게 해서 주변의 여러 학자들과 제자들이 나서서 도장을 열고, 선생을 다시 나오게 만들었다. 그런데 이번

에 배우는 대학생 제자들은 모두가 학구파들이어서 그런지, 그냥 십팔기의 실기만 배우는 것이 아니라 이것저것 무예에 대해 질문을 해오기 시작했다. 이에 해범 선생은 자신이 전해받고 터득한 무예 이론을 책으로 남겨야 할 필요성을 느끼게 되고, 그 결과로 나온 것이《권법요결》《본국검》《조선창봉교정》 등이다. 모두 우리나라 최초의 무예 이론서들이다.

조선 왕조의 멸망과 일제 식민시대, 그리고 6·25 동란을 겪지 않았더라면 의당 십팔기는 전통 무예로서 우리 문화의 중심에 우뚝 서 있었을 것이다. 그나마 다행스럽게도 이 땅에 조용히 드러나지 않게 그 맥을 이어온 수양하는 가문, 즉 도가(道家)들이 있었기에 간신히 이어져 예까지 올 수가 있었다. 오공 선생이나 해범 선생 역시 무예인이기 이전에 도가 문중의 수양하던 사람들이다. 좀더 자세히 밝히는 것은, 해범 선생께서 극히 내키지 않아 하는 터라 이 정도에서 그쳐야겠다.

조상의 이름을 팔거나 주변인들을 들먹여서 스스로의 이익이나 공명심을 취하는 일을 지극히 혐오하는 도가 사람들의 별난 심성들 때문이다. 그들은 이토록 세상에 드러나서 번잡스러워지는 것을 지극히 싫어했다.

해범 김광석 선생은 1992년 《권법요결》이라는 저서를 통해 북창(北窓) 정염(鄭礦, 1506-1549) 선생의 〈용호비결(龍虎秘訣)〉을 공개한 바 있다. 조선시대 기인으로 알려져 있는 북창 선생은 우리나라 도가 문중의 대표적 인물 가운데 한 사람으로 숱한 일화를 남겼으며, 〈용호비결〉이라는 우리나라 유일의 수단지도(修丹之道) 비결서를 남기기도 하였다. 해범 선생은 문중으로 전해져 오는 하나뿐인 이 비결서를 간직하고 있으며, 현재 그 수련법을 몇몇 제자들에게 전수하고 있다.

그런데 일제 식민시대를 거치면서 역사의 뒤안길로 사라졌던 십팔기가 해범 선생에 의해 다시 그 모습을 드러냈을 때, 우리 모두는 또 한번 놀라지 않을 수 없었다. 왜냐하면 정조 때의 《무예도보통지》를 통해 전통 무예 수준의 정점을 확인한 우리는, 이후 점차 그 효용 가치가 떨어지면서 무예 수준도 함께 낮아져 갔을 것으로 당연히 짐작해 왔기 때문이다. 그렇지만 오늘날에 와서 해범 선생이 십팔기를 전하기 위해 무예 이론과 함께 그 실기를 각론으로 해제한 《권법요결》《본국검》《조선창봉교정》을 보면 《무예도보통지》를 편찬할 당시보다 더욱 발전된 내용임을 확인할 수 있다. 물론 이 책들을 펴내기 위해 현대의 여러 무예서를 참고하기도 했을 터이지만, 그 내용들은 모두가 선생이 일생 동안 터득한 무예 이론과 오공 선생으로부터 구전심수(口傳心授) 받아 온 것들이다. 이러한 점으로 미루어 우리는 무예 십팔기가 조선 후기에 도가 문중으로 들어가면서, 도가의 양생(養生)·건신(建身)술과 자연스레 결합하며 꾸준히 발전해 왔다는 것을 짐작할 수가 있다.

해범 선생의 세 권의 책 중 특히 《권법요결》에는 북창 선생의 〈용호비결〉을 비롯하여 많은 도가의 양생 이론이 첨가되어 있다. 모두 무예 수련에 지극히 도움이 되는 귀한 이론들이다.

고대로부터 우리나라에는 도가(道家)·무가(武家)·불가(佛家)를 구분하는 경계가 뚜렷하지 않았고, 상호 왕래 또한 많았다. 그러다 보니 도가(道家)에서는 수양의 방편으로 무예를 익혀왔는데, 건신(建身)·양생(養生) 분야에서 서로의 공통점이 많았기 때문이다. 오공 선생과 해범 선생 역시 도가 문중 사람들로서 무예를 익혀왔던 것이다. 그래서 해범 선생께서는 항상 제자들에게 무예를 수양의 방편으로 삼을 것을 강조해 왔으며, 무예로써 남을 이기려 하거나 세상에 이름을 드러내어 기예를 팔아서 먹고 사는 방편으로 삼는 것을 심히 달가워하지 않았다. 오공 윤명덕 선생 역시 일평생 수양의 길을 걸으신 분으로, 해범 선생에게 십팔기를 전하면서 항상 그렇게 당부하였다고 한다. 해범 선생께서는 평소에 이같이 말하였다.

"십팔기가 단순히 도가 문중의 기예였다면 결코 세상에 내놓지도 않았을 것이다. 이것은 내 것이 아니라 나라의 것이고, 더할 나위 없이 소중한 문화 유산이기 때문이다. 십팔기가 제대로 서야 나라가 바로서고, 민족 정신이 바로선다. 제 것도 모르고서야 어찌 나라의 체통이 서겠는가!"

"십팔기는 나라에서 만든 나라의 무예이다. 때문에 이 땅의 사람이면 누구든, 그동안 무슨 무예나 운동을 배웠든간에 먼저 자기 무예를 알아야 한다."

"그동안 배우고 익혀온 모든 이론과 실기를 책을 통해 다 공개했고, 또 많이들 배워 나갔다. 예전에 십팔기라면 코웃음을 치던 무예인들은 말할 것도 없고 일반인들조차도 이제는 십팔기가 우리 것인 줄 알게 되었으니, 내 할 일은 다한 것 같다."

80 세계적인 문화 유산 십팔기

고대의 무예는 그 시대 최고의 과학이었다. 현대의 최첨단 기술이 모두 국방에 우선적으로 사용되듯이 당시에도 최고의 기술은 국방에 제일 먼저 사용하였다. '십팔기' 역시 박제가·이덕무 등 당대 최고의 학자들이 왕명으로 연구·정리한 것이다. 그러므로 십팔기는 고도의 법(法)·술(術)·기(技)로 만든 무예로 당대 과학의 결정체라고 할 수 있다. 각 종목마다 세(勢) 하나하나가 모두 엄밀한 동작 규범과 깊은 이론을 내포하고 있다. 따라서 무예에 정통하지 않은 자들이나 혼자서 스스로 깨우쳤다거나, 저잣거리에서 배운 무예인들은 아무리 《무예도보통지》를 보면서 도보(圖譜)나 총도(總圖)를 따라 한다 해도 제대로 원형을 흉내내기가 불가능한 것이다.

예로부터 어느 문중의 무예를 막론하고 그 실기는 직접 구전심수(口傳心授)의 방법으로 전수받지 않으면 결코 그 진수를 온전히 익힐 수가 없었다. 몇 장의 그림이나 글로써는 무예의 오묘한 몸놀림과 대대로 축적되어 내려오는 무예 이론을 제대로 전달할 수가 없기 때문이다. 비록 조선이 멸망하고 식민시대를 거치긴 하였지만, 십팔기의 실기 동작을 자세히 설명해서 남겨 놓은 《무예도보통지》가 있었다. 그럼에도 불구하고 오직 해범 선생을 기다려서야 비로소 재연된 것도 바로 무예의 이러한 속성 때문이다.

이렇게 해서 조선의 국기(國技)인 십팔기가 간신히 그 명맥을 이어와 차츰 보급이 되고 있다. 처음 해범 선생이 십팔기를 세상에 드러냈을 적만 해도 모두들 우리 것으로 인정조차 하지 않았었지만, 지금은 너도나도 전통 무예를 한다고들 한다. 늦었지만 다행스러운 일이다. 그렇지만 무지해서인지 아니면 옹졸하고 편협해서인지, 담 너머에서 곁눈질로 배운 십팔기를 가지고 얄팍한 장난질치는 것을 볼 때마다 안쓰럽기 짝이 없다. 십팔기를 십팔기라 하지 않고, 새로운 이름을 붙여 무예 장사를 하고 있는 것이다. 물론 그런 사람들 중에 해범 문중에서 십팔기를 제대로 배운 이는 없다. 그건 무예가 아니다. 글자 그대로 흉내내기일 뿐이다. 그렇다고 그런 사람들을 탓하고자 이러한 글들을 쓴 것은 아니다. 현대에 와서 그 용도가 폐기된 고대 무예를 누가 더 잘하고 못하고를 따지자는 것도 아니다. 평생 무예로써 수양하지 않을 사람들에겐 그건 그다지 중요한 일이 못된다. 그렇더라도 그들 모두가 무예의 깊은 이론과 제대로 된 실기를 배워 가지는 못했지만(찾아와서 배우겠다는 사람 거절한 적이 없는데, 왜 맨날 담장 밖에서만 기웃대는지 모르겠지만) 이왕이면 무예란 무엇인가, 무예 문화란 무엇인가, 무예 정신은 무엇인가, 그리고 왜 이 시대에 무예가 필요한가를 생각하면서 무예를 익혔으면 하는 바람으로 온갖 이야기들을 주워모아 본 것이다.

그동안 우리는 모든 문화를 문(文)의 시각으로만 보고 평가해 왔다. 역사든, 예술이든, 문학이든, 철학이든 무(武)의 시각으로 보면 세상사가 이렇게 달리 보일 수도 있다는 것을 이야기하고 싶었던 것이다.

설령 무예인이 아니라 하더라도 문화에 대한 균형잡힌 사고를 가졌으면 해서이다. 그리고 무엇보다도 무예든, 잡기든, 호신술이든, 체육이든, 더 나아가 무슨 일이든 땀 흘리며 하는 사람의 행위에는 반드시 그에 해당하는 당위성이 있어야 하지 않겠는가. 무(武)의 정신, 무(武)의 철학, 즉 무덕(武德)이 그에 도움이 되었으면 한다.

또한 앞의 글에서 여러 차례 강조하였듯이 '십팔기(十八技, 十八般武藝)'는 우리 무예의 모든 것이자, 동양 무예의 정화라고 확실하게 단언할 수 있다. 그것도 단순히 수집해서 나열해 놓은 것이 아니라 임진왜란, 병자호란을 통해 동양 3국의 군대가 한반도에서 대규모 전쟁을 벌인 후 그 실전 경험을 토대로 우리 실정에 맞게 만들어진 종합 병장 무예이다. 이 십팔기를《무예도보통지》라는 군사 훈련용 교본으로 남겨 놓았으며, 그 실기가 오공(晤空) 선생과 해범(海帆) 선생을 거쳐 간신히 전해져 오늘에까지 이르게 되었다.

당연히 그 어떤 것에도 비할 바 없는 소중한 문화 유산이기도 하겠거니와, 나아가 전세계적으로도 유일하게 남아 있는 고대 종합 병장 무예이다. 그것도 완벽하게 남아 있는 진정한 마샬 아트(matial arts)로서.

흔히 세계적으로 알려져 있기를, 고대 무예라면 중국 무술을 떠올리지만, 실은 중국에는 고대 병장 무예가 전혀 남아 있지 않다. 소림 무술, 무당 무술…… 등 수많은 문파를 들먹이지만 그것들은 모두 군사들의 병장 무예가 아닌 각 도장들의 수양 무술이다. 그외에도 각 지방마다 나름대로의 무술들을 자랑하지만 이 역시 모두 동네 무술, 즉 호신 무술이다. 병장 무예로서 그 근거가 남아 있는 것으로는 척계광의《기효신서》에 나오는 일곱 가지 기예가 전부이다. 그나마 이마저도 그 실기는 실전되어 버리고 조선의 십팔기에 그 흔적이 남아 있을 뿐이다. 지금은 공산 혁명 후 절실되어 버린 각 문파의 무술을 되살리고자 국가

일제에 의해 사라진 지 1백여 년 만에 십팔기를 부활시켜 전통의 맥을 잇고 있는 세계 유일의 국군 전통의장대. 글쓴이의 지도로 무예 십팔기 중 본국검을 시연하고 있다. 2006년 3월 13일, 청와대 분수대 광장.

적인 노력을 기울이고 있지만, 한번 끊어진 기예들을 다시 옛 모습대로 되살리기는 불가능하다. 전국에 퍼져 있는 온갖 기예들을 주워모아 옛것을 흉내내고 있지만, 실질적인 무예 수준은 그다지 높지 못하다.

일본 역시 칼을 숭상하는 나라이지만, 그 검법의 역사적 근거가 제대로 남아 있지를 못하다. 문헌적 연구를 하다 보면 오히려 십팔기 중 '쌍수도'와 '왜검'을 내세우지 않으면 그 계통이 제대로 서지 않을 정도이다.

그외에 세계 어느 나라에서도 십팔기처럼 그 역사적 근거가 확실하고, 또 실기가 온전하게 전해지고 있는 종합 병장 무예는 없다. 이처럼 귀중한 세계적인 문화 유산을 헛간 구석에 처박아 두고 저잣거리 주먹다짐을 전통 무예라 떠벌이고 있으니 한심하기 짝이 없다. 당연히 십팔기를 국가 중요무형문화재로 지정할 것은 물론, 유네스코 세계문화 유산 등재를 서둘러야 할 것이다. 이 일에는 해당 국가 기관이 발벗고 나서야 할 것이다.

81 잃어버린 문화, 내다 버린 정신

각 나라마다의 화폐를 보면, 그 민족의 성향을 어느 정도 엿볼 수가 있다. 우리나라는 세종대왕·이퇴계·이율곡 등, 모두 문(文)의 인물에 공교롭게도 이(李)씨 성을 가졌다. 성웅으로 받들던 이순신 장군도 어느 순간 밀려나 버리고, 1백 원짜리 동전엔 이름없는 양반 얼굴 하나만이 달랑 남았다. 고(故) 정주영 회장이 1971년 울산 바닷가에 조선소를 짓기 전에 영국의 바클레이 은행 사장을 만나 거북선이 그려진 5백 원짜리 지폐를 보여주며 설득한 끝에 선박을 수주하고 차관까지 도입한 일화가 있다. 왜구를 물리치고 조선 입국의 선봉장이 되었던 그 거북선마저도 소리소문 없이 슬그머니 치워 버렸다. 이제 독도는 누가 지키나? 물시계만도 못한 것이었나? 성리학이 그토록 이 민족에게 중요한 학문이었고, 두 유학자가 과연 그렇게까지 추앙받을 만한 인물인가? 누가 문민 정부 아니랄까봐? 옹졸하기 짝이 없다.

예나 지금이나 역사가들은 한결같이 문(文)의 시각으로 역사를 기술한다. 팔은 안으로 굽는 법, 물론 그들도 문인(文人)이었을 테니 당연한 이치일 것이다.

그래서 항상 무사(武事)에는 냉담하거나 심지어 가혹했고, 문사(文事)에는 지나치게 관대하고 미화하는 습성이 있다. 고려의 무신 정권은 몹쓸 모리배 취급을 하여 나라를 망친 원인으로 기술하고 있다. 거대한 몽고를 상대로 일곱 차례의 항쟁을 벌인 것이 잘못되었단 말인가? 문신 정권이었으면 결코 몽고에 굴복하지 않았을 것으로 생각하는가? 아니면 이왕 항복할 거 처음에 곧바로 했더라면 백성들이 덜 고통받았을 것인가? 무신 정권이 그토록 끝까지 항쟁하지 않았더라면, 비록 항복은 했지만 부마국으로서의 지위마저 누릴 수 있었겠는가?

고려의 무신 정권에 비하면 조선은 문신 정권이었다. 무치(武治)로 건국 초기의 기반을 다진 태종에 대해서는 냉담하고, 문치(文治)의 기틀을 세운 세종에게는 역사상 최고의 성군으로 받들고 있다. 이후 왕은 꼭두각시로 만들어 놓고, 문신들의 입씨름에 바람 잘 날이 없었다. 결과는? 한번 제대로 싸워 보지도 못하고 나라를 팔아먹지 않았는가? 그 덕에 수많은 백성들의 생명을 구할 수 있었다고 기술하지 않은 것이 천만다행이다. 역시 문신의 횡포에는 한없이 관대하다.

현대사에서도 이 버릇은 똑같이 나타난다. 이승만의 문민 독재에는 관대하고, 박정희의 무인 독재는 도무지 그냥 두고 볼 수가 없단다. 그렇지만 5공 군부 독재에 대해서는 입도 벙긋 못한다. 아직 살아 있으니 잘못 건드렸다간 핏물 튀길까봐? 하지만 머지않아 그 주범들이 죽고 나면 어떻게 물어뜯을지 상상이 가지 않는가? 이게 비겁한 일이 아니면, 용감한 일은 또 무엇이란 말인가?

객담이지만, 만약에 칭기즈칸 · 알렉산더 · 나폴레옹 · 항우 · 유비 · 관우 · 장비 · 노부나가 · 히데요시…… 이런 영웅호걸들이 이 땅에 태어났더라면 어떤 역사적 평가를 받았을까? 아마도 대부분 임꺽정이나 정중부 이상 대접받기는 힘들었을 것이다. 산천을 피로 물들이고 백성을 도탄에 빠지게 한 도적놈 정도로. 이 땅에서의 전쟁이나 난(亂)은 역사의 오점이자 전염병 쯤으로, 영웅은 한낱 문제아로 취급될 뿐이었다. 그래서 국사(國史)가 재미없는 것이다. 역동적인 힘(力)을 느낄 수 없는 역사책이 국민을 맥 빠지게 한다.

지난 5백 년 동안 고착화된 우리 민족의 이러한 문(文)의 성향, 무(武)의 결핍은 언제든지 외세를 끌어들이고, 주변 국가의 침략을 유도할 개연성을 지닌다. 과거 구한말이 그러했고, 지금의 6자회담이 그러하다. 무(武)의 정신으로 이러한 문화적 구조를 과감히 개조해 나가지 않으면 굴종의 고삐를 영원히 끊지 못할 것이다. 남의 나라를 침략하는 일이 나쁜 것은 아니다. 외침의 빌미를 제공하고, 스스로 그 적을 물리치지 못하는 것이 부끄러운 일이다.

이 책을 쓰게 된 계기 가운데 하나가 바로 우리의 민족성에 대한 의문 때문이었다. '민족성'에 대한 개념 혹은 정의를 논하자는 것이 아니라, 과연 한(韓)민족의 민족성은 뭔가, 그리고 그 특성은?이라는 질문에 대한 답변이 구체적으로 떠오르지 않는다는 것이다. 물론 글쓴이의 공부가 부족한 탓이기도 하겠지만.

민족성에 대한 정의부터도 학자에 따라 조금씩 다를 수 있다. 인류학·사회학·정치학·철학·종교학 등 관점에 따라 차이는 나겠지만 전체적으로는 크게 다르지 않을 것이다. 그리고 시대에 따라 변하기도 하지만, 지난 1백 년 동안 온갖 시련과 곡절을 겪은 이 민족이 그래도 일관되이 정의할 수 있고, 나아가 내세워 자랑할 수 있는 점이 있지 않을까?

우선 '민족성'이라 할 때, 그것은 타민족과의 비교를 염두에 두고 출발하지 않을 수 없다. 그렇지 않다면 민족성이란 말은 생겨나지도 않앉을 것이고, '인간성' 혹은 '지역성'의 범주에 머물렀을 것이다. 나라마다 환경과 역사가 다르고, 그에 따른 문화가 다르다. 그런가 하면 단일민족 국가도 있고, 다민족 국가도 있다. 또 한 민족, 한 국가도 각 왕조가 내건 통치 이념에 따라 민족성이 변할 수 있다. 그래서 한마디로 우리 민족성은 이렇다 하고 요약하기 어려운 민족도 많다.

여기서는 그에 앞서 문무(文武) 정신으로 우리 민족성의 특질(혹은 성향)에 대하여 이야기해 보고자 한다. 앞의 글에서도 이야기한 바 있지만, 다시 한번 요약해 보겠다. 먼저 무(武)의 성향이 강한 나라를 예로 들어 보자. 역사상 가장 대표적인 나라가 바로 몽고 제국이다. 대부분의 유목 국가가 그렇지만, 문(文)의 문화를 거의 가지고 있지 못하다. 오직 무력을 앞세워 정복해 나가지만, 그 정복을 멈추는 순간부터 곧바로 무너지기 시작한다. 척박한 환경에서 일어나 보다 살기 좋은 남(南)으로 쳐들어가 정복하지만, 이를 관리할 스스로의 문화가 없기 때문에 오히려 동화되어 지구상에서 사라져 버리는 경우가 허다했다. 현대에 와서는 몇몇 나라의 독재 정권이 그 예가 된다. 독재 정권이 곧 군사 정권이어서 당연히 무력을 앞세워 정권을 유지하게 되지만, 상대적으로 문(文)에 소홀하여 쇠락의 길을 걷게 된다. 이런 경우 민족성이니 정체성이니 하는 것 자체가 우습게 되고 만다. 그저 호전적이라는 말밖에는.

이에 비해 문(文)에 빛나는 나라는 아직도 많다. 철학의 나라 그리스, 인류 문명의 발상지인 이집트와 인도가 그 대표적인 예이다. 물론 이런 나라들도 고대 번성기에는 당연히 무(武)를 숭상하고 문(文)을 꽃 피웠을 것이다. 인류 문명의 발전에 위대한 공헌을 해왔고, 그 문화를 바탕으로 수천 년을 흔들림 없이 민족의 정체성을 유지해 오고 있다. 그렇지만 그 이후 이 나라들은 무(武)의 문화를 되살리지 못해 세계사에서 선도적인 역할을 해내지 못하고 있다. 물론 오늘날에 와서도 민족의 역량을 발휘하지 못하고 조상들의 뼈다귀를 팔아 연명하고 있는 실정이다.

그런가 하면 문무(文武)의 조화를 잘 이루어나간 나라들도 있다. 지난 역사에서는 그리스 정신을 이어받은 고대 로마가 그 대표적인 예이다. 그리고 오늘날 세계사의 흐름에 주동적인 역할을 해내고 있는 나라들이 그러하다. 무사도(武士道)의 일본, 무협(武俠)의 중국, 기사도(騎士道) 정신을 이어온 서유럽의 국가들, 서부 정신의 미국 등이 그러한 나라들인 것이다. 이 국가들은 한결같이 무(武)를 추구하면서 문(文)의 꽃을 피워나가고 있다. 진취적이면서 역동적인 민족의 역량을 마음껏 발휘하면서 번영을 구가하고 있는 것이다.

조선 5백 년은 전적으로 문치의 시대였다. 문인 사대부들은 뜨거워졌다가는 곧장 식어내리고, 굵어졌다가는 다시 가늘어지고, 동적이었다가 어느 틈에 정적이 되고, 무예를 숭상하여 임협(任俠)하는 시늉만 하다가 이내 문예(文藝)를 닦으며 정관(靜觀)하는 데로 흘러 버렸다. 그리하여 개방형의 외향적 심리가 폐쇄형의 내향적 심리로 고착되어 역사 발전에 필수불가결한 동력을 상실하게 되어 버렸으며, 사회는 활력을 잃고 사람들은 문약하고 정열이 결핍되어 갔다. 입으로는 공맹(孔孟)을 내뱉으면서 머릿속에서는 끊임없이 노장(老莊)의 구름을 피워 올리며 안빈낙도를 꿈꾸었다. 이에 비해 무(武)는 본질적으로 행동적이고 진취적이다. 또한 합리적이고 과학적이며 이성적이다. 살아 움직이는 생명력을 갖고 있다. 이를 살려 민족 문화 혁신의 동력으로 삼아야 한다.

스스로 우수한 민족이라고 자부하는 한민족에게는 어떤 민족적 특질이 있는가? 은근과 끈기 외에는 별로 이렇다 하고 내세울 것이 없지 않은가? 우리나라 교육 이념으로 인간을 널리 이롭게 한다는 홍익인간이며 단군 사상·환인 사상·배달 민족·한겨레, 이런 상투적 어휘가 주는 결벽증적인 막연한 어감에 우리 모두가 진정으로 공감할 수 있는가? 정(情)이니 한(恨)이니 하는 정감을 민족 정신이라고 할 텐가? 극기심과 신바람은 항구적이지 못하다. 당장의 어려움을 벗어나거나 좋은 시절 지나면 언제 그랬더냐며 내던져 버리는 것들이다. 근대화의 물결에 휩쓸려 간 전통적인 미덕을 대신할 그 무엇은 어떤 것인가? 덕(德)을 지키는 것을 그저 손해 보는 일쯤으로 여기고 있지는 않는지? 의심과 질시, 배타심과 줄서기, 이기주의와 내 자식, 내 식구, 내 편 챙기기로 우선은 잘살 수 있었는지 모른다. 그렇지만 어딘가 당당하지 못하고, 든든한 구석도 없다. 항상 부족하고 불안하다.

　단군 신화는 우리의 핏줄에 대한 전설일 뿐이다. 따라서 단군 사상이란 이 신화를 바탕으로 한 민족주의 사상이다. 단일 민족으로서의 우월감을 가지게 해주지만, 사실 이는 세계의 모든 민족이 가지는 공통된 것이다. 핏줄의 확인이 한 민족의 정체성을 유지시켜 주는 가장 기본적인 요소이기는 하지만, 반드시 그 민족이나 국가의 발전과 미래를 약속해 주는 것은 아니다. 인내나 끈기만으로 나아가기에는 세계의 물결이 너무나 높고 거세다. 일본 민족의 대화혼(大和魂), 중국 민족의 중화(中華)와 같이 우리 민족을 하나로 응집시킬 수 있는 말은 없는가? 없다면 지금부터라도 만들어 내야 한다. **MADE IN KOREA**가 아닌 **KOREAN SOUL, KOREAN SPRIT**를 말이다. 역동적이고 진취적인 민족 정신을 내포한 그런 말을.

　누천 년 동안 좁은 반도에 웅크리고 앉아 소규모 소작농에 만족하며 담박한 삶을 영위해 오던 이 민족은, 근 1세기 동안 밀어닥친 해일을 무사히 타고 넘어 바야흐로 세계를 향해 힘차게 나아가고 있다. 그렇지만 한편으로는 여전히 분명치는 않으나 매우 완강한 타성의 힘이 남아 있어 전진하는 배를 뒤로 끌어당기고 있다. 그건 아마도 봉건 사회로부터 누적되어 온 폐쇄적 심리, 내향적 성격, 낙후된 사유 방식 및 보수적 관념이 일으키는 반감의 정서에서 기인한 타성의 힘일 것이다. 이제 우리의 심리적 성격, 인생 철학, 사유 방식을 과감히 깨뜨려야 한다. 과거와 현재, 그리고 미래에 대한 충분한 인식이 필요하며, 스스로에 대한 해부·분석을 통해 과거에 대한 반성적 사유, 현재에 대한 올바른 인식, 그리고 미래에 대한 확고한 신념과 지표를 가져야 할 것이다.

오늘날 한강의 기적을 넘어 세계 속의 한국으로 뻗어 나가고 있는 이 민족의 힘이 아직도 선비 정신에서 나온다고 보는가? 아니면 단지 지난 수세기 동안 억눌려 왔던 생존의 욕망과 향락의 욕구가 우리 사회를 부단히 재화와 부(富)를 좇아 내달리도록 한다고 생각하는가? 아니다. 그건 분명 우리 민족의 혈관 속에 흐르는 원초적인 무(武)의 힘일 것이다. 대한민국 남자들은 모두 군대를 다녀왔다. 복무 기간이 단순히 젊은 시절의 세월 낭비가 아니다. 그곳에서 체득한 무(武)의 정신은 교육열과 더불어 경제 성장의 밑거름이 되었다. 단지 무(武)의 철학이 없어 스스로 알아차리지 못했을 뿐이다. 다혈질적이면서 조급하고, 단순하면서 물불 안 가리고, 전투적이면서 울컥 화도 잘 내고, 화끈하면서 신바람내기 좋아하는 야성적인 기질. 문(文)에 억눌려 비정상적으로 표출되는 이 힘을 다듬어 항구적인 덕(德)으로 드러나게 해서 진취적인 민족성으로 승화시켜 나가야 한다.

전통적인 민족 정신의 개조는 엄청난 고통을 수반한다. 그것은 우리가 흔히 부르짖는 정치나 경제 혹은 법률 제도의 개혁보다 더 힘든 작업이다. 왜냐하면 수백 년 혹은 수천 년 동안 습관화된 사유 및 생활 방식을 바꾸는 일이기 때문이다. 역사란 무정한 것이다. 혈연만이 반드시 통일을 보장해 주는 것은 아니다. 근대 역사의 혹독했던 낡은 길을 다시 걷지 않으려면 몸속의 피를 다 바꾸어서라도 민족성을 개조해야 한다. 민족주의·온정주의를 넘어 덕육(德育)·덕화(德和)로 나아가야 할 것이다.

바탕골 예술관

제1회 경주문화엑스포

국립민속박물관

국립민속박물관

공주 계룡산 산신제

국립민속박물관

한국의 집

창·검 교전

81. 잃어버린 문화, 내다 버린 정신 485

원앙진 시연. 국립민속박물관

십팔기 공연. 과천경마장

부록 1: 해범(海帆) 무예(武藝)의 계보
《武藝圖譜通志 實技解題》 출판 기념
'海帆 金光錫 韓國武藝發表會' 중에서

沈雨晟(문화재전문위원, 한국민속극연구소장)

누구나 '해범'을 처음 대하였을 때, 그를 무인(武人)으로 짐작하는 사람은 드물다. 본인에게는 대단히 실례이지만, 50이 넘은 그이지만 홍안 미소년이다. 공부삼아 그의 무예 내력을 집요하게 물어보았더니 그저 웃기만 한다. 나의 성화에 견디다 못한 '해범'은 이렇게 불쑥 실마리를 풀어 놓는다.

"······나야 무예라기보다는 수양으로 시작된 일이지요.

······사람은 누구나 안으로는 오장육부

일시: 1987. 12. 22~23
장소: 바탕골 예술관 소극장
출연: 한국무예원
주최: 한국민속극연구소

(五臟六腑)와 밖으로는 사지백해(四肢百骸)로 이루어지는 것인데, 이를 활발하게 움직이게 하는 것은 기(氣)에 의존하는 것이다. 기(氣)에는 음기(陰氣)와 양기(陽氣)가 있다. '음기'란 음식을 먹어 장에서 소화시킨 영양의 기(氣)로서 폐(肺)로 올라온다. '양기'란 대기권의 정기(精氣)를 호흡으로 당겨 폐로 받아들이는 기운을 말한다. 따라서 '음기'는 내적으로 오장육부를 다스리며 안으로 돌고, '양기'는 외적

인 것을 다스리며 밖으로 돈다.

　이 두 기(氣)는 우리 몸을 50주천(周天)한 후에 한 생명체의 흐름인 기(氣)로 변화하는데, 이를 원기(元氣)라 한다.

　'원기' 이전의 기(氣)는 단지 육신을 보존하는 생기(生氣, 生神)로만 돌다가 '원기'가 되어서야 비로소 생명체의 힘이 되는 것이다. 이것을 영기(靈氣)라고도 한다.

　예를 들면 나무는 생기만 있고 원기가 없기 때문에 힘이 없고, 움직임이 없고, 사고 능력이 없다……. (후략)

　……무예의 모든 동작은 오법〔五法: 眼法·手法·身法·步法·腿法〕에 따르는 것인데, 눈은 마음을 의지하고, 마음은 기(氣)를 의지하고, 기(氣)는 몸을 의지하고, 몸은 손을 의지하고, 손과 몸은 발을 의지한다. 따라서 이 모든 움직임이 원칙에 맞아 한식〔一式〕에 일체화해야 된다.

　다시 말하자면 율동은 삼절(三節)로 이루어지는데, '제1절'은 주먹이 나가면 팔꿈치와 어깨가 따라나간다. '제2절'은 발이 나가면 무릎과 대퇴가 따라나간다. '제3절'은 허리가 나가면 가슴이 따라나가고, 가슴이 가면 곧 마음이 간다. 따라서 한 동작마다 전신이 움직이는데, 이때 반드시 '오법'에 맞게 율동해야 한다……. (후략)

　……무예란 인체를 단련하여 심신을 철석같이 만드는 데에 있다. 외적으로는 근(筋)과 피(皮)와 육(肉)과 골(骨)과 뇌(腦)·막(膜)·경(勁) 등을 단련시키고, 내적으로는 생명의 흐름인 기(氣)를 한 숨에 이루는 공부(功夫)를 하여 마음이 있는 곳에 기(氣)가 흐르게 하고, 기(氣)가 흐르는 곳에 외적인 조건이 한꺼번에 따라 움직이게 해야 하는

것이다······. (후략)

······무예를 연마하는 데에는 강유(剛柔)가 하나이고, 쾌(快)와 만(慢)이 상간(相間)되어야 하며, 허(虛)와 실(實)이 서로 조화를 이루어 거미줄이 연결되듯 동작이 연결되어야 하며, 힘은 부(浮)와 침(沈)이 편중(偏重)되거나 편부(偏浮)되지 않는 가운데 자유롭게 활용될 수 있어야 한다······. (후략)

······또 무예를 수련하는 공법(功法)에는 크게 동공(動功)·역근공(易筋功)·정공(靜功)으로 나눈다. '동공'이라 함은 글자 그대로 움직여서 공을 이루는 것을 말하는데, 이 움직임은 반드시 그에 맞는 원칙에 의한 자세와 힘과 동작과 시간으로 움직여야 한다. '역근공' 또한 그에 맞는 원칙적인 움직임과 호흡에 의해 이루어진다. 또 '정공' 이란 수단지도(修丹之道)의 정(情)·기(氣)·신(神)을 단련하는 것이다. 이를 위해 먼저 알아두어야 할 것은······ 천하의 모든 생물은 음·양의 이치에 따라 생장하는데, 사람은 더 말할 나위 없을 뿐더러 수련하는 데에는 더욱더 중요한 것이다. 정·기·신은 무형지물(無形之物)이지만 근골(筋骨)은 유형지물(有形之物)이다. 그래서 반드시 먼저 유형자(有形者)를 수련하여 무형의 좌배(佐培)로 삼고, 무형자(無形者)를 유형의 보필로 삼아야 하며, 이로써 하나가 둘로, 둘이 하나가 되는 법이다. 만약 무형만 배양하고 유형을 버리면 안 된다. 또 유형만 수련하고 무형을 버린다면 더욱 안 되는 것이다. 그래서 유형지신(有形之身)은 반드시 무형지기(無形之氣)의 의지를 얻어야 하며, 서로 엇갈리지 않아야만 부양지체(不壞之體)가 되는 것이다. 만약 서로 엇갈려 의지하지 않는다면 유형도 역시 무형으로 화하게 되는 것이다.

그러므로 근골(筋骨)을 연마하려면 반드시 기(氣)를 수련해야 된다. 하지만 근골을 수련하기는 쉬워도 막(膜)을 수련하기는 매우 어렵다. 더하여 기(氣)를 연마하기는 더욱 어려운 것이다. 그래서 먼저 극히 어렵고 난잡한 곳에서부터 확고한 기초를 세워 놓아야만 훗날 동요가 일어나지 않는다. 이를 진법(眞法)으로 삼아 지기(之氣)를 배양하여 중기(中氣)를 지키고 정기(正氣)를 보호해야 한다……. (후략)

……흔히 말하는 건강 호흡은 인간이 인위적으로 심호흡을 하여 폐활량을 늘이고, 신경총을 원활케 하고, 횡경막을 발달시키는 것이다. 그리하여 신체의 순환 기능을 발달시켜 각 기능을 윤활케 해주는 의료적인 호흡이라 할 수 있겠다.

수단지도(修丹之道)를 이루는 정공(靜功)은 삼궁〔三宮: 精·氣·神〕을 단련시키는 것으로 이와는 달리 매우 어렵고 깊다……. (후략)

……무예를 오래 수련하면 정신수계(精神修界)의 극치인 도(道)에 이르게 되는 것이다. 물론 무예를 익힘으로써 신체가 단련되고 무술도 얻게 되는 것이다. 하지만 무엇보다 먼저 인간이 되어야 하는 것이다. 이렇게 되고 보면 자연히 정(精)과 기(氣)와 신(神)이 단련됨으로써 신체 조건이 원활해져 쾌식(快食)·쾌변(快便)·쾌면(快眠)을 하게 되니 심신이 맑고 건강해지는 것이다……. (후략)

……지금 내가 지니고 있는 무예란 소시(少時)로부터 스승의 가르침에 따라 사람 됨됨이를 수양하는 가운데 함께 배운 것이니……."

한번 입이 열리고 보니 '해범'의 이야기는 끊일 줄을 모르고 갈수록 그 깊이를 헤아릴 길 없다. 다른 기회에 그의 인생관과 무예관을 함께 정리하여 보고 싶은 욕심이다.

각설하고, 우리나라의 전래(傳來) 무술은 병장무예(兵將武藝)와 도가무예(道家武藝)로 크게 나뉘고 있다. 물론 이밖에도 불가무예(佛家武藝)를 비롯하여 여러 갈래의 자취가 없는 것은 아니다.

'병장무예'가 병장기(兵仗器)를 주로 하면서 실제 전쟁에 활용된 것이라면, '도가무술'은 심법(心法)에 의한 권장술(拳掌術)을 위주로 하며 심신의 수련으로 그 맥을 이었다 하겠다.

실상 이렇게 나누기는 하였지만, 실제로 위의 두 무술은 필요에 따라서는 서로 밀접히 왕래하기도 하였음이 우리의 무예사(武藝史)나 종교사(宗敎史)를 통해 짐작하게 되는 것이다.

중국으로부터 유입된 도교(道敎)는, 이 땅에 들어오면서 주체적인 종교 내지는 사상으로 수용되면서 도가(道家)라는 이름으로 독자적인 맥락을 이룩하고 있음을 우리는 알고 있다. 현실을 극복하는 데 앞장서기보다는 한걸음 뒷전에서 응시한 것으로 해석하는 것이 보통의 인식이지만, 실제로는 삼국시대 이래 고려, 조선 왕조, 그리고 현재에 이르기까지 사상과 무예 양면에서 단단한 뒷받침을 하고 있음을 발견하게 되는 것이다.

'해범'의 스승이신 오공(晤空) 윤명덕(尹明德) 선생을 비롯하여 이분들의 인맥이 다행히도 《무예도보통지》의 실기를 재현하는 데 큰 공헌을 하고 있음을 미루어 이러한 생각이 더욱 굳어지는 것이다.

매사에 서두르기를 싫어하는 '해범'을 부추겨 '해범 김광석 한국무예'라는 발표회를 가지면서 이 자리가 우리 무예의 줄기를 세워가고, 아울러 전통 예능 가운데서 특히 춤과 놀이들의 본디를 살필 수 있었으면 하는 욕심이다.

《무예도보통지》의 출판을 맡아 주시고, 이어서 이번 발표회를 주관하는 도서출판 동문선의 신성대 사장과 '해범'의 문하생 여러분께 고마운 뜻을 보낸다.

(1987년 12월)

부록 2: 십팔기 종목 설명

본국검(本國劍)

일명 신검(新劍)이라고도 하며, 신라의 화랑에서부터 그 연기가 시작되는 고대 검법이다. '본국'이라는 그 이름에서 느껴지듯이 당시의 자주적이며 진취적이었던 실학 사상에 바탕하여 독창적인 우리것으로 내세우던 무예이다.

예도(銳刀)

중국 명나라 때 편찬된 모원의(茅元儀)의 《무비지(武備志)》에 "이는 본디 조선세법(朝鮮勢法) ……"이라 명시하고 있다. 모두 24가지 검법의 기본 세법(基本勢法)을 그림과 함께 설명하고 있다. 이후 모든 중국 검법의 이론적 근간을 이룸은 물론 다른 무예의 발전에도 지대한 영향을 미친 동양 최고 수준의 검법이다.

낭선(狼筅)

긴 대나무를 사용하여 만든다. 끝에는 창날을 달고, 가지에 얇게 날이 선 철편을 달아 독을 발라 사용한다. 체격이 크고 힘이 좋은 병사들을 선발하여 사용케 하였다. 활달하게 사용치는 못하나 다른 무기와 함께 조를 이루어 사용하면 큰 전투에서 매우 효과적이다.

제독검(提督劍)

칼은 쪽 곧은 직도를 사용하였는데 벨 때는 도(刀)의 이점을, 찌를 때는 검(劍)의 이점을 얻었다. 모두 14세로 짜여졌으며, 왜구의 긴 칼을 상대하기에 효율적이다.

월도(月刀)

일명 '대도(大刀)'라 불린다. 4~6척의 자루에 폭이 넓고 날카로운 날이 옆으로 누운 달 모양과 같다 하여 '언월도'로 부르기도 한다. 도(칼) 중에서 가장 큰 것으로 그 움직임이 크고 활달하여 위맹스럽기 그지없으며, 말 위에서도 사용한다〔馬上月刀〕.

쌍검(雙劍)

두 자루의 칼을 사용하여 방어와 공격의 효과를 극대화시킨 검법이다. 짧고 가벼운 요도(腰刀)를 사용하며 날카롭고 변화무쌍하다. 상당히 숙련된 자만이 운용할 수 있는 것으로 당시 군사무술의 수준을 가늠케 해준다. 말 위에서도 사용한다〔馬上雙劍〕.

곤봉(棍棒)

봉은 두드리고 치고 찌를 수 있는 만능 무기로서, 병장술을 익히는 사람이면 제일 먼저 배우는 기초 과목이다. 임진왜란 때 승병들의 주된 무예였다.

협도(俠刀)

칼에 긴 자루를 달아 더 길게, 그리고 더 힘 있게 사용할 수 있도록 만든 것이다. 미첨도(眉尖刀) 또는 장도(長刀)라 불려지기도 한다. 두 손으로 크게 베어 나가므로 매우 사납고 강력하여 병장무술에 널리 사용되었다.

왜검(倭劍)

토유류, 운광류, 천유류, 유피류의 네 종류가 있다. 임진왜란 후 왜구에 대항하기 위해 일본에서 받아들여 우리것으로 다듬었다.

교전(交戰)

칼과 칼의 교전법으로 왜검의 기법을 응용하여 온전히 우리것으로 짜여졌다. 두 사람이 정해진 약속대로 서로 부딪치며 검법을 익힌다.

기창(旗槍)

일명 '단창(短槍)'이라고도 한다. 창에 기(旗)를 달아서 운용하는 것으로 장창(長槍)에 비해 근접전에서도 사용이 용이하다. 호위 또는 의전에 없어서는 안 될 창법으로 그 기법이 활달하면서도 변화무쌍하다. 다른 나라에서는 찾아볼 수 없고, 조선의 '십팔기'에만 그 운용법이 유일하게 소개되고 있는 독창적인 무예 종목 가운데 하나이다.

쌍수도(雙手刀)

긴 칼을 두 손으로 사용하는 검법이다. 왜구들의 검법을 이해하고 효율적으로 제압하기 위해 조선에서 새로이 개발한 무예이다.

장창(長槍)

모든 무예의 으뜸으로 친다. 먼 거리에서 상대를 찌르거나 상대의 병기를 젖히고 눌러서 제압할 수 있으며, 상대의 접근을 막아 반격하기 힘들게 만든다. 긴 것의 이점을 잘 이용하고 짧게도 사용하는 법을 익혀 장단의 묘를 살리면 훌륭한 무사가 된다. 말 위에서도 사용한다〔騎槍〕.

죽장창(竹長槍)

장창보다도 더욱 길어서 적의 기병이나 성을 공격하는 데에 유용하다. 대나무 끝에 창날을 단다. 낭선과 더불어 공격과 방어의 최전방에서 큰 힘을 발휘한다.

당파(鐺鈀)

흔히 삼지창으로 불려지는 조선군의 대표적인 병기로서 적군의 긴 칼과 기병을 상대하기에 용이하다. 상대의 병기를 걸어 젖히고 찌르고 내려치는 데에 효과적이다.

등패(籐牌)

등패란 가느다란 등나무 줄기를 엮어 만든 방패를 말한다. 표창 또는 요도와 함께 사용한다. 적의 무기를 효과적으로 막고 밀고 나가기에 용이하다.

편곤(鞭棍)

긴 봉자루 끝에 작은 봉을 쇠줄로 연결해서 도리깨처럼 휘둘러치는 매우 위협적인 무기이다. 곤봉과 함께 교전하며, 말 위에서도 위력적인 힘을 발휘한다〔馬上鞭棍〕.

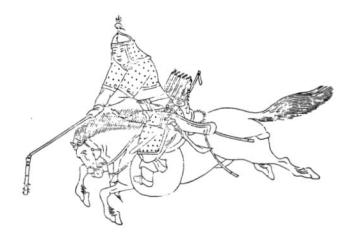

권법(拳法)

권법은 예로부터 수박(手搏)·각저(角觝) 등 여러 명칭으로 불렸다. 권법만으로는 원칙적으로 무예라 할 수 없으나, 모든 무예를 위한 기초 수련으로서 매우 중요시하였다.

부록 3: 해범 김광석 선생의 저서들

무예도보통지 실기해제(武藝圖譜通志 實技解題)

우리나라 최초로 '십팔기'의 실기를 공개한 책. 민속학자이자 문화재위원인 심우성 선생이 해제를 하고, 유일한 전승자인 해범 김광석 선생이 실연한 6백여 장의 사진과 함께 전통무예 '십팔기'를 자세히 설명하고 있다.

• 沈雨晟 해제, 金光錫 실연. 1987, 東文選

권법요결(拳法要訣)

[주요내용] 삼절법(三節法)/심법(心法)/안법(眼法)/수법(手法)/신법(身法)/보법(步法)/오행(五行)/경론(勁論)/내공(內功)/동공(動功)/참공(站功)/정좌(靜座)/지관법(止觀法)/용호비결(龍虎秘訣)/호흡(呼吸)과 용기(用氣)/기본공법/권법(拳法)/단권(單拳)/반뢰권(磐攂拳)/강기대련(剛氣對鍊) 등

• ISBN 89-8038-377-0, 1992, 東文選

본국검(本國劍)-조선검법교정(朝鮮劍法敎程)

[주요내용] 무예(武藝)의 정의/무덕규범(武德規範)/기법원리/내외합일(內外合一)/음양(陰陽)/파법(把法)과 배수(配手)/보형(步型)/격자격세(擊刺格洗)/육로도법(六路刀法)/조선검법24세(朝鮮劍法24勢)/본국검(本國劍)/예도(銳刀)/쌍수도(雙手刀)/제독검(提督劍)/쌍검(雙劍)/월도(月刀)/협도(挾刀)/내장세(內壯勢)/외용세(外勇勢)/무언(武諺) 등

• ISBN 89-8038-374-6, 1995, 東文選

조선창봉교정(朝鮮槍捧敎程)

[주요내용] 장병기의 기본 원리/파법(把法)/무화(舞花)/보형(步型)/곤법(棍法)의 기본 원리/창법(槍法)의 기본 원리/파법(把法)의 종류/공격과 방어/기본 동작/장창(長槍)/죽장창(竹長槍)/기창(旗槍)/당파(鎲鈀)/낭선(狼筅)/곤봉(棍棒)/편곤(鞭棍)/장봉(長棒)/단곤봉(短棍棒) 등.

• ISBN 89-8038-266-9, 2002, 東文選

후 기

조선 왕조 5백 년을 거치는 동안 무(武)와 무예 정신(武藝精神)에 대한 인식이 (문화·철학 등 모든 방면에서) 거의 결여되어 있으며, 일반인은 물론 심지어 무예인들조차 상식적인 것도 모르고서 만화며 영화 등을 만들어내 실소를 자아내게 하고 있다. 물론 과거 봉건시대, 또는 그 이전의 가치관과 정신을 그대로 살려 오늘의 법도로 삼자는 것은 아니다. 시대에 따라 그 가치관이 바뀔 수밖에 없을진대, 옛것을 고집한다는 건 어리석은 일인 것이다. 다만 지난 시대의 유물, 혹은 현대에서의 오락 또는 볼거리, 그리고 호신술 정도의 가치밖에 못 느끼는 일반인들이라도 무예에 대한 상식을 좀 이해하여 주었으면 싶다.

비록 5백여 년 동안 잊고 있었지만, 우리 민족의 핏속에는 진취적인 무예 정신이 녹아 있다. 그것은 우리 민족 정신의 무한한 자양분이다. 이런 내재된 무(武)의 기질이 바르게 어떤 행동으로 표출되지 못하고, 변칙적으로 발산되면서 여러 가지 바람직하지 못한 국민성으로 나타나는 것은 아닐는지. 아무튼 문무(文武)의 균형을 잡는 일이 무엇보다도 시급한 일이라고 생각되어졌다.

시중에 나와 있는 여러 무예에 관한 책들과 학계의 논문들을 보면, 대개의 무예들이 자신의 역사적 근거와 철학적 논거를 댈 적에 천편일률적이다. 거의 모두가 고구려 고분 벽화에 그 뿌리를 두고, 단군 사상과 ○○, 불교 사상과 ○○, 유교 사상과 ○○, 동학 사상과 ○○, 도교 사상과 ○○ 식이다. 그게 그 말인 것을 똑같이 가져다가 억지 춘향이 격으로 연결시켜 놓고 있다. 견강부회도 아니고, 도무지 무슨 말인지 황당하기 짝이 없다. 신흥 종교의 교리만도 못한 것 같은데, 그게 어찌 박사학위 논문이 되는지? 이런 글들이 쏟아져 나오는 바람에 진지한 연구를 오히려 막고 있는 듯한 느낌이 든다.

여러 가지 예(例)를 고사(故事)나 먼 곳에서 찾지 않고, 가까운 데서 많이 가져다 썼다. 현실감을 높이고자 한 것도 있지만, 필자의 게으름이 더 큰 몫을 했다. 이에 직접적으로 관계 있는 분들은 매우 언짢아하실 것 같아 죄송한 마음에 진심으로 용서를 빈다. 또한 저 잘난 체하기 위해, 평소 남 탓하지 말고 너나 잘하라는 두 분 스승님의 말씀 안 듣고 되레 그분들의 유명(有名)을 팔았으니 죽을 죄를 지었다.

일일이 주석을 다 달지는 못했지만, 참고 문헌으로 나열한 책들에서 요약하거나 그대로 옮겨다 놓은 부분도 적잖다. 이 책으로 부족함을 느끼고 좀더 관심을 가지신 분들께 참고 문헌을 꼭 읽어보시길 권한다. 이 역시 널리 수많은 문헌들을 찾아 좀더 명확한 논리를 대어 설명했어야 함에도 불구하고 필자의 게으름으로 이왕 책꽂이에 꽂혀 있는 몇 권의 책만을 참고로 온갖 이야기를 억지로 꾸며 보았다. 주제 하나하나마다 옛 사람들의 생각을 널리 고구해서 제대로 된 논술을 했어야 하지만, 거기까지는 아무래도 필자의 역량이 미치지 못하고, 또 주제넘는 일이라 여겨 두서없는 채로 원고를 넘겼다. 생전 처음 해보는 글쓰기인데다 욕심을 부려 너무 많은 주제를 산만하기 그지없게 늘어놓았다. 부디 너그럽게 봐주시길 빌 뿐이다.

이 글 이외에도 무예와 전통 무용·무예철학·무예미학·양생·공법…… 등에 대해 언급하고 싶었고, 또 앞서의 글들을 좀더 깊이 있게 다루고 싶었다. 그렇지만 처음부터 상식선에서만 다루기로 했던데다가, 너무 많은 것을 다루는 바람에 심도 있는 이야기를 하지 못했다. 특히 양생에 관한 좋은 말들은 괜히 뱉어 그 뜻이 제대로 전달되지 못하고, 시중에서 건강 상품 포장지로 둔갑하는 경우를 하도 많이 봐왔기 때문에 언급을 자제했다. 그리고 무엇보다도 자칫 스스로 경험하지도 못했고, 또 자신할 수 없는 온갖 말들을 주워 섬길까봐 두렵기도 하여 그냥 비워두었다.

대부분의 이야기들은 모두 이 분야의 상식적인 것들이다. 어영부영하다 보니 벌써 후배들 챙겨야 할 나이가 되어, 평소 묻는 말에 일일이 대답해 주기도 번거로워 아예 묶어서 건네야겠다는 생각에 시작한 일이었다. '왜 무예를 배우려 하는가?' 그리고 '하필이면 왜 십팔기인가?' 혹여 무예에 입문하는 이들이 이 글로 인해 '무예란 이런 것이구나' 하는 생각을 가지고 시작했으면 욕 얻어먹는 보람이라도 있지 않을까 싶다. 더하여 초등학교 과정에서부터 무예를 가르치면서 아이들에게 호협심과 영웅심을 길러주고, 또 각 대학 체육학과에서 무예학을 정식 과목으로 받아들여 연구해 주었으면 하는 바람도 가져 본다. 또한 무예를 단순히 몸을 움직인다 하여 체육학적으로만 볼 것이 아니라, 문화적·철학적으로도 조명해 주었으면 한다.

그렇지만 "쉽게 한 일 실패가 많고, 많이 한 말 실수도 많다"[60]고 했다. 원고의 잉크가 채 마르지도 않았는데 벌써 후회가 된다. 안해도 될 말, 해서는 안 될 말도 많아 버린 원고 또한 많다. 글쓰기가 칼쓰기보다 더 잔인하다는 사실을 절감했다. 그리하여 이것저것 다 빼고 나니 이번에는 또 원고가 얼마 되지 않아 다시 몇 편을 집어넣기도 하였다. 소갈머리 다 들여다보이는 것 같아 부끄럽기 짝이 없다.

각 주

1) 文化輯和於內, 用武德加於外遠也. 진대(晉代) 束晳의 '文化內輯, 武功外悠'를 주석한 말이다.

2) 戚繼光(1528-1587): 명대에 왜구를 물리친 명장이며 무술가이다. 자는 元敬으로 山東 蓬萊 사람이다. 무과 출신으로 參將·總兵·左都督을 역임하였으며, 浙江·粵·閩南 등지에서 여러 차례 왜구와 싸워 대승을 거두었다. 평소에 무술을 좋아하여 拳法·槍·棍·刀法을 많이 연구하였다. 특히 楊家槍法에 정통하였다. 고대 무술 발전에 중요한 공헌을 한《紀效新書》와《練兵紀實》을 남겼다.

3) 登高使人欲望, 臨淵使人欲窺, 何也? 處地然也. 御者使人恭, 射者使人端, 何也? 其形便也. (漢, 劉向《설원(說苑)》임동석 옮김, 동문선, 1996)

4) 未曾學藝先識禮, 未曾習武先明德. (金光錫,《본국검(本國劍)》, 동문선, 1995)

5) 文事武備 武事文備. (司馬遷,《史記》孔子世家)

6) 智莫大於闕疑, 行莫大於無悔之. (漢, 劉向《설원(說苑)》임동석 옮김, 동문선, 1996)

7) 賞厚而信 刑重而必. (《商君書》修權)

8) 常玉不琢 不成文章, 君子不學 不成其德. (《漢書》董仲舒傳)

9) 專習一家 硜硜小哉, 宜善相之 多師爲佳. (清, 袁枚《續詩品注》)

10) 陸紹珩《취고당검소(醉古當劍掃)》. (강경범 옮김. 동문선, 근간)

11) 陸紹珩《취고당검소(醉古當劍掃)》. (강경범 옮김. 동문선, 근간)

12) 以殺去殺 雖殺可也, 以刑去刑 重刑可也. (《商君書》畫策)

13) 존 버거《랑데부》(이은경/임옥희 옮김. 동문선, 2002).

14) 柳肅《예의 정신》(홍희 옮김, 동문선, 1994) 참조.

15) 五常의 道. 董仲舒가 漢武帝의 첫번째 책문에 대해 답한 것에 나오는 말.

16) 窮不易操 達不患失. (宋, 林逋《省心錄》)

17) 勝而不驕 故能服世, 約而不忿 故能從隣. (《戰國策》秦策)

18) 勝而不驕 敗而不怨. (《商君書》戰法)

19) 虛者虛之 疑中生疑. (《三十六計》空城計)

20) 兒不嫌母醜 犬不嫌家貧. (明, 徐啞《殺狗記》)

21) 國之大事 在祀與戎. (左傳)

22) 夫智者 不妄爲, 勇者 不妄殺. (漢, 劉向《설원(說苑)》임동석 옮김, 동문선, 1996)

23) 陸紹珩《취고당검소(醉古當劍掃)》. (강경범 옮김. 동문선, 근간)

24) 로니 브로만 外《보건 유토피아》(서민원 옮김, 동문선, 2003), 역자 후기에서.

25) 枝無忘其根, 德無忘其報, 見利必念害身. 故君子留情神 寄心於三者, 吉祥及子孫矣. (漢, 劉向《설원(說苑)》임동석 옮김, 동문선. 1996)

26) 禮義廉恥 國之四維, 四維不張 國乃滅亡.《管子》牧民)

27) 夫有禮者 相爲死, 無禮者 亦相爲死. (漢, 劉向《설원(說苑)》임동석 옮김, 동문선. 1996)

28) 君子行德 以全其身, 小人行貪 以亡其身. (漢, 劉向《설원(說苑)》임동석 옮김, 동문선. 1996)

29) 務僞不長 喜虛不久. (漢, 劉向《설원(說苑)》임동석 옮김, 동문선, 1996)

30) 陸紹珩《취고당검소(醉古當劍掃)》. (강경범 옮김. 동문선, 근간)

31) 파스칼 브뤼크네르《번영의 비참》. (이창실 옮김, 동문선, 2003)

32) 江聲不盡英雄淚, 天地無私草木秋. (宋, 陸游〈黃河〉)

33) 智不重惡 勇不逃死. (漢, 劉向《說苑》立節)

34) 良心炯炯 有過自知, 知而不改 謂之自欺.《陳確集》)

35) 陸紹珩《취고당검소(醉古當劍掃)》. (강경범 옮김. 동문선, 근간)

36) 制宅名子 足以觀士. (漢, 劉向《설원(說苑)》임동석 옮김, 동문선, 1996)

37) 一犬吠形 百犬吠聲, 世之疾此 固久矣哉. (漢, 王符《潛夫論》賢難)

38) 靡不有初 鮮克有終.《詩經》大雅)

39) 學如牛毛 成如麟角. (太平御覽)

40) 做工夫貴在起疑情, 大疑大悟, 小疑小悟, 不疑不悟. (明, 선승 成正《博山和尙參禪警語》)

41) 愚者行間而益固, 鄙人飾詐而益野. (漢, 劉向《설원(說苑)》임동석 옮김, 동문선, 1996)

42) 파스칼 브뤼크네르《영원한 황홀》(김웅권 옮김, 동문선, 2001).

43) 위의 책.

44) 夫小快害義, 小慧害道, 小辨害治, 苟心傷德. (漢, 劉向《설원(說苑)》임

동석 옮김, 동문선, 1996)

45) 格物致知, 《禮記》大學篇에 나오는 말로, "사물의 이치를 끝까지 궁구한 후 지극한 앎에 이른다" "마음에 집착하는 바를 물리치면 지극한 앎에 이른다" 라는 두 가지 뜻으로 풀이된다.

46) 珠無脛而走 玉無翼而飛. (《列子》)

47) 自古逃名者 至今名豈微. (唐, 劉贊《贈羅隱詩》)

48) 陸紹珩《취고당검소(醉古當劍掃)》. (강경범 옮김. 동문선, 근간)

49) 陸紹珩《취고당검소(醉古當劍掃)》. (강경범 옮김. 동문선, 근간)

50) 拳練百遍 身法自現, 拳練千遍 其理自見. (金光錫《본국검(本國劍)》, 동문선, 1995)

51) 多能者鮮精 多慮者鮮決. (明, 劉基《郁離子》一志)

52) 쥐스탱 바이스《미국식 사회 모델》(김종명 옮김, 동문선, 2002) 참조.

53) 무가오덕(武家五德)이란 유가오덕(儒家五德)과 병가오덕(兵家五德)에 비교하여 내적인 수양에 비중을 많이 두고 필자가 나름대로 꼽아본 것이다.

54) 李宗桂《중국문화개론(中國文化槪論)》(이재석 옮김, 동문선, 1991).

55) 文而評心 武而觀德(金光錫《권법요결(拳法要訣)》, 동문선, 1992).

56) 陸紹珩《취고당검소(醉古當劍掃)》. (강경범 옮김. 동문선, 근간)

57) 修身者 智之府也, 愛施者 仁之端也, 取予者 義之符也, 恥辱者 勇之決也, 立名者 行之極也. (《文選》司馬遷 報任少卿書)

58) 陳山《중국무협사(中國武俠史)》(강봉구 옮김, 동문선, 1997) 참조.

59) 兵之勝敗 本在於政. (《淮南子》兵略訓)

60) 多易多敗 多言多失. (漢, 劉向《설원(說苑)》임동석 옮김, 동문선. 1996)

참고 문헌

《가결(歌訣)》, 李宰錫 편역, 동문선, 1995.
《고문자류편(古文字類編)》, 高明 편, 동문선, 1990.
《국역 무예도보통지》, 김위현 옮김, 민족문화사, 1984.
《권법요결(拳法要訣)》, 金光錫 지음, 동문선, 1992.
《남사당패연구(男寺黨牌硏究)》, 沈雨晟 지음, 동문선, 1989.
《동북민족원류(東北民族源流)》, 孫進己 지음, 임동석 옮김, 동문선, 1992.
《랑데부》, 존 버거 지음, 이은경/임옥희 옮김, 동문선, 2002.
《무사도(武士道)란 무엇인가》, 니토베 이나조 지음, 심우성 옮김, 동문선, 2002.
《무예도보통지 실기해제》, 正祖 命撰, 심우성 해제, 김광석 실연, 동문선, 1987.
《미국식 사회 모델》, 쥐스탱 바이스 지음, 김종명 옮김, 동문선, 2002.
《민속문화론서설》, 沈雨晟 지음, 동문선, 1998.
《번영의 비참》, 이창실 옮김, 동문선, 2003.
《보건 유토피아》, 로니 브로만 지음, 서민원 옮김, 동문선, 2003.
《본국검(本國劍)》, 金光錫 지음, 동문선, 1995.
《브리태니커 백과사전》, 한국브리태니커회사, 1994.
《서기 1000년과 서기 2000년. 그 두려움의 흔적들》, 양영란 옮김, 동문선, 1997.
《설원(說苑)》, 林東錫 옮김, 동문선, 1996.
《순진함의 유혹》, 파스칼 브뤼크네르 지음, 김웅권 옮김, 동문선, 1999.
《스포츠인류학》, K. 블랑챠드 外, 박기동 外 옮김, 동문선, 1994.
《신화 미술 제사》, 張光直 지음, 이철 옮김, 동문선, 1990.
《역(曆)과 점(占)의 과학》, 永田 久 지음, 심우성 옮김, 동문선, 1992.
《영원한 황홀》, 김웅권 옮김, 동문선, 2001.
《예(禮)의 정신》, 柳肅 지음, 홍희 옮김, 동문선, 1994.
《우리나라 민속놀이》沈雨晟 지음, 동문선, 1996.
《원본 무예도보통지》正祖 命撰, 동문선, 1998.

《의지, 의무, 자유》, 루이 밀레 지음, 이대희 옮김, 동문선, 1999.
《조선창봉교정(朝鮮槍棒教程)》, 金光錫 지음, 동문선, 2002.
《조선해어화사(朝鮮解語花史)》李能和 지음, 이재곤 옮김, 동문선, 1992.
《중국고대사회》, 許進雄 지음, 홍희 옮김, 동문선, 1991.
《중국무협사(中國武俠史)》, 陳山 지음, 강봉구 옮김, 동문선, 1997.
《중국문화개론(中國文化概論)》, 李宗桂 지음, 이재석 옮김, 동문선, 1991.
《중세에 살기》, 자크 르 고프 지음, 최애리 옮김, 동문선 2000.
《중세의 기사들》에마뉘엘 부라생 지음, 임호경 옮김, 동문선, 2006.
《체육미학》, 호소명 지음, 민영숙 옮김, 동문선, 1992.
《취고당검소(醉古當劍掃)》, 陸紹珩 지음, 강경범 옮김. 동문선, 근간.
《한국무예사료총서》국립민속박물관, 2004.
《태권도철학의 구성 원리》, 金容沃 지음, 통나무, 1990.
《평화》, 모니크 카스티요 지음, 장정아 옮김, 동문선, 2005.
《하상(河殤)》, 蘇曉康/王魯湘 지음, 홍희 옮김, 동문선, 1989.
《해동운기(海東韻記)》, 黃淳九 편저, 청록출판사, 1970.

신성대(辛成大)

전통무예연구가, 도서출판 東文選 대표. 1969년부터 해범 선생에게 무예 십팔기 사사. 1976년 한국해양대학 부설전문대학 졸업. 외항선 기관사로서 7년간 해외승선 근무. 1984년 東文選 설립. 6백여 종의 인문서적 출간. 현재 대진대학교 문예창작학과 강사. 국군 전통의장대 무예십팔기 지도사범. 전통무예십팔기보존회장. 해범십팔기전수관장를 맡아 무예십팔기와 도가양생공을 가르치고 있음. (www.18ki.org; T.02-736-1871)

武 德

초판발행 : 2006년 4월 20일
2쇄발행 : 2006년 9월 10일
3쇄발행 : 2006년 12월 10일
4쇄발행 : 2008년 4월 5일
5쇄발행 : 2009년 3월 10일

東文選

제10-64호, 78. 12. 16 등록
110-300 서울 종로구 관훈동 74번지
전화 : 737-2795

ISBN 89-8038-567-6 04960
ISBN 89-8038-000-3(세트 : 문예신서)

【東文選 現代新書】

1	21세기를 위한 새로운 엘리트	FORESEEN 연구소 / 김경현	7,000원
2	의지, 의무, 자유 — 주제별 논술	L. 밀러 / 이대희	6,000원
3	사유의 패배	A. 핑켈크로트 / 주태환	7,000원
4	문학이론	J. 컬러 / 이은경·임옥희	7,000원
5	불교란 무엇인가	D. 키언 / 고길환	6,000원
6	유대교란 무엇인가	N. 솔로몬 / 최창모	6,000원
7	20세기 프랑스철학	E. 매슈스 / 김종갑	8,000원
8	강의에 대한 강의	P. 부르디외 / 현택수	6,000원
9	텔레비전에 대하여	P. 부르디외 / 현택수	10,000원
10	고고학이란 무엇인가	P. 반 / 박범수	8,000원
11	우리는 무엇을 아는가	T. 나겔 / 오영미	5,000원
12	에쁘롱 — 니체의 문체들	J. 데리다 / 김다은	7,000원
13	히스테리 사례분석	S. 프로이트 / 태혜숙	7,000원
14	사랑의 지혜	A. 핑켈크로트 / 권유현	6,000원
15	일반미학	R. 카이유와 / 이경자	6,000원
16	본다는 것의 의미	J. 버거 / 박범수	10,000원
17	일본영화사	M. 테시에 / 최은미	7,000원
18	청소년을 위한 철학교실	A. 자카르 / 장혜영	7,000원
19	미술사학 입문	M. 포인턴 / 박범수	8,000원
20	클래식	M. 비어드·J. 헨더슨 / 박범수	6,000원
21	정치란 무엇인가	K. 미노그 / 이정철	6,000원
22	이미지의 폭력	O. 몽젱 / 이은민	8,000원
23	청소년을 위한 경제학교실	J. C. 드루엥 / 조은미	6,000원
24	순진함의 유혹〔메디시스賞 수상작〕	P. 브뤼크네르 / 김웅권	9,000원
25	청소년을 위한 이야기 경제학	A. 푸르상 / 이은민	8,000원
26	부르디외 사회학 입문	P. 보네위츠 / 문경자	7,000원
27	돈은 하늘에서 떨어지지 않는다	K. 아른트 / 유영미	6,000원
28	상상력의 세계사	R. 보이아 / 김웅권	9,000원
29	지식을 교환하는 새로운 기술	A. 벵토릴라 外 / 김혜경	6,000원
30	니체 읽기	R. 비어즈워스 / 김웅권	6,000원
31	노동, 교환, 기술 — 주제별 논술	B. 데코사 / 신은영	6,000원
32	미국만들기	R. 로티 / 임옥희	10,000원
33	연극의 이해	A. 쿠프리 / 장혜영	8,000원
34	라틴문학의 이해	J. 가야르 / 김교신	8,000원
35	여성적 가치의 선택	FORESEEN연구소 / 문신원	7,000원
36	동양과 서양 사이	L. 이리가라이 / 이은민	7,000원
37	영화와 문학	R. 리처드슨 / 이형식	8,000원
38	분류하기의 유혹 — 생각하기와 조직하기	G. 비뇨 / 임기대	7,000원
39	사실주의 문학의 이해	G. 라루 / 조성애	8,000원
40	윤리학 — 악에 대한 의식에 관하여	A. 바디우 / 이종영	7,000원
41	흙과 재〔소설〕	A. 라히미 / 김주경	6,000원

42 진보의 미래	D. 르쿠르 / 김영선	6,000원
43 중세에 살기	J. 르 고프 外 / 최애리	8,000원
44 쾌락의 횡포·상	J. C. 기유보 / 김웅권	10,000원
45 쾌락의 횡포·하	J. C. 기유보 / 김웅권	10,000원
46 운디네와 지식의 불	B. 데스파냐 / 김웅권	8,000원
47 이성의 한가운데에서—이성과 신앙	A. 퀴노 / 최은영	6,000원
48 도덕적 명령	FORESEEN 연구소 / 우강택	6,000원
49 망각의 형태	M. 오제 / 김수경	6,000원
50 느리게 산다는 것의 의미·1	P. 쌍소 / 김주경	7,000원
51 나만의 자유를 찾아서	C. 토마스 / 문신원	6,000원
52 음악의 예지를 찾아서	M. 존스 / 송인영	10,000원
53 나의 철학 유언	J. 기통 / 권유현	8,000원
54 타르튀프/서민귀족 〔희곡〕	몰리에르 / 덕성여대극예술비교연구회	8,000원
55 판타지 공장	A. 플라워즈 / 박범수	10,000원
56 홍수·상 〔완역판〕	J. M. G. 르 클레지오 / 신미경	8,000원
57 홍수·하 〔완역판〕	J. M. G. 르 클레지오 / 신미경	8,000원
58 일신교—성경과 철학자들	E. 오르티그 / 전광호	6,000원
59 프랑스 시의 이해	A. 바이양 / 김다은·이혜지	8,000원
60 종교철학	J. P. 힉 / 김희수	10,000원
61 고요함의 폭력	V. 포레스테 / 박은영	8,000원
62 고대 그리스의 시민	C. 모세 / 김덕희	7,000원
63 미학개론—예술철학입문	A. 셰퍼드 / 유호전	10,000원
64 논증—담화에서 사고까지	G. 비뇨 / 임기대	6,000원
65 역사—성찰된 시간	F. 도스 / 김미겸	7,000원
66 비교문학개요	F. 클로동·K. 아다-보트링 / 김정란	8,000원
67 남성지배	P. 부르디외 / 김용숙	개정판 10,000원
68 호모사피언스에서 인터렉티브인간으로	FORESEEN 연구소 / 공나리	8,000원
69 상투어—언어·담론·사회	R. 아모시·A. H. 피에로 / 조성애	9,000원
70 우주론이란 무엇인가	P. 코올즈 / 송형석	8,000원
71 푸코 읽기	P. 빌루에 / 나길래	8,000원
72 문학논술	J. 파프·D. 로쉬 / 권종분	8,000원
73 한국전통예술개론	沈雨晟	10,000원
74 시학—문학 형식 일반론 입문	D. 퐁텐 / 이용주	8,000원
75 진리의 길	A. 보다르 / 김승철·최정아	9,000원
76 동물성—인간의 위상에 관하여	D. 르스텔 / 김승철	6,000원
77 랑가쥬 이론 서설	L. 옐름슬레우 / 김용숙·김혜련	10,000원
78 잔혹성의 미학	F. 토넬리 / 박형섭	9,000원
79 문학 텍스트의 정신분석	M. J. 벨멩-노엘 / 심재중·최애영	9,000원
80 무관심의 절정	J. 보드리야르 / 이은민	8,000원
81 영원한 황홀	P. 브뤼크네르 / 김웅권	9,000원
82 노동의 종말에 반하여	D. 슈나페르 / 김교신	6,000원
83 프랑스영화사	J. -P. 장콜라 / 김혜련	8,000원

84	조와(弔蛙)	金教臣 / 노치준·민혜숙	8,000원
85	역사적 관점에서 본 시네마	J. -L. 뢰트라 / 곽노경	8,000원
86	욕망에 대하여	M. 슈벨 / 서민원	8,000원
87	산다는 것의 의미·1—여분의 행복	P. 쌍소 / 김주경	7,000원
88	철학 연습	M. 아롱델-로오 / 최은영	8,000원
89	삶의 기쁨들	D. 노게 / 이은민	6,000원
90	이탈리아영화사	L. 스키파노 / 이주현	8,000원
91	한국문화론	趙興胤	10,000원
92	현대연극미학	M. -A. 샤르보니에 / 홍지화	8,000원
93	느리게 산다는 것의 의미·2	P. 쌍소 / 김주경	7,000원
94	진정한 모럴은 모럴을 비웃는다	A. 에슈고엔 / 김웅권	8,000원
95	한국종교문화론	趙興胤	10,000원
96	근원적 열정	L. 이리가라이 / 박정오	9,000원
97	라캉, 주체 개념의 형성	B. 오질비 / 김 석	9,000원
98	미국식 사회 모델	J. 바이스 / 김종명	7,000원
99	소쉬르와 언어과학	P. 가데 / 김용숙·임정혜	10,000원
100	철학적 기본 개념	R. 페르버 / 조국현	8,000원
101	맞불	P. 부르디외 / 현택수	10,000원
102	글렌 굴드, 피아노 솔로	M. 슈나이더 / 이창실	7,000원
103	문학비평에서의 실험	C. S. 루이스 / 허 종	8,000원
104	코뿔소 [희곡]	E. 이오네스코 / 박형섭	8,000원
105	지각—감각에 관하여	R. 바르바라 / 공정아	7,000원
106	철학이란 무엇인가	E. 크레이그 / 최생열	8,000원
107	경제, 거대한 사탄인가?	P. -N. 지로 / 김교신	7,000원
108	딸에게 들려 주는 작은 철학	R. 시몬 셰퍼 / 안상원	7,000원
109	도덕에 관한 에세이	C. 로슈·J. -J. 바레르 / 고수현	6,000원
110	프랑스 고전비극	B. 클레망 / 송민숙	8,000원
111	고전수사학	G. 위딩 / 박성철	10,000원
112	유토피아	T. 파코 / 조성애	7,000원
113	쥐비알	A. 자르댕 / 김남주	7,000원
114	증오의 모호한 대상	J. 아순 / 김승철	8,000원
115	개인—주체철학에 대한 고찰	A. 르노 / 장정아	7,000원
116	이슬람이란 무엇인가	M. 루스벤 / 최생열	8,000원
117	테러리즘의 정신	J. 보드리야르 / 배영달	8,000원
118	역사란 무엇인가	존 H. 아널드 / 최생열	8,000원
119	느리게 산다는 것의 의미·3	P. 쌍소 / 김주경	7,000원
120	문학과 정치 사상	P. 페티티에 / 이종민	8,000원
121	가장 아름다운 하나님 이야기	A. 보테르 外 / 주태환	8,000원
122	시민 교육	P. 카니베즈 / 박주원	9,000원
123	스페인영화사	J.- C. 스갱 / 정동섭	8,000원
124	인터넷상에서—행동하는 지성	H. L. 드레퓌스 / 정혜욱	9,000원
125	내 몸의 신비—세상에서 가장 큰 기적	A. 지오르당 / 이규식	7,000원

126	세 가지 생태학	F. 가타리 / 윤수종	8,000원
127	모리스 블랑쇼에 대하여	E. 레비나스 / 박규현	9,000원
128	위뷔 왕 [희곡]	A. 자리 / 박형섭	8,000원
129	번영의 비참	P. 브뤼크네르 / 이창실	8,000원
130	무사도란 무엇인가	新渡戶稻造 / 沈雨晟	7,000원
131	꿈과 공포의 미로 [소설]	A. 라히미 / 김주경	8,000원
132	문학은 무슨 소용이 있는가?	D. 살나브 / 김교신	7,000원
133	종교에 대하여—행동하는 지성	존 D. 카푸토 / 최생열	9,000원
134	노동사회학	M. 스트루방 / 박주원	8,000원
135	맞불 · 2	P. 부르디외 / 김교신	10,000원
136	믿음에 대하여—행동하는 지성	S. 지제크 / 최생열	9,000원
137	법, 정의, 국가	A. 기그 / 민혜숙	8,000원
138	인식, 상상력, 예술	E. 아카마츄 / 최돈호	근간
139	위기의 대학	ARESER / 김교신	10,000원
140	카오스모제	F. 가타리 / 윤수종	10,000원
141	코란이란 무엇인가	M. 쿡 / 이강훈	9,000원
142	신학이란 무엇인가	D. 포드 / 강혜원 · 노치준	9,000원
143	누보 로망, 누보 시네마	C. 뮈르시아 / 이창실	8,000원
144	지능이란 무엇인가	I. J. 디어리 / 송형석	10,000원
145	죽음—유한성에 관하여	F. 다스튀르 / 나길래	8,000원
146	철학에 입문하기	Y. 카탱 / 박선주	8,000원
147	지옥의 힘	J. 보드리야르 / 배영달	8,000원
148	철학 기초 강의	F. 로피 / 공나리	8,000원
149	시네마토그래프에 대한 단상	R. 브레송 / 오일환 · 김경온	9,000원
150	성서란 무엇인가	J. 리치스 / 최생열	10,000원
151	프랑스 문학사회학	신미경	8,000원
152	잡사와 문학	F. 에브라르 / 최정아	10,000원
153	세계의 폭력	J. 보드리야르 · E. 모랭 / 배영달	9,000원
154	잠수복과 나비	J. -D. 보비 / 양영란	6,000원
155	고전 할리우드 영화	J. 나카시 / 최은영	10,000원
156	마지막 말, 마지막 미소	B. 드 카스텔바자크 / 김승철 · 장정아	근간
157	몸의 시학	J. 피죠 / 김선미	10,000원
158	철학의 기원에 관하여	C. 콜로베르 / 김정란	8,000원
159	지혜에 대한 숙고	J. -M. 베스니에르 / 곽노경	8,000원
160	자연주의 미학과 시학	조성애	10,000원
161	소설 분석—현대적 방법론과 기법	B. 발레트 / 조성애	10,000원
162	사회학이란 무엇인가	S. 브루스 / 김경안	10,000원
163	인도철학입문	S. 헤밀턴 / 고길환	10,000원
164	심리학이란 무엇인가	G. 버틀러 · F. 맥마누스 / 이재현	10,000원
165	발자크 비평	J. 글레즈 / 이정민	10,000원
166	결별을 위하여	G. 마츠네프 / 권은희 · 최은희	10,000원
167	인류학이란 무엇인가	J. 모나한 · P. 저스트 / 김경안	10,000원

168 세계화의 불안	Z. 라이디 / 김종명	8,000원
169 음악이란 무엇인가	N. 쿡 / 장호연	10,000원
170 사랑과 우연의 장난 〔희곡〕	마리보 / 박형섭	10,000원
171 사진의 이해	G. 보레 / 박은영	10,000원
172 현대인의 사랑과 성	현택수	9,000원
173 성해방은 진행중인가?	M. 이아퀴브 / 권은희	10,000원
174 교육은 자기 교육이다	H. -G. 가다머 / 손승남	10,000원
175 밤 끝으로의 여행	L. -F. 쎌린느 / 이형식	19,000원
176 프랑스 지성인들의 '12월'	J. 뒤발 外 / 김영모	10,000원
177 환대에 대하여	J. 데리다 / 남수인	13,000원
178 언어철학	J. P. 레스베베르 / 이경래	10,000원
179 푸코와 광기	F. 그로 / 김웅권	10,000원
180 사물들과 철학하기	R. -P. 드루아 / 박선주	10,000원
181 청소년이 알아야 할 사회경제학자들	J. -C. 드루앵 / 김종명	8,000원
182 서양의 유혹	A. 말로 / 김웅권	10,000원
183 중세의 예술과 사회	G. 뒤비 / 김웅권	10,000원
184 새로운 충견들	S. 알리미 / 김영모	10,000원
185 초현실주의	G. 세바 / 최정아	10,000원
186 프로이트 읽기	P. 랜드맨 / 민혜숙	10,000원
187 예술 작품―작품 존재론 시론	M. 아르 / 공정아	10,000원
188 평화―국가의 이성과 지혜	M. 카스티요 / 장정아	10,000원
189 히로시마 내 사랑	M. 뒤라스 / 이용주	10,000원
190 연극 텍스트의 분석	M. 프뤼네르 / 김덕희	10,000원
191 청소년을 위한 철학길잡이	A. 콩트-스퐁빌 / 공정아	10,000원
192 행복―기쁨에 관한 소고	R. 미스라이 / 김영선	10,000원
193 조사와 방법론―면접법	A. 블랑셰・A. 고트만 / 최정아	10,000원
194 하늘에 관하여―잃어버린 공간, 되찾은 시간	M. 카세 / 박선주	10,000원
195 청소년이 알아야 할 세계화	J. -P. 폴레 / 김종명	9,000원
196 약물이란 무엇인가	L. 아이버슨 / 김정숙	10,000원
197 폭력―'폭력적 인간'에 대하여	R. 다둔 / 최윤주	10,000원
198 암호	J. 보드리야르 / 배영달	10,000원
199 느리게 산다는 것의 의미・4	P. 쌍소 / 김선미・한상철	7,000원
200 아이누 민족의 비석	萱野 茂 / 심우성	10,000원
201 존재한다는 것의 기쁨	J. 도르메송 / 김은경	근간
202 무신론이란 무엇인가	G. 바기니 / 강혜원	10,000원
203 전통문화를 찾아서	심우성	10,000원
204 민족학과 인류학 개론	J. 코팡 / 김영모	10,000원
205 오키나와의 역사와 문화	外間守善 / 심우성	10,000원
206 일본군 '위안부' 문제	石川康宏 / 박해순	9,000원
207 엠마누엘 레비나스와의 대담	M. de 생 쉐롱 / 김웅권	10,000원
208 공존의 이유	조병화	8,000원
209 누벨바그	M. 마리 / 신광순	10,000원

210	자기 분석에 대한 초고	P. 부르디외 / 유민희	10,000원
211	이만하면 성공이다	J. 도르메송 / 김은경	10,000원
212	도미니크	E. 프로망탱 / 김응권	10,000원
300	아이들에게 설명하는 이혼	P. 루카스·S. 르로이 / 이은민	8,000원
301	아이들에게 들려주는 인도주의	J. 마무 / 이은민	근간
302	아이들에게 설명하는 죽음	E. 위스망 페랭 / 김미정	8,000원
303	아이들에게 들려주는 선사시대 이야기	J. 클로드 / 김교신	8,000원
304	아이들에게 들려주는 이슬람 이야기	T. 벤 젤룬 / 김교신	8,000원
305	아이들에게 설명하는 테러리즘	M. -C. 그로 / 우강택	8,000원
306	아이들에게 들려주는 철학 이야기	R. -P. 드루아 / 이창실	8,000원

【東文選 文藝新書】

1	저주받은 詩人들	A. 뻬이르 / 최수철·김종호	개정근간
2	민속문화론서설	沈雨晟	40,000원
3	인형극의 기술	A. 훼도토프 / 沈雨晟	8,000원
4	전위연극론	J. 로스 에반스 / 沈雨晟	12,000원
5	남사당패연구	沈雨晟	19,000원
6	현대영미희곡선(전4권)	N. 코워드 外 / 李辰洙	절판
7	행위예술	L. 골드버그 / 沈雨晟	절판
8	문예미학	蔡 儀 / 姜慶鎬	절판
9	神의 起源	何 新 / 洪 熹	16,000원
10	중국예술정신	徐復觀 / 權德周 外	24,000원
11	中國古代書史	錢存訓 / 金允子	14,000원
12	이미지 — 시각과 미디어	J. 버거 / 편집부	15,000원
13	연극의 역사	P. 하트놀 / 沈雨晟	절판
14	詩 論	朱光潛 / 鄭相泓	22,000원
15	탄트라	A. 무케르지 / 金龜山	16,000원
16	조선민족무용기본	최승희	15,000원
17	몽고문화사	D. 마이달 / 金龜山	8,000원
18	신화 미술 제사	張光直 / 李 徹	절판
19	아시아 무용의 인류학	宮尾慈良 / 沈雨晟	20,000원
20	아시아 민족음악순례	藤井知昭 / 沈雨晟	5,000원
21	華夏美學	李澤厚 / 權 瑚	20,000원
22	道	張立文 / 權 瑚	18,000원
23	朝鮮의 占卜과 豫言	村山智順 / 金禧慶	28,000원
24	원시미술	L. 아담 / 金仁煥	16,000원
25	朝鮮民俗誌	秋葉隆 / 沈雨晟	12,000원
26	타자로서 자기 자신	P. 리쾨르 / 김웅권	29,000원
27	原始佛敎	中村元 / 鄭泰爀	8,000원
28	朝鮮女俗考	李能和 / 金尙憶	24,000원
29	朝鮮解語花史(조선기생사)	李能和 / 李在崑	25,000원
30	조선창극사	鄭魯湜	17,000원

31	동양회화미학	崔炳植	19,000원
32	性과 결혼의 민족학	和田正平 / 沈雨晟	9,000원
33	農漁俗談辭典	宋在璇	12,000원
34	朝鮮의 鬼神	村山智順 / 金禧慶	28,000원
35	道敎와 中國文化	葛兆光 / 沈揆昊	15,000원
36	禪宗과 中國文化	葛兆光 / 鄭相泓・任炳權	8,000원
37	오페라의 역사	L. 오레이 / 류연희	절판
38	인도종교미술	A. 무케르지 / 崔炳植	14,000원
39	힌두교의 그림언어	안넬리제 外 / 全在星	22,000원
40	중국고대사회	許進雄 / 洪 熹	30,000원
41	중국문화개론	李宗桂 / 李宰碩	23,000원
42	龍鳳文化源流	王大有 / 林東錫	25,000원
43	甲骨學通論	王宇信 / 李宰碩	40,000원
44	朝鮮巫俗考	李能和 / 李在崑	20,000원
45	미술과 페미니즘	N. 부루드 外 / 扈承喜	9,000원
46	아프리카미술	P. 윌레뜨 / 崔炳植	절판
47	美의 歷程	李澤厚 / 尹壽榮	28,000원
48	曼茶羅의 神들	立川武藏 / 金龜山	19,000원
49	朝鮮歲時記	洪錫謨 外 /李錫浩	30,000원
50	하 상	蘇曉康 外 / 洪 熹	절판
51	武藝圖譜通志 實技解題	正 祖 / 沈雨晟・金光錫	15,000원
52	古文字學첫걸음	李學勤 / 河永三	14,000원
53	體育美學	胡小明 / 閔永淑	18,000원
54	아시아 美術의 再發見	崔炳植	9,000원
55	曆과 占의 科學	永田久 / 沈雨晟	14,000원
56	中國小學史	胡奇光 / 李宰碩	20,000원
57	中國甲骨學史	吳浩坤 外 / 梁東淑	35,000원
58	꿈의 철학	劉文英 / 河永三	22,000원
59	女神들의 인도	立川武藏 / 金龜山	19,000원
60	性의 역사	J. L. 플랑드렝 / 편집부	18,000원
61	쉬르섹슈얼리티	W. 챠드윅 / 편집부	10,000원
62	여성속담사전	宋在璇	18,000원
63	박재서희곡선	朴栽緒	10,000원
64	東北民族源流	孫進己 / 林東錫	13,000원
65	朝鮮巫俗의 硏究(상・하)	赤松智城・秋葉隆 / 沈雨晟	28,000원
66	中國文學 속의 孤獨感	斯波六郞 / 尹壽榮	8,000원
67	한국사회주의 연극운동사	李康列	8,000원
68	스포츠인류학	K. 블랑챠드 外 / 박기동 外	12,000원
69	리조복식도감	리팔찬	20,000원
70	娼 婦	A. 꼬르뱅 / 李宗旼	22,000원
71	조선민요연구	高晶玉	30,000원
72	楚文化史	張正明 / 南宗鎭	26,000원

73	시간, 욕망, 그리고 공포	A. 코르뱅 / 변기찬	18,000원
74	本國劍	金光錫	40,000원
75	노트와 반노트	E. 이오네스코 / 박형섭	20,000원
76	朝鮮美術史硏究	尹喜淳	7,000원
77	拳法要訣	金光錫	30,000원
78	艸衣選集	艸衣意恂 / 林鍾旭	20,000원
79	漢語音韻學講義	董少文 / 林東錫	10,000원
80	이오네스코 연극미학	C. 위베르 / 박형섭	9,000원
81	중국문자훈고학사전	全廣鎭 편역	23,000원
82	상말속담사전	宋在璇	10,000원
83	書法論叢	沈尹默 / 郭魯鳳	16,000원
84	침실의 문화사	P. 디비 / 편집부	9,000원
85	禮의 精神	柳 肅 / 洪 熹	20,000원
86	조선공예개관	沈雨晟 편역	30,000원
87	性愛의 社會史	J. 솔레 / 李宗旼	18,000원
88	러시아미술사	A. I. 조토프 / 이건수	22,000원
89	中國書藝論文選	郭魯鳳 選譯	25,000원
90	朝鮮美術史	關野貞 / 沈雨晟	30,000원
91	美術版 탄트라	P. 로슨 / 편집부	8,000원
92	군달리니	A. 무케르지 / 편집부	9,000원
93	카마수트라	바쨔야나 / 鄭泰爀	18,000원
94	중국언어학총론	J. 노먼 / 全廣鎭	28,000원
95	運氣學說	任應秋 / 李宰碩	15,000원
96	동물속담사전	宋在璇	20,000원
97	자본주의의 아비투스	P. 부르디외 / 최종철	10,000원
98	宗敎學入門	F. 막스 뮐러 / 金龜山	10,000원
99	변 화	P. 바츨라빅크 外 / 박인철	10,000원
100	우리나라 민속놀이	沈雨晟	15,000원
101	歌訣(중국역대명언경구집)	李宰碩 편역	20,000원
102	아니마와 아니무스	A. 융 / 박해순	8,000원
103	나, 너, 우리	L. 이리가라이 / 박정오	12,000원
104	베케트연극론	M. 푸크레 / 박형섭	8,000원
105	포르노그래피	A. 드워킨 / 유혜련	12,000원
106	셸 링	M. 하이데거 / 최상욱	12,000원
107	프랑수아 비용	宋 勉	18,000원
108	중국서예 80제	郭魯鳳 편역	16,000원
109	性과 미디어	W. B. 키 / 박해순	12,000원
110	中國正史朝鮮列國傳(전2권)	金聲九 편역	120,000원
111	질병의 기원	T. 매큐언 / 서 일·박종연	12,000원
112	과학과 젠더	E. F. 켈러 / 민경숙·이현주	10,000원
113	물질문명·경제·자본주의	F. 브로델 / 이문숙 外	절판
114	이탈리아인 태고의 지혜	G. 비코 / 李源斗	8,000원

115	中國武俠史	陳 山 / 姜鳳求	18,000원
116	공포의 권력	J. 크리스테바 / 서민원	23,000원
117	주색잡기속담사전	宋在璇	15,000원
118	죽음 앞에 선 인간(상·하)	P. 아리에스 / 劉仙子	각권 15,000원
119	철학에 대하여	L. 알튀세르 / 서관모·백승욱	12,000원
120	다른 곳	J. 데리다 / 김다은·이혜지	10,000원
121	문학비평방법론	D. 베르제 外 / 민혜숙	12,000원
122	자기의 테크놀로지	M. 푸코 / 이희원	16,000원
123	새로운 학문	G. 비코 / 李源斗	22,000원
124	천재와 광기	P. 브르노 / 김응권	13,000원
125	중국은사문화	馬 華·陳正宏 / 강경범·천현경	12,000원
126	푸코와 페미니즘	C. 라마자노글루 外 / 최 영 外	16,000원
127	역사주의	P. 해밀턴 / 임옥회	12,000원
128	中國書藝美學	宋 民 / 郭魯鳳	16,000원
129	죽음의 역사	P. 아리에스 / 이종민	18,000원
130	돈속담사전	宋在璇 편	15,000원
131	동양극장과 연극인들	김영무	15,000원
132	生育神과 性巫術	宋兆麟 / 洪 熹	20,000원
133	미학의 핵심	M. M. 이턴 / 유호전	20,000원
134	전사와 농민	J. 뒤비 / 최생열	18,000원
135	여성의 상태	N. 에니크 / 서민원	22,000원
136	중세의 지식인들	J. 르 고프 / 최애리	18,000원
137	구조주의의 역사(전4권)	F. 도스 / 김응권 外	Ⅰ·Ⅱ·Ⅳ 15,000원 / Ⅲ 18,000원
138	글쓰기의 문제해결전략	L. 플라워 / 원진숙·황정현	20,000원
139	음식속담사전	宋在璇 편	16,000원
140	고전수필개론	權 瑚	16,000원
141	예술의 규칙	P. 부르디외 / 하태환	23,000원
142	"사회를 보호해야 한다"	M. 푸코 / 박정자	20,000원
143	페미니즘사전	L. 터틀 / 호승희·유혜련	26,000원
144	여성심벌사전	B. G. 워커 / 정소영	근간
145	모데르니테 모데르니테	H. 메쇼닉 / 김다은	20,000원
146	눈물의 역사	A. 벵상뷔포 / 이자경	18,000원
147	모더니티입문	H. 르페브르 / 이종민	24,000원
148	재생산	P. 부르디외 / 이상호	23,000원
149	종교철학의 핵심	W. J. 웨인라이트 / 김희수	18,000원
150	기호와 몽상	A. 시몽 / 박형섭	22,000원
151	융분석비평사전	A. 새뮤얼 外 / 민혜숙	16,000원
152	운보 김기창 예술론연구	최병식	14,000원
153	시적 언어의 혁명	J. 크리스테바 / 김인환	20,000원
154	예술의 위기	Y. 미쇼 / 하태환	15,000원
155	프랑스사회사	G. 뒤프 / 박 단	16,000원
156	중국문예심리학사	劉偉林 / 沈揆昊	30,000원

157	무지카 프라티카	M. 캐넌 / 김혜중	25,000원
158	불교산책	鄭泰爀	20,000원
159	인간과 죽음	E. 모랭 / 김명숙	23,000원
160	地中海	F. 브로델 / 李宗旼	근간
161	漢語文字學史	黃德實·陳秉新 / 河永三	24,000원
162	글쓰기와 차이	J. 데리다 / 남수인	28,000원
163	朝鮮神事誌	李能和 / 李在崑	28,000원
164	영국제국주의	S. C. 스미스 / 이태숙·김종원	16,000원
165	영화서술학	A. 고드로·F. 조스트 / 송지연	17,000원
166	美學辭典	사사키 겡이치 / 민주식	22,000원
167	하나이지 않은 성	L. 이리가라이 / 이은민	18,000원
168	中國歷代書論	郭魯鳳 譯註	25,000원
169	요가수트라	鄭泰爀	15,000원
170	비정상인들	M. 푸코 / 박정자	25,000원
171	미친 진실	J. 크리스테바 外 / 서민원	25,000원
172	玉樞經 硏究	具重會	19,000원
173	세계의 비참(전3권)	P. 부르디외 外 / 김주경	각권 26,000원
174	수묵의 사상과 역사	崔炳植	24,000원
175	파스칼적 명상	P. 부르디외 / 김웅권	22,000원
176	지방의 계몽주의	D. 로슈 / 주명철	30,000원
177	이혼의 역사	R. 필립스 / 박범수	25,000원
178	사랑의 단상	R. 바르트 / 김희영	20,000원
179	中國書藝理論體系	熊秉明 / 郭魯鳳	23,000원
180	미술시장과 경영	崔炳植	16,000원
181	카프카—소수적인 문학을 위하여	G. 들뢰즈·F. 가타리 / 이진경	18,000원
182	이미지의 힘—영상과 섹슈얼리티	A. 쿤 / 이형식	13,000원
183	공간의 시학	G. 바슐라르 / 곽광수	23,000원
184	랑데부—이미지와의 만남	J. 버거 / 임옥희·이은경	18,000원
185	푸코와 문학—글쓰기의 계보학을 향하여	S. 듀링 / 오경심·홍유미	26,000원
186	각색, 연극에서 영화로	A. 엘보 / 이선형	16,000원
187	폭력과 여성들	C. 도펭 外 / 이은민	18,000원
188	하드 바디—할리우드 영화에 나타난 남성성	S. 제퍼드 / 이형식	18,000원
189	영화의 환상성	J.-L. 뢰트라 / 김경온·오일환	18,000원
190	번역과 제국	D. 로빈슨 / 정혜욱	16,000원
191	그라마톨로지에 대하여	J. 데리다 / 김웅권	35,000원
192	보건 유토피아	R. 브로만 外 / 서민원	20,000원
193	현대의 신화	R. 바르트 / 이화여대기호학연구소	20,000원
194	회화백문백답	湯兆基 / 郭魯鳳	20,000원
195	고서화감정개론	徐邦達 / 郭魯鳳	30,000원
196	상상의 박물관	A. 말로 / 김웅권	26,000원
197	부빈의 일요일	J. 뒤비 / 최생열	22,000원
198	아인슈타인의 최대 실수	D. 골드스미스 / 박범수	16,000원

199	유인원, 사이보그, 그리고 여자	D. 해러웨이 / 민경숙	25,000원
200	공동 생활 속의 개인주의	F. 드 생글리 / 최은영	20,000원
201	기식자	M. 세르 / 김웅권	24,000원
202	연극미학—플라톤에서 브레히트까지의 텍스트들	J. 셰레 外 / 홍지화	24,000원
203	철학자들의 신	W. 바이셰델 / 최상욱	34,000원
204	고대 세계의 정치	모제스 I. 핀레이 / 최생열	16,000원
205	프란츠 카프카의 고독	M. 로베르 / 이창실	18,000원
206	문화 학습—실천적 입문서	J. 자일스·T. 미들턴 / 장성희	24,000원
207	호모 아카데미쿠스	P. 부르디외 / 임기대	29,000원
208	朝鮮槍棒敎程	金光錫	40,000원
209	자유의 순간	P. M. 코헨 / 최하영	16,000원
210	밀교의 세계	鄭泰爀	16,000원
211	토탈 스크린	J. 보드리야르 / 배영달	19,000원
212	영화와 문학의 서술학	F. 바누아 / 송지연	22,000원
213	텍스트의 즐거움	R. 바르트 / 김희영	15,000원
214	영화의 직업들	B. 라트롱슈 / 김경온·오일환	16,000원
215	소설과 신화	이용주	15,000원
216	문화와 계급—부르디외와 한국 사회	홍성민 外	18,000원
217	작은 사건들	R. 바르트 / 김주경	14,000원
218	연극분석입문	J. -P. 링가르 / 박형섭	18,000원
219	푸코	G. 들뢰즈 / 허 경	17,000원
220	우리나라 도자기와 가마터	宋在璇	30,000원
221	보이는 것과 보이지 않는 것	M. 퐁티 / 남수인·최의영	30,000원
222	메두사의 웃음/출구	H. 식수 / 박혜영	19,000원
223	담화 속의 논증	R. 아모시 / 장인봉	20,000원
224	포켓의 형태	J. 버거 / 이영주	16,000원
225	이미지심벌사전	A. 드 브리스 / 이원두	근간
226	이데올로기	D. 호크스 / 고길환	16,000원
227	영화의 이론	B. 발라즈 / 이형식	20,000원
228	건축과 철학	J. 보드리야르·J. 누벨 / 배영달	16,000원
229	폴 리쾨르—삶의 의미들	F. 도스 / 이봉지 外	38,000원
230	서양철학사	A. 케니 / 이영주	29,000원
231	근대성과 육체의 정치학	D. 르 브르통 / 홍성민	20,000원
232	허난설헌	金成南	16,000원
233	인터넷 철학	G. 그레이엄 / 이영주	15,000원
234	사회학의 문제들	P. 부르디외 / 신미경	23,000원
235	의학적 추론	A. 시쿠렐 / 서민원	20,000원
236	튜링—인공지능 창시자	J. 라세구 / 임기대	16,000원
237	이성의 역사	F. 샤틀레 / 심세광	16,000원
238	朝鮮演劇史	金在喆	22,000원
239	미학이란 무엇인가	M. 지므네즈 / 김웅권	23,000원
240	古文字類編	高 明	40,000원

241	부르디외 사회학 이론	L. 팡토 / 김용숙·김은희	20,000원
242	문학은 무슨 생각을 하는가?	P. 마슈레 / 서민원	23,000원
243	행복해지기 위해 무엇을 배워야 하는가?	A. 우지오 外 / 김교신	18,000원
244	영화와 회화: 탈배치	P. 보니체 / 홍지화	18,000원
245	영화 학습 — 실천적 지표들	F. 바누아 外 / 문신원	16,000원
246	회화 학습 — 실천적 지표들	F. 기불레·M. 멩겔 바리오 / 고수현	14,000원
247	영화미학	J. 오몽 外 / 이용주	24,000원
248	시 — 형식과 기능	J. L. 주베르 / 김경온	근간
249	우리나라 옹기	宋在璇	40,000원
250	검은 태양	J. 크리스테바 / 김인환	27,000원
251	어떻게 더불어 살 것인가	R. 바르트 / 김웅권	28,000원
252	일반 교양 강좌	E. 코바 / 송대영	23,000원
253	나무의 철학	R. 뒤마 / 송형석	29,000원
254	영화에 대하여 — 에이리언과 영화철학	S. 멀할 / 이영주	18,000원
255	문학에 대하여 — 행동하는 지성	H. 밀러 / 최은주	16,000원
256	미학 연습 — 플라톤에서 에코까지	임우영 外 편역	18,000원
257	조희룡 평전	김영회 外	18,000원
258	역사철학	F. 도스 / 최생열	23,000원
259	철학자들의 동물원	A. L. 브라 쇼파르 / 문신원	22,000원
260	시각의 의미	J. 버거 / 이용은	24,000원
261	들뢰즈	A. 괄란디 / 임기대	13,000원
262	문학과 문화 읽기	김종갑	16,000원
263	과학에 대하여 — 행동하는 지성	B. 리들리 / 이영주	18,000원
264	장 지오노와 서술 이론	송지연	18,000원
265	영화의 목소리	M. 시옹 / 박선주	20,000원
266	사회보장의 발명	J. 동즐로 / 주형일	17,000원
267	이미지와 기호	M. 졸리 / 이선형	22,000원
268	위기의 식물	J. M. 펠트 / 이충건	18,000원
269	중국 소수민족의 원시종교	洪 熹	18,000원
270	영화감독들의 영화 이론	J. 오몽 / 곽동준	22,000원
271	중첩	J. 들뢰즈·C. 베네 / 허희정	18,000원
272	대담 — 디디에 에리봉과의 자전적 인터뷰	J. 뒤메질 / 송대영	18,000원
273	중립	R. 바르트 / 김웅권	30,000원
274	알퐁스 도데의 문학과 프로방스 문화	이종민	16,000원
275	우리말 釋迦如來行蹟頌	高麗 無寄 / 金月雲	18,000원
276	金剛經講話	金月雲 講述	18,000원
277	자유와 결정론	O. 브르니피에 外 / 최은영	16,000원
278	도리스 레싱: 20세기 여성의 초상	민경숙	24,000원
279	기독교윤리학의 이론과 방법론	김희수	24,000원
280	과학에서 생각하는 주제 100가지	I 스탕저 外 / 김웅권	21,000원
281	말로와 소설의 상징시학	김웅권	22,000원
282	키에르케고르	C. 블랑 / 이창실	14,000원

283	시나리오 쓰기의 이론과 실제	A. 로슈 外 / 이용주	25,000원
284	조선사회경제사	白南雲 / 沈雨晟	30,000원
285	이성과 감각	O. 브르니피에 外 / 이은민	16,000원
286	행복의 단상	C. 앙드레 / 김교신	20,000원
287	삶의 의미—행동하는 지성	J. 코팅햄 / 강혜원	16,000원
288	안티고네의 주장	J. 버틀러 / 조현순	14,000원
289	예술 영화 읽기	이선형	19,000원
290	달리는 꿈, 자동차의 역사	P. 치글러 / 조국현	17,000원
291	매스커뮤니케이션과 사회	현택수	17,000원
292	교육론	J. 피아제 / 이병애	22,000원
293	연극 입문	히라타 오리자 / 고정은	13,000원
294	역사는 계속된다	G. 뒤비 / 백인호·최생열	16,000원
295	에로티시즘을 즐기기 위한 100가지 기본 용어	J.-C. 마르탱 / 김웅권	19,000원
296	대화의 기술	A. 밀롱 / 공정아	17,000원
297	실천 이성	P. 부르디외 / 김웅권	19,000원
298	세미오티케	J. 크리스테바 / 서민원	28,000원
299	앙드레 말로의 문학 세계	김웅권	22,000원
300	20세기 독일철학	W. 슈나이더스 / 박중목	18,000원
301	횔덜린의 송가〈이스터〉	M. 하이데거 / 최상욱	20,000원
302	아이러니와 모더니티 담론	E. 벨러 / 이강훈·신주철	16,000원
303	부알로의 시학	곽동준 편역 및 주석	20,000원
304	음악 녹음의 역사	M. 채넌 / 박기호	23,000원
305	시학 입문	G. 데송 / 조재룡	26,000원
306	정신에 대해서	J. 데리다 / 박찬국	20,000원
307	디알로그	G. 들뢰즈·C. 파르네 / 허희정·전승화	20,000원
308	철학적 분과 학문	A. 피퍼 / 조국현	25,000원
309	영화와 시장	L. 크레통 / 홍지화	22,000원
310	진정성에 대하여	C. 귀논 / 강혜원	18,000원
311	언어학 이해를 위한 주제 100선	G. 시우피·D. 반람돈크 / 이선경·황원미	18,000원
312	영화를 생각하다	S. 리앙드라 기그·J.-L. 뢰트라 / 김영모	20,000원
313	길모퉁이에서의 모험	P. 브뤼크네르·A. 팽키엘크로 / 이창실	12,000원
314	목소리의 結晶	R. 바르트 / 김웅권	24,000원
315	중세의 기사들	E. 부라생 / 임호경	20,000원
316	武德—武의 문화, 武의 정신	辛成大	13,000원
317	욕망의 땅	W. 리치 / 이은경·임옥희	23,000원
318	들뢰즈와 음악, 회화, 그리고 일반 예술	R. 보그 / 사공일	20,000원
319	S/Z	R. 바르트 / 김웅권	24,000원
320	시나리오 모델, 모델 시나리오	F. 바누아 / 유민희	24,000원
321	도미니크 이야기—아동 정신분석 치료의 실제	F. 돌토 / 김승철	18,000원
322	빠딴잘리의 요가쑤뜨라	S. S. 싸치다난다 / 김순금	18,000원
323	이마주—영화·사진·회화	J. 오몽 / 오정민	25,000원
324	들뢰즈와 문학	R. 보그 / 김승숙	20,000원

325	요가학개론	鄭泰爀	15,000원
326	밝은 방―사진에 관한 노트	R. 바르트 / 김웅권	15,000원
327	中國房內秘籍	朴淸正	35,000원
328	武藝圖譜通志註解	朴淸正	30,000원
329	들뢰즈와 시네마	R. 보그 / 정형철	20,000원
330	현대 프랑스 연극의 이론과 실제	이선형	20,000원
331	스리마드 바가바드 기타	S. 브야사 / 박지명	24,000원
332	宋詩槪說	요시카와 고지로 / 호승희	18,000원
333	주체의 해석학	M. 푸코 / 심세광	29,000원
334	문학의 위상	J. 베시에르 / 주현진	20,000원
335	광고의 이해와 실제	현택수·홍장선	20,000원
336	외쿠메네―인간 환경에 대한 연구서설	A. 베르크 / 김웅권	24,000원
337	서양 연극의 무대 장식 기술	A. 쉬르제 / 송민숙	18,000원
338	百濟伎樂	백제기악보존회 편	18,000원
339	金剛經六祖解	無居 옮김	14,000원
340	몽상의 시학	G. 바슐라르 / 김웅권	19,000원
341	원전 주해 요가수트라	M. 파탄잘리 / 박지명 주해	28,000원
342	글쓰기의 영도	R. 바르트 / 김웅권	17,000원
343	전교조의 정체	정재학 지음	12,000원
344	영화배우	J. 나카시 / 박혜숙	20,000원
345	취고당검소	陸紹珩 / 강경범·천현경	25,000원
346	재생산에 대하여	L. 알튀세르 / 김웅권	23,000원
347	중국 탈의 역사	顧朴光 / 洪 熹	30,000원
348	조이스와 바흐친	이강훈	16,000원
349	신의 존재와 과학의 도전	C. 알레그르 / 송대영	13,000원
350	행동의 구조	M. 메를로 퐁티 / 김웅권	28,000원
351	미술시장과 아트딜러	최병식	30,000원
352	미술시장 트렌드와 투자	최병식	30,000원
353	문화전략과 순수예술	최병식	14,000원
354	들뢰즈와 창조성의 정치학	사공일	18,000원
355	꿈꿀 권리	G. 바슐라르 / 김웅권	22,000원
356	텔레비전 드라마	G. 손햄·T. 퍼비스 / 김소은·황정녀	22,000원
357	옷본	심우성	20,000원
358	촛불의 미학	G. 바슐라르 / 김웅권	18,000원
359	마조히즘	N. 맨스필드 / 이강훈	16,000원
360	민속문화 길잡이	심우성	19,000원
361	이론에 대한 저항	P. 드 만 / 황성필	22,000원
362	우리 시대의 위대한 피아니스트들이 말하는 나의 삶, 나의 음악	E. 마흐 / 박기호·김남희	15,000원
363	영화 장르	R. 무안 / 유민희	20,000원
364	몽타주의 미학	V. 아미엘 / 곽동준·한지선	20,000원
365	사랑의 길	L. 이리가레 / 정소영	18,000원
366	이미지와 해석	M. 졸리 / 김웅권	24,000원

1001	베토벤: 전원교향곡	D. W. 존스 / 김지순	15,000원
1002	모차르트: 하이든 현악4중주곡	J. 어빙 / 김지순	14,000원
1003	베토벤: 에로이카 교향곡	T. 시프 / 김지순	18,000원
1004	모차르트: 주피터 교향곡	E. 시스먼 / 김지순	18,000원
1005	바흐: 브란덴부르크 협주곡	M. 보이드 / 김지순	18,000원
1006	바흐: B단조 미사	J. 버트 / 김지순	18,000원
1007	하이든: 현악4중주곡 Op.50	W. 딘 주트클리페 / 김지순	18,000원
1008	헨델: 메시아	D. 버로우 / 김지순	18,000원
1009	비발디: 〈사계〉와 Op.8	P. 에버렛 / 김지순	18,000원
2001	우리 아이들에게 어떤 지표를 주어야 할까?	J. L. 오베르 / 이창실	16,000원
2002	상처받은 아이들	N. 파브르 / 김주경	16,000원
2003	엄마 아빠, 꿈꿀 시간을 주세요!	E. 부젱 / 박주원	16,000원
2004	부모가 알아야 할 유치원의 모든 것들	N. 뒤 소수아 / 전재민	18,000원
2005	부모들이여, '안 돼'라고 말하라!	P. 들라로슈 / 김주경	19,000원
2006	엄마 아빠, 전 못하겠어요!	E. 리공 / 이창실	18,000원
2007	사랑, 아이, 일 사이에서	A. 가트셀·C. 르누치 / 김교신	19,000원
2008	요람에서 학교까지	J.-L. 오베르 / 전재민	19,000원
2009	머리는 좋은데, 노력을 안 해요	J.-L. 오베르 / 박선주	17,000원
2010	알아서 하라고요? 좋죠, 하지만 혼자는 싫어요!	E. 부젱 / 김교신	17,000원
2011	영재아이 키우기	S. 코트 / 김경하	17,000원
2012	부모가 헤어진대요	M. 베르제·I. 그라비용 / 공나리	17,000원
2013	아이들의 고민, 부모들의 근심	D. 마르셀리·G. 드 라 보리 / 김교신	19,000원
2014	헤어지기 싫어요!	N. 파브르 / 공나리	15,000원
3001	《새》	C. 파글리아 / 이형식	13,000원
3002	《시민 케인》	L. 멀비 / 이형식	13,000원
3101	《제7의 봉인》 비평 연구	E. 그랑조르주 / 이은민	17,000원
3102	《쥘과 짐》 비평 연구	C. 르 베르 / 이은민	18,000원
3103	《시민 케인》 비평 연구	J. 루아 / 이용주	15,000원
3104	《센소》 비평 연구	M. 라니 / 이수원	18,000원
3105	〈경멸〉 비평 연구	M. 마리 / 이용주	18,000원

東文選 文藝新書 77

권법요결(拳法要訣)

海帆 金光錫 著

우리 무예의 체통을 찾는 이론적 지침서

본서는 조선 정조의 명으로 편찬된《무예도보통지武藝圖譜通志》에 실린 18가지 무예, 즉〈십팔기十八技〉기 중〈권법拳法〉항목을 해제하였다.

흔히 중국무술로 오인받고 있는〈십팔기〉는 조선 무예의 정형으로서 영조 때 사도세자가 섭정할 때〈본국검本國劍〉·〈월도月刀〉·〈장창長槍〉·〈기창旗槍〉·〈당파鐺鈀〉·〈협도挾刀〉·〈쌍검雙劍〉…… 등 18가지 무예에 붙인 이름으로 나라의 무예로서, 진정한 의미에서의〈국기國技〉라 할 수 있다. 본서는 그중에서 모든 무예의 기본이 되는〈권법〉에 대한 이론과 실기를 동작그림과 함께 상세히 설명하고 있다.

주요 내용으로는〈삼절법三節法〉·〈심법心法〉·〈안법眼法〉·〈수법手法〉·〈신법身法〉·〈보법步法〉·〈오행五行〉·〈경론勁論〉·〈내공內功〉등에 대한 이론과 수련법이 실려있다.

특히〈경론勁論〉에서는〈경勁과 역력의 차이점〉〈경勁의 분류〉〈점경粘勁〉〈화경化勁〉〈나경拿勁〉〈발경發勁〉〈차경借勁〉을 다루고 있는데, 역력과 경勁의 차이점을 들어 연마와 내적 수련의 힘이 어떤 것인가를 설명하고 있다. 무예인들에게는 더할나위 없이 귀중한 이론들이다.

또한 조선시대 기인인 북창北窓 정렴 鄭磏 선생이 남기신 비결서〈용호비결龍虎秘訣〉의 수행법 전문을 최초로 공개하여 해설하고 있다.

《얀 이야기》 ⓒ 2000 JUN MACHIDA

東文選 文藝新書 74

본국검(本國劍)

海帆 金光錫 著

조선 검법의 이론과 실기의 교과서
　본서는 무예의 기본 원리인 〈안법眼法〉·〈수법手法〉·〈신법身法〉·〈보법步法〉은 물론 검법의 기본원리인 〈파법把法〉·〈배수配手〉·〈연법 순서〉·〈격자격세법擊刺格洗法〉·〈육로도법六路刀法〉을 상세히 공개한 국내 최초의 무예서이다.
　또한 〈본국검本國劍〉·〈예도銳刀〉·〈쌍수도雙手刀〉·〈제독검提督劍〉·〈쌍검雙劍〉·〈월도月刀〉·〈협도挾刀〉 등의 실기를 동작그림으로 도해하고 있는 바, 《무예도보통지》에 따른 검법劍法과 도법刀法의 이론을 겸한 실기도해實技圖解라는 점에서는 최초의 시도라 할 만하다.
　부록에는 〈내장內壯 외용外勇〉·〈무언武諺〉과 참고자료로서 《무예제보武藝諸譜》의 〈검보劍譜〉, 《무비지武備志》의 〈조선세법朝鮮勢法〉 및 《무예도보통지》의 각 〈검법〉의 원보를 그대로 실었다.
　〈내장 외용〉은, 검법 연습에 기초가 되는 기본공基本功의 훈련을 내장세內壯勢와 외용세外甬勢로 나누어 순서를 잡아 설명한 것이다.
　〈무언〉은 역사적 슬기를 담은 일상생활 속의 속담과 마찬가지로 무예계에 전하고 있는 속어俗語인데, 짧은 어구語句이지만 무예의 기본정신과 나아가서는 수련의 방법까지를 일러 주는 것이니, 무예인 누구나 가까이 좌우명座右銘으로 삼을 만한 것들이다.
　무예의 연마는 바로 무한한 자기 수양이요, 나아가서 그러한 과정을 거쳐 터득된 무예는 바로 예술이라 할 수 있다.
　기격미技擊美와 기예미技藝美가 조화된 율동미와 자연미는, 강인하면서도 유연한 강유상제剛柔相濟의 고매한 묘를 얻게 되어 끝내는 성품을 닦고 덕성을 기르게 되어 인격도야는 물론이요, 민족정신을 배양하는 첩경이다.

東文選 文藝新書 208

조선창봉교정
(朝鮮槍棒敎程)

海帆 金光錫

　우리나라 전통무예이자 조선의 국기(國技)인 '십팔기(十八技)'의 유일한 전승자로서, 1987년 문화재위원장인 민속학자 심우성(沈雨晟) 선생과 함께 우리무예의 족보라 할 수 있는 《무예도보통지(武藝圖譜通志)》 실기해제 작업에서 그 실기를 담당하였던 김광석 선생의 장병기에 관한 해설 및 심도깊은 무예이론서.
　《권법요결(拳法要訣)》《본국검(本國劍)》에 이어 나온 이 책은 '무예도보통지 부문별 실기해제작업'의 마무리이다. 고대 개인 병기 중 장병기에 해당하는 〈장창(長槍)〉〈죽장창(竹長槍)〉〈기창(旗槍)〉〈낭선(狼筅)〉〈당파(鎲鈀)〉〈곤봉(棍棒)〉〈편곤(鞭棍)〉 등에 관한 기본원리에서부터 실제운용하는 투로도해에 이르기까지 소상히 공개하고 있다.
　이로써 조선의 멸망과 함께 그 이름조차 빼앗겨버리고 일제시대에는 일본무술에게, 70년대 와서는 중국무술에게 그 자리를 내어 주어야했던 우리의 무예 '십팔기'를 제자리에 정립시킴으로서 나라의 체통을 지킬 수 있는 기반을 마련하였다고 할 수 있겠다. 아울러 우후죽순처럼 생겨나서 자칭 전통무예임을 내세우는 출처불명의 온갖 오합지졸들이 정리되는 계기도 될 수 있을 것이며, 무예계는 물론 체육·무용·연극계의 발전에도 크게 기여할 것이다. 특히 진취적이며 역동적인 민족의 기상을 대내외에 자랑하는 데에 첨병역할을 할 것임도 기대된다.